U0564003

中国社会科学院重大课题
国家"十五"重点出版项目

列国志

GUIDE TO THE WORLD STATES

中国社会科学院《列国志》编辑委员会

坦桑尼亚

◉ 裴善勤 编著

社会科学文献出版社
SOCIAL SCIENCES ACADEMIC PRESS (CHINA)

坦桑尼亚行政区划图

坦桑尼亚国旗

坦桑尼亚国徽

日落时的乞力马扎罗雪山（胡新荣摄）

桑给巴尔岛西海岸一隅

繁忙的达累斯萨拉姆港

巴加莫约口岸奴隶转运站遗址

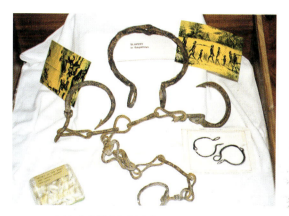

巴加莫约博物馆展出的抓捕奴隶的锁链

桑给巴尔市郊的一处奴隶转运站遗址

坦桑乌木雕四大名师之一朱马正在创作

坦桑尼亚的鼓手

坦桑尼亚的民族舞蹈

坦桑尼亚联合日庆祝活动上的马赛人

前总统尼雷尔接受中国记者采访

1996年笔者同前外交和国际合作部长、现任总统基奎特合影

坦赞铁路达累斯萨拉姆站

野生动物园里的大象群

野生动物园里的狮子

桑给巴尔"龟岛"上的大旱龟与游客和谐共处

（本书所用照片，除署名者外，均为作者所摄）

前　言

　　自 1840 年前后中国被迫开关、步入世界以来，对外国舆地政情的了解即应时而起。还在第一次鸦片战争期间，受林则徐之托，1842 年魏源编辑刊刻了近代中国首部介绍当时世界主要国家舆地政情的大型志书《海国图志》。林、魏之目的是为长期生活在闭关锁国之中、对外部世界知之甚少的国人"睁眼看世界"，提供一部基本的参考资料，尤其是让当时中国的各级统治者知道"天朝上国"之外的天地，学习西方的科学技术，"师夷之长技以制夷"。这部著作，在当时乃至其后相当长一段时间内，产生过巨大影响，对国人了解外部世界起到了积极的作用。

　　自那时起中国认识世界、融入世界的步伐就再也没有停止过。中华人民共和国成立以后，尤其是 1978 年改革开放以来，中国更以主动的自信自强的积极姿态，加速融入世界的步伐。与之相适应，不同时期先后出版过相当数量的不同层次的有关国际问题、列国政情、异域风俗等方面的著作，数量之多，可谓汗牛充栋。它们

对时人了解外部世界起到了积极的作用。

当今世界，资本与现代科技正以前所未有的速度与广度在国际间流动和传播，"全球化"浪潮席卷世界各地，极大地影响着世界历史进程，对中国的发展也产生极其深刻的影响。面临不同以往的"大变局"，中国已经并将继续以更开放的姿态、更快的步伐全面步入世界，迎接时代的挑战。不同的是，我们所面临的已不是林则徐、魏源时代要不要"睁眼看世界"、要不要"开放"问题，而是在新的历史条件下，在新的世界发展大势下，如何更好地步入世界，如何在融入世界的进程中更好地维护民族国家的主权与独立，积极参与国际事务，为维护世界和平，促进世界与人类共同发展做出贡献。这就要求我们对外部世界有比以往更深切、全面的了解，我们只有更全面、更深入地了解世界，才能在更高的层次上融入世界，也才能在融入世界的进程中不迷失方向，保持自我。

与此时代要求相比，已有的种种有关介绍、论述各国史地政情的著述，无论就规模还是内容来看，已远远不能适应我们了解外部世界的要求。人们期盼有更新、更系统、更权威的著作问世。

中国社会科学院作为国家哲学社会科学的最高研究机构和国际问题综合研究中心，有11个专门研究国际问题和外国问题的研究所，学科门类齐全，研究力量雄厚，有能力也有责任担当这一重任。早在 20 世纪 90 年代初，中国社会科学院的领导和中国社会科学出版社就提出编撰"简明国际百科全书"的设想。1993 年 3 月 11 日，时任中国社会科学院院长的胡绳先生在科研局的一份报告上批示："我想，国际片各所可考虑出一套列国志，体例类似几年前出的《简明中国百科全书》，以一国（美、日、英、法等）或几个国家（北欧各国、印支各国）为一册，请考虑可行否。"

中国社会科学院科研局根据胡绳院长的批示，在调查研究的基础上，于 1994 年 2 月 28 日发出《关于编纂〈简明国际百科全书〉和〈列国志〉立项的通报》。《列国志》和《简明国际百科全书》一起被列为中国社会科学院重点项目。按照当时的计划，首先编写《简明国际百科全书》，待这一项目完成后，再着手编写《列国志》。

1998 年，率先完成《简明国际百科全书》有关卷编写任务的研究所开始了《列国志》的编写工作。随后，其他研究所也陆续启动这一项目。为了保证《列国志》这套大型丛书的高质量，科研局和社会科学文献出版社于 1999 年 1 月 27 日召开国际学科片各研究所及世界历史研究所负责人会议，讨论了这套大型丛书的编写大纲及基本要求。根据会议精神，科研局随后印发了《关于〈列国志〉编写工作有关事项的通知》，陆续为启动项目

拨付研究经费。

为了加强对《列国志》项目编撰出版工作的组织协调，根据时任中国社会科学院院长的李铁映同志的提议，2002 年 8 月，成立了由分管国际学科片的陈佳贵副院长为主任的《列国志》编辑委员会。编委会成员包括国际片各研究所、科研局、研究生院及社会科学文献出版社等部门的主要领导及有关同志。科研局和社会科学文献出版社组成《列国志》项目工作组，社会科学文献出版社成立了《列国志》工作室。同年，《列国志》项目被批准为中国社会科学院重大课题，国家新闻出版总署将《列国志》项目列入国家重点图书出版计划。

在《列国志》编辑委员会的领导下，《列国志》各承担单位尤其是各位学者加快了编撰进度。作为一项大型研究项目和大型丛书，编委会对《列国志》提出的基本要求是：资料翔实、准确、最新，文笔流畅，学术性和可读性兼备。《列国志》之所以强调学术性，是因为这套丛书不是一般的"手册"、"概览"，而是在尽可能吸收前人成果的基础上，体现专家学者们的研究所得和个人见解。正因为如此，《列国志》在强调基本要求的同时，本着文责自负的原则，没有对各卷的具体内容及学术观点强行统一。应当指出，参加这一浩繁工程的，除了中国社会科学院的专业科研人员以外，还有院外的一些在该领域颇有研究的专家学者。

　　现在凝聚着数百位专家学者心血、约计 200 卷的《列国志》丛书，将陆续出版与广大读者见面。我们希望这样一套大型丛书，能为各级干部了解、认识当代世界各国及主要国际组织的情况，了解世界发展趋势，把握时代发展脉络，提供有益的帮助；希望它能成为我国外交外事工作者、国际经贸企业及日渐增多的广大出国公民和旅游者走向世界的忠实"向导"，引领其步入更广阔的世界；希望它在帮助中国人民认识世界的同时，也能够架起世界各国人民认识中国的一座"桥梁"，一座中国走向世界、世界走向中国的"桥梁"。

《列国志》编辑委员会

2003 年 6 月

CONTENTS

目　录

CONTENTS

目 录

CONTENTS

目　录

CONTENTS

目　录

CONTENTS

目　录

CONTENTS

目 录

CONTENTS

目　录

CONTENTS

目 录

CONTENTS

目　录

CONTENTS

目　录

CONTENTS

目　录

序

坦桑尼亚是非洲一个重要国家。笔者自 1965 年到新华社达累斯萨拉姆分社当翻译、尤其是 1991～1997 年任新华社达累斯萨拉姆分社首席记者以来，就一直在关注坦桑尼亚的发展变化，并为其在维护民族独立、发展民族经济和建设国家的道路上所取得的进步欣欣鼓舞。

从 16 世纪初开始，坦桑尼亚先后遭受葡萄牙、德国和英国等殖民者 400 多年的统治和掠夺。经过长期的反抗殖民统治和争取民族独立的斗争，坦噶尼喀 1961 年 12 月 9 日独立，一年后成立坦噶尼喀共和国；桑给巴尔 1963 年 12 月 10 日"独立"，成立了苏丹君主立宪国，1964 年 1 月 12 日桑给巴尔人民武装起义，推翻苏丹王朝，建立了桑给巴尔人民共和国。1964 年 4 月 26 日，坦噶尼喀和桑给巴尔联合建立了坦桑尼亚联合共和国，尼雷尔任开国总统。

尼雷尔当政 24 年，为坦桑尼亚巩固独立和建设国家时期；1985 年尼雷尔让贤后，坦桑尼亚实施结构调整，进行改革，进入了改革和发展的新时期。回顾起来，过去 40 多个春秋，坦桑尼亚的许多发展变化，都给世人留下了深刻印象。

第一，独立后，坦桑尼亚顶住美、英等西方国家压力，坚决支持南部非洲民族独立和解放的斗争，一方面为津巴布韦、莫桑比克、南非、纳米比亚等民族解放组织在坦桑尼亚建立训练营地，帮助训练自由战士，直至他们取得胜利；另一方面则向一些

1

非洲国家提供援助，帮助维护民族独立。世界舆论普遍认为，坦桑尼亚为支持非洲民族解放运动和反对南非种族主义的斗争做出牺牲，为非洲大陆非殖民化运动做出了贡献。

第二，为迅速改变长期殖民统治带来的落后的经济状况，1967年1月执政党坦盟发表《阿鲁沙宣言》，宣布坦桑尼亚"走社会主义道路"。随后几年，坦桑尼亚对银行、保险公司、大型工业、外贸公司和种植园等都实行了国有化，在农村开展了建立"乌贾马村"的村庄化运动，搞得"轰轰烈烈"，举世瞩目。然而，由于国有化和村庄化运动严重脱离国情，"社会主义建设"不仅没有收到预期效果，反而导致经济困难，以致国内生产总值出现了负增长。

第三，独立以来，坦桑尼亚国内局势长期和平稳定。尼雷尔说，其经验有三：一是重视党的建设；二是建立了自己的军队；三是推广斯瓦希里语，把全国人民紧密地团结在一起。观察家们认为，这种长期和平稳定局面的形成，与尼雷尔为坦桑尼亚独立和发展呕心沥血、艰苦奋斗有着密切联系。尼雷尔深受人民爱戴，其崇高威望变成了建立和发展国家和平稳定局势的强大凝聚力，这也是在"乌贾马社会主义"导致经济困难后坦桑尼亚人民仍然爱戴尼雷尔的原因。

第四，20世纪80年代中期以来，坦桑尼亚进入改革发展新时期。1985年姆维尼当选总统后，即调整政策，开始发展私营部门，建立市场经济。坦桑尼亚1986年开始进行"结构调整"，实施经济恢复和发展计划，收到良好效果。1986~1995年国内生产总值年均增长达到3%~4%。姆卡帕时期（1995~2005年），实施全面改革开放政策，建立了以私营部门为动力的市场经济，同时实施了《2025年远景发展规划》和《国家减贫战略计划》，使坦桑尼亚出现了宏观经济持续稳定发展、人民生活有所改善的可喜局面。据统计，1996~2004年，国内生产总值增长率从 4.2% 增至 6.7%，成为非洲发展最快的国家之一。2005
年 12 月 14 日基奎特当选为坦桑尼亚新总统。目前，坦桑尼亚正
在基奎特政府的领导下，进一步深化改革，调动各种积极因素，
为摆脱单一的依赖型经济的困扰，建立坦桑尼亚现代化经济，推
动经济持续稳定发展，为广大人民群众的脱贫致富，沿着以市场
为主导的经济发展道路阔步前进。

　　另外，引人注目的是，在尼雷尔时期，坦桑尼亚和中国就建
立了兄弟般的友好合作关系。一方面，坦桑尼亚坚持一个中国原
则，为恢复中国在联合国的合法权利做出了积极贡献。另一方
面，中国向坦桑尼亚提供了大量援助。举世瞩目的坦赞铁路运营
30 多年来，为促进坦赞两国经济发展和城乡物资交流做出了重
大贡献，同时为支援南部非洲的民族解放斗争发挥了积极作用。
尼雷尔让贤以来，姆维尼、姆卡帕和基奎特总统，都十分重视巩
固和发展同中国的友好合作关系。在改革和发展的新时期，经双
方努力，两国经济技术合作逐步改变了过去那种单一的政府间的
援助模式，进入了互惠互利、共同发展的新阶段。目前，中国继
续向坦桑尼亚提供力所能及的援助，同时两国在贸易、投资、承
包工程和技术等领域里的合作都得到了迅速发展，两国在政治、
经济、军事、文化等各个领域都开展了更加广泛的合作，两国关
系已进入"朋友加兄弟的全天候友谊"的新时期。

裴善勤
2007 年 6 月

第一章

国土与人民

第一节 自然地理

坦桑尼亚全称坦桑尼亚联合共和国（The United Republic of Tanzania），由坦噶尼喀和桑给巴尔于 1964 年 4 月 26 日合并建立，初称坦噶尼喀和桑给巴尔联合共和国，1964 年 10 月 24 日改为现名。改国名前，全国举行过国名评选活动，最后内阁选中"坦桑尼亚"。"坦桑尼亚"一词分别由代表坦噶尼喀和桑给巴尔的词头 Tan 与 Zan，加上斯瓦希里语名词自拉丁语借用的意指地名的后缀 ia 构成，意为由坦噶尼喀和桑给巴尔联合起来的国家。

坦噶尼喀得名于坦噶尼喀湖。1858 年英国探险家理查德·伯顿来到此湖地区，从当地土著人中调查得知，"坦噶尼喀"源于班图语动词"Kutanganyika"，为"汇合"、"聚集"之意，指无数河流在此汇集成湖泊，许多部落在湖畔聚集生息。"桑给巴尔"一词则来自于波斯设拉子方言，"桑给"意为黑色人种，"巴尔"意指土地，全名意指黑人居住的地方或黑人的国家。在我国古书中也早有记载，称之为"僧祇"、"层拔国"和"层檀国"等。

桑给巴尔盛产丁香，其产量占世界总产量 80% 以上，桑给巴尔过去被称作"丁香之国"。坦桑尼亚大陆坦噶尼喀盛产剑麻，其剑麻产量占世界总产量 20% 以上，过去世界上称坦噶尼喀为"剑麻之乡"。坦噶尼喀和桑给巴尔联合成为坦桑尼亚联合共和国之后，人们有时称坦桑尼亚为"丁香之国"，有时则称之为"剑麻之乡"。

一　地理位置

坦桑尼亚位于非洲东部，赤道以南，地处东经 29°～41°，南纬 1°～12°之间。其最北端的布科巴在南纬 1°，最南端的姆塔利卡在南纬 12°，最西端的基戈马在东经 29°，最东端的姆特瓦拉在东经 41°。坦桑尼亚由大陆（原坦噶尼喀）和桑给巴尔两个部分组成。坦桑尼亚大陆，东临印度洋，海岸线长840 多公里。从北向西、向南，分别与八个国家相邻。北部是肯尼亚和乌干达，边界线分别为 796 公里和 396 公里；西北部是卢旺达和布隆迪，边界线分别为 217 公里和 451 公里；西部，隔坦噶尼喀湖与刚果（金）相望；西南部与赞比亚和马拉维交界，边界线分别为 338 公里和 475 公里；南部与莫桑比克接壤，边界线为 750 公里。坦桑尼亚大陆同这些邻国的边界线总长为 3900公里。桑给巴尔，由桑给巴尔岛（当地人称其为温古贾岛）、奔巴岛和附近 50 多个岛礁组成，位于南纬 5°～6°之间，东经39.5°，南北长 86.9 公里，东西最大宽度 38.6 公里，领土面积为 2654 平方公里，其中桑给巴尔岛 1666 平方公里，奔巴岛 988平方公里。桑给巴尔位于非洲大陆以东的印度洋中，距达累斯萨拉姆 41.8 公里，与非洲东海岸最窄处的距离约为 34 公里。另外，坦桑尼亚还东隔印度洋与塞舌尔遥遥相望。坦桑尼亚全境南北长 1180 公里，东西宽 1200 公里，总面积为 945087 平方公里，是东非地域最大的国家。

二 行政区划

坦桑尼亚联合共和国 1964 年建立后，首都设在达累斯萨拉姆。

1973 年 10 月，坦桑尼亚（大陆）执政党坦噶尼喀非洲民族联盟建议并由坦桑尼亚国民议会通过决议，决定把首都迁至大陆中部地区的多多马，计划 10 年内完成搬迁任务。1992 年实行多党制后，国民议会再次通过决议，仍以多多马为坦桑尼亚新首都。但由于资金困难，新首都的建设工作进展缓慢，迁都工作至今尚未全面落实。作为联合共和国半自治的桑给巴尔首府一直设在桑给巴尔市。

在行政区划上，全国划分为大陆（坦噶尼喀）和桑给巴尔两个部分。坦桑尼亚全国现有 26 个省（原为 25 个省，2000 年大陆增设马尼亚拉省），包括大陆 21 个省，桑给巴尔 5 个省。坦桑尼亚各省名称、面积、人口、首府①及其中外文名称如表 1－1。

表 1－1 坦桑尼亚各省概况

省别（Regions）	面 积 （平方公里）	人 口 （2002 年）	首 府
阿鲁沙省（Arusha）	33809	292973	阿鲁沙
马尼亚拉省（Manyara）	46359	1040461	巴哈蒂
滨海省（Coast）	32407	889154	基巴哈
达累斯萨拉姆市（Dar es Salaam）	1393	2497940	达累斯萨拉姆市
多多马省（Dodoma）	4311	1698996	多多马

---

① Source：Tanzania Country Profile；Results of the Tanzanian 2002 Population Census（Aug. 25，2002）.

3

坦桑尼亚

续表 1−1

省别(Regions)	面积 (平方公里)	人口 (2002 年)	首府
伊林加省(Iringa)	56864	1495333	伊林加
卡盖拉省(Kagera)	28388	2033888	布科巴
基戈马省(Kigoma)	37037	1679109	基戈马
乞力马扎罗省(Kilimanjaro)	13309	1381149	莫希
林迪省(Lindi)	67000	791306	林迪
马拉省(Mara)	19566	1368602	穆索马
姆贝亚省(Mbeya)	60350	2070046	姆贝亚
莫罗戈罗省(Morogoro)	70799	1759809	莫罗戈罗
姆特瓦拉省(Mtwara)	16707	1128523	姆特瓦拉
姆万扎省(Mwanza)	19592	2942148	姆万扎
鲁夸省(Rukwa)	68635	1141743	松巴万加
鲁伍马省(Ruvuma)	63498	1117166	松盖阿
希尼安加省(Shinyanga)	50781	2805580	希尼安加
辛吉达省(Singida)	49341	1090758	辛吉达
塔波拉省(Tabora)	76151	1717908	塔波拉
坦噶省(Tanga)	26808	1642015	坦噶
桑给巴尔市/西方省 (Zanzibar Town/West)	230	391002	桑给巴尔市
桑给巴尔北方省(Zanzibar North)	470	136953	姆科科托尼
桑给巴尔中部和南方省(Zanzibar South and Central)	854	94504	科阿尼
奔巴北方省(Pemba North)	574	186013	韦提
奔巴南方省(Pemba South)	332	176153	查克查克

　　在坦桑尼亚,省下辖县,或称"地区",全国共有 129 个县;县下分乡、片、村三级。各省所下辖的县如表 1−2。

表1-2　坦桑尼亚省辖县

省	下　辖　县（区）
阿鲁沙省	恩戈罗恩戈罗、阿鲁梅鲁、阿鲁沙、蒙杜利和卡拉图县
马尼亚拉省	巴哈蒂、哈南格、基泰托、姆布卢和西曼吉罗县
达累斯萨拉姆市	伊拉拉区、基农多尼和特梅克区
多多马省	孔多阿、姆普瓦普瓦、孔戈瓦和多多马县及多多马城
伊林加省	卢德瓦、马克特、恩朱姆贝、穆芬迪和伊林加县与伊林加城
基戈马省	卡苏卢、基邦多、基戈马县与基戈马城
乞力马扎罗省	哈伊、隆博、姆万加、萨姆和莫希县与莫希城
林迪省	利瓦雷、基卢瓦、卢安戈瓦、纳钦瓜和林迪县与林迪城
马拉省	奔达、塔里梅、塞伦盖蒂和穆索马县及穆索马城
姆贝亚省	丘尼亚、姆博齐、伊勒杰、切拉、伦圭、姆巴拉利和姆贝亚县与姆贝亚城
莫罗戈罗省	基隆贝罗、基洛萨、乌兰加和莫罗戈罗县与莫罗戈罗城
姆特瓦拉省	内瓦拉、马萨西、坦达欣巴和姆特瓦拉县及姆特瓦拉城
姆万扎省	森盖雷马、乌克雷韦、马古、奎姆巴、盖塔、姆万扎县与姆万扎城
滨海省	巴加莫约、基巴哈、基萨拉韦、马菲亚、鲁菲吉和穆库兰加县
鲁夸省	姆潘达、恩卡西、松巴万加县与松巴万加城
鲁伍马省	姆宾加、通杜鲁、松盖阿县与松盖阿城
希尼安加省	卡哈马、马斯瓦、巴里亚迪、米亚图、布孔贝、希尼安加县与希尼安加城
辛吉达省	伊兰姆巴，马尼奥尼、辛吉达县及辛吉达城
塔波拉省	伊甘加、思泽加、乌兰博、塞空盖、塔波拉县及塔波拉城
坦噶省	卢绍托、汉德尼、科罗圭、穆海扎、潘加尼和坦噶县
卡盖拉省	比哈拉慕洛、卡拉圭、恩加拉、穆雷巴、布科巴县与布科巴城
桑给巴尔市/西方省	桑给巴尔市和桑给巴尔西部县
桑给巴尔北方省	桑给巴尔北部A县和北部B县
桑给巴尔南方省	桑给巴尔中部县和南部县
奔巴北方省	韦提县和米切韦尼县
奔巴南方省	查克查克县和姆夸尼县

三　地形特征

（一）坦桑尼亚大陆

一位宇宙飞行员说过，从宇宙飞船上回望地球，清晰可见的只有两个带状物，一个是中国的万里长城，另一个便是东非大裂谷，可谓地球上的两大奇观。大自然的力量，造就了东非大裂谷，大裂谷为坦噶尼喀点缀出一个多样化的、壮观奇特的地形特征。[①]

地质学家们认为，在距今 2000 万年前开始的第三纪，东非地区地壳发生大变动，使整个区域出现抬升现象，从而导致地壳板块的大断裂，大量玄武岩熔岩通过裂隙和火山不断涌出地面，从北部的埃塞俄比亚一直延伸到南部的马拉维都发生了熔岩喷发。由于地壳抬升运动连续不断，地壳的断裂和熔岩的涌出就不间断地发生。这种一直延续到距今 250 万年前开始的第四纪地壳运动，抬升的地壳板块形成了高大的东非高原，而断裂下陷的地带则形成了著名的东非大裂谷（俗称 "地球的伤疤"）。这条大裂谷，北起约旦河谷，沿红海南下，穿过埃塞俄比亚和肯尼亚，进入坦桑尼亚，穿过坦桑尼亚后经马拉维，直至莫桑比克的贝拉港，消逝于印度洋海底。大裂谷全长 6400 多公里，深 1000～3000米，宽 40～50 公里。在两侧平行陡崖的裂谷内，形成了众多的湖泊；在裂谷相间和中断处，则出现了一系列著名的高山（包括火山）。裂谷从坦桑尼亚西北部入境之后，又分成东、西两个裂谷带，它们纵贯坦桑尼亚西部和中部地区，最后在其北部汇合。在坦桑尼亚这两个裂谷带的西部和东部以及北部地区，形成了许多湖泊。

据有关专家介绍，坦桑尼亚大陆部分地处高原地带，地形复

---

① Source：Tanzania Country Profile.

杂，既有起伏微缓、景观单调的中央高原，又有气势雄伟、绵延数百公里的"坦噶尼喀断崖"；既有非洲第一高峰、赤道雪山——乞力马扎罗山，又有湖底低于海平面661米的世界第二大深湖——坦噶尼喀湖；既有星罗棋布的湖泊，又有与水天相连的沿海平原。

坦桑大陆的地形，总的讲为东南低、西北高，呈阶梯状。沿海为低地，内陆是东非高原的一部分，平均在海拔1200多米。自东南向西北，由海拔6～10米的滨海平原，到60～80米的丘陵，再过渡到300～400米和1000～1500米的高原。此外，还有海拔高度在2000～3000米以上的山脉，山脉之间有一些大小不一的冲积平原和湖盆。

1. 山脉

按地区分布可以分为北部山脉、西部山脉和南部山脉。

北部山脉 主峰为乞力马扎罗山的基博峰，海拔5895米，是非洲第一高峰，山顶终年积雪，蔚为赤道奇观。乞力马扎罗山山坡以连续的直坡一直下降近5000米，是世界最高的连续直坡之一，也是世界上最宏伟的景观之一。主峰东南有帕雷山、乌桑巴拉山；向西北延伸入肯尼亚境内至维多利亚湖东岸；向西有梅鲁山、恩戈罗恩戈罗山；向南为姆布卢山和孔多阿山；桑给巴尔及其附近岛屿则是这条山脉的一部分。

西部山脉 沿坦噶尼喀湖东西两岸向南北延伸，主峰是位于刚果（金）境内的维山。整个坦噶尼喀湖则是这个山脉贯通南北的一个大裂谷。

南部山脉 沿尼亚萨湖两岸延展，主峰是尼亚萨湖西北部的伦圭山，其海拔高度为2961米。从伦圭山向西北是姆贝亚山脉；向东南为利文斯敦山；向东为基彭盖雷山和恩琼贝高原；向东北则是伊林加高原、乌萨加拉山、卡古鲁山和恩古卢山。

除上述三条山脉外，还有一些孤立的山，如乌鲁古鲁山和桑

加山等。

在坦桑尼亚大陆，由地壳断块上升而形成的山脉，分布得十分广泛。这些山脉多数仍然保留着高原地形，但断块的边缘则是陡峻的断层崖。例如：乌桑巴拉山面向潘加尼河的断层崖，其陡坡就下降达1000米左右；从基隆贝罗盆地到汉德尼附近的"坦噶尼喀断崖"高达2000多米；利文斯敦山西侧、尼亚萨湖东岸的断层崖湖岸，从山顶到湖底也有2000多米。在坦噶尼喀，由火山喷发而形成的山脉，包括乞力马扎罗山、梅鲁山、伦圭山和恩戈罗恩戈罗火山等。其中，恩戈罗恩戈罗山口直径达17~22公里，面积达250平方公里，是世界第二大火山口。

2. 高原

坦桑尼亚大陆的高原地带占其陆地总面积的一半以上。按其地理分布，包括东南部高原、马赛－汉德尼高原和中央高原。

东南部高原　包括东南部的鲁伍马、姆特瓦拉等地区。整个高原以桑格河附近为中心，东低西高，自300米升至1000米左右；其地形特点也是自东向西变化，东部是台状高原，台面与台面相距几公里或几十公里，台面的边缘部分以平缓的斜坡与另一台面的斜坡相接；中部为山区高原，上面分布着许多孤立山峰；在西部，高原面倾斜则呈微缓趋势，由于受河流切割，多处成为山梁地形，多沟谷，沟头常有泉水露出。东南部高原地区，气候温热，雨量充沛，由于长期生物腐烂堆积，地表有一层松软而肥沃的土壤，是良好的耕作区。

马赛－汉德尼高原　位于东北部，包括阿鲁沙地区和坦噶的部分地区。它地势东低西高，高原西部一般都在海拔1000米以上，波状起伏，布满山丘，大多是岩石裸露的岛山型丘陵。

中央高原　位于西部地区，面积大，占坦噶尼喀大陆面积的1/3以上，是由古老的上升地块经过长期剥蚀作用而形成的起伏平缓的地带，其相对隆起或凹陷的地段，则形成了诸如非洲第一大湖维多利亚湖"洼地"和海拔在 1500 米之上的、表面平坦并未受河流冲刷的塞伦盖蒂大草原。

3. 丘陵平原及盆地

沿海丘陵和平原　沿海丘陵是内地山脉或高原向印度洋延伸的部分，有的地方距岸边只有几公里，高度多在 200～300 米之间，多为沉积岩；沿海平原，即沿印度洋岸边的狭窄地带，一般宽 10～30 公里；鲁菲吉河和鲁伏河下游平原地带较宽，有的地方超过 100 公里。

冲积平原和盆地　包括位于中央高原西部的马拉加盆地、文贝雷河盆地、莫约沃西河下游沼泽地、大鲁瓦阿河上游的乌桑戈盆地、基隆贝罗河流域的基隆贝罗盆地、瓦米河中游的基洛萨盆地、鲁夸湖盆地和鲁菲吉河及鲁伏河下游平原等，它们大多数是地壳断裂时形成的陷落式盆地，后经河流冲积物覆盖，成为发展农牧业的良好地域。

（二）桑给巴尔

桑给巴尔由桑给巴尔岛（当地人称之为"温古贾岛"）和奔巴岛组成。[①]

温古贾岛四周有零星小岛，岛上没有明显的山脉，除很少一部分地区在海拔 100 米以上（最高点 119 米）外，大部分地区都在 46 米以下。地形可分为三类：丘陵地带，在海拔 59 米以上，主要分布在中部，是河溪的发源地，丘陵上有南北走向的狭长带状平原，如马克巴、马宏达平原等；台地和小块冲积平原，一般在海拔 12～49 米之间，主要分布在西北部、东北部和东南部；珊瑚平原，分布在东部及东南部，海拔多在 6～43 米，大部分珊瑚岩裸露，零星分布着海拔 30～60 米的小块台地和高地，

---

① Source：Tanzania Country Profile.

在台地与珊瑚地的接壤处，往往形成高达 30 多米的峭壁。桑给巴尔岛的海岸，除西海岸为砂岸外，其余 90% 都是珊瑚海岸。珊瑚岸又分为陡岸与平缓岸。陡岸有限，集中于西海岸南北两端，它多因海蚀形成 3 ~ 10 米高的悬壁；平缓珊瑚岸占桑给巴尔岛海岸总长的 85%，此种海岸表层往往覆有薄层白砂。

奔巴岛的地形与桑给巴尔岛相仿，中部和西部较高。

四　河流与湖泊

坦桑尼亚内陆高原湖泊和河流众多，河流与湖泊总面积达 6 万多平方公里，是非洲内陆水域面积最大的国家。坦桑尼亚自然资源和旅游部的一位官员说，众多的河流和湖泊为坦桑尼亚供水、灌溉和发电等提供了丰富的水利资源。

（一）河流

由于地形特点，其河流短小，而且流量随季节变化而变化。据介绍，坦桑尼亚大陆的河流分属四大水系：（1）印度洋水系，包括东部直接注入印度洋的河流（桑给巴尔的河流也包括在内）和西南部一些经尼亚萨湖和赞比西河流入印度洋的河流，主要有鲁菲吉河、鲁伍马河、马坦杜河、瓦米河、潘加尼河和鲁伏河等。鲁菲吉河长 1400 公里，是坦桑尼亚最长的河流，其下游可以通航，流域面积达 17.7 万平方公里。印度洋水系流域面积430717 平方公里，占全国土地总面积的 48.4%。（2）地中海水系，包括通过维多利亚湖汇入尼罗河的所有河流，主要有卡盖拉河、文贝雷河和马拉河等。卡盖拉河一般被认为是尼罗河的上源。地中海水系流域面积 87283 平方公里，占全国土地面积的9.8%。（3）大西洋水系，包括通过坦噶尼喀湖汇入刚果河（或称扎伊尔河）流入大西洋的河流，以马拉加拉西河（Malagalasi River）为最长。大西洋水系流域面积 151774 平方公里，占全国土地总面积的 17%。（4）内陆水系，包括所有流入内陆一些盆地和湖泊的河流，如流入埃亚西湖的文贝雷河、流入巴希洼地的布布河以及注入鲁夸湖、马尼亚拉湖和纳特龙湖的一些小河流，内陆水系的流域面积约221445平方公里，占全国土地面积的24.8%。

（二）湖泊

坦桑尼亚大陆位于东非大裂谷地带，湖泊众多。维多利亚湖、坦噶尼喀湖和尼亚萨湖（又称马拉维湖）被称为坦桑尼亚的三大湖泊。这三大湖均位于与邻国的分界线上，与邻国共有，有着重大的与邻国间的航运价值。

1. 维多利亚湖

位于坦桑尼亚、肯尼亚和乌干达交界处，面积达6.8万平方公里，为非洲最大的淡水湖，是世界第二大淡水湖，仅次于北美的苏必利尔湖（8.24万平方公里）。当地人称其为"尼扬扎湖"或"乌凯雷韦湖"。英国探险家约·斯彼克1858年到东非探险，"发现"此湖后，则以当时大不列颠女王维多利亚的名字命名，称为"维多利亚湖"。第一次世界大战后东非三国均沦为英国的殖民地，这个湖的名字就这样延续下来了。维多利亚湖，海拔1.134米，是东非高原上一个庞然大物，长320公里，宽275公里，平均水深40米，最深处达80米。湖岸线长7000多公里。湖中岛屿不多，最大的是位于坦桑尼亚境内的乌凯雷韦岛。按坦桑尼亚、乌干达和肯尼亚三国疆界划分，该湖的55%在坦桑尼亚，40%在乌干达，5%在肯尼亚。维多利亚湖是在东非大裂谷形成时出现的，其水源主要靠降雨和众多的河流。河流中最大的为主要在坦桑尼亚境内的卡盖拉河。维多利亚湖的航运十分发达。港口主要有坦桑尼亚的布科巴和姆万扎，乌干达的金贾和恩德培以及肯尼亚的苏库穆等，彼此间都有汽轮来往，而且从姆万扎和苏库穆都可经铁路通往东非两大港口达累斯萨拉姆港和蒙巴萨港。

2. 坦噶尼喀湖

位于坦桑尼亚、刚果（金）、布隆迪和赞比亚四国交界处，面积 3.4 万平方公里，大约面积的一半在坦桑尼亚境内，40% 在刚果（金），布隆迪和赞比亚境内各占约 5%。此湖位于海拔 773 米的东非大裂谷地带，湖身长 650 公里，宽 40～80 公里，最深处达 1470 米，是非洲最深的湖，为世界上第二个深水湖，仅次于俄罗斯的贝加尔湖（1620 米）。湖水来源于降雨和河流。汇入坦噶尼喀湖的主要河流包括：坦桑尼亚境内的马拉加拉西河、赞比亚境内的鲁济济河和刚果（金）境内的卢库加河。坦噶尼喀湖出产的鱼类有 250 种左右，其中 190 多种系当地特产。湖内港口主要有：坦桑尼亚境内的基戈马（可经铁路与达累斯萨拉姆港相连）、布隆迪的布琼布拉（布隆迪首都）和刚果（金）的卡利马等。

3. 尼亚萨湖

位于坦桑尼亚、马拉维和莫桑比克交界处，是东非大裂谷南端的一个最大的湖泊，面积 3.08 万平方公里，90% 在马拉维境内，坦桑尼亚和莫桑比克境内的各占 5% 左右。"尼亚萨"在班图语中意为"大湖"之意，为该湖原来的名称，但因其基本上位于马拉维境内，马拉维原称尼亚萨兰，1964 年 7 月 6 日独立后改为现名，遂称尼亚萨湖为"马拉维湖"。尼亚萨湖为非洲第三大湖，长 580 公里，宽 80 公里，水深为 706 米。尼亚萨湖，其地理环境及气候条件特别适于鳄鱼和河马生长，鳄鱼和河马的数量均居世界之首，有"鳄鱼和河马的乐园"之称。尼亚萨湖航运较发达，主要港口有姆亚·姆班巴港（坦桑尼亚），恩科塔科塔、卡龙加和班达韦（马拉维），科布韦和梅坦古拉（莫桑比克）等。

除上述三大湖泊外，在西南部有一个鲁夸湖，湖长约 140 公里，宽 10～30 公里，面积约 2850 平方公里，是坦桑尼亚境内最大的内陆湖，湖滨冲积平原宽广，达 11700 平方公里。另外，在北部地区还有纳特龙湖、埃亚西湖和马尼亚拉湖等，也都比较大。

在桑给巴尔岛和奔巴岛，因面积小，岛上都没有湖泊，河流也很少，地表水都比较缺乏。其水系的共同特点是：河流多为山溪性河流，流量小；河流短，一般只有几公里到十几公里长；多为间歇性河流，其河流一般是雨季涨水，雨季过后水量骤减以至干涸，一般有水期为三个月至半年。

五 气候

坦桑尼亚邻近赤道，只有旱季和雨季或热季和凉季之分，而无四季的区别。[①]

坦桑尼亚大陆部分，虽靠近赤道，但因大部分地区为海拔1000米以上的高原和山地，气候并不十分炎热，年平均气温在摄氏 21 ~ 25 度之间；同样，被海洋所包围的桑给巴尔，也无炎热的酷暑，年平均气温在摄氏 26 度左右。

坦桑尼亚幅员辽阔，由于地理位置、地形和地势的不同，分属三个气候带，即热带草原气候、热带、山地气候带和热带海洋性气候，其特点完全不同。

（一）热带草原气候带

1. 大陆沿海低地和丘陵地带

在北部的坦噶、中部的达累斯萨拉姆、莫罗戈罗和南部的林迪、姆特瓦拉等地，以炎热潮湿为其气候主要特征，年均温度在摄氏 25 度以上；平均相对湿度为 80% 左右；降水量 1000 ~ 1300毫米。在靠近内陆的丘陵地区，如莫罗戈罗等地，降水量较少，年降水量不足 1000 毫米，只有局部山区（如乌鲁古鲁山区）的降水量在 1400 ~ 2000 毫米。在达累斯萨拉姆及其以北地区，一年内有 3 ~ 5 月和 11 ~ 12 月两个雨季，其余月份为旱季；在达累

---

① Source：Tanzania Country Profile.

斯萨拉姆以南，仅有11～5月一个雨季，其余月份均为旱季。

在这个气候带，一般11～5月是高温潮湿季节，月均温度为摄氏27～28度，中午则经常出现摄氏35度以上的高温；空气湿度很大，平均超过85%；6～9月旱季时间，温度不高，湿度较低，人们感觉较为舒适。

降雨过程通常在夜间和黎明以雷阵雨的形式出现，持续时间不长。偶尔，也会发生在整个沿海地区连降小雨和中雨达24小时左右的现象。

2. 维多利亚湖地区

巨大的维多利亚湖水面给沿湖地区带来温和的气候，其年均温度约摄氏22～23度，最热月份平均温度仅为摄氏23～25度；温差较小，最热和最凉的月份的温差只有摄氏2度左右，白天和夜间的温差稍大一些。湖区的降水量比较均匀，旱季和雨季的变化也不明显。然而，各地区的降水量有所不同，湖东偏旱，湖西多雨，南岸雨水适中。据统计资料，湖东穆索马地区年均降水量约816毫米，湖西的布科巴地区年降雨量多达2054毫米，湖南的姆万扎地区为1044毫米。布科巴一带，是东非著名的多雨区，这与维多利亚湖经常出现的雷雨天气有关。这种雷雨天气在3～5月和10～12月的雨季期间最多，其特点是降雨时间从半夜延续到清晨。夜间，因湖面上的空气比周围陆地上的空气的气温高，从周围向湖心吹来的陆风，在湖心附近汇合形成积雨云，而这种积雨云受该地区大气下层一般偏东气流影响而从湖心向西移动，到湖的西岸则出现雷雨过程。一般情况下湖区风力不大，但雷雨交加、狂风发作时，风力可达30米/秒（11级）。

（二）热带山地气候带

1. 大陆东北山地

主要在乞力马扎罗山和梅鲁山坐落的乞力马扎罗和阿鲁沙两

个省区。由于地势起伏大,气候条件变化显著。例如,年均气温,在位于海拔 831 米的莫希为摄氏 23.4 度,在海拔 1387 米的阿鲁沙降到摄氏 19.5 度,而到乞力马扎罗山峰区域则骤降到摄氏零下 30 度左右,出现了赤道附近的寒带"高山雪峰"奇观。这个气候带的降水量,依地形和坡向的不同而不同,河谷低地年降水量一般为 800～900 毫米;山地迎风坡降水充沛,如位于乞力马扎罗山坡的利亚蒙古地区,每年有降雨日 167 个,年降水量高达 1635 毫米。这两个省,一年有两个雨季,3～5 月是降水最多的季节,占全年降水量一半左右;11～12 月是第二个雨季,雨水较多;其他月份降水较少,7～9 月的旱季则基本无雨。

2. 大陆西南高地

指姆贝亚、恩琼贝、图库尤和伊林加等地区。其主要特点是:地势高,气候凉爽;年均温度在摄氏 16～19 度之间,最热的季节月均气温为摄氏 18～21 度,最凉爽季节的月均气温为摄氏 13～16 度;因地处内陆,其昼夜温差较大,如在 6～9 月,中午温度为摄氏 20～22 度,夜间就要降到摄氏 10 度以下,偶尔降到摄氏 0 度左右。这里每年 12～4 月为雨季,降雨主要集中在雨季,占全年降水量的 85%～90%。尼亚萨湖周围为多雨区,如图库尤年降水量达到 2518 毫米。降水量自西北向东南逐渐减少,如坦达拉的年降水量为 1456 毫米,恩琼贝为 1170 毫米,到姆贝亚和伊林加地区就分别减少到了 906 毫米和 688 毫米了。6～9 月为旱季,降水极少,在此期间常有龙卷风出现。

3. 大陆内陆高原

内陆高原地域辽阔,干旱为其气候主要特点,同时昼夜温差较大。12～3 月为雨季,其余月份为旱季。年降雨量一般在 1000 毫米以下,并自西向东逐渐减少。东部的多多马、孔多阿和萨梅一带,因处在山脉的背风面,年降水量更少,都在 600 毫米以

下。这里干旱季节较长，有时 6 ~ 9 月连续数月无雨，致使人畜饮水出现困难。该气候带的年均气温在摄氏 22 ~ 23 度之间，但昼夜温差很大，比如多多马，12 ~ 5 月白天气温常在摄氏 32 度以上，但夜间一般都会降到摄氏 20 度以下；在 6 ~ 7 月相对凉爽的季节，白天气温可达摄氏 30 度，而夜间则会降到摄氏 15 度以下。空气湿度低，年均相对湿度只有 60% 左右，旱季湿度更低，常在 40% 以下。

（三）热带海洋性气候带

桑给巴尔气候，为湿热性气候。桑给巴尔虽在赤道附近，但经海洋调节，其气温不高，变幅也不大。全年大体分为凉热两季，由雨季隔开。12 ~ 3 月为热季，平均温度摄氏 25 ~ 28 度；6 ~ 10 月为凉季，平均温度摄氏 23 ~ 25 度。桑给巴尔雨水丰沛，全年无明显的旱季，年降水量在 1500 ~ 2000 毫米之间，主要集中在雨季。每年 4 ~ 5 月为大雨季，降水量占全年总降水量的 40% 以上；11 ~ 12 月为小雨季，降水量一般占全年降水量的 20%。从地区讲，一般是奔巴岛降水多于桑给巴尔岛，丘陵高地多于平原和珊瑚地区。

桑给巴尔的湿度较大，年均相对湿度在 80% 左右。在 4 ~ 5 月的雨季期间，湿度最大，平均相对湿度高达 89%；而在 11 ~ 12 月的雨季，湿度较小，平均相对湿度约为 70%。受季风影响，一年之内有东北季风期与东南季风期之分。东北季风期与热季相对应，为 12 ~ 3 月，盛行北风和东北风。东南季风期为 6 ~ 10 月，盛行南风和西南风。一般情况下，季风风力不大，平均风速为 3 ~ 4 米/秒，最大风速也只有 6 米/秒。桑给巴尔岛风速略大于奔巴岛。这里很少受到热带气旋影响，但偶尔出现一次就会带来灾害。据记载，1872 年就发生过一次，在那次飓风中曾毁坏了 1/3 的丁香树。

马菲亚的气候与桑给巴尔的气候大体相同。

第二节　自然资源[①]

一　矿物

个国家矿产资源多少与其地质结构有着直接的关系。据地矿专家介绍，坦桑大陆的地质，按其构造和地壳变动及其形成的时间，可划分为几个单元，即早太古代构造层、晚太古代构造层、早元古代构造层、晚元古代构造层和古生代 – 新生代构造层。

据报道，坦桑尼亚大陆的地层包括：太古代 – 元古代，约占全境面积67.3%（其中沉积变质岩约占全境面积的40.7%，变质岩浆岩占26.6%）；中生代（陆相及海相侏罗 – 白垩纪），约占6.3%；新生代（海相、陆相及火山岩），约占24.2%。

各个不同地史时期岩浆不同方式的活动，地层的断裂和火山的喷发，尤其是各种岩浆的频繁活动和作用，为坦桑大陆留下了极其丰富的矿产资源。

据坦桑尼亚自然资源和旅游部官员介绍，在中央高原的太古代岩层里，有红宝石；在北部维多利亚湖以南和以东有黄金矿化的母岩；在姆万扎西南、穆索马和伊兰巴 – 塞肯克一带，有金矿，被称为维多利亚湖金矿；在中部和东部大部分地区，有与伟晶岩脉伴生的白云母、石榴石（一种磨料和宝石）、蓝晶石（一种溶剂）和石墨；在南部和东南部的恩朱琼地区有钛磁铁矿；在姆潘达地区有黄铜矿和方铅矿，还伴生有铅 – 铜 – 银 – 金矿床；在卢帕地区，有金、银、黄铜和方铅等矿物；在卡拉圭地区有锡矿和钨矿；在西南部，有鲁胡胡煤田及其他一些煤田。

[①]　Source：Tanzania Country Profile.

在大陆东部沿海地区，有石灰岩和含有石膏、硬石膏以及岩盐的蒸发岩，尤其在林迪以北蒸发岩岩层极厚，储量巨大。在达累斯萨拉姆周围，还有高品位的珊瑚石灰岩（可做水泥和石灰原料、建筑石料和混凝料）。在普古丘陵一带，有大量的高岭土矿。另外，在姆布古地区有石灰岩，在马尼亚拉湖地区有磷酸盐矿，在卡盖拉谷地有硅，在安布塞利湖地区还有海泡石。

在埃亚西－文贝雷凹陷盆地边缘的希尼安加、恩泽加和伊兰巴－辛吉达一带以及姆贝亚附近，有烧绿石（pyrochlore）和铌矿；在乌温扎有盐泉。

另外，在恩琼贝以南、姆潘达南部和西南部、尼亚萨湖的西北部地区都有铁矿；在恩琼贝以南还有钛铁矿和钛矿；在尼亚萨湖以东地区有优质煤田；在马尼亚拉湖畔基尔瓦以南地区，还有磷酸盐矿、石膏和硬石膏矿。

据岩矿鉴定，桑给巴尔地层的岩石，除方解石、粘土、白云石等沉积而成的矿物外，还有一些长石、角闪石、云母、锆石、磁铁矿、辉石、电气石及蓝晶石、绿帘石、石榴子石、独居石、金红石、白太矿和滑石矿等。

二　植物

（一）坦桑尼亚大陆

据介绍，大陆的植物群落可分七大类，即：（1）森林；（2）林地；（3）灌木林和灌丛；（4）有树草地；（5）草地；（6）沼泽；（7）沙漠和半沙漠。

大陆的森林，大部分属于低地和高地干性常绿类；有一些雨林和落叶林；还有一系列地下水型森林，即沼泽和河流型森林。森林总面积不大，主要在高地上；低地森林主要分布在布科巴和马孔德高原。

林地，多为干旱地区落叶疏树林地，主要分布在中央高原的山坡上，而大陆近一半的陆地上都有这种林地。然而，在这种林地内，常有共生的安哥拉紫檀。

灌木林和灌丛，主要分布在旱区落叶疏树旷野林地内；沿海地区，有些常绿灌丛。

有树草地，以草为主，长有一些矮树或灌木，主要分布在年降雨量在 800~1200 毫米的地区。

草地，以草为主，如果有树木，覆盖率也不到 10%。它们主要分布在谷地里。

沼泽，分布在谷地或内陆盆地经常有积水的地方，生长着沼泽植物，包括草或芦苇等；在沿海沼泽地，有沼泽森林，主要是红树林。

沙漠和半沙漠，面积很小，主要分布在一些灌丛和草地的边缘地带，长有一些矮灌木和零星的草丛。另外，埃亚西湖和纳特龙湖的盐滩，也属于沙漠和半沙漠地带。

大陆的植被状况较好，为农业、牧业和林业的发展提供了良好条件。

（二）桑给巴尔

桑给巴尔，虽在赤道附近，但经海洋调节，其气温不高，温差也不大，适于树木和各种植物生长。桑给巴尔植被环境十分优越：有森林、林地、灌木丛、红树林和沼泽地森林（占土地面积的 13.7%）；有草原（占土地面积的 0.8%）；还有大量的在小丘陵和小平原上的可耕地（占其土地面积的 49.2%）。不论温古贾岛，还是奔巴岛，树种繁多的树木，包括多种果树，终年都是郁郁葱葱，苍翠欲滴，所以早期的阿拉伯商人和印度商人一直把桑给巴尔称作"绿岛"。优越的植被状况，为桑给巴尔农业（包括粮食作物、经济作物、各种蔬菜和水果的种植）、林业和畜牧业的发展提供了良好的条件。

三 动物

坦桑多种多样的地形和气候，打造了茂密的森林、辽阔的草原、众多的河流与湖泊，为种类繁多的珍禽异兽提供了优越的栖息环境。据报道，坦桑尼亚野生动物种类多、数量大，是非洲野生动物最多的国家之一。它有食草动物，包括大象、黑犀牛、白犀牛、河马、野牛、斑马、角马、长颈鹿和各种羚羊等；有食肉猛兽，像狮子、豹子、琶狗、胡狼等；还有种类繁多的猴子，包括大量的狒狒；鸟类品种和数量，也是世界上最多的国家之一，多达 1500 多种，其中以鸵鸟、红鹤（火烈鸟）、几内亚珠鸡，鹧鸪、鸨、野鸭等为最多。

这些野生动物是坦桑一大宝贵财富，不仅为国家旅游业的发展提供了丰富的资源，而且也具有重要的研究价值。

第三节 居民与宗教

一 人口

（一）人口总数

自独立以来，坦桑尼亚先后于 1967 年、1978 年、1988 年和 2002 年进行过四次全国人口普查，人口总数分别为 12313469 人、17512610 人、23095878 人和 34569232 人。截至 2002 年 8 月，坦桑人口比 1967 年增加了近两倍。1988～2002 年，坦桑人口年均增长率为 2.9%，其中大陆年均增长 2.9%，桑给巴尔年均增长 3.1%。截至 2002 年 8 月，在坦桑大陆和桑给巴尔居住的非非洲人约 134000 人，比 20 世纪 60 年代减少约 50%。[①]

---

① Source：Results of the Tanzanian 2002 Population Census（Aug. 25，2002）.

（二）性别比例

2002 年 8 月全国人口普查表明，自 1988 年以来，坦桑尼亚的男性在人口中所占的比重在增加。在 2002 年 8 月人口普查的总数中，男 16910321 人，女 17658911 人，虽然男性仍然少于女性，但男女比例已从 1988 年人口普查的 94 比 100 增加到 96 比 100。

在 2002 年的人口普查中，大陆和桑给巴尔的男女比例相同。在大陆 33584607 人中，男 16427702 人，女 17156905 人；在桑给巴尔 984625 人中，男 502006 人，女 482619 人。

在男女比例中，有少数地区为男多女少。在大陆，马尼亚拉省男性所占的比例最大，达到 106 比 100；其次是达累斯萨拉姆市，其比例为 102 比 100。大陆男性所占比例最小的是伊林加和姆万扎两个省，其比例均为 90 比 100；马拉省男性所占比例稍大些，为 91 比 100。在桑给巴尔，自 1988 年以来男性在其人口中的比例略有下降，在 2002 年的人口普查中，除温古贾南方省的男多于女，比例为 103 比 100 以外，其余 4 个省都是男少女多，其比例都在 95～96 比 100 之间。[①]

（三）人口结构

2002 年坦桑全国人口普查表明，其年龄结构为：14 岁以下的儿童，占总人口的 44%；15～64 岁的劳动力人口，占总人口的 52%；而 65 岁以上（包括 65 岁）的人，仅占人口的 4%。[②]

（四）人口密度

按 2002 年坦桑尼亚全国人口普查，全国人口密度为每平方公里 38 人。其中，大陆的人口密度为每平方公里约 35.6 人；桑给巴尔为每平方公里 370 人。

---

① Source：Results of the Tanzanian 2002 Population Census （Aug. 25，2002）.

② Source：Results of the Tanzanian 2002 Population Census （Aug. 25，2002）.

在大陆，2/3 左右的地区人口稀少，每平方公里只有 1～2人；在中央高原地区的米奥姆博一带以及马赛高地，由于蛇和萃萃蝇特多，人很少，甚至人迹全无。而在维多利亚湖地区，在乞力马扎罗山、梅鲁山、伦圭山、帕雷山等山坡地带，人口稠密，平均每平方公里有 500 多人。在城镇地区，人口过于稠密，达累斯萨拉姆市的人口密度为每平方公里 1793 人。在桑给巴尔，奔巴岛的人口密度高于桑给巴尔岛。在奔巴岛，每平方公里有 487人，而在桑给巴尔岛，每平方公里只有 302 人。在桑给巴尔岛，绝大多数人口集中于西部，桑给巴尔市和桑给巴尔西方省每平方公里有 1700 人；而在东部珊瑚地区，人烟稀少，只是在狭窄的海岸地带，才有一些零散的住户。

在桑给巴尔岛和奔巴岛周围的一些小岛上，大都没有常住人口。[1]

（五）人口分布

近几年，坦桑尼亚城镇人口增幅较块。据 2002 年人口普查报告，全国城镇人口达到 7943561 人，所占全国人口的比例从1988 年的 18% 增加到 23.1%；乡村人口为 26500042 人，占人口总数的 76.9%。在全国人口中，大陆城镇人口所占比例从 1988年的 18% 增加到 2002 年 23%，桑给巴尔城镇人口所占的比例从1988 年的 32% 增加到 40%。

在各省（市）中，城镇人口所占的比例不同，大陆达累斯萨拉姆市城镇人口所占比例最高，占 94%；居第二位的是阿鲁沙省，占 31%。在桑给巴尔，桑给巴尔市和桑给巴尔西方省最高，占 82%；而温古贾北方省城镇人口最少，只占2%。[2]

---

[1]　Source：Results of the Tanzanian 2002 Population Census（Aug. 25, 2002）.

[2]　Source：Results of the Tanzanian 2002 Population Census（Aug. 25, 2002）.

（六）家庭规模

从 2002 年 8 月全国人口普查看，坦桑尼亚家庭的规模在逐渐变小。坦桑每个家庭的平均人数，已从 1988 年的 5.2 人减少到 2002 年的 4.9 人。报道说，这与近年来政府鼓励计划生育有关，20 世纪七八十年代，坦桑每个育龄妇女平均生近 7 个孩子，到 2002 年已经减少到 5 个。但桑给巴尔的情况不同，除温古贾岛南方省外，其它 4 个省每个家庭的平均人数比过去都有所增加。[①]

二　民族

坦桑尼亚是一个多种族和多民族国家。坦桑尼亚当地居民分属 4 个种族，即班图人、苏丹人、库希特人和科伊桑人，包括 130 多个部族。据 2002 年 8 月《坦桑尼亚人口普查》，坦桑尼亚当地居民占全国人口总数的 99.6% 以上；外来移民主要是阿拉伯人、印度人和欧洲人，约占全国人口总数的 0.39%。

班图人，是坦桑尼亚最大的一个民族集团，包括 100 多个部族，约占当地居民人数的 94.91%。他们分布在全国各地。最大的苏库马族以及与其语言文化相近的尼亚姆韦齐族、尼亚图鲁族和姆布圭族，主要分布在大陆中西部地区；与苏库马族有着千丝万缕联系的伊兰巴族、戈戈族、扎拉莫族、卢古鲁族、萨加拉族，分布在大陆东部和东南部；查加族、帕雷族、尼卡族、泰塔族、桑巴拉族（Shambala）和齐古阿族等，分布在大陆东北部；赫赫族、贝纳族和波戈洛族，则分布在大陆鲁菲吉河与鲁阿哈河流域；在与莫桑比克交界的南部地区，居住着马孔德族、金加族、尼亚库萨族（Nyakusa）、马滕加族和尧族等；在与布隆迪和

---

① Source：Results of the Tanzanian 2002 Population Census（Aug. 25, 2002）.

卢旺达交界的西部地区，有哈族、哈亚族及其近缘齐巴族等；在大陆维多利亚湖东岸分布着卢赫亚族；大陆沿海地区及桑给巴尔诸岛生活着斯瓦希里族。

苏丹人，包括马赛族、卢奥族、塔托格族、巴拉拜格族（又称马阿蒂族）、恩加萨族、阿鲁沙族和巴拉古尤族等部族，约占坦桑尼亚人口的2.6%，主要分布在大陆东北部与肯尼亚交界的边境地区。

库希特人，包括5个部族，即伊拉库族、姆布古族、戈罗瓦族、布隆吉族和兰吉族等，主要分布在多多马省北部和中部地区，其人口约占全国人口的2.1%。

科伊桑人，是坦桑尼亚最古老的科伊桑人的后裔，包括桑达维族和哈扎族（或廷迪加族）两个部族，分别居住在多多马省北中部和埃亚西湖畔，其人数不多，仅占全国人口的0.2%。

坦桑尼亚的外来移民，按2002年8月人口普查，约有134000人，约占坦桑尼亚全国人口的0.39%，包括亚洲人（主要是印度人后裔和移民），在大陆约有50000人，在桑给巴尔约有4000人；在坦桑尼亚的阿拉伯人和欧洲人（主要是英国人和意大利人）分别有70000人和10000人。

在全国130多个部族中，人口超过百万的部族有11个，即苏库马族、斯瓦希里族、尼亚姆维齐族、马孔德族、哈亚族、赫赫族、戈戈族、哈族、尼亚库萨族、查加族和扎拉莫族；而在这11个较大的民族中，最大的苏库马族的人口也只占全国人口的10.1%左右。

坦桑尼亚这11个较大部族的情况如下：

（1）苏库马族（Sukuma），属班图人，是坦桑尼亚最大的一个部族，2002年约有350万人，占全国人口的10.1%。该部族为原尼扬韦齐族的一个支系，因分布在原族体尼亚姆韦齐所在地区的北部，故有"北方人"之称。他们主要分布在维多利亚湖南部沿岸，那里是全国经济比较发达的地区之一，他们大量种植棉花、甘蔗、香蕉、各种薯类，渔业和畜牧业也比较发达。每年农作物收获后，各村的农田全部向全村的牛羊开放，既进行了放牧，又使土地得到畜粪肥料，当地人称其为"农牧结合"。

（2）斯瓦希里族（Swahili），属班图人，是全国第二大部族，2002年约有298万人，占全国人口的8.6%。主要分布在大陆沿海地区和桑给巴尔诸岛，包括坦噶省、滨海省、达累斯萨拉姆市和林迪省北部沿海地区。斯瓦希里族，原意为"沿海居民"，不是一个原有的特定的民族，而是一个新兴的混血族体，是中世纪以来由南阿拉伯人、波斯设拉子人、印度人和巴基斯坦人同当地班图黑人混血而成，统称斯瓦希里人，有时也称设拉子人。斯瓦希里人，皮肤一般呈古铜色，体态较为端庄；受阿拉伯文化影响较大，多信伊斯兰教；其服装、建筑和不少风俗都带有阿拉伯文化色彩；他们善于经商；其语言为斯瓦希里语。独立后，斯瓦希里语被定为国语。

斯瓦希里人，对桑给巴尔的独立和发展，对推动和维护桑给巴尔与坦噶尼喀联合，对坦桑尼亚的发展，都发挥了重要作用。坦桑尼亚前副总统和桑给巴尔总统卡鲁姆、琼布、瓦基勒和萨勒明，坦桑尼亚前总统姆维尼，坦桑尼亚前政府总理、连续三任前非洲统一组织秘书长萨利姆等，都是斯瓦希里人。

（3）尼亚姆维齐族（Nyamwezi），为班图人，2002年约有260万人，占全国人口的7.5%，是全国第三大部族。主要分布在中央高原，包括塔波拉、欣廷加的广大地区。他们是最早进入坦桑尼亚的班图人的一支。苏库马人、尼亚图鲁人和姆布圭人都是它的分支。因此，在这些部族之间存在着一种天然的聚合力，他们为坦桑尼亚民族一体化发挥了重要作用。尼亚姆维齐族以农业为主，也饲养一些牲畜，善于制陶，是坦桑尼亚制陶文化的创始者之一。在语言、风俗以及社会结构上与苏库马族相似。

（4）马孔德族（Makonde），属班图人，是坦桑尼亚和莫桑比克两国边界地区的一个部族，在坦桑尼亚境内约有204万人（2002年），占坦桑尼亚全国人口的5.9%。是坦桑尼亚东南部主要族体。主要聚居在与莫桑比克交界的姆特瓦拉省和鲁伍马省。他们以农业为主，主要种玉米、腰果、花生和薯类等作物。坦桑和莫桑比克边界地区盛产乌木，乌木雕刻是他们的主要副业生产，其乌木雕刻艺术闻名世界，每年都有大量出口。在1984年和1986年两度在北京举办的"坦桑尼亚工艺品展览会"上，马孔德人的木雕深受中国艺术家和广大艺术爱好者的欢迎。马孔德人亦擅长制作各种装饰品，其妇女衣着和装饰品独特而美丽。马孔德人英勇善战，曾参加著名的"马及马及起义"和反抗葡萄牙人入侵的斗争。

（5）哈亚族（Haya），属班图人，2002年约有197万人，占全国人口的5.7%。主要分布在与卢旺达、布隆迪和乌干达交界的卡盖拉省，为坦桑尼亚大陆中西部主要部族之一。他们擅长农业，几乎家家都种香蕉和咖啡；他们还从事渔业生产。在历史文化上，与内地班图人不尽相同，而是与其西临的湖间班图各族相近，曾建立过津扎和温扎两个小王国，在历史上对游牧的希马人（Hima）的东侵起了遏制作用。他们亦农亦牧，还从事渔业生产。在与邻国乌干达、卢旺达和布隆迪人民的友好交往中，一直发挥着重要作用。

（6）赫赫族（Hehe），属班图人，2002年约有190万人，占全国人口的5.5%。他们聚居在伊林加省和姆贝亚省，为坦桑尼亚大陆中西部主要部族之一。他们主要从事山地农耕，也从事牧业生产。赫赫人性格强悍，一向以英勇善战著称。1891年曾发动反对德国殖民者占领的武装起义，起义领导人姆克瓦瓦（Mkwawa）带领起义军坚持斗争8年之久，最后英勇牺牲，成为坦桑尼亚历史上著名的民族英雄。坦桑尼亚国民议会前议长亚当·萨皮·姆克瓦瓦（Adan Sapi Mkwawa）就是民族英雄姆克瓦瓦的孙子。

（7）戈戈族（Gogo），属班图人，2002 年约有 135 万人，占全国人口的 3.9%。他们居住在中央高原东北部，主要集聚在多多马一带。他们以农业为主，每家都在房前屋后种些玉米、谷子、木薯、豆类和高粱等，还种一些花生、葵花子和芝麻。他们每家都放牧一些牛羊，牛群在其经济社会生活中占有重要地位。

（8）哈族（Ha），为班图人，2002 年约有 110 万人左右，占全国人口的 3.2%，主要分布在坦桑尼亚大陆与布隆迪交界的边境地区，即基戈马省北部和中部地区。他们以农业为主，也从事畜牧业生产。他们种植的粮食作物主要有高粱、谷子、玉米、木薯、豆类和红薯。他们还种许多香蕉，主要是为了酿酒，酒是他们的重要饮料。

（9）尼亚库萨族（Nyakyusa），属班图人，2002 年约有 104 万人，占全国人口的 3%。他们主要集中在姆贝亚地区。他们从事农业，也从事放牧和渔业生产。他们耕作水平较高：很早就开始用牛耕地；把土地分成小块，耕作细致；使用草绿肥；实行土地休耕制。他们以香蕉和大米为主食。他们有种树的习惯，一个人一生要种好多棵树，他们还喜欢种竹子。他们村庄的四周都是茂密的树林、竹林，常年郁郁葱葱。

（10）查加族（Chagga），属班图人，2002 年约有 104 万人，占全国人口的 3%。主要分布在乞力马扎罗山麓，其社会经济比较发达。他们很早以前就开始开沟挖渠，引水浇灌，精耕细作。他们以种植香蕉和咖啡为主。

（11）扎拉莫族（Zaramo），属班图人，2002 年约有 100 万人，占全国人口的 3%。主要分布在达累斯萨拉姆周围的沿海平原和山丘地区以及莫罗戈罗地区。他们同这些地区的卢古鲁族（Luguru）人关系密切，语言相通，有时人们把卢古鲁人也当成

扎拉莫人。他们以农业为生,种粮食自己消费,种植水果和蔬菜,主要供应达累斯萨拉姆和周围城镇市场。他们还饲养些羊,养一些鸡,除自己消费外,则供应城镇市场。他们一些人在达累斯萨拉姆工作。扎拉莫族曾是一个母系社会族体,迄今其家庭或家族仍在以女性姓氏为主线延续和发展着。扎拉莫族有若干个部落和氏族。这些部落和氏族认为,他们源自于同一个女性祖先,都为母亲所生,应归为母系部落和氏族的后代。扎拉莫人是18世纪以后逐步从内陆迁移到这里来的。到19世纪末期,他们开始经商,经营象牙、食盐、渔产品、犀牛角和兽皮等,并成为沿海地区的主要商人。他们曾卷入奴隶贸易,有的还亲自到内地抓获奴隶。

坦桑尼亚还有一些部族,人数不多,但各有特点。

马赛族(Masai),为尼罗特人的一支,属苏丹尼格罗人,是东非的一个主要半游牧部族,2002年约有四五十万人,主要放牧在坦桑尼亚和肯尼亚两国边界地区。他们大体上一半在坦桑尼亚境内,属坦桑尼亚人,另一半则在肯尼亚。在坦桑尼亚,他们主要聚居在阿鲁沙省北中部的干旱草原地带,其牧业生产在坦桑尼亚牧业中占有举足轻重的地位。独立后,他们定居了,成为半游牧民族,并开始融入社会,上学、参军、当警察、到政府部门工作。目前,在坦桑尼亚军队和警察部队中有许多官兵来自马赛族,在工商界和政界也不乏其人,在坦桑尼亚人民中间,有口皆碑的前政府总理索科伊内(Sokoine)就是马赛人的杰出代表。

恩戈尼族(Ngoni),属班图人,2002年约有40万人,分布在南部鲁伍马和伊林加地区,是坦桑南部地区主要民族之一。他们以牧业为主,也从事农业生产。19世纪初,居住在今日南非纳塔尔北部的祖鲁人,由于内部矛盾,一支祖鲁人北迁,经过半个世纪左右的迁徙,进入坦桑尼亚大陆,恩戈尼族就是这支祖鲁人的后裔。恩戈尼人英勇善战,其传统社会结构类似军事建制,是"马及马及起义"的主要参加者之一。独立后，恩戈尼族对坦桑尼亚的建设和发展起了重要作用。前政府总理、革命党总书记卡瓦瓦就是恩戈尼人。现在军队中的不少军官也都是恩戈尼人。

　　库里亚族（Kuria），属班图人，2002 年约有 3 万多人，居住在维多利亚湖畔马拉省的塔利梅县，从事农业和渔业生产。他们在历史和文化方面，与布干达人和卢旺达人相近。引人注目的是，库利亚族与其南部的"姊妹部族"扎纳基族（Zanaki）和伊基祖族（Ikizu）关系密切，他们三个部族一直被外界称为"库利亚族团"。库利亚族团在坦桑尼亚当代政治生活中占有特殊地位。首先，现在军队中不少军官和士兵都来自库利亚族，因为库利亚人体格健壮、英勇、强悍；而更重要的是，坦桑尼亚开国总统、革命党奠基人尼雷尔是扎纳基人，前政府总理瓦里奥巴则是伊基祖人。

　　伊拉库族（Iraqw），为库希特人，属今日埃塞俄比亚人的一支，是坦桑尼亚大陆北中部最早的土著民族之一。2002 年约有40 万人，主要分布在阿鲁沙省西南部和多多马省北部地区。他们以犁耕农业为生，也从事牧业。他们是坦桑用犁耕地、使用厩肥、实行水利灌溉最早的部族，是坦桑尼亚乃至东非农耕文化的传播者之一。

　　现坦桑尼亚境内的桑达维人（Sandawe）和哈扎人（Hatsa，Hadza）是班图人大迁徙时幸存下来的科伊桑人的后裔，是坦桑最古老的土著人。桑达维族，2002 年约有 4 万人，主要聚集在大陆中部多多马省的孔多阿地区；哈扎族，又称廷迪加族（Tindiga），估计现在只有一两千人，聚集在北部维多利亚湖以南的埃亚西湖（Lake Eyasi）一带。由于当时受到班图人大迁徙的排挤，他们长期生活在林地和草原地区，与外界隔绝，迄今仍以狩猎、捕鱼和采集野果、蜂蜜以及挖植物根茎维持生计，住在山洞或在丛林中临时搭起的茅草"窝棚"里，仍然以钻木取火的办法来取暖，过着原始公社制的生活。① 桑达维族和哈扎族同属科伊桑人种，长相基本一样：肤色较浅，呈黄褐色；面部扁平多皱，颧骨突出，眼睛细小，多内眦褶；身材矮小，成人平均身高仅为145~150厘米。虽然他们有各自的母语桑达韦语和哈扎语，但他们彼此间的语言可以沟通，因为这两种语言同属科伊桑语系。他们喜欢在岩石上绘画，继承了先祖们岩石壁画的艺术才能。独立后，政府不断采取措施，鼓励桑达维人和哈扎人走出深山老林，从事农牧业生产。目前，一些桑达维人已经开始从事农业和渔业生产，生活方式也有所改变。

三 语言

独立后，坦桑尼亚政府即规定斯瓦希里语为国语，并规定斯瓦希里语和英语两种语言为坦桑尼亚官方用语。

坦桑尼亚种族多、部族多，语言非常丰富。如上所述，坦桑尼亚当地居民分属非洲四大语系的四大人种，各个种族都讲各个种族的语言，即非洲的四大语系在坦桑尼亚均有代表。但是，由于各个种族包含着许多不同的部族，而各个部族的语言又有不同，所以坦桑尼亚的地方语言特别多。例如，班图语系，有几百种方言，仅在坦桑尼亚就有100种左右，有些方言相近，彼此可以沟通，但也有些相差甚远，彼此不能相通。再如，尼罗特（Nilotic）语分为高地尼罗特语、平原尼罗特语和江湖尼罗特语三种，而在坦桑尼亚的每种尼罗特语又有若干种方言，在坦桑尼亚的尼罗特民族不同，他们所使用的尼罗特方言也不同。另外，除了当地居民外，少数来自阿拉伯、印度和欧洲国家的移民也都有自己的民族语言。应当说，这些移民在如此复杂的语言环境中

---

① Bushmen to Leave Forest life, Arusha Times October 7, 2000.

进行交流是比较困难的。

　　随着社会的发展，由于坦桑尼亚东部沿岸和桑给巴尔诸岛地处海上要冲，与外界交往日益增多。早在公元1世纪，阿拉伯人和印度人就开始同东非沿海居民开展了贸易活动，到公元5世纪他们就有人到桑给巴尔岛和沿海地区定居。7世纪末，波斯苏丹王苏莱曼征服阿曼，许多阿曼人逃到东非沿海地区避难。公元7世纪以后，随着伊斯兰教的兴起和扩散，更多的阿拉伯人到东非沿海定居。10世纪初，一批波斯设拉子人占领东非沿海地区，建立了以基尔瓦为首都的"桑给帝国"，随后到坦桑尼亚东部海岸和桑给巴尔定居和经商的阿拉伯人、设拉子人和印度人不断增加；同时，一批又一批的坦桑尼亚内地的班图人涌向东部沿海地区定居和经商。由于阿拉伯商人（包括设拉子人）与当地黑人住在同一地区，杂居和通婚的越来越多，经过几个世纪的这种民族之间的交往、通婚和融合，到12世纪就在东非沿海地区产生了一个全新的部族——当地班图人与阿拉伯人的混血部族斯瓦希里族，他们所使用的语言被称作斯瓦希里语。斯瓦希里语是一种以班图语为主、班图语和阿拉伯语的混合语，是应当时东非沿海贸易发展的需要而产生的，后来逐渐成了东非地区的商业用语。

　　东非沿海地区贸易的发展把沿海与内地联系起来了，斯瓦希里语逐渐传入内地。在德国和英国殖民统治时期，殖民当局曾聘用许多斯瓦希里人到坦噶尼喀殖民政府部门工作，客观上推动了斯瓦希里语在大陆的发展，独立前斯瓦希里语已经成为在坦桑尼亚大陆各地都能沟通的一种语言。

　　独立以后，尼雷尔把教育视为立国之本，为让每个坦桑尼亚人都能识字，都学会自己的语言，毅然决然把斯瓦希里语定为国语，并作为全国"普通话"大力推广。为进一步完善和规范斯瓦希里语，坦桑政府专门设立了国家斯瓦希里语委员会和斯瓦希里语研究院，负责推广标准的斯瓦希里语工作。

独立以来，坦桑在推广斯瓦希里语方面成效显著，在今日的坦桑尼亚，不论来自哪一个种族，还是哪一个部族，每个人都能讲斯瓦希里语。目前，坦桑尼亚基础教育普遍采用斯瓦希里语教学；报纸、广播和文化出版广泛使用斯瓦希里语；在日常工作和生活中，斯瓦希里语代替了英语和各民族方言，成了全国名副其实的"普通话"。

除了坦桑尼亚以外，斯瓦希里语还是肯尼亚和乌干达的国语。另外，卢旺达、布隆迪、刚果（金）东部和北部、马拉维北部、莫桑比克北部、赞比亚北部的居民也都讲斯瓦希里语。在索马里、苏丹南部、科摩罗群岛、马达加斯加北部和南非及阿曼等国，也有一些人讲斯瓦希里语。目前，非洲讲斯瓦希里语的人已有5000多万。

值得提及的是，在大力推广斯瓦希里的同时，坦桑尼亚的中学和大学仍然使用英语教学，使学生能够掌握双语，以便能直接吸收西方先进的科学知识。

四 宗教

坦桑尼亚是一个宗教信仰自由的国家。在大陆居民中，约37%信奉原始拜物教，32%信奉天主教和基督教，30%信奉伊斯兰教；在桑给巴尔，95%以上的居民信奉伊斯兰教（属逊尼派）；另外，在大陆和桑给巴尔的印度移民中，大部分信仰印度教，少数还信奉佛教。[①]

（一）伊斯兰教

伊斯兰教是最早传入坦桑尼亚的外来宗教。伊斯兰教进入坦桑尼亚，可以追溯到中世纪末阿拉伯商人在桑给巴尔和大陆沿海

---

① Source：Tanzania Country Profile.

地区建立商站之时。从那时起，阿拉伯商人便开始在坦桑沿海地区并深入内地传播伊斯兰教，很快传遍了坦桑尼亚。

在桑给巴尔帕特岛（Pate Island）尚加（Shanga）地区，有一座清真寺，是东非最早的一座清真寺。从19世纪80年代一次考古挖掘出土的金币、银币和铜币看，这座清真寺建于公元830年。在桑给巴尔岛南方省的基济姆卡济（Kizimkazi）有一座始建于公元1007年的清真寺，至今附近的穆斯林还在这座古老的清真寺里做礼拜。伊斯兰教在东非沿海地区是通过贸易往来传播的，所以坦桑尼亚的穆斯林主要集中在桑给巴尔和大陆沿海城镇地区。

16世纪葡萄牙人进入东非沿海地区时，伊斯兰教在这里的影响已经很大，桑给巴尔、大陆东部和东北部许多部族的酋长都同伊斯兰教会建立了联系，甚至一些部族的人已经同信仰伊斯兰教的阿拉伯人、波斯人、印度人和南亚地区的商人通婚，有了血缘关系。在阿曼人控制桑给巴尔和大陆沿海地区之后，伊斯兰教加快了向内地传播的步伐。随着奴隶贸易和象牙贸易的发展，伊斯兰教很快就传播到了大陆西部塔波拉和坦噶尼喀湖畔的乌吉吉地区。在德国对坦噶尼喀进行殖民统治时期，德国人雇佣斯瓦希里人做政府文职人员、雇员、军人和警察，这些斯瓦希里人都是穆斯林，在向坦噶尼喀内地传播伊斯兰教方面也发挥了重要作用。

目前，坦桑尼亚的穆斯林主要集中在桑给巴尔岛、奔巴岛、达累斯萨拉姆、基戈马、塔波拉、坦噶、孔杜阿和辛吉达地区。另外，在鲁伏河沿岸一些城镇也有不少穆斯林。坦桑尼亚有两个伊斯兰教组织：一个是1969年成立的坦桑尼亚穆斯林全国委员会，负责大陆穆斯林事务；另一个则是1991年成立的坦桑尼亚桑给巴尔最高穆斯林委员会，负责桑给巴尔穆斯林事务。

（二）基督教

坦桑尼亚的基督教分天主教和基督教新教两大教派。

天主教进入坦桑尼亚较早。1505～1513 年葡萄牙占领期间，罗马天主教圣芳济修会就在沿海城镇基卢瓦建立了教堂。德国统治时期，福音路德教派开始到坦桑尼亚内地传教，到 1938 年在大陆地区建立了 7 个教堂；1963 年 6 月 19 日，这 7 个教堂联合成立了一个统一的教会，即坦桑尼亚福音路德教派基督教会。目前，该教会在坦桑尼亚有 20 个教区，各个教区都有教堂。

基督教新教（英国国教）进入坦桑尼亚较晚。坦桑尼亚基督教新教 1878 年在姆普瓦普瓦（Mpwapwa）建立教堂。这是基督教新教进入坦桑尼亚的标志性建筑。坦桑尼亚基督教新教教会于 1970 年正式成立，该教会目前在坦桑有 19 个教区，即坦噶尼喀中部、达累斯萨拉姆、卡盖拉、孔杜阿、马拉、马萨希、莫罗戈罗、乞力马扎罗、姆普瓦普瓦、大裂谷、卢阿哈、鲁伍马、坦噶尼喀西南部、南部高地、塔波拉、坦噶、维多利亚－尼扬扎、坦噶尼喀西部和桑给巴尔教区。

天主教和基督教教堂遍布坦桑尼亚全国，势力颇大。目前，较大的教堂都由外国人管理，这些教堂还都办了些福利事业，包括学校、医疗中心甚至医院等。几乎教堂附近的人都信天主教或基督教，他们每星期日上午都要赶到教堂做礼拜，有些人甚至要往返几公里。

坦桑尼亚福音路德教派基督教会和坦桑尼亚基督教新教教会，于 1974 年联合组成了一个统一的坦桑尼亚基督教教会组织——坦桑尼亚基督教委员会，坦桑尼亚基督教各个教派的神职人员大都是这个组织的成员。

（三）原始宗教

从传统讲，坦桑尼亚当地居民大都信奉原始宗教。首先，他们把部落的祖先奉为神灵，把部落的酋长视为部落祖先神灵的化身。其次，他们把大自然中日、月、雷、电、风、雨等难以解释的现象，视为神之威力的表现，加以崇拜和祭奠。再次，各个部族，由于他们所处的自然环境不同，生产和生活条件不同，有的把具体的山、河、湖或海当成神，有的把某一种花、草或树木当成神，有的则把某一种野生动物、家畜或家禽当成神，加以崇拜和祭奠。

应当看到，虽然随着社会的发展越来越多的人信奉基督教或伊斯兰教，但原始宗教在坦桑尼亚的影响依然很大。比如：迄今马赛人还在拜天神，因为他们认为是天神恩卡伊（Enkai）把牛群赐给他们，让他们过上美好生活；乞力马扎罗山下的查加人把乞力马扎罗山视为天神的化身，敬拜"赤道雪峰"，祈祷天神保佑风调雨顺，丰衣足食；半农半牧的卢奥人，敬"草"为神，他们认为没有草，牛羊就要被饿死，是"草神"赐福，帮他们养活了牛羊；近年来坦桑尼亚连续发生旱情，每年闹干旱时，总有一些地方的村民自发地举行大规模的"祭雨神，求雨露"的求雨活动；在比较偏远的乡村地区，如果生病或遇到什么不幸，一些坦桑尼亚人还要请"神医"（即巫医）来帮助逢凶化吉，等等。

第四节　民俗与节日

一　风俗

（一）服装

坦桑尼亚人的衣服穿戴，随部族和宗教、贫富、职业和年龄的差异而不同。

不论城市还是乡村，学生（包括小学生和中学生）在学校都穿校服，放学后可穿便服；公司和政府雇员，上班时都要穿制服或工作服，下班后可穿便服；军人和警察，值勤时穿军服或警

服，平时可穿便服。

在正式场合，男子一般是西服革履，随便一点的可不穿西服上衣，但要打领带；如果是穆斯林，可穿白色穆斯林长袍，外套一件西服上衣；政府官员，可穿一种无领短袖或长袖制服（称之为"尼雷尔装"）。妇女，大多数都穿裙装，各式各样，最常见的是一种称之为"基藤盖"（Kitenge）的连衣裙，除耳环、项链和服饰外，还手提或肩挎大小不一、质地不同的手提包；妇女的传统服装是一种围在腰间的"坎嘎"裙（Khanga，旧译"康加"）。

一个民族的服装往往反映着这个民族的生产水平和生活方式，下面介绍三种有关情况。

1. 坎嘎——坦桑妇女的民族服装

在坦桑尼亚，坎嘎已有大约150年的历史。据说，坎嘎是桑给巴尔妇女发明的。18世纪中期，桑给巴尔已经发展成为东非沿海地区的贸易中心。当地几个妇女别出心裁，把商人从印度或远东国家进口来的手帕六块缝在一起当成头巾。因为都是穆斯林，她们选用的只有黑白两色，有的在白手帕上画上图案或写上企盼吉祥的文字。她们把这种黑白相间、画有图案或写有文字的头巾包在头上，远看恰似一只只漂亮的坎嘎（"坎嘎"是斯瓦希里语Khanga即"珍珠鸡"的谐音），受到同伴们的赞美。后来，商人们则按照当地妇女的需求经营起带有类似图案的布料，并称之为"坎嘎"。1900年初，肯尼亚蒙巴萨一位名叫伊萨克（Kaderdina Hajee Essak）的商人，发现从桑给巴尔来的一位妇女围的坎嘎上有用斯瓦希里语书写的"两象打架，草地遭殃"的谚语。他顿开茅塞：啊哈，还可以在坎嘎布上写字！于是，这位经营坎嘎的商人即挑选些斯瓦希里语谚语，请人分别用阿拉伯文、斯瓦希里文或英文写在坎嘎布上，他的坎嘎布生意火爆起来，也为坎嘎布在东非地区得到传播做出了贡献。

从那时起，坎嘎就受到了坦桑尼亚各族妇女的普遍欢迎，并成了坦桑尼亚妇女最喜爱的一种服装。长期以来，坦桑尼亚人一直把坎嘎当成坦桑尼亚一种民族服装。坦桑有纺织厂专门生产坎嘎布，也有专门加工坎嘎的服装厂。随着社会的发展，坦桑的坎嘎更加绚丽多彩。原来6块手帕缝制的坎嘎早已被整幅的布面所代替。现在，标准的坎嘎为长方形，长1.5米、宽1米，四边有边框；中间是图案，图案设计多呈中轴对称，基本花纹分布于中轴线两侧；图案更加新颖别致，明快、生动，并有丰富内涵，比如中心图案为一轮明月，月下的文字可能是：你的脸像月亮一样美丽。人们有时还把领袖肖像或国旗当成坎嘎布的基本图案。

坦桑尼亚妇女喜欢坎嘎，不仅因为它漂亮，而且用途广，使用方便，还适合于各种场合。不论在城市还是在乡村，在大街上、在商店、在农贸市场以及其他公共场合，一半以上的成年妇女腰上围的都是坎嘎；在城镇和乡村地区的婚丧嫁娶活动中，腰围坎嘎的妇女更多；在海边浴场，在游泳池旁，披着坎嘎的女孩子（包括外国人）也日渐增多。在城镇和乡村地区，许多妇女都用坎嘎。外出时，他们不仅在腰上围一块，而且还要带一块备用。围着它，做家务或到田里干活都很方便；可以用它背小孩儿；休息时可以把它当垫坐；刮风下雨时可以披在身上当风雨衣；需要顶东西时，可以把它围在头上作缠头垫，顶起来稳当；必要时还可用其包东西，等等。现在，有些人（包括男青年）还用坎嘎作布料，裁制一些时尚的服装。

另外，坎嘎为男女爱情和婚姻生活增添了不少情趣。据说，男人向女人赠送坎嘎，表示求爱；女人向男人赠送坎嘎表明愿意以身相许。在新婚之夜，新娘头上围一块坎嘎，腰上围着一块坎嘎，她要把其中一块送给新郎，作为信物。婚礼用的坎嘎都是特制的，要保存起来，留作永久纪念。在一般的家庭里，每个妇女都要有十几块坎嘎。

2. 马赛人的衣服以红色为基调

马赛男人的这种偏爱，源自于他们长期的游牧生活。据说，野兽害怕红色，他们在草原上放牧时，穿着红袍子、披着红斗篷或者一块红布，可以起自我保护作用。同时，"万绿丛中一点红"，显眼，便于他们相互照应。

红袍子可谓马赛人的民族服装，在正式场合、尤其在婚礼或有关庆典活动上，多数人都要穿上红袍子。然而，有些家族的妇女，喜欢天蓝色，有时她们就一起穿出天蓝色的袍子。

在这些场合，马赛妇女打扮得都很漂亮，看上去令人眼花缭乱。大都头戴一圈白色珠饰，一枚彩色装饰坠儿垂在额前；她们脖子上都戴着用各种颜色的塑料珠串成的项圈，从她们脖子上项圈的圈数可以知道他们的年龄，据说是一年增加一圈；耳朵上都有耳环，有的很大；有的胳膊上和小腿上戴着用草珠、玻璃珠或塑料珠编成的彩色珠链；有的还戴有铜制、银制手链或足链。马赛男子很爱美，他们一般也都头上戴一个珠饰圈，额前垂着一个妆饰坠；脖子上戴着一两条用草珠、塑料珠串成的项链；有的在走进活动场地前专门请巫师在额前涂上一些白粉，以表对这次活动的重视或虔诚；有的还要在宽大的外袍下沿挂上一些五颜六色的贝壳。

场合不同，身份不同，马赛人服饰也不同。他们有割礼的习惯，割礼期为一个月，割礼期内青年男子要穿黑袍子，脸上要涂上白粉；女青年要穿深蓝色的袍子。在一些正式场合，长老要穿深蓝色的袍子。

平时，马赛人穿着简单。辛勤劳动的妇女们，在田里种地或在家里忙家务时，下身只腰围一块布；上身，多数人都穿一件 T 恤衫或背心，少数人什么也不穿。在草原上放牧的男子，多数是身披一块长 3 米左右的红布或红格子布，有的在右肩上打个结，像个斗篷。他们一手拿着长矛，一手提着一把小刀或一根棍棒，显示着粗犷的威武。

3. 马阿蒂人的穿着以兽皮为主[①]

过去有人说：马阿蒂族（Man'Gati，有人译为曼加蒂族）男人不愿穿裤子，都是赤条条的。马阿蒂人反驳说，"不，我们没有光着身子"，"孩子一出生我们就给他（她）在腰上系上了一串平安珠"，"而且这串珠子他一系就是一辈子"。他们还指出，马阿蒂男人，包括小孩和大人，早就都穿上一件红褐色的裤子了，应当有目共睹！至于妇女，他们说，她们每个人从小就穿短裙，结婚后还要换上长裙，使这种传统服装增加了不少现代服装的时尚感。

马阿蒂人一直游牧在非洲热带大草原上，比较封闭。他们现在确实还延续着传统的生产和生活方式，穿着仍然以兽皮和牲畜皮为主。他们穿的裤子和裙子是兽皮和牲畜皮做的；他们连铺带盖的床单或者叫被子，也是兽皮和牲畜皮做的。据介绍，他们把羚羊、山羊或绵羊宰后剥下皮，第一步先把毛刮掉，然后用红色仙人掌汁浸泡，把皮革变软，同时变红；第二步把皮子放在奶油里浸泡一两周的时间，使皮子进一步变软，并把红色固定下来；第三步，就是把皮子凉干后用石头或木棒敲打，把皮子敲打得像布一样柔软。马阿蒂妇女就是用这样的羚羊皮、山羊皮和绵羊皮缝制衣物。他们把男人们的裤腿和他们自己的裙边，细心地用刀竖着切成条条，长两三厘米，韭菜叶一样宽窄，形成条条毛边。她们穿上这样的裙子，裙边飘飘洒洒。

（二）饮食

坦桑尼亚同世界其他许多国家一样，在首都达累斯萨拉姆和几个大城市里，有各种现代化星级宾馆和饭店，包括"中餐"在内的各种风味的餐馆，有各种酒吧和咖啡馆等，各种现代美味佳肴、高级酒水，数不胜数，但出入这些餐饮场所的，大都是大

---

① The Man'Gati Tribe by Mathias Mjølhus.

商人、企业家、驻坦桑尼亚的外交人员、外国旅游者和少数政府或军队的高级官员，一般的坦桑尼亚人无钱问津。

由于国家经济和社会发展滞后，坦桑尼亚广大人民群众，尤其是在乡村地区，目前仍以传统饮食为主。

1. 食物

坦桑尼亚的饮食情况，城镇（包括大城市）地区和乡村地区不同。

在城镇地区，中小工商企业界、一般政府官员和有固定收入的工薪阶层，目前以玉米、木薯、香蕉、土豆、红薯、高粱、豆类等杂粮为主食，随着水稻种植的推广，吃大米的人日益增加。他们的副食主要有牛肉、羊肉、鸡、鸡蛋、鱼、牛奶和奶制品、猪肉、各种蔬菜和水果，有时还能享受一些啤酒和可乐等现代饮料。

在城镇的"打工族"或"棚户族"，则以玉米、木薯、香蕉和豆类为主食，在他们的饭菜里很少见到肉类，偶尔可能会有一点干鱼片；他们中间的一些人一天只吃一顿饭（一般是晚饭），早晨和中午时常以一个煮玉米、烤玉米或从周围地区采摘的香蕉、木瓜或椰子等水果充饥。

在乡村地区，不同种族或民族，虽然他们生产和生活方式不同，饮食习惯不同，但基本上都是"靠山吃山，靠水吃水"。

在坦桑尼亚大陆，绝大多数班图人以农业为主，或半农半牧、半农半渔，多以他们种植的玉米、木薯、香蕉、高粱、红薯、土豆和各种豆类为主食，以自己种植的蔬菜和水果为副食，条件好一点的会喝一些牛奶，吃一些鸡蛋，吃一点鱼。逢年过节或有红白喜事时，他们杀牛宰羊，烤鸡烤鱼，加上自制的"啤酒"，或全家老小或同亲戚朋友一起聚会。班图人经常吃的有三种传统食品，即：用玉米面或玉米渣做成的称之为"乌吉"（Uji）的稀粥，用玉米面、木薯面或小米面做成的称之为"乌嘎利"（Ugali）的"干饭"，或用饭蕉（类似于中国的芭蕉）做的名为"马托基"（Mattoke）的香蕉饭。

在桑给巴尔和大陆沿海地区，善于经商的斯瓦希里人和其他一些部族，他们一般是半农半渔或半农半牧，除乌吉、乌嘎利外，他们的主食中增加了大米稀饭和米饭，他们喝牛奶、吃鱼和牛羊肉也较多。

在大陆和桑给巴尔的城镇地区，由于印巴人较多，印度的"恰帕提"（Chapati），即用油和面粉烙成的薄饼也广为食用。

在大陆，以畜牧业为主的一些部族，吃牛羊肉、喝牛奶较多。他们不轻易杀牛，杀羊较多，一般都是吃烤牛羊肉。在阿鲁沙和乞力马扎罗地区，人们喜欢吃煮羊肉，肉嫩，汤也很鲜美。以渔业为主的一些部族，则吃鱼较多，多吃烤鱼或鱼干。这些以畜牧业或以渔业为主的部族，大多数都在房前屋后种些玉米、香蕉、高粱和豆类等，或者从市场上买一些玉米，基本上以粮食为主食。半游牧和游牧部族，如马赛人和马阿蒂人，则以牛肉、羊肉、牛奶和牛血为主食，他们也在非永久性住宅附近种些玉米、高粱和豆类等。马赛人喜欢喝牛血，但他们不是杀牛取血，而是采用在牛脖动脉上取血的办法，常采常喝。马赛人把牛血和牛奶混合在一起喝，用他们自己的话说，"味道好极了！"马赛人常用这种饮料招待贵宾，笔者曾在阿鲁沙省长恩朱莱（Ole Njooly）家里受到过这种贵宾待遇，感觉腥味过重。

坦桑尼亚大陆的两大传统特色食品——乌嘎利和马托基

当地人谈到他们的食品，均首推"乌嘎利"。坦桑尼亚大部分班图人都吃"乌嘎利"，它也是许多非洲国家的主要食品之一。一般用玉米面做，小米面或木薯面亦可。把锅水烧热后，开始投入玉米面，边放边用木勺（饭店用大铁锅做时则用大木铲或大铁铲）搅拌，直至玉米面糊呈干稠状，然后继续用小火焖，还要不时搅拌，以防粘锅，直至散发出玉米的熟香味为止，这大

约需 15 分钟左右的时间。当地人待客,可以没有大鱼大肉,但必须有"乌嘎利",否则客人会说你没有请他吃饭。也许正因如此,东非共同体三国首脑每次在阿鲁沙开会,作为东道主的坦桑尼亚请肯尼亚和乌干达总统及其与会部长和议员们吃饭时,都要送上"乌嘎利"。目前,坦桑尼亚的四星级、五星级宾馆和饭店都供应"乌嘎利",它已经成为外国旅游者到坦桑尼亚必须品尝的当地传统特色食品之一。"乌嘎利"要用右手抓着吃。按传统,用大、中、食三个手指从大盘或大碗中抠出一小块,在自己的餐盘上连捏带揉,捏成小团团,然后蘸上你喜欢的汁、汤或酱吃下,再配上鸡、鱼或牛羊肉等,味道确实不错。

在坦桑尼亚的印度移民,不仅喜欢吃"乌嘎利",而且还有所创新,加入牛奶、黄油和糖,做出了印度式的"乌嘎利"。

"马托基"主要流行于大陆内地,尤其在盛产香蕉的维多利亚湖和乞力马扎罗地区。当地人不仅有大片大片的香蕉园,而且还在自己的房前屋后都种有香蕉。他们把香蕉当成主食,除水果香蕉外,他们普遍用饭蕉做这种称之为"马托基"(Mattoke)的香蕉饭。这种"马托基"同"乌嘎利"一样,也是坦桑尼亚的传统食品,目前在坦桑尼亚各大饭店也都有"马托基"供应。"马托基",是把青饭蕉去皮后包在饭蕉叶里或蒸或煮,20 分钟左右即熟,然后把它打成像土豆泥一样的熟香蕉泥,即成"马托基"。它的吃法,同吃"乌嘎利"基本相同。

2. 饮料

下面介绍一些带有坦桑特点的饮料。

(1)坦桑尼亚人喝红茶较多

坦桑尼亚盛产咖啡和红茶,在这两种饮料中,坦桑尼亚人喝茶较多,因为茶叶比较便宜。报道说,坦桑尼亚人经常买咖啡喝的人不多,坦桑尼亚每年国内消费的咖啡仅占其总产量的 1.2%;而坦桑尼亚人每年自己喝掉的茶则占其总产量 25% ~ 30%。

在城镇里的有钱人（至少是工薪阶层），喝茶比较普遍。他们早餐基本上都是一杯牛奶或红茶（喝红茶都要加牛奶和糖），配上一两片面包；来客人时，也都往往以红茶招待。另外，在政府机关、工厂和公司，每天上午或下午一般都有一个"喝茶时间"（Tea Break），即工间休息时间，单位免费提供茶水（不提供咖啡）；你到这些单位去办事，主人一般也都用红茶（有的用汽水）招待你，有时还要配上饼干或小点心。

乡村地区喝茶的人也比较多，尤其是在半农半牧地区，一些有身份、有地位、又比较富裕的家庭，也会经常买些红茶，自己喝或招待客人。

在坦桑尼亚，喝咖啡似乎是一种"奢侈"，各个城镇都有一些小咖啡馆，价钱较贵。在达累斯萨拉姆市和桑给巴尔市及其他城镇街头，有时有推着小车或提着大咖啡壶卖咖啡的妇女，比较便宜，但喝的人也很少。

（2）坦桑尼亚人喜欢喝啤酒

在坦桑尼亚，同在其他许多非洲国家一样，有些人、尤其是青年人，特别喜欢喝啤酒，个别的工薪族成员，每月一领到工资就要跑进小酒吧喝上几瓶，在政府部门或外国使团举办的招待会上，或在某个朋友的婚宴上，经常会有青年人喝得醉醺醺的。

坦桑尼亚人喜欢喝啤酒，似乎是他们的传统。在广大乡村地区，许多部族都会用粮食酿酒，有的还用香蕉，用甘蔗，用蜂蜜，似乎用什么做原料都可以，只要发酵几天就可以酿出酒来。坦桑尼亚人称这些酒为"当地啤酒"，我们称其为"土啤酒"。这类酒主要是自己喝，当然随着市场经济的发展，乡村地区卖这种土啤酒的也越来越多。目前，在坦桑尼亚一些小城镇的市场上，也可以买到政府允许销售一种名为"布萨"（Busa）的土啤酒。在乡村地区，这种土啤酒用场很多：逢年过节自己家里要喝，增加节日气氛；亲戚朋友来访时，要拿出这种啤酒，表示盛

情款待；谁家遇到有孩子出生、"成人"割礼、结婚或盖房子这类大事，都要把亲戚朋友、左邻右舍、甚至把全村的人都请来聚餐。这种聚餐，不管饭菜如何，只要主人把自己酿造的土啤酒拿出来，让大家尽兴地喝，客人们就心满意足了。

另外，有些部族还有平日请朋友们喝酒的习惯，称为"酒会"。某家酿酒后，便通知邻里到某棵大树下喝酒，一般都有五六个人，有时可到十几个。他们围着一个酒坛子坐下，把一根两三米长的吸管插进酒坛，由年长者喝第一口。这位长者"吱溜吱溜"地吸几口后，便把吸管交给坐在他右边的人。这第二个人吸几口后再把吸管交给坐在他右边的人。他们就这样一个一个地往下传那根吸管，轮流喝酒。他们一边喝酒，一边谈天说地，一喝就是半天。

（3）原汁原味的椰子汁

坦桑尼亚盛产椰子，尤其是在桑给巴尔和大陆东部沿海地区。原汁原味的椰子汁是坦桑尼亚最受欢迎的饮料之一，不仅当地人喜欢，就连外国人也都非常喜欢。所谓"原汁原味"，就是把椰子从树上摘下来以后，就在椰子的顶部用刀子挖一个小孔，把吸管插进去就饮，或将椰汁倒出来喝。这种椰子汁清香可口。喝完椰子汁后，还要把椰子打开，吃里边的椰子肉，白白的椰肉吃起来味道鲜美。在达累斯萨拉姆市、桑给巴尔市和其他城镇的一些超市里，都有这种鲜椰子出售。在许多城镇的菜市场里，也都能买到这种椰子。而最受欢迎的，则是那些路旁大树下年轻人叫卖的椰子，因为那些椰子是他们刚刚从树上摘下来用自行车驮来的。

（三）民居

1. 坦桑尼亚民居发展简况

在殖民统治时期，坦桑尼亚人民的居住条件很差。在城镇地区，除少数欧洲移民住的是别墅式住房，一些阿拉伯人、亚洲移民（主要是印度人）和极少数当地高级官员，住的是两三层的阿拉伯式或印度式的小楼外，占城镇人口绝大多数的当地居民住得都十分简陋。政府雇员和工人住的基本上都是上面覆盖铁皮瓦的平房，而大部分进城谋生的乡下人，只能住在贫民窟或棚户区，或自己找个地方搭一个茅草屋"临时"居住。在广大乡村地区，坦桑尼亚人一直依据他们生产和生活环境及其传统，大部分都是一家一户地分散居住，村庄很少；乡村地区民居情况，虽因部族和地域的差异有所不同，但居住的水平不相上下，住的大体上都是"茅草屋"。

独立后，尤其是《阿鲁沙宣言》以后，坦桑尼亚的民居条件有所改善。政府各部门和工厂都为工作人员和工人盖了三层或四层的住宅楼。在乡村地区，以改变分散为主的民居方式，政府加强了村落建设，尤其在1967年开始的"村庄化"运动中建立了许多"乌贾马村"，在这些新村中修建的住房的水平有所提高，至少是比较规范了。虽然由于指导思想脱离实际，乌贾马村运动半途而废，但在村庄化运动中建立的大部分村庄和住房都保留下来了，乡村地区人口居住得比原来集中得多了。

20世纪70年代末期以后，由于经济困难，民居的发展受到影响。不论城镇地区，还是乡村地区，不仅一直没有盖什么新房，就连许多老住房也都年久失修了。80年代中期实行经济改革以来，尤其是最近几年，经济状况好转，许多"公房"和私人住房得到了维修；同时政府还为政府工作人员（包括教师和医务工作者等）盖了些住宅楼（包括低造价住房），一些私人（包括房地产开发商）还盖了一些私人住宅和不同档次的商品房。更重要的是，广大群众住房状况有了一些改善。

据坦桑尼亚国家统计局所作的《坦桑尼亚家庭支出调查报告（2000/2001）》，坦桑尼亚全国约84%的家庭拥有住房，尽管在城镇地区有1/3以上的房子是租的。另外，住房质量有了一定

程度的提高，全国室内非泥土地面的住房比例，从 1991/1992 年度的 21% 增加到 2000/2001 年度的 26%；四周墙壁为永久性墙壁的住房所占的比例，从 1991/1992 年度的 16% 增加到 2000/2001 年度的 25%；使用水泥和铁皮瓦（屋顶）盖起来的住房比例，从 1991/1992 年度的 36% 增加到 2000/2001 的 43%。但《调查报告》指出，这些变化主要发生在达累斯萨拉姆市和其他一些城镇地区，乡村地区也有，但很少。

2. 各地住房建筑特点

目前，坦桑尼亚约 80% 的人口居住在乡村地区。由于部族传统和发展程度不同，各个地区的民居情况不尽相同。

（1）维多利亚湖地区

在维多利亚湖地区分布着三个大部族，即苏库马族、哈亚族和尼亚姆维齐族，其聚落方式大体相同。

在维多利亚湖以南的大片土地上，主要是苏库马人。这里的村庄范围很大，都以河流等自然物为约定俗成的村界。他们居住得很分散。一个村子里，每家都有一块固定的从几公顷到一二百公顷不等的土地。他们耕种这块土地，也在这块土地上建房居住。苏库马人把这块土地称作"农场"（Shamba）。他们一般都用篱笆或铁丝网把自家的农场围起来，篱笆内是耕地，种植玉米、马铃薯、棉花或烟草，或者牧养小牛。在农场中心位置，有一个用篱笆围起来的宅院。宅院内，靠外是几栋高高的尖顶茅草屋，是储存粮食等物的储藏室。从宅院门走进去不远，迎面便是男主人及其夫人（们）的茅草屋院。这个院很大，一般都有一个粮囤，或有一个小牲口的厩房；周围空间由隔墙分成若干个房间，包括主卧（男主人和夫人的卧室）和厨房，如果有多个夫人，则每个夫人有一个卧室。其周围，是孩子们居住的一间或几间茅草屋，一般情况下男孩和女孩分别居住在不同的茅草屋内。再往里，大体上在宅院的中间，有一个用篱笆扎起的可存一二百头牛的大牛圈或牛栏。苏库马人实行休耕制，一般在休耕的土地上放牧。另外，每个村庄还都有公共草地，供村民们自由放牧。

哈亚人和尼亚姆维齐族人居住在维多利亚湖西畔的卡盖拉地区。他们也都是分散居住，但他们的院子小，因为其耕地不在宅院之内，而是在院子外边。村庄周围是空旷的草地，为公共牧场。他们的茅草屋的样式同苏库马人的有所不同，如哈亚人传统的房屋为窝棚式的茅草房，因为他们种植大量香蕉，习惯用香蕉叶苫房。每个宅院内，都有几间茅草屋，包括卧室、畜厩、厨房和仓库等。

苏库马族、哈亚族和尼亚姆维齐族青年人（指男子）结婚后，要从父母那里搬出，选择较空旷的地方修建自己的宅院。青年们喜欢把他们的宅院修建得相对集中一些，这样的宅院多了，便组成了另外一个村庄，有时被称作"青年新村"。

（2）沿海和达累斯萨拉姆地区

在沿海地区，包括桑给巴尔地区，主要居住的是斯瓦希里人。在这些地区，由于受亚洲人影响加大，村庄比较集中，也比较规范。一个村庄，都有一些不规则的街道，住房分别排列在街道两旁。而在房屋后面，大都有一个用墙围起来的小院，是做饭的地方。房子为木架结构，一般为长方形，房门开在中间；房前有遮雨"走廊"；墙壁，由枝条编成篱笆后两面抹泥而成；房顶，上面苫的是一层又一层的茅草。

在达累斯萨拉姆周围和沿海平原地区，包括从达累斯萨拉姆至莫罗戈罗的一些地区，居住的主要是扎拉莫人和卢古鲁人。他们的住房是长方形的。与斯瓦希里人不同的是，他们的茅草屋的屋顶是用茅草和椰子叶苫的，有的还用芦苇苫顶。由于他们居住在达累斯萨拉姆市郊，受城市影响较大，他们的住房现在大都铺上了水泥地板，筑起了塑料板墙，房顶也覆盖了铁皮瓦。

坦桑尼亚

（3）姆贝亚地区

在这个地区居住的主要是尼亚库萨族人。这里的村庄一般都有一条宽阔的大街，大街两旁分别排列着大小不同的院落。每家都有一个到两三个足球场大小的"院子"，住房建在中央，房子周围种些香蕉、咖啡、豆子、花生和蔬菜等。他们的大块耕地在村外。当地盛产竹子，其住房为竹架结构，但房顶还是用茅草苫的。按传统，家长的住房为长方形，大夫人的住房为圆形；室内墙壁（即竹排）上都抹有红色泥土；外墙不涂红泥，而是在竹排上雕刻上各种图案。尼亚库萨年轻人成家后要在外面建房，从父母家里搬出，年轻人都在同一个地方建房，成立新村，这样代代相传，就建起了一个又一个的尼亚库萨人的"卫星村落"。

（4）梅鲁和乞力马扎罗山区

在大陆北部的梅鲁和乞力马扎罗地区，居住的主要是以农业为主的查加人。他们一家一户，耕种着祖传的面积从几公顷到几十公顷的一片片山坡地或一块块谷地，其住房也建在他们自己的土地上。他们的住宅由篱笆围着。宅院内，外围是卧室、客厅、厨房和仓库等；中央是畜厩。查加人以香蕉为主食，每家都种植大量香蕉，他们的又矮又小的"窝棚式"茅草屋，都是用香蕉叶苫的。在梅鲁山区和乞力马扎罗山区，有一些高大的尖顶茅草屋，里面比较敞亮。

（5）乌桑巴拉山区

在坦噶省的乌桑巴拉山区，居住着桑巴拉族人（Sambara）。这里村落较多，住房较为集中，每个村子都有几十户到上百户人家。他们每家的耕地分散在村庄周围的谷地和山坡上。这里传统的房屋为窝棚式茅草屋，较低。现在，他们一些人把茅草屋里外抹上了泥，变成了泥墙；他们开始加高自己的茅草屋，有的改成了尖顶圆锥形茅草房。桑巴拉人的茅草屋内，一般都由隔墙一分为二，一半作卧室，另一半作仓库和畜厩。

（6）中部高原地区

分布在多多马周围干性多刺灌丛高原地区的戈戈族，虽是半农半牧，并且以农业为主，但牛群在他们的社会和经济生活中却占有重要地位。他们的住房稀稀拉拉地散落在热带大草原上。过去，遇到干旱时他们就得赶着牛群去寻找新的草地和水源，家也便随之搬迁。因为他们没有什么永久性住宅，所以这个地区没有几个能叫得出村名的村庄。独立后，这种情况有所改变，因为政府采取一些措施，如打了很多水井，大体解决了当地居民及其牲畜的饮水问题，戈戈人开始建立永久性住宅，并已侧重发展农业种植。目前，戈戈人的宅院建得较大，许多院子都围有一圈荆棘篱笆。院内四周是些正方形或长方形的低矮的平顶茅草房，包括卧室、会客室、厨房和仓库等；中间是一个用荆条篱笆圈起的大牛栏。住房为木架结构，墙是在荆条篱笆内外用牛粪和泥土搅拌成的"混凝土"抹成的；屋顶支架前低后高，房顶上面苫着一层一层的茅草。

居住在伊林加高地草原地区的赫赫人，其住房也是草房，但大部分都是用自制的土砖（红砖）建造的，他们还用砖砌院墙，室内也有了用土夯实的地面。赫赫族是坦桑尼亚当地用砖建房最早的一个民族。

（7）马赛人基本定居

在阿鲁沙一带广阔的草原上，经常可以见到马赛人三三两两，手持长矛和木棍，赶着牛群放牧或寻找草地。遇到青草茂盛的地方，他们就在附近搭起一间简易窝棚式茅草屋。这是半游牧的马赛男人外出放牧时临时栖身的地方。在一望无际的大草原上，每隔几公里或十几公里就可能见到一个这样的茅草屋。

独立以来，马赛人已先后在一些有草有水的地方定居下来，盖起了永久性或半永久性住宅。他们一家一户，经过巫医看风水，在宽阔的草原上选好宅基地，建立起自己的"大宅院"。因

为要在宅院附近放牧，大宅院是分散的，有的要相距几公里，不过他们一个家族或一个氏族都把宅院建在一个区域，便于相互关照。

每个大宅院的面积都很大，小的也得有两三个足球场大，周围用荆条篱笆围着。院子中央，是一个用荆棘条子围起来的一个大牛圈或牛栏，在宅院附近放牧时每天晚上都要把牛群赶回家，大的牛圈可容纳二三百头牛在里边过夜。院内四周是称之为"马尼亚塔"（Manyiyatta）的茅草房，马尼亚塔间数的多少按其人口多少而定，有的四世同堂，小孩子一百多，就得盖二三十间，最小的宅院也有五至十间马尼亚塔。他们的住房老人一间，每对夫妇一间，男孩和女孩分开居住。马尼亚塔房门矮小，一次只能一个人弯着腰、侧着身挤进（据说是为防野兽）。房顶都是用茅草苫的，墙是用泥同牛粪搅拌的"混凝土"抹的。住房一般都是长方形的，房间面积只有五六平米，室内无床，地上有铺茅草的，有铺牛皮或羊皮的，不论是茅草还是牛羊皮，夜里睡觉都是连铺带盖。在人口不多的人家，有一间马尼亚塔是厨房。在厨房里，一边地上是用三四块石头搭起来的灶，灶上放着一个铝锅（有的是瓦罐）；旁边放着几个葫芦瓢，是盛牛奶和牛血用的；还有两三个塑料桶，是到外边打水和盛水用的。

马赛人是男牧女耕，男子在外放牧，有时在住宅附近，有时要赶着牛群跑到离家很远的地方，得两三个月甚至半年才能赶着牛群回家一次；妇女在家里喂养小牛、挤奶、制奶酪，更重要的是在附近的草地上开垦土地，种些玉米、高粱、谷子和豆类，有时还种些蔬菜。

（8）少数牧民的游牧生活

马阿蒂族，又称巴拉拜格族（Barabaig），是尼罗特人达托加族（Datoga）的一支，目前仍是坦桑尼亚的一个游牧部落，主要分布在北部的哈南地区和姆布卢（Mbulu）地区。由于那里缺乏水源和草地，他们早已开始向南方游牧，并已逐渐扩展到了辛吉达、多多马、希尼安加和塔波拉等地区。目前，他们大约有10万人，其中3万多人仍然留在哈南和姆布卢地区。马阿蒂人，一家一户地赶着自家的牛群在热带大草原上自由自在地放牧，遇到水草茂盛的地方，他们就在附近灌木丛中搭起简易茅草屋，临时居住下来。他们同马赛人一样，老人、妇女和孩子留在临时的"家里"，操办家务，男人则在外面草地上放牧。他们在临时住宅附近放牧时，晚上把牛群赶回住处，圈在一起，在住房旁边高高架起一个窝棚，夜里有人睡在上边，以看护牛群。在临时住处周围的牧草越放牧越少、尤其是出现缺水情况时，他们就全家老小一起，赶着牛群，再去寻找新的草地和水源。

在北部阿鲁沙省和马拉省与肯尼亚交界的边境地区，还有一个巴拉古尤族（Baraguyu），约4万人，也是一个游牧部落，他们游牧的方式同马阿蒂人一样。

另外，如上所述，坦桑尼亚最古老的土著人、原始部族桑达维族人和哈扎族人，现在仍住在山洞或在丛林中临时搭起的茅草"窝棚"里，仍然以钻木取火的办法来取暖，过着原始公社制的生活。

（四）坦桑人的姓名与称呼

通常，坦桑尼亚人的名字由三部分组成，即本人名＋父名＋祖父名。如"阿里·基乌拉·姆克瓦瓦"，"阿里"为本人出生时取的名字，"基乌拉"是阿里父亲的名字，"姆克瓦瓦"是阿里祖父的名字，平常只叫他前两个名字或第一个名字即可。外来宗教传入后，坦桑尼亚人的名字就与宗教发生了密切联系。基督教徒接受洗礼时一般都要取个教名。比如，朱利叶斯·康巴拉杰·尼雷尔，"朱利叶斯"就是尼雷尔的教名。再比如，在穆斯林斋月里出生的孩子，父母往往为他们取名为"拉马赞尼"（意为斋月）。许多坦桑尼亚人为刚刚出生的孩子取名时，喜欢把孩子名字与其出生的时间、地点和环境联系起来，或同他们所崇拜的人物的名字、所赞赏的动物的名字联系起来，如"卡斯特罗"（古巴领导人）和"辛姆巴"（Simba，斯瓦希里语意为"狮子"）等。坦桑尼亚妇女，婚后仍保留自己的名字，有的只在自己的名字后加上丈夫的名字。

坦桑尼亚人热情好客，注重礼节，举止文明。坦桑尼亚是饮誉非洲的礼仪之邦。坦桑尼亚人见到外国客人总是主动打招呼，热情问候，或挥手致意或上前亲切握手。由于英语和斯瓦希里语同为坦桑尼亚官方语言，在政府部门、公司、商店和所有公共场合，在首都和其他城镇地区，甚至在乡村地区，当地人对外国人都会使用相应的英文称呼，如"阁下"、"先生"、"女士"或"小姐"等。

在同坦桑尼亚人的交往中，经常会听到"姆泽埃"（Mzee，斯瓦希里语意为"老人"）、"爸爸"（Baba）、"巴布"（Babu，斯瓦希里语意为"祖父"）、和"妈妈"（Mama）之类的称呼，这些都是尊称。坦桑尼亚人尊称男性年长者为"姆泽埃"，意为"老人家"；尊称女性年长者为"妈妈"。在平民百姓中，称"爸爸"，意为"大叔"或"大哥"；称"巴布"，意为"老爷爷"或"老大爷"；称"妈妈"，意为"大妈"或"大姐"。

在坦桑尼亚人的称呼中，最为亲切的是"恩杜古"（Ndugu，斯瓦希里语意为"兄弟"）和"拉菲克"（Rafiki，斯瓦希里语意为"朋友"）。

"同志"（Comrade）也是在坦桑尼亚经常会听到的一个称呼，在各政党内部都相互称"同志"。自独立以来，在执政党坦桑尼亚革命党内部、政府机关内部甚至在全国百姓之间，相互间打招呼时都喜欢称对方为"同志"。①

---

① 《世界各国知识丛书》非洲卷《东非诸国（二）》，军事谊文出版社，1997，第55~56页。

（五）割礼

坦桑尼亚同其他一些非洲国家一样，一些民族的青年人在步入成人期时要举行一种"割礼"仪式。所谓"割礼"，就是对男女生殖器官施行某种手术并为此而举行的礼仪。据认为，割礼是人生一件大事，青年人只有割礼后才被公认为"成年人"，才有婚嫁和繁衍后代的资格和能力。

在行割礼前，父母要对子女讲明割礼的意义，让他们作好忍受痛苦的思想准备。割礼当日，全村人都穿上节日盛装，聚集在广场四周，受割礼的男女青年，分别由亲属陪同来到广场，广场上放着简易床，广场中央竖着一个象征男女性生活的"圣物"——一根树干套着一个铜环。接受割礼的人双手被绑在床上。手术通常由懂得一些医术的"祭司"实施。手术时，广场四周的村民要大声喊叫，让这种喊叫声盖过受割礼人发出的痛苦的哭叫声。据说，割礼是青年人进入成年期的开始，以后还要对他们进行族规、道德、礼仪、责任与义务和性知识的教育，受教育的时间有时要长达三个月。

虽然随着社会的发展，这种传统陋习在减少，但是在乡村地区、尤其在一些部族（如查加族和戈戈族等）中的影响仍然很大。虽然政府反对为女孩子做割礼，但为女孩子做割礼的仪式仍屡见不鲜。1996年坦桑尼亚国家统计局的一份人口健康状况调查表明，全国130个部族中有20个部族仍然坚持为女孩子实行割礼，并声称"不实行割礼，就不准结婚"。这份调查报告说：目前被实行割礼的女孩子占全国妇女总数的18%；在各省的情况有所不同，在阿鲁沙省被做割礼的女孩子占该省妇女人数的81%，在多多马省占68%，马拉省占44%，乞力马扎罗省占37%，伊林加省占27%，坦噶省和辛吉达省都占25%，莫罗戈罗省占20%。

针对上述情况，1998年国民议会通过一项关于性犯罪的法令，规定要对强迫为女孩子做割礼的顽固分子进行法律制裁。

（六）发型

坦桑尼亚的女人和男人都很重视发型和头饰。

广大班图人妇女的头发，都是短而卷曲，柔软而富有弹性，不论在城镇还是在乡村，他们都喜欢把卷曲的头发梳直，然后再做成各种各样的发型。较为流行的发式有20多种，包括辫子型、束发型、波浪型、希望式、未来式等。最为时髦的要算"索科莫科"发型。它要求从前向后将头发梳成许多道道，然后在脑后收拢，打成小结，使头上留下均匀的水渠式花纹。还有一种比较流行的是"斯瓦希里式"发型。它要求顺着头皮由上而下将头发编成一排排细辫，在辫梢上扎上黑线或金丝线，线的末端再缀上五光十色的珠子，光彩熠熠、鲜艳夺目。少女则喜欢把头发在头顶上分成若干块，每块独自编成一条条小辫，小辫或垂肩或直立或弯曲，新颖别致，艳丽多姿。受亚洲人的影响，一些姑娘喜欢把自己的头发梳直后扎成两条小辫子或一条大辫子；一些成年妇女则喜欢把梳直的头发留成垂肩长发，或拃在后边卡一个发卡。马赛族妇女与众不同，他们喜欢剃成光头，认为剃得越光、越亮就越漂亮。

在城镇地区的班图各族男子，都喜欢把自己卷曲的头发梳直后留成小分头，或剪成小平头。近年来，城镇的一些小伙子喜欢剃光头。他们说，这既卫生又省时间。然而，他们剃光头也招来一些批评，因为在坦桑尼亚一些部族中，长者死后儿孙们要剃光头，是为老人戴孝。在乡村地区，诸如苏库马族的一些青年，喜欢在头上插一些彩色羽毛，增加男性美。马赛人青年男子，喜欢留长发，他们有时把油脂和粘土混合在一起，涂在梳直了的长发上，使其直挺挺地拖在脑后，或把梳直了的头发梳成小辫。他们还喜欢戴大耳环。

（七）婚俗

随着同外部世界交往的增加，特别是伊斯兰教、基督教和西方文化的传入，坦桑人传统的婚姻受到了冲击。独立后，政府于1971 年制定了坦桑尼亚《婚姻法》，主张男女平等、自由恋爱；提倡一夫一妻；法定妇女可结婚年龄为 18 岁。但与此同时，根据坦桑尼亚社会的实际情况，《婚姻法》对穆斯林按伊斯兰教规定一男可娶四妻和一些民族一夫多妻的传统做法给予承认，甚至对一些民族女孩 15 岁（个别的 12 岁）即可结婚的传统也予以默许。

　　《婚姻法》实施以来，在坦桑尼亚人的婚姻问题上出现了许多积极变化，尤其是在城镇地区，比如：自由恋爱的多了，谈论男女平等的多了，谈论妇女应当有土地所有权和家庭财产继承权的多了；一夫多妻的少了，买卖婚姻的少了，12 岁以下女孩被迫结婚的少了，打骂妇女的家庭暴力也在减少。但是，由于社会经济发展缓慢，文化教育事业落后，尤其是在广大乡村地区，坦桑尼亚的男婚女嫁问题，迄今许多民族还延续他们祖先留下来的风俗习惯和相关的仪式，即使城镇越来越多的青年男女在自由恋爱，但他们的婚礼一般还都要按照老传统举行。

　　1. 班图人一般要举行两次婚礼

　　班图人占坦桑尼亚人口的 90% 以上，他们各个部族的婚礼一般都要举行两次。以苏库马人、尼亚姆维齐人和查加人为例，他们的婚礼要先在女方家举行，婚礼后新郎要在女方家住上一周；一周后，在男方家里举行另一次婚礼，把女的接过来，才算他们正式结婚。一个青年要结婚时，就请他的朋友帮他在女方家中盖一间房子，为的是在女方家举行婚礼后做新房用。

　　在坦桑尼亚，尤其是在乡村地区，大部分班图人婚娶，首先由男方托人向女方父母提出求婚，如得到同意，男方则要先付订婚费（现金支付）。第二步是确定婚期，其关键问题是确定彩礼的多少，送彩礼以牛为主（还要有些现金），一般家庭送几头牛即可；较富裕家庭得送十几头到二三十头牛；大户人家则要送上

几十头，甚至上百头牛。婚期确定之后，双方就要杀鸡宰羊，为婚礼作准备。第一次在女方家举行的婚礼是女儿出嫁的"告别仪式"，要出嫁的女孩表达对父母养育之恩的感谢之情，女孩在爸爸妈妈面前往往是哭哭啼啼，表示"不愿出嫁"。第二次在男方家举行的婚礼等于"欢迎仪式"，欢迎新娘走近新家，在仪式上新娘要对公公、婆婆和男方的所有长辈一一跪拜，所有长辈都给新娘送"见面礼"，有金银首饰、坎嘎布和现金等。如果新郎和新娘是基督教徒，他们得先到教堂举行结婚典礼，然后才举行"欢送"和"欢迎"仪式。

在女方家和男方家举行婚礼时，双方家长及其亲戚朋友都要到场，全村的人也都来参加，族长和村里的长老为"贵宾"，在"主席台"就座，双方父母及直系长辈分坐两旁。在"话别"或"欢迎"仪式以后，便是盛大的"婚宴"或"聚餐"，一般都以烤羊肉、烤鸡肉和啤酒（主人经济条件好，提供现代啤酒；经济条件稍差者，则提供自己酿制的家乡"土啤酒"）。客人们边吃、边喝、边聊，不时有人致贺词，还穿插着一些文艺节目。酒足饭饱之后，便载歌载舞，通宵达旦。

2. 少数民族的婚俗多姿多彩

哈亚族有一种"摸脚定亲"的习俗。男方父母向女方父母提亲，女方父母同意后，男方父母就要摸一下女方双亲的脚，以示谢意。"摸脚定亲"后，如果女方父母反悔，男方父母将"上告祖灵，请求对女方加以惩罚"。

"露乳招亲"是哈亚族人的另一种习俗。为了吸引小伙子们注意，招来如意郎君，哈亚族的姑娘们常把乳房袒露在外；据说，这也是为了向父母们表白她们的"清白"，因为父母可根据他们乳房的变化，发现自己的女儿是否已经怀孕，如果未婚先孕，那将是"奇耻大辱"。

在马赛族，有一种"指腹为婚"的习惯。一位妇女，一旦怀孕，就有许多生男孩的父母或亲属前来提亲，男孩子的父母总是说："如果你家生下的是女孩，就与我家男孩成为终身伴侣；如果你家生下的是男孩，就让他们哥俩结为莫逆之交"。

在津古族，有一种由小伙子直接到姑娘家求婚的做法。一个小伙子第一次到女孩家求婚时，由姑娘的祖母或母亲出面接待，姑娘则躲在隐蔽处偷看，如果中意，她便暗示祖母或母亲告诉那个小伙子再来。这个小伙了第二次登门时，其父母就要带上4只活鸡和3只宰好了的鸡，送给女方父母，预祝他们"万事如意"，同时还要带去一些玉米面，让他们"招待客人"用；反过来，女方父母则要向男方父母回赠一桶蜂蜜，让他们"酿造喜酒"。双方父母这样一来一往，就为他们的儿女敲定了终身大事。

大陆西北部的甸丁拉姆族，流行一种"迷藏婚"。青年男女结婚时，他们举办一种新郎寻找新娘的仪式。其做法是：女方负责护送新娘，但走进新郎家住的村庄后，不直接把她送到新郎家，而是先在新郎的邻居家里找个地方，把新娘藏起来。然后，送亲的人到新郎家报信，让新郎去寻找新娘，找到后就把新娘接到家里，即完成了迎娶任务。得到通知后，新郎就立刻在双方亲友的"陪同"下跑到周围邻居家里去寻找新娘，很难一下子就把新娘找出来。有时，邻居们要为新郎捏一把汗，他们知道新娘藏在哪里，但是不能说。按照传统，如果新郎靠有人通风报信找到新娘，这种"找到"是"假的"，将形成一种"假婚"，婚后两个人不会幸福。新郎寻找新娘，可以到三个邻居家去找，如果都找不到，女方送亲人就要将新娘带回，7天以后再来送亲，如此往返，直至新郎找到新娘为止。①

---

① 《世界各国知识丛书》非洲卷《东非诸国（二）》，军事谊文出版社，1997，第58~59页。

原始部族哈扎族的婚礼，用哈扎人自己的话说，他们的婚礼最简单，不请客，不讲排场，也不用花什么钱。双方父母同意他们的儿子或女儿结婚后，就要为他们做出"婚礼"安排。首先，确定婚礼日期。第二，女方要为出嫁的女儿单独安排一个睡觉的屋子，作为洞房。第三，在确定举行婚礼的那天晚上，在女方家里人全都睡下以后，新郎不声不响地溜进洞房，与新娘睡在一起。第二天早晨，天刚放亮，女方父母就急忙起床，跑到女儿的新房观望，发现一对新人还睡在一起，他们就会情不自禁地喊出："他们结婚了！"

另外，游牧部族马阿蒂族和原始部族哈扎族，都有"姐妹共夫"的传统。

（八）葬礼

坦桑尼亚各个部族的风俗习惯不同，包括葬礼。

大部分班图人认为，谁家老人去世，不只是他们一家的不幸，而是整个家族的不幸，是全村的不幸，全村都要为之哀悼。在哈亚族，有老人去世后，首先由这位老人家的妇女们嚎啕大哭，以向全村人报丧。人们闻讯后，纷纷到死者家中吊唁。死者家属要守灵4天。守灵期间，村里人要为死者家属送水、送饭，给予多方面的照顾。守灵期满后，家属们一律剃成光头，以守孝，这时候，照顾他们的村里人才可以回家。在举丧期间，亲朋好友要为死者送寿衣。大多数班图人实行火葬。举行葬礼后，寿衣与死者一起火化。火化时，全村人要同死者家属一起痛哭流涕，送别死者。

另外一些班图部族实行土葬。如库利亚人，但他们是先把死者埋好，然后再举行悼念活动。墓地设在住房两侧：男墓在右，女墓在左；安葬时男人尸体头朝东、面向右，女人尸体则头朝东、面向左，表示死后他们仍在保佑全家平安。丧葬期间，家属和亲属们都要剃光头、沐浴，干干净净地为死者送行和守灵。安葬死者尸体一般在中午举行，安葬时要宰羊，为死者祭祀。悼念活动一般举行4~5天，死者为男性举行5天；死者为女性则举行4天。

半游牧部族马赛人实行"天葬"。他们认为，土地为万恶之源，人死后不能土葬，也不能火葬，而是要"天葬"。人死后，他们用水将死者全身洗干净，涂上一层奶油，停放在房子中央，供人吊唁。吊唁活动非常隆重，家属和一个家族的人以及死者的亲朋好友，都要跪在尸体周围，为死者进行一天的祈祷；然后，由全村长老引路，将尸体抬到荒郊野外，任野兽飞鸟吞食。

游牧部族马阿蒂人对老人的逝世非常重视。他们认为，虽然老人逝世进入另一个世界，但他的灵魂还在人世间，还和他们在一起，一定要把老人尸体葬好，这样他的灵魂就会保佑他的子孙后代丰衣足食，幸福安康。如果老人死在游牧途中，他们就要在其非永久性住处附近选一处风水好的地方安葬老人，修个一人多高的大坟，并在坟顶上栽一棵"生命之树"，以便将来再到这里放牧时容易找到。一般人死后，同样是土葬，但不在坟上栽树。

生活在伦圭地区的伦圭人，死者坟墓要朝向伦圭山，因为他们认为伦圭山是其祖先圣灵聚居的地方，人死后都要到那里去找归宿。①

二 节日

坦 桑尼亚全国性公共节假日包括：元旦、桑给巴尔革命日、卡鲁姆日、复活节、坦桑尼亚联合日、国际劳动节、开斋节、萨巴萨巴节、农民节、穆罕默德诞生日、尼雷尔日、坦噶尼喀独立日、圣诞节和拳击日。另外，坦桑尼亚实行每

---

① 《世界各国知识丛书》非洲卷《东非诸国（二）》，军事谊文出版社，1997，第59~60页。

周六天工作制，星期日休息；职工每年还有 21 天的休假。相关节日情况如下。

元旦，1 月 1 日。全国各个单位都放假 1 天。

桑给巴尔革命日，1 月 12 日。1964 年 1 月 12 日，桑给巴尔非洲设拉子党发动民众举行武装起义，推翻桑给巴尔苏丹王统治，建立了桑给巴尔人民共和国。坦噶尼喀和桑给巴尔 1964 年联合组成坦桑尼亚联合共和国后，坦桑政府决定 1 月 12 日为"桑给巴尔革命日"，为全国公共假日，放假 1 天。

卡鲁姆日，4 月 7 日。前桑给巴尔总统（1964 年 1～4 月），坦桑尼亚第一副总统、桑给巴尔总统（1964 年 4 月至 1972 年 4 月）卡鲁姆，1972 年 4 月 7 日被暗杀。2005 年坦桑尼亚政府决定，4 月 7 日为"卡鲁姆日"，作为公共假日放假 1 天，以示悼念。

坦桑尼亚联合日（或国庆节），4 月 26 日。1964 年 4 月 26 日，坦噶尼喀共和国和桑给巴尔人民共和国联合组成坦桑尼亚联合共和国。从坦桑尼亚诞生之日起，4 月 26 日即成为坦桑尼亚"联合日"或"国庆节"，为公共假日，放假 1 天。

国际劳动节，5 月 1 日。政府部门、所有企事业单位和工厂，都放假 1 天。在"五·一"这一天，许多工会都要组织工人集会和游行，或搞些庆祝活动。

萨巴萨巴节，7 月 7 日。尼雷尔于 1954 年 7 月 7 日把坦噶尼喀非洲人协会改组为坦噶尼喀非洲民族联盟（简称"坦盟"），从此将 7 月 7 日坦盟成立纪念日定名为"萨巴萨巴"节。斯瓦希里语"SABA"一字意为"7"，"7 月 7 日"读音为"萨巴萨巴"，故称坦盟纪念日为"萨巴萨巴"节。过去，每逢萨巴萨巴节，坦桑尼亚都要举行火炬接力仪式，在节前若干天要在坦盟诞生地塔波拉点燃火炬，然后由运动员按一定的路线依次接力，于 7 月 7 日到达达累斯萨拉姆，将火炬交给总统。与此同时，还要从 7 月 7 日开始在达累斯萨拉姆举办为期一周至 10 天的国际贸易博览会。坦桑尼亚政府 1977 年正式把在萨巴萨巴节期间举行的国际贸易博览会定名为"达累斯萨拉姆国际贸易博览会"（DITF），每年举办一次。达累斯萨拉姆国际贸易博览会均安排在 7 月上旬。政府规定，萨巴萨巴节放假两天（一般是博览会闭幕前两天），主要让人们有时间到博览会去购物。随着经济的恢复和发展，2004 年政府决定把萨巴萨巴节改为坦桑尼亚"工业节"，以示坦桑尼亚发展工业和贸易的决心，但至今坦桑尼亚人仍称其为"萨巴萨巴节"或"萨巴萨巴贸易博览会"。

农民节，8 月 8 日。这是坦桑尼亚政府在上世纪 90 年代初决定的，以推动农业的发展。为全国公共假日，放假一天。近年来，每年 8 月 8 日前后，都要举办为期一周左右的坦桑尼亚农业展览会，除本国公司外，还有外国公司参展。

建军节，9 月 1 日。1964 年 4 月 26 日坦噶尼喀和桑给巴尔联合组成坦桑尼亚联合共和国后，决定将两国军队合并。两国军队于 1964 年 7 月 24 日正式合并，取名为坦桑尼亚联合共和国军事力量（URMF）。1965 年 1 月，坦桑尼亚联合共和国军事力量正式定名为坦桑尼亚人民国防军，并宣告坦桑尼亚人民国防军正式建立。1965 年 9 月 1 日在建军仪式上，1000 多名新兵在达累斯萨拉姆举行了列队表演，同时宣布 9 月 1 日为坦桑尼亚人民国防军建军节。

尼雷尔日，10 月 14 日。前坦噶尼喀总统（1962～1964），前坦桑尼亚总统（1964～1985）尼雷尔生于 1922 年，1999 年 10 月 14 日逝世。坦桑尼亚政府 2002 年决定 10 月 14 日为"尼雷尔日"，作为国家公共假日，放假 1 天，以示坦桑尼亚人民对开国总统尼雷尔的缅怀。

独立日，12 月 9 日。坦噶尼喀 1961 年 12 月 9 日独立，坦桑尼亚政府把 12 月 9 日定为坦噶尼喀"独立日"，为全国公共假

日，放假 1 天。

影响较大的宗教节日：

复活节（Easter Monday），基督教节日之一，是耶稣复活的日子，象征着重生和希望，坦桑尼亚全国放假 1 天，基督徒一般都到教堂参加纪念活动。（复活节属非固定节日，具体日期由教会宣布。2003 年的复活节为 4 月 21 日，星期一）

圣诞节，12 月 25 日，耶稣的诞生日，是世界基督徒的重大节日。随着基督教的传入，圣诞节也成了坦桑尼亚一个重大的全民性节日，全国放假 1 天。

开斋节，为一年一度的穆斯林的盛大节日，在坦桑尼亚影响较大，坦桑尼亚全国放假 1 天。伊斯兰教历九月为斋月，称之为"拉马丹月"（Ramadan）。斋月期间，穆斯林白天（早 7 时至晚 7 时）不准进食，不得吸烟，禁止房事；夜间（晚 7 时至第二天早 7 时）的任何时间都可吃东西。斋戒节结束的那一天为开斋节（Eid Al Fitr）。在开斋节那天，各清真寺，各穆斯林家庭，都举行庆祝活动。从这一天起，穆斯林们即恢复正常的饮食习惯。开斋节的具体日期，视月亮变化而定，由专门机构宣布。[1]

---

[1]　Source：Tanzania Country Profile.

第二章

历　史

第一节　上古简史

一　坦桑尼亚——人类发祥地之一

英国生物学家达尔文早在 1871 年就提出，人类的诞生地在非洲。从 1924 年起，考古学家先后在非洲发现了 7 类南方古猿化石。经过研究和测定，南方古猿已被人类学家一致归于人的系统。人类学家和考古学家普遍认为，人类起源于非洲。已发现的南方古猿化石主要分布在坦桑尼亚、埃塞俄比亚和肯尼亚。考古学家和古人类学家普遍认为，南方古猿起源于东非地区，坦桑尼亚是人类发祥地之一。

据有关专家介绍，半个多世纪以来，考古学家在坦桑尼亚北中部裂谷地区陆续发掘出一些早期人类化石，而且这些化石涵盖了从南方古猿到人的演化的几个重要阶段。

1931 年，英国古人类学家利基（Louis Leakey）在坦桑尼亚北部奥杜瓦伊（Olduvai）峡谷发现了一个早期骨架，断定是非洲最早的古代人类的骨架，并决定在那里建立一个考古发掘和研究基地，他们一家人（其夫人、两个儿子和两个儿媳）都是考古工作者。

1959 年 7 月 17 日，经过近 30 年的艰苦发掘，他的夫人、英

国古人类学家玛丽·利基（Mary Leakey）终于在奥杜瓦伊峡谷发现了一个似人似猿、近乎完整的粗壮型南方古猿头骨和一根小腿骨，同时还发现了石器。这个头骨相当大，因为有石器伴存，断定他能制造工具，命名为"东非人"，经用钾－氩法测定，确定这种"东非人"生活在 175 万年前。

1963 年，利基的大儿子乔纳森·利基（Jonathan Leakey）在发现"东非人"头骨地点附近发现了另一类型人类的头骨及其附有大部分牙齿的下颌骨。这种头骨骨片较薄。研究结果表明，他是比"东非人"更为进步的人，他的脑量比"东非人"几乎大出 50%，生存于 178 万年前。1964 年利基得出结论：南方古猿的一个支系是人类的祖先，"新发现的这些化石标本就属于这一支系"。他推测那个时代的工具是他们制造的，因此将他们确定为人类的第一批早期成员，并命名为"能人"（Homo habilis）。他说，只有"能人"才能最终进化为现代人。

1974 年，玛丽·利基的研究小组在奥杜瓦伊峡谷的莱托利（Laetoli）发现了 12 个人的牙齿和颌骨，其年代测定为距今 350～375 万年之间。最为重要的是，1976 年他们在莱托利发现了一组和现代人特征十分相近的原始人的脚印。这些脚印在火山灰沉积岩化石上。经放射性测定，这些脚印有 340～380 万年的历史。脚印共两串，平行紧挨着分布，延伸了约 27 米。根据对足弓形态和步态的分析，认定这种脚印是直立行走时留下来的。这一脚印化石成了人类开始直立行走的最早证据。他们认为，是非洲南方古猿的一支发展成为"能人"后，经过再进化进入"直立人"阶段的。国际考古学家和人类学家普遍认为，"莱托利人"应属人类的最早成员。

达尔文的进化论认为，包括人类在内的地球上的各种生物，都是由最简单的生物，经过漫长的岁月进化而来的，而驱使其进化的动力则是地球上的环境。

1500 万年前的非洲，从西到东都覆盖着茂密的森林，居住着形形色色的灵长类动物，包括种类繁多的猴子和古猿。在随后的几百万年里，那里环境发生巨变，致使生物发生了相应变化。当时，非洲大陆东部地壳发生变动，致使埃塞俄比亚和肯尼亚陆地隆起，形成了海拔270米以上的高地。这不仅改变了非洲的地貌，也改变了非洲的气候，它阻止了以前从西到东一贯的气流，使东部成为少雨地区，丧失了森林生长的条件，连绵不断的森林开始断裂成一片片的小树林，形成片林、疏林和灌木丛。大约在1200万年前，持续的地质变动使这里的环境进一步发生变化，形成了一条从北向南走向的大裂谷。大裂谷的出现带来了两种生物学效应：一是形成了妨碍裂谷东西两侧动物群交流的屏障；二是进一步促进了镶嵌型生态环境的发展。有专家认为，这种南北向的屏障对于人和猿的分支进化极为重要，使人和猿共同的祖先森林古猿群体分成了两部分。大裂谷以西的群体继续在湿润的森林环境中生活，变化不大，即成了现代非洲猿类；而大裂谷以东的群体，为了适应在开阔环境中的生活，经过几百万年的磨难，产生基因异变，形成了南方古猿，其中的一个支系又练就一套全新的技能（包括两足直立行走、解放上肢，开始使用和制造工具等），成为人类先祖"东非人"或"能人"，从而开始了从南方古猿向人类方向的进化。1982年，法国著名古生物学家伊夫·科庞提出了"东边故事"理论，认为由于环境变化，猿猴开始离开树木站立行走，猿人首先在那里出现。正是在大峡谷的东边，大猩猩与猿人分道扬镳，各自走上演变的道路。①

二　从早石器到晚石器时期的发展

从在坦桑进行的考古工作看，人类在从南方古猿演变成直立人后，进入了从直立人到智人和从智人到现代人

---

① 《"图迈"：人类始祖？700万年前头盖骨化石发现记》，新华网2002 - 07 - 19。

的进化阶段。从人类社会发展史看，这一进化过程涵盖了坦桑尼亚早石器、中石器和晚石器的三个时期。

（一）早石器时期

在草原、林地或丛林中生活的南方古猿，从能直立行走以后开始制造石器，并逐渐进化成为狩猎者兼采集者的原始人群。一直在奥杜瓦伊峡谷研究与"东非人"共存的那些石器问题的玛丽·利基说，那些最古老的石器，除石片外，还包括较大的工具，如砍砸器、刮削器和各种多边器物。她说，他们制造石器主要是为了提高食肉能力。在奥杜瓦伊峡谷发现的石器是迄今为止发现的世界上最早、最原始的石器，被称为"奥杜瓦伊型石器"，其存在年代约在距今 300 万～250 万年以前，属非洲早石器时期。

石器出现以后，人类开始了能动地适应自然、利用自然直至改造自然的技术发展进程。这些狩猎者兼采集者，适应草原和林地生活大体上经历了一个约 200 万年的漫长历程。到了大约 50 万年前，人的体质和智力得到进一步发展，从"开始直立行走"发展到能完全直立行走的"直立人"，进入了从直立人向"智人"进化的阶段，由于有了较大的脑子和较为灵巧的手，这时他们能够制造更有效的石器了，如"手斧"等。

在奥杜瓦伊峡谷的两侧发现许多地质层，其中大部分是近二三百万年以来各个时期内由火山喷射物在古代湖泊中沉积而成的。在靠近底层的早期地质层中，发现有南方古猿的骨化石和小圆石工具；在那上面的地质层，小圆石工具不见了，出现了是直立人的比较粗糙的早期手斧；再往上晚期的地质层中，由于人的智力和生产技术的发展，工具的式样和效率不断得到改进，10 万～5 万年前的手斧和劈刀，有的已经相当讲究。

在坦桑另外一些历史遗址也发现了手斧和劈刀。伊西米拉（Isimila）是伊林加附近一条大路旁由于雨水冲蚀而形成的一条大深沟，据估计沟内有数以千计的古代石器和其他工具，被称为"世界上保存着最珍贵的文物的一个地方"。据说，在古代伊西米拉有一个湖泊，许多大动物都到这个里来寻找青草和找水喝，旱季里尤其如此。伊西米拉曾是古代狩猎兼采集人群活动的理想场所，他们在附近扎营，使用石器和木制长矛打猎。[①]

人类进入直立人阶段以后，行动比较自由了，他们开始走出奥杜瓦伊峡谷，向周围林地和草原扩散，逐渐扩散到坦桑尼亚大陆其他林地和草原地区，也扩散到了非洲其他国家的一些林地和草原地区，甚至"漂泊于非洲许多或大部分草地和大草原地区"[②]。坦桑尼亚历史学家萨顿还说："在大约50万年前的'直立人'阶段，人类已远远越过非洲边界，扩散到欧洲、亚洲和远东的广大地区。"[③] 在10万～5万年前的智人阶段，由于人类体力和智力的快速发展，尤其是人口数量的增加，扩散到非洲其他地区林地和草原以及非洲以外地区的大裂谷的狩猎者兼采集者大大增加。

（二）中石器时期

有关专家认为，大约距今12.5万年前非洲开始了向中石器时期的过渡，距今5万～2万年期间为中石器时期。

中石器时期，在坦桑尼亚出现的狩猎者兼采集者原始人群进化较快，到约6万～5万年以前有了自己的语言，尤其是到了大约5万～4万年以前，他们的智慧和技能都有了新的发展，[④] 已

---

① 伊·基曼博、阿·特穆：《坦桑尼亚史》上册，钟丘译，商务印书馆，1973，第16页。

② 伊·基曼博、阿·特穆：《坦桑尼亚史》上册，钟丘译，商务印书馆，1973，第13页。

③ 伊·基曼博、阿·特穆：《坦桑尼亚史》上册，钟丘译，商务印书馆，1973，第16页。

④ 游修龄：《人种迁徙、语言演变与农业起源的思考》，《中国农史》，天涯在线书库，www.tianyabook.com/lishi/017.htm - 25k。

经从智人进化为现代人，人口增长了，他们占领了更多的草原和林地。

在中石器时期，这些狩猎者兼采集者在适应草原和林地生活的过程中学会制造精致的石矛，再装上木把，变得擅长猎取大的和中等的野兽了；林地的人群也开始制造带柄工具，特别是打猎或捕鱼用的带头长矛。因为在很大程度上他们仍然依靠植物的根茎、野果和果汁等为生，他们还发展了多种效率更高的木制采集工具。另外，他们逐渐避开了缺乏食物和缺乏水源的最干旱地区，也避开了不适于聚集的潮湿的林地和森林。

这个时期的石器的特点是：进一步变小，加工更为细致；其中，一部分开始打磨，一部分还装上了把柄；石器种类增加，除挖掘、劈砍工具外，还有尖头器、刮削器等。在中石器时期或在进入这个时期以前，这些狩猎者兼采集者已经用火取暖和烹煮食物了。

目前，越来越多的考古学家和人类学家通过基因测试确认，曾经生活在奥杜瓦伊峡谷或东非的原始人群是人类的祖先。他们普遍认为，从奥杜瓦伊峡谷扩散到非洲及世界各地的原始人群，由于长期生活的区域、环境和气候不同，他们在智人阶段后期（距今约5万年前）大体上就在体质上形成了各不相同的某些遗传性状（包括肤色、眼色、发色和发型、身高、面型、头型、鼻型、血型、遗传性疾病等）的人群，即种族或人种。专家们通常把世界上的人划分为4大人种，包括蒙古人或称黄种人、高加索人或白种人、尼格罗人或称黑种人和澳大利亚人或称棕种人；又把撒哈拉以南非洲的尼格罗人，分为班图人、苏丹人、科伊桑人和俾格米人4种。

（三）晚石器时期

在距今约2万~1.2万年之间为非洲的晚石器（或新石器）时期。这一时期，在坦桑的原始人群进化速度很快。他们的石器制作技术进一步提高，石器体积进一步缩小，品种增多，磨制石

器也得到了广泛使用。较为突出的是，这些狩猎者兼采集者有了
更锋利的石制刀片，并可把它嵌入或固定在木柄上，可把几块刀
片排列起来，制成削刀、锯子和其他工具，以加工食物、兽皮衣
服或建筑材料，还会把刀片安装在木制箭杆上作箭头或倒钩。

　　在语言产生以后，不仅石器工具进一步发展，人口迅速增
长，生产和生活有了发展，而且文化艺术也得到了发展。坦桑尼
亚有许多中石器后期和晚石器时期的遗址，这些遗址大都有巨大
的岩石做掩蔽，打猎的人群可以用来临时宿营。这些岩石掩蔽
地，有的既是作坊又是住处。人们住在里边，做饭、睡觉、制造
工具、加工兽皮和木材，有时还在里边跳舞，特别是在打猎胜利
归来之后。有些掩蔽地还修建了单斜面无顶"小屋"。

　　另外，在这些遗址中，有大量岩石壁画。这不仅留下了早期
人类生活的历史足迹，同时也展示了狩猎者兼采集者的天才的艺
术造诣。坦桑尼亚的岩画集中在中央高地，那里约有 330 个岩画
遗址，包括 550 多个有岩画的洞窟和岩阴（岩石遮蔽处）。第二
个岩画集中地区在维多利亚湖的西岸和南岸。据介绍，岩画包括
壁画、岩刻（或岩雕）和将壁画与岩雕融为一体的，共三种。
坦桑尼亚的岩画以壁画为主，内容极其丰富。著名的古人类学家
路易斯·利基和考古学家玛丽·利基夫妇，先后于 1935 年和
1951 年两次对坦桑尼亚中央高原孔杜阿县科洛地区的史前壁画
进行过考察，临摹下 186 个遗址中的 1600 多幅壁画。这些年代
久远的艺术作品表明，非洲石器时代的人类已穿上了衣服，并且
留有各式各样的发型，他们除了狩猎和采集外，还跳舞、唱歌、
还能演奏乐器。这些石器时期的壁画为什么能够完好地保存下
来，直至在一些壁画的遗址附近发掘出这些艺术家们遗留下的所
谓的"蜡笔"之后，这个谜底才被揭开。原来，他们所使用的
画笔，是一种把各种色料同动物脂肪混合在一起制成的"蜡
笔"。他们常用的色料包括：赭石，能制成常见的红色和不那么

常见的橙色及黄色;锰,大概可制成黑色;鸟粪,则是构成白色颜料的主要成分。坦桑尼亚岩画的年代应是非洲岩画中最古老的。经测定,现已发现的岩画创作时间均在距今1.9万~2.6万年之间,为中石器时期末期或晚石器早期的艺术品。[①] 英国考古学家玛丽·利基认为那些最古老的壁画的年代可能会更古远些,因为在她发掘出的中石器时期的工具和其他物品中,就发现了有这些史前艺术家们所使用的颜料和他们研磨颜料所使用的一种方石块。经过对这些发掘物进行碳-14测定后,她断定坦桑尼亚最早的岩画应画于3万年前,当属中石器时代的作品。

三 班图人迁徙迫使科伊桑人南下

从考古和古人类遗址的情况看,狩猎者兼采集者在大约50万年以前走出奥杜瓦伊峡谷,向附近林地和草原地区扩散,并逐渐扩散到非洲及世界各地。继续留在本土(今日坦桑尼亚)的这些狩猎者兼采集者,到智人阶段后期(距今约5万年前)就进化成一种遗传基因大体相同的人群,人类学家把他们划定为非洲黑人中的"科伊桑人"(Khol-San)。在这前后,还有一些狩猎者兼采集者或科伊桑人从坦桑尼亚向外扩散,甚至扩散到了南部非洲一些地区。有关研究材料表明,直至公元前几世纪班图人从西非向东非和南部非洲大迁徙前,科伊桑人一直自由自在生活在东非(主要在坦桑尼亚)和南部非洲的林地和草原地区,他们是东非和南部非洲的主人。

发端于西非乍得湖以南贝努埃河上游一带的班图人,为农耕者,社会文化较发达,人口增加较快,为了寻找耕地,于公元前10世纪前开始沿赤道西非热带雨林北沿南迁,历经数百年的迁徙,到公元前几个世纪开始进入东非大湖西部地区,进入坦桑尼

---

① 陈兆复、邢琏:《外国岩画发现史》,上海人民出版社,1993。

亚，并从坦桑尼亚向南部非洲继续推进。在近千年的班图人向东
非和南部非洲迁徙的浪潮中，世世代代聚集在坦桑尼亚境内的社
会文化相对落后的科伊桑人，绝大部分被迫退出坦桑尼亚，向南
部非洲地区退去，小部分被班图人"征服"或同化，极少数则
在不利于农耕的地区遗留下来。坦桑尼亚历史学家萨顿认为，现
在坦桑尼亚境内的桑达维人（Sandawe）和哈扎人（Hatsa,
Hadza）就是班图人大迁徙时幸存下来的微乎其微的科伊桑人的
后裔，是源自奥杜瓦伊峡谷的原始狩猎者兼采集者的后裔，是坦
桑尼亚最古老的土著人。[①]

在班图人的大迁徙中，聚集在南部非洲一些地区的科伊桑人
（包括当时从坦桑尼亚被排挤到那里的）遭到了同样的命运，除
一些被征服、极少数遗留下来以外，大部分被迫向南方节节退
却，直至非洲西南部荒凉的卡拉哈里沙漠地区。16 世纪，欧洲
白人来到南非，并开始在开普敦定居，进而向南非内陆扩展，一
路强占科伊桑人的土地、水源，对他们进行残酷的打杀，到了
19 世纪中期科伊桑人人数已经大大减少。

据报道，在南部非洲的科伊桑人现在约有 30 万人，分属 20
个左右的部族，主要分布在纳米比亚、南非、博茨瓦纳等南部非
洲国家。他们的长相、生产和生活方式，同坦桑尼亚的桑达维人
和哈扎人大体一样。目前，除南非的霍屯督人（科伊桑人中较
大的一个部族）从事畜牧业生产（据说在班图人南下前他们已
经开始放牧牛羊）和少数民族开始务农或进城当工人以外，他
们大多数同坦桑尼亚的桑达维人和哈扎人一样，仍然保持着传统
的狩猎者兼采集者的生产和生活方式。他们各个民族的语言，与
坦桑尼亚桑达维人和哈扎人的语言大体相同，同属科伊桑语

---

① 伊·基曼博、阿·特穆：《坦桑尼亚史》上册，钟丘译，商务印书馆，1973，第 20 页。

系——一种极为特殊的吸气音语言。许多专家认为，这些科伊桑人当属坦桑尼亚桑达维人和哈扎人的远亲。

第二节　中古简史

一　民族的迁徙和交融带来社会发展

科伊桑人是坦桑尼亚最古老的土著民族，一直以狩猎和采集为其生产和生活方式。不过，从公元前 10 世纪左右开始，随着人类的进化、人口的增加和生产的发展，非洲一些民族开始迁移，以寻找更多的适于耕种的土地和放牧的草原，从而发生了一些大的民族迁徙活动。在这些民族迁徙活动中，坦桑尼亚因自然条件较好，首当其冲，先后迁入库希特人、班图人、尼罗特人，后来还从南非迁来了一批祖鲁族人（亦为班图人）。几次民族迁徙，打破了坦桑尼亚科伊桑人原始社会的平静。然而，伴随着民族大迁入、大交融，传入农业、畜牧业、陶器和铁器生产技术等，推动了今日坦桑尼亚境内生产、生活和社会文化的发展。

公元前 10 世纪左右，埃塞俄比亚一个以农业生产和放牧牛羊为生的民族库希特人，为寻找土地和草地而南下。他们一些人经肯尼亚进入坦桑尼亚北部地区，为坦桑尼亚带来了最早的农耕文化。在恩戈罗恩戈罗和北部高原以及大裂谷等地区，曾发现这些早期粮食种植者的遗址和遗物，表明他们在坦桑尼亚开创了兴修水利的历史先河，为耕地建造了灌溉工程，为供草原畜群饮水修筑了水坝和水井。他们种植农作物还使用了厩肥。据说，从坦桑尼亚北部迁到现多多马省北中部地区和散居于科伊桑人之间的库希特人，在公元 500 年左右就已经使用了铁器。

如前所述，班图人为农耕者，社会文化较发达，于公元前

10 世纪前开始南迁，到公元前几个世纪开始进入东非大湖西部地区，进入坦桑尼亚，这时他们已经懂得制造和使用铁器。他们进入坦桑尼亚后，就在当时科伊桑人居住的地区开荒种地，种植粮食作物。就连先一步进入坦桑尼亚并且已经在多多马地区安顿下来的库希特人，在强大的班图人迁入浪潮的挤压下，大部分人又回到埃塞俄比亚南部的故地，少数人与班图农耕者混合，留下来形成了今日坦桑尼亚境内的伊拉库族（Iraku）、姆布古族（Mbugu）、戈罗瓦族（Gorowa）、布隆吉族（Burungi）、兰吉族（Langi）等五个族体。

在班图人遍布坦桑尼亚大地的过程中，他们吸收了科伊桑人部分狩猎文化，接受了库希特人农耕文化的某些经验，从而形成了内涵更加丰富的"东班图农耕文化"。

考古学家们在一些历史遗址发掘的"凹底"和"刻纹"陶器等文物，经检测大都是在公元 1 ~ 10 世纪期间制造的，是早期进入坦桑尼亚的班图人的杰作。在东北部的帕雷和桑巴拉山区一带，在中部地区和西部与乌干达交界的文扎（Winza）以及靠近赞比亚边界的卡兰博瀑布地区，都发现了这类陶器。

考古发掘证明，公元 7 世纪，坦桑尼亚境内已出现了冶铁术和制陶术。早期进入坦桑尼亚的班图人已经掌握冶炼和打铁技术。他们开始使用类似今日锄头的铁器种植粮食作物，也用这种铁器挖坑栽种香蕉。在坦桑尼亚大地上，铁器代替了石器，大大推动了农业的发展。

在他们的许多遗址处，都没有发现什么外来物品，表明这些早期铁器时代的班图人经济上基本上是自给自足的。另外，在西部的文扎地区，发掘出两口古代盐井；在卢夸湖附近的伊伏纳地区，还发现了一个古老的盐场遗址。这不仅说明早期进入坦桑尼亚的班图人掌握了制盐技术，而且可以推断他们在铁器时代已经开始进行盐的贸易和地区之间的交往，因为盐这种当时的稀有产

品（或商品）只有通过交换才能得到。

到中世纪，一批以畜牧业为生的尼罗特人（Nilotes）自白尼罗河上游（今苏丹南部）沿东非大裂谷东沿南下，陆续经肯尼亚进入坦桑尼亚北部地区。第一批进入坦桑的尼罗特人是卡伦津人。大约在1000年前，他们进入肯尼亚西部地区，以武力征服并同化了早期迁徙到那里的库希特人。随后，他们从那里扩展到坦桑尼亚北部地区，也用武力征服了已在恩戈罗恩戈罗、北部高原和大裂谷等地区定居下来的库希特人，占领了他们的土地。接着，另一支称之为卢奥人（Luo）的尼罗特人，进入肯尼亚后又陆续从那里分流进入坦桑尼亚北部地区，最后定居于维多利亚湖东岸一带。16世纪前后，另一支尼罗特人马赛人进入坦桑北中部地区。马赛人是游牧民族，骁勇善战，他们进入后即争占草地，打破了班图人已经在那里建立起来的农耕社会秩序。应当看到，尼罗特人、尤其是马赛人的迁入，为班图人的农耕文化增加了畜牧文化成分，对以后坦桑尼亚农牧业的发展发挥了积极作用。

另外，19世纪初，居住在今日南非纳塔尔北部的祖鲁人，在其大酋长恰恰卡时期（1818～1828年），建立了强大的军事部落联盟，但由于内部矛盾，一支祖鲁人开始北上，经过半个世纪左右的长途跋涉，进入并留在了今日坦桑尼亚南部的鲁伍马省和伊林加省境内。开始，他们的进入，也引起了当地社会动荡和一些民族的迁移活动，但由于他们依靠强大的军事力量，很快就征服了当地一些部族。祖鲁族也是班图人，他们的进入，不仅带来了"南班图农耕文化"，使坦桑尼亚的农耕文化更加丰富，而且把当时南非祖鲁族的建立军事力量、"保卫民族安全"的思想也带到坦桑，为以后坦桑尼亚各族为保卫民族利益而发展军事力量提供了宝贵经验。今日坦桑尼亚南部地区的恩戈尼族（Ngoni）就是这支祖鲁人的后裔。

二 公元 1500 年前后内地的发展

随着民族的大迁徙、大交融，坦桑尼亚社会出现了阶段性发展。引人注目的是，到公元 15 世纪前后，随着原始社会逐步解体，坦桑尼亚内地出现了一些新的变化。

（一）维多利亚湖西部地区出现国家

这个地区，包括布科巴、卡拉圭和比哈拉穆洛等地，还可能延伸到哈族地区，其发展同当时乌干达西部地区的发展变化有一定关系。

公元 1500 年以前，在乌干达的布尼奥罗地区就建立了一个强大的基塔拉王国。这个王国的政治制度以一种等级制度为基础，把人民划分为不同阶层，规定了各个阶层的义务和职责。其游牧民族希马人为最高阶层，王国的统治者就产生于这个阶层。第二个阶层是从事农业的巴伊鲁人，他们对希马人承担一些义务。据说，一个名叫比托的人（其祖籍为卢奥族人）于公元 1500 年窃取基塔拉王国政权，前国王及其统治阶层希马人被赶出布尼奥罗后，南撤进入坦桑境内。据说，他们把基塔拉王国的等级制度带进了坦桑尼亚，从而推动了靠近乌干达边界的哈亚族、津扎族、可能还有哈族的社会发展。

在此期间，维多利亚湖西部地区建立了一个哈亚－津扎族土邦，称为鲁欣达王国。这个王朝是由一个名叫鲁欣达的人建立的，据说鲁欣达就是布尼奥罗基塔拉王国最后一位国王的"兄弟"。鲁欣达王国建立后即实行了王权制。在这种制度下，酋长不仅是掌管祭祀和礼仪的领袖，而且还是行政长官，所有为酋长服务的人都是依附于酋长的侍从。然而，宫廷大部分重要职务，包括酋长的首席顾问或首席部长，均由有能力的平民担任。由于这种体制建立在氏族和家族基础之上，这些氏族和家族的领袖们在本氏族和本家族中仍然保持着他们的权力。

鲁欣达王国建立前，这个地区已经出现了一些世袭统治的家族，相当于土邦或小酋长国。例如，在卡拉圭有巴西塔氏族土邦，在布津扎族地区有巴赫塔氏族土邦，在其他地区还出现了一些类似的土邦。一些观察家认为，鲁欣达王国并非是一夜之间出现的，而是该地区家族统治在政治上和组织上进行的一场变革的结果，这种变革适应了当时部族社会发展的需要，是历史发展的必然。

（二）东北部地区发展了中央集权制

在东北部的北帕雷地区，15世纪格韦诺族建立了自己的酋长国。在格韦诺酋长国，有铁矿石资源，他们掌握了冶铁技术，他们用铁打造农具和武器，铁器的使用带来了北帕雷地区的发展和格韦诺民族的安全。由于冶铁和制造铁器的技术完全掌握在铁匠手里，所以铁匠们在格韦诺酋长国里占据了统治地位。除掌管铁的冶炼和铁器的制造外，铁匠们把酋长国大部分行政职权交给一些有管理能力的平民和氏族长老。这个时期，在乞力马扎罗和桑巴拉地区也出现了类似的酋长国。各个氏族已经拥有自己强大的组织，由一些氏族联合组成的这些酋长国负责维护他们的共同利益。

随着社会的发展，这种由铁匠控制的松散的机制，已不能满足部族社会日益发展的需要，北帕雷和桑巴拉等地区的一些酋长国越来越感到需要建立一种更加有效的统治机器。

大约在16世纪初，格韦诺酋长国便从内部开始了这种变革。一个平民氏族——瓦苏亚族（其中一名成员当时主持朝政），因故发动内战，夺取政权，将铁匠们排除出领导集团，并宣布建立了格韦诺王国。这次内战的领导人是基林迪人，名叫安戈维。他的儿子姆兰加继任后，正式开始进行政治体制的改革，经过几年的努力，终于在格韦诺王国创建起一种中央集权制的管理国家的政治制度。第一，建立了政府机构。国王为国家元首，政府下设几个部门，每个部门由一名大臣领导。姆兰加在政府首先设立的是一个指导农业生产和领导人民按时耕种的农业部，"大臣"这个称谓也首先是在农业部使用的，并从此把"大臣"作为一个职位确立下来。农业大臣在政府其他各部都有代表。第二，创建了各级参议会，有县一级的，也有整个王国范围的。统治家族的成员们逐步被派到各县担任领导工作。第三，改革教育制度，即把各氏族的启蒙教育由分别掌管改为集中管理，使之成为一种有效的教育制度和政治制度。格韦诺王国的启蒙学校同其他地区的这类学校不一样，它不仅规定儿童要上学，还要求成年人进学校读书，并授予学校对不去读书或不认真读书的成年人给予某种"处分"的权力。格韦诺王国推行中央集权制后，姆兰加从主要氏族至少各娶了一个妻子，她们生下的儿子长大后分别被派到他们母亲出生的氏族工作，以加强对各个氏族的管理。

据说，在姆兰加的影响下，桑巴拉王国也实行了中央集权制。另外，在南部高原地区，1500 年前已经发展为稳定的农业社会，并出现了一些小酋长国，较大的有尼亚库萨酋长国和恩贡德酋长国。

姆兰加在格韦诺王国创建的中央集权制具有强大的生命力，直至进入 19 世纪以后，姆兰加的中央集权制的做法，还延续了很长一段时间。达累斯萨拉姆大学教授伊萨利亚·基曼博说，回顾坦噶尼喀的历史，我们"必须把姆兰加作为最先进的改良者之一来纪念"[1]。

三　沿海桑给帝国和斯瓦希里文化

东部沿海地区（包括桑给巴尔等沿海岛屿），与内地不同，同外部世界接触得早。由于印度洋季风的原因，

---

[1]　伊·基曼博、阿·特穆：《坦桑尼亚史》上册，钟丘译，商务印书馆，1973，第 57 页。

公元前就与阿拉伯、波斯、印度等地有了贸易往来，并且成为历史上西印度洋贸易区的重要组成部分。外部民族的进入，丰富了东部沿海地区的文化，并使坦桑尼亚沿海地区成为非洲和亚洲文化交流的纽带。与此同时，沿海地区的发展也推动了内地的发展。

早在纪元前，今日印度尼西亚加里曼丹岛上的一支马来人航海者，几经波折就来到东部沿海地区，带来马来农耕文化，带来了稻谷和椰树种植技术。班图人从内地扩展到沿海地区以后，由于来势凶猛，这批马来人不得不南下，迁移到今日的马达加斯加岛。

阿拉伯人同东非沿海居民的贸易可以追溯到公元 1 世纪，而印度同东非沿海的联系还要更早些，大约在公元元年前后一些印度人就乘船经印度洋来这里。阿拉伯人和印度人主要是来做生意的。

在公元元年前后，古希腊托勒密王朝控制了埃及，开始发展红海及北印度洋的海上贸易。罗马帝国时期，这一贸易活动趋于活跃。由于坦桑尼亚东部沿海和桑给巴尔诸岛地处海上交通要冲，与外界交往逐渐增多。在桑给巴尔岛发掘的托勒密王朝和古波斯王朝的钱币，就证明了桑给巴尔与外界的频繁接触。

到公元 5 世纪，班图人从内地扩展到东部沿海地区。他们还有人使用独木舟，穿过仅 36 公里的海峡，抵达桑给巴尔岛和奔巴岛，并且在那里定居下来，桑给巴尔两岛早期的居民主要是来自大陆的班图人。与此同时，印度人和苏门答腊商人也开始到桑给巴尔和东部沿海地区定居。7 世纪末，波斯苏丹王苏莱曼与阿曼苏丹王交战，阿曼人战败，波斯人把大批阿曼人驱赶出阿拉伯半岛，许多阿曼人便逃到东非沿海地区避难，包括坦桑尼亚东部沿海地区和桑给巴尔。当时，贩卖象牙和奴隶的贸易已经开始。作为东非桥头堡，桑给巴尔开始卷入奴隶贸易活动。阿拉伯人、波斯人移民的增多和海上贸易的发展，以及铜器和铁器的输入，极大地促进了桑给巴尔经济的发展。公元 7 世纪以后，随着伊斯兰教的兴起和向外扩散，越来越多的阿拉伯人来到东非沿海地区定居。公元 7~8 世纪，大量阿拉伯人和波斯人移居东非沿海地区经商，包括桑给巴尔等岛屿，到基尔瓦岛的外来移民也越来越多了。

公元 975 年，波斯设拉子王子哈桑·伊本·阿里，为躲避战乱，带着他的 6 个儿子来到东非沿海地区。他们到达东非沿岸初期，处境十分艰难。阿里及其家族用布匹换取了一块落脚地。阿里还让儿孙们娶土著酋长之女为妻，以联络感情。经过几代人的努力，阿里家族依靠知识和文化上的优势，逐渐统一了北起拉穆岛（在今日肯尼亚境内），南至科摩罗岛的东非沿海诸岛，在东非沿海建立了以基卢瓦为首都的桑给帝国。

桑给帝国建立后，许多阿拉伯人、设拉子人和印度人，都到坦桑尼亚东部沿海地区、尤其是基尔瓦和桑给巴尔等岛上定居和经商；与此同时，一批又一批的坦桑内地的班图人也涌向东部沿海地区定居和经商或从事贸易辅助工作。这样，在坦桑尼亚基尔瓦和桑给巴尔等沿海岛屿以及整个东非沿海地区，很快就建立起一些贸易站和居民区。到 12 世纪末，东非沿海地区出现了一系列城邦国家，基尔瓦成了一个重要的商业城。

这时，东非沿海地区已经建立起一种较为正规的商业体系。这些沿海贸易中心，政治上是完全独立的，但在商业上与阿拉伯一些商业中心有着密切联系。从商业上讲，沿海地区的阿拉伯经纪人派代理商前往内地，购买象牙、罗得西亚的黄金和加丹加的铜。这些商品都是通过当时由阿拉伯商人控制的印度洋上的商业航道运出去的。反过来，非洲人用自己的产品换得了印度和中国的布匹和丝绸、串珠和各种奢侈品，还包括中国的瓷器。

从那时起，在开展同内地正常贸易的同时，阿拉伯人开始从事黑人奴隶贸易活动。他们与内地一些人相勾结，以内地需要的商品从内地换取奴隶，有时就用野蛮的办法捕捉一些奴隶，然后把奴隶运到沿海地区，卖到中近东和亚洲国家。

与此同时，由于阿拉伯商人（包括设拉子人）和其他移民与当地黑人住在同一地区，杂居和通婚的越来越多。经过几个世纪的这种民族间的交往、通婚和融合，到 12 世纪就在东非沿海地区产生了一个新的民族——当地班图人与阿拉伯人的混血民族斯瓦希里族。他们的语言就是斯瓦希里语。这种语言是一种以班图语为主的班图语和阿拉伯语的混合语，是应当时东非沿海贸易发展的需要而产生的，后来成了东非地区的商业用语。斯瓦希里人吸收了阿拉伯文化、波斯文化、印度文化及东亚、东南亚文化，在当地班图文化的基础之上，产生了一种具有鲜明商业城邦文明特征的斯瓦希里文化。斯瓦希里文化，受阿拉伯文化影响较大，从宗教信仰、日常服饰、音乐舞蹈到建筑风格、习俗礼仪等，均有阿拉伯的色彩。随着印度洋贸易的繁荣，阿拉伯人在东非沿海地区贸易（包括奴隶贸易）的扩大，斯瓦希里文化开始传往内陆，促进了坦桑尼亚内地乃至整个东非地区文化的交流和发展。

东非沿海地区贸易的发展带来了沿海城镇和城邦的繁荣。基尔瓦建于公元 800 年左右，到公元 1200 年就成了印度洋沿岸的一个重要的商业中心，基尔瓦和桑给巴尔还建立了自己的造币厂，铸造出大量的铜币，桑给帝国成为赤道以南非洲能够制造硬币的第一个国家。世界上最早的一些金币是在基尔瓦铸造的，大津巴布韦姆维内·姆塔贝（Mwene Mutabe）遗址就曾发现过一枚基尔瓦铸造的金币。大约在 1270 年，哈桑·本·苏莱曼三世建造了大宫殿（Husuni Kubwa），这在当时是撒哈拉以南非洲最大的石头建筑，至今看上去它依然十分壮观。在宫殿的后面是一座巨大的仓库，标志着当时桑给帝国海外贸易的蓬勃发展。同时在基尔瓦修建的一座清真寺，在到这里经商的阿拉伯商人的影响下，到公元 1000 年左右，基尔瓦成了伊斯兰教活动的中心。

繁荣的岛屿城市基尔瓦是 11～15 世纪初期沿东非海岸发展起来的 35 个贸易中心的最重要的一个。每天，基尔瓦各码头都挤满装卸货物的阿拉伯单桅商船。殖民主义者、来自阿拉伯和印度的定居在这里的商人以及到这里办理商务的来访者，在基尔瓦大街上到处可见，他们在同当地讲斯瓦希里语的非洲人谈生意，谈天说地，夸夸其谈，进行着友好的交往。据报道，基尔瓦用珊瑚装饰的房子美极了，而其中最辉煌的当属拥有 100 个房间的基尔瓦宫殿。

桑给帝国，12~14 世纪为鼎盛时期，14 世纪末开始衰落，到 16 世纪初被西班牙征服。桑给帝国在我国历史文献中被称作僧祇国。15 世纪初，明成祖朱棣多次派郑和下西洋，郑和到过桑给帝国的蒙巴萨港，对促进中国和非洲人民的交往做出了重大贡献。

在桑给帝国期间，从 13 世纪到 15 世纪，在大陆东部沿岸和沿海岛屿上还出现了一些居民点，诸如位于坦噶以南的姆坦加塔土邦中心汤戈尼，位于瓦米河以南的乌汤德韦，位于巴加莫约正南的卡奥勒，位于达累斯萨拉姆海岸北部的昆杜希，靠近姆布瓦马吉的拉斯－马利贝，和位于达累斯萨拉姆海岸至鲁菲吉河出海口之间的基西朱，等等。

应当提及的是，尽管桑给帝国是外来移民在东非沿海地区建立的一个历史王朝，但它却给这个地区尤其是坦桑尼亚留下了丰富的文化遗产。联合国教科文组织于 1981 年将基尔瓦遗址列为世界文化遗址之一，并于 1955 年派出考古工作者开始了在那里的发掘工作。

第三节　近代简史

一　葡萄牙殖民势力入侵摧毁桑给帝国

从 葡萄牙殖民主义者 15 世纪初侵入非洲开始，至 20 世纪初结束的殖民化过程，先后对非洲侵略、统治、掠

夺达 400 多年，使非洲的经济、文化遭到严重的摧残与破坏，使非洲的人民长期陷入灾难的深渊，坦桑尼亚是这场空前浩劫中遭受苦难最深的地区之一。当然，在此期间，随着内部政治、经济和文化的交流，包括与外部政治、经济和文化的交融，坦桑尼亚社会也得到了一定程度的发展。

（一）入侵东非沿海地区初衷

为了探索一条去东方香料产地的新航路，公元 1497 年 7 月，葡萄牙派出一个船队驶往印度海岸，在驶向印度的途中"发现"东非海岸一些沿海城邦贸易非常兴隆。

当时，在这里从事贸易活动的大都是阿拉伯人，还有些印度人，他们控制了东非沿海地区同印度的贸易。他们主要从事黄金贸易，从 10 世纪起赞比亚河口及其附近地区出产的黄金就开始经东非海岸出口，从公元 950 年起阿拉伯商人就开始从索法拉和东非沿海其他一些港口向印度大量出口黄金。直至 15 世纪后半叶，索法拉一直是东非沿海黄金贸易主要港口，其他港口包括基尔瓦、蒙巴萨和马林迪等。据报道，在东非黄金贸易的巅峰时期，1100～1450 年每年出口黄金约 1.5 吨。然而，当时东非沿海的黄金贸易却几乎全部被基尔瓦当局所垄断，因为桑给帝国不仅控制了从索法拉和东非海岸其他港口通向印度等地的海上航道，而且还有通向内地的贸易网。

葡萄牙人到印度和香料群岛以后，就在那里建立了一个庞大的殖民帝国。此后，葡萄牙人就决心控制东非沿海地区。其目标有三：第一，控制东非沿海向印度的出口，以黄金出口补偿其从印度的香料进口。第二，从当时的航海情况看，在经印度洋通往印度的航程中，他们需要在东非沿海地区建立一个中转站，以便船队能在那里休整和补充给养；如有必要，船队还可在那里停泊或进行船只的修理。第三，他们当时正在从事奴隶贸易，认为东非是捕获奴隶的有潜力地区之一。

　　葡萄牙人以炮舰政策实施了上述计划。1502 年 6 月末，派出八艘军舰直接驶入基尔瓦港，尽管基尔瓦国王准备以丰富的礼品赎免，表示愿向葡萄牙纳贡，但是基尔瓦仍被侵占，被洗劫一空，葡萄牙人在那里建立贸易站和堡垒，控制了基尔瓦港。一个半月以后，葡萄牙舰队占领了蒙巴萨；1503 年用武力占领了桑给巴尔。1505 年，在占领索法拉以及其他一些重要港口和城邦以后，葡萄牙人就大体完成了他们控制东非沿海贸易和贸易通道的计划。1507 年，葡萄牙人在索法拉修建了莫桑比克堡垒，把索法拉建成了葡萄牙占领者在东非沿海地区的政治行政中心。

　　葡萄牙人在占领基尔瓦、桑给巴尔和奔巴以及其他沿海城邦的过程中，到处都遇到了波斯人、阿拉伯人，尤其是当地居民的抵抗。但是，由于东非沿海城邦之间缺乏团结，不能共同对敌，为葡萄牙人提供了利用矛盾、各个击破的可乘之机，凭借着他们军事的绝对优势，就比较容易地实现了控制东非沿海贸易的目的。

（二）入侵给坦桑尼亚带来的影响

　　从 1502 年占领基尔瓦，到 1698 年被赶出肯尼亚和坦桑尼亚沿海地区，葡萄牙人控制东非沿海地区将近 200 年。这 200 年的占领对坦桑尼亚带来一些影响，主要有：

　　（1）葡萄牙人占领东非沿海地区以后，把其东非沿海地区殖民当局设在莫桑比克的索法拉，控制东非沿海同印度的贸易（主要是黄金贸易），禁止阿拉伯商人到索法拉经商，这不仅切断了基尔瓦的经济命脉——索法拉的黄金贸易，而且也切断了阿拉伯人同印度的所有贸易往来，使阿拉伯人在东非沿海的贸易受到致命打击，基尔瓦和东非沿海其他各城邦从此开始走向衰落。

　　（2）在葡萄牙人控制黄金贸易之后，基尔瓦商人加强了同内陆的贸易往来。开始，基尔瓦和它附近的内地的商业联系只是一些粮食贸易。后来，根据葡萄牙人出口当地产品的情况，基尔瓦商人便向内地商人提出供应象牙、蜂蜡、犀牛角和兽皮等产品的需求，收到这些产品后转手卖给葡萄牙人。这种做法刺激了内地商人向沿海商人提供商品的积极性，使已经衰落的沿海贸易有所恢复。从历史发展的角度看，这无疑增进了内陆与沿海的联系。当时到沿海进行这种贸易的内地人，主要是现今居住在姆特瓦拉地区的善于经商的尧族人。他们大部分是两百年前从莫桑比克北部迁移到这个地区来的。他们从内地把锄头和象牙等产品带到沿海地区，后来还增加了奴隶贸易；从沿海地区带回内地需要的布匹、瓷器和首饰等。

（3）在占领东非沿海地区以后，葡萄牙人为了建立通往印度的海上中转站，保证其占领和远洋贸易的顺利进行，在包括桑给巴尔在内的几个港口扩建了码头、船坞，建立了食品加工厂、机械修理厂等，推动了桑给巴尔等地的经济的发展。在商业方面，葡萄牙人主要是从东非掠夺象牙、黄金、玳瑁，从中国购进东非所需要的丝绸、茶叶和瓷器等，这样桑给巴尔很快就成了葡萄牙人货物的集散地和过往船只的后勤供应基地。

二 阿曼苏丹国势力扩张到东非沿海地区

（一）桑给巴尔和东非海岸王国的建立

阿曼亚里巴王朝 1624 年建立后发展很快，1643 年把葡萄牙人赶出阿拉伯半岛；其势力扩张到东非沿海地区，1729 年把葡萄牙人赶出东非沿海地区，并在东非沿海地区建立了北起摩加迪沙、南至莫桑比克德尔加杜角以北的沿海地区和岛屿的海外领地。在征服东非沿海各城邦以后，阿曼苏丹任命了许多王族子弟为一些城邦的总督；不久又向桑给巴尔派驻了军队，从此桑给巴尔岛和奔巴岛就逐渐成了阿曼苏丹王国海外领地的战略要地和海外堡垒。

1741 年，阿曼苏丹赛义夫被暗杀，亚里巴王朝被阿布·赛

义德家族推翻后，与前王朝关系密切的、集聚在蒙巴萨的马兹鲁伊人拒绝承认赛义德王朝。这种叛乱行动还波及沿岸其他城镇和奔巴岛。

1806 年，阿曼苏丹的一个兄弟赛义德·赛德（Seyyid Said）发动宫廷政变，夺取了政权。新苏丹赛义德·赛德掌权后首先把注意力放在本土，一是设法统一了阿曼境内各酋长国，二是抵抗沙特阿拉伯的入侵，从而使政权得以巩固。1828 年，在阿曼本土局势基本稳定后，他便亲自统率庞大的舰队到东非沿海地区平定其海外领地的叛乱，并取得了胜利。与此同时，赛义德苏丹同桑给巴尔岛的哈迪穆人、通巴图人和奔巴岛的奔巴人的三个主要酋长国签署了占领协议。

这里需要指出的是，赛义德苏丹之所以能够使国内出现和平稳定的局面，并且使东非海岸飞地得以巩固，与英国对阿曼王朝的同情，尤其是对赛义德苏丹的支持分不开的。当时，英国和法国两个世界上新兴的帝国正在就印度贸易通道问题进行激烈的竞争。出于同法国竞争的需要，英国同赛义德苏丹于 1800 年签署《通商条约》和《联盟协定》，开始向阿曼提供"保护"，所以赛义德苏丹当政后收复东非海外领地的努力得到了英国的支持。

随着贸易的发展和防御形势的好转，为加强对东非沿海这块海外飞地的控制，赛义德苏丹 1840 年决定把阿曼王朝的首都从马斯喀特迁到了桑给巴尔，他把长子赛义德·斯瓦尼（Seyyid Thuwani）留在马斯喀特管理阿曼本土事务。

赛义德把首都迁至桑给巴尔，据说主要是出于赛义德王朝对桑给巴尔的偏爱。在赛义德王朝全力以赴同马兹鲁伊人进行决战，夺取蒙巴萨的那几年，桑给巴尔大酋长对赛义德苏丹一直给予全力支持，因此赛义德对桑给巴尔感激不已。赛义德苏丹喜欢呆在桑给巴尔，到 1837 年他呆在桑给巴尔和留在马斯喀特的时间几乎已经各半。在阿曼人的眼里，桑给巴尔是个好地方，虽有

雨季和旱季之分，但全岛终年总是郁郁葱葱，赏心悦目，气候宜人；而马斯喀特，则一年到头都是骄阳似火，满地被晒得滚烫，酷热难当。从发展的眼光看，桑给巴尔还有四大优势：第一，桑给巴尔港是个良港，船只可以在港内停泊；第二，桑给巴尔的水质好，饮用起来是非洲东海岸最甜美的水；第三，它位置适中，距大陆只有约 20 海里，同大陆各港居中心位置，距蒙巴萨港也只有一百多海里；第四，桑给巴尔岛和奔巴岛气候条件好，土壤肥沃，适于种植香料。

1856 年赛义德苏丹逝世，他的儿子赛义德·马吉德（Seyyid Majid）在奴隶贸易商和英国的支持下，自立为桑给巴尔和东非海岸王国的新苏丹。这是他的在阿曼的兄长斯瓦尼所不能接受的，因为斯瓦尼是长子，是法定的王位继承人。这一矛盾，最后根据英国人的建议并在英国人的直接帮助下才得到了解决。英国人提出了一个"一分为二"的解决办法，即斯瓦尼为本土阿曼的苏丹，马吉德接管桑给巴尔和东非海岸飞地，成立桑给巴尔和东非海岸王国，任新王国苏丹。从此，阿曼人就建立了一个完全脱离了阿曼王朝的桑给巴尔和东非海岸王国。

（二）桑给巴尔丁香和奴隶贸易的发展

作为阿曼苏丹王国海外领地的战略要地和海外堡垒，桑给巴尔的发展和建设一直受到阿曼王朝的重视。桑给巴尔原来只是一个小渔村，1824 年阿曼王国政府宣布把它扩建为桑给巴尔市。1828 年赛义德苏丹决定亲自过问桑给巴尔领地事务。到 1832 年，桑给巴尔市已经有一定规模，阿曼苏丹加强了以桑给巴尔为中心的"阿曼东非帝国"的统治。赛义德苏丹 1840 年把阿曼首都从马斯喀特迁到桑给巴尔以后，施展其"雄才大略"，使桑给巴尔进入历史上的"繁荣时期"。这个"繁荣时期"，就是阿曼王朝对桑给巴尔并通过桑给巴尔对东非内地进行殖民掠夺和剥削最残酷和最野蛮的时期。

1. 桑给巴尔成为东非沿海贸易中心

阿曼是一个传统的海外贸易国家，一直同东非沿海地区有着密切的贸易联系。阿曼王朝认为：18 世纪末和 19 世纪初，莫桑比克象牙来源的枯竭和欧美对象牙需求的增加，给阿曼人和斯瓦希里人提供了开发东非海岸德尔加多角以北的腹地的机会；相比较，桑给巴尔的条件优于蒙巴萨，因为桑给巴尔位于可靠季风的范围之内，可以发展成为东非沿海地区的一个转口港。阿曼王朝建立以桑给巴尔为中心的东非沿海地区海外领地，就是要抓住这个机遇，发展海外贸易，增加财富。为此，从 1729 年建立桑给巴尔这片海外领地之日起，阿曼王朝就不断采取措施，到赛义德·赛德苏丹时期已初见成效。

第一，为了控制印度、阿拉伯国家与东非海岸进行贸易的商路，1741 年阿布·赛义德王朝建立后就大力发展了阿曼的海军力量和商业船队。

第二，鼓励阿曼人和外国商人到桑给巴尔经商，尤其是印度人。王朝的政策非常优惠，赛义德·赛德苏丹提出，只要按规定缴纳 5% 的关税，他们的其他一切捐税均予豁免。他还请印度人协助管理桑给巴尔财政，甚至连海关部门的官员也请印度人来担任。这样，到桑给巴尔和东非海岸经商的印度人就越来越多。据估计，1835 年桑给巴尔约有印度人 300 ~ 400 人，10 年后超过 1000 人，到 1850 年就增至近 2000 人。

第三，积极发展东非沿海地区同内地的贸易关系。赛义德·赛德苏丹鼓励商人向大陆内地扩张，为阿曼王朝占领更多的土地，1820 年前后他还亲自向尼亚姆维齐地区派出了一个庞大的商队。

第四，赛义德·赛德苏丹积极开展外交活动，加强了同美国、英国及其他欧洲国家的贸易联系。1800 年阿曼王朝就同英国签署《联盟协定》，得到了英国的支持。赛义德苏丹认为，要

想对付外来威胁，还得加强同英国的友谊。经过努力，赛义德苏丹1839年同英国签订一项《贸易条约》，进一步密切了两国的关系，1841年英国在桑给巴尔设立了领事馆。与此同时，1827年赛义德苏丹同美国代表签署了贸易协定。其目的有二：一是开展同美国的贸易；二是寄希望于美国，认为万一英国撤消对阿曼及其海外领地桑给巴尔的支持，便可以寻求美国的支持。1833年美国在桑给巴尔开设领事馆。1839年，赛义德苏丹亲自派商船去纽约（这是第一艘到美国去的阿拉伯船只），返航时装回来一船枪支、瓷器和布匹等各种当地需要的商品。另外，赛义德苏丹还同法国签署贸易协定，发展了同法国的关系，1844年法国在桑给巴尔开设了领事馆。

总之，在赛义德·赛德苏丹时期，阿曼王朝一方面坚持同英国和美国发展友好关系，利用他们提供的海上支持，另一方面则采取各种措施，有效地发展桑给巴尔和整个东非沿海地区的贸易。随着向阿拉伯、欧洲、印度、美国和远东地区的出口的增加，桑给巴尔的贸易发展了，不仅成了东非沿海地区的贸易中心，而且成了这个地区各国货物的集散地。赛义德苏丹以从非洲大陆掠夺的象牙、兽皮、树胶和奴隶等，换回欧洲的纺织品和武器。与此同时，他还为当地进口了国外最好的产品，包括波斯的地毯和中国的瓷器以及他的雄伟的宫殿所需要的欧洲家具等。

2. 桑给巴尔引种丁香获得巨大成功

赛义德王朝建立不久，1812年阿曼人就从东南亚的马鲁古群岛引进和试种了丁香。由于气候和土壤条件好，丁香很快就在桑给巴尔岛和奔巴岛得到种植和推广。1827年，赛义德·赛德苏丹到桑给巴尔丁香实验园参观后，制定了《丁香种植园计划》，决定在桑给巴尔大规模发展丁香种植，以增加出口创汇。

1828年，赛义德苏丹把发展丁香种植定为桑给巴尔的首要任务。他身体力行，首先在自己的庄园里种上丁香。他要求桑给巴尔土地所有者都要种植丁香。《丁香种植园计划》还规定，每死掉一棵或砍掉一棵丁香树，必须在原地补种三棵，违者即将土地没收。1840年阿曼迁都桑给巴尔以后，许多阿曼人同赛义德·赛德苏丹一起到桑给巴尔定居。他们许多人都按《丁香种植园计划》的要求在桑给巴尔建立了丁香种植园。从此，桑给巴尔经济就形成了一个以种植园为基础的殖民地经济。

在军队的帮助下，阿拉伯人横行霸道，强占土地，成千上万的当地农民被赶出自己的家乡，过上了流离失所的生活。

桑给巴尔的丁香种植园都是阿曼人的，而其中大部分属于阿曼苏丹王室。据统计，到1856年赛义德苏丹逝世时，他占有的大丁香种植园达到45个，占桑给巴尔丁香种植园的一半以上；桑给巴尔其余的土地，大部分又被他的儿子、妻妾和皇亲国戚们所霸占，有的种丁香，有的种椰林，有的则种植其他作物。

虽然种植丁香比较容易，但它一年收获两季，中间又需要精心管理，需要大量的劳动力。当地居民不愿为阿拉伯人卖命，这些阿拉伯人只好从外边进口大量奴隶。整个19世纪，桑给巴尔温古贾岛和奔巴岛上一半以上的人口（10多万人）都是奴隶。一年到头，在丁香种植园里干活的，包括种植、管理和收获丁香的繁重工作，都是奴隶。

在桑给巴尔，丁香种植发展非常迅速，到赛义德执政后期，丁香已经成为桑给巴尔重要的出口商品，其出口额仅次于该岛一向被视为经济命脉的象牙贸易和奴隶贸易的总和。到19世纪中期，桑给巴尔的丁香已发展到400多万株，占桑给巴尔全部耕地的1/6以上，每年出产丁香8000～20000吨，供应世界需要量的90%，成了世界上最大的丁香生产地。随着丁香和其他农产品出口的增加，桑给巴尔变得"越来越繁荣"。

3. 阿曼商人惨无人道地大搞奴隶贸易

阿曼王朝统治初期，阿曼人只向波斯和阿拉伯国家贩卖少量

奴隶。但进入 18 世纪以后，法国要开发它刚刚占领的法兰西岛（现毛里求斯）、波旁岛（现留尼汪）和马斯卡林群岛，美国要开发西部地区，英国要开发新属地西印度群岛的各个岛屿，都需要大量的廉价劳动力，他们对奴隶的需求量大大增加。这时，西非的奴隶贸易遇到了某些困难，他们便纷纷跑到东非沿海地区寻找和购买奴隶。于是，阿曼苏丹不失时机，大力发展了东非沿海地区的奴隶贸易。1811 年，赛义德苏丹在桑给巴尔市正式开办了奴隶"大市场"，桑给巴尔市很快就成了东非沿海地区奴隶贸易中心。1820 年西非海岸的奴隶贸易被欧洲大国禁止后，桑给巴尔的奴隶贸易又得到了进一步发展。

随着奴隶贸易的发展，许多阿拉伯商人亲自率领商队，带着内地人需要的商品，到大陆内地去交换或寻找奴隶。除了原有的从基尔瓦出发，一直向西，直至坦桑尼亚大陆内地的路线外，他们又开辟了一些通往内地的新商路，还可以通过这些商路分别通往马拉维、赞比亚、刚果（金）、乌干达等，并在沿途建立起不少商站。

阿拉伯商人经常采用的获取奴隶的办法主要有：第一，常见的是商队形式，即：阿拉伯人带着一个商队，一般几十人，多者可达几百人，主要是脚夫（有的就是奴隶），他们头顶或肩扛布匹、串珠和粮食等内地需要的商品，以土著向导举着的血红旗子（赛义德·赛德苏丹发给的通行证标记）为前导，从东部沿海城镇出发，径直向西进发。他们沿商路一个商站一个商站地走，用这些商品从部族酋长或从阿拉伯人商站那里购买或换取奴隶和象牙（当时，东非内地有些部落仍保留奴隶制，有的把部落战争中俘获的战俘视为奴隶，有的则把罪犯判为奴隶）。第二，阿拉伯人奴隶贩子与内地一些部落结盟，以提供枪支弹药为诱饵，唆使他们征战邻近部落，抓获"战俘"奴隶。第三，绑架也是阿拉伯人常用的办法。他们雇佣一些打手，带上枪支弹药、绑奴隶的绳索和铁链，然后深入内地。绑架奴隶一般都在比较偏远的内地进行。据介绍，在内地经常出现这样悲惨的情景：一个村庄，黑夜静悄悄，突然一阵枪响，村里的茅草屋纷纷起火，汇成一片火海，大哭小叫的村民就急忙外逃。这时，阿拉伯人和他们的打手便开始行动，抓身强力壮的为奴隶。其余的，就统统被打死。不一会儿，他们就捆绑着一些奴隶离开那里。

在商队的归途中，向导的后面，是长长的一队奴隶，走在商队最后的，是荷枪实弹的阿拉伯商人。他们在每个奴隶的脖子上套上锁链，用铁链子把他们20个、30个地链在一起，再让他们扛上象牙。途中，如果哪个奴隶走不动了，阿拉伯商人就立刻把他杀掉。据说，当年在这些商路的沿线，奴隶们的尸骨随处可见。

在从大陆沿岸港口到桑给巴尔的船上，奴隶们都被关在船的底舱，里边挤得满满的。奴隶船到桑给巴尔后，因为进关时要缴奴隶进口税，所以到港前阿拉伯商人都要检查奴隶们的身体情况，发现哪个身体不行，就把他拖出船舱，扔进大海。

在被拉进奴隶市场前，奴隶们都要被清洗打扮一番，以卖高价。到市场上，奴隶主让奴隶们排好队，然后逐一报价，向买主们推销；接着，买主们走进场圈，对奴隶们逐一检查，除了看他们的个头、身体强壮情况外，还要看他们胳膊上的肌肉、眼睛和牙齿等。成交后，许多奴隶就被赶进另一艘船的底舱，运到印度、波斯和阿拉伯地区及其他地区。

阿曼人在东非沿海地区从事的奴隶贸易，是东非历史上的一大浩劫。据估计，17世纪中期至19世纪70年代，从桑给巴尔、基尔瓦等东非沿海港口出口的奴隶达到250万人左右。而在那个时期，他们从内地每获取或绑架一个奴隶，都要有无数无辜者惨遭杀害；奴隶从内地被赶到东非海岸的路上，病死、饿死、被打死的不计其数；在从巴加莫约等海岸城镇运往桑给巴尔的途中，

病饿交加，被无辜扔进大海葬身鱼腹者不计其数；在桑给巴尔被拉进奴隶市场前，还有很多人被折磨致死在关押他们的地窖里，等等。这样算起来，阿拉伯商人每从桑给巴尔卖出一个奴隶，大体上就已有 4~5 人无辜丧生。据一些专家估计，在此期间东非大陆内地，大约有上千万的无辜百姓惨死于奴隶贸易。

桑给巴尔的奴隶贸易，早已经引起国际废奴主义者的关注，尤其是英国人的关注。1772 年，英国宣布奴隶贸易为"非法"。然而，由于桑给巴尔的奴隶贸易问题"不容易解决"，加上英国同阿曼王朝有"相互帮助"的结盟关系，英国对解决桑给巴尔的奴隶贸易问题采取了"逐步来"的做法。英国同阿曼，1822 年签署了"禁止向基督教国家和英属殖民地贩卖和出口奴隶"的《莫尔斯比条约》，1845 年签署了了"禁止在桑给巴尔和阿曼（当时主要购买奴隶国之一）的领土之间进行奴隶贸易"的《哈默顿条约》，1873 年签署了要桑给巴尔"完全废除奴隶贸易"的条约，等等，然而，直至 1907 年桑给巴尔宣布取消奴隶制后，桑给巴尔的奴隶贸易才真正得以废除。

第四节　现代简史

一　西方列强瓜分东非

18 69 年苏伊士运河开通运行，为西方殖民主义者入侵非洲提供了更加便利的条件，德国、英国、意大利、荷兰等国相继侵入东非，争夺殖民地与势力范围。其中，以德国最为突出。

在 19 世纪 80 年代以前，德国在东非的利益大部局限于对内地的掠夺和以桑给巴尔为基地的贸易活动。1880 年和 1881 年，德国先后派出两个远征队到东非大陆内地进行考察，决定在东非大陆内地建立一块牢靠的领地。

1884 年 11 月，一个由卡尔·彼得斯率领的德国远征队在桑给巴尔岛对岸登陆，沿瓦米河而上，进入大陆内地，他们到达乌萨加拉后，便用"立桩为界"的办法，占领了乌萨加拉地区，并同当地 12 位酋长签订了同意把他们的领土割让给德国公司的条约。

彼得斯回到柏林后，即由德国皇帝于 1885 年 3 月 3 日签署法令，公开把彼得斯所侵占的乌萨加拉地区置于德国的"保护"之下。4 月 25 日，桑给巴尔苏丹王巴加什得到这个消息后，即向德国皇帝提出强硬抗议，称那些酋长无权签订条约，并表示拒绝接受任何有关条约。

1885 年 8 月，德国首相俾斯麦向桑给巴尔派出战舰，对苏丹发出最后通牒，称德国和乌萨加拉、恩古鲁、乌西古哈、乌卡米和维图等酋长们签订的 12 个条约全部有效，苏丹必须接受，否则桑给巴尔将会被夷为平地。在炮舰威胁下，巴加什苏丹同意了德国的领土要求。接着，德国东非公司对坦噶尼喀内地桑巴、赛雷、查加、扎拉莫、乌赫赫和恩京多等部族所在的地区提出了进一步的领土要求。对此，桑给巴尔王朝也只好默许。

德国对乌萨加拉地区的领土要求带来一个问题，即桑给巴尔王国的疆界问题。这个问题引起了英国的关注。1885 年 6 月，英国政府建议由德国、英国和法国的代表组成一个桑给巴尔委员会，调查和研究桑给巴尔王国疆界问题。从 1885 年底开始，经过半年的工作，桑给巴尔委员会笼统确定：桑给巴尔岛、奔巴岛和大陆沿海主要港口均在苏丹王的国土范围之内。

1886 年 10 月，英国和德国在伦敦达成一项瓜分东非的《伦敦协议》，英国同意将鲁伍马河与塔纳河之间的东非大陆内地划为德国的"保护地"，其北部界线就是现在坦桑尼亚和肯尼亚两国的边界，但其保护地的西部边界未定。根据协议，英国支持德

国向苏丹王租借达累斯萨拉姆，并在达累斯萨拉姆建立海关。

1890 年 7 月，英国和德国签署了进一步瓜分东非的《赫耳果兰条约》，主要内容包括：（1）承认桑给巴尔为英国的保护地。（2）《伦敦协议》中提到的德国和英国属地的西部边界，应向西扩展到维多利亚湖，并越过该湖，直到刚果（金）边界。这样，乌干达就应该包括在英国属地范围之内。（3）英国将说服桑给巴尔苏丹王把 1886 年协定以后出租给德国的大陆上 10 英里宽的沿海地带彻底割让给德国。苏丹王被迫同意割让，条件是要给他相当于 20 万英镑的赔偿金。（4）英国将北海中的赫耳果兰岛让给德国。法国对此提出抗议，经讨价还价，英国同意承认马达加斯加是法国的保护地，作为对法国的补偿。至此，东非基本上已被西方列强瓜分完毕。

二　德国殖民统治时期

根据 1886 年德国和英国瓜分东非的《伦敦协议》，坦噶尼喀作为德属东非领地成了德国的"保护国"，从此坦噶尼喀便进入了德国殖民统治时期。

（一）德国殖民者实行残暴统治

德国人建立东非属地的计划是：在东非建立一个"非洲帝国"，为德国带来财富，同时为大量的德国移民提供一个发展机会。德国人进入东非属地后，以强大军队为后盾，横行霸道，对东非属地人民开始了残酷的殖民剥削和掠夺。其主要做法是：

1. 靠军事力量，实行"直接统治"

在德国人侵入前，东非大陆有许多部落酋长国。德国人侵入后认为，只有三个地区即卢旺达、布隆迪和布科巴的部落当局比较稳固，可派德国驻节官监督他们政府的工作，其余部落政权则都"软弱无力"，必须接管，建立直接统治。于是，在整个德属东非，除了3个由驻节官管辖的地区外，则划分为19个行政区，每个区包括若干乡，每个乡管辖若干个村。

德国政府对东非属地实行直接统治，但它能直接派出的官员有限。当时，德属东非人口大约有700万，只有70多名德国官员，总督府和各个行政区的大量工作以及各个乡政府和村政府的工作只能依靠他们从东部沿海地区聘用来的阿拉伯人或斯瓦希里人，而内地人对这些阿拉伯人和斯瓦希里人的印象极坏，因为他们许多人在当时尚未完全废除的奴隶贸易中都是奴隶贩子或奴隶贩子的打手。

这种"直接统治"的做法，完全破坏了当地传统的部落管理机制，更有甚者，"它意味着德国人的军事镇压，加上阿拉伯人和斯瓦希里人的穷凶极恶"，所以从一开始就在当地非洲人中引起了担心、猜疑和仇视。

2. 收取关税、贸易税和苛捐杂税

德国人进入东非属地后，首先占领东非沿岸的巴加莫约、基尔瓦和达累斯萨拉姆等重要港口。他们军队先行，打通和控制从沿海地区到塔波拉及其西部地区的主要商路，遇到反抗，就予以坚决镇压。另外，他们派军队占领沿海地区的港口和城镇海关以及内地塔波拉等主要商站的关口，以收取数目可观的关税和贸易税。过去，这些进出口关税和内陆商站贸易税，分别由桑给巴尔王朝和当地酋长国收取。

与此同时，德国殖民当局设立了名目繁多的苛捐杂税，如"人头税"、"茅屋税"等，对当地人敲诈勒索。对抗税者和纳不起税的人，就要毒打或送去服劳役。据报道，仅1911年一年，由于无力纳税，仅赫赫族就有548人因受体罚或遭毒打致死。

3. 掠夺土地，开发大规模种植园

德国占领东非属地的目的之一，就是要开发和利用当地资源，为其本国工业提供原料。从德国东非公司建立之日起，德国

移民就陆续来到坦噶尼喀，他们同卡尔·彼得斯的远征队一样，"立桩为界"，霸占土地，奴役当地黑人，建立剑麻和咖啡等种植园。到1888年他们已经建立了大约30个大型的种植园。

随着移民的增加，各种经济作物种植园得到了大规模发展。鉴于欧洲移民（主要是德国移民）对土地需求的增加，德国殖民当局1896年颁布了一项"土地法"，规定：除了已属于酋长、各土著部落和地主个人的土地外，坦噶尼喀全境的土地都归德国君主所有。另外，坦噶尼喀人当时主要以传统轮作方式进行耕作，他们的许多土地为休耕土地，德国圈地委员会还把这些休耕土地全部划为德国君主所有。这些休耕地的面积相当大，大体相当于当时已耕地的四倍。

由于德国殖民当局对欧洲移民特别优惠，他们一到就拨给土地，所以当时到坦噶尼喀的移民越来越多。据统计，1903年有欧洲移民650人，1914年就达到了5400人。被这些移民霸占去的土地达到了77.8万多公顷。

德国移民霸占的土地都是肥沃土地，特别是在乌桑巴拉、帕雷和乞力马扎罗地区，以及东南部和西北部的一些地区。德国移民还在达累斯萨拉姆和乌卢古鲁周围以及布科巴、莫希、兰根堡、多多马和孔多阿-伊兰吉，建立了一些牧场。由于德国人圈地面积过大，当地许多人都已无地可种，甚至失去了赖以生存的条件。

4. 强迫当地人服劳役

为了吸引更多的德国和其他欧洲国家移民来东非大陆，出于掠夺东非内陆原料的需要，德国殖民当局在坦噶尼喀修建了铁路。1893～1900年，修建了一条长25英里的乌桑巴拉铁路，并于1911年将该铁路延伸到莫希；1905～1907年修建一条从达累斯萨拉姆到莫罗戈罗的铁路，即"中央铁路"，经扩建于1912年延伸到塔波拉，并于1914年延伸到坦噶尼喀湖畔的基戈马。

修建铁路期间，德国殖民当局到处抓人，强迫他们为修铁路做"贡献"。德国人对当地劳工非常残暴，稍不顺眼，非骂即打，进行残酷的体罚，有许多劳工被折磨致死。据报道，1901～1913年，共有 6.5 万人受到残酷的体罚；1902～1914 年，在修建坦噶到莫希和达累斯萨拉姆到基戈马铁路期间，由于工伤、疾病和折磨致死的当地劳工就有两万多人。

除铁路这样的"公共工程项目"外，许多非洲人还要经常到殖民政府的种植园里去服劳役。殖民政府种植园里的苦力来源有三：一是按殖民当局规定，当地人要轮流到殖民政府种植园去做工；二是每月交不起"茅屋税"和其他税金者，要到政府种植园服役数日；三是强迫当地酋长"派人"（即抓人），完不成"派人"定额的酋长，要受到殖民当局的惩罚，或亲自到殖民当局种植园里去服劳役。

（二）坦噶尼喀人民早期的反抗

从德国殖民者侵入之日起，坦噶尼喀各族人民就奋起反抗，连续不断地开展了反抗入侵的英勇斗争，使德国殖民者受到了沉重打击。其中，有三场斗争规模很大。

1. 布希里起义（1888～1890 年）

这是德国殖民主义者进入坦噶尼喀不久就爆发的第一次反抗殖民主义入侵的斗争。

这次起义的领导人布希里·萨利姆·阿里哈尔提（1850～1889 年），是一位斯瓦希里族商人，在庞加尼附近拥有一个甘蔗农场。德国东非公司接管东非属地后，即改革税制，影响到布希里等阿拉伯、斯瓦希里和其他一些部族商人的利益。在布希里的号召下，沿海城镇商人揭竿而起，反对德国人的税制改革，内地许多斯瓦希里人、阿拉伯人、赫赫人和尧族商人纷纷加入起义队伍，起义军曾攻占了德国人占据的一些沿海城镇。1889 年，俾斯麦首相责备公司办事不力，并指派一个帝国专员——格·维斯曼上尉于 1889 年初率领一支来自埃及和莫桑比克的 1000 人的雇佣军来镇压起义；同时，俾斯麦建议英国和德国对沿海一带实行了联合海上封锁。维斯曼对起义军步步进逼，将起义军一直赶到南部地区。起义军退到南方恩戈尼族地区，得到当地人民的支持后，他们重整旗鼓，再次北上。在攻打巴加莫约的激战中，起义军失利，布希里逃往乌萨加拉地区后，被当地齐古阿人俘获，经过德国殖民者的收买，布希里被转入维斯曼手中，结果被绞死。巴加莫约失利后，起义者在另一位领导人布瓦纳·赫里领导下，继续与殖民雇佣军周旋。1890 年 4 月，在基尔瓦地区与维斯曼军队的一次战斗中，赫里被俘，同样被绞死。5 月基尔瓦被德国雇佣军攻破，从此布希里起义宣告失败。

2. 赫赫族起义（1890～1898 年）

这是坦噶尼喀历史上规模较大、坚持时间较长的一次反抗殖民主义的斗争。

赫赫族集聚在坦噶尼喀南部的山林地区，一直控制着从沿海到塔波拉及其西部地区的主要商路。赫赫人在经过自己领土的商路上设立关卡，对来往商队进行检查和抽税。德国人进入后，他们无视德国人的虎威，照章办理。对此，德国人恼羞成怒，视赫赫人为其征服东非的绊脚石，决心镇压。德国人向赫赫族酋长姆克瓦瓦（1855～1898 年）发出了"赫赫人必须让路"的最后通牒。为了民族尊严和非洲人的利益，姆克瓦瓦决定率领臣民用自制的长矛、大刀和弓箭，与德国殖民者血战到底。

1891 年 6 月，德帝国专员泽列夫斯基亲自率领一支 1000 人的部队从基尔瓦出发，浩浩荡荡，向赫赫族地区进军，进行讨伐。姆克瓦瓦早有准备，布置了一次严格保密的伏击。8 月，泽列夫斯基率部进入埋伏圈，当这些全副武装、耀武扬威的殖民军得意洋洋地在山路上行进时，突然间路旁万箭齐发，喊声震天，他们晕头转向，还没有来得及还击，便一个个倒在血泊之中。在这场伏击战中，10 名德国军官、300 多名士兵命归西天，就连堂堂的帝国专员泽列夫斯基也惨死在乱箭之中，其余德军官兵则不战自溃，仓惶逃跑。

第二年，赫赫人主动进攻，攻打基洛萨要塞，打死要塞里的全部驻军，取得了全胜。

1894 年 10 月 28 日，德军派来精锐部队，攻打赫赫族酋长国首府卡伦加。赫赫族战士凭借坚固的城墙进行顽强抵抗。但经过几天猛烈炮火的轰击之后，德军终于攻克卡伦加。这时，卡伦加已经变成一片废墟。

战斗失利后，姆克瓦瓦指挥战士撤出卡伦加，转移到山区，同侵略军展开了游击战。他们一直神出鬼没，四处骚扰敌人。德国殖民当局曾以 5000 卢比的高价悬赏姆克瓦瓦的首级，也未能得逞。但是，由于叛徒出卖，姆克瓦瓦 1898 年 6 月 19 日在藏身之处遭到搜捕。他英勇不屈，为了不做俘虏，悲壮自尽。至此，为期 8 年的赫赫人起义，由于失去领袖终告结束。

作为战利品，德国人将姆克瓦瓦的头颅运到柏林。根据 1919 年的《凡尔赛和约》，姆克瓦瓦头颅须送还坦噶尼喀，但直至 1955 年才予运回。姆克瓦瓦领导赫赫人英勇抗击德国殖民者侵略者的历史，至今仍在坦桑各族人民中间传颂，坦噶尼喀独立后他第一个被命名为坦坦噶尼喀民族英雄。

3. 马及马及起义（1905～1907 年）

这是德国殖民统治期间坦噶尼喀发生的规模最大的一次武装起义。

这次起义，以秘密相互传递一种"水"的信息为媒介，组织和动员群众进行抗击德国殖民统治的斗争。这种"水"的信息称：在恩加兰贝有一位名叫金吉基蒂勒·恩格瓦勒的巫医，他号召坦噶尼喀同胞同德国人宣战，抗捐、抗税、抗劳役，把他们赶出坦噶尼喀；恩格瓦勒巫医得到了一种"圣水"，把这种水装

在小竹桶里，挂在脖子上，谁带上这种水，谁就成了坚决反对德国侵略的战士，在同德国人的战斗中，把这种"水"涂在额头、胸膛或脚上，大叫两声"马及"（斯瓦希里语 Maji 的谐音，在斯瓦希里语中 Maji 为"水"之意），即"马及－马及"，就会受到"圣水"保护，刀枪不入，并能使欧洲人打出的子弹化为"水"。这自然是一种迷信的说法，但却反映了广大东非农牧民对德国殖民者的憎恨和反抗殖民统治的决心。

起义策源地在南方高原。1902 年，德国总督命令南方农民种植棉花，由于那里气候和土壤不宜棉花生长，收获无几，引起当地农民的强烈不满。人们在牢骚、抱怨和谴责之余，开始谈论那位巫医和"圣水"的秘密。巫医和"圣水"的信息不胫而走，迅速传播开来。1905 年 7 月，在南方马通比族（Matumbi）地区殖民政府的棉花种植园里，突然间有人高喊"马及－马及!"。喊声一落，分散在棉花地里服役的马通比人站起来相互看了看，他们心照不宣：要同德国人战斗了! 本来在拔草的马通比人，顿时"倒行逆施"，开始拔棉苗，毁坏棉田了。马通比人在政府的棉花地里欢呼，跳跃，舞之，蹈之，"马及马及"起义就这样爆发了。

地方长官派出信使，去行政区殖民当局报告马通比人在棉田里造反一事，这位信史在途中被暗杀了。1905 年 7 月末，在马通比地区，好几位地方长官被当地老百姓赶出办公室；一些欧洲人聚居的中心先后受到袭击；姆通贝依的一位种植园主霍弗被打死；还有一名德国人，在姆邦布韦的丘莫附近被身份不明的人打死，等等。

"马及马及"起义的烈火迅速向周边地区和全国蔓延。次日，临近的泰塔地区的基齐族人，同马通比人一样，开始了破坏棉田的斗争；接着，起义烈火就经过纳马特瓦和穆欣杰地区，烧到了恩金多族地区。在两个月左右的时间里，在达累斯萨拉姆至基洛萨一线以南，以及基洛萨至尼亚萨湖一线以东的整个地区，都燃起了反抗德国殖民统治的斗争烈火。1905 年 8 月 15日，利瓦勒城堡被攻破；8 月 30 日，起义者对马亨盖发动大规模袭击；8 月 27 日至 29 日，在卢库莱迪河谷的传教会遭到洗劫。1905 年 9 月，南方的恩戈尼族也参加了这场抗击德国人的武装起义。

坦噶尼喀人民反抗殖民统治的斗争，使德国总督冯·戈岑惊恐万状。他从德国调来大批增援部队以及大量武器弹药，从1905 年 11 月开始对起义队伍进行了残酷镇压。然而，到 1906年 3 月马通比地区还有抗击德国殖民统治的小规模战斗，直至1907 年 8 月"马及马及"起义才被平息。

在"马及马及"起义中，德国入侵者遭到沉重打击，损失惨重，殖民者采取了更加凶残的报复行动。他们用火焚烧各部族村庄，实行"焦土政策"，对起义者分片围剿，十余万人惨遭屠杀。另外，德国人的"焦土政策"还给坦噶尼喀带来一场灾难性的后果——饥荒，由于农民战后没有种子下种，连续三年饥荒，许多人死于饥馑。

然而，从历史发展看，"马及马及"起义动摇了德国的殖民统治，在坦桑历史中占有重要地位。正因为如此，独立后坦噶尼喀政府就在"马及马及"起义的重要遗址建立了纪念碑，在桑格阿修建了"马及马及"起义烈士公墓。用尼雷尔的话说，这场起义带来了新民族主义运动的发展。1956 年 12 月 20 日，他在联合国第四委员会发表声明指出："人民进行战斗是因为他们不相信白人有权统治黑人和'开化'黑人。他们揭竿而起，不是由于某种恐怖主义运动的胁迫，也不是由于害怕某种迷信的誓约，而是响应自然的召唤、精神的召唤，这种召唤每时每刻都在震撼一切受过教育和没有受过教育的人们的心灵，召唤着他们反抗异族统治。"

三　英国殖民统治时期

（一）坦噶尼喀

第一次世界大战德国战败，英军 1917 年 11 月占领德属东非全境。根据 1920 年 2 月 1 日国际联盟通过的《凡尔赛条约》，英国得到了对前德属东非（除卢旺达和布隆迪地区由比利时管理外）的委任统治权。英国将它得到的前德属东非改称为坦噶尼喀。英国政府 1920 年派出总督，开始了对坦噶尼喀的殖民统治。第二次世界大战以后，联合国仍将坦噶尼喀交由英国"托管"。在强大的军事力量的支持下，英国对坦噶尼喀进行了 40 多年的殖民统治和掠夺，直至 1961 年 12 月 9 日坦噶尼喀获得民族独立。

1. 英国殖民者对坦噶尼喀的统治

（1）英国对坦噶尼喀的殖民统治政策

英国殖民者统治坦噶尼喀 40 多年，其殖民政策主要有两点：一是搞"间接统治"；二是推行种族主义政策。

为了缓和坦噶尼喀人民同英国殖民者的直接对抗情绪，遏止民族主义群众运动的发展，英国人进入坦噶尼喀后恢复坦噶尼喀传统的部落管理机构，实行了所谓的"间接统治"。他们把坦噶尼喀划分为 11 个省，对每个省派驻 1 名省专员；将各省专员所辖地域划分为区，各区由区专员掌管。在基层，英国人重新启用了当地酋长和各个部落的传统制度，责成各土著当局在其区域内维护社会秩序和承担起政府的职责。殖民当局把当地酋长及其助手聘为地方政府雇员，充当殖民当局的代理人。为了保证部落当局行使权力，殖民当局还帮助他们建立起拥有一定惩办权和关押权的土著法庭；此外，英国人还把收税的任务交给了土著当局。所谓"间接统治"，就是通过代理人进行统治。

在实施"间接统治"政策的同时，英国殖民者推行种族主义政策，剥夺了坦噶尼喀人民在政治、经济和社会生活上的平等权利。1926 年，英国殖民当局亮出"民主"招牌，成立了坦噶尼喀立法会议，但其议员均由总督指定，而且他们大多数是有官职的。随着坦噶尼喀民族主义运动的发展，1948 年推出所谓"多种族"政策，在立法议会里实行了代表权"平等分配"制。然而，为维持少数白人的殖民统治，英国殖民当局却规定，在立法会议中英国官员占 15 席，其余 14 席"非正式"议员名额按"种族"划分：欧洲人 7 席，印巴人 3 席，非洲人 4 席。虽然到20 世纪 50 年代，在非洲民族独立运动出现高潮和坦噶尼喀争取民族独立的呼声日渐高涨的形势下，英国殖民当局被迫于 1955年增加了非洲人在立法议会非官方议员的名额（决定将立法会议非官方议员名额增至 30 席，非洲人、亚洲人、欧洲人各占 10席），但其坚持种族主义政策的立场没有丝毫改变。

（2）对坦噶尼喀农业和矿产资源的掠夺

首先，在对坦噶尼喀进行殖民统治期间，英国始终把坦噶尼喀当成英国的一个"大农场"。

英国进入时，剑麻已经成了坦噶尼喀最重要的农作物。英国人进入后，不仅接管和收买了原来德国人开发的剑麻种植园，而且又新建立了许多剑麻种植园。坦噶尼喀剑麻生产发展很快。1912～1938 年期间，剑麻产量从 1.7 万吨增至 10.3 万吨。

在第二次世界大战期间，由于战争的破坏和干扰，英国粮食和工业原料奇缺，英国殖民政府则要坦噶尼喀人种植更多的农作物。战后，面临着经济的恢复和发展，英国更加需要粮食和工业原料，英国殖民当局进一步施加压力，迫使坦噶尼喀人发展种植园农业和小农业生产，强制推行了姆布卢发展计划、苏库马发展计划、姆拉洛复兴计划和卢古鲁土地利用计划等一系列农业计划。[1]

---

① 伊·基曼博、阿·特穆：《坦桑尼亚史》下册，商务印书馆，1973，第 392页。

随着英国和欧洲其他国家移民的大量涌入，土地矛盾日益尖锐。为了霸占更多的土地，1945年英国殖民当局公然修改了土地政策。为缓和当地人的反抗情绪，英国人占领坦噶尼喀后曾规定："首先要考虑土著居民的需要，否则不得把任何土地拨给私人使用"；"如果没有得到非洲人的同意，不能强迫他们从自己的土地上迁走"。修改后的"坦噶尼喀土地政策"则强调，"经济发展优先于非洲人的需要和取得他们的同意，只要有利于国家，只要土地占有者能够最大限度地利用土地，政府就可以为其征用"。这就为殖民当局霸占农民的土地打开了方便之门。所以1945年以后，殖民政府强占土地的事件时有发生。例如，1947年殖民政府对乞力马扎罗－梅鲁地区的土地进行了"重新分配"，把3000多梅鲁人从他们自己的土地上赶走，强占了他们的土地。①

英国殖民者推动坦噶尼喀发展农业，目的在于为英国提供更多的工业原料，同时通过层层盘剥，获得高额利润。从第二次世界大战前开始到20世纪50年代，坦噶尼喀一直是世界上最大的剑麻产地，其剑麻出口占整个出口额的一半。但经营剑麻农场的都是外国人，其中75%以上为英国公司，这些公司通过对市场价格的垄断和对工人的残酷剥削，赚取了高额利润。比如，佩尔德（非洲）有限公司，投资75万英镑，一年内竟获得了172万英镑的巨额利润！

除剑麻外，英国移民进入后，乞力马扎罗山区的咖啡种植和维多利亚湖地区棉花种植都发展很快，咖啡年产量达到2万吨左右，成了坦噶尼喀的第二大出口产品。到1960年，棉花也成了坦噶尼喀一项重要的出口产品。咖啡大部分是由非洲人小农种

---

① 伊·基曼博、阿·特穆：《坦桑尼亚史》下册，商务印书馆，1973，第396页。

植，而棉花则全部由非洲农民种植。但咖啡和棉花的收购和出口则由英国殖民当局的咖啡销售局和棉花销售局控制，他们低价收购，高价出口，从中获取高额利润。比如，1958 年坦噶尼喀的咖啡收购价为每 100 磅 195 先令，而国际市场售价是 414 先令，为收购价的 212%。南部高地的烟草，西北边境地区的茶叶，以及坦噶周围生长的木棉，都发展较快，并且都成了英国殖民者通过烟草销售局和茶叶销售局等对坦噶尼喀进行控制和盘剥的农产品。

其次，坦噶尼喀有丰富的矿物资源，从 20 世纪 30 年代末起，英国殖民者就对那些投资少、赚钱多的黄金和钻石矿等，开始了掠夺性开采，这些矿产品出口很快成了坦噶尼喀剑麻、咖啡和棉花之外的第四大出口产品。黄金是英国吉塔公司在坦噶尼喀最早开发的矿产资源，1953 年采掘黄金达到 1200 公斤。接着是钻石，1940 年加拿大地质学家威廉森博士在希尼安加附近发现了一个大钻石矿，到 1951 年坦噶尼喀出口钻石所得利润为黄金利润的 8 倍；价值在一万英镑以上的最大的一块钻石（174 克拉），就是在希尼安加矿中发现的，威廉森博士把它作为结婚礼物送给了伊丽莎白公主。1958 年以前，坦噶尼喀钻石的开采为英国约翰逊公司所垄断，1958 年以后由英、美两国垄断公司联合开采，1960 年产量为 25 万克拉。

（3）坦噶尼喀人受到残酷的压迫和剥削

如上所述，英国殖民政府、英国和其他欧洲国家的移民完全控制了坦噶尼喀农产品和矿产品的生产和出口，控制了坦噶尼喀的经济命脉。英国殖民者鼓吹"白人至上"，在坦噶尼喀建起了"白人天堂"。在这种情况下，英国和其他欧洲国家的移民越来越多，传教士、商人也接踵而至。德国统治时期，到 1914 年欧洲移民达到 5400 人；英国统治时期，到 1954 年欧洲人（主要是英国人）就达到了 1.8 万多人。

亚洲人，主要是印度人，在坦噶尼喀成了仅次于英国人和其他欧洲移民的"二等公民"。到 20 世纪 50 年代，在坦噶尼喀的印度人达到 6 万左右。这时，他们在经济生活中占有非常优越的地位，因为他们多年来不仅控制了坦噶尼喀的小商业，而且在英国人进入坦噶尼喀后又参与了一定数量的进出口贸易；他们一些人从那些在第一、第二次世界大战后被迫出卖财产的德国人那里买了土地，成了大地主，开始经营一些剑麻、甘蔗和茶叶种植园；同时，他们还大量占有了达累斯萨拉姆市和许多其他城镇的房地产。

而占坦噶尼喀人口 99% 以上的当地黑人，虽是坦噶尼喀的主人，却一直处在社会的底层。到 1953 年，他们已达到 800 万人左右，其 90% 以上是以土地为生的农民。然而，他们的许多耕地都被殖民政府"征用"去建种植园了。据估计，德国统治时期，被德国人占去的土地约 77.8 万多公顷；但到 50 年代，被英国人和其他欧洲人占去的土地就达到了 200 多万公顷，许多农民被赶出他们世世代代耕种的土地，无以为生。世世代代居住在土地肥沃的乞力马扎罗地区和阿鲁沙地区的非洲人，因为被赶出他们自己的土地，只能过着最原始、最贫穷的生活，许多人只能以香蕉糊口。

为了养家糊口，失去土地的农民不得不到英国人和其他欧洲人在坦噶尼喀的土地上办起的种植园里去卖苦力；有的，则到英国人开办的金矿或钻石矿当了矿工。据统计，1959 年坦噶尼喀约有 43.3 万工人（绝大部分为种植园里的农业工人）。这些工人受到了严重的种族歧视和残酷的种族压迫。首先，他们干的活都是最脏、最累的，但拿到的工资最低。欧洲人每月的工资最少也有 4000 先令，而非洲人人均月工资只有 75 先令，有些种植园里的工人月工资只有 30 先令。其次，白人农场主和矿主可随意打骂工人，因为一件小事，有的工人就会被打得血肉模糊，或被关禁闭。在矿场工作的坦噶尼喀工人，不仅受到种族歧视，还要受到人身侮辱，他们每天上工时，周围都有人监视，下工离开矿场时，浑身上下都要被搜个遍，"惟恐他们偷了场主的一块钻石"。

2. 坦噶尼喀人民争取独立的斗争

坦噶尼喀人民有着反抗殖民统治的光荣传统。在德国殖民统治时期，就曾先后爆发了反抗殖民统治的布希里起义、赫赫族起义和马及马及起义，使德国殖民统治者受到了沉重的打击。坦噶尼喀人民在反抗殖民统治的斗争中不断总结经验教训，早期的这些失败在很大程度上决定了后来坦噶尼喀人民进行反抗英国殖民统治，争取民族独立斗争的方式。尼雷尔认为，用和平斗争的手段来争取独立是可行的，是能够成功的。但他指出，如果用和平手段争取民族独立的斗争遭到失败，坦噶尼喀人民决不会放弃斗争，他们将采取暴力手段，最终从英国统治下赢得独立。

（1）坦噶尼喀非洲人协会的建立和发展

从 20 世纪 20 年代开始，为了维护自身利益，当地非洲人就成立了一些带有政治色彩的部落联盟和协会，包括 1924 年成立的布科巴－哈亚联盟，1925 年成立的乞力马扎罗土著种植者协会。这些组织领导哈亚族、查加族、尚巴族和卢奥族等当地非洲人开展了反对酋长们即殖民当局代理人的斗争，并且明确提出用民选酋长代替那些由殖民当局扶植起来的酋长的主张。这些组织虽然属于部落范围内的组织，但它们却反映了整个坦噶尼喀人民摆脱殖民统治的强烈愿望。

引人注目的是，殖民政府的一些非洲人官员和雇员于 1929 年在达累斯萨拉姆成立了坦噶尼喀非洲人协会（Tanganyika African Association）。开始阶段，它只是达累斯萨拉姆地区政府非洲人官员的一个社交活动的团体；后来，随着它的一些分会在首都以外一些省区的建立和大量政府机构工作人员、知识分子及社会名

流的加入，变成了一个非洲人谈论国家政治、经济和社会发展活动的场所，并逐步发展成为坦噶尼喀一个跨部族、跨宗教和跨行业的争取民族独立的政治组织。与此同时，在城镇也逐渐出现了一些非洲人工会组织，开始领导工人进行斗争。1937年达累斯萨拉姆港就爆发了坦噶尼喀历史上第一次港口工人大罢工。

1945年，坦噶尼喀非洲人协会在多多马举行第三届年会。这是一次具有历史意义的会议。会议认为，只有动员群众才能取得反对殖民统治的胜利。大会决定：向全国发展，尤其是乡村地区；积极开展活动，争取广大农村群众的支持；关心城市和农村的非洲人的权利、福利和进步，把群众组织和动员起来，采取政治行动。从此，以城市为基础的坦噶尼喀非洲人协会开始了向全国发展的进程。

多多马会议以后，坦噶尼喀非洲人协会得到了迅速发展。到1948年，分会就从1945年的10多个增加到39个，会员人数从几百人猛增到1780人。更重要的是，在全国一些地区，尤其是农村地区，在坦噶尼喀非洲人协会支持和领导下，出现了一系列反抗英国殖民统治的群众运动。

比如：非洲人协会在苏库马产棉区建立分会后，领导当地棉农开展了一些维护棉农合法权益的斗争，乌克雷韦分会组织和参与了1946/1947年度棉花季印度人收购棉花过秤的监督工作，非洲人协会还通过苏库马地区各分会领导苏库马棉农普遍建立棉花生产者销售合作社，从垄断棉花市场的印度商人手里夺取了棉花销售的控制权，保证了棉农的利益；非洲人协会在乞力马扎罗地区建立分会后，即领导查加族人开展了反对1946年殖民政府强加给他们的三个酋长的政治斗争；1947年乌桑巴拉和基林迪两个地方团体合并成为坦噶尼喀非洲人协会分会后，领导当地农民开展了反对殖民当局提出的旨在掠夺土地的所谓"农业措施"的活动；非洲人协会还于1947年在达累斯萨拉姆领导了一次大罢工，这次罢工波及坦噶尼喀的广大地区，卷入罢工的有铁路职工、码头工人、教员、乌温扎的盐工和坦噶的剑麻工人。

（2）坦盟领导坦噶尼喀人民获得独立

第二次世界大战以后，非洲民族解放运动蓬勃兴起。坦噶尼喀非洲人协会加强了反抗殖民统治、争取民族独立的斗争，坦噶尼喀争取民族独立的斗争出现了新发展，北部马赛族地区发生了反英大暴动，许多地区农民都开展了反抗英国殖民当局掠夺土地的斗争。1953 年，尼雷尔参加坦噶尼喀非洲人协会，并很快以其独特的人格魅力赢得了广大会员的信赖，当选为协会主席。坦噶尼喀人民争取民族独立的斗争得到进一步发展。

1954 年 7 月 7 日，坦噶尼喀非洲人协会在达累斯萨拉姆举行年会。经过尼雷尔及其同事的共同努力，会议决定将协会改组为坦噶尼喀非洲民族联盟，简称"坦盟"（Tanganyika African National Union——TANU），并推举尼雷尔为坦盟主席。尼雷尔认为，用和平斗争手段争取民族独立是可能的，并且能够取得胜利。会议通过的坦盟章程明确规定：坦盟要为坦噶尼喀的自治和独立进行坚持不懈的斗争；坦盟反对部族主义，要为建立一个统一的民族主义国家而奋斗。尼雷尔在组织工作会议上指出，坦盟要把农民组织起来，农村青年要同城市的知识分子在争取民族独立的旗帜下携手前进。他号召坦噶尼喀人民起来管理自己的国家，呼吁穆斯林和基督教徒联合起来。他还表示，坦盟将积极支持工会运动、妇女运动和合作社运动，以赢得社会各界的广泛支持。

坦盟建立以后，为提高非洲人工资、取消体罚、争取非洲人进入政府咨询和立法机构开展了坚持不懈的斗争。坦盟还强烈谴责英国殖民当局推行的种族歧视政策以及剥夺非洲人土地的殖民主义行径。尤其是，1955 年 2 月尼雷尔冲破重重阻力，到纽约联合国总部，以坦盟主席的身份向联合国托管理事会申述了坦盟

要求坦噶尼喀独立的立场；1956 年他第二次去联合国，再次提出了坦噶尼喀实现自治和独立的要求。尼雷尔两次访问联合国，赢得了国际上的承认和尊敬。尼雷尔认为，坦盟要实现坦噶尼喀独立的目标，还必须发展和壮大自己，得到全国各族人民的支持。所以，他回国后即辞去教师工作，全身心地投入了争取坦噶尼喀民族独立的斗争。在以后的几年里，他跑遍全国各地，举行群众集会，发表演讲，广泛组织和动员群众，宣传坦盟通过非暴力、分阶段实现独立的主张。

在尼雷尔的正确领导下，坦盟发展迅速。1955 年坦盟领导坦噶尼喀大多数工会组织联合建立了坦噶尼喀劳动者联盟，领导全国妇女成立了坦噶尼喀妇女联合会，1956 年还领导全国青年成立了坦噶尼喀青年联盟。到 1957 年坦盟党员就从 1955 年的 10 万人增加到了 50 万人。

1958 年坦噶尼喀举行第一次立法会议选举。英国殖民当局抛出的选举法无视非洲人占全国人口 98% 的事实，规定全国分 10 个选区，每个选区产生 3 名议员——非洲人、亚洲人和欧洲人各 1 名。为了抵消坦盟的影响，殖民当局还于 1957 年炮制了一个所谓"多种族"的"坦噶尼喀联盟党"，其主要成员是欧洲人、印巴人的社会名流。面对这种形势，1958 年 1 月坦盟举行年会，考虑是否按照"平分法"参加大选的问题。大会接受了尼雷尔关于坦盟参加大选的意见，决定通过竞选成为立法会议的多数，达到实现国家独立的目标。但是，朱贝里·姆顿武等人持不同意见，并分裂坦盟，组织了一个所谓的"非洲国民大会"。然而，不出所料，坦盟及其支持的候选人在当年 9 月的大选中全部获胜，甚至一些欧洲人和亚裔人代表也投票支持了坦盟。1959年，尼雷尔又到联合国大会提出，"坦噶尼喀已经具备实行自治的条件，是实现独立的时候了"。

1960 年初，坦盟在联合国帮助下同英国当局举行谈判，并最终确定了由"责任政府"到"内部自治",从"内部自治"到完全独立的进程。1960年9月,坦盟在立法会议选举中获得71个席位中的58席,尼雷尔被任命为坦噶尼喀"责任政府"首席部长,并受命组阁。

1961年3月,在达累斯萨拉姆举行了由英国和坦噶尼喀代表参加的制宪会议,会议决定同年12月9日坦噶尼喀正式独立,先成为君主制国家。1961年5月1日坦噶尼喀实行内部自治,尼雷尔当选为坦噶尼喀"自治政府"首任总理;同年12月9日坦噶尼喀宣告独立,尼雷尔继续担任政府总理。1962年12月9日,坦噶尼喀宣布废除英国总督,成立了坦噶尼喀共和国,尼雷尔就任首任总统。

(二)桑给巴尔

19世纪80年代初,桑给巴尔曾一度被英国、德国、意大利三国瓜分,最后实力较强的英国独自占领了桑给巴尔,并于1890年将桑给巴尔划为其殖民地。1963年12月10日,英国被迫允许桑给巴尔"独立",建立了一个由苏丹王统治的君主立宪国;1964年1月12日,桑给巴尔人民发动"一月革命",推翻得到英国支持的苏丹王朝,建立了桑给巴尔人民共和国,获得了真正的民族独立。

1. 英国对桑给巴尔实行"全面保护"

1890年7月1日,根据英国和德国之间签署的瓜分东非的协议,桑给巴尔成了英国的保护国。英国向桑给巴尔苏丹阿里宣布:将来他与外国政府的一切交往都要受到英国的"保护",他以及他的继承者统治桑给巴尔的要求,可以得到英国的支持,英国也允许他(和他的继承者)挑选自己的继承人,但必须经过英国的批准;英国人"不干涉"苏丹王国的内部事务。这是英国对桑给巴尔实行"保护"的政策,也是英国对桑给巴尔实施的殖民统治政策。

英国殖民者进入桑给巴尔以后，依靠炮舰政策，很快就控制了桑给巴尔的内外权力。

第一，掌握了桑给巴尔政权。1891年英国派鲍塔尔任驻桑给巴尔领事，鲍塔尔上任后即对桑给巴尔内阁进行改组，任命英国海军中尉劳埃德·马修斯为政府首席部长。1895年7月1日，英国宣布桑给巴尔苏丹在其他东非沿海地带的管辖权归英国政府。1905年，英国殖民当局颁布桑给巴尔新宪法，规定桑给巴尔政府所有行政事务均由英外交部管辖。1913年，桑给巴尔被并入英属东非保护地，其行政管理权由英国外交部移交给殖民事务部。1914年4月20日，英国向桑给巴尔派出高级专员，全权负责桑给巴尔政府事务。1925年，英国在内罗毕派出驻东非总督，统领英国东非保护地肯尼亚、乌干达、坦噶尼喀和桑给巴尔的管辖权。

第二，接管了桑给巴尔的涉外权。20世纪初，为了加强对东非沿海的控制，英国同有关国家直接谈判，限制了他们在桑给巴尔的利益。1904年、1905年和1906年，法国、意大利和葡萄牙在桑给巴尔的特权先后受到限制；到1907年，德国、美国、奥地利、比利时等国也都先后失去了在桑给巴尔的领事裁判权。

第三，在财政方面，英国驻桑给巴尔总领事上任后即任命一名英国官员为财务总管。英国财务总管完全控制了桑给巴尔政府的财政：英国接管了国库；让苏丹王列出政府文官名单及其年薪表，按年薪表从国库支取薪金；同时，大大压缩了苏丹王个人及其家属的消费。从1903年起，殖民当局便任命英国人为桑给巴尔财政部长，一直掌管着政府的财政大权。

第四，也是最重要的，即严格挑选能效忠英国的苏丹继承人。1890年桑给巴尔正式成为英国的保护国之前，英国就开始插手阿曼帝国即位苏丹王的挑选工作，这是1800年英国同赛义德·赛德教长签订《通商条约》和向阿曼提供"保护"的条件之一。每一位苏丹都是经过英国人严格挑选并对英国举行效忠仪式后即位的。例如，赛德·阿里苏丹 1893 年去世后，英国便对哈迈德·本·斯瓦因说，如果他愿意接受英国的"保护"，英国可以支持他继承王位。为了得到王位，斯瓦因立即接受了英国的条件。

如果有谁胆敢不接受英国指令而自行其是，那就会陷于灭顶之灾。1896 年 8 月 25 日，苏丹王哈默德突然病故。他的两个兄弟哈利德和哈默乌德都想成为苏丹王。英国人选中了哈默乌德，引起了按传统应当继承王位的哈利德的不满。于是，哈利德在 2000 多人的支持下，高举桑给巴尔国旗，进入王宫，宣布自己为苏丹王。英国当局拒绝承认哈利德，双方关系顿时紧张起来。英国当局把停泊在桑给巴尔港的 3 艘军舰上的海军陆战队调上岸来，包围了桑给巴尔城，并连夜从蒙巴萨调来两艘军舰支援可能采取的行动。第二天天刚亮，停泊在桑给巴尔港的英国军舰的炮口对准皇宫，向哈利德发出最后通牒：上午 9 时前，他必须投降，否则英国舰艇就要向皇宫开炮。上午 8 时，哈利德从皇宫送出一封信，要求谈判，但遭到拒绝。上午 9 时正，英国舰队集中火力，向皇宫开炮了。刹那间，皇宫浓烟四起，富丽堂皇的建筑群被炸成一片灰烬。皇宫卫队及其支持者 500 多人倒在瓦砾之中，非死即伤。上午 9 时 40 分，哈利德顶不住了，从后门逃出皇宫，跑到德国领馆避难。这场历史上的英国和桑给巴尔之间的战争仅仅用了 40 分钟，成了历史上持续时间最短的一场战争，被收入《吉尼斯世界大全》。

2. 英国殖民者依靠阿拉伯人进行统治

众所周知，早在 1800 年阿曼苏丹阿里·本·赛义德就同英国缔结了《通商条约》，使他的王国成为英国的"保护国"，并倚仗这种"保护"，使其在桑给巴尔和东非海岸这块阿曼海外领地的利益得以巩固和发展。由于历史的原因和对桑给巴尔进行殖民统治的需要，英国人进入桑给巴尔以后，在很大程度上还一直

把桑给巴尔当成一个阿拉伯人的国家或阿曼阿拉伯人在东非沿海地区的一个定居点，所以英国人在统治桑给巴尔期间，始终重视和依赖原来桑给巴尔的阿拉伯人统治集团，把阿拉伯人当成他们对桑给巴尔进行殖民统治的得力助手。

英国人重视阿拉伯统治集团，从一开始就吸收阿拉伯人进入桑给巴尔保护理事会，并有计划地选拔阿拉伯人担任殖民政府的高级官员；通过设立奖学金，选派阿拉伯人到英国留学，培养阿拉伯人才；采取高薪聘用办法鼓励阿拉伯人参加政府工作等。这样，到第二次世界大战前后，已有一大批阿拉伯人被吸收到殖民政府部门任职。桑给巴尔政府，在英国到来之前只有苏丹王和为数不多的侍从军官以及代理人，但在英国进入之后就逐渐扩大成为一个由许多经过训练的阿拉伯专业人才组成的庞大的官僚机构。与此同时，英国殖民当局鼓励和支持阿拉伯人在桑给巴尔继续发展丁香种植和其他热带作物种植，如20世纪30年代，为进一步发展桑给巴尔的丁香种植，英国殖民政府曾对丁香种植园主（清一色的阿拉伯人）实行过一项特殊的减免税收的政策。

英国对桑给巴尔实行"保护"以后，在殖民当局的特殊关照下，阿拉伯人长期控制桑给巴尔土地的地主贵族阶级的社会地位不仅没有改变，反而由于大批阿拉伯人成为政府要员而得到了巩固和加强。在这种情况下，阿拉伯人愿意让英国人代表他们统治桑给巴尔，从而他们可高枕无忧，在英国的保护下过着无忧无虑的舒适生活。

在这种情况下，到桑给巴尔的阿曼阿拉伯人移民越来越多。据估计，在桑给巴尔的阿拉伯人（主要是阿曼人）1924年为18884人，到1948年就增加到44560人。①

---

① 伊·基曼博、阿·特穆：《坦桑尼亚史》下册，商务印书馆，1973，第428页。

3. 英国殖民当局操纵桑给巴尔"大选"

20 世纪 50 年代以后，非洲和中东民族独立运动蓬勃发展，桑给巴尔人民要求独立的呼声也日渐高涨。50 年代中期，英国表示要"实行民主政策，引导桑给巴尔保护地走向独立"，但一直到 1960 年，迫于桑给巴尔人民争取民族独立运动发展的强大压力，英国殖民当局才宣布 1961 年 1 月举行桑给巴尔大选，以组成"责任政府"，经过"自治"，实现独立。

随着非洲和中东民族独立运动的发展，桑给巴尔出现了一些政党。主要包括：

（1）桑给巴尔民族主义党（Zanzibar Nationalist Party）

19 世纪末和 20 世纪初，在桑给巴尔废除奴隶贸易和奴隶制前后，阿拉伯人奴隶贩子和奴隶主成立了阿拉伯人协会，以维护自身利益。阿拉伯人协会成立后，其活动范围不断扩大，许多移居桑给巴尔的阿拉伯人（包括少数自称"阿拉伯人"的设拉子人）都参加了协会。然而，这个协会的主要成员始终是最富有和在桑给巴尔居住时间最长的一些阿拉伯人家族。随着中东和非洲民族解放运动的发展，1955 年奔巴一些阿拉伯人成立了一个称之为"桑给巴尔苏丹臣民民族主义党"的组织。1956 年阿拉伯人协会与其合并，取名为桑给巴尔民族主义党。桑给巴尔民族主义党宣传的是"多种族主义"，但实行的却是种族主义政策。桑给巴尔民族主义党计划"在强大的非洲民族主义运动兴起之前，就把政权从英国人手里接过来"，以便永远在桑给巴尔"保持阿拉伯少数人在政治、社会和经济上对非洲大多数人的支配地位"。另外，从意识形态来讲，该党主张在桑给巴尔实行伊斯兰化政策。

（2）非洲 – 设拉子党（Afro-Shirazi Party）

在非洲 – 设拉子党成立之前，为维护本民族集团的利益，桑给巴尔的黑人（主要来自大陆）和设拉子人先后于 1934 年和

1939 年成立了非洲人协会和设拉子人协会。非洲人协会和设拉子人协会对待阿拉伯人的态度不完全一样。非洲人协会主张摆脱阿拉伯人的统治和建立一个非洲人的政府。在对待阿拉伯人和非洲人的问题上，设拉子人分为两派：温古贾的设拉子人支持非洲人协会的立场；奔巴的设拉子人，不支持黑人和温古贾的设拉子人为摆脱阿拉伯人统治而进行的斗争，甚至有人宣扬由阿拉伯人担任奔巴和桑给巴尔的合法统治者是真主的旨意。1956 年，一些政界领导人呼吁桑给巴尔黑人和设拉子人忘掉他们过去的种族摩擦，结成反对阿拉伯人统治的统一战线。这些呼吁得到桑给巴尔黑人和温古贾岛的设拉子人的广泛支持。英国殖民当局决定把立法议会的议席扩大到 12 个，其中一半继续由当局任命，另外 6 个议席将通过普选产生，并决定于 1957 年 7 月举行大选。1957 年 2 月，为了赢得多数席位，桑给巴尔非洲人协会和桑给巴尔设拉子人协会领导人达成合作协议，成立了非洲 – 设拉子联盟，非洲人协会主席阿贝德·阿马尼·卡鲁姆被选为联盟的主席，桑给巴尔设拉子人协会书记塔比特·坎博被选为总书记。在 1957 年 7 月的大选中，非洲 – 设拉子联盟在竞选的 6 个议席中赢得了 5 个议席。大选以后，桑给巴尔非洲人协会和桑给巴尔设拉子人协会即把非洲 – 设拉子联盟更名为非洲 – 设拉子党，并进一步明确了非洲 – 设拉子党的任务，即：领导桑给巴尔人民开展各种形式的反抗殖民统治的斗争，争取民族独立，最终建立起非洲人自己的政权。

（3）桑给巴尔和奔巴人民党（Zanzibar and Pemba People's Party）

上面已经提到，桑给巴尔的一些设拉子人（主要在奔巴岛）不反对、甚至支持阿拉伯人。在设拉子人协会和非洲人协会结盟以后，1956 年年底，3 位设拉子领导人（2 人来自奔巴，1 人来自温古贾）成立了一个称为"人民党"的政党。他们建立人民党，"旨在维护设拉子人的独立性，避免受阿拉伯人领导的民族主义党或非洲人协会的控制"。随后，1959 年，这三位领导人在人民党的基础上又参与创建了"桑给巴尔和奔巴人民党"。由于奔巴设拉子人对与非洲人协会结盟态度不积极，在桑给巴尔非洲人协会和设拉子人协会共同成立非洲－设拉子党后，他们仍保留了奔巴设拉子人协会的组织机构。在桑给巴尔和奔巴人民党成立以后，奔巴设拉子人协会即与其合并，桑给巴尔和奔巴人民党的力量进一步加强。

（4）乌玛党（Umma Party）

在桑给巴尔民族主义党内部，因经济和社会地位不同，人们看法不同，主张也不完全相同，何况在民族主义党内还有一些设拉子人。桑给巴尔民族主义党内的大多数设拉子人都主张建立一个各个种族和各个民族平等的真正的多种族的民主社会。另外，在民族主义党领导层还存在着严重的意识形态分歧，有的领导人极力主张政教合一，在桑给巴尔建立一个伊斯兰教国家。1963年 6 月第三次大选后桑给巴尔取得"内部自治"，时任民族主义党总书记的阿卜杜勒·拉赫曼·穆罕默德·巴布（Abdul Rahman Mohammed Babu）及其支持者（均为设拉子人），因不瞒该党的亲英政策和种族主义政策，同年 7 月宣布退出民族主义党，另行组建了乌玛党（或称人民党），并于 8 月与一向受到坦噶尼喀民族联盟支持的非洲－设拉子党组盟，乌玛党同非洲－设拉子党建立了统一阵线，巴布任主席。

在英国殖民当局的操纵下，桑给巴尔为实现"内部自治"的大选共举行了 3 次。

在 1961 年 1 月的大选中，由于非洲－设拉子党获 10 个席位，桑给巴尔民族主义党获 9 个席位，桑给巴尔和奔巴人民党获3 个席位，没有任何一个党在议会里所获席位过半，所以只能在半年以后重新进行选举。

  1961 年 6 月 1 日举行了第二次大选。在这次大选中，经英国殖民当局的策划，桑给巴尔民族主义党与桑给巴尔和奔巴人民党结盟。大选的结果是：非洲－设拉子党和桑给巴尔民族主义党各得 10 席，桑给巴尔和奔巴人民党得 3 席，桑给巴尔民族主义党与桑给巴尔和奔巴人民党联盟获胜，英国殖民当局准其组成了桑给巴尔"责任政府"。

  1963 年 7 月，桑给巴尔按英国人的安排举行"独立大选"。阿拉伯民族主义党同桑给巴尔和奔巴人民党继续结盟。大选结果是：非洲－设拉子党获 13 个席位，阿拉伯民族主义党获 12 个席位，桑给巴尔和奔巴人民党获 6 个席位。大选后，英国人宣布桑给巴尔实行"内部自治"，由阿拉伯民族主义党与桑给巴尔和奔巴人民党组成联合政府。

  在上述三次大选中，出现了一些非常奇怪的现象：在大选中获得选票最多的非洲－设拉子党在议会里没有得到多数席位。以决定性的 1961 年 6 月和 1963 年 7 月两次大选为例，非洲－设拉子党分别获得 45172 张选票和 87085 张选票，占选票总数的49.9% 和 54.3%；而阿拉伯民族主义党－桑给巴尔和奔巴人民党联盟，分别获得 44135 张选票和 73559 张选票，仅占选票总数的 48.7% 和 36.7%。但在这两次选举中，非洲－设拉子党获得的议会席位分别为 10 个和 13 个，而阿拉伯民族主义党－桑给巴尔和奔巴人民党联盟，却分别获得了 13 个席位和 18 个席位。

  为什么会出现这种情况？因为英国殖民当局在选举中做了手脚。

  在 1961 年 6 月大选中，为了确保阿拉伯民族主义党－桑给巴尔和奔巴人民党竞选联盟在大选中获得议会的多数席位，英国人在奔巴岛增加了一个选区。众所周知，在奔巴岛增加一个选区就等于在议会中送给阿拉伯人一个席位，因为阿拉伯人在奔巴岛影响巨大。而英国人却称，"将议席增至 23 个，以避免再次出现 11 比 11 的相持不下的局面"。

其实，这是故伎重演，因为在 1961 年 1 月举行第一次选举时，英国人就坚持把石头城一分为二，划分为南、北两个选区，这就等于送给阿拉伯人一个席位，因为桑给巴尔市的石头城是阿拉伯人集中的地区。

面对 1963 年 7 月即将举行的关键性独立大选，为保证民族主义党 - 人民党联盟获得议会多数席位，英国人只能按照前两次"增加选区即增加席位"的经验，如法炮制。但是，为确保阿拉伯人取胜，英国人这次不是增加了一两个选区，而是经过同阿拉伯人秘密策划，把选区一下子从原来的 23 个增加到 31 个。在英国人宣布把选区增至 31 个时，这个阴谋遭到桑给巴尔人民群众的强烈反对，但英国人却说"只能按照正常的法律程序行事"。

政治观察家们一致认为，英国人执意这样做的目的只有一个，那就是通过所谓"选举"把政权交给阿拉伯人，在桑给巴尔建立一个傀儡政权，使英国在桑给巴尔的利益得到保护。

在英国人的眼里，桑给巴尔是个不可丢失的战略要地。正如英国殖民当局一位官员伦诺克斯·波义德公开表示的，桑给巴尔"是英国在东非重要战略计划的连接点"。他说："英国石油公司正在那里勘探石油。英国人设想：如果桑给巴尔真的找到了石油，与对岸肯尼亚蒙巴萨炼油厂相接，就将成为帝国防卫系统中的重要组成部分。战争期间，如果中东石油断绝供应，这里就将是一个安全的石油生产基地，因此英国希望对桑给巴尔实行永久保护。"[①]

4. 桑给巴尔"一月革命"取得成功

经过 1961 年 1 月、6 月，特别是 1963 年 7 月的激烈竞选以后，非洲 - 设拉子党通过合法大选取得政权，改革少数阿拉伯人移民统治和奴役占居民大多数的非洲人的政治体制的幻想已经完全破灭。

① 李汝燊等：《非洲》，中国青年出版社，1961，第 234 ~ 235 页。

　　非洲－设拉子党主席卡鲁姆在 1962 年 5 月的一次讲话中公开谴责英国。他说，从英国政府承担对桑给巴尔的"保护"之日起，英国人始终考虑的是保护阿拉伯人，而这些人只是桑给巴尔少数外来移民的一部分。卡鲁姆表示，桑给巴尔人民只接受非洲人占支配地位的政府，"如果有人希望在英国人离开时把政权交到在 30 万居民中只有 42000 人的外来移民阿拉伯人的手里，那是白日做梦！"卡鲁姆还郑重宣布："在桑给巴尔，少数必须服从多数，这就是民主！"

　　所谓的桑给巴尔"责任政府"成立以后，阿拉伯人统治集团就在"桑给巴尔化"的幌子下推行了一套彻头彻尾的种族主义政策。据报道，在招聘政府雇员时，招聘广告公开宣称：应聘者，必须是殿下臣民，必须会阿拉伯文。于是，不久桑给巴尔民族主义党领导人的一些亲朋好友及其子女，就都得到了录用、任命、提拔或晋级。在桑给巴尔，阿拉伯人统治集团推行的种族主义政策遭到非洲人的坚决反对，阿拉伯人和非洲人之间的种族矛盾激化了，种族仇恨进一步加深，甚至出现了种族对抗行动。

　　坦桑尼亚历史学家约翰内斯·莫萨雷认为，桑给巴尔这个时期的问题，是从第一个非洲人被阿拉伯人作为奴隶卖到桑给巴尔以来，非洲人同阿拉伯人之间出现的关系问题。他说："在阿拉伯人统治桑给巴尔的漫长岁月里，非洲人内心深处的失落和因为屈辱而受到的人格上的伤害，在阿拉伯人和非洲人的关系上留下了一道刻骨铭心的伤疤。"他说，桑给巴尔革命领导人的主要目标是：调整多数非洲人和少数阿拉伯人之间在政治和经济上不平等的关系。但是，他们知道，如果不取得政权，就不能有效地完成这项任务。[①]

---

　①　伊·基曼博、阿·特穆：《坦桑尼亚史》下册，商务印书馆，1973，第 453 页。

有些观察家认为：桑给巴尔人民在三次选举中连连受挫，他们对通过立宪手段解决问题已经完全失去信心。而在新宪法刚刚实施三个星期之后，苏丹政权就开始镇压反对派。开始从国外购买武器。他们说："现在摆在人民面前的问题是：要立即动手，否则机会就会失去。"[①]

1963 年 12 月 10 日，桑给巴尔宣布"独立"，成为君主立宪国，保留苏丹王，由当时的执政党民族党 – 桑给巴尔和奔巴人民党组成联合政府。但是，桑给巴尔的非洲人则认为，12 月 10 日这一天是阿拉伯人的"独立日"。这一天，桑给巴尔的许多地区（非洲 – 设拉子）没有升国旗。一位老园丁和他的朋友在窃窃私语："不久就要流血了！"[②]

结果，就在 1964 年 1 月 12 日，非洲 – 设拉子党与乌玛党联合发动武装起义，推翻了苏丹王朝及民族党和人民党组成的联合政府，成立了桑给巴尔人民共和国。这就是著名的桑给巴尔"一月革命"。

据报道，这天凌晨，约翰·奥凯罗"陆军元帅"率领一支大约 600 人的武装部队，由乌玛党党员和一些回岛探亲的大陆警察协同，在非洲人的广泛支持下，攻下两处警察局，并迅速控制了桑给巴尔市全城。报道说，数千名阿拉伯人在战乱中被杀，数千名阿拉伯人逃离了桑给巴尔。一个由非洲 – 设拉子党和乌玛党组成的 30 人的桑给巴尔革命委员会庄严宣告：阿拉伯民族主义党政府被推翻，阿卜杜拉（Sayyid Jamshid ibn Abdullah）苏丹被废黜，革命成功了。

桑给巴尔革命委员会宣布接管政府，建立桑给巴尔人民共和

---

① 伊·基曼博、阿·特穆：《坦桑尼亚史》下册，商务印书馆，1973，第 453 页。

② 伊·基曼博、阿·特穆：《坦桑尼亚史》下册，商务印书馆，1973，第 452 页。

国。还宣布：非洲－设拉子党的领导人卡鲁姆（Sheikh Abeid Amani Karume）任桑给巴尔和奔巴人民共和国总统，汉加（Sheikh Abdulla Kassim Hanga）任政府总理，乌玛党领导人巴布（Abdul Rahman Mohammed Babu）任国防和外交部长；在新宪法颁布之前，内阁和政府所有各部将在革命委员会领导下工作。

同年2月，桑给巴尔革命委员会宣布：桑给巴尔为一党制国家；巴布所领导的乌玛党并入非洲－设拉子党；其他政党一律被取缔；同时，成立了一个在非洲－设拉子党领导下的统一的革命工会联合会。

新政府采取了一系列措施，包括镇压苏丹王室成员，将一切土地收归国有，无偿没收阿拉伯人的种植园和所有不动产等。

第五节　当代简史

坦噶尼喀，1886年沦为德国殖民地，1920年被划为英国的"委任统治地"，1946年改为仍由英国管辖的"托管地"。1961年5月1日获"内部自治"，同年12月9日独立，1962年12月9日成立坦噶尼喀共和国。桑给巴尔，1890年沦为英国"保护地"，1963年6月24日取得"自治"，同年12月10日宣告"独立"，成为由阿曼人苏丹王统治的君主立宪国家，1964年1月12日爆发"一月革命"，推翻了阿曼人苏丹王朝的封建统治，建立桑给巴尔人民共和国。1964年4月26日，坦噶尼喀和桑给巴尔联合成立坦噶尼喀和桑给巴尔联合共和国，同年10月29日，改名为坦桑尼亚联合共和国。

一　尼雷尔时期（1961～1985年）

尼雷尔领导坦噶尼喀人民于1961年赢得了国家独立，1964年实现坦噶尼喀同桑给巴尔合并，建立了坦桑尼亚联合共和国。从 1961 年坦噶尼喀独立到 1985 年主动让贤，尼雷尔在总统职位上整整 24 年。这 24 个春秋在坦桑尼亚历史上称作"尼雷尔时期"。尼雷尔时期有以下几个特点：

（一） 为南部非洲民族独立和解放做出贡献

尼雷尔是非洲一位有名的民族主义者，怀有强烈的民族感情，痛恨殖民主义和白人种族主义对非洲人民的残酷剥削和迫害。在尼雷尔领导下，自 20 世纪 60 年代初开始，坦桑尼亚一直支持津巴布韦、莫桑比克、安哥拉、纳米比亚人民争取民族独立的斗争，一直支持南非人民反对南非少数白人政权推行种族主义政策和争取民族解放的斗争，直至他们先后取得胜利。

坦桑尼亚呼吁国际社会对非洲白人种族主义政权实行制裁，并在独立后即率先中断了坦噶尼喀向南非提供劳工的协议。1965 年 12 月 15 日，因英国支持罗得西亚少数白人政权（11 月 11 日）单方面宣布独立，坦桑尼亚断然与英国断交，从而失去了英国政府提供的大量援助。

非洲统一组织解放委员会总部设在达累斯萨拉姆，尼雷尔长期担任该委员会主席。许多南部非洲解放运动的总部都曾设在达累斯萨拉姆。他们在达累斯萨拉姆市中心办公的大楼至今仍被称为"解放大楼"。

坦桑尼亚一直站在支持南部非洲地区民族独立和反种族主义斗争的最前线。一方面，为津巴布韦解放运动、莫桑比克民族解放阵线、南非泛非主义者大会和非洲人国民大会、纳米比亚的西南非洲人民组织等在坦桑尼亚建立训练营地，帮助他们训练自由战士；另一方面，还向刚刚独立的国家提供一些力所能及的援助，帮助他们巩固和捍卫民族独立。

坦桑尼亚对莫桑比克的支持和帮助尤为突出。坦桑尼亚不仅从 60 年代初开始帮助莫桑比克解放阵线训练自由战士，准许莫桑比克解放阵线武装力量从坦桑尼亚南部边境地区渗入莫桑比克，开展游击活动，为其争取独立的战争提供了可靠后方，而且在莫桑比克 1976 年独立后还为莫桑比克巩固独立提供了帮助。莫桑比克独立后，坦桑尼亚曾派出 50 名教官，帮助莫桑比克把原解放阵线游击队整编为一支正规军；1977～1978 年，当莫桑比克受到当时罗得西亚史密斯少数白人政权的军事进犯时，坦桑尼亚曾应莫桑比克要求派出军队，予以支援，并有 109 名坦桑尼亚国防军士兵牺牲在抗击史密斯军队入侵莫桑比克的战场上；在莫桑比克内战期间，坦桑还应莫桑比克政府要求于 1987 年 1 月派出一支部队（约 3000 人）接防赞比西省，以使莫桑比克军队能腾出手来清剿"抵运"武装势力，1988 年 11 月完成任务后回国。

总之，坦桑为支持非洲民族解放运动和反对南非种族主义的斗争做出了牺牲，为非洲大陆非殖民化运动做出了杰出贡献。

（二）推行"社会主义"政策导致经济困难

由于殖民主义的长期掠夺，坦噶尼喀的经济十分落后。尼雷尔认为，只有经济发展了，才能摆脱"愚昧、疾病、贫穷"的困扰。他常说，"别人在走，我们就得跑"，以激励人民发奋图强，建设国家。

独立后，国家经济和社会发展形势较好。然而，随着非殖民化和非洲化运动的开展，在坦噶尼喀出现了一个非洲"上层分子"阶层，他们都是坦盟的领导骨干和积极分子。在城市，他们开始购买房地产，出租房屋，向企业投资；在乡村，有人开始雇工，开商店，购买土地，土地开始集中到少数人手里。一时间，在城乡之间、农民和农场主之间，尤其在新兴的官僚和商人同广大群众之间，迅速开始了阶级分化过程。

1967 年 1 月"坦盟"在阿鲁沙召开全国执行委员会会议，尼雷尔发表了《关于乌贾马社会主义和自力更生》的讲话，并通过了《阿鲁沙宣言和坦盟关于乌贾马社会主义与自力更生政策的决议》，简称《阿鲁沙宣言》。"乌贾马"为斯瓦希里语 Ujamma 的译音，其原义指"非洲部族传统社会中集体劳动、相互合作、共享成果的家族社会关系"，尼雷尔称"这种精神就是非洲人所需要的社会主义"。《宣言》正式宣布"坦桑尼亚走社会主义的发展道路"，还明确提出"坦桑尼亚要自力更生地建设社会主义"。

同一年，政府根据《阿鲁沙宣言》精神实行了国有化政策，将外国银行和保险公司收归国有，对部分大型工业、外贸企业和种植园也实行了国有化，并在农村开始建立"乌贾马村"，开展了"村庄化"运动，即将原来零散居住的小村落合并为较大的村庄，在乌贾马村中建有饮用水源、小学校、医疗站等，向村民提供社会服务。另外，在党内实行了"领导人守则"，禁止党和国家工作人员从事私人实业活动，以防止领导层中的"资产阶级化倾向"。

从 1976 年以后，政府一直在坚持对工矿企业和商业的国有化政策。1978 年将英国人的 18 家公司收归国有；1980 年对所有私人办的医院、诊所和药店实行了国有化。到 80 年代初，坦桑尼亚所有银行和保险公司，70% 的采矿业、55% 的交通运输业、40% 的加工工业，都成了国营企业。在这场国有化运动中，政府对外国企业实行了国有化，坦桑尼亚籍的印度和巴基斯坦裔商人受到排挤，就连坦桑尼亚民族资产阶级的企业也没能幸免。然而，由于政府缺少资金，新上任的管理者缺乏经验，这些公司和企业的运转日益困难。70 年代中期到 80 年代初，坦桑尼亚经济出现了恶性循环：工厂开工不足，日用品奇缺，燃料不足，农业生产滑坡，出口收入锐减。

"村庄化"运动的影响就更大。习惯于分散居住、个体经营的农民对"村庄化"运动不热心，乌贾马村计划进展缓慢，到 1973 年初全国只有 15% 的农民加入了乌贾马村。尼雷尔认为农

民思想保守，是"传统习俗"在作怪。他指示全国乡村地区要在1976年前全部村庄化。为了完成任务，有的地区出现了出动军队和民兵强迫农民迁居并村的现象，极大地挫伤了农民的生产积极性，使全国的农业生产受到严重破坏。1974年和1975年又恰逢严重的干旱，粮食产量锐减，全国出现了粮荒。

自1967年开始推行的"乌贾马社会主义"政策，"国有化"和"村庄化"运动都严重脱离国情，"社会主义建设"不仅没有取得成功，反而导致经济困难，甚至出现负增长的局面。对此，尼雷尔没有推卸责任。他在1985年的离职讲话中说："我失败了，让我们承认这一点。"后来，尼雷尔还多次公开表示：国有化实行得太广泛了；"我们的错误是过早取消了农民自愿组织的初级合作社而实行乌贾马运动"；将世世代代分散耕种的农户集中起来"实行集体化是一个严重错误"。

（三）注重政权建设，国家长期和平与稳定

独立以来，坦桑尼亚国内长期和平稳定，而且这种长期和平稳定的局面已经成为尼雷尔给坦桑尼亚留下的最宝贵的遗产。这一局面是怎样形成的？尼雷尔生前曾多次回答过驻坦桑外交官和外国记者提出的这个问题。作为总结经验教训，尼雷尔说，可以归纳为三条：第一，坦桑尼亚领导人一向重视党的建设。第二，坦桑尼亚建立了自己的军队。第三，最重要的，独立后政府在全国推广斯瓦希里语，把全国人民紧密地团结在一起。

观察家们普遍认为，坦桑尼亚的长期和平与稳定局面的形成，与其开国总统尼雷尔为坦桑的独立和发展呕心沥血、艰苦奋斗有着直接关系。尼雷尔深受人民爱戴，他的崇高威望已经变成了建立和发展国家和平与稳定的强大的凝聚力。在非洲大陆的领导人中，尼雷尔被称为"非洲贤人"。他当总统20多年，生活简朴，廉洁奉公，他既没有自己的庄园，没有企业和股票，也没有在外国银行的存款；他平易近人，因从政前曾在学校教书，人

们就一直称他为"姆瓦利穆"（Mwalimu，斯瓦希里语"教师"之意），尼雷尔也喜欢这一朴素的称呼；作为国家领导人，他身体力行，模范遵守党纪国法，也不允许自己的家属享受特权或营私舞弊。坦桑尼亚国内外许多媒体都做过这样的报道，称赞尼雷尔这一高尚品德"不仅在非洲大陆，就是在全世界也是罕见的，难能可贵"；认为这就是为什么坦桑尼亚人民在"乌贾马社会主义"导致经济困难以后，仍然爱戴他们的开国总统尼雷尔的最重要的原因。

　　1984年3月尼雷尔提出，1985年任期届满时他将辞去总统职务。当时，全国上下多数人还都希望他继续留任。尼雷尔说："我不能再干了。"他说："党是永存的，但领导人必须有上有下"；"坦桑尼亚需要新领导去解决新问题"。他还重申到1985年10月任期届满后将告老还乡，决不再任。1985年10月姆维尼被选为坦桑尼亚总统，成为尼雷尔的接班人，实现了领导权的和平过渡。当时，尼雷尔是非洲乃至世界主动让位的少数领导人之一，赢得了国内外的广泛尊敬。

二　姆维尼时期（1985～1995年）

　　在 1985年10月大选中，姆维尼当选为坦桑尼亚第二位总统；1990年10月再次当选，直至1995年10月届满卸任。这10年为"姆维尼时期"。在此期间，姆维尼进行经济和政治改革，开创先河。

（一）修改阿鲁沙宣言，实施机构调整计划

　　姆维尼就任总统后，经过对国家发展战略的认真研究，对《阿鲁沙宣言》规定的建国方针进行了根本性调整，改变了20世纪60年代以来推行的国有化政策和建立乌贾马村的做法，开始建立以市场经济为基础和以推动私营部门发展为动力的自由化经济。

　　姆维尼执政后就恢复了同国际货币基金组织的贷款谈判，并于 1986 年 8 月与国际货币基金组织达成共识，接受国际货币基金组织的贷款条件，开始实行国际货币基金组织建议的"结构调整计划"。同国际货币基金组织达成协议，不仅国际货币基金组织和世界银行向坦桑尼亚提供了大量财政援助，而且疏通了从其他国际组织、援助国获得贷款和赠款的渠道，使坦桑尼亚恢复经济所需外部资金大致有了着落，同时也为其债务的重新安排铺平了道路，缓解了债务负担对恢复经济的压力。在国际货币基金组织和西方一些捐赠国的帮助下，坦桑尼亚政府在 1986～1995 年执行了三个经济恢复和发展计划，使陷入困境的坦桑尼亚经济得到了某种程度的恢复和发展。据估计，1986～1995 年，坦桑尼亚国内生产总值年均增长达到 3%～4% 的水平。

　　在建立以市场为导向和以发展私营部门为动力的市场经济的改革实践中，姆维尼政府勇于探索，勇于实践。姆维尼执政初期，开始实施了对坦桑尼亚先令进行大幅度贬值的政策；实施了允许商人自筹外汇进口商品、出口创汇留成 50% 的政策；同时开始对国营企业进行调整，实行了"关、停、并、转"和私营化政策，并于 1990 年批准第一批国营企业私营化计划，把一些国营剑麻种植园卖给了私人。

　　1991 年 2 月，姆维尼在桑给巴尔主持召开革命党全国执行委员会会议，对《阿鲁沙宣言》中有关党员准则的规定进行了正式修改，并通过了相关的《桑给巴尔宣言》。1967 年 2 月《阿鲁沙宣言》中关于党员的准则规定：党政高级官员不能参与任何资本主义或封建主义活动；官员及其家属不能在任何公司占有股份；不能在任何资本主义私人企业中任董事；不能有两份或两份以上工资；不能出租房产。这次修改把过去"不能"的字样完全改成了"可以"，即：党员可以购买任何企业的股票，也可拥有私人企业的股票；党员可以受雇于私人企业，也可任其经理，甚至可身兼数职（指非公职工作），领取一份以上的工资。对《阿鲁沙宣言》的正式修改，是经过相当长的一段时间的实践检验作出的，是坦桑尼亚领导人对指导社会经济发展的理论性总结，为坦桑尼亚进一步改革开放提供了理论依据。

《桑给巴尔宣言》以后，姆维尼政府提出一系列加快改革步伐的方针政策，主要包括：1991 年颁布《国家投资促进法》，取消对私人（包括外资）的投资限制，鼓励他们单独投资或与当地合资，同时建立了国家投资促进中心；1991 年出台《银行和金融机构法》，向国内外私人资本开放金融市场；1992 年制定《外汇法》，坦桑尼亚银行放松对外汇的控制，建立了货币自由兑换的市场机制，进而取消了进出口许可证做法；1993 年提出国营企业改革计划，把国营企业推向市场，实行国营企业私营化政策；1993 年 8 月坦桑尼亚银行放开了对商业银行利率的限制；1994 年出台《资本市场和债券法》，并建立了资本市场和证券局；1995 年制定《坦桑尼亚银行法》，以加强和发挥中央银行的宏观调控职能，等等。所有这些，不仅为姆维尼时期的经济改革增添了活力，使经济恢复计划得以顺利完成，而且为以后坦桑尼亚进一步改革开放奠定了基础。

（二）实行多党制，保证国家的和平与稳定

东欧剧变苏联解体之后，多党民主之风刮入非洲大陆。自1964 年以来一直实行一党制的坦桑尼亚，面临着一场严峻的挑战。

1990 年 2 月革命党在全国开展公开讨论坦桑尼亚是否实行多党制问题。1991 年 2 月，革命党全国执行委员会任命一个总统委员会（即尼亚拉利委员会），调查全国人民对坦桑未来政治体制的意见。1991 年 11 月公布的调查结果表明：大陆主张继续实行一党制者占 80%，主张多党制者占 20%；桑给巴尔主张一党制者占 45%，主张多党制者占 55%。然而，总统委员会则认为，尽管目前要求实行多党制者是少数，但在当前形势下或放眼于未来，还是及早向多党制过渡对国家有利。姆维尼总统说，在一个真正民主的国家里，从不忽视少数人的意见，坦桑尼亚应向政治多元化转变，同世界其他地区发生的民主变化一致起来。

1992 年 1 月 17～20 日，革命党全国执行委员会在达累斯萨拉姆开会，一致同意总统委员会关于在坦桑尼亚实行多党制的建议，并决定立即修改宪法。1992 年 2 月 20 日，革命党全国代表大会通过决议，正式决定在坦桑尼亚实行多党制。1992 年 4 月，坦桑尼亚议会和桑给巴尔代表院分别通过关于在坦桑尼亚实行多党制的宪法修正案，即宣布修改了宪法，决定从即日起在坦桑尼亚正式实行多党制，并宣布从 7 月 1 日开始新政党的注册工作。

姆维尼进行这场政治改革取得了成功，多党制的顺利实施，保证了国家的和平与稳定。1995 年 10 月 29 日，坦桑尼亚举行了独立以来的首次多党大选，原执政党革命党以绝对多数取胜，其候选人、前科技和高等教育部长本杰明·姆卡帕当选为坦桑尼亚的第三位总统。

三　姆卡帕时期（1995～2005 年）

姆卡帕 1995 年 10 月当选为坦桑尼亚第三位总统，在 2000 年 10 月举行的第二次多党民主大选中连选连任，直至 2005 年 10 月届满卸任。姆卡帕时期，坦桑尼亚政府根据实际情况，继续姆维尼时期开始的政治和经济改革，努力维护国家和平与稳定的局面，实行全面开放政策，建立以私营部门为发展动力的市场经济，同时制定和实施了《2025 年远景发展规划》和《国家减贫战略计划》，进一步探索推动坦桑尼亚社会经济全面恢复和发展的进程，使坦桑尼亚出现了宏观经济持续稳定发展、人民社会生活有所改善的可喜局面。

（一）深化改革，积极建立市场经济

姆卡帕执政后，通过与西方签署"增强经济结构调整计划"，继续执行以市场为导向、以私有化为动力的经济改革政策，建立和发展市场经济。

随着经济改革的深入发展，2000 年国民议会通过第十三次宪法修正案，明确现阶段坦桑尼亚"不再具有社会主义国家性质"，为坦桑尼亚建立以私营部门为"引擎"的市场经济提供了政治和法律依据，加快了坦桑尼亚市场经济建设的步伐。

姆卡帕时期，坦桑尼亚陆续出台了一系列法规、政策和计划，实行了经济部门向私营部门全方位开放的政策，包括：《工业可持续发展政策》（1996 年）、新《保险业法》（1996 年）；建立达累斯萨拉姆股票市场的政策（1996 年）、《农业和畜牧业发展策略》（1997 年）、恢复乡村地区销售合作社组织的政策（1997 年）、《渔业部门发展战略》（1997 年）、《矿业发展政策》（1997 年）和新的《矿业法》（1998 年）、《国家电信业发展政策》（1997 年）、《国家养蜂政策》（1998 年）、《国家林业政策》（1998 年）和新《森林法》（2002 年）、《国家旅游业发展政策》（1999 年）、《坦桑尼亚电力工业发展政策》（1999 年）、《电力工业发展计划》（2000 年）、《国家微观金融政策》（2000 年）、《海运公司法》（2002 年）、《中小企业发展政策》（2003 年）、《国家贸易政策》（2003 年）、出口信贷担保计划（2003）和新《港口法》（2004 年）等等，为私营部门的发展提供了广阔的天地。

与此同时，为吸引投资，国民议会 1997 年 7 月对《坦桑尼亚投资促进法》（1990 年）进行修改，出台了一个新的《坦桑尼亚投资法》，增加了投资优惠政策，如减免了一些税收等；2001 年政府还成立了以总统为首的"国家商业委员会"和以总理为首的"投资指导委员会"，分别负责掌管和协调有关各方的关系，以使投资项目能"一步到位"；为增加出口，2002 年 7 月议会通过《建立出口

加工区法》；2003 年议会还通过了一项新的《土地法》，等等。

经过 10 年的努力，坦桑尼亚的投资环境有了明显改善，使坦桑尼亚各经济部门的投资都有了大幅度增加。据统计，1990～1996 年，坦桑尼亚投资中心共批准投资项目 90 个；1997 年以来，投资中心批准的项目迅速增加，到 2004 年就达到了 2891个。报道说，1990～2004 年批准的这些投资项目可提供 497539个就业机会。引人注目的是，自 1997 年以来外国直接投资有了大幅度的增加。据统计，1997～2004 年在坦桑尼亚的外国直接投资达到了 23.86 亿美元，年均 2.65 亿美元，而 1990～1996 年坦桑的投资总额仅为 2.4 亿美元。

在这些投资项目中，约 25% 是坦桑尼亚过去的老国营企业。1994 年政府制定了对国营企业实行私营化的计划。国营部门改革委员会（PSRC）2004/2005 年度报告说，截至 2004 年底已有724 家国营企业完成了改制任务。其中，307 家是工业、旅游业和农业部门的骨干企业；另外 417 家为非骨干企业。这份报告说，307 家骨干公司企业中，156 家卖给了坦桑尼亚人，23 家卖给了外国人，另外 128 家变成了坦桑尼亚人和外国人、或政府和私人的合资企业。报告还披露，一些大的国营企业的改制工作尚待落实，坦桑尼亚国营部门私营化计划可望在今后三年内完成。

姆卡帕总统回顾说，坦桑尼亚经过 20 年的改革，已经建立和发展了私营部门，私营部门已经成为国家经济发展的驱动力。他说，"今天，私营部门的产值已占国内生产总值的约三分之二；在私营部门工作的雇员约占全国工人的 84%；私营部门基本上经营了全部出口贸易。"他还说，私营部门在提供社会服务方面也非常活跃，如在教育和医疗卫生方面。①

---

① Mkapa Leaves Behind Tools to Help Tanzanians Reach the Promised Land, 2005 – 06 – 11 *Guardian*.

（二）2025 年远景发展规划带来希望

姆卡帕执政初期，经过姆维尼时期的改革，坦桑尼亚经济已有某种程度的恢复和发展，但人民生活却没有得到什么改善，全国仍有一半以上人口生活在贫困之中；另外，1986 年政府实行结构调整计划后紧缩开支，减少对社会服务部门的投入，致使全国教育、医疗卫生等社会服务水平下降，甚至出现了倒退。

姆卡帕认为，坦桑尼亚应当以结构调整带来的宏观经济发展的成果，推动经济社会的全面发展，让人民群众逐步摆脱贫困。1996 年姆卡帕组织全国各经济部门、各阶层代表和专家学者，共同拟定了一个《2025 年远景发展规划》，并于 1997 年由国民议会通过。姆卡帕说，这个远景发展规划，是动员全国人民，团结一致，继续执行结构调整计划，保持宏观经济持续发展，同时实施减贫计划，推动坦桑尼亚社会经济全面发展的指导方针。

《远景发展规划》的主要目标：第一，建立一种发展强劲、有竞争力的经济，其特征是：①一种多元化和半工业化的经济；②宏观经济稳定发展、通货膨胀率低和主要经济部门平衡发展；③年经济增长率在 8% 以上；④有相适应的基础设施；⑤是地区和国际市场竞争的一位积极参与者；⑥能防止发展对生态和自然环境带来负面影响。第二，人民生活水平要提高：①粮食能自给，并有粮食安全保证；②普及小学教育，消除文盲，大多数人能受到中等专业教育，都能参与国家发展工作；③实现男女平等；④为国民提供良好的医疗卫生服务，都能用上安全饮用水，婴儿和产妇的死亡率要减少四分之三；⑤没有赤贫；⑥坦桑尼亚人的寿命提高到一个"中等发达国家"的水平。

实施这项远景发展规划的基本思路是：①坚持政治多元化，加强良政建设，维护国家的和平、稳定和民族团结；②建立经济发展多元化体制，支持和鼓励私营部门参与社会经济的发展；③增强信心，发扬自力更生精神，逐步减少并最终摆脱对外援的

依赖；④树立竞争和发展意识，开发人力资源和自然资源，促进社会经济发展；⑤制定减贫计划，并将其纳入年度和中期社会经济发展计划，以逐步实施远景发展规划，远景规划确定的优先发展项目包括教育、医疗卫生、饮用水项目、农业、道路、司法部门和预防艾滋病等7个方面。

2000年1月政府制定了一个中期《2025年远景发展规划》的实施方案，即《减贫战略计划》（2000～2010），到2010年的主要指标包括：①全国生活在贫困线以下的人口比例，要从48%减少到24%；②乡村地区贫困人口比例，要从57%减少到7.5%；③粮食贫困人口的比例，要从27%减少到3.5%。在教育方面，政府决定从2001年7月起免除小学学费；同时提倡和鼓励私人办学和社区办学（包括发展成人教育）。计划到2010年，适龄儿童入学率达到100%；消除文盲；通过减少粮食贫困、改善医疗卫生服务和让更多的人能够用上安全饮用水的努力，把全国平均寿命从2000年的48岁增加到52岁。

为了争取国际社会的支持，2000年3月坦桑尼亚把《减贫战略计划》送交国际货币基金组织和世界银行征求意见。据报道，国际货币基金组织和世界银行对这份计划倍加赞赏，认为"这项计划为坦桑人民提出了更加明确的发展目标"，"为坦桑尼亚带来了希望"，"坦桑尼亚已在减贫道路上向前迈进了一步"。他们建议把减贫计划的内容充实到计划实施的第三个《加强结构调整计划》（2001/2002～2003/2004）中去，合二为一，并取名为"减贫和发展计划"（PRGF）。从2001/2002年度起，坦桑尼亚就开始实施《减贫和发展计划》了。

（三）反腐倡廉，保证经济顺利发展

姆卡帕执政后政府财政极为困难，因为姆维尼执政后期"税务和经济秩序混乱"，西方援助国纷纷中断了对坦桑尼亚的援助。为了增加政府税收和争取国际多边和双边的援助，解决政府财政困难，姆卡帕执政后即继续实行紧缩的财政和货币政策，同时加强了以反腐斗争为中心的良政建设。

姆卡帕上台伊始，就向世人表明了他的政府反腐倡廉的决心。他和他的部长们宣誓就职时都公开宣布他们的个人财产及其来源。这在坦桑尼亚历史上尚属首次。姆卡帕组阁时在总统办公室增设了一个反腐部；他还任命了一个总统委员会（通称"瓦利奥巴委员会"），责成其调查坦桑的腐败问题。

姆卡帕首先在政府机关开展了反腐斗争。他 1997 年 11 月在革命党"五大"上通报说，两年来，已有 122 名政府官员因涉嫌腐败案而被勒令退休，包括移民局的官员、警官和工程部的官员。为增加税收，政府 1996 年开始改革税制，严格财政纪律，调整税务机构，组建了坦桑尼亚税务局。姆卡帕说，848 名原海关、税务局的高级官员和职员，因涉嫌腐败案已被清除出税务局。[1] 另一方面，1998 年 9 月姆卡帕改组内阁，启用了几名形象清廉而又深受群众拥戴的新人，树立了政府廉洁的形象。同时免除了 5 名政府高级官员的职务。

在反腐斗争中，姆卡帕重视法制建设。1996 年 6 月，国民议会通过对《国家领导人道德规范法》的修正案，正式规定国家领导人、政府部长和国家公务员任职时要公开宣布个人财产（以后每年公布一次）。政府据此设立了领导人道德规范事务秘书处，指导反贪局的工作，负责监听国家领导人和公务员执行公务时的行为，对涉嫌腐败案进行调查。到 2004 年，反贪局已在全国各省和各个地区都设立了办公室。1996 年，议会还通过一项新的《常设调查委员会法》，重新启用了 1966 年尼雷尔建立

① Retired for Corruption, 122 Government Officials in Two Years, 22 November 1997 Tanzania News Online.

的常设调查委员会，分担了由反贪局负责的调查国家领导人涉嫌腐败案的工作。

为打造一个良好的反腐环境，政府还组织和动员全社会都参加了反腐倡廉的活动。1999 年 3 月，政府邀请全国各个方面、各个阶层、国际援助机构和国家的代表，征询对政府制定的《国家反腐战略和行动计划》（NACSAP）的意见。1999 年 11 月坦桑尼亚实施这项计划后，政府各部门都制定了具体的部门反腐计划，遍布全国乡村地区的农产品销售合作社组织也都作了反腐安排。1999 年以来，许多非政府组织和群众团体，都积极参加了政府开展的各项反腐倡廉的活动，报纸、电台和电视台等新闻媒体也都加大了反腐倡廉报道的力度。2001 年 7 月，政府还组建了一个由各方面代表参加的全国良政建设协调机构，同时出版了一种季刊《坦桑尼亚良政建设》。

姆卡帕时期，政府税收在逐渐增加，同时通货膨胀率逐年下降。观察家们普遍认为，这一"增"一"减"都是政府在执行紧缩货币政策和改革税务中加大反腐力度的结果。据统计，1995/1996 年度政府税款收入约为 6.6 亿美元，到 2004/2005 年度就增加到了约 14.5 亿美元；1995 年坦桑尼亚的通货膨胀率为27.4%，到 2004 年已下降到了 4.2%。

另外，姆卡帕时期所进行的良政建设受到国际社会的称赞。世界银行和国际货币基金组织 2001 年宣布免除坦桑尼亚债务的时候，曾就非洲良政建设情况有过一份调查报告，报告就称赞坦桑尼亚是"非洲在良政建设中各个方面都取得进展的唯一国家"①。

---

① Speech by the President of the United Republic of Tanzania, His Excellency Jakaya Mrisho Kikwete, On Inaugurating the Fourth Phase Parliament of the United Republic of Tanzania, Parliament Buildings, Dodoma, 30 December, 2005.

（四） 坦桑尼亚经济出现持续发展新局面

由于政府采取了上述一系列政策和措施，姆卡帕1995年执政初期坦桑尼亚那种困难形势早已得到改善，并且出现了经济社会全面恢复和发展的大好形势。

1. 从几个宏观经济指标看，坦桑尼亚宏观经济已经走上了持续稳定发展的轨道

据统计，到2004年，国内生产总值增长率已从1996年的4.2%增至6.7%，使坦桑尼亚成为非洲地区发展最快的国家之一，2000～2004年5年间年均国内生产总值增长率达到5.8%；人均国内生产总值已从1996年的138美元增加到303美元；通货膨胀率从1996年的21%下降到4.2%；外汇储备，由于出口（主要是非传统产品出口）的增加和旅游业的发展，也从10年前仅够支付两个月的进口费用增加到近几年可供7个月使用的水平。

2. 在减贫方面也取得了进展

自2001/2002年度开始执行《发展和减贫计划》以来，每个财政年度政府都把40%以上的支出预算用于包括教育、医疗卫生、农业发展、供水工程和乡村地区道路等项目。2001年取消小学学费以来，小学适龄儿童的入学率已经有了大幅度的增加，2004年小学适龄儿童净入学率已经达到90.5%。乡村地区的医疗卫生服务工作也有了某种程度的改善。

3. 恢复了同发展合作伙伴的友好关系

由于姆卡帕政府执行的经济政策切实可行，加之良政建设取得成效和信誉，坦桑尼亚已经恢复了同发展合作伙伴的友好关系，这使坦桑尼亚得到的外援增加了，国际赠款和对债务的减免也在不断增加，国际货币基金组织和世界银行2001年就决定在今后20年免除坦桑尼亚30亿美元的债务。另外，2002年政府制定《坦桑尼亚援助策略》（TAS）以来国际上对坦桑尼亚政府的"预算援助"增加了。过去，坦桑尼亚发展合作伙伴不对其预算提供直接援助，所有援助都是拨款到具体项目，并由援助者直接负责项目的落实，政府对这些援助没有什么发言权。现在情况不同了，从项目的提出，到计划的制订和落实，全由坦桑尼亚负责。据报道，现在国际合作伙伴向坦桑尼亚提供的援助，大部分都以"预算援助"形式提供，世界银行和非洲发展银行为坦桑尼亚减免的债务，大部分也是通过"预算援助"的方式实施的。姆兰巴财长指出，这表明国际社会对姆卡帕政府充满信心，坦桑尼亚已经成为撒哈拉以南非洲少数几个得到国际社会信任的国家之一。①

四　基奎特时期（2005～ ）

在2005年12月14日举行5年一次的第三次全国多党民主大选中，执政的革命党总统候选人基奎特，以占总票数80.23%的多数的高票当选为坦桑尼亚第四位总统；与此同时，革命党在议会中赢得232个选区席位中的206席，占88%。从此，坦桑尼亚便进入了基奎特时期。

基奎特总统2005年12月30日向国民议会发表施政演说，宣布了他的政府在今后5年内的中心工作。他说，2005革命党竞选纲领中提出两个中心任务，即：第一，领导坦桑人民摆脱落后的依赖型经济，实现坦桑尼亚经济的现代化；第二，组织和领导坦桑尼亚人民投身于国家经济发展，开展脱贫斗争。他说，这两项任务就是他的政府的中心工作。

为完成这两项中心任务，基奎特总统宣布他的政府将把精力

---

① Speech by the Minister for Finance Hon. Basil P. Mramba (MP) Introducing to the National Assembly the Estimates of Government Revenue and Expenditure For The Financial Year 2005/06, on 8th June, 2005.

集中于以下 10 个方面：①努力保证国家的和平、稳定和团结。②努力发扬光大过去三位总统执政期间领导坦桑尼亚人民取得的各项成就。③以新的活力、新的热情和更快的速度领导全国人民同贫困、愚昧和疾病作斗争。④尽职尽责，完成人民赋予的使命，将继续加强良政建设，弘扬诚信，实行法制，尊重人权。⑤提高政府实行法制的能力，保护人民生命和财产的安全，将坚决打击犯罪活动，坚决阻止武装抢劫的犯罪活动。⑥保证国家边界的安全，国家的主权不容侵犯，不允许任何人或任何国家破坏国家领土的完整和国家的独立。⑦努力维护与所有国家、地区组织和国际组织的友好关系。⑧对社会弱势群体给予更多的关爱，包括妇女、青年、儿童、残疾人和孤儿。⑨努力做好环保工作，以便让子孙后代能继承一个可持续发展的、环境优美的国家。⑩还要努力推动体育、文化和其他形式的文娱活动的发展。[①]

第六节　著名历史人物

一　尼雷尔

朱利叶斯·坎巴拉吉·尼雷尔（Julius Kambara Kambarage Nyerere），坦桑尼亚首任总统、坦桑尼亚革命党前主席。1922 年 4 月 13 日生于马拉省穆索马县布蒂亚马村一个酋长之家，扎纳基族人，信奉天主教。早年在当地天主教会学校读书。1943～1945 年到东非大学乌干达麦克勒里学院读

---

① Speech by the President of the United Republic Of Tanzania, His Excellency Jakaya Mrisho Kikwete, On Inaugurating the Fourth Phase Parliament of the United Republic of Tanzania, Parliament Buildings, Dodoma, 30 December, 2005.

书，在此期间曾参加"天主教忠诚会"，并组织了坦噶尼喀非洲人协会支部。1945年回国，1946～1949年在塔波拉天主教教会办的圣玛丽亚学院任教。1949～1952年在英国爱丁堡大学攻读政治经济与法律并获硕士学位，他是获硕士学位的第一名坦桑尼亚人。回国后曾在达累斯萨拉姆附近的圣·弗朗西斯学院任教。1953年被选为坦噶尼喀非洲人协会主席，1954年7月7日将该协会改组为坦噶尼喀非洲民族联盟（简称坦盟），任该党主席。1955年2月代表坦盟赴联合国就独立问题向托管理事会陈述意见。回国后辞去教师职务，周游全国宣传坦盟通过非暴力分阶段实现独立的主张。1956年又去联合国作独立请愿讲演。1957年作为坦盟代表被英殖民当局任命为立法议会议员，但4个月后辞职。1958年在东方省重新当选为立法议会议员。1960年9月坦盟在立法议会选举中获胜，出任首席部长，受命组成坦噶尼喀责任政府。1961年5月1日坦噶尼喀实行内部自治，任自治政府总理，同年12月9日坦噶尼喀独立后继任政府总理。1962年1月辞去总理职务，全力从事坦盟的领导工作。1962年12月宣布坦噶尼喀废除英总督，成立共和国，就任坦噶尼喀首任总统。1964年4月访问桑给巴尔，就两国联合成一个主权国家同桑给巴尔总统卡鲁姆达成协议。同年4月26日坦桑尼亚联合共和国成立，出任坦桑尼亚首任总统兼武装部队总司令（一度兼外交部长）。在1970年、1975年和1980年三次大选中蝉联总统。1977年2月坦盟和非洲设拉子党（原桑给巴尔执政党）合并成坦桑尼亚革命党，出任主席。1984年3月宣布不再担任下届总统。1985年11月5日主动引退，将总统权力交给阿里·哈桑·姆维尼，继续担任坦桑尼亚革命党主席至1990年9月。此外，1963～1970年任前东非大学名誉校长，1970～1985年为达累斯萨拉姆大学校长。退休后，仍为促进南南合作、推动南北对话，奔波于亚、非、拉、欧4大洲，筹组南方委员会，并于1987年出任南方委员会主席。1993年布隆迪图西族和胡图族爆发武装冲突后，被联合国和非统组织推举为布隆迪和谈国际调解人，直至1999年10月14日病逝于伦敦。

尼雷尔当政期间，1967年1月发表《阿鲁沙宣言》，提出在坦桑尼亚建立"民主社会主义"和"乌贾马社会主义"。在经济建设中曾采取某些过激措施，影响了国民经济的发展。但他注重党、政和军队建设，注意维护大陆和桑给巴尔的统一，重视推动和发展国内各族人民的团结统一，为保持国内的长期和平稳定做出了贡献。他后期对经济建设的失误有所认识，并开始进行调整；他重视廉政建设，并能身体力行；他1985主动让贤，让"更有能力的领导人"在新形势下领导坦桑尼亚人民发展经济。对外，他曾任非洲前线国家委员会主席和非统组织执行主席（1984年），领导坦桑尼亚向南部非洲国家和民族解放运动提供了力所能及的支持，为南部非洲国家的独立和解放以及非洲的和平发展做出了应有的贡献。这一切，都赢得了坦桑尼亚、非洲尤其是南部非洲国家、整个发展中国家和西方国家的信任、尊敬和赞誉，坦桑尼亚人都亲切地称他为"国父"、"姆瓦利姆"（"姆瓦利姆"在斯瓦希里语中为"教师"、"导师"之意）；南部非洲国家称他为"指引他们走向独立和解放"的"姆瓦利姆"；西方国家则普遍称赞他是"一位少见的廉洁的非洲领导人"。他1982年2月获第三世界基金会授予的"第三世界奖"；1983年10月获联合国难民署授予的"南森奖"；1987年获国际列宁奖等。2000年6月10日，革命党召开全国特别代表大会，决定授予尼雷尔"坦桑尼亚20世纪伟人"称号。

其主要著作有《乌贾马—非洲社会主义的基础》、《自由与统一》和《自由与社会主义》等书。

1965年2月起，先后14次访问中国。

二　卡鲁姆

阿 贝德·阿马尼·卡鲁姆（Abeid Amani Karume），坦桑尼亚联合共和国前第一副总统、非洲－设拉子党前主席、桑给巴尔革命委员会前主席。1905 年出生于桑给巴尔市郊区一个设拉子裔渔民家庭，系斯瓦希里族人，信奉伊斯兰教，母亲当过佣人。中学肄业。1920 年离开桑给巴尔在外国货船上当水手，一度加入英国海员工会。1938 年在桑给巴尔一家汽艇驳船公司当雇员，后在码头工作，在桑给巴尔组织建立了第一个码头工人和海员工会。1954 年组建桑给巴尔非洲人协会，出任该协会总书记，同年 7 月被任命为桑给巴尔市政府咨事议员。1957 年他将桑给巴尔非洲人协会与桑给巴尔设拉子协会合并，组建为非洲－设拉子党，出任主席（至 1972 年），同年当选为立法议会议员。1961 年进入桑给巴尔第一届自治政府，任卫生和行政管理部长。1963 年，为桑给巴尔国民议会反对党领袖。1964 年 1 月非洲－设拉子党发动民众举行武装起义推翻苏丹王统治后，出任桑给巴尔革命委员会主席、桑给巴尔人民共和国总统。1964 年 4 月尼雷尔访问桑给巴尔，就两国联合成一个主权国家与其达成协议，同年 4 月 26 日坦桑尼亚联合共和国成立。与尼雷尔关系密切，在坦噶尼喀、桑给巴尔联合过程中起了重要作用。坦桑尼亚联合共和国成立后任第一届副总统兼桑给巴尔总统。1970 年 9 月被宣布为桑给巴尔革命委员会终身主席。1972 年 4 月 7 日被暗杀身亡。

第三章

政　治

第一节　国体与政体

一　国体

坦桑尼亚是一个联合共和国，1964 年 4 月 26 日由原坦噶尼喀共和国和桑给巴尔人民共和国联合组成。

（一）坦桑尼亚联合共和国的建立

坦噶尼喀和桑给巴尔联合前，是两个独立的主权国家。

坦噶尼喀，1961 年 5 月 1 日获得"内部自治"；同年 12 月 9 日独立；1962 年 12 月 9 日成立坦噶尼喀共和国。桑给巴尔，1963 年 6 月 24 日取得"自治"，同年 12 月 10 日宣告"独立"，成为由阿曼人苏丹王统治的君主立宪国家。1964 年 1 月 12 日，桑给巴尔人民在非洲－设拉子党领导下，发动"一月革命"，推翻了阿曼人苏丹王朝的封建统治，建立桑给巴尔人民共和国。

1964 年 1 月 17 日，桑给巴尔三位主要领导人卡鲁姆、汉加和巴布访问达累斯萨拉姆，向坦噶尼喀提出了一系列援助要求，还表示愿意同坦噶尼喀讨论两国联合或建立联邦关系的问题。[①]

---

① US Foreign Policy and Revolution——The Creation of Tanzania, by Amrit Wilson, London, Pluto Press 1989, p. 18.

3月，卡鲁姆再次访坦噶尼喀，尼雷尔表示坦噶尼喀已做好与桑给巴尔成立联邦的准备，卡鲁姆则随即表示桑给巴尔早已做好了准备。进入4月，两国高层人士频繁互访。卡鲁姆总统两次访问达累斯萨拉姆，与尼雷尔会谈；桑给巴尔副总统汉加和财长特瓦拉也到坦噶尼喀访问；坦噶尼喀外长兼国防部长坎博纳则穿梭于达累斯萨拉姆和桑给巴尔之间。4月22日，尼雷尔总统在坎博纳和内政部长卢辛迪陪同下访问桑给巴尔，同卡鲁姆总统及其部长们就建立联邦问题举行最后会谈，双方达成共识，并签署了建立联邦的《联盟条款》。

1964年4月23日和24日，尼雷尔总统和卡鲁姆总统分别在达累斯萨拉姆和桑给巴尔宣布了坦噶尼喀和桑给巴尔将合并成为"一个主权国家"的消息；25日，坦噶尼喀国民议会和桑给巴尔革命委员会分别批准了《坦噶尼喀共和国和桑给巴尔人民共和国联合条款》，简称《联合条款》；4月26日，两国总统在达累斯萨拉姆交换《联合条款》批准书，正式成立了坦噶尼喀和桑给巴尔联合共和国；同年10月29日，更名为坦桑尼亚联合共和国。根据《联合条款》，两国将联合成为一个主权共和国，联合共和国首任总统由尼雷尔担任，另设两名副总统，第一副总统由卡鲁姆担任。卡鲁姆为桑给巴尔的行政首脑（总统），作为联合共和国总统的主要助手，协助总统履行其在桑给巴尔的行政职责。

（二）坦桑尼亚联合共和国建立的背景

从1964年1月桑给巴尔革命成功，到4月26日坦噶尼喀和桑给巴尔合并，建立坦桑尼亚联合共和国，仅用了3个多月的时间，其速度之快在世界史上可谓罕见。观察家们一致认为，他们之所以要联合，并能迅速建立起联邦，与这两个国家的历史联系和当时他们所面临的严峻的国内外形势是分不开的。

1. 两国关系密切，遭遇相同，斗争相互支持

自古以来，坦噶尼喀和桑给巴尔两国人民就存在着一种非常密切的、天然的伙伴关系。这正如坦桑尼亚前副总统、桑给巴尔前总统琼布所说："这种伙伴关系是由血缘和家族关系、历史经历、地缘上的比邻关系和相互间的社会影响培育起来的，经受了时间的考验，葡萄牙人的控制、阿拉伯人的统治、德英帝国主义都曾强烈震撼过它，但都没能将其摧毁。"[1]

坦噶尼喀和桑给巴尔之间这种亲密关系，是在民族迁徙、融合和发展的过程中自然形成的。历史考证表明，桑给巴尔最早的居民来自坦噶尼喀的沿海地区，主要是公元 5 世纪从大陆内地扩展到东部沿海地区后乘独木舟到桑给巴尔岛和奔巴岛定居的班图人。而随着印度洋贸易的发展，到 12 世纪在东非沿海地区出现的一个新兴的、特定的混血族体斯瓦希里民族，主要分布在坦噶尼喀沿海地区和桑给巴尔。另外，在英国统治桑给巴尔时期，还有一大批坦噶尼喀人到桑给巴尔落户。那是桑给巴尔废除奴隶制以后，一些被解放了的奴隶留在了桑给巴尔，而这些奴隶主要来自坦噶尼喀；桑给巴尔丁香种植园由于奴隶的解放，劳动力奇缺，许多坦噶尼喀人到那里打工并在那里定居；当时桑给巴尔经济状况较好，坦噶尼喀一些体力劳动者，也纷纷移居到桑给巴尔"闯天下"。

从 14 世纪葡萄牙人占领东非沿海地区开始，两国人民先后遭受到葡萄牙、阿曼、德国和英国残酷的殖民统治。这些殖民统治者，控制两地外贸，设置苛捐杂税，对当地人进行盘剥；他们强占土地，种植经济作物，为其本国提供工业原料或出口创汇；他们霸占矿山，掠夺矿产资源；他们还从内地抓获奴隶，进行惨无人道的奴隶贸易，等等。

在反对殖民统治和争取民族独立的斗争中，坦噶尼喀和桑给

---

[1]　Alhaj Aboud Jumbe：*The Partnership：Tanganyika Zanzibar Union 30 Turbulent Years*，Dar es Salaam，1994，p. 1.

巴尔人民始终相互影响，相互支持。坦噶尼喀非洲人协会 1929 年成立后，很快发展成为一个争取民族独立的政治组织。在坦噶尼喀非洲人协会的影响下，桑给巴尔 1934 年也成立桑给巴尔非洲人协会，并很快成为坦噶尼喀非洲人协会的团体会员。后来，前者发展为坦噶尼喀非洲民族联盟，成为坦噶尼喀独立后的执政党；而桑给巴尔非洲人协会，则在 20 世纪 50 年代与桑给巴尔设拉子协会合并为非洲 - 设拉子联盟，后发展成为非洲 - 设拉子党，领导桑给巴尔人民取得了一月革命的胜利。

2. 尼雷尔是泛非主义者，极力主张地区联合

尼雷尔是一位坚定的泛非主义者，主张通过地区合作实现非洲一体化，并于 1960～1964 年为建立东非联邦做出过努力。在桑给巴尔独立大选前夕，1963 年 6 月 5 日，尼雷尔同肯尼亚总理乔莫·肯雅塔和乌干达总理密尔顿·奥博特在内罗毕就成立联邦问题曾举行会谈，并发表了三国表示要建立东非联邦的联合声明。联合声明还向桑给巴尔发出了加盟邀请。桑给巴尔爆发一月革命时，东非三国领导人尼雷尔、肯雅塔和奥博特正在肯尼亚商讨建立包括桑给巴尔在内的东非联邦的计划。这就是尼雷尔和卡鲁姆在桑给巴尔一月革命后即实现坦噶尼喀和桑给巴尔联合的政治背景。当然，东非联邦后来因故未能建立起来。

3. 互有需要是当时两国迅速联合的直接原因

在桑给巴尔一月革命之后，坦噶尼喀和桑给巴尔之所以能迅速实现联合完全出于他们各自需要。一月革命成功后，桑给巴尔新政权立即得到苏联、中国和民主德国等社会主义国家的承认和支持，西方媒体推波助澜，把桑给巴尔称作"非洲的古巴"。这不能不引起美国、英国等西方国家的担心和忧虑，对桑给巴尔新政权迟迟不予承认。桑给巴尔的风云突变首先引起了英国人的关注，因为他们"按法律程序"在桑给巴尔策划阿拉伯人傀儡政权上台还不到一个月即被推翻，"使英国在桑给巴尔的利益受到了威胁"。而美国，出于冷战需要从 20 世纪 50 年代起开始进入非洲，还在桑给巴尔建立了卫星追踪站，担心一月革命后共产党国家乘机进入桑给巴尔，使美国的非洲计划受阻。于是，美国和英国在桑给巴尔附近海域派出舰队，大有要对桑给巴尔"一月革命"进行武装干涉之势。当时，桑给巴尔没有军队，卡鲁姆担心美英海军一旦发起武装进攻，桑给巴尔反对派就会乘机反扑。另外，卡鲁姆还担心帝国主义对桑给巴尔实行经济封锁。总之，大国干涉的威胁使桑给巴尔新政权受到了巨大压力。从坦噶尼喀方面讲，一月革命后桑给巴尔局势复杂，尼雷尔担心桑给巴尔成为东西方争夺的场所，也担心外国势力对桑给巴尔的干预会给坦噶尼喀带来威胁。因此，坦噶尼喀在一月革命之后就应卡鲁姆要求派出警察，予以帮助，并开始考虑两国联合问题。

（三）坦桑尼亚是个特殊的联邦制国家

通常情况下，一个统一的联邦或联盟形式的国家，联邦是其国际交往中的主体，联邦有宪法和法律，有政府、立法和司法机构；各成员国也都有自己的宪法和法律，有自己的政府、立法和司法机构，并可依据联邦宪法规定，同外国直接发生关系。

而尼雷尔和卡鲁姆却根据当时两国联合的实际情况，确定了与众不同的联邦框架。根据 1964 年 4 月 25 日尼雷尔和卡鲁姆签署的《联合条款》，坦桑尼亚建立两个政府：联合共和国（即中央）政府和桑给巴尔政府，坦噶尼喀（现称坦桑尼亚大陆）不再单独设立政府，中央政府负责"联合事务"和坦噶尼喀事务，桑给巴尔政府负责"联合事务之外"的桑给巴尔事务；与此同时，建立两套与之相适应的立法和司法机构。

坦桑尼亚国民议会，1965 年根据《联合条款》制定了坦桑尼亚临时宪法，1977 年制定了一部正式宪法，后来又对宪法进行过多次修改，但都坚持了建立两个政府的这项基本原则。尼雷尔对于这种安排曾经解释说，如果设立三个政府，"官员增加，政府开支势必加大，不符合公众利益"。除了财政考虑之外，他还认为，如果成立三个政府，行政上可能会带来更多麻烦，政治上也不利于联合。

在中央政府和桑给巴尔政府具体权力分配上，1964 年 4 月的《联合条款》规定外交、国防、警察等 11 项为联合事务，由联合共和国总统和中央政府处理。后来，联合事务的内容有所增加，在 1977 年的宪法中，联合事务增至 22 条。与此同时，保留桑给巴尔在非联合事务上的自治权，并给予桑给巴尔参加中央政府和其他许多中央机构的平等、甚至优待的权利。

（四）坦桑尼亚联合在实践中不断得到发展

坦噶尼喀和桑给巴尔的联合，是两国政治上的一件大事，也受到了两国人民的普遍欢迎。然而，由于两国的领土面积和人口数量悬殊，两国在政治、文化、宗教等方面的差异，尤其是联合过于仓促，事前未经充分讨论、磋商和全民公决这一民主程序，而是由少数领导人作的决定，因此自联合以来，桑给巴尔方面始终存在着"合与分"的矛盾和斗争，甚至出现过危机。

1. 双方在体制、内外政策上一体化方面曾出现一些困难

尼雷尔 1971 年说："一个由两个自由国家组成的联盟不可能没有困难。两个有着十分不同的近期历史的主权国家的政策必须合而为一，国际贸易协议和十分不同的关税结构必须统一，等等。还必须制定出一种能够使两个在面积和人口上悬殊的国家在单一制度下得到公平表现的制度。"[1]

2. 两党合并以后，桑给巴尔曾出现一次反对联合的风潮

1977 年坦盟和非洲－设拉子合并成立坦桑尼亚革命党后，桑给巴尔有人认为大陆在通过革命党插手桑给巴尔的非联合事

---

[1]　Nyerere：*Freedom and Development*, Oxford University Press, Tanzania, 1973, p. 276.

务，还认为桑给巴尔在外交方面代表权不足，外援分配比例也不公平。1983 年 12 月，以首席部长法克为首的一批桑给巴尔高级官员竟要求将联合改为联邦，建立三个政府，扩大桑给巴尔自主权，让其直接同外国接触，争取外援。另外，1992 年 12 月 1日，经坦桑尼亚外交和国际合作部长迪里亚（桑给巴尔人）同意，桑给巴尔革命政府曾加入伊斯兰会议组织（OIC），旨在从该组织的伊斯兰发展银行获得条件优惠的贷款，解决恢复和发展经济资金短缺的困难。

3. 实行多党制以来，桑给巴尔反对党公开反对联合

1992 年全国讨论实行多党制时，坦桑尼亚陆续出现了一些反对派组织，有些党派如全国建设与改革大会（1991 年成立）、多党民主联盟（1991 年 10 月成立）和公民联合阵线（1992 年 6月由另两组织合并而成）的桑给巴尔派等，都提出要重新讨论坦桑联合问题，甚至有些桑给巴尔人还公开提出解散联盟，扬言桑给巴尔要实现"独立"。1995 年 1 月，公民联合阵线等六个反对党领导人开会，再次提出了制定新宪法和建立坦噶尼喀政府的要求；1997 年 11 月 26 日，公民联合阵线补选议员候选人哈吉曾扬言，"桑给巴尔最终会从坦噶尼喀的束缚中解脱出来"。

回顾联合以来 40 多年的风风雨雨，令人欣慰的是，双方领导人都能以大局为重，尤其是在尼雷尔的领导下，不断化解矛盾，克服困难，绕过一个又一个急流险滩，使联合不断得到巩固和发展。卡鲁姆时期实现了外交、国防、军队和警察的统一；琼布时期两个执政党合并为坦桑尼亚革命党，发生在内外政策上的矛盾有了缓解；姆维尼时期大陆和桑给巴尔政治经济的一体化进程进一步发展。

90 年代实行多党制后，尽管少数人（主要是以奔巴岛为基地的反对派）公开打出分离主义旗号，但绝大多数人主张保持联合。据 1994 年 2 月达累斯萨拉姆大学社会政治系对坦桑尼亚

8个省（包括桑给巴尔南方省）的农村调查报告，87%的人赞成保持联合，只有13%的人主张分离。

据报道，专家们普遍认为，一般情况下联合不会出现大问题。他们认为：①革命党至今仍牢牢控制着国家政权（包括桑给巴尔政权），而且在可以预见的将来革命党还会继续执政，坦桑尼亚政府不会允许任何人搞分离；②桑给巴尔有些人主张退出联合，实现"独立"，但这些人在桑给巴尔占少数，一时难以有所作为；③现在，桑给巴尔经济比较困难，从某种意义上讲，它离不开大陆。比如：电力靠大陆供应；燃料、建材、大米等需从大陆进入；由于桑给巴尔缺乏大的港口，许多进口货物要通过大陆转运，等等。

但也有人认为，如果桑给巴尔经济和社会长期得不到较快的发展，不能排除革命党（桑给巴尔）的执政地位会受到威胁，也不排除公民联合阵线（桑给巴尔）上台执政的可能，届时坦桑尼亚的联合问题将会遇到较大困难。

二　政体

前，坦桑尼亚是一个多党制的民族主义国家。

（一）独立后实行一党制的政治体制

坦桑尼亚建立前，坦噶尼喀和桑给巴尔就都实行了一党制。在桑给巴尔，由非洲－设拉子党与乌玛党联合发动"一月革命"取得成功后，由两党组成的桑给巴尔革命委员会接管了政权；同年2月，乌玛党并入非洲－设拉子党后桑给巴尔革命委员会则宣布取缔其他一切政党，在桑给巴尔实行一党制。在大陆，坦盟是领导坦噶尼喀人民争取民族独立的政党，坦噶尼喀独立后，因在"自治"大选中坦盟获得了议会中的绝对多数席位，当时参选的另外两个政党从那以后已不复存在，坦噶尼喀独立后实际上就实行了一党制。

　　1964 年 4 月坦噶尼喀和桑给巴尔联合建立坦桑尼亚后，根据 1964 年《联合条款》的精神，1965 年制定的临时宪法规定坦桑尼亚实行一党制。然而，基于各种因素，坦桑尼亚一直保留着两个党，即大陆执政的坦盟和在桑给巴尔执政的非洲 - 设拉子党，直至 1977 年 2 月两党合并成立了坦桑尼亚革命党（Chama Cha Mapinduzi）为止。

　　（二）从一党制向多党制的顺利过渡

　　20 世纪 80 年代末东欧剧变和苏联解体之后，多党民主之风刮入非洲大陆，面对这场政治风波的严峻挑战，坦桑尼亚革命党审时度势，因势利导，开始了探索符合本国国情的政治体制的改革。

　　1990 年 2 月，革命党在全国提出开展公开讨论坦桑尼亚是否实行多党制问题。1991 年 2 月，革命党全国执行委员会任命一个总统委员会（即尼亚拉利委员会），调查全国人民对坦桑尼亚未来政治体制的意见。1991 年 11 月公布的调查结果表明：大陆主张继续实行一党制者占 80%，主张多党制者占 20%；桑给巴尔主张一党制者占 45%，主张多党制者占 55%。然而，总统委员会则认为，尽管目前要求实行多党制者是少数，但在当前形势下或放眼于未来，还是及早向多党制过渡对国家有利。姆维尼总统说，在一个真正民主的国家里，从不忽视少数人的意见，所以坦桑尼亚应向政治多元化转变，同世界其他地区发生的民主变化一致起来。

　　1992 年 1 月 17～20 日，革命党全国执行委员会在达累斯萨拉姆开会，一致同意总统委员会关于在坦桑尼亚实行多党制的建议，并决定立即修改宪法。针对当时在桑给巴尔出现的反对联合的倾向，尼雷尔和革命党领导人都明确表示，革命党是坦桑尼亚全国的执政党，革命党决定实行多党制是全国范围内的事，将来的新政党必须是全国性的政党，将来的多党民主大选也是全国性的。

　　1992 年 2 月 20 日，革命党全国代表大会通过决议，正式决定在坦桑实行多党制。关于新政党注册的条件，大会决议作出更加明确的规定：未来的新政党必须是在大陆和桑给巴尔都有党员的全国性政党，而不是以部族、宗教、地区、性别、职业或肤色为集团基础的派别；所有政党应共同努力，担负起维护坦桑联合的历史使命；保证和尊重全体人民的民主权利，任何政党都不准以武力或其它手段破坏国家的团结。革命党和坦桑政府的这一政策对遏制分裂倾向、维护国家统一和保证坦桑尼亚从一党制向多党制的顺利过渡，都起到了非常重要的作用。

1992 年 4 月，坦桑尼亚议会和桑给巴尔代表院分别通过关于在坦桑尼亚实行多党制的宪法修正案，即宣布修改了宪法，决定从即日起在坦桑尼亚正式实行多党制，并宣布从 7 月 1 日开始进行新政党的注册工作。

1995 年 10 月 29 日坦桑尼亚举行了独立以来首次多党民主大选，结果原执政党革命党以绝对多数取胜，其候选人、前科学、技术和高等教育部长本杰明·姆卡帕当选为坦桑尼亚的第三位总统。

三 宪法

按 《联合条款》规定，坦桑尼亚有两部宪法：一部是坦桑联合共和国宪法，是一部全国大法，同时涉及联合事务之外的大陆（坦噶尼喀）事务；另一部是桑给巴尔宪法，仅涉及联合事务之外的桑给巴尔事务。

（一） 坦桑尼亚宪法①

1. 1964 年临时宪法

这是坦桑尼亚联合后的第一部宪法，是 1964 年 12 月双方立

---

① Tanzania: Key Historical and Constitutional Developments, Sources: Kituo cha Katiba East African Centre for Constitutional Development——Makerere University Faculty of Law www. Kituochakatiba. co. ug.

法机构批准的《坦噶尼喀和桑给巴尔联合共和国临时宪法》。这部宪法是以尼雷尔和卡鲁姆签署的《联合条款》为依据，经过对1962年《坦噶尼喀共和国宪法》进行修改后形成的。

这部宪法主要规定：

（1）坦桑尼亚建立两个政府，即坦桑尼亚政府（中央政府），负责联合事务和坦桑尼亚大陆（坦噶尼喀）事务，不再单独设立坦噶尼喀政府；桑给巴尔政府，负责联合事务之外的所有桑给巴尔事务。

（2）这部宪法规定以下11项事务为联合事务：①联合共和国的宪法和政府；②外交事务；③国防事务；④警察；⑤宣布处于紧急状态的权力；⑥公民权；⑦移民；⑧对外贸易和国际借贷；⑨联合共和国的公共服务事业；⑩所得税、公司税、海关和营业税；⑪港口、民航、邮政和电信服务。上述外交、军队、警察等11项事务为联合事务，由中央政府负责。

（3）桑给巴尔总统为联合共和国副总统，联合共和国总统通过桑给巴尔总统履行其在桑给巴尔的联合事务的权力。

（4）通过坦桑尼亚议会任命一个宪法委员会，利用1年的时间制定和通过一部正式宪法。（但遗憾的是，这项任务拖下来了，并且一拖就是13年。）

2. 1965年临时宪法

这部宪法是对1964年临时宪法进行修改以后形成的，主要增加了"联合共和国为一党制国家"的内容，明确宣布非洲－设拉子党为桑给巴尔部分的执政党，坦噶尼喀非洲民族联盟为坦噶尼喀部分的执政党。同时规定："坦桑尼亚的一切政治活动，除联合共和国国家机关、桑给巴尔行政和立法机关的政治活动外，必须受到党的指导或在党的主持下进行"。

1965～1977年期间，对1965年临时宪法作过一些修改，主要有两处大的修改：

第一，联合事务从 1964 年规定的 11 项增加到 22 项。1964~1967 年，通过修改临时宪法，而不是修改《联合法》，增加了属于联合事务的内容，进一步扩大了联合共和国议会和政府的权力。新增加的 11 项联合事务包括：①货币（硬币和纸币）、银行（包括储蓄银行）和所有银行业务、外汇及外汇管理；②工业企业的注册和统计；③高等教育事业；④矿物资源和油气资源，包括原油和天然气；⑤坦桑尼亚全国考试委员会及与该委员会作用相关的事务；⑥民航事业；⑦研究部门或调查机构；⑧气象事业；⑨统计工作；⑩联合共和国上诉法院；⑪政党注册以及与政党相关的事务。

第二，加强了执政党的领导地位，如 1975 年的修改规定，国家机关的所有工作都要在党的领导下进行，确立了"党的至高无上的地位"。

3. 1977 年宪法

这是坦桑联合 13 年后制定的一部正式宪法，称之为"永久性宪法"，是迄今坦桑尼亚仍在使用的一部宪法。

1977 年 2 月 5 日，坦噶尼喀的坦盟和桑给巴尔的非洲 - 设拉子党合并，成立了坦桑尼亚革命党。1977 年 3 月 16 日，坦桑尼亚总统任命了一个 20 人的特别委员会，负责起草新宪法工作。1977 年 3 月 25 日，根据《联合条款》规定，将 20 人特别委员会任命为宪法委员会。时间不长，宪法委员会就向革命党全国执行委员会提交了一份《宪法草案》，只用了一天的时间，这份草案就被通过了。1977 年 3 月 16 日，召开制宪会议，讨论并通过了这部新宪法。

这部宪法规定了国家发展的总原则和总目标，即建设一个致力于独立、统一、主权和民主的国家，建立一个基于民主、人权和和平共处的团结的社会。

宪法规定"坦桑尼亚是一党制的民主社会主义国家"。这部根本大法规定了国家活动的基本原则和方向："尊重人权；根据国家利益发展和使用国家资源；吸引全体有劳动能力的公民参加生产劳动；有计划地发展民族经济；消灭一切形式的剥削、种族歧视、腐败、走私；向贫穷、愚昧和疾病开战；基本生产资料由国家控制，保证国家在民主和社会主义原则下前进"。

宪法规定了公民的基本权利和公民的自由权。规定：在法律面前人人平等；公民享有言论、通信和结社的自由，有权参加国家的各项活动，有权参加劳动和分享劳动成果，有权拥有私人财产，人身不受侵犯，有权选择定居地和从一个地方迁移到另一个地方等。

这部宪法还突出了"党的至高无上的领导地位"，规定"作为全国单一的执政党，革命党拥有提名桑给巴尔总统候选人的权力（具体由党的执行委员会执行，然后交桑给巴尔人民投票选举），而此前这一权力归桑给巴尔革命委员会所有。宪法重申在坦桑尼亚只建立两个政府，即坦桑政府和桑给巴尔革命政府，同时重申坦桑实行一党制。

这部宪法还强调总统拥有"至高无上的国家权力"，"联合共和国总统有权按规定将有关法律扩大到桑给巴尔或废除桑给巴尔的相应法律，必要时有权在大陆和桑给巴尔宣布紧急状态"。

1977年以来，这部宪法已进行过多次修改，以适应情况的变化和国家建设的需要，突出的几次修改包括：

1992年4月，坦桑尼亚议会对宪法作了重大修改（为第八次修改）。这次修改是在革命党决定在坦桑实行多党制后进行的，删去了"党是联合共和国一切事务的最高的权威领导"、革命党垄断一切政治活动和有权监督与控制一切公共机构等条文，同时明确规定"坦桑尼亚是一个多党民主国家"。

1994年，对宪法进行了第十一次修改，规定联合共和国政府设总统和1名副总统（副总统候选人在竞选中作为总统候选人的竞选伙伴；总统与副总统必须来自同一政党，并分别来自大陆与桑给巴尔；副总统不能由桑总统或联合共和国总理兼任），每届任期 5 年，连任不得超过两届。联合共和国总统为国家元首、政府首脑和武装部队总司令。总统任命总理，总理主持联合政府日常事务。

2000 年，国民议会通过第十三次宪法修正案，对"社会主义"的含义进行重新界定，明确坦桑"不再具有社会主义国家性质"。

（二）桑给巴尔宪法①

坦桑尼亚联合共和国第一部正式宪法《坦桑尼亚宪法》出台后，1979 年 1 月 14 日桑给巴尔革命委员会制定了一月革命以来的第一部《桑给巴尔宪法》，同时通过了在联合共和国宪法中有关桑给巴尔的所有条款。

按照联合共和国宪法的框架，《桑给巴尔宪法》规定在桑给巴尔实行三权分立，即设立政府、立法和司法三套机构，此前一直是集行政、立法和司法于桑给巴尔革命委员会一身。同一年，桑给巴尔建立了代表院，但代表不是按选区直接选举产生，而主要由各级革命委员会成员及各级委员会推举的代表组成。

1984 年 10 月 10 日，桑给巴尔通过一部一党制下的新宪法。这部宪法进一步明确联合共和国分设联合政府和桑给巴尔地方政府，划定了桑给巴尔政府的权限，规定了国家机构的法规。宪法规定桑给巴尔革命政府由 20 人组成，首席部长主持桑给巴尔革命政府日常事务，对桑给巴尔代表院负责。桑给巴尔革命政府有权处理除外交、国防和安全等联合事务以外的桑给巴尔事务。新宪法还在第五章明确规定代表院的绝大部分成员要选举产生，并

① Zanzibar: Key Historical and Constitutional Developments, Sources: Kituo cha Katiba East African Centre for Constitutional Development——Makerere University Faculty of Law www. Kituochakatiba. co. ug.

以此正式建立了桑给巴尔代表院。新宪法还规定，桑给巴尔可有自己的国旗和国歌。

在 1992 年 2 月革命党决定在坦桑尼亚实行多党制后，同年4 月桑给巴尔代表院对桑给巴尔宪法作了相应修改，为在桑给巴尔实行多党制铺平了道路。

1995 年 10 月 29 日，坦桑全国和桑给巴尔同时举行了坦桑尼亚第一次多党制大选。在桑给巴尔，公民联合阵线获 24 个席位，革命党获 26 个席位，阿穆尔以 1% 的微弱多数当选为桑给巴尔总统，公民联合阵线指责阿穆尔在大选中作弊，抵制阿穆尔总统的合法地位。至 1999 年 6 月 9 日，革命党作出让步，同公民联合阵线签署了和解协议，包括审议选举法、改革桑给巴尔选举委员会、改善选民登记工作、双方具有平等的接触国家控制的媒体的权利等等，从此公民联合阵线结束了对阿穆尔的桑给巴尔政府的抵制。

2000 年的大选充满了暴力、动乱、威胁和漫骂，甚至有人被暗杀或遭到了被暗杀的威胁。2001 年 1 月 26 日和 27 日，桑给巴尔政府采取镇压措施，几百人受伤，约 2300 人逃到肯尼亚海岸的什莫尼（Shimoni），沦为难民。2001 年 10 月 10 日，坦桑尼亚革命党和公民联合阵线签署了第二个和解协议。根据这项协议，桑给巴尔代表院决定修改桑给巴尔宪法中的有关部分，重组桑给巴尔选举委员会，即在选举委员会中包括了两名反对党成员，并在总检察官办公室下为其设立了一个办公室。

四 国家元首与政府首脑

（一）联合共和国

1. 国家元首

联合共和国总统 联合共和国总统是国家元首、政府首脑和武装部队总司令。副总统协助总统处理联合共和

国的一切事务。

联合共和国政府由总统、副总统、桑给巴尔总统、总理和内阁部长们组成。

坦桑尼亚实行总统内阁制。总统是坦桑尼亚联合共和国政府最高领导人。总统有权任命和罢免副总统、总理、部长以及副部长和其他军政要员，任命和罢免最高法律部门法官；有权召集和解散国民议会，任命其成员；总统有权宣布国家处于战争或紧急状态。

总统选举　总统及其副总统通过选民直接、平等和亲自投票选举产生。如果总统来自大陆，副总统必须来自桑给巴尔。总统候选人提名必须来自一个完全注册的政党方能生效，总统候选人必须是年满 40 岁以上的坦桑尼亚公民，而这个政党在提名其总统候选人资格时，必须考虑到该候选人需得到全国 10 个省的2000 名选民提名，10 个省中必须包括桑给巴尔的两个省。总统候选人（他或她）必须得到半数以上的有效选票才能当选为总统。每届总统任期 5 年；总统任期不能超过两届。

现任总统基奎特（贾卡亚·姆里绍·基奎特，Jakaya Mrisho Kikwete），坦桑尼亚联合共和国总统、政府首脑、武装部队总司令。

1950 年 10 月 7 日生于滨海省巴加莫约地区姆索加村，是一位虔诚的穆斯林。其父曾担任过地区专员、财政官员等职务。1958～1961 年在姆索加小学读初小；1962～1965 年在卢戈巴小学读高小；1966～1969 年在基巴哈中学读初中；1970 年进入坦噶中学读高中。1972～1975 年在达累斯萨拉姆大学读经济，并获经济学学士学位。

其政治生涯开始于学生时代，1966～1971 年读中学时就是坦噶尼喀非洲民族联盟青年团积极分子，在达累斯萨拉姆大学读书时曾任校学生会副主席。大学毕业后，加入坦噶尼喀非洲民族联盟（大陆的坦盟和桑给巴尔的非洲－设拉子党1977年合并组成革命党）。大学毕业后参加军事训练，后加入坦桑尼亚人民国防军。1972～1979年为中尉；1979～1984年为上尉；1983年他在阿鲁沙蒙杜里中央军事学院学习1年；1982～1989年任坦桑尼亚人民国防军政治部主任；1984～1986年曾任蒙杜里中央军事学院首席政治教官；1984～1991年晋升为少校；1991年晋升为中校。1992年坦桑尼亚恢复多党制时，他以上校军衔退役。从1982年起，任革命党全国执行委员会委员；1997年起，任革命党中央委员会委员。

他长期在政府部门任职。1975～1977年任辛吉达地区助理秘书；1977～1980年任桑给巴尔基西万杜伊地区助理秘书；1981～1983年任塔波拉地区首席行政官、革命党塔波拉地区书记；1986～1988年任革命党纳钦圭阿和马萨西地区书记。1988年，被任命为国民议会议员，1988～1990年任水利、能源和矿业部副部长；1990年3月至1994年12月，任水利、能源和矿业部长；1994年12月至1995年11月，任财政部长；1995年11月至2005年12月，任外交和国际合作部长。他1990年当选为滨海省巴加莫约选区议会议员，在1995年巴加莫约选区划分为巴加莫约和查林兹两个选区后，他一直是查林兹选区的当选议员。

2005年5月4日，他被执政的革命党提名为全国大选总统候选人。在2005年12月14日举行的大选中他以占选票80.3%的压倒优势获胜，当选为坦桑尼亚第四位总统。2005年12月21日宣誓就职。

基奎特曾于1994、1998、2001年访华，还于2004年随姆卡帕总统访华。2006年11月到北京出席中非合作论坛北京峰会，期间与胡锦涛主席和温家宝总理进行了会晤。

基奎特喜欢体育运动，现任坦桑尼亚全国篮球协会监护人。

基奎特已婚，夫人萨尔玛·基奎特（Salma Kikwete）。

坦桑尼亚历任总统

朱利叶斯·坎巴拉吉·尼雷尔（1962.12～1964.4 为坦噶尼喀共和国总统；1964.4～1985.11 为坦桑尼亚联合共和国总统）；

阿里·哈桑·姆维尼（1985.10～1995.11）；

本杰明·威廉·姆卡帕（1995.11～2005.12）。

副总统　一般讲，副总统在处理联合共和国所有联合事务方面是总统的主要助手，其具体任务包括：①处理日常的联合事务；②完成总统交给的任务；③在总统不在办公室或出国时，做好总统办公室的所有工作，发挥总统办公室应起的作用。

现任副总统谢因（阿里·穆罕默德·谢因博士，Dr. Ali Mohammed Shein），1948 年 3 月 13 日生于桑给巴尔奔巴岛的乔克乔地区。1956～1964 年在桑给巴尔卢蒙巴学院读小学；1969～1970 年在苏联沃罗涅日国立大学预备班学习；1970～1975 年在苏联敖德萨大学就读；1984～1988 年，在英国纽卡斯尔大学医学院生物化学系学习，专攻新陈代谢失调课题，并获博士学位。

1966 年加入非洲－设拉子党；1968 年任桑给巴尔中学非洲－设拉子党党委书记；1969 年 1～12 月任桑给巴尔卢蒙巴学院非洲－设拉子党宣传书记；1977 年 6 月坦噶尼喀非洲民族联盟与非洲－设拉子党合并组成革命党后，从同年 9 月起任革命党全国执行委员会委员（南奔巴省代表）；1969 年 5～9 月，任教育部常秘助理；1976～1984 年，任卫生部医疗部和病理学部主任；1989～1991 年，任卫生部医疗和病理学部专家；1991 年 11 月至 1995 年 7 月，任卫生部预防艾滋病项目经理；1995 年 10 月 29 日，被桑给巴尔总统任命为桑给巴尔代表院代表，同月 12 日任桑给巴尔卫生部副部长；2000 年 11 月 6 日，当选为桑给巴尔代表院姆卡尼亚戈尼选区代表，同月 22 日任桑给巴尔总统办公室宪法和良政建设国务部长。

2001 年 7 月 14 日，经姆卡帕总统提名和国民议会批准，接替 2001 年 7 月 4 日突然病逝的原副总统奥马尔·阿里·朱马，出任坦桑尼亚副总统。在 2005 年的全国大选中，作为革命党总统候选人基奎特的竞选伙伴参加竞选并取得了胜利。

谢因是国际尤其是非洲医学界的一位知名人士。1985～1995 年，为英国临床生物化学家协会会员；1987～1992 年，为国际先天性新陈代谢失调问题协会成员；1990～1994 年，为世界卫生组织专家委员会（非洲地区）成员；1990～1995 年，任穆欣比利大学医学院学术委员会委员；1990～1995 年，任坦桑尼亚科学、技术咨询委员会委员；1992～1995 年，为坦桑尼亚临床病理学者协会成员；1992 年至今，为东部、南部和中部非洲临床病理学者协会成员。他先后到 12 个国家参加学术研讨会并都发表了论文。1997 年和 1999 年两次率桑给巴尔政府代表团到日内瓦参加世界卫生组织大会，1997 年还到印尼参加了计划生育会议。自 1969 年以来，他先后访问过欧洲、亚洲和非洲 19 个国家。

喜欢体育运动，喜欢读书看报。已婚，有子女。

2. 政府总理

联合共和国政府总理　由总统任命，总理人选必须是选举产生的议员，而不能是被任命的议会议员。总理主管内阁事务，负责管理、监督和处理联合政府的日常事务，同时也是政府在国民议会中的领导人。他还要完成总统交办的任务。

现任政府总理洛瓦萨（爱德华·恩戈亚伊·洛瓦萨，Edward Ngoyayi Lowassa），生于 1953 年。留学于英国巴思大学，获学士学位。他一直在研究的课题是关于发展问题。

自 20 世纪 80 年代后期以来，他曾在政府几个部门任职：1988～2000 年，任副总统办公室环保和减贫部国务部长；1989～1990 年，任阿鲁沙国际会议中心总经理；1990～1993 年，先后

任总理办公室和第一副总统办公室司法和议会事务国务部长；1993～1995年，任土地和人居部长；2000～2005年，任水利和畜牧业发展部长；1990年当选为蒙杜里选区国民议会议员。2005年大选后，12月30日被任命为政府总理。

坦桑尼亚政府历任总理（1961年以来）：

朱利叶斯·坎巴拉吉·尼雷尔（1961年12月至1962年1月）；

拉希迪·姆福米·卡瓦瓦（1962年1月至1962年12月，1972年2月至1977年2月）；

爱德华·莫林格·索科伊内（1977年2月至1980年11月）；

克莱奥帕·姆苏亚（1980年11月至1983年2月）；

爱德华·莫林格·索科伊内（1983年2月至1984年4月）；

萨利姆·艾哈迈德·萨利姆（1984年4月至1985年11月）；

约瑟夫·瓦里奥巴（1985年11月至1990年11月）；

约翰·马莱塞拉（1990年11月至1994年12月）；

克莱奥帕·姆苏亚（1994年12月至1995年11月）；

费雷德里克·特卢瓦伊·苏马耶（1995年11月至2005年11月）。

（二）桑给巴尔

1. 桑给巴尔总统

根据坦桑尼亚宪法和桑给巴尔宪法，桑给巴尔也实行总统内阁制，总统也是通过全民直接选举产生，任期5年，选举与联合共和国总统选举同期举行。桑给巴尔总统是桑给巴尔政府机构的最高领导人，是当然的坦桑尼亚联合共和国的内阁成员，拥有赦免权。总统兼任桑给巴尔革命委员会主席、桑给巴尔革命政府首脑和桑给巴尔特种部队（包括经济建设部队）和社会治安小分队司令。总统有权任免革命委员会成员、桑给巴尔内阁部长、法院负责人、桑给巴尔各省省长和地区专员。部长必须是当选的桑给巴尔代表会议的代表；革命委员会成员也必须是代表会议代表（包括总统指定的代表）。

现任桑给巴尔总统卡鲁姆（阿马尼·阿贝德·卡鲁姆，Amani Abeid Karume），1948 年生。桑给巴尔首任总统阿贝德·阿马尼·卡鲁姆的长子。革命党党员。1969 年毕业于桑给巴尔市卢蒙巴中学，中学毕业后当会计。20 世纪 70 年代曾在桑给巴尔政府一些部门任职：1970～1971 年任财政部首席会计师；1971～1974 年任财政部首席秘书；1974～1978 年任计划部首席秘书；1978～1980 年任交通通信部首席秘书。

80 年代，曾任英国在桑给巴尔一家公司的顾问。

1990 年当选为拉哈雷欧选区桑给巴尔代表院代表后重返政坛。在 1995 年坦桑尼亚首次多党民主大选中再次在拉哈雷欧选区当选为桑给巴尔代表院代表。1995 年 10 月至 2000 年 10 月，先后任桑给巴尔交通运输部长和桑给巴尔总统府国务部长。

在 2000 年 10 月桑给巴尔大选中，作为革命党桑给巴尔总统候选人获 67.04% 的选票，当选为桑给巴尔总统。2000 年的大选，因为有某些"作弊"嫌疑，曾受到大选国际观察小组的批评。在 2005 年 10 月 30 日举行的大选中，卡鲁姆以 53.18% 微弱多数票，再次当选桑给巴尔总统。

除斯瓦希里语母语外，他还能讲一口流利的英语；已婚，有 6 个子女。

桑给巴尔历任总统（1964 年以来）：

谢赫·阿贝德·阿马尼·卡鲁姆（1964 年 1 月至 1972 年 4 月）；

阿布德·琼布（1972 年 4 月至 1984 年 1 月）；

阿里·哈桑·姆维尼（1984 年 4 月至 1985 年 10 月）；

伊德里斯·阿卜杜勒·瓦基勒（1985 年 10 月至 1990 年 10 月）；

萨勒明·阿穆尔（1990 年 10 月至 2000 年 10 月）。

第二节 国家行政机构

一 坦桑尼亚政府

桑尼亚政府或称坦桑中央政府，负责联合共和国的所有联合事务和坦桑大陆的所有事务。

坦桑尼亚政府实行总统内阁制。内阁由总统、副总统、桑给巴尔总统、联合共和国政府总理和各部部长以及检察长组成。内阁成员必须是当选的国民议会议员。内阁会议由总统主持，总统不能出席时由副总统主持，总统和副总统都不能出席时由总理主持。部长们各司其职，负责自己部的事务，有的部还有副部长协助。政府各部主要业务负责人是首席秘书，他们主持本部日常工作，负责定期召开部内司、局长会议，研究相关问题，准备相关议案、法令、部长讲话稿和对国民议会质询的答词等。

基奎特总统 2006 年 1 月 6 日宣布组成的联合政府成员，主要包括总统基奎特、副总统谢因、总理洛瓦萨和桑给巴尔总统卡鲁姆；包括外交和国际合作、财政、工贸、国防和国民服务等 22 名部长和 8 名国务部长，还包括一名检察长。与此同时，基奎特总统还任命了 30 名副部长。

坦桑尼亚中央政府的建制包括：总统办公室，下设良政建设、政治和社会关系、公共服务管理 3 个部级单位，分别由 3 位国务部长负责；副总统办公室，下设联合事务和环境保护两个部级单位，由 2 名国务部长负责；总理办公室，下设议会事务、灾情救助和预防艾滋病、省政府和地方政府事务 3 个部级单位，分别由 3 名国务部长负责。政府的 22 个部：①基础设施部；②畜牧业发展部；③外交和国际合作部；④卫生和社会福利部；⑤计划和经济发展部；⑥科学、技术和高等教育部；⑦能源和矿业部；⑧农业、粮食安全和合作社部；⑨国防和国民服务部；⑩劳动、就业和青年发展部；⑪内政部；⑫新闻、文化和体育部；⑬水利部；⑭财政部；⑮司法和宪法事务部；⑯土地、住房和民居部；⑰工业、商业和市场部；⑱教育和职业培训部；⑲自然资源和旅游部；⑳社区发展、妇女和儿童事务部；㉑公共安全部；㉒东非合作事务部。另外，还包括检察长。引人注目的是，在政府中的女部长增加了，女部长从上届政府的 4 名增加到 6 名，女副部长从上届政府的 5 名增加到 10 名。

二　桑给巴尔政府

按　宪法规定，桑给巴尔总统为桑给巴尔政府首脑，负责桑给巴尔内部事务。桑给巴尔革命委员会（The Revolutionary Council）是桑给巴尔最高行政机构，由总统、首席部长、所有部长和由总统任命的其他成员组成。桑给巴尔总统任革命委员会主席。所有革命委员会成员都必须是代表院代表。革命委员会对代表院和人民负责。桑给巴尔革命委员会秘书任桑给巴尔公共事业服务委员会主任。

卡鲁姆总统 2005 年 11 月 15 日宣布的桑给巴尔内阁中，除他本人和首席部长沙姆希·乌阿伊·纳霍扎（Shamsi Vuai Nahodha）外，还有 13 位部长（同上届政府部长人数相同），即：①副首席部长兼新闻、文化和体育部长；②首席部长办公室 1 位国务部长；③总统办公室负责财政和经济事务的国务部长；④总统办公室 1 位"特殊职务"的国务部长；⑤教育和培训部长；⑥卫生和社区发展部长；⑦农业、畜牧业和环境保护部长；⑧交通和通信部长；⑨总统办公室 1 位负责地方政府和桑给巴革命政府部队（SMZ Forces）部长；⑩水利、工程、能源和土地部长；⑪总统办公室一位负责良政建设的国务部长；⑫旅游、商业和投资部长；⑬青年发展、妇女和儿童事务部长。13 位部长中，有 3 位是女性。

三　地方政府

桑尼亚全国划分为 26 个省：大陆 21 个；桑给巴尔 5 个，其中温古贾岛（当地人对桑给巴尔岛的称呼）3 个，奔巴岛 2 个。大陆和桑给巴尔对省、县或区以及村的行政机构的称呼不尽相同。

在大陆广大乡村地区，中央政府以下分省、地区（或县）、乡、村几个层次。最基层为村，各村均有村民会议（即村民代表机构），凡年满 18 岁的村民均有村民代表的选举权和被选举权，由村民会议选举产生的村委会为行政村的领导机构。由若干村组成乡，每个乡都有一个"乡发展委员会"，其成员包括本乡各村委会主席以及有关政府机构的工作人员。乡发展委员会决定其下属各村委会的主席人选；而乡长人选则由地区委员会决定。在大陆省和地区两级都设有"乡村发展委员会"，省长和地区专员均由总统任命。在城市地区，每个城市划分为若干行政区，各市都有市政府、区政府（通常称作"区发展委员会"）；在小城市，都设有一个市政委员会。市长、区长和市政委员会主席，亦由总统任命。

在桑给巴尔，5 个省的省长由桑给巴尔总统任命，他们必须是桑给巴尔代表院代表。桑给巴尔四级地方行政机构，均称"革命委员会"，即村（城市中为"住宅区"）、乡、县和省革命委员会。各级革委会成员均为地方选举中产生的代表。在县和省一级革命委员会成员中，包括当地选出的桑给巴尔代表院代表，还有少数由桑给巴尔总统任命的工商企业界的代表。县长和省长均由桑给巴尔总统任命。1984 年桑给巴尔宪法修正案曾规定，桑给巴尔要改用大陆对地方行政机构的称呼，但迄今仍在延续"一月革命"的传统，到处还都是"革命委员会"。

第三节 立法与司法

一 立法机构

据宪法规定，坦桑尼亚有两套立法机构：坦桑尼亚国民议会（Tanzania National Assembly），简称"议会"，为坦桑尼亚联合共和国议会，除了制定适用于整个联合共和国的法律以外，还制定只适用于大陆的法律；桑给巴尔代表院（House of Representatives），简称"代表院"，为桑给巴尔议会，制定除联合事务之外的只适用于桑给巴尔的法律。坦桑尼亚国民议会和桑给巴尔代表院均为一院制。

（一）坦桑尼亚议会

坦桑尼亚议会是独立于司法和行政的国家机构，是坦桑尼亚最高的立法机构。它由联合共和国总统和国民议会组成，议会通过的任何法律只有在总统批准后才能生效。

1. 议会选举和议员的构成

宪法规定，在议会选举中，凡年满 18 岁的坦桑尼亚公民均有选举权，但只有年满 21 岁以上者才有被选举权。议会每 5 年选举一次。议会选举与总统选举同期举行。

宪法规定议会要具有广泛的代表性。实行多党制以来，关于议员的构成有以下规定：①考虑到各地区民族和人口分布的变化，增加一些选区，以保证在民族及地区间的议席分配上的相对平衡和有利于维护国家和平与稳定的局面；②为增加妇女在议会中的代表性，增加"推荐女议员"席位，所谓"推荐女议员"，

即除在大选中选出的女议员外，再增加一些女议员席位，其名额
按各政党在大选中所获席位的比例予以分配，然后由有关政党从
其党内推荐出相应数量的人选，交由全国选举委员会任命；③按
规定，除选举产生的议员外，再为桑给巴尔增加 5 个议会席位，
人选由桑给巴尔代表院从其代表中推荐；④检察长和议长为当然
议员；⑤总统可根据工作需要任命 10 名议员（1995 年首次多党
民主大选中曾取消这一规定，2000 年即已恢复）。

据统计，在 1995 年 10 月大选产生的第七届坦桑尼亚国民议
会中，议员人数为 275 人。其中，选举产生的议员为 231 人；推
荐女议员为 37 人。在 2000 年 10 月大选产生的第八届国民议会
中，议员人数增加到 290 人，主要是推荐女议员席位增加了，从
原来的 37 人增加到 48 人。在 2005 年 12 月产生的第九届国民议
会议员中，由于大幅度增加推荐女议员席位，议员人数增加到
324 名。其中，232 名是通过 12 月 14 日议会选举产生的；推荐
女议员席位从上届的 48 个增加到 75 个（约为选举产生议员的
32%）。

在 2000 年 10 月产生的议会的 290 个席位中，革命党 254
席，占 87.6%；反对党所占席位分别为：公民联合阵线 21 席，
民主发展党 5 席，劳动党 5 席，联合民主党 4 席，全国建设和改
革会议 1 席。在 2005 年 12 月 14 日的议会选举中，革命党在 232
个席位中获得 206 个席位，占 88.8%；反对党仅获得 26 个席位，
其中公民联合阵线 19 席，民主发展党 5 席，劳动党和联合民主
党各 1 席。

2. 议会的任务

议会的任务主要是立法。

议会的工作还包括：①代表人民监督政府及其所有机构进行
工作的情况。通过对政府各项政策执行情况和政府机构工作进展
情况的考察，推动政府加强对各职能部门的监管，保证政府卓有

成效地完成各项工作计划和任务；议员可向政府部长就其部门的工作提出问题，对工作提出希望或要求、意见或建议；同时随时关注国家领导人的言行，以保证其把政府工作做得更好。②在年度预算会议上辩论政府各个部的工作情况，审议和批准政府年度决算和预算报告。③提出和批准要执行的某项计划，并以法律形式规定实施这项计划的措施。④讨论和批准坦桑尼亚同有关国家或国际组织签署的所有条约和协议，等等。

议会下设 13 个常设委员会，包括财政和经济事务、司法和宪法事务、公共利益、准国家机构、外交事务、国防和安全、特殊利益、社会服务、地方当局利益、环境、妇女发展和其他社会集团委员会等。各委员会负责考察和研究相关问题，如果必要，则向议会提出有关议案，一般情况下亦可在议会会议上书面或口头地对相关问题提出意见或建议。议会还可根据特殊需要设立专门委员会，如 1991 年 2 月当时执政党革命党全国执委会任命的一个总统委员会（一般称尼亚拉利委员会），就是一个议会专门委员会，其任务是就坦桑是否要实行多党制问题在全国征求意见。

3. 议会领导人

议长是议会的最高领导人，由全体议员秘密投票从议员当中或具备议会成员资格的其他人员当中选举产生。议长是议会特权的监护人，可代表议会参加所有官方活动。2005 年 12 月选举产生的第九届坦桑尼亚国民议会议长是塞缪尔·西塔（Samwel Sitta）。西塔为东乌兰博选区的议员，曾任投资促进中心主任。与此同时，曾任部长和省长的安娜·马金达（Anna Makinda）当选为副议长（为第一位女副议长）。

在议会中还有两位领导人，即执政党政府工作负责人、现任政府总理瓦洛萨和反对党团领导人、现任议会反对党团领导人、公民联合阵线成员法特玛·马欣比（Fatma Maghimbi，女）。按宪法规定，反对党在议会选举中获得的席位超过30个，方可在议会中组织反对党团，甚至组织影子内阁。

议长是议会例会的主持人。议长由副议长协助工作。议会会议亦可由副议长、执政党议会领导人或反对党团领导人、国民议会秘书主持。

议会秘书，是议会秘书处的首席执行官，由总统任命。现任议会秘书为达米安·福卡（Damian Foka）。秘书处下设：议会秘书办事处、议会行政和人事处、议会事务管理处、议会常设委员会办事处、议会议事录办事处、议会图书馆和资料服务处等。

坦桑尼亚国民议会历任议长

卡里姆吉（A. Y. A. Karimjee），1956年1月至1962年11月；

姆克瓦瓦（Chief Adam Sapi Mkwawa），1962年11月至1973年11月；

马恩戈尼亚（Chief Erasto A. M. Mang'enya），1973年11月至1975年11月；

姆克瓦瓦（Chief Adam Sapi Mkwawa），1975年11月至1994年4月；

姆塞夸（Pius Msekwa），1994年4月至2005年12月。

（注：1956年至1964年期间，为坦噶尼喀国民议会）

（二）桑给巴尔代表院

桑给巴尔的立法机构由桑给巴尔总统和桑给巴尔代表院组成。

坦桑尼亚实行多党制后，桑给巴尔代表院规定名额为76人（从1995年10月大选开始）。其中，由桑给巴尔各选区选民选举产生50人；由桑给巴尔总统任命的不超过10人；在温古贾岛和奔巴岛两个岛上的5个省的省长和桑给巴尔检察长，为当然代表，共6人；由有关政党按其在代表院选举中所获席位的比例推荐的女代表，共 10 人。

在 1995 年举行的首次多党民主大选中，革命党和公民联合阵线分别获得 26 席和 24 席，加上其他代表席位，在 1995 年产生的代表院中实际代表席位为 74 个，革命党占 46 席，公民联合阵线占 28 席；在 2000 年的大选中，革命党和公民联合阵线分获 34 席和 16 席，在 2000 年大选后产生的代表院的实际代表席位为 76 席，革命党占 57 席，公民联合阵线占 19 席。尽管 2002 年 5 月桑给巴尔选举委员会决定，在下一届代表院中有关政党向代表院推荐的女代表名额从原来的 10 人增至 15 人，使代表总人数增加到 81 人，但在 2005 年 10 月 30 日举行的大选中，革命党获 30 席，公民联合阵线获 19 席，加上两党推荐的妇女代表的席位，在 2005 年大选后产生的代表院的实际席位仍为 76 席，其中革命党占 44 席，公民联合阵线占 25 席。

2005 年 11 月 9 日，革命党候选人潘杜·阿迈尔·基菲乔（Pandu Ameir Kificho）和卡马利·巴沙·潘杜（Kamali Basha Pandu）均以 44 票赞成、25 票反对分别当选为代表院议长和副议长。基菲乔自 1995 年以来一直担任代表院议长职务。随后，基菲乔议长宣读了公民联合阵线影子内阁名单，阿布巴卡尔·哈米斯·巴卡里（Abubakar Khamis Bakari）为影子内阁首席部长兼桑给巴尔代表院反对党团领导人。

二　司法机构

坦桑尼亚联合共和国建立后，1965 年坦桑尼亚国民议会制定了临时宪法。1974 年尼雷尔任命了一个司法事务委员会（The Judicial Service Commission），研究全国司法体系一体化建设问题。在坦噶尼喀非洲民族联盟和非洲 - 设拉子两党合并组成坦桑尼亚革命党后，1977 年坦桑尼亚国民议会通过新宪法，在司法程序方面参照英国的习惯法或成文法、伊斯兰法

和本国民族（或部族）传统法律，对许多民事和刑事案件的审理工作做了规定，以实现大陆和桑给巴尔司法程序的一体化。然而，由于两地传统不同，尤其是宗教影响不同，司法机构一体化工作进展十分缓慢。自坦桑尼亚联合共和国建立以来，除了根据需要逐渐建立起来的少数全国性司法机构外，坦桑尼亚大陆和桑给巴尔迄今还都保留着彼此独立的司法机构。

（一）坦桑尼亚的司法机构

坦桑尼亚设有三个全国性司法机构，即宪法特别法院、上诉法院和军事法庭。

坦桑尼亚宪法特别法院（Special Constitutional Court），是根据 1977 年宪法规定设立的，其职责是处理和解决在中央政府和桑给巴尔政府之间因解释和执行联合共和国宪法过程中出现的争端。该法院成员来自大陆和桑给巴尔，对等原则，即一半由中央政府从大陆人员中任命，另一半则由桑给巴尔政府从桑给巴尔人员中任命。其法官分别由坦桑尼亚总统和桑给巴尔总统任命。

坦桑尼亚上诉法院建于 1979 年，又称坦桑尼亚最高上诉法院，是坦桑尼亚的最高法院。在英国殖民统治时期，坦噶尼喀、肯尼亚和乌干达曾建立东非上诉法院，1967 年东非共同体成立后东非上诉法院正式成为三国共有的最高法院，1977 年东非共同体解体后东非上诉法院即被撤销。坦桑尼亚 1979 年建立上诉法院，就是为了满足本国在这方面的需要。坦桑尼亚上诉法院的任务是负责审理有关违反宪法的案件，审理涉嫌叛国罪和危及国家安全的案件；同时，负责审理来自大陆和桑给巴尔的对各自高级法院及其下属法院裁决提起的上诉案件。上诉法院由坦桑总统任命的大法官负责，在上诉法院工作的 5 名法官也都是总统任命的。

军事法庭是适用于坦桑尼亚全国的第三个司法机构，但一直没有启用过，因为有关被告一般都不是军人，而被起诉的涉及军人的案件往往又都被送到高等法院或上诉法院审理了。

（二）坦桑尼亚大陆的司法机构

独立后，坦桑尼亚政府对殖民统治时期的司法制度进行改革，废除了在司法程序上存在的种族歧视的规定。1963 年坦噶尼喀国民议会通过了《推事法院法》（The Magistrate's Courts Act）。该法是以英国通法为基础，结合本国各民族传统法律、伊斯兰法和基督教规制定的。根据这项法律，大陆建立了初级法院、地区法院或驻节推事法院和高等法院三级法院的司法体系。初级法院（Primary Court）为地方法院，由推事（负责司法工作的官员）主持，其主要任务是对民事纠纷进行调解，对较大的民事案件则送交上一级法院。地区法院（District Court）和驻节推事法院或省级推事法院（Resident Magistrates'Court or Regional Magistrate Court），前者比初级法院高一级，受理初级法院上报的案件，也直接受理一些民事诉讼案，但他们对案件只有初审权，没有审判权；后者为省级法院，由高等法院派出的法官，拥有对一般民事和刑事案件的审判权。高等法院（High Court），在大陆只有一个，是中央一级的法院，对坦桑尼亚大陆上的所有刑事和民事案件均有审判权，主要受理省级法院上报的案件，同时也直接受理一些重大案件，院长由坦桑尼亚大法官兼任，具体负责人为首席法官，高等法院的首席法官和其他法官均经大法官建议后由总统任命，一般法官则由大法官直接任命。坦桑尼亚现任大法官伯纳巴斯·萨马塔（Barnabas Samatta）。

迄今，大陆仍然延续使用这种三级法院体系。据报道，目前，坦桑尼亚大陆有初级法院 500 多个，地区法院约 100 多个，驻节推事法院即省级法院 20 多个。从行政管理上讲，法院系统的工作，由大法官全权负责；坦桑尼亚高等法院，现有法官 40 多人，分工管理下属的 20 多个省级法院；驻节推事法院的推事，分工负责下属地区法院的工作，地区法院的推事则为本地区初级法院的领导。

随着政治和经济改革的发展，司法部门的工作日渐重要。从计划经济到自由市场经济转型过程中，出现了许多新问题，包括公司、投资、知识产权、商业运作、土地转让、国际犯罪、国际洗钱、走私和贩毒等。为此，坦桑尼亚在高等法院专门建立了商业法院；同时政府出台相关法律，并在商业法院内设立了土地法庭、房产法庭，1999 年 9 月还设立了商业法庭。坦桑尼亚政府对监察工作一向比较重视，早在 1965 年就设立了常设调查委员会（Permanent Commission of Enquiry），负责对政府官员滥用职权、贪污受贿等事件的调查，以保证良政建设。这项工作由检察长负责。坦桑尼亚现任检察长为约翰逊·波罗·姆万尼卡（Johnson Paulo Mwanyika）。

（三）桑给巴尔的司法机构

由于历史的原因，桑给巴尔的穆斯林占其人口的 95%以上。在 1964 年"一月革命"前，桑给巴尔一直实行伊斯兰法。在联合共和国建立以后，尤其是 1977 年制定宪法后，桑给巴尔的司法机构在向着坦桑尼亚司法程序一体化的目标迈进，但由于各种因素进展十分缓慢。迄今桑给巴尔仍有一套自己的司法系统。

坦桑尼亚建立后，除伊斯兰法院外，桑给巴尔建立了省级法院，下边还分别建立了地区法院和初级法院。1968 年，桑给巴尔把初级法院和地区法院改为"人民法院"，负责审理除凶杀案以外的所有案件；同时建立了桑给巴尔高等法院。1970 年，桑给巴尔还建立了桑给巴尔最高司法机构——桑给巴尔司法委员会。1985 年，根据 1984 年修改后的宪法，桑给巴尔又将"人民法院"改为初级法院和地区法院，使法院系统与大陆一致起来。另一方面，却保留了桑给巴尔岛和奔巴岛的伊斯兰法庭，负责审理穆斯林的民事案件，其大多数案件均属于穆斯林家庭的案件，包括离婚、孩子监护和财产继承等诉讼案件。

桑给巴尔高等法院享有与坦桑尼亚高等法院同等的权力，即对桑给巴尔一切刑事和民事案件有最终裁决权。如果当事者对桑给巴尔高等法院宣判不满，可上诉到坦桑尼亚全国上诉法院。桑给巴尔高等法院由桑给巴尔大法官负责。大法官由总统直接任命。目前，桑给巴尔高等法院只有 3 名法官，是由总统根据司法事务委员会的建议任命的；桑给巴尔 5 个省级法院的法官由桑给巴尔司法事务委员会任命。

现任大法官为哈米德·马哈茂德·哈米德（Hamid Mahamoud Hamid）。总检察长为伊迪·潘杜·哈桑（Iddi Pandu Hassan）。

第四节　政党和团体

一　政党情况

自1992 年 7 月恢复多党制以来，截至 2005 年 10 月，坦桑尼亚全国共有 19 个政党获准注册，其主要情况[①]如下。

（1）坦桑尼亚革命党（Chama Cha Mapinduzi，英文译名 The Revolutionary Party，简称 CCM），执政党，由原坦噶尼喀非洲民族联盟和桑给巴尔非洲–设拉子党于 1977 年 2 月 5 日合并而成。主张坚持"社会主义"和自力更生原则，强调发展经济，目标是在公正、平等和人道的基础上在坦桑尼亚建立一个平等、正义的社会。1992 年 7 月 1 日注册。现有党员 350 多万。

坦桑尼亚革命党认为社会主义和自力更生是建立一个公民享有平等和自由社会的唯一途径，主张发展经济，消除贫困、愚昧

---

① A List of All Registered Political Parties / The Report of the National Electoral Commission on the 2005 Presidential and Parliamentary Elections，Sources：The United Republic of Tanzania National Website.

和疾病，改善人民生活。20 世纪 80 年代中期以来，逐步纠正了 1967 年《阿鲁沙宣言》以后出现的"国有化"和"村庄化"的政策失误，进行经济改革，实施以私营化为推动力的市场经济政策，取得了成绩。1992 年恢复多党制，维护了国家和平稳定的局面。2000 年坦桑尼亚国民议会修改《坦桑尼亚宪法》，对"社会主义"的含义进行了重新界定，认为坦桑尼亚现在不存在"社会主义"因素，为坦桑尼亚深化政治和经济改革，保证国民经济持续高速发展，逐步实现减贫战略计划奠定了法律基础。

革命党全国代表大会是最高权力机构，每 5 年举行一次；全国执行委员会（即中央委员会）是最高决策机构；中央委员会（相当于政治局）负责领导和处理日常党务工作；建有省、市、县、乡和村等各级组织机构，影响深入到全国广大城镇地区和乡村地区。革命党第七次全国代表大会 2006 年 6 月 24～25 日在多多马举行，选举了革命党新一届的领导人。现任主席基奎特（His Exc. Jakaya Mrisho Kikwete），副主席马莱塞拉（Mr. John S. Malecela）和卡鲁姆（Mr. Amani A. Karume），革命党总书记马卡姆巴（Mr. Yussuf R. Makamba）。

自 1992 年实行多党制以来，在 1995 年、2000 年和 2005 年举行的 3 次全国大选中，包括坦桑尼亚总统和国民议会议员的选举以及半自治的桑给巴尔总统和桑给巴尔代表院代表的选举，革命党都取得了胜利。

在 2005 年 12 月 14 日举行的全国大选中，革命党坦桑尼亚总统候选人基奎特，以 80.28% 的选票当选为总统；革命党在国民议会 232 个席位中赢得了 206 个席位。在 2005 年 10 月 30 日举行的桑给巴尔总统和桑给巴尔代表院的选举中，革命党桑给巴尔总统候选人卡鲁姆以 53.18% 的选票当选为桑给巴尔总统；革命党在桑给巴尔代表院的 50 个席位中赢得了 30 个席位。

（2）公民联合阵线（The Civic United Front-CUF），亦称人

民党（Chama Cha Wananchi），1992 年 6 月 5 日由桑给巴尔多党促进委员会和以大陆为基础的一个人权组织联合组成，1993 年 1 月 21 日注册。现有党员约 160 万，为国内最大反对党，其政治影响主要在桑给巴尔。公民联合阵线是一个自由党，为自由党国际成员。该党主张人民共同富裕；在联合问题上极力维护桑给巴尔的民族利益和自主权，主张成立联合政府及坦噶尼喀和桑给巴尔地方政府等三个政府。现任主席伊卜拉欣·利普姆巴（Ibrahim Lipumba），副主席马查诺·哈密斯·阿里（Machano Khamis Ali），总书记赛伊夫·沙里夫·哈马德（Seif Sharrif Hamad）。利普姆巴 1952 年生，塔波拉省人，一直在达累斯萨拉姆大学经济系任教授，曾于 1995 年、2000 年和 2005 年 3 次以公民联合阵线总统候选人的身份竞选坦桑尼亚总统。

在 1995 年的全国大选中，公民联合阵线总统候选人利普姆巴获得 6.43% 的选票；该党在国民议会中获得 24 个席位，从而成为坦桑尼亚的第一大反对党。在 1995 年桑给巴尔总统和桑给巴尔代表院的选举中，公民联合阵线总统候选人哈马德获得 49.76% 的选票（当选的革命党总统候选人萨勒明·阿穆尔仅获得 50.24% 的选票）；该党获得桑给巴尔代表院 50 个席位中的 24 个席位。

在 2000 年 10 月 29 日举行的全国大选中，该党总统候选人利普姆巴获得 16.26% 的选票，在反对党中成为得票最多的总统候选人；该党在国民议会中获得 231 个席位中的 17 个席位，仍然为国民议会中最大的反对党。在同时举行的桑给巴尔总统和桑给巴尔代表院的选举中，公民联合阵线总统候选人哈马德获得 32.96% 的选票（而革命党候选人卡鲁姆获得 67.04% 的选票）；该党在桑给巴尔代表院中获得 16 个席位。对桑给巴尔此次大选，国际和国内一些"监选小组"认为有"违规行为"，甚至提出"重新选举"的要求。最后，桑给巴尔选举委员会宣布 50 个选

区中的 16 个选区的选举结果作废，并决定这 16 个选区于 2000 年 11 月 5 日重选，但遭到公民联合阵线的抵制。从此，公民联合阵线一直抵制桑给巴尔代表院的活动，拒绝承认以卡鲁姆为首的桑给巴尔革命政府的合法性，直至 2001 年 10 月执政的革命党与公民联合阵线达成和解共识、签署和解协议。

在 2005 年 12 月 14 日举行的全国大选中，公民联合阵线总统候选人利普姆巴获得 11.68% 的选票，仍是反对党总统候选人中得票最多的；该党在国民议会中获得 19 个席位。在 2005 年 10 月 30 日举行的桑给巴尔总统和桑给巴尔代表院的选举中，其总统候选人哈马德获得 46.07% 的选票；该党在代表院中获得 19 个席位。

（3）民主发展党（Chama Cha Demokrasia na Maendeleo，英文译名为 The Party for Democracy and Progress，简称 CHADEMA），1992 年 7 月成立，1993 年 1 月 21 日注册。总部设在达累斯萨拉姆。该党主张成立坦噶尼喀政府；反对种族歧视，提倡人人平等，认为在法制范围内人民应充分享有自主权利；主张召开制宪会议，删除宪法中有关违反民主原则的条款。现任主席弗里曼·姆波维（Freeman Mbowe），总书记威利布罗德·彼得·斯拉（Willibrod Peter Slaa）。姆波维 1961 年生，是一位商人、一位"政治上正在崛起的受到群众欢迎的新星"。

在 2000 年的全国大选中，该党在国民议会中获得 4 个席位。在 2005 年的全国大选中，该党总统候选人弗里曼·姆波维获得 5.88% 的选票，在 10 名总统候选人中排名第三。该党在国民议会中获得 5 个席位。

（4）坦桑尼亚劳动党（The Tanzania Labour Party-TLP），反对党，1993 年 11 月 24 日注册。总部设在达累斯萨拉姆。现任主席奥古斯丁·姆雷马（Augustine Mrema），总书记约翰·孔巴（John Komba）。姆雷马 1945 年生，乞力马扎罗省人，一党制时期曾任政府副总理兼内政部长；1995 年加入全国建设和改革会议并任主席，1995 年 10 月曾以全国建设和改革会议总统候选人的身份参加坦桑尼亚总统竞选；1999 年姆雷马及其支持者退出全国建设和改革会议，并集体加入劳动党，使劳动党实力大增。在 2000 年的全国大选中，姆雷马以坦桑尼亚劳动党总统候选人的身份参加竞选，获得 7.8% 的选票；坦桑尼亚劳动党在国民议会中获得 3 个席位。在 2005 年 12 月 14 日举行的全国大选中，姆雷马再次以坦桑尼亚劳动党总统候选人的名义参加总统竞选，获得选票的 0.75%，在全国 10 名总统候选人中排名第四；坦桑尼亚劳动党在国民议会 269 个席位中获得 1 个席位。

（5）联合民主党（The United Democratic Party-UDP），反对党，1994 年 3 月 24 日注册。总部设在达累斯萨拉姆。联合民主党重视社会发展，提出要加大对教育和医疗事业的资金投入；主张实行土地私有化政策，反对政府对农民收取各种捐税；认为应当成立坦噶尼喀政府。现任主席约翰·莫莫塞·切约（John Momose Cheyo.）；总书记（代理）约翰·纳森·恩科洛（John Nathan Nkolo）。

在 2000 年全国大选中，其总统候选人切约获得 4.2% 的选票；该党在国民议会 269 个席位中获得两个席位。该党在 2005 年的全国大选中，没有参加总统竞选，在国民议会中获得了 1 个席位。

以上 5 个政党为目前在国民议会中拥有席位的政党，以下各政党在国民议会中均无席位。

（6）多党民主联盟（The Union for Multi-Party Democracy，简称 UMD），反对党，1991 年 10 月成立，1993 年 1 月 21 日注册。总部设在达累斯萨拉姆。该党反对实行"社会主义"和自力更生的政策，主张实行市场经济，要求召开全国制宪会议。现任主席萨卢姆·阿里（Salum S. Alli），总书记为阿里·姆山加

马·阿卜达拉（Ali Mshangama Abdalah）。

在 2005 年 12 月 14 日举行的全国大选中，该党没有参加总统竞选，但决定投票支持了全国建设和改革会议总统候选人森根多·姆文基（Sengondo Mvungi）的竞选；在国民议会中未能获得席位。

（7）全国建设和改革会议（The National Convention for Construction and Reform，简称 NCCR-Maguezi），反对党，1991 年 6 月成立，1993 年 3 月 21 日注册。总部设在达累斯萨拉姆。该党主要由一批年轻的律师和学者组成，主张在联合体制内建立三个政府，即联合政府、坦噶尼喀政府和桑给巴尔政府，争取坦噶尼喀民族权利；要求扩大民主，保护基本人权和自由。现任主席詹姆斯·姆巴蒂亚（James F. Mbatia），总书记为姆瓦伊塞杰·波利西亚（Mwaiseje S. Polisya）。

在 2005 年 12 月 14 日举行的全国大选中，全国建设和改革会议总统候选人森根多·姆文基获得 0.49% 的选票，在全国 10 名总统候选人中排名第五；该党在国民议会中未能获得任何席位。姆文基是一位律师，一位人权主义者，2005 年参加坦桑尼亚总统竞选前一直在达累斯萨拉姆大学法律系任讲师。

（8）全国民主联盟（The National League for Democracy，简称 NLD），反对党，1992 年 2 月 16 日成立，1993 年 1 月 21 日注册。总部设在达累斯萨拉姆。该党主张发展资本主义，建立公私结合的混合经济。现任主席伊曼纽尔·马凯迪（Emmanuel Makaidi），总书记（代理）费鲁兹·姆萨姆比查卡（Feruz Msambichaka）。马凯迪生于 1943 年，在反对党中有一定影响。

在 2005 年 12 月 14 日举行的全国大选中，其总统候选人伊曼纽尔·马凯迪获得 0.19% 的选票，在全国 10 名总统候选人中排名第七；该党在国民议会中未能获得席位。

（9）国家重建同盟（The National Reconstruction Alliance，简

称 NRA），反对党，1993 年 2 月 8 日正式注册。总部设在达累斯萨拉姆。现任主席拉希德·姆图塔（Rashid Mtuta），总书记马苏德·拉图尔（Masoud Rattul）。

在 2005 年 12 月 14 日举行的全国大选中，国家重建同盟没有参加总统竞选，但决定投票支持了全国建设和改革会议总统候选人森根多·姆文基的竞选；在国民议会中未能获得席位。在 2005 年 10 月 30 日举行的桑给巴尔总统和桑给巴尔代表院的选举中，国家重建同盟总统候选人斯马伊·阿布杜拉·拉赫曼·阿布杜拉（Simai Abdulrahman Abdallah）获得 0.10% 的选票；在桑给巴尔代表院中也未能获得席位。

（10）联合人民民主党（The United People's Democratic Party，简称 UPDP），反对党，1993 年 2 月 4 日正式注册。总部设在桑给巴尔。现任主席法赫米·多武特瓦（Fahmi N. Dovutwa），总书记阿卜达拉·纳索罗·阿里（Abdallah Nassoro Ally）。

在 2005 年 12 月 14 日的全国大选中，联合人民民主党没有参加总统竞选，但决定投票支持了全国建设和改革会议总统候选人森根多·姆文基的竞选；在国民议会未能获得席位。

（11）坦桑尼亚民主联盟（The Tanzania Democratic Alliance，简称 TADEA），反对党，1993 年 4 月 5 日注册。总部设在达累斯萨拉姆。该党前身为坦桑尼亚民主阵线，由 1967 年因政见分歧流亡英国的前外交部长坎博纳（Oscar Kambona）组建。坎博纳曾以英国为基地长期在国外从事反政府活动，坦桑尼亚 1992 年实行多党制后回国。该党主张在发展经济中将农业放在首位，向农民提供必要贷款，对农产品实行自产自销政策。现任主席约翰·利法·奇帕卡（John Lifa-Chipaka），总书记朱马·阿里·哈提卜（Juma Ali Khatib）。

（12）人民民族党（The Popular National Party-PONA），反对党，1993 年 4 月 5 日注册。总部设在达累斯萨拉姆。现任主席

威尔弗雷姆·姆瓦基·特旺格（Wilfrem Mwaki Twange），总书记尼古劳斯·姆查伊纳（Nicolaus Mchaina）。

（13）马吉尼民主党（Demokrasia Makini，英文译名为 The Party for Serious Democracy，简称 MAKINI），反对党，2001 年 11 月 15 日注册。总部设在达累斯萨拉姆。现任主席伦纳德·沙约（Leonard Shayo），总书记多米尼克·利亚姆查伊（Dominick Lyamchai）。在斯瓦希里语中，Makini 为"严肃、认真或细心"之意，该党创始人伦纳德·沙约认为，"在坦桑尼亚现有的政党中，没有哪一个能使这个国家摆脱贫困"。为使坦桑尼亚摆脱贫困，他于 2001 年 11 月成立了马基尼民主党。

沙约 1948 年生，曾获英国伦敦大学数学博士学位，并获计算机硕士学位，回国后一直在达累斯萨拉姆大学任教授。

在 2005 年 10 月 14 日的全国大选中，其总统候选人伦纳德·沙约获得 0.15% 的选票，在 10 位总统候选人中排名第九；在同一天举行的国民议会选举中，马基尼民主党未能获得议席。

（14）正义和发展党（Chama cha Haki na Ustawi，英文译名为 The Justice and Development Party，简称 CHAUSTA），反对党，1998 年 5 月成立，2001 年 11 月 15 日注册。总部设在达累斯萨拉姆。现任主席詹姆斯·马帕拉拉（James K. Mapalala）。马帕拉拉为人权主义者，曾任公民联合阵线主席。总书记阿布萨卢姆·马绍托（Absalom D. Mashoto）。

（15）恢复民主论坛（The Forum for Rstoration of Democracy，简称 FORD），2002 年 1 月 18 日注册。总部设在达累斯萨拉姆。现任主席拉马赞尼·姆泽（Mr. Ramadhani M. Mzee），代理总书记墨西·西墨戈皮·森戈（Mrs. Mercy Simogope Sengo）。

在 2005 年 12 月 14 日举行的全国大选中，恢复民主论坛没有参加总统竞选，但决定投票支持了全国建设和改革会议总统候选人森根多·姆文基的竞选；在国民议会中未能获得席位。

（16）民主党（The Democratic Party，简称 DP），反对党，1992 年成立，2002 年 6 月 7 日注册。总部设在达累斯萨拉姆。现任主席克里斯托弗·姆提基拉牧师（Rev. Christopher Mtikila），1950 年生于坦桑尼亚南方，为人权主义者。总书记为乔治亚·姆提基拉（Mrs. Georgia Mtikila）。

在 2005 年 12 月 14 日举行的全国大选中，民主党总统候选人姆提基拉牧师获得 0.27% 的选票，在 10 名总统候选人中排名第六；该党在国民议会中未能获得席位。在 2005 年 10 月 30 日举行的桑给巴尔总统和桑给巴尔代表院的选举中，民主党桑给巴尔总统候选人阿卜达拉·阿里·阿卜达拉（Abdallah Ali Abdallah）获得 0.11% 的选票；在代表院中未能获得席位。

（17）坦桑尼亚发展进步党（Progressive Party of Tanzania-Maendeleo，简称 PPT-Maendeleo），反对党，2003 年 3 月 4 日注册。总部设在达累斯萨拉姆。现任主席彼得·库加·姆兹拉伊（Mr. Peter Kuga Mziray），总书记阿赫迈德·哈马德（Mr. Ahmed Hamad）。

在 2005 年 12 月 14 日举行的坦桑尼亚全国大选中，其总统候选人安娜·森科罗（Anna Senkoro）获得 0.17% 的选票，在 10 名总统候选人中排名第八；在国民议会中未能获得席位。森科罗 1962 年生，是坦桑尼亚第一位参加全国总统竞选的女性。

（18）古船党（Jahazi Asilia），反对党，2004 年 11 月 17 日注册。总部设在桑给巴尔。影响也主要在桑给巴尔。现任主席卡希姆·巴卡里·阿里（Mr. Kasimu bakari Ally），总书记哈吉·穆萨·基特雷（Mr. Hajji Mussa Kitole）。在斯瓦希里语中，Jahazi 意为过去阿拉伯商人在东非沿海地区从事贸易所使用的"独桅商船"，Asilia 意为"原始的、最初的、原来的"，Jahazi Asilia 则为"古船"之意。观察家们普遍认为，该党领导人以"古船"命名其政党，旨在以桑给巴尔作为东非沿海地区贸易中心

的昔日辉煌，宣传和动员桑给巴尔人民团结合作，为建设新桑给巴尔而努力奋斗；同时，以怀旧的情绪强调桑给巴尔在坦桑尼亚联合共和国中的"自治性"和"独立性"。古船党主张发扬民主，加强良政建设，改善桑给巴尔经济，发展桑给巴尔人民的福利事业。

在 2005 年 10 月 30 日举行的桑给巴尔总统和桑给巴尔代表院的选举中，其总统候选人哈吉·穆萨·基特雷获得 0.48% 的选票；但该党在桑给巴尔代表院中未能获得席位。古船党没有参加 2005 年 12 月 14 日举行的坦桑尼亚全国大选。

（19）人民之声党（Sauti ya Umma，英文译名为 The people'voice，简称 SAU），反对党，2005 年 2 月 17 日注册。总部设在达累斯萨拉姆。现任主席保罗·亨利·基亚拉（Mr. Paul Henry Kyara），生于 1947 年。总书记（代理）哈吉·拉马赞尼·哈吉（Mr. Haji Ramadhani Haji）。

在 2005 年 12 月 14 日举行的坦桑尼亚全国大选中，人民之声党全国总统候选人基亚拉获得 0.14% 的选票，在全国 10 名总统候选人中排名最后一位；在国民议会中未能获得席位。在 2005 年 10 月 30 日举行的桑给巴尔总统和桑给巴尔代表院选举中，其桑给巴尔总统候选人马里亚姆·奥马尔（Mariam Omar）获得 0.07% 的选票；该党在代表院中未能获得席位。

二 群众团体

（一）群众团体简况

长期以来，群众团体在坦桑尼亚政治生活和经济建设中一直都在发挥着重要作用。

在一党制时期，坦噶尼喀非洲民族联盟和非洲－设拉子党以及两党合并组成的革命党及其政府，都十分重视工会、青年团、妇联等群众组织的工作，并把工会、青年团、妇联、双亲协会和合作社组织置于党的领导之下，使之成为党和政府宣传群众、组织群众和团结群众的得力助手。这些群众组织，在革命党的领导下，为巩固民族独立、维护国家和平统一和国家经济建设做出了重要贡献。

实行多党制后，坦桑尼亚工会组织和全国合作社联盟，作为全国性群众团体已与革命党脱离，而坦桑尼亚革命党青年团、坦桑尼亚妇女联合会和坦桑尼亚双亲协会仍坚持为革命党的下属组织。无论如何，作为全国性组织，他们仍然为维护国家和平稳定、促进经济发展和维护社会各阶层民众利益方面发挥着重要作用。

引人注目的是，自 20 世纪 90 年代初期以来，随着政治和经济改革的深入发展，非政府组织在坦桑尼亚得到蓬勃发展，在社会福利、社会发展、教育、卫生、青年、妇女和儿童、预防艾滋病、科研、环保、野生动物保护、新闻、体育、工业、农业、商业等各个领域都出现了非政府组织；同时，还出现了许多以社区为基础的非政府组织。据估计，目前坦桑尼亚约有各种非政府组织 6000 多个。[①] 许多非政府组织都与国外非政府组织有联系。另外，一些组织还根据自己的特点联合组成了非政府组织协会或联盟等。政府重视非政府组织的工作，2002 年国民议会通过了一项《非政府组织法》（NGO Act）。目前，非政府组织已经成为推动坦桑尼亚政治、经济和社会发展的一支新生力量。

（二）主要群众团体

（1）坦桑尼亚工会联盟（Tanzania Federation of Trade Unions-TFTU），前身为坦桑尼亚工会组织（Tanzania Trade Unions-

---

① Tanzania：NGOs Repeat Call for NGO Act to be Reviewed Irincea Dar ES Salaam，28 August 2003.

OTTU），成立于 1978 年 2 月，曾是革命党领导下的全国性群众
组织。在多党制浪潮冲击下，坦桑尼亚工会组织于 1991 年 4 月
召开特别代表大会，决定脱离革命党，成为独立的工会组织。
1995 年 8 月，坦桑尼亚工会组织通过新章程，决定将该组织名称
改为现名。坦桑尼亚工会联盟为国际自由工联成员。

其最高权力机构为全国代表大会（每五年召开一次），下设
理事会（每年召开一次会议）、执委会（每年至少召开两次会
议）和秘书处。坦桑尼亚工会联盟的宗旨是：加强工人的团结，
维护工人的权益，包括保护就业，保障工人生产环境中的卫生和
安全条件，与政府协商有关工人工资和社会福利的政策，对工人
进行科技知识培训和劳动纪律教育等。在维护工人权益、解决劳
资纠纷方面不时对政府有关政策进行批评。

坦桑尼亚工会联盟下辖铁路、旅馆、产业商业、矿业和建
筑、学者和研究人员、农业种植业、交通运输、教师、公务和卫
生人员、地方政府人员、海员 11 个产业工会，共有会员约 50 万
人。1996 年，坦桑尼亚教师工会退出坦桑尼亚工会联盟。

（2）坦桑尼亚青年组织（The Tanzania Youth Organization，
斯瓦希里语名称为 Umoja Wa Vijana, Tanzania，简称 TYO 或
UVT）。其前身是坦桑尼亚革命党青年团（The CCM Youth
League of Tanzannia）。坦桑尼亚革命党青年团，是在坦桑尼亚
独立执政党坦噶尼喀非洲民族联盟和桑给巴尔执政党非洲－设
拉子党 1977 年 2 月合并成立革命党后，同年 9 月 22 日由原来
两党的青年团坦噶尼喀非洲民族联盟青年团和桑给巴尔非洲－
设拉子党青年团合并而成的。它是一个全国性的青年组织，下
分三个组织：坦桑尼亚学生联合会（The Union of Tanzanian
Students）、坦桑尼亚中学生协会（The Secondary School Student
Association）和少年先锋队（The Young Pioneers）。1992 年 11
月青年团召开全国特别代表大会，为适应多党制的需要，改为

现名。该组织现在约有成员 130 万。

按《坦桑尼亚青年组织章程》规定，该组织在政治上遵循革命党的方针和指导思想，捍卫党的政策并组织青年积极贯彻执行。其任务是团结教育青年，为党输送合格党员，忠于革命党，拥护党的方针、政策，积极参加经济建设，为实现坦桑尼亚经济改革目标而努力奋斗。对外反对帝国主义、殖民主义、种族主义和强权政治，促进坦桑尼亚和非洲其他国家及世界各国的团结，联合世界上一切爱好和平和主持正义的青年。

其最高权力机构为全国代表大会（每四年召开一次），下设中央委员会和书记处。中央委员 10 人（大陆、桑给巴尔各 5 人），包括主席、总书记和副总书记（大陆、桑给巴尔各 1 人）。

在实行多党制以前，该组织经常在国内举办政治讨论会，以提高青年的思想觉悟；组织青年参加各种形式的义务劳动；开办技术培训斑，进行职业培训，等等。该组织注重国际交往，与中国共产主义青年团有联系，1979～1994 年，双方曾多次派团互访。

20 世纪 90 年代以来，坦桑尼亚青年组织在国内的活动不多，到国外参加活动就更少。据报道，坦桑尼亚青年组织 1998 年曾派团到葡萄牙布拉加参加了联合国系统世界青年论坛活动。

（3）坦桑尼亚妇女联合会（Umoja wa wanawake wa Tanzania，简称 UWT），系坦桑尼亚革命党领导下的一个全国性妇女组织，是 1977 年坦噶尼喀非洲民族联盟和非洲－设拉子党合并组成革命党后，于 l978 年由原两党下属的两个妇女联合会合并而成。

按《坦桑尼亚妇女联合会章程》，其宗旨是：团结坦桑尼亚全国妇女，贯彻革命党的"社会主义"和自力更生政策，贯彻革命党的关于妇女解放的政策，为实现妇女的平等权利而奋斗；要积极组织妇女参加经济和社会发展、国防、文化和其它社会活动，为保护全国妇女和儿童的权益，为摆脱不利于妇女身心健康的落后习俗和传统而斗争；对外，要发展同非洲和世界其他国家妇女的合作，为反对帝国主义和各种形式的剥削和压迫而共同努力。

全国代表大会为该组织的最高权力机构，每五年举行一次。执委会委员负责妇联的日常工作，由全国妇联主席、总书记和选举产生的 20 名代表（坦桑大陆和桑给巴尔各 10 名）组成。该联合会在各省、地区和县都设有分会。现有会员 100 万人。

实行多党制以来，由于经费不足，坦桑尼亚妇女联合会活动较少。

（4）坦桑尼亚双亲协会（The Tanzania Parents'Association，简称 TPA）。系革命党领导的全国性群众教育组织，建于 1979 年，主要靠国内外捐助和少量政府资助兴办中小学校和半工半读性技校，并通过各种活动对青少年及其家长宣传读书的重要意义，推动教育事业的发展。该协会的前身为坦噶尼喀双亲会，成立于 1955 年，以办学为主，于 1977 年改为现名。目前，双亲协会在坦桑尼亚大陆和桑给巴尔的活动都比较活跃，在全国有 6000 多个分会，共有会员约 50 万人。

20 世纪 60 年代和 70 年代，该组织在全国各地建立了许多学校，90 年代已将 2100 所中小学移交给教育部。该协会现在还有直属学校 49 所。其中，初中 11 所，技校 38 所，在校学生约 1.5 万人。

第五节　当代著名政治人物

一　姆维尼

桑尼亚联合共和国前总统、政府首脑兼武装部队总司令阿里·哈桑·姆维尼（Ali Hassan Mwinyi），1925

年5月8日生于海滨省的基萨拉韦县的基维拉。信奉伊斯兰教。系斯瓦希里族人。曾在桑给巴尔上小学和中学，1944年毕业于桑给巴尔师范学校，1945年赴英国学习，就读于达雷马大学。桑给巴尔独立前，曾长期在当地小学和桑给巴尔师范学院任教。1962～1963年任桑给巴尔师范学校校长。1964年1月革命后任桑给巴尔教育部首席秘书。1965～1969年，先后任东非货币委员会主席、桑给巴尔电影和桑给巴尔出版公司总经理、坦桑尼亚全国斯瓦希里语委员会主席和桑给巴尔国家贸易公司副总经理等职。1969～1972年任坦桑尼亚总统办公室国务部长。1972～1975年任坦桑尼亚卫生部长。1975年任坦桑尼亚内政部长。1977年8月至1982年2月任坦桑尼亚驻埃及大使。1982年2月至1983年2月任坦桑尼亚自然资源和旅游部长。1983年2月调任坦桑尼亚副总统办公室国务部长。1984年1月坦桑尼亚前副总统、桑给巴尔前总统琼布辞职后，任桑给巴尔革命委员会临时主席、桑给巴尔临时总统，4月当选为桑给巴尔总统，根据宪法规定，兼任桑给巴尔革命委员会主席和坦桑尼亚副总统，同年8月任坦桑尼亚革命党副主席。1985年8月当选为坦桑尼亚总统。1990年9月尼雷尔引退后出任坦桑尼亚革命党主席。1990年蝉联坦桑尼亚总统，直至1995年11月任满辞去总统职务。1996年5月辞去坦桑尼亚革命党主席职务。

已婚，有2个妻子，6个孩子。

曾于1973、1985、1987、1992年和1999年5次访问中国。

二　姆卡帕

坦桑尼亚联合共和国前总统、政府首脑兼武装部队总司令本杰明·威廉·姆卡帕（Ben Jamin William Mkapa），1938年11月12日生于姆特瓦拉省马萨斯马萨西县。1945～1951年，先后在卢帕索和恩达恩达小学读书，1952～1953年在基戈

恩塞拉教会学校读书，后进入恩达恩达中学读初中；1955～1956年在达累斯萨拉姆的圣·弗朗西斯学院（现普古中学）读高中，获英国剑桥中学颁发的高中毕业证书；1959～1962年在乌干达麦克雷雷大学学院读书，其英语1959年获得初级资格证书，1962年获文学学士学位；1962～1963年在美国的哥伦比亚大学进修国际关系专业，获国际关系硕士学位。

从1962年4月起，一直在政府部门任职。1962年4月，任多多马地方政府行政官；1962年8月，到外交部任助理秘书；1966年5月，被任命为坦噶尼喀非洲民族联盟机关报《民族主义者报》和《自由报》主编；1972年4月，被任命为坦桑尼亚政府机关报《每日新闻》报主编；1974年7月，任总统新闻秘书；1976年7月，受命创建坦桑尼亚通讯社，并任社长；1976年10月，任坦桑尼亚驻尼日利亚高级专员。1977年2月被任命为坦桑尼亚国民议会议员，1977～1980年任外交部长；1980～1982年任新闻和文化部长；1982～1983年任坦桑尼亚驻加拿大高级专员；1983～1984年任坦桑尼亚驻美国大使；1984～1990年任外交部长。1991年当选为国民议会议员。1990～1992年任新闻和广播部长；1992～1995年任科学、技术和高等教育部长。1995年10月，以执政党革命党总统候选人身份参加坦桑尼亚首次全国多党民主大选，当选为坦桑尼亚总统（1995～2000年），1996年6月起任革命党主席；在2000年10月的全国大选中，再次当选为总统（2000～2005年）；2005年12月全国大选后宣布退休，2006年5月辞去革命党主席职务。

在担任总统期间，姆卡帕继续进行由其前任姆维尼总统开始的经济改革，实施旨在吸引外国投资的自由市场经济政策，对绝大部分国营企业实行了私营化。姆卡帕的政策得到世界银行和国际货币基金组织的支持，世界银行和国际货币基金组织2001年免除坦桑一大笔债务。

　　曾于 1981 年、1987 年、1993 年和 1998 年访华。2000 年 10 月曾到北京参加中非合作论坛——北京 2000 年部长级会议开幕式。

　　三　萨利姆

　　前非洲统一组织秘书长萨利姆·艾哈迈德·萨利姆 (Salim Ahmed Salim)，1942 年 1 月 23 日生于桑给巴尔的奔巴岛。信奉伊斯兰教。1960 年在桑给巴尔男子中学（现卢蒙巴学院）毕业。20 世纪 60 年代初期，他是学生运动积极分子，创建了桑给巴尔全国学生联合会，并任该联合会第一副主席。1961～1962 年任桑给巴尔驻古巴办事处副首席代表。1963 年，任桑给巴尔青年运动总书记、桑给巴尔新闻工作者协会总书记和桑给巴尔《人民之声》报主编。

　　他 1964 年 1 月出任桑给巴尔驻埃及大使，是当时非洲国家最年轻的一位大使。1964 年 4 月桑给巴尔和坦噶尼喀联合后任坦桑尼亚驻埃及大使。1965～1968 年任驻印度高级专员。回国后，任坦桑尼亚外交部非洲中东司司长。1969 年 4～12 月任坦桑尼亚驻中国大使，兼驻朝鲜大使。

　　1970 年 2 月至 1980 年 10 月，任坦桑尼亚驻联合国代表，同时兼任驻牙买加、圭亚那、特立尼达和多巴哥高级专员和驻古巴大使。在此期间，1972～1979 年连续当选为联合国非殖民化特别委员会主席；1975 年任联合国安理会制裁罗得西亚委员会主席；1975～1976 年任安理会代表（1976 年 1 月任安理会主席）；1979 年当选为第三十四届联大主席；1980 年先后任联大第六届、第七届紧急特别委员会主席和第十一届联大特别委员会主席。另外，1972 年 8 月还任乔治敦（圭亚那）不结盟国家部长级会议政治委员会起草委员会主席；1973 年 4 月任奥斯陆声援南部非洲殖民主义和种族隔离政策受害者国际专家会议政治委员会主席；1976 年 8 月任不结盟国家第五届国家元首和政府首脑峰会（科伦坡）起草委员会主席；1977 年 5 月，任在马普托举行的支持津巴布韦和纳米比亚人民争取民族独立和解放斗争的国际会议副主席。

回国后，1980 年 11 月至 1984 年 4 月任外交部长。1981 年曾被非洲统一组织提名为非洲代表竞选联合国秘书长。1982 年 10 月当选为坦桑尼亚革命党中央委员、书记处外交事务书记。1984 年 4 月被任命为坦桑尼亚政府总理，兼任革命党国防安全委员会书记。他 1981 年还任制裁南非种族隔离政策国际会议主席；1984 年任反对种族隔离政策巴黎国际会议主席。1985 年 11 月至 1989 年 9 月任政府副总理兼国防部长。

他 1989 年 7 月 27 日在非洲统一组织国家元首和政府首脑高峰会议上被选举为非统组织秘书长；在 1993 年和 1997 年非统组织秘书长选举中，又两次蝉联。在非统任职 12 年期间，他经历了一系列国际政治和国际关系的风风雨雨，他跑遍整个非洲大陆（他曾遗憾地说尚未到过几内亚比绍、圣多美和普林西比），尽职尽责，亲手促成从非统到非盟的历史性过渡，为非洲的稳定和发展做出了不可磨灭的贡献。

2001 年 7 月，他的非统组织秘书长第三个任期届满后回国。现任尼雷尔基金会主席和总部设在日内瓦的南方中心执委会成员。他是执政党革命党执行委员会委员，仍在坦桑尼亚政治事务中发挥着重要作用。

他对中国友好。曾于 1963、1981 和 1984 年访问中国；2000 年 10 月还以非统组织秘书长身份到北京参加"中非合作论坛——北京 2000 年部长级会议"，并发表了重要讲话。他高度赞扬中国对非洲的援助。他说，在非洲国家争取民族独立和建设国家的进程中，"中国真心真意地帮助了我们"①。

---

① 《前非统组织秘书长：毛泽东思想对非洲影响深远》，新华网，2003 年 12 月 26 日。

萨利姆勤奋好学，知识渊博。他出任驻印度高级专员和驻联合国代表期间，利用业余时间攻读政治、历史和国际关系，1968年获德里大学政治和历史硕士学位，1974年获纽约哥伦比亚大学国际关系硕士学位。由于对国际事务做出了卓越贡献，他还被世界5所大学授予荣誉博士学位，包括菲律宾大学（1980）、尼日利亚迈杜古里（Maiduguri）大学（1983）、毛里求斯大学（1991）、意大利博龙纳（Bologna）大学（1996）和南非开普敦大学（1998）。

他有一个非常美满的家庭。妻子名叫阿穆妮（Amne），他有三个子女：大儿子阿里（Ali）已经是1名事业有成的外科医生；女儿马里亚姆（Maryam），是学法律的，获约翰霍浦金斯大学公众行政管理系硕士学位，现为世界银行一名职员；小儿子阿赫迈德（Ahmed）还在中学读书。

第六节　国家标志

国旗　坦桑尼亚由坦噶尼喀和桑给巴尔两部分组成。独立前，坦噶尼喀国旗由两道绿宽条中间夹一道黑条组成，绿色是大地母亲的衣裳的颜色；黑色代表国家最主要的种族。1961年12月坦噶尼喀独立后，将两道黄条嵌入国旗，以显示这个国家具有丰富的矿产资源。1963年12月宣告独立的桑给巴尔，曾采用一面蓝、黑、绿三色国旗，蓝色代表大海，黑色代表种族，绿色代表肥沃的土地资源。1964年4月这两个国家合并为一个联合共和国后，这两个国家的国旗合二为一，产生了由黑、黄、绿、蓝四色组成的新国旗。带有黄边的黑色宽条从左下角直至右上角，绿、蓝两个三角形图案分列左上角与右下角。中间黑色象征民族肤色；黄色象征着丰富的矿产资源；左上角绿色象征肥沃的土地资源；右下角蓝色代表着河流、湖泊和海域。

国徽　坦桑尼亚国徽是1964年在坦噶尼喀国徽的基础上略

加修改而制定的。中央的盾面分为四部分：最上面燃烧的火炬划破黎明前的黑暗，点亮了自由与希望的火种；其下绘有坦桑尼亚国旗的图案；再下面的红地上有交叉的战斧与长矛；最后是印度洋的海水以及境内的湖泊。盾徽下面是非洲第一峰——白雪皑皑的乞力马扎罗山；融化的冰峰雪水滋润了大地，山峰两旁长满咖啡和棉花，代表国家欣欣向荣的农业生产。一对当地男女守护在盾徽两侧，手持象牙。横跨山腰的白色饰带上，坦桑尼亚人用斯瓦希里语"UHURU NA UMOJA"抒发出"自由与统一"的心声。

国歌 坦桑尼亚的国歌采用了在东非和南部非洲广为流传的一首歌曲，并增加了一段歌词（第二段）。坦桑尼亚有关方面称，采用这首歌曲而不单独创作国歌的原因在于这种国歌更具有寄希望于非洲团结、统一的意义。歌词大意是：

上帝赐福于非洲，赐福于我们非洲的领导人，

智慧、团结与和平是我们坚强的盾。

上帝赐福于非洲，赐福于我们非洲人民；

上帝赐福于非洲，赐福于我们万代子孙。

上帝赐福于坦桑尼亚，赐福于我们坦桑人民，

维护自由与团结是我们的责任。

上帝赐福于坦桑尼亚，赐福于我们坦桑人民；

上帝赐福于坦桑尼亚，赐福于我们万代子孙。

国花 丁香花

坦桑尼亚的海岛部分桑给巴尔岛和奔巴岛盛产丁香，一个多世纪以来，丁香一直是桑给巴尔的主要经济作物，桑给巴尔一直被称为"丁香之岛"。这里丁香遍地，估计有丁香树450多万株。每年2月和12月间，遍布桑给巴尔岛和奔巴岛的丁香树串串花蕾初绽，两岛一片奇香。这里的丁香颗粒匀、色泽佳、气味香、质地良，在国际市场上享有盛誉。几十年来，坦桑尼亚的丁香产量一直占世界总产量的80%以上。故丁香花被誉为坦桑尼亚的国花。

第四章

经　济

第一节　概述

在非洲，坦桑尼亚的自然条件较好，资源比较丰富，但由于过去遭受长期的殖民统治，经济十分落后，迄今仍是世界最穷国之一。独立以来，坦桑尼亚政府一直致力于探索适合本国国情的发展道路，以推动社会经济的全面发展。在过去的 40 多年，由于国际政治和世界市场变化的影响，尤其是独立初期国内决策失误的影响，坦桑尼亚社会经济的发展经历了一个既有成功经验又有失败教训的曲折的发展进程。20 世纪 80 年代中期以来，坦桑尼亚政府实事求是，坚持改革开放政策，在领导全国人民恢复和发展经济、建设国家的道路上，取得了举世瞩目的进展。

一　从自然经济到殖民地经济

坦桑尼亚是人类发源地之一。坦桑尼亚最古老的土著民族科伊桑人，一直以狩猎和采集为其生产和生活方式，过着原始公社制的生活。

从公元前 10 世纪左右开始，随着人类的进化、人口的增加

和生产的发展，非洲一些民族（主要是班图人）开始迁移，以寻找更多的适于耕种的土地和放牧的草原，从而发生了一系列民族迁徙活动。坦桑尼亚自然条件较好，在民族大迁徙中首当其冲，库希特人、班图人和尼罗特人先后迁入坦桑尼亚。在迁入坦桑尼亚前，班图人的农业已经比较发达，他们能种植许多种粮食作物，会栽种香蕉，他们还会制造和使用铁器，他们已用"锄头"耕种。库希特人是一个半农半牧的民族，他们已经开始修建农业水利灌溉工程，给农作物使用厩肥，并且为供草原畜群饮水修筑了水坝，他们在公元500年左右就使用了铁器。尼罗特人则是半农半牧的农牧民和游牧民族。伴随着民族大迁入、大交融，农业和畜牧业传入坦桑尼亚，同时传入了陶器和铁器生产技术等，推动了今日坦桑尼亚境内生产、生活和社会文化的发展。到公元7世纪左右，班图人已经遍布现今坦桑尼亚全境，约占其人口的95%以上。他们一般都在住处周围种植粮食作物、种些香蕉等水果，同时放牧一些牛羊等，走上了以农耕文化为主导的"靠山吃山，靠水吃水"的自然经济的发展道路。

随着原始社会的解体，在从事农业生产的一些班图民族中逐渐形成了世袭统治的家庭，在一些地区出现了古老的王国和城邦，他们不仅以氏族或部落为单位从事简单的农牧业生产，而且有了专门从事纺织、制造陶器和铁器、制盐等手工业的生产组织。从古代盐井和盐场遗址看，他们在铁器时代已经开始了盐的贸易和地区之间的交往，因为盐这种当时稀有产品（或商品）只有通过交换才能得到。然而，在他们的许多遗址中，考古学家没有发现什么外来物品，表明这时他们经济上基本上能够自给自足。另外，公元前东非沿海地区就同阿拉伯、波斯和印度等地有了贸易往来。从公元7~8世纪开始，就有大批阿拉伯人移居东非沿海地区；到10世纪，又有一大批波斯人到东非沿海一带定居，并建立了"桑给帝国"。在此期间，阿拉伯人、波斯人同当地人一起在东海岸基尔瓦、桑给巴尔、坦噶和达累斯萨拉姆等地建立了一系列商业城邦。到16世纪前后，坦桑尼亚不仅有了农业（包括畜牧业），也出现简单的工业和商业活动（包括对外贸易），形成了一个比较系统的以农业为基础的自然经济体系。

15世纪末，出于占领海上通道、发展海上贸易之目的，葡萄牙人侵入东非沿海地区。16～18世纪，东非沿海地区同外界的贸易有了较大发展。在此期间，桑给巴尔发展成为黄金、象牙和奴隶的转运港；内陆地区也出现了贸易市场，开始出售铁器、陶器、象牙、衣物和粮食等。随着手工业和商业的发展，货币和信贷也随之出现。

然而，随着殖民势力的入侵，坦桑尼亚基本上能够自给自足的自然经济遭到破坏，并逐渐形成了片面发展经济作物种植，而不重视粮食生产、不重视发展工业的单一的殖民地经济体系。

坦噶尼喀是1886年沦为德国殖民地的。德国殖民者进入坦噶尼喀后，依靠军事力量，横行霸道，抢占土地，兴办种植园，发展剑麻和咖啡等经济作物种植业，并强迫当地无地、少地的黑人到种植园里干活。为方便这些农产品的运输，他们1895年修建了从坦噶到莫希的铁路以及另一条从达累斯萨拉姆到基戈马的铁路。1920年坦噶尼喀成为英国"委任统治地"后，除接管德国殖民统治时期建立的咖啡和剑麻种植园外，英国人还推行了咖啡和棉花"小农种植计划"，进一步发展经济作物生产，以为本国提供更多的工业原料。另外，德国殖民者和英国殖民者还对坦噶尼喀的矿产资源进行了掠夺性的开采。德国人首先开采的是云母矿；英国进入后，接管了德国人建立的矿业公司，并从1920年起开始开采黄金，后来英国公司还在姆瓦杜伊地区发现钻石并进行了大规模的开采。德国人和英国人对坦噶尼喀进行殖民统治的目的在于剥削和掠夺，他们经营经济作物种植园（和开矿），关心的是如何为其本国提供更多的工业生产所需要的原料即初级

产品，而对当地人民生活的疾苦则不闻不问，所以在坦噶尼喀出现了畸形的经济现象：经济作物种植有所发展，而粮食生产却一直处于刀耕火种或"靠天吃饭"的自然经济阶段；出现了只有一些小的农产品加工厂、而没有任何能够解决人民生活和生产所需要的工业品的工厂，人民所需要的消费品（包括粮食）和生产资料只能靠剑麻、咖啡和棉花等初级产品出口赚取的外汇进口。长期的殖民统治，造成了坦噶尼喀片面发展剑麻和咖啡等经济作物的种植，依赖经济作物等初级产品的出口收入进口生产资料和生活消费品的单一经济体系。

长期的殖民统治，带给桑给巴尔的片面发展丁香（和椰子）种植，依赖丁香等农产品的出口收入进口生产资料和生活消费品的单一经济体系，更为典型。1624 年阿曼亚里巴王朝建立后发展很快，并迅速向外扩张，1729 年把葡萄牙人赶出东非沿海地区，建立了一块以桑给巴尔为首府，北起摩加迪沙、南至莫桑比克德尔加杜角以北的沿海地区和岛屿的海外领地。从此，阿曼人就在这里发展海上贸易和丁香种植业等，桑给巴尔很快就发展成为东非贸易（包括奴隶贸易）中心，同时成了世界丁香的主要产地。1890 年桑给巴尔沦为英国的"保护国"后，英国殖民当局继续支持阿拉伯人在桑给巴尔发展丁香种植，组建"丁香种植者协会"，对丁香实行低价收购、高价出口政策，从中获取高额利润。这样，从 19 世纪中期开始，丁香种植成了桑给巴尔的主要经济活动，丁香出口收入成为桑给巴尔外汇收入的主要来源，截至独立前丁香出口收入一直占桑给巴尔出口总收入的90％以上。除丁香等经济作物外，阿曼王国势力和英国殖民当局根本不重视当地的粮食生产，粮食消费主要靠进口，致使桑给巴尔的农业十分落后。他们也不关心当地的工业发展，独立前桑给巴尔只有一些农产品加工企业，桑给巴尔人民生产和生活所需要的生产资料和日用品基本上都靠进口。

20 世纪 60 年代初，坦噶尼喀和桑给巴尔先后独立，并于 1964 年合并建立了坦桑尼亚联合共和国。虽然殖民统治者被赶走了，但前后 400 年殖民者的入侵，尤其是阿曼苏丹国、德国和英国的殖民统治和掠夺，却给新生的坦桑尼亚留下严重依赖出口经济作物产品和矿产资源的收入维持其国内人民生活和生产发展需要的单一经济结构，即殖民地经济体制，留下一个农业落后、工业基础薄弱、人民生活极端痛苦的社会经济发展十分落后的烂摊子。

二 尼雷尔搞"社会主义"，经济陷入困境

（一）独立初期经济发展比较顺利

为了改变殖民统治留下的落后的社会经济结构，坦桑尼亚（大陆）独立后，政府即宣布土地为国家所有、允许并鼓励农民和牧民自由开垦和放牧的政策；同时实施了一个三年经济发展计划（1961/1962～1963/1964），扶持小农、壮大农业技术人员队伍，扩大农机和农贷的服务范围，调动了农牧民生产积极性，劳动生产力提高，加之经济发展的外部环境较好，独立后经济出现增长势头，三年经济发展计划期间国内生产总值年均增长率达到了 5.9% 的水平。

坦桑尼亚政府 1964 年推出第一个五年发展计划（1964/1965～1968/1969），鼓励国内外私人投资，优先发展工农业和基础设施，以改变国民经济严重依赖农业原料出口的殖民地经济结构，摆脱国民经济面临的困境；与此同时，政府还采取措施，积极发展进口替代工业和原料加工工业，实行了保护贸易措施。

从整体讲，由于政策措施比较得力，坦桑（大陆）独立初期（1961～1966 年）经济发展比较顺利，经济形势较好。据统计：国内生产总值年平均增长 6%，人均国内生产总值年均增长 4%；农业产值年均增长 7%，1964 年占国内生产总值的 50.3%，

到 1966 年减少到 48.7%；粮食自给有余；工业产值年均增长13%，1961 年工业产值占国内生产总值的 3.4%，到 1966 年增至 8.1%；对外贸易一直为顺差，出口值年均增长 11%，到 1966年达到 2.63 亿美元，为当年进口值的 1.1 倍；政府财政收支始终为盈余；货币供应量年均增长仅约 2%；市场商品丰富，物价稳定，年均通货膨胀率仅为 1.7%。

（二）"社会主义"的尝试遭到失败

从 1967 年尼雷尔发表《阿鲁沙宣言》，开始执行"社会主义和自力更生"方针，到修正"国有化"和"乌贾马村"政策，接受国际货币基金组织建议的"结构调整方案"，执行恢复经济的政策，整整经历了 20 年。这是坦桑尼亚社会经济发展日益困难的 20 年。

1967～1976 年的 10 年，是尼雷尔的"社会主义"理论在坦桑尼亚大陆付诸实践的 10 年。由于经济发展政策失当，宣布"走社会主义道路"以后西方停止了援助，加上 1974～1975 年连续两年干旱和第一次石油危机的冲击，坦桑尼亚（大陆）经济增长速度明显放慢，社会经济发展开始遇到困难。

"一五"计划之后，坦桑尼亚政府执行了第二个五年经济发展计划（1969/1970～1973/1974）。"二五"计划完全是按照《阿鲁沙宣言》精神制定的。从 1967 年开始，政府就陆续把银行、保险公司、进出口贸易公司、工厂、农场和种植园等大型企业收归国有；优先建立了一批国营工厂，发展进口替代工业；在农村大搞"乌贾马"运动，广泛建立了"集体化"的"乌贾马村"。

"二五"计划期间，过激的"国有化"政策，严重影响了私人资本（包括外国资本）投资的积极性；超越当时经济和社会发展阶段的"乌贾马村"运动侵犯了个体农民的利益，加上农产品收购价格过低，农民的生产积极性也受到严重影响；另外，随着国营企业和乌贾马运动的发展，增加了不少新的政府机构，加重了政府的财政负担；在外贸方面，由于国际市场石油价格上涨，出口农产品价格下跌以及进口粮食增加等原因，1968年出现了独立后的外贸赤字，并逐年增大。1974年大旱后又出现严重的粮食危机，需要大量进口粮食，国际收支赤字则日益严重，致使"二五"计划规定的经济发展指标无法落实，国内生产总值年均增长降到了4.8%。

有鉴于此，原定1974年实行的第三个五年计划推迟至1977年，代之以一个稳定物价、减少外贸赤字的临时调整计划。在农村，为调动农民积极性，恢复农业生产，对集体化政策做了某些调整；同时，还提出了一些欢迎外国投资、援助和贷款的政策。虽然由于国际市场咖啡价格上涨以及政府严格控制进口，其1976年贸易赤字缩小，但因"社会主义"方针未变，整个经济状况并没有得到改善。

经过10年的磨难，坦桑大陆独立初期那种生产发展、市场繁荣的景象已经完全消失。这10年的主要经济指标如下：①国内生产总值年均增长3.6%；人均国内生产总值年均增长1.3%。②农业产值年均增长2.8%，低于人口增长率；粮食产量下降，由粮食出口国变为粮食进口国，年均进口量达12.4万吨。③工业产值年均增长8.2%。④对外贸易，1968年以后贸易逆差逐年扩大，1978年达到1.75亿美元。⑤开始出现财政赤字；货币供应量增加，年均增长15%；通货膨胀率上升，年均通膨率达到8.7%。①

接下来的1977~1986年，是坦桑尼亚大陆经济走下坡路并最后陷入困境的10年，也是坦桑尼亚开始总结经验教训，试图进行经济调整的10年。

---

① 刘郧生：《坦桑尼亚经济发展面面观》，《西亚非洲》1986年第2期。

坦桑尼亚政府 1977 年开始执行第三个五年经济发展计划
（1976/1977～1980/1981），规定：优先发展工业生产，包括钢
铁工业；允许和支持私人兴办中小企业；开始开采当地的煤矿和
铁矿资源。在农业方面，计划 5 年内实现粮食自给；进一步发展
咖啡和棉花等经济作物生产，增加出口，增加外汇收入。

虽然"三五"计划提出允许和支持私人兴办中小企业，但
由于实行"社会主义"的根本指导思想未变，经济调整进展非
常迟缓。另一方面，70 年代后期和 80 年代初期，由于西方发达
国家转嫁经济危机、国际市场石油涨价和坦桑尼亚出现了周期性
的旱灾等因素，进口石油和粮食需要大量外汇，1978 年以后坦
桑尼亚外贸赤字猛增，再加上 1978 年和 1979 年坦桑尼亚对乌干
达进行的"反击阿明入侵"的战争支出大量外汇，致使外汇储
备拮据，这不仅使"三五"计划无法落实，而且市场供应紧张，
经济进一步陷入困境。

面对经济状况恶化、外援日趋减少和外汇枯竭的危机形势，
为寻求恢复经济所急需的外部资金，坦桑尼亚政府被迫于 1980
年开始同国际货币基金组织进行贷款谈判，但因双方立场径庭，
谈判未能达成协议。

1981 年坦桑政府开始执行第四个五年经济发展计划（1981/
1982～1985/1986）。但是，在执行"四五"计划的前两年，经
济状况继续恶化：工农业生产下降，外贸赤字扩大，国内生产总
值出现负增长（1981 年为 -1.7%，1982 年为 -3.2%）。在这
种万分危机的形势下，从 1982 年开始，坦桑尼亚政府不得不一
方面继续同国际货币基金组织进行谈判，另一方面则按国际货币
基金组织提出的一些建议，制定了一个为期 3 年的结构调整计划
（1982/1983～1984/1985），取代了"四五"计划。这项结构调
整计划规定：提高农产品收购价格，以推动出口农产品生产的发
展；允许国营、合营和私营经济并存，以鼓励国内外私人投资兴

建农场和基础工业；加强对国营企业的管理，可将国营企业转为合营或私营；实行外援多样化政策，增加外援，弥补国内资金的不足；允许商人自备外汇进口商品，允许出口商留成其出口收入的35%；为减少政府开支，压缩财政赤字，精简政府机构和压缩福利开支等，同时取消了对玉米面、农药和化肥的补贴，并开始向中学生征收部分学费；与此同时，开始逐年下调汇率等。然而，由于积重难返，这项结构调整计划收效甚微，1983～1985年国内生产总值年均增长只有1.2%。

回顾起来，1977～1986年是坦桑尼亚大陆社会经济状况日益恶化的10年。①国内生产总值年均增长仅为1.8%，人均国内生产总值年均下降1.7%。②农业产值年均增长0.9%。粮食多年歉收，供应紧张，年均进口粮食达到21.3万吨；主要经济作物产量，除咖啡和茶叶较为稳定外，其它均呈衰退趋势。③工业产值年均下降2.6%。自1980年起，工业连续7年减产，产值退到了20世纪70年代初的水平。由于没钱进口工业原材料、生产设备及其零配件，加之水、电供应不足，工业开工率已由1976年的69%降至1986年的30%左右。④出口值年均下降3.9%，而进口值却年均增长3.5%，这一减一增使贸易逆差越来越大，1980年曾达到7.5亿美元。⑤政府财政收支，1978年起连年赤字，并逐年增加，1978年为14.8亿先令，到1986年就增加到80.6亿先令。在此期间，政府财政收入，一般只能满足预算支出的60%左右。⑥债务负担日益沉重。1977年外债为11亿美元，到1986年增至36亿美元，相当于国内生产总值的70%。从1982年起，坦桑尼亚政府基本停止还债。⑦年均通货膨胀率超过25%，商品奇缺，物价飞涨，1986年物价指数是1977年的744%，人民生活水平严重下降。①

---

① 刘郦生：《坦桑尼亚经济发展面面观》，《西亚非洲》1986年第2期。

三 姆维尼通过改革恢复发展经济初见成效

19 85 年姆维尼接替尼雷尔当选为坦桑尼亚总统以后，就开始纠正按《阿鲁沙宣言》精神所采取的一些过激做法：取消"乌贾马村"，取消集体耕地，允许农民返回原有土地；增加农业投入，鼓励发展小农经济，支持建立私营农场；鼓励个体经营，放宽贸易限制。同时采取了整顿国营企业、压缩进口、紧缩财政等一系列措施。

1986 年 8 月，姆维尼政府接受国际货币基金组织的贷款条件，实行"结构调整计划"，执行了经济恢复计划（1986/1987 ~ 1988/1989）。这项三年经济恢复计划中提出的主要政策和措施包括：①大幅度贬值先令，以增加出口和吸引外资。以 1986 年 6 月底 40 先令兑换 1 美元的汇率为基础，到 1988 年 6 月底以前建立一种 150 ~ 180 先令兑换 1 美元的"均衡汇率"。②提高农产品收购价格，以调动农民生产积极性。在 1986/1987 年度，政府分别上调主要经济作物和粮油作物收购价格 30% ~ 80% 和 5% ~ 10%，并计划到 1988 年把出口农产品的收购价提高到离岸价格的 60% ~ 70%，最后取消政府对农产品收购价的控制。③增收节支，减少财政赤字。一方面提高税率，增加财政收入；另一方面取消政府对国有企业的补贴，冻结政府系统文职人员（教师、医务人员除外）的编制，减少政府经常性支出。④压缩货币供应量，以降低通货膨胀率。期间，政府严格限制了政府部门、国家机构和工业企业从银行的贷款。⑤继续实行贸易开放政策，将出口收入外汇留成的比例从 35% 增加到 50%；同时，积极发展非传统出口产品的生产和出口贸易。⑥三年经济恢复期间，不兴建新的工业项目，把重点放于恢复与国计民生密切相关的工业企业；加强国营企业的管理工作，实行国营企业自负盈亏，并争取在 3 年内把工业开工率由 1986 年的 20% ~ 30% 提高到 60% ～70%。

坦桑尼亚同国际货币基金组织达成协议，不仅疏通了从国际货币基金组织、世界银行和西方主要国家得到贷款和赠款的渠道，使坦桑尼亚恢复经济所需外部资金大体有了着落，而且也为其债务的减免和偿还期的延长铺平了道路。世界银行、国际货币基金组织和国际捐赠者支持姆维尼政府的经济改革计划，为其三年经济恢复计划提供了大量援助。

在国际货币基金组织和西方一些捐赠国的支持下，姆维尼政府认真执行结构调整计划，通过三年经济恢复计划，不仅扭转了从 70 年代末出现的经济下滑趋势，而且使经济有了缓慢回升。据统计，1985 年国内生产总值增长率为 2.6%，低于约 3% 的人口增长率，而 1986 ～1988 年，国内生产总值增长率分别达到 3.3%、5.1% 和 4.2%，出现了年均增长 4.2% 的增长局面；同时，通货膨胀率也得到抑制，从 1985 年的 33.3% 下降到 1988 年的 31.2%。

在完成第一个经济恢复计划之后，姆维尼又连续执行了两个恢复经济的三年计划。第二个经济恢复计划（1989/1990～1991/1992）规定，在加速调整经济结构，向市场经济转变的同时，要重点缓解在社会服务方面出现的问题，并收到了较好的效果。1989～1991 年，国内生产总值年均增长率达到了 4.83%；到 1991 年，通货膨胀率下降到了 28.8%。第三个经济恢复计划（1992/1993～1994/1995），强调自力更生，减少对外援的依赖，并提出重点发展农业、交通和社会服务等部门。但是，在姆维尼执政后期，尤其是在国内外贸易完全开放和《国家投资促进法》出台以后，私营工商企业、合资企业和外资企业纷纷注册，出现许多新问题，包括税务问题。由于政府未能及时进行税务改革，加上管理不善，偷税漏税和走私现象严重，致使政府税入减少。1992 年以后，政府财政赤字开始增加，1994/1995 年度的赤字就比 1993/1994 年度增加了 73%；通货膨胀率反弹，到 1994 年就

上升到 36.4%。随着 1995 年坦桑大选的临近，西方主要援助国和国际金融组织认为姆维尼政府"短期行为严重，财税秩序混乱"，纷纷冻结援助，致使政府财政陷入困境，第三个恢复经济计划的执行受到了影响。据统计，1992～1994 年，坦桑尼亚国内生产总值年均增长率为 3.4%；1995 年人均国内生产总值仅为 130 美元，被联合国列为世界第二个最穷国。

四　姆卡帕继续改革开放政策，经济持续发展

在经济恢复和发展面临困难的形势下，姆卡帕 1995 年 10 月当选为坦桑尼亚第三位总统。姆卡帕总统执政后，根据实际情况，坚持以市场为中心、以私营化为动力的经济改革，推动宏观经济出现发展；在经济得到一定程度的恢复和发展后，制定了《2025 年远景发展规划》，开始执行《减贫和发展计划》，在保证国家宏观经济持续发展的同时落实国家减贫目标，开始探索坦桑尼亚社会经济全面恢复和发展的道路，并取得了举世瞩目的成绩。

（一）实施加强结构调整计划取得进展

为争取国际多边和双边的援助，姆卡帕执政后即开始同国际货币基金组织和世界银行进行谈判，制定了"加强经济结构调整"计划（1995/1996～1997/1998），又称《三年经济恢复计划》。根据结构调整计划安排，姆卡帕政府规定：优先发展农业；加强交通和其他基础设施建设；放开农产品市场，取消进出口限制；实行国营企业私有化；加快金融部门改革；紧缩财政，实行限制性货币政策；加强反腐斗争，整顿财政和税收工作。

由于加大结构调整和市场、尤其是金融市场的改革力度，坦桑尼亚投资环境得到改善，外国和本国私人投资逐年增加。据统计，外国对坦桑尼亚的直接投资 1996 年为 1.485 亿美元，1997 年为 1.578 亿美元，到 1998 年增至 1.722 亿美元；外国人和本

国人投资开办的银行和金融机构成倍增长，从 1995 年的 8 家增加到 1997 年的 20 多家，其资产约占坦桑尼亚银行系统总资产的 80%。同时，国营企业私营化的进程加快了，到 1997 年底，在近 400 家国营企业中，就有一半以上成了私营或合资企业，完成了改制任务。在此期间，保险业市场的开放，尤其是达累斯萨拉姆股票交易所的开业，为坦桑尼亚的资本市场增添了活力。

所以，尽管 1996～1998 年相继出现的"厄尔尼诺"和"拉尼娜"现象，发生了严重的旱灾和水灾，给农业生产带来影响，坦桑的经济还是取得了恢复和发展。据统计，1996～1998 年，国内生产总值增长率分别为 4.2%、3.3% 和 4%；人均国内生产总值从 1996 年的 138 美元增至 1988 年的 220 美元；通货膨胀率逐年下降，1996 年从 1995 年的 30% 下降为 21%，到 1998 年就下降为 12.9%；外汇储备也在增加，按外汇储备可供进口支付的时间计算，1996 年为 2.4 个月，1997 年为 3.8 个月，1998 年为 3 个月。

（二）坦桑尼亚经济出现稳定增长局面

国际货币基金组织和世界银行对坦桑尼亚执行加强结构调整计划的情况感到满意，1999 年 1 月 19 日同坦桑尼亚续签了第二个加强结构调整计划（1998/1999～2000/2001）。在第二个加强结构调整计划期间，姆卡帕政府继续执行以经济结构调整为中心的经济改革政策，加快私有化进程，深化国营企业改革。

在此期间，政府采取了一系列新政策，主要集中在三个方面：一是为推动私营化发展，建立和发展市场经济，实行了各经济领域对私营部门的全方位开放政策，同时调整投资政策，以更优惠的投资条件吸引国内外私人投资，推进私营部门的发展和国营企业改制的进程；二是坚持实施紧缩的财政政策和货币政策，以稳定物价，降低通货膨胀率，缓解人民生活困难，同时稳定市场秩序，创造更好的投资环境；三是进一步改革税制，同时强化

税务和财政管理，既保证政府财政收入不断增加，又要使政府的开支得到控制。这些政策的实施收到了预期的效果。

第一，私人投资大幅度增加。据统计，截至 2000 年 6 月，坦桑尼亚投资中心共批准 1537 个投资项目，其中只有 90 个是 1997 年以前批准的，其余全是 1997 年以后批准的。1997 年前的项目投资总额为 2.04 亿美元，1997～2000 年 4 年的投资金额达到 13.1 亿美元，为 1990～1996 年 7 年投资总额的 6.42 倍。在这些投资项目中，外国直接投资明显增加，投资金额中约 90% 为外国直接投资。另外，到 2001 年 7 月底，在 400 家国营企业中已有 326 家完成了改制任务，其中 122 家出售给本国公司或个人，190 家与外国投资者合资，14 家完全卖给了外国投资者。

第二，由于投资、尤其是旅游业和矿业投资的增加，包括政府投资的增加，坦桑尼亚过去那种仅依靠出口农产品赚取外汇的局面有所改观。旅游业，1997 年产值为 3.9241 亿美元，1998 年、1999 年和 2000 年的产值分别增加到 5.7 亿美元、7.333 亿美元和 7.391 亿美元，占到国内生产总值的 14%～15%，成为继农业之后的第二大产业；同样，矿业生产也得到了发展，1998 年产值为 3.8 亿美元，到 1999 年增至 4.2 亿美元。

从宏观经济发展的几大指标看，坦桑尼亚经济在第二个加强结构调整计划期间已经走出低谷，并出现了稳定增长的态势。据统计，1998～2000 年，国内生产总值分别增长 4%、4.7% 和 4.9%；通货膨胀率逐年下降，3 年的年均通货膨胀率分别下降到 12.9%、7.8% 和 6%；外汇储备逐年增加，从可支付当年进口费用的情况看，1998～2000 年 3 年的外汇储备分别增加到了可支付 3 个月、4.1 个月和 5.6 个月的水平。

（三）实施减贫和发展计划，带来全面发展

根据同国际货币基金组织和世界银行达成的共识，坦桑尼亚政府 2001 年开始实施《减贫和发展计划》（2001/2002～2003/

2004)，2004 年又启动了第二个《减贫和发展计划》（2004/2005 ～ 2006/2007）。《减贫和发展计划》，包括了加强结构调整计划和实施《2025 国家发展远景规划》的《减贫战略计划》内容，旨在保持宏观经济持续、稳定发展，在宏观经济的发展中实现减贫战略规定的各项任务。为此，政府主要采取了以下政策措施：

（1）在政治上，努力维护国家和平与稳定的局面，保证经济社会发展的顺利进行。

（2）在思想和组织上，在全国广泛宣传和提倡自助、自立和发展的精神，积极落实发展经济和减贫战略计划；政府各个经济部门、各个省市和地区，都制定了各自的响应的"发展和减贫"计划。

（3）为保证宏观经济持续发展，继续坚持结构调整计划，深化改革，积极建立私营化为动力的市场经济。在此期间，为吸引投资，发展私营部门，不断改善投资环境，2001 年政府还成立了以总统为首的国家商业委员会和以总理为首的投资指导委员会，分别帮助主管部门协调和解决商业发展（包括国内贸易和对外贸易）和项目投资中遇到的问题和困难；为了增加出口，尤其增加非传统出口产品的生产和出口，2002 年 7 月决定建立出口加工区，2003 年制定了《中小企业发展政策》和《国家贸易政策》，并且实施了出口信贷担保计划。

（4）在财政政策方面，进一步改进税务管理工作，加强良政建设，保证政府财政收入；在经济有所好转的情况下，实施了"适度"紧缩的财政政策，即坚持控制货币发行量，限制政府借贷，减少政府财政赤字，以降低通货膨胀率，而在政府支出方面，开始向减贫战略计划中规定的优先发展项目倾斜，加大了投入力度，政府对减贫优先项目的投入在政府总支出中所占的比例，从 2001/2002 年度的 41% 增加到 2003/2004 年度的 46%（2004/2005 年度政府财政预算计划将这一比例增加到 49%）；

坦桑尼亚

关于外援和外债问题，一方面提出要逐渐减少国家债务，并制定了减少对外援依赖的计划，另一方面则呼吁"发展合作伙伴"增加对坦桑尼亚的援助，帮助增强自力更生的能力。

自2001年实施《减贫和发展计划》以来，坦桑尼亚经济出现了全面发展的可喜局面（见表4－1），其特点是：

表4－1　1996～2004年主要宏观经济指标变化情况

年　份	1997	1998	1999	2000	2001	2002	2003	2004
国内生产总值实际增长率%	3.3	4.0	4.7	4.9	5.7	6.2	5.7	6.7
年均通货膨胀率%	16.1	12.9	7.8	6.0	5.2	4.5	4.4	4.2
先令/美元汇率（年均）	612.1	664.7	744.8	808.4	876.4	966.6	1038.6	1098.6
先令/美元汇率（年底）	624.6	668.0	797.3	803.3	916.3	976.3	1063.6	1133.6
出口额（百万美元,F.O.B）	752.6	588.5	543.3	663.3	776.4	902.5	1142.4	1325.2
进口额（百万美元,C.I.F）	1148.0	1382.2	1415.4	1367.6	1560.3	1511.3	1973.0	2280.8
出口/进口比（商品）%	65.6	42.6	39.7	49.6	52.0	58.7	57.9	58.1
国际收支平衡（百万美元）	-403.4	-905.4	-829.5	-498.6	-480.0	-251.1	-337.2	-538.4
投资/国内生产总值比%	14.7	16.0	15.4	17.6	17.0	18.9	18.5	21.0
外国直接投资（百万美元）	157.8	172.2	516.7	463.4	327.2	240.4	247.8	260.2
外汇储备（可供进口月数）	3.8	3.0	4.1	5.6	6.3	8.3	8.9	7.6

资料来源：坦桑尼亚国家统计局。

第一，进入 21 世纪以来，坦桑尼亚宏观经济保持了一种持续稳定增长的态势。

（1）坦桑尼亚国内生产总值一路走高。2001 年，从 2000 年的 4.9% 上升为 5.7%；2002 年达到 6.2%；2003 年，虽遇到较大旱灾，农业部门增长率从 2002 年的 5% 降到 4.0%，但由于制造业和采矿业等部门的发展都超过了 2002 年的水平，国内生产总值还增长了 5.6%；2004 年，则达到 6.7%。人均年收入逐年增加，2001 年为 250 美元；2002 年为 280 美元；2003 年达到 290 美元；2004 年增至 303 美元，增幅为 11.3%。

（2）出口收入连年增加。按离岸价格计算，2001 年，从 2000 年的 6.633 亿美元增加到 7.764 亿美元，增长 17%；2002 年达到 9.025 亿美元，比上一年增长 16%；2003 年增至 11.424 亿美元，增长 26%；2004 年达到 13.252 亿美元，增长了 16%。

（3）外汇储备增加。2001 年能够支付进口货物的外汇储备，已从 2000 年的 5.6 个月增加到 6.3 个月；2002 年增加到 8.3 个月；2003 年就增加到了 8.9 个月；2004 年有所减少，但还能支付 7.6 个月的进口费用，仍高于坦桑尼亚银行规定的外汇储备的水平。

（4）通货膨胀率逐年下降。2001 年为 5.2%，2002 年降到 4.5%，2003 年降到 4.4%；2004 年又进一步下降到了 4.2%。

第二，减贫战略计划取得进展。2001/2002 年度执行减贫和发展计划以来，政府的预算对减贫战略中优先发展部门实行倾斜政策，保证了减贫工作的顺利进行，尤其是在教育、医疗卫生、乡村道路和饮用水等方面。

最突出的是小学教育。由于政府从 2001 年 7 月起免除小学学费和免除学生家长对学校承担的各种"贡献"，适龄儿童总入学率猛增，从 2000 年的 440 万人增加到 2003 年的 660 万人，增长 50%；适龄儿童的净入学率，从 2000 年的 58.8% 增加到 2003 年的 88.5%。文盲人数也有所减少，2000 年全国文盲率为

28.6%，其中妇女占36%，男人占20.4%，到2002年妇女的文盲率已减少到30.8%，男人的文盲率减少到10%。在医疗卫生部门，为一岁以下儿童接种白喉、百日咳、破伤风混合疫苗（DPT）和麻疹疫苗的比例逐年上升，2003年已经达到了90%。另外，饮用水的状况也有了改善，2003年乡村地区能够喝到安全卫生饮用水的家庭比例已经达到53.5%，比2001年增加了35%；城镇地区能够饮用到自来水的家庭比例，也从2001的70%增加到2003年的73%。

五　减贫和发展任务面临挑战

财政部长姆兰巴（Mramba）2005年6月8日在向议会作2005/2006年度政府预算报告时说，尽管坦桑尼亚在经济发展方面取得了巨大成就，但坦桑尼亚现在还是一个穷国（据联合国2005年9月公布的《2005年人类发展报告》，在177个国家中，坦桑尼亚排名第164位，为全球第13个最穷国），要实现国家远景发展规划确定的到2025年达到一个中等收入水平的目标，就得坚持改革，采取更加灵活和更具有推动力的政策，进一步提高国内生产总值增长率，使其年增长率至少达到10%左右。他说，前进的道路上还有许多困难，可谓任重道远。

第一，是财政问题。姆兰巴说："现在政府预算仍然靠外援，本财政年度预算中外援还占41%，这就要求我们进一步做好税收工作，增加政府的收入，满足政府支出的需要。"当然，他说，最重要的还是要推动经济的快速增长，这是唯一的、也是最重要的能够帮助我们实现自力更生的途径。这位部长还说："我们现在商品出口和劳务出口水平还很低，我们应加大改革力度，扩大出口，增加外汇收入，以改善国际收支状况。"

第二，是殖民统治和掠夺留下的单一经济结构问题。长期以来，坦桑尼亚农业落后，工业基础薄弱，主要靠出口经济作物产品（初级产品）换取外汇，致使其经济成为非常脆弱的依赖型经济。这种单一结构的经济，经常要受到国际市场和自然灾害的影响。这也是坦桑长期贫穷落后的重要原因之一。独立后，尼雷尔曾试图改变这种状况，但因政策失误没有收到预期效果。20 世纪80 年代中期以来，坦桑尼亚政府为调整经济结构做出努力，并取得了进展。比如，为减少对经济作物产品出口的依赖，发展非传统产品生产和出口以及大力发展旅游业，就都收到了良好效果。

尽管改革开放以来在产业结构调整方面取得了一些进展，但要完全改变当前这种依赖型经济结构，还需要做出艰苦的努力。

从经济结构看，目前坦桑尼亚还是一个落后的农业国（见表 4 - 2）。

（1）农业是坦桑经济的支柱，20 世纪90 年代以来其产值还占国内生产总值的 45% 左右；农业人口约占总人口的 80%；咖啡等六大出口经济作物产品，20 世纪90 年代中期以前一直是坦桑外汇收入的主要来源，现在仍占有重要地位。生产方式落后，尤其是粮食生产，主要是小农经营，全国 620 万公顷耕地中灌溉地仅占 3% ~4%（水稻和甘蔗农场），农民还主要靠锄头耕作，生产力极低，粮食自给没有保证。粮食、畜牧和渔业生产基本上还处于自然经济阶段。

（2）制造业基础十分薄弱，主要有一些农产品加工工业和进口替代型轻工业，其产值仅占国内生产总值的 7.5% 左右。

（3）采矿业，90 年代以来发展较快，但其产值在国内生产总值中所占的比重，到 2004 年也仅从 1994 年的 1.2% 增加到 2.5%。

（4）作为第三产业主体的商业、旅馆和餐饮业（包括旅游业）很不发达，尽管旅游业近年来有所发展，但其产值仅占国内生产总值的 12% 左右。

第三，从近年来的实际情况看，坦桑尼亚在减贫和发展的道路上有三大瓶颈：

坦桑尼亚

表4-2 坦桑尼亚（大陆）各经济部门产值占国内生产总值的%
（按当前价格计算）

单位：%

部门＼年份	1991	1994	1995	1996	1997	1998	1999	2000	2001	2002	2003	2004
农 业	48.1	45.0	47.1	48.0	46.8	44.8	45.1	45.0	44.7	44.7	45.0	46.2
种植业	33.7	33.4	36.2	37.3	36.0	34.5	34.6	34.7	34.7	34.8	35.1	37.1
畜牧业	8.3	5.5	5.2	4.9	5.0	4.4	4.6	4.6	4.3	4.2	4.3	3.8
林业和狩猎	3.2	3.4	3.4	3.5	3.4	3.3	3.1	3.1	3.1	3.1	3.1	3.6
渔 业	3.0	2.6	2.4	2.4	2.4	2.5	2.6	2.7	2.6	2.6	2.6	1.7
采矿业	0.9	1.2	1.3	1.1	1.2	1.5	1.4	1.5	1.6	1.8	2.1	2.5
制造业	9.0	7.4	7.2	7.4	6.9	7.4	7.3	7.5	7.4	7.3	7.2	7.0
电力和供水	1.8	1.8	2.2	1.9	1.7	1.6	1.7	1.7	1.6	1.7	1.6	1.6
电 力	1.6	1.7	2.0	1.7	1.6	1.4	1.5	1.5	1.5	1.5	1.4	1.4
供 水	0.2	0.2	0.2	0.2	0.2	0.2	0.2	0.2	0.2	0.2	0.2	0.2
建筑业	5.3	4.6	3.9	3.8	4.4	4.7	5.1	5.1	5.3	5.4	5.6	5.7
商业、旅馆和饭店	15.5	15.0	14.9	14.3	13.1	12.4	12.4	12.3	12.2	11.9	11.7	11.7
交通和通信	5.0	6.2	5.7	5.6	5.1	4.8	4.9	4.9	4.7	4.7	4.6	4.5
金融和服务业	10.9	14.6	12.6	13.1	13.3	14.4	13.7	13.7	14.1	14.3	14.3	13.7
金融和保险	4.2	4.5	3.5	3.3	3.2	2.7	2.8	2.8	2.6	2.7	2.6	2.6
房地产	6.4	9.8	8.8	9.5	9.8	11.0	10.6	10.7	11.2	11.3	11.4	10.8
服 务	0.3	0.3	0.3	0.3	0.3	0.2	0.3	0.3	0.3	0.3	0.3	0.3
公共管理和其他服务	8.1	9.6	9.1	8.7	10.6	11.0	10.9	10.6	10.5	10.3	9.7	9.3
公共管理	5.7	6.6	6.1	5.8	8.0	8.4	8.3	8.0	7.8	7.6	7.2	6.8
教 育	0.8	1.3	1.2	1.2	1.1	1.1	1.1	1.1	1.2	1.2	1.1	1.1
医疗卫生	0.5	0.6	0.6	0.6	0.6	0.5	0.5	0.5	0.5	0.6	0.5	0.5
其他服务	1.2	1.1	1.1	1.1	0.9	1.0	0.9	1.0	1.0	1.0	0.9	0.8
扣除间接金融服务*	-4.5	-5.5	-4.0	-4.0	-3.2	-2.8	-2.4	-2.3	-2.1	-1.9	-2.0	-2.1
合 计	100.0	100.0	100.0	100.0	100.0	100.0	100.0	100.0	100.0	100.0	100.0	100.0

说明：＊扣除间接金融服务（Less Financial Services indirectly measured）。

资料来源：坦桑尼亚国家统计局。

214

（1）"靠天吃饭"是个老大难问题。近年来坦桑尼亚国内生产总值持续稳定增长，但缺粮问题却日渐突出。90年代以来，"厄尔尼诺"现象不断，坦桑经常受到旱情威胁，一有干旱，坦桑尼亚的粮食（也包括经济作物）生产就要受到影响。坦桑尼亚农业和粮食安全部一份统计资料表明，过去几年，除2002/2003年度粮食自给有余外，2000/2001年度、2001/2002年度和2003/2004年度，坦桑尼亚都出现了缺粮现象，分别缺粮约59万吨、45万吨和67万吨。这些粮食缺口主要靠进口解决，部分是来自国际的救济粮。2001年实施《减贫战略计划》后，坦桑尼亚开始恢复和新建一些水利灌溉项目，但因缺乏资金进展缓慢。

（2）基础设施严重滞后，制约着其减贫和发展计划的实施。除交通运输困难外，水、电、通信等费用也很高，而且水、电供应还不稳定，企业运营成本高，影响着工矿业、甚至旅馆和餐饮业的发展。现在坦桑尼亚主要靠水力发电，几年来由于干旱水力发电受到影响，供电严重不足，对人民生活、尤其对工矿业生产带来严重影响。

（3）人口增长过快，抵消了减贫和发展所取得的成果。坦桑尼亚官方报纸《每日新闻》2006年5月10日的一篇报道说，目前的人口增长率为3.1%，国家统计局预测到2025年坦桑尼亚人均寿命将从2003年的56岁增加到64岁，全国人口将从现在的3800万增加到近7000万。

第二节 农业

一 概况

坦桑尼亚农业，以种植业、牧业、渔业、林业为主体，是第一大产业。它与国计民生息息相关，为国民经济基础。全国90%左右的人口生活在乡村地区，以农业为生；农

业是全国城镇粮食、肉、蛋、蔬菜、水果和其他副食的来源；农
产品加工、商品流通等其他非农业部门，同农业部门关系密切，
靠农业部门提供原料，反过来又离不开广大农村市场。农业不仅
是人民生活的依靠，也对国家的发展有着重要贡献。目前，农业
部门产值约占国内生产总值的一半（见表4-3）；农产品的出口
额约占全国出口总收入的60%。

表4-3　农业部门在国内生产总值中所占的比重
（按1992年物价指数计算）

单位：%

部门＼年份	1986	1990	1995	1996	2000	2001	2002	2003
种植业	37.8	35.3	37.7	37.6	35.7	35.8	35.5	34.8
畜牧业	7.2	6.7	6.8	6.7	6.4	6.3	6.1	6.1
林业和狩猎	3.5	3.2	3.3	3.3	3.1	3.0	2.9	2.9
渔　业	2.9	2.7	2.9	2.9	2.9	3.0	3.0	3.0
总　　计	51.4	47.9	50.7	50.6	48.2	48.0	47.5	46.8

　　资料来源：坦桑尼亚农业和粮食安全部。

　　由于长期的殖民统治，独立后，除一些经济作物生产外，坦
桑尼亚农业仍以传统生产方式和经营方式为主，属于自然经济，
广大乡村地区十分落后。

　　为尽快改变乡村地区贫穷落后状况，政府于1967年开始在
（大陆）实行"乌贾马社会主义"。由于政策严重脱离实际，不
仅没有收到预期效果，反而使农业发展受到严重挫折，使农业生
产连年下降。据统计，1967～1976年，农业产值年均增长
2.8%；1977～1986年，农业产值年均增长仅为0.9%。

　　从20世纪80年代中期起，特别是90年代以来，坦桑尼亚
出台了一系列推动农业发展的政策和法规。比如，1991年议会

通过立法取消国家对农产品销售的垄断权，鼓励私商经营农产品的生产和出口；1993 年开始实施以农业为基础的农业改革计划，措施包括在国家资助下引进先进耕作技术，改良作物品种，扩大灌溉面积，建立农业服务中心，为农民提供种子、化肥、农业技术以及运输工具，改善农民个人信贷条件，发展农业供销合作社组织等；1996 年推出教育和技术培训政策，重点在提高乡村地区农业和牧业技术；1997 年制定恢复乡村地区合作社组织的政策，以搞活乡村的物流系统；接着，1997 年制定了农业政策和畜牧业发展策略，1998 年实施了国家林业政策，国民议会还于2002 年和 2003 年先后通过了新森林法和新土地法等。这些政策和法规的基本思想，都是坚持以农业为基础，调整经济结构，调整政策，按市场规律办事，实行私营化政策，鼓励农民发展生产，鼓励私人资本（包括国外资本）在农业部门投资。这些政策和法规的实施，为各个农业部门的发展增添了活力，激活了广大乡村地区的生产活动，尤其最近几年坦桑农业的发展出现了勃勃生机。

1. 实行了提高耕作技术，提高单位面积产量的计划

1996～1998 年，政府制定了粮食特别安全计划，开始在埃及农业专家的帮助下在一些地区进行试点，试验田的玉米、水稻和木薯单位面积产量都大幅度增加，如玉米产量由每公顷 1.4 吨增加到 2.3 吨，水稻产量由每公顷 2.7 吨增加到 4.7 吨。2001 年政府把这种粮食安全特别计划的小规模示范计划扩大到大陆和桑给巴尔的 30 个地区，并计划将推广到全国所有 120 个地区。到2001 年，埃及专家已从开始的 11 人增加到近百人。

2. 政府开始投资发展灌溉项目

自 2002/2003 年度以来，政府已在灌溉项目上投资 31.6 亿先令，增加灌溉面积 8995 公顷，到 2004 年坦桑尼亚土地灌溉面积约达到了 30 万公顷。

3. 政府鼓励小农和农场主采用机械化生产，决定为农民修复拖拉机或购买新拖拉机提供贷款，还鼓励进口商进口比较先进的农机具

政府的努力得到了农民的积极响应，1999～2000 年坦桑尼亚进口了 50 台拖拉机和 60 辆拖斗车，2001～2003 年就进口了 1080 台拖拉机。

4. 政府开始抓科技兴农工作

为加强科研工作，政府拨款修复了因经济困难而停止工作的大部分农业研究中心，包括对实验室及其设备的更新，办公室、职工住宅和试验农场等基础设施维修，添置了诸如汽车、拖拉机、摩托车和电脑等必备的办公设备，截至 2003 年底，22 个农业研究中心中的 17 个已经恢复了相关的研究工作。

5. 农业部加强了对农牧民的技术培训和技术服务工作

据报道，2001～2002 年，农业部安排 6.5 万名农牧民到农业和畜牧技术学校参加了种植和饲养技术短期培训，还有 1047 名农业和牧业技术员被送到高等农业院校进修。与此同时，农业部不断向各地种植区和牧区派出农业和畜牧业技术员，通过各种方式在向农牧民们传播农业知识和技术，包括授课、田间示范和实际操作等。

6. 为了吸引国内外在农业部门的投资，政府不断优化投资环境

2003 年，政府把土地租金从过去的每年每英亩 600 先令降为 200 先令；为鼓励小农投资农牧业，政府还推动银行开展了向小农提供小额信贷的业务。

另外，政府还从 2003/2004 年度开始对农民购买化肥提供补贴，以鼓励农民提高农业产量。

随着经济改革的深入发展，尤其是各项农业政策的落实，坦桑尼亚的农业生产力已经有所提高。目前，坦桑尼亚农业增长率

大体稳定在 4% 左右的水平。据统计，2000 ~ 2003 年 4 年，农业增长率分别为 3.4%、5.5%、5% 和 4%。2003 年坦桑遇到了近年来最大的一次干旱，旱情波及全国一半以上的地区，但由于农业基础设施有所改善，尤其是政府及时采取了一些救灾措施，其农业增长率仍保持了 4% 的水平，国际货币基金组织认为"这是通过改革农业生产力有所提高的结果"。

二 种植业

种植业是坦桑尼亚大陆农业的主体。

大陆发展种植业的条件较好。有利条件较多：①土地资源丰富。大陆可耕地面积约 3940 万公顷，现已耕地仅有 620 万公顷，为可耕地面积的 15.7%。目前，坦桑尼亚每年种植农作物的面积仅在 510 万公顷左右，为可耕地面积的 12.9%；其中，85% 是粮食作物，15% 为经济作物。②日照充足。坦桑尼亚属热带草原气候，年平均温度为摄氏 21 ~ 26 度；各地区地形及降雨量不同，适宜种植多种作物。③土地灌溉潜力巨大，有 2940 万公顷土地适于灌溉，其中 2300 万公顷最具潜力。④土质肥沃，全国棕红壤、火山灰、草甸土和热带黑土等分布广泛。不利条件只有一个，即大部分地区气候偏于干旱，年降水量超过 750 毫米的稳产区仅占 20%。

然而，由于长期遭受殖民统治和独立后政策的失误，坦桑尼亚大陆的种植业仍然十分落后。种植业仍以小农为主，他们平均每人种植 0.9 公顷到 3 公顷不等，生产着全国 70% 左右的农产品；耕作技术落后，全国 85% 以上的农民还只是靠锄头耕作，使用牛耕的不足 20%，使用拖拉机耕种的（主要是农场）不足 10%。种植业基本上是"靠天吃饭"，经常受到病虫害、尤其是干旱的影响。在已耕地中，使用灌溉系统的主要是农场。

（一）粮食作物

1. 粮食生产的基本情况

坦桑尼亚大陆的粮食生产，基本上靠小农，其产值约占农业生产总值的 55%。

在主要粮食作物中，谷物类有玉米、高粱、谷子、水稻和小麦；非谷物类有木薯、豆类、土豆和白薯等。另外，饭蕉也是坦桑尼亚一种重要的非谷物类作物。广大农村以玉米、高粱、谷子、木薯、饭蕉和豆类等为主食，稻米、小麦主要供城市消费。

玉米是全国大部分地区的主要粮食作物，主要集中在伊林加、阿鲁沙、多多马、乞力马扎罗、坦噶、马拉、莫罗戈罗、姆贝亚和辛吉达等地区。

高粱和谷子主要种植在较干旱的地区，集中在马拉、莫罗戈罗、姆贝亚、多多马和辛吉达等地区。

水稻生产主要集中在姆贝亚地区；另外，在姆万扎、塔波拉、莫罗戈罗、达累斯萨拉姆和滨海地区也有种植。20 世纪 70～80 年代，坦桑曾在外国援助下建立了一些国营水稻农场，带动了坦桑尼亚水稻种植的发展，农场周围种植水稻的农民达到 40 多万。由于管理不善，国营水稻农场现在基本上都已停办，正在通过招标向私人出售。

小麦种植，主要集中在东北部的阿鲁沙省和南方的姆贝亚省。1967 年，政府先后建立了阿鲁沙小麦国营农场和米隆杜夸小麦国营农场（位于姆贝亚省松巴万加地区）。除国营小麦农场外，姆贝亚、基图洛、恩朱姆贝和穆芬迪等地的一些个体农民，也种一些小麦。20 世纪 80 年代以后，由于缺乏农机零件和设备，化肥和种子不足，加之管理不善，国营小麦农场的生产很不景气，1994 年这两家小麦农场被列入了政府私营化计划。

坦桑尼亚的粮食生产，由于经营方式和生产技术落后，投入少，水利和交通等基础设施差，生产力低，种植面积少，单位面

积产量很低，发展得十分缓慢。据农业和粮食安全部资料，2002
年坦桑尼亚大陆主要粮食作物的播种面积为 438.4 公万顷，仅为
其可耕地的 11%，为已耕地的 71%。2002 年主要粮食作物单位
面积产量分别为：玉米 1.2769 吨/公顷；稻谷 1.7421 吨/公顷；
小麦 1.115 吨/公顷；高粱 0.61 吨/公顷。2002 年粮食作物总产
量为 716.9 万吨。

2. 粮食生产与粮食安全

长期以来，坦桑尼亚小农种植粮食作物，主要为自己消费，
多余的才能卖给市场；改革开放以来，农民的观念稍有变化，少
数农民开始按照市场的需求安排自己的生产。

独立初期，粮食种植发展较快，粮食产量增长 40% 左右，1969
年以前坦桑尼亚粮食能够自给，甚至自给有余。1967 年开始搞"乌
贾马村"以后，粮食生产每况愈下，自 1969 年开始进口粮食，一般
年景每年都要进口 10 万吨左右；遇到自然灾害时，就需要从国外
进口大量粮食，如 1974、1975 两年遭遇旱灾，每年从国外进口的
粮食都在 70 万~80 万吨。20 世纪中期以来，虽然粮食产量有所
增加（见表 4-4），但由于人口增加，饲料和工业用粮的不断增
加，粮食供需矛盾仍很突出，每年均需进口 40 万~50 万吨粮食。

表 4-4 坦桑尼亚（大陆）1995~2002 粮食产量

单位：千吨

粮食作物	1995	1996	1997	1998	1999	2000	2001	2002
玉 米	2875	2822	2386	2073	2848	2870	3348	3495
稻 谷	517	495	413	847	439	443	1010	1054
小 麦	47	49	51	53	68	61	65	68
谷 子	222	269	195	50	76	72	74	77
高 粱	443	360	449	249	363	365	364	380
木 薯	1812	1873	1936	2048	2187	2118	2007	2095

资料来源：坦桑尼亚国家统计局。

1999 年政府制定了《粮食安全计划》，认为所谓"粮食安全"就是要自给有余，并把"有余"定在了 20% 的水平。《计划》以 1999/2000 年度粮食 90.2% 的自给率为起点，每年提高 2% 的自给率，争取到 2004/2005 年度实现"自给"；然后，朝着"有余"的目标努力，争取再经过 10 年的努力，到 2014/2015 年度自给率达到 120%，真正实现粮食安全的目标。

近年来，坦桑尼亚大陆在发展粮食种植，提高自给率方面取得了一些进展。据坦桑尼亚农业和粮食安全部统计，除 2003/2004 年度因出现特大旱灾粮食自给率降到 88% 以外，2000/2001、2001/2002 和 2002/2003 年度的粮食自给率分别提高到 92%、94% 和 102%，2004/2005 年度的粮食自给率估计已经达到了 105%。

（二）经济作物

坦桑尼亚大陆经济作物种类很多，生产方式不尽相同。咖啡、棉花、烟草、腰果和除虫菊，基本上由小农种植；而剑麻和茶则由大型农场种植。这些经济作物的产品，由不同的国家农产品销售局收购和销售（包括出口）；反过来，这些农产品销售局则向生产者提供化肥和种子等生产资料。

独立以来，坦桑尼亚政府试图在发展粮食生产，解决人民吃饭问题的同时，发展经济作物生产，以通过经济作物产品的出口换取外汇，解决国内建设和发展所需要的资金问题。

尼雷尔时期，除剑麻外，几乎所有的经济作物生产都得到了发展，经济作物产品出口收入一直占坦桑尼亚出口收入的 70% ~ 80%。据统计，1981 年出口咖啡、棉花、丁香、腰果、剑麻、茶叶和烟草的收入为 35.63 亿先令，占当年整个出口收入的 74%；1984 年，上述经济作物产品的出口收入占当年出口总收入的 72%。

从姆维尼时期开始，除设法增加以经济作物为主的传统产品的出口外，鼓励非传统出口产品的生产和出口，并取得了进展。

姆维尼时期，经济作物产品的出口收入一直占坦桑尼亚出口总收入的 60% 以上。姆卡帕执政以后至 2000 年，这一比例也一直在 50% 以上，如 1994 年咖啡、棉花、腰果、茶叶、剑麻和烟草等传统出口产品的出口收入为 3.369 亿美元，占当年出口总收入的 65%。但 2000 年以来，经济作物产品出口额的比重有所下降，一方面因为非传统产品（如矿产品等）的出口收入有了大幅度的增加，另一方面则因经济作物产品在国际市场的价格连年下跌。据统计，2000 年咖啡和棉花等传统出口产品的出口收入为 2.828 亿美元，在出口额中所占的比重降至 43%；2003 年，其出口收入为 2.227 亿美元，所占比重就降到了 19.5%。

坦桑尼亚大陆有六大传统出口经济作物，包括咖啡、棉花、腰果、烟草、茶叶和剑麻，简况如下。

（1）咖啡

坦桑尼亚的咖啡是 19 世纪 90 年代由西方传教士从留尼汪引进的。开始，在种植园里种植，后来小农也开始种植，到 20 世纪 50 年代，小农生产的咖啡占到坦噶尼喀咖啡产量的一半左右。据记载，1973 年坦噶尼喀咖啡种植面积约 11 万公顷，产量为 4.8 万吨。目前，坦桑尼亚约有个体咖啡农 41 万户，他们生产的咖啡占坦桑尼亚咖啡产量的 90%；大型种植园种植的咖啡仅占 10%。现在，坦桑尼亚大陆咖啡种植面积约有 25 万公顷。

坦桑尼亚主要咖啡种植区在卡盖拉、乞力马扎罗和阿鲁沙地区，其产量占全国产量的 70%。另外，在南部高地鲁伍马和姆贝亚地区也种咖啡，大型咖啡种植园主要集中在这两个地区。

坦桑尼亚的咖啡有两个品种：阿拉比克（Arabica），约占其产量的 75%；罗布斯塔（Rubasta），占 25%。阿拉比克，主要分布在乞力马扎罗山区、梅鲁山区、阿鲁沙、坦噶和姆贝亚等气

候较凉、地势较高的山区。罗伯斯塔则生长在气温较高、湿度较大的维多利亚湖一带，尤其是布科巴地区。

坦桑尼亚是世界咖啡主要生产国之一。1980 年产 6.75 万吨，是坦桑尼亚咖啡产量最高的一年。目前，产量一般在五六万吨。据统计，2001 年、2002 年和 2003 年的产量，分别为 5.8134 万吨、6.7 万吨和 5.3 万吨。2003 年比 2002 年减产 21%，原因是正值咖啡开花结果时节严重缺雨。

坦桑尼亚国内消费咖啡不多，估计仅有其产量的 1.2%。长期以来，咖啡一直是坦桑尼亚主要出口产品之一。坦桑尼亚以出口咖啡豆为主，质量好，在国际市场有一定声誉。出口对象以英国、德国、日本、意大利、比利时、西班牙等国为主。前些年，咖啡出口创汇一直在 8000 万美元以上；近年来，由于国际市场咖啡价格下跌，再加上出口量不多，咖啡出口收入减少。据统计，2001 年、2002 年和 2003 年分别出口 4.839 万吨、3.637 万吨和 4.6 万吨，出口创汇分别为 5705 万美元、3520 万美元和 5000 万美元。

坦桑的咖啡在世界上颇有名气。它的"乞力马扎罗"牌咖啡为世界知名品牌。这种咖啡属阿拉比克咖啡，据说，这个品牌的咖啡在德国、英国、意大利、荷兰、比利时、芬兰、瑞典、日本和其他一些欧美国家早已家喻户晓。"乞力马扎罗"咖啡，产地为西北部的乞力马扎罗山一带。业内人士认为，是乞力马扎罗山和梅鲁山的沉积的厚厚的火山灰土壤，为需要潮湿气候的温和型阿拉比克咖啡生长提供了特有的条件。

（2）棉花

坦桑尼亚大陆的气候和土壤适合棉花生长。1904 年坦桑尼亚大陆开始种植棉花，发展很快，1951 年的产量就达到了 4.212 万吨。1970 年的棉花产量达到 67.4 万吨，为历史最高水平。

棉花全部由小农种植。坦桑大陆 20 个省中有 13 个省都种棉花，约有 48% 的家庭为种棉户，播种面积约在 40 万公顷。但因生产方式和生产技术落后，缺乏足够的杀虫剂、化肥和良种等，单位面积产量很低，目前每公顷只产 500 公斤左右（世界平均产量为每公顷 1700 公斤）。

坦桑尼亚大陆分为西部和东部两个棉花种植区。西部棉花种植区为种棉大区，包括希尼安加、姆万扎、塔波拉、马拉、辛吉达、卡盖拉和基戈马省，其产量占棉花总产量的 90%；东部棉花种植区，包括莫罗戈罗、坦噶、伊林加、乞力马扎罗、阿鲁沙和滨海省。

20 世纪 70 年代，坦桑尼亚棉花生产状况较好，年产量都在 50 万 ~ 69 万吨。据统计，1978 年、1979 年和 1980 年，棉花产量分别为 56.7 万吨、60.5 万吨和 58.6 万吨。20 世纪 80 年代以来，棉花产量不断下降。1995 ~ 1997 年，棉花播种面积都在 40 万公顷左右，但其年产量仅在 20 万吨左右，1998 年以来又降到了 20 万吨以下。

坦桑尼亚棉花质量较好，普通锯齿棉纤维长度 27 ~ 28 毫米，皮辊棉纤维长度 28 ~ 30 毫米，在国际市场上受到欢迎。20 世纪 60 年代中期以后，棉花一直是坦桑尼亚主要出口产品之一，出口创汇占整个出口收入的 20% 左右。90 年代以来，棉花出口收入日益减少。2001 年，棉花出口收入约 3430 万美元，占坦桑尼亚出口总额的 4.83%，在出口产品中排在第六位。坦桑尼亚棉花主要出口印度、意大利、比利时、印尼、荷兰、葡萄牙、德国、肯尼亚、美国、日本等国。

坦桑尼亚的棉花不仅是重要的出口产品，而且还为本国纺织工业提供了原料。70 年代以来，坦桑尼亚的棉花约 80% 出口，其余 20% 则供当地消费。

（3）腰果

20 世纪 40 年代从巴西引进，到 50 年代就成为坦桑尼亚大

陆的一项重要出口产品。

腰果树生长要求高温气候条件，分布于大陆沿海地区，主要在南部的姆特瓦拉、内瓦拉和东部的林迪和纳钦瓜等地区，在达累斯萨拉姆附近和滨海省也有一定数量的种植。姆特瓦拉省是坦桑尼亚腰果主要产地，全省绝大部分地区都种有腰果树，该省腰果产量占全国产量的一半以上。

腰果树是一种多年生作物，全由小农种植。通常所说的"腰果"，是脱落在地上后收集的"毛腰果"经加工厂脱壳后的腰果仁，即供应国内市场或出口的腰果。腰果树，种上后很少需要管理，生产费用主要花在垦地、种植、树下除草、收集果实上。在腰果种植区，农民们都把腰果种植当成"副业"，他们把腰果树与粮食作物间作，在姆特瓦拉省，每户农民一般都种植腰果树一公顷左右，年产腰果约 300 ~ 400 公斤。

20 世纪六七十年代，坦桑尼亚腰果的种植和加工发展很快，形成产业化经营，成了大陆第三大出口商品。其年产一直在 8 万吨左右，约占世界总产量的 1/3，居世界第二位（现已降至第四位）。1973 年产量曾达 14.5 万吨，为历史最高水平。从 70 年代末期开始，由于乡村地区大搞"乌贾马村"运动，农户集中在一起居住，对腰果树不能进行有效管理，加上政府收购价低，农民种植腰果积极性受挫，产量逐年下降，到 1982 年就下降到 3.2 万吨，到 1990 年又降到 2.99 万吨。

自 20 世纪 80 年代末，尤其是 90 年代坦桑尼亚实行经济市场化和贸易自由化政策以来，一些国际腰果商到坦桑尼亚大量收购腰果，激发了农民种植腰果的积极性；同时，1989 年世界银行向坦桑提供贷款，支持政府提出的恢复腰果生产的 10 年计划，支持农民种植新树、加强田间管理和更新腰果加工厂设备。于是，坦桑尼亚腰果产量迅速回升。据统计，1994/1995 年度腰果产量为 6.34 万吨，1998/1999 年度达到 10.33 万吨，到 2000/

226

2001 年度就增加到 12.79 万吨。与此同时，腰果出口逐年增加。1990 年出口 7400 吨，收入 560 万美元；到 1998 年，出口达到 14 万吨，创汇 1.221 亿美元，占当年出口总收入的 10%。

最近两年，坦桑尼亚腰果出口收入有所下降，一方面因为减产，另一方面则因国际市场价格下跌。据统计，2001 年、2002 年和 2003 年，出口量分别为 9.504 万吨、7.568 万吨和 6.92 万吨，出口收入分别为 5660 万美元、4660 万美元和 4220 万美元。

目前，坦桑尼亚有 12 家腰果加工厂（其中 5 家在姆特瓦拉省），隶属于坦桑尼亚腰果局，为国有企业，大部分是 20 世纪七八十年代兴建的。现在，只有位于姆特瓦拉省内的马萨西腰果加工厂生产，年加工能力为 1 万吨（腰果仁），全部出口（未加工的则以毛腰果形式出口）；其它加工厂，则因设备老化而停产。政府正在招标，计划对腰果加工厂实行私营化或合资经营。

（4）烟草

烟草是坦桑尼亚（大陆）主要出口产品之一。其出口收入约占坦桑尼亚出口总收入的 2% 左右。坦桑尼亚烟草产量已经超过南非，成为紧随津巴布韦和马拉维之后的非洲第三大烟草生产国。据统计，坦桑尼亚大陆现有大约 3.4% 的农民以种植烟草为生，烟草种植者达 9 万多户。

烟草是 20 世纪 40 年代由欧洲移民引进的。开始，他们在伊林加种植园种植，后来逐渐成为小农种植的一种经济作物。主要产地有塔波拉、伊林加、基戈马、鲁伍马和姆贝亚等地区。主要品种为熏烟，约占坦桑尼亚烟草产量的 80%，其余 20% 为深色烤烟。

独立后，坦桑尼亚烟草种植得到发展。1960 年烟草产量仅为 0.22 万吨，1970 年增至 1.1 万吨，1979 年达到 1.91 万吨。进入 80 年代以后，坦桑尼亚经济日益困难，种植烟草所需的肥料等十分缺乏，而政府的烟草收购价又过低，致使烟草产量逐年下降，到 1982 年就下降到 1.46 万吨。

坦桑尼亚经济实行改革开放政策后，尤其是进入 90 年代以来，烟草种植发展很快。到 1992 年，坦桑尼亚烟草种植面积就增加了 66%，达到 9 万英亩。随着种植面积的扩大，烟草产量稳步增长。据统计，1993/1994 年度产量为 2.58 万吨，1997/1998 年度达到了创纪录的 5.03 万吨。1998/1999～2003/2004 年度，产量一直维持在 3.55 万吨左右，2003/2004 年度达到了较高的 4.67 万吨。近年来，坦桑尼亚烟草出口不断增加。据统计，2001 年出口 1.872 万吨，收入 3570 万美元；2002 年出口 2.537 万吨，收入 5050 万美元；2003 年出口 2.03 万吨，收入 4220 万美元。其中，2002 年烟草出口收入超过腰果和咖啡的出口收入，成为当年坦桑尼亚第一大出口产品。[①]

2002 年，坦桑尼亚制定了一个烟草 10 年发展计划，争取利用 10 年的时间，把烟草的年产量增加到 11 万吨。

（5）茶叶

坦桑尼亚大陆生产的茶叶是红茶。目前，其年产量在 2.5 万吨左右，世界排名第二十位；国内消费约占 30%，其余全部出口，出口收入约占坦桑尼亚传统出口产品出口收入的 6%。坦桑尼亚是世界上"第一个生产和出口仅施有机肥而不施化肥和农药的茶叶生产国"，英国伦敦的茶叶公司包销了坦桑尼亚的全部茶叶产品。坦桑尼亚的茶叶在伦敦市场极为畅销，并且已逐渐扩大到美国和加拿大市场。

坦桑尼亚的茶叶种植，由德国移民于 1905 年引进，1926 年开始商品化生产。独立前，茶叶生产由大茶园控制。独立后，小

[①] Xinhua Dar es Salaam, Nov. 8, 2003 (Xinhuanet): Tobacco Becomes Tanzania's Leading Export Item.

农开始茶叶种植。1968 年，政府提出一个小农茶叶生产发展计划，并建立了坦桑尼亚茶叶局，负责收购、加工和出口小农生产的茶叶。茶叶局建有 8 个茶叶加工厂。20 世纪七八十年代，茶叶种植面积扩大，产量增加。据统计，1970 年，茶叶产量已从1960 年的 4100 吨增加到 8500 吨；到 1979 年又猛增到了 1.8 万吨，并在 80 年代一直维持在 1.7 万吨左右的水平。

由于茶的生长要求一年至少要有 1250 毫米的降雨量，雨量要分配均匀，而且气候还要比较凉爽，因此坦桑尼亚的茶叶种植区主要分布在大陆两个地势较高的地带：在北方，从坦噶附近的乌萨姆巴腊山地到乞力马扎罗山麓一带；在南方，包括南部高地、伊林加、穆芬迪和姆贝亚地区。

进入 90 年代，尤其是政府 1993 年提出一个增加茶叶产量的20 年发展计划以来，坦桑尼亚茶叶生产进一步发展。目前，坦桑尼亚有 10 多个大茶园，其种植面积达到 9000 公顷，雇工约10000 多人；有个体茶农 30000 多户，种植面积为 1200 公顷左右；有 4 个制茶厂（另有 3 个厂在建）。

近年来，坦桑尼亚茶叶产量有了明显增加。据统计，1997/1998 年度，产量已从 1993/1994 年度的 2.23 万吨增加到 2.63 万吨；2002/2003 年度达到 2.8 万吨；2003/2004 年度突破 3 万吨大关，达到 3.07 万吨。然而，由于国际市场茶叶供过于求，价格有所下降，坦桑尼亚茶叶出口收入受到一定影响。据统计，1998 年出口茶叶 2.269 万吨，出口收入达到 3230 万美元；而2001 年和 2002 年分别出口 2.296 万吨和 2.431 万吨，出口收入却分别为 2900 万美元和 2960 万美元。

（6）剑麻

坦桑尼亚的剑麻，于 1892 年由当时德国东非公司从美国佛罗里达半岛和墨西哥引进。早期的剑麻种植，仅限于坦噶地区。随着中央铁路从达累斯萨拉姆向西的延伸，剑麻生产很快就发展

到达累斯萨拉姆、厄伦盖雷、莫罗戈罗、基曼巴和基洛萨地区。到 20 世纪 20 年代中期,剑麻已成为坦噶尼喀最重要的出口货物;20 世纪 30 年代坦噶尼喀就成了世界剑麻主要生产国之一。50 年代初,坦噶尼喀剑麻种植面积达到 15 万公顷左右,年产量为 20 多万吨,占世界剑麻产量的一半以上,坦噶尼喀因此被誉为"剑麻之乡"。独立前,剑麻种植园几乎全部掌握在外国人手里。据统计,希腊人大约控制 1/3 的生产,英国人和亚洲人各控制 1/4,瑞士人和荷兰人各控制约 6%。

独立后,一些小农开始种植剑麻,尽管种植面积不大。1967 年政府对剑麻种植园实行国有化后,由于管理不善,剑麻生产出现困难。从 20 世纪 60 年代末开始,随着合成纤维的兴起,以剑麻为原料的制成品日益被化工产品所替代,剑麻在国际市场上销售困难,价格猛跌,坦桑尼亚的剑麻生产严重受挫,剑麻种植面积不断缩小,产量剧降。据统计,1977/1978 年度种植面积有 150252 公顷,产量为 9.1873 万吨,而到 1999/2000 年度种植面积就下降到了 46118 公顷,产量仅有 2.06 万吨。

但到 20 世纪 80 年代末,由于剑麻具有纤维质地硬、拉力强、无静电、阻燃绝缘性能好、环保等特点,在许多方面都优于化工产品,国际剑麻市场开始回升,加上剑麻用途日益广泛,出现了国际市场对剑麻及其制品需求增加和剑麻产品价格上升的局面。

近年来,坦桑尼亚政府抓住机遇,随着国际市场对剑麻需求的回升,开始恢复剑麻生产,对已荒芜多年的政府剑麻农场实行了私营化。据统计,2002/2003 年度,坦桑剑麻种植面积已恢复到 50073 公顷,比 2001/2002 年度的 46118 公顷增加 8.6%;出口剑麻纤维及其制品 6300 吨,收入 2835 百万先令,比 2001/2002 年度分别增长 27.3% 和 69.7%。

坦桑尼亚六大传统出口经济作物近年来的产量见表 4-5。

表4－5 坦桑尼亚大陆主要经济作物产量情况
(1995/1996～2003/2004)

单位：千吨

年度	1995/ 1996	1996/ 1997	1997/ 1998	1998/ 1999	1999/ 2000	2000/ 2001	2001/ 2002	2002/ 2003	2003/ 2004*
棉花	221.2	251.8	202.2	105.9	100.6	123.4	149.1	188.7	137.9
腰果	81.7	65.4	93.2	103.3	121.1	127.9	67.4	90	80
咖啡	52.5	43.6	38	46.6	47.9	50	36.2	46.2	37.5
烟草	28.6	35.4	50.3	37.9	31.8	31.4	31.7	33.5	46.7
茶叶	20.5	19.8	26.3	24.8	24.8	25.5	24.7	28	30.7
剑麻	22.5	20.1	20.1	20.1	20.6	21	23.5	23.6	23.9

说明：*为预计数字。
资料来源：坦桑尼亚农业和粮食安全部。

除上述六大传统出口经济作物外，坦桑尼亚大陆还种植其它经济作物，如除虫菊和甘蔗等。

（1）除虫菊

除虫菊是杀虫剂的重要原料之一，由欧洲移民引进坦桑尼亚大陆。独立后当地农民开始在农田里种植，并逐渐成为坦桑尼亚主要经济作物之一。20世纪六七十年代，坦桑尼亚曾是世界除虫菊主要生产国之一。

除虫菊基本上分布在海拔1700米以上的南部高地和北部高地。南部高地为主要种植区，集中在伊林加和姆贝亚地区，占全国产量的80%以上；在北部，主要分布在阿鲁沙和乞力马扎罗地区。

据统计，1967/1968年度坦桑除虫菊种植面积为31600公顷，产量（除虫菊干花）达到6631吨，为坦桑尼亚除虫菊产量最高的年份。此后，由于政府"国有化"和建立"乌贾马村"政策的影响，除虫菊种植面积减少，到1976/1977年度减少到

2360 公顷；产量随之下降，1981/1982 年度减少到 1400 吨。

　　20 世纪 90 年代以来，政府重视恢复和发展除虫菊生产。第一，实行私营化政策，积极推动私人从事除虫菊的种植和贸易，并在 1997/1998 年度对坦桑尼亚唯一的马菲恩嘎除虫菊加工厂和国营的坦桑尼亚除虫菊加工和销售有限公司实现了私营化。第二，对从事除虫菊出口的私营公司和除虫菊种植者进行扶植，如为他们提供贷款担保等。第三，重视科研工作，政府按时为设在姆贝亚的乌约莱除虫菊研究所发放科研经费，保证了科研工作和向除虫菊种植者提供技术服务的顺利进行。

　　经过几年的努力，坦桑尼亚除虫菊生产有了恢复和发展。目前，种植除虫菊的农户增多了，估计已达到 4 万户左右；除虫菊产量也增加了，1998/1999 年度为 500 吨，1999/2000 年度恢复到 1000 吨，2001/2002 年度和 2002/2003 年度分别达到了 3500 吨和 3000 吨，2003/2004 年度的产量因前两年国际市场价格下降的影响，下降到 2000 吨。

　　政府现已制定了一个扩大除虫菊种植面积的计划，并决定在 2006～2008 年把除虫菊引种到鲁伍马和鲁夸地区。

　　（2）甘蔗

　　坦桑尼亚大陆许多地区适宜种植甘蔗，当地农民很早就开始种甘蔗，并能以传统办法生产甘蔗粗糖。独立前后，坦桑尼亚就建立了几家大型甘蔗种植园和现代化制糖厂，包括坦噶尼喀种植公司（丹麦人资本）在阿鲁沙奇尼的甘蔗种植园、1960 年和 1962 年先后在莫罗戈罗地区建立的姆蒂比里种植园和基隆贝罗甘蔗种植园、在维多利亚湖西部卡盖拉地区建立的巴格瓦特甘蔗种植园和卡兰吉种植园，这些大型甘蔗种植园都有自己的现代化制糖厂。

　　大型甘蔗种植园及其现代化制糖厂的出现，带动了坦桑尼亚甘蔗种植和现代制糖业的发展。随着甘蔗种植园的发展和种植园周围农民大量种植甘蔗，坦桑尼亚甘蔗种植面积逐步扩大，到20世纪60年代末就达到两万多公顷，其中个体农民种植面积占10%左右。据报道，到1967年这些甘蔗种植园生产的食糖大体上已能满足当时大陆的需要。1967年《阿鲁沙宣言》以后，政府将甘蔗园和制糖厂收归国有，20世纪70年代坦桑尼亚的甘蔗生产继续发展，糖的产量也不断增加，1982年其蔗糖产量达到15.4万吨，创造了历史最高水平。

坦桑尼亚经济20世纪80年代进入困难时期以后，大陆甘蔗种植面积逐渐减少；糖产量也日益减少，80年代末下降到年产10万吨左右的水平，1997年降到8.1万吨。

随着经济改革的深入，1998年和1999年政府先后对四家国营大甘蔗种植园和糖厂实行私营化后，大陆的甘蔗种植和制糖业出现了转机，1999年糖的产量就回升到11万吨，2000年又增加到了13.5万吨。最近几年，坦桑尼亚甘蔗种植和制糖业有了新的发展。据报道，2001/2002年度蔗糖产量为16.5万吨，2002/2003年度增加到19.012万吨。随着产量的增加，糖的自给率在不断提高。据报道，2000/2001～2002/2003年度，坦桑尼亚大陆糖的自给率分别为43%、53%和58.3%，2003/2004年度的自给率预计为72.9%。

三 畜牧业

（一）坦桑尼亚是非洲畜牧大国

坦桑尼亚大陆草原地带广阔，畜牧业资源丰富，到处都有草地，都可放牧，称得上"天然大牧场"的大草原就有3500多万公顷，全境约42.5%的地区都具有畜牧业发展的良好条件。

坦桑尼亚有几个以游牧为主要生产活动的部族，包括马赛族、卢奥族、塔托格族等，主要分布在东北部的乞力马扎罗和阿

鲁沙一带。戈戈族以牧为主，也从事农业生产，主要分布在中央高原东北部，集中在多多马一带。尼亚姆维齐族和赫赫族等一些民族，他们半农半牧，或以农为主，也从事牧业生产，他们主要分布在塔波拉、希尼安加、伊林加和姆贝亚等地区。另外，还有许多其他以农为主的民族，除种植粮食作物或经济作物外，也都饲养些牛羊。所以，除上述地区外，在滨海、基戈马、莫罗戈罗、姆特瓦拉和鲁伍马等地区，到处都可以见到牛群和羊群，就在达累斯萨拉姆市街头人们偶尔也会见到"误入歧途"的牛群。

坦桑尼亚畜牧业主要是放牧和饲养牛、绵羊和山羊，同时饲养一些家禽和猪等。坦桑的畜牧业以牛为主，牛的头数约占畜牧总头数的75%。资料表明，坦桑尼亚是非洲畜牧业最发达的国家之一。据报道，20世纪六七十年代以来，坦桑尼亚畜牧业一直保持低速增长，牛的存栏数保持在1200万～1700万头之间，在非洲仅次于埃塞俄比亚和苏丹，排名第三。

坦桑尼亚农业部2003年的一份资料表明，在坦桑尼亚大陆370多万个家庭中，10%以上的家庭从事牧业生产，其中3%（约11.1万户）为原始放牧；7%（约25.9万户）是半农半牧者；另外，还有10个（20世纪七八十年代建立）现代化的饲养奶牛和肉牛的国营大牧场。

畜牧业在坦桑尼亚国民经济发展中占有重要地位。2003年，畜牧业产值约占农业总产值的30%，占国内生产总值的18%左右。在现实生活中，畜牧业是全国广大牧民和农牧民维持生计的重要手段之一，是全国非农牧民副食供应的主要来源，所以畜牧业的发展不仅关系到全国10%以上的人口的生活问题，也牵动着国内市场副食品的供应。

（二）独立后畜牧业的发展状况

说坦桑尼亚是非洲一个畜牧业大国，是指它拥有的牛、羊存栏量较大。然而，独立后，直至实施经济改革政策的20世纪80

年代中期，坦桑尼亚的畜牧业并不发达。

第一，发展缓慢，其增长速度远远低于人口增长的增长速度。以牛的存栏量为例，1965 年坦桑尼亚（大陆）约有牛 1035 万头，20 世纪六七十年代牛的存栏量增长率仅在 2% 左右（人口增长率约为 3%），所以到 1973 年（在此期间存栏量最高的一年）牛的存栏量只增加到 1130 万头；而在 70 年代末和 80 年代初的经济困难时期，牛的存栏量增长更为缓慢，实行经济改革前的 1980～1985 年期间，牛的年均存栏量仅为 1215 万头，年均增长率仅在 1.5% 左右。[①]

第二，畜牧业商业化程度低，向市场提供的肉、奶和蛋等畜牧产品不多，坦桑尼亚人对畜牧产品的消费水平也很低。据介绍，20 世纪 60 年代以来，畜牧业向市场提供的牛仅占其存栏量的 3% 左右，提供的羊仅占其存栏量的 2% 左右。据统计，1985 年，畜牧业向市场提供的肉类（包括牛肉、羊肉、猪肉和鸡）178724 吨，牛奶 4.3 亿升，鸡蛋 2.9773 亿个；年人均消费肉类只有 8.7 公斤，牛奶仅 20 升，鸡蛋只有 14 个。[②]

坦桑尼亚农业部 1994/1995 年度一份专题报告说，坦桑尼亚牛奶生产的发展一直低于人口增长的速度，人均消费牛奶的水平处于下降趋势，尽管牛奶的总产量从 1970/1971 年度的 3 亿升增加到 1994/1995 年度的 6 亿升，但在这段时间里人均年消费的牛奶却从 22 升减少到 20 升，低于非洲人均牛奶消费水平（非洲人均年消费量为 35 升）。这份报告还说，市场上的牛奶，约 70%

① *Economic Liberalisation and the Livestock Sub Sector in Tanzania*, by Mdoe, N. S. Y, K. R. . Mnenwa & D. Nyange, Department of Agricultural Economics and Agribusiness, The Sokoine University of Agriculture, Tanzania.

② *Economic Liberalisation and the Livestock Sub Sector in Tanzania*, by Mdoe, N. S. Y, K. R. Mnenwa & D. Nyange, Department of Agricultural Economics and Agribusiness, The Sokoine University Of Agriculture, Tanzania.

是乡村地区的农牧民提供的，现代化牛奶场提供的牛奶仅占30%。

从目前情况看，坦桑尼亚畜牧业（包括家禽饲养业）不发达或发展缓慢的原因主要有三：

第一，传统观念阻碍着发展。传统的游牧民族马赛族等，他们吃的是牛、羊肉，喝的是牛、羊奶和牛血，他们放牧牛羊主要为自己食用；而更重要的，他们把牛视为财富和地位的象征，除了男孩娶媳妇以牛为彩礼外，他们决不会轻易把牛作为商品卖掉。其他半农半牧的农牧民，包括以农为主的农民，放牧或饲养牛羊，也主要是为了自己消费，再者就是准备为男孩娶亲送彩礼，他们也不会轻易卖掉他们的牛或羊。现在，在坦桑尼亚广大乡村地区，男孩子娶媳妇都要送彩礼，所送的彩礼主要是牛，少则几头，多则十几头，甚至几十头。

另外，坦桑尼亚牧民、农牧民或农民，放牧或饲养牛或羊，完全是延续自然经济的生产方式，缺乏商业理念，就连靠近城镇的一些农民，养几头奶牛，也是为了自己喝牛奶，多余的才会出售。

第二，放牧或饲养方式落后。迄今，在坦桑尼亚大陆，不论是牧区还是其他乡村地区，对牛和羊采取的还都是落后的自然放牧的生产方式。马赛族等传统的游牧民族，虽然他们现在大都"定居"下来，在住所周围种一些粮食作物，但他们的男人们还是赶着牛群，"跟着草地走"，走到哪里就放牧到哪里，基本上还是"游牧"。半农半牧的农牧民或以农为主、有些牛羊的农民，一般都把牛群赶到住所或村庄附近的草地放牧，有时要跑出去很远。这种自然放牧，不仅不能保证畜群的正常生长，就连畜群的安全也没有保证，遇到缺水、牧草不足或牧草发生病虫害时，畜群在劫难逃，甚至造成成群成群的牛、羊的死亡。

　　这种传统的放牧或饲养方式，也直接影响着畜牧业的发展。以牛为例，现在坦桑尼亚农牧民放牧或饲养的牛，还主要是老祖宗传下来的那种"泽布"短角牛（Zebu）。1994/1995 年度一份家畜抽样调查报告表明，当时全国约有 1340 万头牛，其中 1300 万头是这种当地牛。泽布短角牛，体格小，成熟慢，五六年成熟后体重仅为 204~363 公斤；母牛通常不满三岁不能生小牛；乳牛产奶量少，每头奶牛年出奶量仅在 318~545 升之间。[①] 独立后，政府曾在引进外国良种奶牛、肉牛和改良泽布牛品种方面做出过努力，也取得了一些进展，但这一工作早在 20 世纪 70 年代后期因缺乏资金就已停止。

　　第三，国营大牧场遇到困难。独立后，政府重视发展商业化牧场，并先后建立了 6 个大牧场。后来，在第二个五年经济发展计划（1969~1974 年）中，政府还做出了建立现代化牧场、奶牛场、养鸡场和养猪场的安排。在世界银行贷款支持下，坦桑尼亚现代化畜牧业得到一定发展，政府组建了国家畜牧业公司（NARCO），其下属的大牧场和奶牛场达到了 15 个，占地面积 62.3 万公顷（可放牧 15.53 万头牛）；饲养的肉牛和奶牛增加到 20 多万头；同时，政府还建立了一些养鸡场和养猪场。从 70 年代中期开始，国家畜牧业公司向市场提供畜产品，并占据了国内畜产品市场 2% 的份额。然而，自 80 年代经济困难以来，由于管理不善，国营牧场、牛奶场、养鸡场和养猪场运营日益困难，到 90 年代中期他们向市场提供的畜产品就减少了一半。

　　1983 年，政府曾制定了一个《坦桑尼亚畜牧业发展十年规划》，提出：欢迎私人资本投资兴建大型养牛场，向国家提供商

----

① 〔英〕莱恩·贝里：《坦桑尼亚图志》，南京大学地理系非洲地理组译，商务印书馆，1975，第 87 页。

品牛；政府要拨款进口重要的兽医药品，以保证畜牧的安全和健康；帮助和教育牧民改变"牛是财富，而不是商品"的传统观念，提高畜牧业的商品意识；提倡科学养牛、养羊，科学发展畜牧业；鼓励广大农牧民养羊、养猪和饲养家禽，以满足国内市场对畜产品的需求。然而，由于当时未对"乌贾马社会主义"政策做出根本性调整，无人投资，再加上政府财政困难，这项计划便不了了之。

（三）改革开放后畜牧业的发展

20 世纪中期坦桑尼亚实施结构调整计划以来，尤其是 90 年代以来，一些人开始投资建立私人养鸡场和养猪场，还有人投资建立了中小型牧场（肉牛场）和牛奶场，坦桑尼亚畜牧业有了起色，牛和羊的存栏量不断增加，通过市场销售的牛羊肉、鸡蛋、鸡肉、尤其是牛奶日益增加，出口的毛皮也越来越多。

据统计，改革前的 1980～1986 年，家畜年均存栏数目分别为：牛 12148147 头，山羊 6424924 只，绵羊 3280736 只。改革后的 1987～1998 年家畜年均存栏量为：牛 13459604 头，山羊 9363702 只，绵羊 3542001 只，比改革前的 1980～1986 年期间分别增长 9.9%、45.7% 和 8%。畜产品的增加则更为明显。改革前的 1980～1986 年，畜产品年均产量为：牛奶 5.17 亿升、肉类 179862 吨、毛皮 30150 吨、鸡蛋 2.6426 亿个；改革后的 1987～1998 年畜产品年均产量为：牛奶 5.81 亿升、肉类 228455 吨、毛皮 40556 吨、鸡蛋 3.6897 亿个，比 1980～1986 年期间分别增长 12.4%、27%、34.5% 和 39.6%。[1]

---

[1] *Economic Liberalisation and the Livestock Sub Sector in Tanzania*, by Mdoe, N. S. Y, K. R. Mnenwa & D. Nyange, Department of Agricultural Economics and Agribusiness, The Sokoine University of Agriculture, Tanzania.

　　随着经济改革的深入，政府于 1997 年提出畜牧业发展政策。这一政策的宗旨是：发展畜牧业，增加畜产品对市场的供应和增加毛皮、活家畜和其他畜产品的出口，提高广大农牧民的收入，实现减贫目标；增加肉、蛋和奶等畜产品对国内市场的供应，以提高人民的营养水平，并提出争取到 2005 年达到年人均消费牛肉 4.83 公斤的水平，比 1997 的 3.47 公斤增加 39%。主要措施包括：①鼓励私人资本投资于畜牧业，鼓励私人资本参与畜产品加工、销售和出口工作；②政府的任务，主要是根据情况的变化制定相关政策和规定，并予以监督实施，同时要加强畜牧业科研部门的工作，为广大农牧民提供科技服务；③对国营畜牧业公司和企业要实行私营化；④鼓励农牧民所在社区建立储蓄所、信用社、信托基金和乡村银行等，政府帮助发展切实可行的畜牧业信贷系统；⑤在牧业区组织牧民协会，以提高他们出售产品、购买农用物资、组织产品市场和传播新技术等工作的效益；⑥政府将建立畜牧业生产和国内外市场对畜产品需求的数据库，为全国农牧民提供信息服务。

　　近年来，政府认真实施 1997 年畜牧业发展政策，增加了对畜牧业部门的投入，坦桑尼亚畜牧业得到了发展。①加强科研工作，为农牧民和大牧场及牛奶场培育了优良种牛。据报道，在 2002～2003 年，政府畜牧业研究中心就培育了约 20 万头良种肉牛；培育出 10 万多头良种奶牛。②加强了畜牧业基础设施建设，在全国广大牧区的草原上修复或新建了一大批家畜饮水池、家畜休息场和夜间牛栏等。③为了保证将活牛或活羊及时从乡村地区运到城镇地区屠宰场，或运到港口装船出口，在中央铁路一线增加了 3 列运送牲畜的火车，并在沿途 30 个车站修建了运送牛羊等上车的相关设施。④在全国牧区增设了 15 个兽医站。⑤ 2002 年 2 月政府做出对国营大牧场、奶牛场和肉类加工厂全部实行私营化的决定后，现在已经把坦噶尼喀罐头有限公司（TPL）、乌特基（Utegi）奶牛场、鲁伏（Ruvu）奶牛场和伊胡姆布（Ihumbu）奶牛场等先后卖给了私人（包括外国人）。所有这些，对推动畜牧业的全面发展，提高各种畜产品的质量，都发挥了积极作用。

经过几年努力，坦桑尼亚的畜牧业出现了新的发展。首先，牲畜的存栏量增加了。2003年，牛、山羊和猪的存栏量（见表4－6），分别比1997年增长了29%、17%和102%。其次，畜牧业向市场提供的各类畜产品的数量都有了大幅度的增加。例如，在2002/2003年度，肉类、牛奶、鸡蛋和毛皮的产量（见表4－7）分别比1999/2000年度增加了12%、40%、76%和10%。

表4－6　坦桑尼亚（大陆）1995～2003年畜牧业年均存栏数

单位：头或只

种　类	1995	1996	1997	1998	1999	2000	2001	2002	2003
牛	15645	13605	13700	13796	13893	13990	14088	14187	17700
绵羊	3493	3552	3551	3550	3549	3548	3547	3546	3500
山羊	10682	10362	10694	11034	11407	11792	12190	12601	12500
猪	435	422	435	449	465	480	496	513	880

资料来源：坦桑尼亚农业和粮食安全部、坦桑尼亚国家统计局。

表4－7　坦桑尼亚（大陆）1999/2000－2002/2003年度
家畜和家禽产品产量统计

产品＼年度	1999/2000	2000/2001	2001/2002	2002/2003	年增%
肉类(吨)	306000	323100	332000	341500	2.78
牛肉	175000	181000	182000	182500	0.27
羊肉	70900	72100	74000	74500	0.67
猪肉	14700	20000	21000	23000	8.70
鸡肉	45400	50000	55000	61500	10.57

产 品＼年 度	1999/2000	2000/2001	2001/2002	2002/2003	年增%
牛奶(千升)	700500	814000	900000	980500	8.21
牧民提供	448500	492500	578000	620700	6.88
奶牛场产	252000	321500	322500	359800	10.37
鸡场产蛋(千个)	450000	600000	650000	790000	17.72
毛皮(张)	2424165	2550000	2450000	2660000	7.89
牛 皮	1300000	1400000	1400000	1400000	0.00
山羊皮	715165	750000	700000	800000	12.50
绵羊皮	409000	400000	350000	460000	23.91

资料来源：坦桑尼亚国家统计局。

四 渔业

（一）坦桑渔业资源极其丰富

坦桑尼亚（大陆）渔业资源丰富。它东临印度洋，拥有850公里长的海岸线和约22.3万平方公里的海洋专属经济区；内陆除知名的维多利亚湖、坦噶尼喀湖和尼亚萨湖等大湖外，还有众多的河流和中小湖泊，内陆水域面积6万多平方公里。宽广的水域为各种鱼类繁衍生息提供了良好的环境。据报道，坦桑尼亚内陆湖泊与河流中适于食用的鱼类就有500多种，仅维多利亚湖坦桑尼亚境内水域中就有200多种，有名的尼罗河鲈鱼和罗非鱼、卢菲鱼就产在维多利亚湖。据认为，坦噶尼喀湖是渔业发展潜力最大的湖泊，联合国渔业专家估计说，这个湖约有250万吨鱼，年捕鱼量可达75万吨，其3/4属于沙丁鱼类的达噶鱼。

（二）七八十年代渔业取得发展

渔业是坦桑一项传统的生产活动。许多居住在湖泊与河流附近和海边的居民，一直过着半农半渔的生活，还有些少数民族就是以捕鱼为生。

据报道，独立后，尤其在 20 世纪七八十年代，为发展渔业生产，政府兴建了一些渔业生产基础设施，包括在沿湖城镇先后建立渔网厂、造船厂和鱼类加工厂等。政府在维多利亚湖畔的姆万扎和达累斯萨拉姆以北的姆贝加尼建立了渔业技术培训中心，在达累斯萨拉姆大学设立了渔业学院和渔业研究所，培训渔业技术管理干部。与此同时，政府还同日本合作，合资创办了一家捕鱼公司，有机动渔船 6 艘，主要在维多利亚湖捕鱼。

政府的一系列措施推动了坦桑尼亚渔业生产的发展。据统计，1970 年捕鱼量就达到 18.5 万吨，90% 为淡水鱼，主要产自维多利亚湖、坦噶尼喀湖、尼亚萨湖、尼翁巴亚门古水库和鲁夸湖等水域。到 70 年代后期，坦桑约有传统渔民 4 万多和注册的商业性渔民 3000 多，1979 年的捕鱼量就达到了 34.4 万吨。

在坦桑尼亚经济进入困难时期以后，渔业生产同样进入困难时期，到 1981 年捕鱼量就下降到 22.6 万吨；在整个 80 年代，捕鱼量则一直徘徊在 20 万吨左右。

（三）近年来渔业生产出现转机

进入 20 世纪 90 年代以后、尤其是 1996 年以来，随着经济改革的深入发展，坦桑尼亚渔业生产开始回升，每年的捕鱼量都在 30 万吨以上，渔业部门产值占到农业产值的 6%，占到国内生产总值的 2% ~3%。

尽管如此，坦桑尼亚的渔业现在还很落后。迄今，坦桑尼亚渔业生产仍以个体渔民为主，他们使用的捕鱼船主要是传统的小木船，渔具原始落后，难以大幅度增加鱼的产量，尽管他们的捕鱼量约占坦桑尼亚大陆总捕鱼量的 90%。至于海洋捕鱼，因无远洋捕捞设备，坦桑尼亚的海洋捕鱼仅限于近海，产量有限。另外，坦桑尼亚现只有 4 个海洋渔业加工厂，加工大虾、龙虾、章鱼和鱿鱼等，已经远远不能满足渔业生产恢复和发展的需要。

在《全国减贫战略计划》精神的指导下，自然资源和旅游部 1997 年 12 月出台的渔业部门发展战略明确规定：欢迎私人资本（包括外国资本）在渔业部门投资，创造就业机会；鼓励开发和利用渔业资源，扩大市场，增加鱼类和渔产品的出口，为国家创造更多外汇；加强渔业科研和对渔民的技术服务，帮助渔民改进捕鱼技术，提高产量，增加收入。政府还特别提出：欢迎外资在捕鱼、渔产品加工、渔船和渔具生产及相关的服务行业方面投资；支持和鼓励外资在近海 12 海里至 200 海里的专属经济区和深海进行捕捞作业，发展捕捞大虾、龙虾、蟹、章鱼、鱿鱼、海参、乌贼、鲨鱼、沙丁鱼和金枪鱼等渔业生产；欢迎外资在湖区和近海区域发展渔耕，并提出对养殖大虾出口的外资给予免交海场使用费的特别优惠条件。与此同时，政府在所有湖区和沿海水域建立渔业资源中心，加强了对渔业资源开发的管理，特别是增加了在海上和湖上的快艇巡逻次数，加大了打击在坦桑尼亚水域非法捕鱼的渔船、尤其是外国船只的力度。

1997 年以来，注册渔民和捕鱼船越来越多，捕鱼量和出口量都在增加。据统计，2002 年，注册渔民就从 1999 年的 62486 人增加 119856 人，增长 92%；捕鱼船（包括机动木船和捕虾船）从 1999 年的 22464 艘增加到 36776 艘（在淡水水域捕鱼的有 31849 艘，在海上捕鱼的有 4927 艘），增长 63%；捕鱼量从 1999 年的 31 万吨增加到 35.1125 万吨，增长 13%（见表 4 - 8）。另外，2003 年出口鱼和鱼产品 4.2353 万吨，出口收入 12960 万美元，分别比 1999 年的 2.8929 万吨和 6179 万美元约增长 46% 和 110%（见表 4 - 9）。

据认为，随着私人投资（包括外国资本）的增加、渔业生产基础设施状况的改善和政府对渔业科研及对渔民科技服务工作的加强，坦桑尼亚渔业将会出现新的发展。

坦桑尼亚

表4－8　坦桑尼亚（大陆）1993～2003年
渔业部门捕鱼量和收入情况

年 份	淡水捕鱼			海洋捕鱼		总捕鱼量和收入	
	注册渔民	捕鱼量（吨）	收入（千先令）	捕 鱼（吨）	收入（千先令）	捕鱼量（吨）	收 入（千先令）
1993	61943	294782	31239	36684	10207	331467	41446
1994	61943	228007	30949	40785	14228	268792	45177
1995	62486	207139	45805	51073	28580	258212	74385
1996	62486	308600	38200	48200	24100	356800	62300
1997	62486	306750	42265	50210	25350	356960	67615
1998	62486	300000	47486	48000	29274	348000	76760
1999	62486	260000	44018	50000	33500	310000	77518
2000	92529	271000	45500	49900	32180	320900	77680
2001	101195	283354	47108	52935	34114	336289	81222
2002	119856	273856	54771	49675	33372	323531	88143
2003	119856	301855	141074	49270	34489	351125	175563

资料来源：坦桑尼亚渔业司。

表4－9　坦桑尼亚（大陆）1996～2003年鱼类产品出口情况

年 份	出口量（千克）	出口收入		税 收
		千先令	千美元	千先令
1996	25544863	24837660	61782	1513450
1997	32098151	41879810	70165	2512741
1998	46660954	54836980	83523	3290218
1999	28928780	44712630	61789	2687065
2000	41725215	51173638	64535	3071388
2001	41640238	82999691	95451	5244333
2002	32953787	88940963	94244	4981373
2003	42352738	132862401	129606	7789955
总　计	291904729	522243776	661098	31090528

资料来源：坦桑尼亚渔业司。

244

五 林业

坦桑尼亚（大陆）的林业资源非常丰富。它的森林和林地面积大，森林覆盖率高，不仅可生产大量的木材产品和非木材产品，而且还为畜牧业和旅游业的发展提供了良好的环境。

（一）独立初期林业得到一些发展

独立时，坦噶尼喀的森林和林地面积为 4356.41 万公顷，占其土地面积的 49%。独立后，政府重视发展林业生产，1963 年即修改殖民统治时期制定的林业政策（1952 年），推出一套以"保护和生产"为两大重点的森林政策。

这项森林政策的主要内容包括：①划定了保护林区和非保护林区的范围，规定 1280 万公顷为"永久森林保留地"（即保护林区），不准进行任何开采；3070 万公顷为"非保留森林和林地"，作为燃料和建筑材料的基地，可以采伐。在保护林区内，还专门划定 135.9 万公顷为"自然保护林"，其目的在于保护水源，保护河流堤坝，防止水土流失，保证水电站和给水系统的正常运行；规定保护野生动物园的森林和林地，保持生态平衡，保护野生动物，保证旅游业的发展。同时规定，在永久森林保留地中，有 1118.38 万公顷的森林可进行商业性开采，即生产锯木。②从管理上，规定永久森林保留地中 1139.2 万公顷的林区，即 89%，由中央政府直接管理，其余则由地方政府管理；私人森林（当时有 6.14 万公顷），由森林主人自行管理。③规定采伐树木要有计划，同时要大量植树造林，以补充和增加林业资源；为满足日益增加的建筑用木材的需要，还拟订了建设 17 个软木林场的计划。④规定由农业和合作部的林业局全面负责坦桑尼亚林业的"保护和生产"工作，除管理林场、加强科研和提供科技服务外，还要加强对森林保护，特别是防火、防治病虫害和防止农

业侵占林地等。①

政府的林业政策和相应的措施推动了林业的发展。第一,木材工业有所发展。①出现一些新的伐木公司,木材开采量增加。据估计,1966 年全国木材总采伐量为 388155 立方米,到 1967 年就增加到 968268 立方米。②建起了一批木材工业公司,包括木柴和木炭场、木材场、胶合板厂、火柴厂、家具厂和蜂蜜、蜂蜡加工厂等。这些公司的建立,首先满足了国内木柴、木炭和建筑材料的需求。③木材工业的发展带动了林业产品的出口。据统计,1966 年林业产品出口值达到 37948940 先令(当时 1 美元约合 7.48 先令),出口的木材产品包括圆木、木材、胶合板和木雕,非木材产品包括蜂蜜、棕榈果,阿拉伯胶、蜂蜡和金合欢属炼制品等。② 第二,在植树造林方面取得了成绩。坦桑尼亚的植树造林活动开始于 20 世纪初期。1952 年殖民政府曾制定过一个造林计划,以生产圆木、柱材和薪炭,拟造林 1.6 万公顷,但到 1962 年只完成 1.36 万公顷。独立后,政府按新的森林政策的规定开展了大规模的植树造林活动,到 70 年代中期,就建立了 16 个人工林场,面积达到 7.9 万公顷。第三,政府在莫希和卢绍托设立了两个林业研究所,分别负责木材利用和植树造林问题的研究工作;还在奥尔莫托尼开办了一所林业培训学校,传授养蜂技术。

(二)《阿鲁沙宣言》后的发展与困难

1967 年的《阿鲁沙宣言》也使坦桑尼亚的林业发展受到影响。根据《宣言》精神,森林作为主要的生产资料,政府对其实行了国有化,并全部由中央政府农业部林业司统一管理。与此

---

① 〔英〕莱恩·贝里:《坦桑尼亚图志》,南京大学地理系非洲地理组译,商务印书馆,1975,第 96~98 页。
② 〔英〕莱恩·贝里:《坦桑尼亚图志》,南京大学地理系非洲地理组译,商务印书馆,1975,第 100 页。

同时，政府对伐木公司和木材工业公司实行了国有化。接着，政府一方面增加投入，另一方面利用德国、瑞典和挪威的援助，在国有化的基础上重新组建了 10 家规模较大的伐木公司、10 多家木材工业公司，并且兴建了一家造纸厂（南方造纸厂），然后组建了坦桑尼亚木材公司（TWICO），全面负责木材企业的工作，包括木材的开采和木材产品的销售等。1974 年，德国还帮助在坦噶省建立了三家蜂蜜加工厂，并包销了他们的全部蜂产品。

经过努力，坦桑尼亚的木材工业取得了一些发展。到 1973 年，其总采伐量就达到了 3150 万立方米，国内建材等木材工业也有了发展，还增加了一些木材和木材产品的出口；另外，坦桑尼亚的养蜂业发展了，蜂蜜和蜂蜡出口增加，1975 年成为世界上出口蜂蜡最多的国家。

然而，70 年代中期以后，随着国家经济的日益困难，政府财政枯竭，外援减少，靠政府拨款和外国援助起家的坦桑尼亚木材工业公司及其子公司的生产和经营陷入困境。据报道，到 70 年代末、80 年代初，年木材总采伐量已从 1967 年的 96 万多立方米减少到 46.8 万多立方米，1987 年减少到 4.6 万立方米，到 1994 年又减少到了 3.5 万立方米。一些木材工业公司的生产，由于原料不足或设备老化，生产断断续续，甚至完全停产，坦桑尼亚第二大木材工业企业南方造纸厂也于 1997 年因设备老化等问题被迫停产。在这种情况下，坦桑尼亚木材产品和非木材产品的出口也就微乎其微了。

与此同时，森林资源的管理工作遇到了更大的困难。坦桑尼亚没有石油，煤也很少，其能源的 92% 以上靠森林。广大乡村地区，人们做饭和取暖基本靠木柴，城镇居民则主要靠木炭。除家庭生活外，还有熏鱼、烤烟、砖瓦窑、陶瓷窑等，也都用木柴做燃料。一份调查材料表明：坦桑尼亚年人均消耗的木柴和木炭约合原木两立方米；20 世纪 80 年代，坦桑尼亚每天作为木柴和

木炭被砍伐的树木（以每棵树为 0.2 立方米计算）达到了 45000
棵。在伐木公司不能满足市场对薪炭木材的需求时，人们就要亲
自动手，乱砍滥伐，或自用，或出售。

在推行"社会主义"政策期间，森林资源国有化了，政府
也设立了相关管理机构，但却形成了对森林资源管理不过来和无
人管理的局面。20 世纪七八十年代，为了加强森林资源的管理
工作，曾先后出台了一些相关政策，如《野生动物保护法》
（1974 年）、《国家环境管理法》（1983 年）和《国家土地使用
规划委员会法》（1984 年）等。1977 年，政府进一步把 540 处
林区列为森林资源保护区，约占森林面积的 30%，其中 12% 为
主要河川的河源保护林。1984 年，政府还将部分森林的管理权
下放给地方政府，即把原来由地方政府管理的地区森林和林地的
管理权交还给地方政府，以加强林业资源的管理。然而，由于政
府财政困难，上述这些法规难以落实，都没有起到应有的作用，
国家森林资源管理陷入混乱，致使国家森林资源遭到了日益严重
的破坏。

据报道，坦桑尼亚森林面积逐年减少，到 1987 年，其森林
和林地面积已从 1962 年的 4356.41 万公顷减少到 3309.6 万公
顷。森林减少的原因包括：农业的扩张，畜牧业的发展，野火时
有发生，木柴的过分砍伐，也包括人类活动的增加。联合国粮农
组织估计，坦桑尼亚每年减少的森林面积在 13 万公顷到 50 万公
顷之间。森林减少带来的负面影响主要是生态系统的恶化，包括
土壤肥力减弱、水土流失和生物物种减少。

（三）调整林业政策保证持续发展

自 20 世纪中期开始执行结构调整计划以来，为保护森林资
源、恢复和发展林业生产，保持生态平衡和经济的可持续发展，
政府不断推出了相关的政策和法规，主要包括：

第一，经济改革开放初期，政府首先纠正"社会主义"时期对森林资源和木材工业实行的"国有化"偏差，物归原主。在植树造林方面，一方面启动了计划多年的多多马造林计划；另一方面提出了"谁造林，谁受益"的口号，鼓励私人、村庄和社区投资植树造林，并号召他们帮助政府管理好森林资源。同时，鼓励私人投资木材工业和非木材产品工业；在外汇短缺的情况下，还鼓励私商自筹资金营销和出口木材产品和非木材产品，对出口创汇给留成35%的奖励等。

第二，为加强森林资源的管理，全面恢复和发展林业生产，1990年政府制定并开始执行了《坦桑尼亚森林行动计划》（1989/1990～2007/2008）。这是一个林业部门全面开放的计划。计划明确提出：①由中央政府管理的森林保护区将改由专门机构或私营部门同政府一起联合管理；②由地方政府管理的森林将继续由地方当局管理，或做出相应安排；③村庄森林保护区将由村政府或由村政府确认的相关机构负责；④对国家16个人工林场进行改制，可由私人投资，以租赁、独资或合资方式进行商业化管理。根据计划安排，1994年政府推出了对国有伐木公司和木材工业公司实行私营化的计划。

第三，1998年3月5日政府制定并开始实施《国家森林政策》，政策的总目标是：通过全社会的努力，加大对森林资源的管理力度，发展林业生产，增加林业部门对国民经济发展的贡献，同时为国民经济的可持续发展创造条件，造福于子孙后代。

坦桑尼亚的森林资源极其丰富。1998年坦桑尼亚（大陆）森林和林地面积为3350万公顷，占其陆地面积的40%。森林资源的合理开发利用和认真保护与坦桑国计民生和经济发展息息相关，政府制定的森林政策是坦桑社会经济发展的百年大计。①森林是当前坦桑尼亚能源的主要来源，全国90%以上的人口使用木柴和木炭炒菜、做饭和取暖，薪炭能源消耗量约占全国能源总消耗量的92%。②提供大量的木材产品，包括圆木、木杆和木

材，还为造纸和纸产品、胶合板和木材工业提供大量的原料，一些木材产品可供出口。③提供大量的非木材产品，非木材产品是当地居民经济收入的一个重要来源，包括各种水果和坚果、蜂蜜和蜂蜡、阿拉伯树胶、棕榈纤维和檀香油等，还包括大量的药用植物。④林地是放牧家畜的主要场所。⑤森林为坦桑尼亚打造了良好的生物生存环境和丰富的旅游资源，坦桑是世界上生物种类最多的国家之一，有1万多种植物、316种哺乳动物，还有1056种鸟类、335种爬行动物和116种两栖动物。⑥广阔的森林和林地对环境、水土和水源发挥着重要的保护作用。⑦林业部门为林区居民提供了大量的就业机会，每年约雇用80万名工人，非正规林业生产部门还雇用着许多临时工。⑧林业部门产值及其出口收入在国内生产总值和外贸出口收入中都占有一定地位，1998年分别占3.1%（包括狩猎）和10%。

为加强对森林资源的合理利用和保护，实现森林政策的总目标，政府重新划定了"生产林区"和"保护林区"的范围，规定：在33555万公顷的森林和林地中，23810万公顷为生产林区，占71.0%，可按规定采伐利用；9745万公顷为保护林区，占29%，不准进行任何采伐，保护林区内包括了约2000万公顷的在国家公园和水源地区的森林和林地。

森林政策制定具体目标包括：①通过有效的管理，尤其是"联合管理"，保证有充足的、能满足社会对林产品（主要是木柴、木炭和建材）需求的森林资源；②通过私营化，包括对国营伐木公司和木材工业公司的改制和私人投资（包括外国资本），全面恢复和发展林业生产，以满足国内市场对木材产品和非木材产品的需求，同时扩大出口，增加外汇收入；③恢复和发展林业生产，增加就业机会，尤其要通过发展养蜂业为农民提供更多就业机会，帮助农民减贫；④加强对森林的保护，保证森林生态平衡和生物的多样性，保护水源，保护土壤肥力，为国家经济可持续发展做出贡献。

2002 年 7 月，国民议会通过《森林法》（独立以来的第一部森林法），对《国家林业政策》提供了法律支持。

第四，1998 年 3 月 5 日，政府还批准实施了《国家养蜂政策》。专门制定养蜂政策在坦桑历史上尚属首次。政府认为，坦桑尼亚蜜源丰富，发展养蜂投资少，见效快，许多农民都可直接参与，而收入可观，是广大乡村地区农民的一条减贫之路。《养蜂政策》号召社区、私营部门和其他非政府组织积极参与养蜂业，以吸引更多的农民养蜂，为农民提供更多的就业机会，增加农民的收入，同时也可增加出口，增加国家的外汇收入。

2002 年 6 月，国民议会通过坦桑尼亚《养蜂法》，进一步明确了政府鼓励个人和社区投资养蜂业的优先领域，包括：建立蜂种保护区；在农业耕作区、森林保护区、林场及野生动物保护区建立养蜂场；建立蜂蜡加工厂、蜂蜜加工厂、养蜂用品和用具制造厂、花粉加工厂等。

（四）林业改革以来出现的新形势

自 1986 年改革开放以来，尤其是 1998 年政府制定林业政策、养蜂政策，2002 年国民议会通过《森林法》和《养蜂法》以来，坦桑的林业部门的恢复和发展出现了一些新形势。

1. 植树造林活动蓬勃展开

为了改善乡村地区薪炭供应情况，减少生态环境恶化的压力，20 世纪中期实行结构调整计划以来，政府即坚持"谁造林、谁受益"的政策，调动了村庄、社区和宗教团体植树造林的积极性。据林业和养蜂司统计，1986 年坦桑就植树造林 7.93 万公顷。政府后来制定的一些森林政策、林业发展计划和议会通过的森林法，都明确规定欢迎和鼓励私人和私营部门、村庄和社区等投资林业部门，积极参与森林的发展、保护和管理工作，加上政府不断做出全国性的植树造林安排，所以近 20 年来坦桑的植树

造林活动一直在蓬勃发展。

1998/1999 年度，政府决定开展一次全国植树运动，提出在 2000 年以前植树 1 亿棵，结果超额完成任务，植树面积达到了 58 万多公顷。政府认为，通过植树活动，不仅可以减少沙漠化和水土流失的危险，而且也可以保证森林资源的可持续利用。为此，政府于 2000 年正式规定每年 1 月 1 日为全国植树日。

世界银行 2003 年的一份报告说，坦桑尼亚的私人林场在不断增加。这份报告说，基隆贝罗谷地提克公司（KVTC）近年来就造林 5.5 万公顷。在基隆贝罗谷地，还有一片约 8 万公顷的森林。这片森林分别由当地社区青年组织、妇女组织和个体农民栽植，他们的森林面积都不大，从 50 公顷到几百公顷，最大的也不过 1000 公顷。报告说，在伊林加省的穆芬迪地区，最近几年还出现了一片约 2.4 万公顷的私人林场。这个林场是个体农民的。这里的农民有植树的传统，除了种庄稼，他们每户都要栽些树，"新的林业政策进一步激发了他们的植树造林的热情，现在他们的林业收入都非常可观"。

据统计，2000/2001～2003/2004 四个年度，坦桑尼亚每个年度植树分别为 82080817 棵、82670850 棵、70162213 棵和 140701963 棵，四年共植树 375615843 棵，超过计划的 2.1%，植树面积达到了 300 多万公顷。

坦桑尼亚作为一个不发达的穷国，又不产石油，森林是其主要能源来源。随着人口的增加，炭薪需要量日益增加。据联合国粮农组织林业部公布的《对 2000 年全球森林资源的评估》，1990～2000 年，坦桑尼亚年均采伐森林达 9.1 万公顷，主要用于炭薪。然而，由于植树造林的广泛开展，不断有更多的人工林予以补充，坦桑尼亚的森林和林地面积不但没有减少，反而逐年有所增加。坦桑尼亚的森林面积，1998 年已从 1987 年的 3309.6 万公顷增加到 3550 万公顷，2000 年增加到 3881.1 万公顷，到

2005 年又增加到 4400 万公顷。

坦桑尼亚的植树造林活动引起国际上的广泛关注。2002 年 8 月在南非约翰内斯堡举行的世界持续发展峰会授予坦桑尼亚"赤道主动行动奖"（"Equator Initiative Award"），以表彰它在保护森林、保护环境和保护生态平衡方面所取得的成绩。①

2. 养蜂政策后出现"养蜂热"

坦桑尼亚的养蜂业开始于 1949 年。1974 年德国援助坦桑尼亚在坦噶建立了蜂蜜加工厂，带动了坦桑养蜂业的发展。20 世纪 70 年代，坦桑尼亚曾是世界蜂蜡主要出口国之一，年产在 600 吨左右。1974～1976 年，因爆发某种疫情，许多蜜蜂死亡，蜂巢消失，坦桑尼亚的养蜂业受到致命打击。80 年代中期实行结构调整计划以后，私人开始投资，使坦桑尼亚的养蜂业得到了恢复和发展。1998 年养蜂政策出台后，坦桑尼亚又出现了一股"养蜂热"，加快了养蜂业发展。

据报道，1998 年以来，为了保证有充足的蜜源，政府林业和养蜂司已同大部分地方政府把相关的森林和林地划为"养蜂资源保护区"。林业和养蜂司还在基邦多、塔波拉、马尼约尼、孔多阿和韩德尼等地区建立了一些养蜂服务中心，开始为养蜂农民提供技术服务。

坦桑尼亚政府的养蜂努力得到了国际上的支持，如挪威从 1998 年就开始同坦桑尼亚开展了双边养蜂合作，在苏瓦（Suwa）村建立养蜂技术推广站，到 2002 年苏瓦村的蜂群已从 1998 年的 30 群发展到 8077 群。

世界银行 2003 年的一份报告说，坦桑尼亚越来越多的农民把养蜂业视为减贫之路，他们许多人不仅大量地增加了蜂箱，而

① The Economic Survey 2002 Produced by the President's Office、Planning and Privatization Dar Es Salaam-Tanzania June, 2003.

且为保证有充足的蜜源还建立了自己的养蜂林场。2002/2003 年度，萨奥山人造林区周围 44 个村庄的农民，就投资 18 万美元，购买树苗 190 万棵，栽了 11105 公顷的养蜂森林。

坦桑尼亚的蜂产品有两类，即蜂蜜和蜂蜡。坦桑尼亚的蜂蜜和蜂蜡在国内外市场上均供不应求。

蜂蜜，主要供应当地市场，国内中上层人士喜欢食用；另有一部分出口，其出口收入 1988 年为 24000 美元，1991 年增加到 117000 美元。坦桑尼亚的蜂蜜，深受国际市场，尤其是德国、英国、荷兰等欧盟国家的欢迎。1991 年，英国曾对坦桑尼亚的蜂蜜进行有机蜂蜜测试，结果 100% 合格。2002/2003 年度，坦桑尼亚出口蜂蜜 823.13 吨，出口收入达到 905443 美元。（见表 4 - 10）

表 4 - 10　坦桑尼亚（大陆）蜂蜜和蜂蜡出口统计
（1998/1999 ～ 2003/2004）

年　　度	蜂　蜜		蜂　蜡	
	出口量(吨)	出口收入(美元)	出口量(吨)	出口收入(美元)
1998/1999	39	35533	403	1440578
1999/2000	156	167698	643	2405550
2000/2001	123	14760	370	1056790
2001/2002	1.8	2400	235	617618
2002/2003	823.13	905443	392	1776000
2003/2004	585.75	698220	98	315180

资料来源：坦桑尼亚林业和养蜂司。

蜂蜡，全部出口，主要出口到日本和欧洲国家。据统计，蜂蜡出口从 1995 年的 226 吨增加到 1998 年的 449 吨；出口创汇从 1988 年的 793000 美元增加到 1991 年的 2451000 美元。2002/2003 年度，坦桑尼亚出口蜂蜡 392 吨，创汇 1776000 美元。

目前，养蜂业已经成为坦桑经济发展中新兴的产业部门之一，且已有一定规模，目前坦桑尼亚从事养蜂的人已经达到 200 多万人。据统计，2001/2002 年度，坦桑产蜂蜜 26500 吨，排名世界第十二位；蜂蜡产量达到 1800 吨，居世界第九位。

3. 森林管理工作在逐步加强

1990 年执行《坦桑尼亚森林行动计划》以后，中央政府、地方政府、社区领导机构和村委会以及非政府组织等联手在一些地区，进行了不同方式的社会参与森林管理的试点，结果确定政府和社区"联合管理"为最佳模式，认为把一片森林和林地（包括公共林区和保护林区）交给附近的社区管理和利用，"森林资源不会减少"，因为社区（村庄）的居民大多靠这片森林和林地得到燃料，收获一些非木材产品，以增加收入，他们不会急功近利，而会认真管理和利用这些森林，甚至会不断植树造林，保持森林的规模。1998 年的林业政策和 2002 年的林业法，都充分肯定了这种模式。1998 年以来，中央政府和地方政府一直在积极落实"联合管理"计划。他们一个村一个村、一片森林（或林地）一片森林地落实。要通过丈量确定所管理的林区的范围，要制定出林区管理和发展计划，要谈判，最后签署关于政府和社区（村和村民）双方责、权、利的"联合管理协议"或称"共管协议"。截至 2003 年底，已有 1863623 公顷的森林实行了共管；还有 1085306 公顷的保护林区也实行了共管。

与此同时，自 90 年代以来，政府逐渐恢复了对保护林区的巡逻，森林法出台以后这种巡逻又得到了进一步加强。政府还对一些保护林区进行了新的勘测，更明确地划定了有关林区的范围，并树立了界标。

另外，为保护森林资源，政府对圆木采伐采取了限制措施。2002 年议会通过的森林法明确规定，从 2004 年 7 月开始禁止出口圆木。然而，2004 年 7 月以来这项规定执行得十分不力，非法砍伐和出口圆木的活动时有发生，致使坦桑尼亚一年多的时间

就减少了9.1万公顷的森林。为此，2006年1月27日政府再次重申了禁止出口圆木（和檀香木）的禁令，并对违法公司和个人进行了严厉的处罚。

4. 木材工业私营化取得进展

从1986年起，一些私人开始投资建立木材工业公司和经营木材产品，还出现了一些经营坦桑尼亚特产乌木雕的外贸公司。1994年政府推出国营企业私营化的计划后，一些小的国营木材加工企业陆续被私人购买，也成了私营企业。据统计，到1997年坦桑尼亚私营木材加工企业和贸易公司就达到了130多家。

在政府对坦桑尼亚林业公司下属10家伐木公司和10家木材公司改制的进程中，需要投资较多的伐木公司和南方造纸厂等大型企业进展缓慢。到1997年，只有6家伐木公司实现了私营化。为此，政府再次推出对其余伐木公司私营化的计划，因为条件优惠，到1998年底剩余4家伐木公司就被卖出。另外，规模较大的坦桑尼亚南方造纸厂，2003年11月被肯尼亚莱伊集团收购。据报道，这家肯尼亚公司已投入2600万美元，2004年即恢复了生产，计划年产能力为7万吨纸浆。进入21世纪以来，私营部门在木材工业部门所占的份额已经从过去的25%扩大到78%。

但应当看到，坦桑尼亚木材工业的发展当前还有许多困难。长期以来，大多数木材加工厂设备陈旧，有待进一步投资更新；一些个体小木材厂、家具厂，也因缺乏资金，买不起先进的设备，加工技术落后，产量少，产品质量也无保证，产品缺乏竞争力。另外，一些木材工业公司私营化后的生产尚未稳定下来。更为困难的是，基础设施条件差，直接制约着木材工业的发展。大多数林区处于偏远地区，许多地区尚未通电，道路年久失修，甚至有些地区还无法通车，使得木材采伐和运输都十分困难。这种状况难以在短期内得到解决。

目前，伐木公司每年采伐圆木约90万立方米。来自天然林的硬木圆木约占 30 万立方米，来自人工林的圆木 60 万立方米。然而，由于技术落后、投资不足、流动资金短缺、市场开发欠佳等，许多木材加工厂开工不足，开工率仅在 50% 左右。据统计，坦桑尼亚木材年加工能力已从 1992 年加工圆木 90 万立方米的水平下降到近几年的 70 万立方米左右。

第三节 工矿业

独立前，坦桑尼亚大陆的工业基础十分薄弱，仅有一些采矿业、农产品加工工业及少量轻工业，其工业产值仅占国内生产总值的 3.4%，工人也只有 2.2 万人。长期以来，坦噶尼喀在殖民统治下形成了单一的殖民主义经济体系，靠廉价向宗主国出口经济作物产品和矿产资源等换取一些外汇，然后再高价从那里进口其生活和生产必需品。独立以来，为改变这种"出口原料，进口成品"的不合理状况，坦桑尼亚政府不断采取措施，并取得了某些进展。目前，坦桑仍在为改变这一不合理的经济结构进行着艰苦的努力。

一 制造业

（一）独立后的发展与问题

坦桑尼亚大陆（坦噶尼喀）独立后，政府首先通过吸引国内外私人投资政策，推动工业的发展。1962 年，英美烟草公司就在坦桑尼亚设立了分公司；接着，当地亚洲人建立了炼铝厂，意大利阿吉普石油公司同坦桑尼亚政府合资建立了坦桑尼亚－意大利炼油厂；此外，还先后兴建了纺织、制革、制鞋、造纸、农产品加工、木材加工等一批新工厂。政府在《第一个五年发展计划》（1964/1965～1968/1969）中明确提出积极发展进口替代工业的计划，进一步发展了日用消费品工业。据统

计，到 1966 年，其工业产值在国内生产总值中所占的比例已增加到 8.1%，工人人数也增加到 3.26 万人。当然，这些工厂的绝大部分投资都来自国外。

1967 年《阿鲁沙宣言》发表后，政府对一些重大的工厂企业实行了国有化，对另一些诸如剑麻加工厂、卷烟厂、皮鞋厂、酿酒厂、炼油厂、采矿等企业，则采取征购 50% 以上股份的做法，实行了合营。与此同时，根据《第二个五年经济发展计划》（1969/1970 ~ 1973/1974）中规定的"优先发展进口替代工业"的安排，政府又投资兴建了一些生产生活必需品的工厂。到 70 年代中期，国营企业已占据了坦桑工业的主导地位，全国 40 多家较大的企业都是国营企业，其产值占整个工业产值的一半以上。1973 年，坦桑尼亚全国已有 538 家工厂，雇用工人 7.26 万人。

1975 年坦桑尼亚政府制定了一个为期 20 年的《工业发展计划》，提出基础工业的发展战略，旨在加快调整传统经济结构的步伐。计划主要包括：发展农产品（指经济作物产品）加工业；继续发展进口替代工业；欢迎国内外私人投资，利用矿产资源（煤、天然气、铁、磷酸盐等），独资或合营创建新型矿业。计划的具体目标是：向国内市场提供大量消费品，满足广大人民生活的需要；提高出口产品的竞争力，增加出口收入，缓解当时的经济困难。此后，坦桑又建立了一批国营企业。

到 20 世纪 80 年代初，坦桑尼亚以进口替代工业为主的制造业已有一定规模。农产品加工企业较多（绝大部分属于作坊类），包括剑麻加工厂（240 个）、咖啡加工厂（149 个）、腰果加工厂（4 个）、茶叶加工厂、榨油厂、碾米厂、面粉厂、制糖厂、轧棉厂和除虫菊加工厂等。

其中，制糖业发展很快，较大的糖厂有基隆贝罗糖厂、坦噶尼喀种植公司和阿鲁沙奇尼糖厂等，1971 年产糖 9.58 万吨，已完全能够满足国内市场需求。

纺织、服装和制鞋也发展较快。纺织厂规模较大，到20世纪70年代中期已建有6家棉纺织厂，共有棉纱锭78136个，棉织机3012台，1973年棉布总产量为7472万米，达到了基本能满足国内需求的水平；另外还有两个麻袋厂和一个棉毯厂。

轻工业还有卷烟、制革、自行车组装、收音机组装、造纸、纸制品、木器家具、火柴和塑料制品等，以及啤酒、葡萄酒、白酒、饮料、罐头、面包和糕点等饮料和食品行业。

规模较大的企业还有水泥、化肥、轮胎、农具制造、炼油、轧钢、钢管、机车车辆修理、拖拉机和汽车修配厂等。

据统计，1982年，坦桑尼亚大陆从事工业生产的约有12.9万人，其中12.1万人在加工工业部门，当年工业产值占国内生产总值的15%。

然而，令人关注的是，这些工业企业的基础都非常脆弱，经不起生产上的波动。第一，它们许多是外国援建的，外援不可能一包到底，何况由于坦桑尼亚坚持走"社会主义道路"，大多数西方国家都停止了援助。第二，过激的国有化政策，严重影响了私人资本和外国资本投资的积极性，而政府的资金又有限。第三，1967年以后兴建的工业大多数都是资本密集型项目，据估计，它们所需要的设备和原料的进口率占74%。第四，坦桑实行"社会主义计划经济"，国营企业管理机构庞大，人员素质低，普遍管理不善。

70年代中期西方发生经济危机，国际市场农产品价格猛跌，而石油价格却上涨，加上连续两年干旱，坦桑尼亚在外汇收入锐减的情况下还得进口大量粮食，致使政府财政困难，对其工业用原料和零配件的供应无暇关顾，出现了工业开工不足，生产率下降的局面，而且一蹶不振。随之，国际上出现了第二次石油危机，坦桑又遭到周期性旱灾，1978年又花费大量外汇进行了"反击阿明入侵"的战争，使坦桑尼亚经济完全陷入困境。据统

计，由于没钱进口工业原材料、生产设备及其零配件，加之水、电供应不足，工业开工率从 1976 年的 69% 降至 1986 年的 20%～30%；工业生产连年下降，1977～1986 年 10 年间工业产值下降近 30%。据报道，到 1987 年，制造业在国内生产总值中所占的比重已从 1980 年的 8.7% 降至 4%。

(二) 改革开放后得到恢复

姆维尼总统 1985 年执政后开始调整政策，1986 年开始执行国际货币基金组织建议的结构调整计划，实施了三年经济恢复计划 (1986/1987～1988/1989)。恢复计划规定：在此期间不兴建新的工业项目，重点是恢复与国计民生密切相关的工业企业，争取在 3 年内把工业开工率由 1986 年的 20%～30% 提高到 60%～70%；国营企业要加强管理，自负盈亏等措施；欢迎和鼓励私人（包括外国人）投资制造业，积极参与国营企业私营化的改制任务。

坦桑尼亚的经济恢复计划得到国际社会的支持，1986 年外援增加，解决了进口某些工业原料和机械设备等所需的外汇困难，制造业状况有了好转，到 1988 年制造业产值在国内生产总值中所占的比例就回升到 7.8%。

1990 年 4 月，国民议会通过《坦桑尼亚投资促进法》，取消了对私人资本和外资投资的限制，鼓励私营企业发展，鼓励他们单独投资或合资，促进经济快速增长，创造就业机会，提高人民生活水平。同时，为了吸引外资，建立了自由港、出口加工区和经济开发区。1993 年，姆维尼总统任命了一个总统国营企业改革委员会 (PSRC)，负责对大约 400 家国营企业的资产进行评估和私营化的工作。总统国营企业改革委员 1994 年提出第一批私营化的国营企业名单后，加上优惠的税收和外汇政策，本国资本和外国资本投资迅速增加，国营企业私营化步伐也加快了。据报道，截至 1996 年 6 月，投资促进中心就批准 763 个投资项目（约 1/3 为工业项目），总金额达 19 亿美元，可提供 112430 个就业机会；同时有 95 家国营企业实现了私营化，其中包括一些大型的工业企业，如坦桑尼亚酿酒有限公司（TBL）、坦桑尼亚卷烟公司（TCC）和坦噶水泥厂（TCC）等。大批私营企业的创建和国营企业私营化计划的落实，不仅推动了坦桑尼亚进出口贸易的发展，而且完全扭转了 80 年代以来出现的制造业下滑的趋势，到 90 年代中期年均增长率达到了近 4% 的水平。

姆卡帕总统 1995 年执政以来，积极推进经济自由化与国企私有化改革进程，并出台了一系列工业发展政策和法规，主要有：1996 年，政府制定了《工业可持续发展政策（1996 ~ 2020）》（SIDP），目的在于推动工业部门的可持续发展。1997 年 7 月，国民议会通过新的《坦桑尼亚投资法》，比 1990 年的《坦桑尼亚投资促进法》又增加了些投资优惠政策。在 1999 年制定的《2005 年发展远景规划》中，明确提出在 2025 年之前"把坦桑建成一个半工业化国家，工业产值要占到国内生产总值的 40%"。其指导方针是：发挥私营部门在发展经济中的主导作用；坚持以市场为导向和以市场竞争为动力的原则。2002 年 7 月，国民议会通过了《建立出口加工区法》（EPZ），政府据此制定了出口加工区的规定和管理办法，并决定在坦噶、乞力马扎罗、卡盖拉、基戈马、姆特瓦拉和姆贝亚省建立工业园区；同时，政府还制定了《中小企业发展政策》，建立了为中小企业提高贷款的发展银行等。

上述这些政策，进一步调动了本国资本和外国资本投资的积极性，新的投资项目（包括一些较大工业项目）不断增加。据统计，到 2003 年，投资项目已从 1996 年的 66 个增加到 127 个，其投资额也从 1996 年的 1.7 亿美元增加到 2.2 亿美元。政府关于发展中小企业的政策调动了国内投资者积极性。据统计，坦桑尼亚投资中心 2002 年批准了 103 个工业项目，2003 年又批准了 127 个工业项目（投资金额达 2396 亿先令）。国营企业改制的进展也比较顺利，到 2004 年，国营部门改革委员会拟订改制的 400 家企业中的制造业全部完成了改制任务。

随着私营制造业的发展、特别是国营工业的改制的进行，坦桑尼亚制造业得到了一定程度的恢复和发展（见表 4-11）。酿酒、卷烟、面粉、食用油、肥皂、清洁剂、饮料等消费品产量均有不同程度的回升；饲养业、纺织业、印刷出版业、包装等行业出现勃勃生机；建材工业也随着全国范围的基础设施、工业及民用建筑建设的展开扭转了衰退势头。一些企业，如南非投资的坦桑啤酒厂和美资（现已变成日资）的坦桑尼亚烟草公司，私有化后已扭亏为盈并成为国家利税大户。坦桑尼亚啤酒厂资产总值，到 1999 年就已从改制前的 3000 万美元增加到两亿多美元，步入非洲 30 家大企业之行列，成为坦桑尼亚第一利税大户。据报道，最近几年，制造业年产值平均增长率达到 8% 以上，其产值在国内生产总值中所占的比例均超过了 7%。

表 4-11　坦桑尼亚（大陆）主要工业产量统计（1995~2002 年）

日用品	单位	1995	1996	1997	1998	1999	2000	2001	2002
水果、蔬菜罐头	吨	3930	2022	1953	2222	3997	3696	6353	8595
植物油、脂肪	吨	4975	23649	35369	36566	46942	83702	91643	93298
面包和糕点	吨	202	71	288	805	611	891	1215	2284
茶（混合）	吨	3053	2285	2084	1938	2364	3600	3813	4341
速溶咖啡	吨	316	292	286	212	285	525	262	306
白　酒	千升	2011	1832	1849	1994	1630	2214	2287	2937
啤　酒	千升	89301	125074	148340	170700	167353	183003	175649	175870
饮　料	千升	118290	118580	113465	129433	139723	177404	198650	208654
香　烟	百万支	3699	3733	4710	3933	3371	3745	3491	3778
纺织品	千平方米	9778	12821	26656	31236	42155	65473	74978	98755
帆　布	千米	1524	986	—	25	976	1483	1843	2122]
剑麻绳	吨	17713	10518	4919	4329	3253	3900	4796	4901

续表 4 – 11

日用品	单位	1995	1996	1997	1998	1999	2000	2001	2002
鱼 网	吨	122	125	70	35	24	42	57	30
鞋	千双	339	121	152	5386	71	1756	—	—
锯 木	千立方米	41	30	29	25	42	32	19	30
胶合板	立方米	283	315	115	—	1953	568	450	304
纸	吨	10616	5106	1830					
杀虫药	吨	48	429	258	40	30	16	24	33
杀虫剂	千升	24	24	23	18	17	16	21	24
油 漆	千升	3233	5205	4986	4943	12903	7085	9662	13564
肥皂、清洁剂	吨	24997	24770	29665	34769	45867	61568	42460	71829
安全火柴	千包*	4518	4698	4949	3625	2563	3641	3812	3818
石油加燃料	千吨	398	336	313	312	287	177	—	—
汽车轮胎	千个	151	159	167	130	98	89	120	104
汽车内胎	千个	90	123	138	139	94	88	98	49
水 泥	千吨	739	726	621	778	833	833	900	1026
轧 钢	吨	2518	7733	12498	9522	8922	11182	16340	25418
瓦楞铁皮	吨	18142	6422	15218	14918	23028	25046	25937	35067
锄	千把	90	23	31	2	—			
发动机	台	149	106	130	62	20	56	42	32
变压器	台	576	1307	1512	1391	1315	1406	1406	989
电饭煲	个	3321	2551	1913	—				
收音机	千台	76	54	56	15	—			
干电池	千个	58520	65620	43080	46490	25000	44000	39000	42000
汽车电瓶	个	5210	1850	250	7090	4000	14000	11000	17000
电 炉	个	1279	1678	903	540	1356	1401	747	452

说明：* 包，计量单位，每包 12 合。

资料来源：国家统计局。

二 采矿业

（一）坦桑尼亚矿产资源丰富

坦 桑尼亚大陆矿产资源比较丰富，有几十种矿藏，总储量在南非、津巴布韦、博茨瓦纳和刚果（金）之后，居非洲第五位。

据坦桑尼亚自然资源部 2002 年的材料，其主要矿产资源情况如下。

黄金：在大陆许多地区都有发现。其中，维多利亚湖地区在地质和规模上可与澳大利亚、加拿大、南非及津巴布韦的黄金主要产地相媲美。已探明储量为 1800 万盎司；估计储量可高达 3000 万盎司。

钻石：在东非大裂谷、鲁夸湖和塞洛斯盆地边缘的冲积地带都有钻石矿，已探明钻石矿储量约 250 万吨。

宝石：有红宝石、绿宝石、祖母绿、坦桑蓝、石榴石和电汽石等。

天然气：已探明储量，松戈松戈为 300 亿立方米，姆纳西湾为 150 亿立方米。

煤：已探明储量为 3.04 亿吨，估计储量可达 20 亿吨。

铁矿：已探明储量 8500 万吨，估计储量在 3 亿多吨。

磷酸盐：探明储量约为 1000 万吨。

钛：探明储量约为 3350 万吨。

锡、钨：探明储量为 25 万吨。

高岭土：估计储量有 20 亿吨。

黑砂：估计储量有 4725 万吨。

镍：已探明储量为 4.05 万吨。

纯碱：已探明储量为 100 万吨。

此外，还有铀、铅、锌、石墨、铂、铬、锰、水银、银、钼、钒、铝土矿、石灰石、石膏、云母等矿藏。[①]

目前，除天然气、钻石、宝石、黄金、镍矿、盐矿、磷酸盐、煤、石膏、瓷土和锡矿等有一些国际矿业公司开采外，其它均尚未得到开发利用。

---

① 中国驻坦桑尼亚经商代表处 2004 年 1 月 7 日文章：《坦桑尼亚国家经济》，见中华人民共和国驻坦桑尼亚联合共和国经商代表处网站。

（二） 坦桑尼亚矿业并不发达

坦桑尼亚大陆矿业开始于殖民统治时期。

1921 年前，德国殖民统治时期，采矿业规模很小，集中开采的是伊兰巴－塞肯克高原的黄金和乌卢古鲁山地的云母。

第一次世界大战以后，英国殖民者进入，1921 年英国殖民当局制定采矿法，开始对坦噶尼喀矿产资源进行勘探和开发。1922 年在姆万扎东南的马布基发现钻石矿，1925 年开始开采；1940 年在姆瓦杜伊发现钻石矿床，建立姆瓦杜伊钻石矿，1956 年正式开采。

20 世纪 30 年代初，在维多利亚湖畔发现黄金，黄金的年产量曾达到 3199 公斤，曾取代钻石成为坦噶尼喀出口的主要矿产品，1940 年黄金产值占坦噶尼喀矿业产值的 89%。第二次世界大战以后，坦噶尼喀黄金产量减少，生产主要集中在几个中等规模的矿区。1950 年以后，坦噶尼喀开始开采铅、铜和银矿等。

独立后，坦桑尼亚政府把矿产资源收归国有。1967 年《阿鲁沙宣言》发表以后，政府逐步赎回外资公司全部或部分股份，1972 年成立了国家矿业公司，负责全国矿藏的调查、勘探、开发和产品销售。然而，由于资金、技术、尤其是管理不善等原因，主要矿业生产在国有化后出现了明显滑坡。

黄金开采，因老矿资源枯竭，主要矿井被关闭，产量逐年下降，1970 年坦桑尼亚黄金的产量已经降到了 244.4 公斤。70 年代末和 80 年代初，国际市场金价上涨，坦桑尼亚黄金开采逐步恢复，到 1982 年其黄金产量增加到 1.14 万公斤。

在钻石开采方面，独立前后，由德比尔钻石公司经营的姆瓦杜伊钻石矿经营较好，1967 年坦噶尼喀的钻石产量达到 98.8 万克拉，居世界钻石生产国第八位；按产值计算，仅次于西南非洲（现纳米比亚）、南非、塞拉利昂、安哥拉、苏联和刚果（金），排名第七位，占世界钻石产值的 6% 以上。另外，坦噶尼喀钻石

的平均品位高。据报道，世界上几颗最著名的钻石都产自姆瓦杜伊钻石矿。1967 年政府接管后产量下降，到 1981 年已从 1971 年的 79 万克拉降至 5.84 万克拉。1981 年，坦桑尼亚矿业公司同德比尔钻石公司合资经营姆瓦杜依钻石矿（各占 50% 股份）后，钻石生产有所恢复，但到 1984 年该矿钻石产量也只有 27.2 万克拉。

盐是坦桑尼亚的传统矿产品。独立后，坦桑尼亚的盐的生产一直自给有余。1971 年产盐 37278 吨，出口 16280 吨。主要产区在西部基戈马和东部沿岸地区。1972 年以后，国家矿业公司还在东部沿海地区建立了 3 个盐场，生产稳定，但 70 年代中期以后因缺乏燃料和机械零部件，盐产量逐年下降，到 80 年代中期降至 2.8 万吨左右，已经远远不能满足国内的需要了。

云母、锡矿和宝石等其他矿产资源的开发，均属维持生产，产量有限。据报道，锡矿石的开采，1971 年的产量只有 194 吨；1981 年各种宝石的产量仅为 19500 克拉；独立后政府开始在图库尤附近的伊利马煤田采煤，1973 年的产量仅为 3400 吨。

由于主要矿业生产出现困难，采矿业在国民经济中的地位不断下降。据统计，1966 年采矿业产值占国内生产总值的 2.5%，1968 年下降到 1.9%，到 1981 年就下降到了 0.6%。

（三）私营化带来矿业的发展

同其他经济部门一样，政府从 80 年代中期开始对矿业部门进行改革。90 年代决定通过私营化的政策恢复和发展采矿业，对采矿业实行了以市场为导向的管理办法。在 1990 年政府推出的《坦桑尼亚投资指南》中把矿业开采列为"优先项目"之一。1997 年，坦桑尼亚政府制定了一项矿业政策，强调私营部门在矿业发展方面的主导作用，规定政府在矿业发展中的任务是：制定矿业发展方针政策，为矿业部门的发展创造条件，推动采矿业发展。政策目标是：鼓励矿藏勘探和矿产开采活动；提高和改善采矿技术；发展采矿业，支持经济和社会的可持续发展，减少或消除采矿活动对社会和环境带来的负面影响；帮助采矿工人和小矿主减贫；把坦桑建设和发展成为非洲的宝石中心。按照坦桑远景发展规划规定的目标，到 2025 年采矿业产值要占到国内生产总值的 10%。1998 年，国民议会又通过新《矿业法》，为投资者提供了非常优惠的条件，如把矿产特许开采权利金定为：黄金 3%，钻石 5%，天然气 12.5%，加工宝石的特许开采权利金为零，未加工宝石特许开采权利金为 5%；在勘探的 5 年期间免征税；采矿设备作为资本货物享受零关税待遇。这些改革措施、尤其是 1997 年的矿业政策和 1998 年的矿业法，调动了国内外投资者的积极性，出现了矿业部门的"投资热"。

据坦桑尼亚投资促进中心的材料，1990 年 9 月至 2002 年 6 月，注册的矿业公司就达到 99 个。其中，有 50 多家是外国矿业公司，投资金额达 20 多亿美元。首先，一些大的国际金矿矿业公司陆续进入坦桑尼亚，开始了坦桑尼亚金矿勘探和开采工作，包括南非阿桑提公司（Anglo Gold Ashanti）（于 1998 年底投产）、加拿大巴里克公司（Barrick Gold）（目前已开始试开采）、南非兰德金矿资源公司（Randgold Resources）、加拿大巴里克公司的子公司潘吉亚矿业公司（Pangea）（于 2000 年投产）；南非英美矿业公司、澳大利亚东非金矿公司（Afrika Mashariki Gold Mining Limited）（于 2000 年投产）和加拿大的萨迈克斯矿业公司等。据报道，目前，坦桑尼亚已经成为继南非和加纳之后的非洲第三大黄金生产国。由于矿业投资环境较好，其金矿的勘探和开采已吸引了在非洲勘探和开发矿产资源的国际矿业公司投资的 15%。另外，外国公司对镍矿、贱金属、钻石、铀矿、煤、石油和天然气等其他矿产资源的勘探和开发的投资也不断增加。

随着国内外资本、尤其是外国公司在采矿业部门投资的增加，近年来坦桑尼亚矿业生产有了明显的恢复和发展（见表

4 - 12），并已成为坦桑发展最快的部门，同时成了坦桑尼亚非
传统产品出口创汇第一大产业。据统计，1999～2003 年五年间，
矿业部门产值年增长率分别为 9.1%、13.9%、13.5%、15% 和
17%；矿业产值在国内生产总值中所占的比例，从 1999 年的
2.1% 增加到 2003 年的 3%；矿产品出口创汇也逐年增加，已从
1999 年的 0.73 亿美元增加到 2003 年的 5.531 亿美元。

表 4 - 12　坦桑尼亚（大陆）主要矿业产量统计（1993～2002 年）

矿　物	单　位	1995	1996	1997	1998	1999	2000	2001	2002
钻　石	克拉	49538	126670	123090	97830	234800	354388	254271	213491
黄　金	千克	320	318	232	427	4890	15060	30088	34065
宝　石	千克	111404	142160	509489	48518	95200	150800	96866	113142
盐	吨	105000	86700	72511	75000	35893	70000	65000	65650
磷酸盐	吨	6686	717	2120	1437	7250	5100	4000	7650
石灰石	吨	1062081	1200000	—	1181233	1241155	1500000	—	1542000
石　膏	吨	42000	55430	46320	59066	21195	60000	72000	786500
煤	吨	43200	52000	28443	45073	75044	79184	77789	78980
银矿石	吨	—	—	—	—	—	—	6861	8620
铜	磅	—	—	—	—	—	—	5832158	5954520

说明：—不详。

克拉 = 0.205gms。

资料来源：坦桑尼亚矿业和和能源部。

近年来坦桑尼亚矿业部门的发展主要得益于金矿的开采。
1999～2003 年，由外国矿业公司经营的卡哈马（Kahama）、穆
索马（Musoma）、盖塔（Geita）、恩泽加（Nzega）和布赫姆巴
（Buhemba）五座金矿相继投产，黄金产量大幅度增加。据统计，
1998 年产量为 427 千克，以后五年的产量分别增长为 4890 千
克、15060 千克、30088 千克、34065 千克和 45299 千克；2003

年，坦桑尼亚出口收入为 11.424 亿美元，其中黄金出口收入为
3.411 亿美元，就占 29.9%。

三　能源

森林和林地、石油和天然气、水电站和热电站以及煤，
是坦桑尼亚的主要能源来源。来自天然林和人工林的
木柴和木炭约占坦桑尼亚能源消费总量的 90% 以上；坦桑尼亚
石油的勘探尚无重要成果，仍靠进口石油，石油约占能源消费的
6%；天然气刚刚开发，2004 年下半年开始向用户送气，有望替
代一些石油进口；煤炭开发开始于 20 世纪 70 年代，首家煤矿由
中国援建，但产量有限；电力工业发展滞后，年人均消费电力
46 千瓦/小时，电的消费仅占能源消费总量的 1.7%。

（一）石油

根据对有关地质考察资料分析，普遍认为坦桑尼亚蕴藏着丰
富的石油资源，所以从 1952 年起，就不断有外国石油公司到坦
桑尼亚进行石油（和天然气）勘探，但迄今为止尚未发现有开
采价值的油田，一些公司已停止继续勘探。

近年来，由于政府对矿业勘探与开发实行了十分优惠的政
策，许多外国公司纷纷加盟，勘探坦桑尼亚的石油资源。截至
2000 年底，参与坦桑尼亚石油勘探的有 11 家公司，除坦桑尼亚
石油发展公司（TPDC）外，有 10 家外国公司，即爱尔兰的都柏
林国际（坦桑尼亚）有限公司、加拿大的安特利姆资源公司和
卡诺普资源公司、塞浦路斯的西方矿业公司、澳大利亚的恩多弗
资源公司和塔佩特公司、非洲风险投资资源公司、西方地球物理
公司等，他们正在勘探的地区包括曼达瓦、奔巴、温古贾、达累
斯萨拉姆平原、基桑吉雷、马菲亚、坦噶、鲁伏和金吉基等地。

目前，坦桑尼亚石油消费依靠进口。2001 年，石油消耗量
为 120 万吨。在全国能源消耗总量中，石油占 10%，石油进口

占政府外汇支出的 11% 左右。1999 年以前，原油进口由坦桑尼亚石油发展公司垄断，1998 年进口原油 67 万吨，由坦桑尼亚－意大利炼油厂提炼。此外，坦桑尼亚每年还要进口大量的成品油，1998 年进口成品油 40 万吨。坦桑－意大利炼油厂，因炼油成本高出国际水平的 2 倍多，2000 年 1 月被迫关闭。

（二）天然气

1974 年，意大利阿吉普公司（Agip）和美国阿莫科石油公司（Amoco）在坦桑尼亚勘探石油过程中，发现了松戈松戈（Songo Songo）天然气田，现探明储量为 300 亿立方米。1984 年，阿吉普公司又在姆纳兹湾（Mnazi bay）发现了天然气，储量为 150 亿立方米。然而，由于各种因素，直至 1997 年政府矿业政策和 1998 年的新矿业法出台以后，天然气的开发才提到议事日程。2002 年 10 月，坦桑尼亚得到了世界银行和欧洲投资银行等金融机构 2.1 亿美元的贷款，松戈松戈天然气开发项目正式启动。该项目由坦桑尼亚石油发展公司、坦桑尼亚电力公司、美国能源供应公司（AES）和英国的泛非能源公司（Panafrican Energy）联合开发。项目工程主要包括：①一个日处理能力 7000 立方英尺的天然气加工厂；②一条长 225 公里的从松戈松戈岛通向达累斯萨拉姆的输气管道；③在达累斯萨拉姆市郊乌邦戈建一个装机容量为 115 兆瓦的发电厂。松戈松戈天然气项目，除向乌邦戈发电厂供气外，还要向达累斯萨拉姆市的工业部门供气。项目总投资估计为 3.34 亿美元。2004 年 7 月 26 日，松戈松戈天然气开发项目竣工并投入运营，开始向达累斯萨拉姆乌邦戈天然气发电厂和达累斯萨拉姆市的一些工业单位输送天然气。

（三）煤炭

坦桑尼亚煤炭储量较为丰富，估计为 20 亿吨，已探明储量为 3.04 亿吨，而且坦桑尼亚的煤属于优质煤。然而，坦桑尼亚的煤炭资源至今尚未得到充分开发和利用。

长期以来，因受财力限制，坦桑尼亚政府无力投资兴建煤矿。至 20 世纪 70 年代，只有伊利马煤矿等一些小煤矿，年产量只有两万吨左右。80 年代，在中国政府的援助下，坦桑尼亚建立了第一座正规煤矿——基维拉煤矿。该煤矿 1984 年 7 月动工兴建，1988 年 10 月建成投产，年产原煤 15 万吨。该矿包括一个洗煤厂，还建有一座装机 6000 千瓦的发电站。90 年代初交付生产以后，其煤炭产量下降，到 2003 年降至 10 万吨左右。

由于产量少，煤炭在坦桑尼亚能源消耗总量中仅占 2%，主要用于火力发电。

（四）电力

坦桑尼亚水力资源、煤炭资源和天然气储量都很丰富，发展电力工业潜力巨大。然而，坦桑尼亚的电力工业却严重滞后。据报道，现在全国能够用上电的只有各省省会城市、85% 的城镇地区和大约 4% 的乡村地区。坦桑尼亚供电的 70% 以上来自水力发电。至今，只有大陆有几个水电站，而桑给巴尔尚无水电站，桑给巴尔主要靠大陆供电。水力发电经常受到干旱影响，所以全国各地都有一些火力发电站，主要是柴油发电站。长期以来，全国停电和限电现象时有发生，供电不足已成为制约坦桑尼亚经济发展的主要瓶颈之一。随着煤炭和天然气的开发，已经开始使用天然气和煤炭发电，坦桑尼亚的电力工业充满了希望。

1. 独立后电力工业发展情况

坦桑尼亚大陆，随着工农业的发展，独立后电力工业发展较快。其总装机容量从 1962 年的 4.89 万千瓦增加到 1971 年的 15.336 万千瓦。当时，坦桑尼亚有两个较大的电网：滨海电网和莫希－阿鲁沙电网。滨海电网包括达累斯萨拉姆的库拉西尼柴油发电站（装机容量 1.67 万千瓦）、乌本戈柴油发电站（3.18 万千瓦）、庞加尼河上的海尔水电站（2.1 万千瓦）和庞加尼瀑布水电站（1.75 万千瓦），该电网 1971 年总装机容量为 8.7 万千瓦。莫希－阿鲁沙电网，包括莫希柴油机发电站（0.16万千瓦）、基库莱特瓦河上的莫希第一水电站（0.116万千瓦）、庞加尼河上的尼翁巴亚门古水电站（0.8万千瓦）和阿鲁沙柴油机发电站（0.67万千瓦），该电网1971年总装机容量为1.746万千瓦。其他地区属独立供电系统，在各个主要城市都有中小型的柴油发电站或水电站。进入20世纪70年代，坦桑尼亚电力工业继续发展，发电能力年均增长10%左右。在外资援助下，大鲁瓦哈河上的基大图（Kidatu）水电站（坦桑最大的水电站），经过10年的建设于1983年竣工投入运营后，坦桑尼亚的发电能力增加到43.9万千瓦。[①] 然而，由于经济困难，在这之后坦桑尼亚的电力工业再没有什么发展，截至1993年全国总装机容量仅为48.6万千瓦。

坦桑尼亚的水力发电开始于1931年。1931年大陆建立了两个电力公司：一个是坦噶尼喀供电有限公司（TANESCO），负责阿鲁沙和莫希两个地区的供电工作；另一个是达累斯萨拉姆供电有限公司（DARESCO），负责坦噶尼喀全国其他城市的供电工作。1964年，这两家私营公司合并组成现在的坦桑尼亚供电公司（TANESCO）。1967年《阿鲁沙宣言》以后，政府逐步收买了坦桑尼亚供电公司的全部股份，至1971年它就完全成为一家国营公司。1964年以来，坦桑尼亚供电公司一直是坦桑尼亚唯一一家负责发电、输变电和供电的电力公司，除负责大陆的供电工作以外，还通过海底电缆向桑给巴尔供电。

2. 改革带来电力工业新发展

为了增加发电量，政府1992年调整电力工业政策，允许私人办电。接着，就有两个独立的发电站注册，即坦桑尼亚独立电

---

① 中国社会科学院西亚非洲研究所编《非洲经济》（二），《外国经济概况丛书》，人民出版社，1987，第233页。

力有限公司（IPTL）和松戈天然气电力有限公司（Songas）。另外，坦桑尼亚供电公司 2000 年 6 月在基汉希（Kihansi）电站安装了第三个涡轮发电机组，使基汉希发电站的发电能力达到了30 万千瓦。基汉希电站是 1994 年 6 月开始兴建的。

1999 年 10 月，政府又按《2005 年远景发展规划》的警示制定了发展电力工业的新政策。政策的具体目标是：提高电力部门的工作效率，满足日益增长的全国对电力的需求；加速实现电气化计划（包括乡村地区的电气化），确保对全国广大居民和全国经济活动中心的供电；保证电力工业的持续发展，满足持续发展的经济发展对电力需求的增加；鼓励私人资本投资电力工业，减轻政府发展电力工业的财政负担。政策的总目标是：发展电力工业，向全国人民提供充足的、安全可靠的、有效和价格合理的电力服务。政策措施包括：改革电力部门，打破国家电力公司对电力工业的垄断地位；引入竞争机制，鼓励私人在电力部门投资、采用新技术、加强企业管理，开发各种能源，推动电力工业的全面发展；政府要加强调研，不断修改和制定相关政策法规，保证发电量不断增加和供电工作的顺利进行。

2000 年，政府制定了一个增加投资，利用各种资源发电，至 2025 年增加 1.8 亿千瓦的发电能力的电力工业发展计划。这项计划包括几个大的发电项目：①马来西亚投资的特盖塔独立发电厂（火电），装机容量 100 万千瓦，该项目已于 1998 年竣工，2001 年投入运营；②在乌邦戈发电厂增加发电机组，提高发电能力，到 2003 年其发电能力已增加 4 万千瓦；③基尼耶雷齐天然气发电厂，到 2005 年将发电 82 万千瓦；④坦桑尼亚国家发展公司和西门子公司合资修建伊林加木出出马（Muchucuma）煤矿坑口发电厂，计划 2008 年投入运营，装机容量为 150 万千瓦；⑤修建鲁胡得季（Ruhudji）水电站，计划 2012 年建成，其装机容量为 35.8 万千瓦；⑥修建鲁马卡利（Rumakali）水电站，计

划 2018 年建成投入运营，其装机容量为 22.2 万千瓦；等等。另外，坦桑尼亚供电公司决定和乌干达电力局在西北部联合建立一个输变电网，增加从乌干达的电力进口。

随着电力工业的改革、电力工业新政策的出台和电力工业发展计划的实施，坦桑尼亚发电量不断增加，到 2002 年其发电装机容量已增加到 990 万千瓦。其中，水力发电为 584 万千瓦，火力发电 406 万千瓦。

第四节　商业与服务业

在坦桑尼亚，商业（即国内贸易，包括批发及零售业）、旅馆和餐饮业（包括旅游业）是第三产业的主体，总体发展水平不高。2004 年，其产值为 13191.72 亿先令（合 12.114 亿美元），比 2003 年的 11533.23 亿先令（合 11.111 亿美元）增长 9%。2003 年和 2004 年，其产值分别占国内生产总值的 16.8% 和 17%。

一　商业基本情况

独立初期，坦桑尼亚国内市场状况较好。但由于本国工业落后，市场上的大部分商品都是进口货，生活消费品的 70%～80% 靠进口，汽车、机械设备、化学药品、石油产品、工业原料全靠进口。由于历史的原因，独立后，坦桑尼亚商业基本上都控制在外国移民印度人、阿拉伯人和欧洲人手里，他们不仅控制了对外贸易，也控制着国内贸易，只有少数乡村地区的零售业由当地人经营。

1967 年《阿鲁沙宣言》以后，政府对贸易公司实行了国有化，到 20 世纪 70 年代末，国内贸易的批发业务已完全被国营公司所垄断；在零售业方面，虽然当地政府建立了一些"合作商店"，但主要还是由个体商贩经营，他们向社区居民卖些肥皂、食用油、盐、食糖及其他一些生活必需品。70年代末和80年代初，由于经济困难，进口日益减少，商店空空如也，市场一派萧条景象。

为了解决人民生活必需品和生产资料供应的困难，1985年姆维尼就任总统以后，在实施结构调整政策以推动工农业生产恢复和发展的同时，调整商业政策，鼓励私商自筹外汇进口商品，进口粮食。1990年坦桑尼亚议会通过《坦桑尼亚投资促进法》，鼓励国内外私人资本投资，之后又陆续取消国家销售局和工业公司进出口的垄断地位，放开物价，取消对进口的各种限制，同时取消了外汇管制。所有这些，对推动商业的恢复和发展都起了积极作用，投资于商业的私人资本越来越多，开始自筹资金进口商品的一些人逐渐成了进口商和进口商品批发商，到80年代末和90年代初坦桑尼亚国内市场已经比较活跃，城镇商店、商场和菜市场的商品大体一应俱全，在达累斯萨拉姆还出现了小型"超市"。

姆卡帕执政期间，为鼓励私商进口，保证国内市场货源充足，政府于1996年进行税制改革，不仅简化了税种，而且把进口税降低了16%左右。与此同时，鼓励私商投资，加速推进国营商业企业改制的进程，1994～1998年期间将150家国营商业企业（主要在商品流通领域）转为私营企业。在《2025年远景发展规划》和《减贫战略计划》出台以后，政府把发展国内贸易当成实现减贫战略计划的措施之一，对商业给予了特别关注。2000年政府制定了一项扶持中小企业发展的《国家微观金融政策》，2001年设立了为小企业提供贷款的小额信贷基金和全国企业发展基金；2003年出台《中小企业发展政策》和《国家贸易政策》，2003年7月实施了《改善坦桑尼亚商业环境的计划》（BEST），规定对年营业额少于2000万先令的商

店免收营业执照费，超过 2000 万先令的商店的执照费每年也只收取 2 万先令，以减轻商业店铺的负担。在国家商业政策和中小企业政策的激励下，从事商业活动的人越来越多。据统计，2003/2004 年度全国注册经商的公司达到 99296 家，比 2001/2002 年度增加 4168 家，增长了 4.4%。从市场情况看，进入 21 世纪以来，随着宏观经济的持续增长，坦桑尼亚商业出现了稳定发展的局面。

二　旅馆和餐饮业

在坦桑尼亚大陆，所谓旅馆和餐饮业，除都市和城镇里为数不多的一些中小型餐馆和快餐店外，主要是指建在都市和主要旅游景点的现代化的酒店、饭店或宾馆，还包括一些野生动物园内被称作"客栈"的小旅馆。进出这些旅馆的，主要是旅游者（大部分是外国旅游者），其余的则是富商大贾、企业家、驻坦桑尼亚的外交官员以及一些政府或军队的高级官员，一般的坦桑尼亚人根本无钱问津。

坦桑尼亚的旅馆和餐饮业开始于殖民统治时期，主要为殖民者旅游、狩猎和度假服务。

独立初期，来坦桑尼亚旅游的、尤其是经肯尼亚来坦桑尼亚的外国旅游者的人数逐年增加，旅馆和餐饮业有所发展。据统计，1973 年，外国旅游者为 101900 人次，比 1972 年的 89945 人次增加 13%；全国共有旅馆 105 个，客房 3061 间（利用率平均为 51.9%），床位 5774 个（利用率平均为 40.6%），当年坦桑尼亚旅馆和餐饮业总收入 1.3 亿先令（合 1820 万美元）。但 1977 年东非共同体解体后，外国旅游者人数急遽下降，从 1976 年的 235000 人次减少到 80 年代初的每年不足 5000 人次。在此期间，由于外汇严重短缺，饭店、宾馆和道路状况日趋恶化。

为了恢复和发展旅游业，增加外汇收入，1980 年政府制定和实施了《发展旅游业十年计划》（1980～1990 年）。1982 年得到世界银行一笔贷款。在计划的头五年里，坦桑尼亚大陆就新建了 11 家旅馆，扩建了 2 家旅馆，使其旅馆和餐饮业的状况得到了改善。

到姆维尼时期，1985 年 11 月政府成立"旅游协调促进委员会"，明确提出振兴旅游业，为国家赚取更多的外汇。为提高旅馆和旅游业工作人员的服务质量，政府加强了对他们的培训工作；同时提出了请外国公司帮助管理或与坦桑尼亚合资经营几家重要旅游饭店的计划。

为发展旅游业，政府采取了一系列政策和措施，包括：在 1990 年的《坦桑尼亚投资促进法》和《坦桑尼亚投资指南》中把旅游基础设施的恢复和建设划为优先领域之一；政府 1993 年决定把所有国营旅馆和饭店全部私营化；1997 年的新《投资法》为投资者又提供了更多的优惠条件等等。所有这些，都为坦桑尼亚旅馆和餐饮业从国有化向私营化和市场化的转型发挥了重要作用，推动了坦桑尼亚大陆旅馆和餐饮业的迅速恢复和发展。

据统计，1990～1996 年投资的旅馆项目有 12 个，主要是国内外公司与政府合资恢复和扩建现有的旅馆项目，投资金额为 1800 万美元；到 2002 年 6 月，在旅馆和餐饮业的投资项目增加到 81 个，投资金额达到 1.2 亿美元。1997 年新投资法实施以后，尤其进入 21 世纪以来，旅馆和餐饮业的投资进一步增加。据统计，2001～2004 年，在旅馆和餐饮业的投资项目达到 390 个，投资金额为 7.5549 亿美元。其中，新项目 241 个，老项目 149 个（即原国营企业改制后的恢复和扩建项目）；当地人投资的 145 个，外国人投资的 120 个，当地人和外国人与政府合资的 125 个。据报道，截至 2004 年，坦桑尼亚旅馆和餐饮业企业的改制计划已基本完成。

在坦桑尼亚经济部门中，旅馆和餐饮业是恢复和发展最快的部门之一。到 2004 年，各类旅馆已从 1991 年 205 个增加到 474 个，客房从 5484 间增加到 30840 间，床位从 9878 个增加到 55932 个（见表 4 - 13）。随着旅游业的发展，旅馆和餐饮业得到了相应发展。据统计，其收入已从 1991 年的 0.9473 亿美元增加到 2004 年的 7.46 亿美元。

表 4 - 13　坦桑尼亚（大陆）旅馆设施和收入情况

年　　份	1991	1995	2000	2004
旅馆数目	205	210	326	474
客房数目	5484	6935	10025	30840
床位数目	9878	12145	17303	55932
总收入（百万美元）	94.73	259.44	739.06	746
年均旅馆入住率（%）	56	57	54	47

资料来源：旅游和自然资源部、国家统计局。

现在的问题是，旅馆的入住率比较低。年均旅馆入住率 1991 年为 56%，2004 年为 47%。

第五节　交通与通信

由于东非沿海贸易的原因，坦桑尼亚的交通运输和通信服务业发展较早。还在桑给帝国和后来的葡萄牙入侵时期，坦桑尼亚就出现了基卢瓦、桑给巴尔、巴加莫约和达累斯萨拉姆等一批港口和码头，并开拓了沿海至内地的商道。德国和英国殖民统治时期，发展了达累斯萨拉姆、坦噶、姆特瓦拉和桑给巴尔港，修建了达累斯萨拉姆至基戈马的"中央"铁路，还修建了一些公路，开办了邮政和电信服务业务。

独立后，坦桑尼亚政府调整殖民时代的运输系统，新建了一批铁路和公路，尤其是乡村公路，发展了公路、铁路、空运、海洋和内湖运输，发展了邮政和电信服务，使坦桑尼亚的交通运输和通信服务得到了全面发展。坦桑尼亚交通运输业的发展，不仅推动了本国经济和社会的发展，而且还为与其相邻的内陆国家布隆迪、卢旺达、赞比亚、乌干达和刚果（金）提供出海口，为他们进出口贸易的发展做出了贡献。

1967 年《阿鲁沙宣言》以后，政府将交通运输和通信部门全部收归国有。从 20 世纪 70 年代中期开始，坦桑尼亚经济日益困难，政府财政枯竭，对基础设施的维护和发展无力关顾，交通运输和通信服务部门发展严重受挫，甚至出现了负增长。自 80 年代中期政府开始进行经济改革，鼓励私人资本向交通运输和通信服务业投资以来，加上国际援助，坦桑尼亚的交通运输和电信服务业逐渐得到恢复和发展，尤其最近几年，出现了稳步发展的局面。据统计，1999～2004 年，其产值年均增长约 5.98%，平均占国内生产总值的 5.42%；2004 年增长了 6.2%。据认为，一般情况下，随着改革的深入发展，坦桑尼亚的交通运输和电信服务业将会得到进一步发展。

一 交通

（一）公路运输

坦桑尼亚面积较大，地形复杂，各地物产分布不同。在这种情况下，公路运输对推动全国经济和社会发展有着极其重要的意义，特别是在绝大部分人口居住的乡村地区，公路运输比其他运输方式更为有效。据估计，坦桑尼亚 70% 左右的货运和客运都是通过公路运输完成的；另外，几个内陆邻国的 60% 左右的货运也是经过坦桑公路运输的。

目前，坦桑尼亚大陆公路总长 8.5 万多公里，其中沥青路

3700 多公里。在大陆, 8.5 万公里公路中, 包括干线公路 10300 公里 (一些干线公路为国际公路), 省际公路 3 万多公里, 县际公路及农村支线 4 万多公里。在桑给巴尔, 温古贾岛上有公路 619 公里, 其中 442 公里为沥青路; 奔巴岛有公路 363 公里, 其中沥青路 130 公里。

坦桑尼亚公路运输公司, 除一家国营公路运输公司外, 现有 1600 多家私人汽车运输公司, 全国汽车运输公司的车辆在 12 万辆以上。

坦桑尼亚主要干线公路有 6 条: ①北方 - 南方干线公路。这条线路从肯尼亚边界的纳曼加起, 经阿鲁沙、莫希、科隆圭和查林兹, 到达累斯萨拉姆。②达累斯萨拉姆 - 姆特瓦拉干线公路。这条线路从达累斯萨拉姆起, 经林迪, 南至姆特瓦拉。③大北公路。从肯尼亚边界的纳曼加进入坦桑尼亚境内, 经阿鲁沙、多多马、伊林加、姆贝亚、通杜马, 进入赞比亚, 在坦桑尼亚境内长约 1285 公里。④坦桑尼亚 - 赞比亚高速公路。从达累斯萨拉姆起, 经莫罗戈罗、伊林加和姆贝亚, 到赞比亚的卡皮里 - 姆波希。⑤东西干线公路。从达累斯萨拉姆起, 经多多马、辛吉达、希尼安加 (从希尼安加有一条支线到姆万扎) 和卡哈马, 到布科巴。⑥阿鲁沙 - 马萨西 - 多多马 - 马坎巴科 - 松盖亚 - 通杜鲁干线公路。这条公路主要服务于坦桑南方地区。可从马坎巴科到姆贝亚或通杜马; 从马坎巴科上坦桑尼亚 - 赞比亚高速公路到赞比亚; 可从通杜马向西进入马拉维; 可从通杜鲁向南到莫桑比克; 可经这条干线从姆贝亚, 经松巴万加向西北到基戈马, 再向前可到西北部的布科巴, 还可从布科巴驶入卢旺达和乌干达。

从 1990 年起, 坦桑大陆实施了一个为期 10 年的公路综合发展计划 (1990～1999 年), 世界银行提供贷款 6.5 亿美元, 70% 的资金用于干线公路的更新, 重点是达累斯萨拉姆至阿鲁沙、达累斯萨拉姆通往马拉维和赞比亚的路段, 同时修建了 2828 公里的新路。不幸的是，1997 年坦桑尼亚受到"厄尔尼诺"洪水冲击，大部分公路都遭到不同程度的破坏，迄今尚未完全修复。坦桑尼亚现在正在实施公路综合发展计划第二阶段计划（1997～2007 年），即"紧急公路修复计划"，计划修复遭"厄尔尼诺"洪水毁坏的 1428 公里干线公路、575 公里的省级公路和 6818 公里的乡村地区的沙石路和土路。据报道，截至 2000 年初，该计划已耗资 9.65 亿美元，其中 90% 是来自世界银行及其他金融机构和国家的贷款和援助。

与此同时，坦桑尼亚政府在 1999 年又制订了一个新的 10 年公路发展计划（2000～2010 年），除大力发展省际、县际和乡村公路外，还要将全国 70% 的干线公路提高等级，并要新建 3000 公里的公路。据报道，世界银行已于 2005 年 2 月同意向坦桑尼亚提供 2 亿美元的无息贷款，帮助落实这个十年公路发展计划。

为加强公路管理工作和加强公路建设，根据新的十年公路发展计划，坦桑尼亚改变了过去那种公路基本上由中央政府直接负责的做法。首先，成立了一个完全独立自主的负责干线公路修建、养护和管理的机构，即坦桑尼亚公路公司（TANROADS）。第二，组建了一个由私营部门、公路用户和政府代表参加的全国公路局，其任务是对坦桑尼亚公路公司的工作进行政策指导。第三，政府还设立了公路基金，其资金来自公路收费，用于公路养护。第四，全国市镇和乡村地区的公路、沙石路和土路的修建、维护和管理，由相关省政府、市政委员会和地方政府的有关单位负责，政府特别强调乡村地区，尤其是农业、中小企业、采矿业和旅游业发达的和有发展潜力的地区公路的建设和维护工作。

（二）铁路运输

目前，坦桑尼亚（大陆）有铁路 3699 公里。坦桑尼亚铁路分为两个系统，一是坦桑尼亚铁路，长 2722 公里，单线、米轨；一是坦赞铁路，977 公里在坦桑尼亚境内，轨距为 1067 毫米。

桑给巴尔尚无铁路。

　　在殖民统治时期，为了解决宗主国工业所需农业原料的运输，殖民当局首先修建了从坦噶到莫希和梅鲁山区等剑麻和咖啡产区的北方铁路（与肯尼亚铁路相连）；然后修建了中央铁路，从达累斯萨拉姆到坦噶尼喀湖畔的基戈马，中央铁路有支线通往维多利亚湖畔的姆万扎和南部高地等重要产棉区。独立后，坦桑尼亚政府又修建了从达累斯萨拉姆至坦噶的铁路，与北方铁路连通。这些铁路的建设，不仅沟通了坦桑尼亚大陆东、西、北地区的物资交流，密切了内地同沿海地区的联系，带动了铁路沿线地区的发展，推动了坦桑尼亚进出口贸易的发展，而且也密切了坦桑尼亚同其邻国的交往，为赞比亚、布隆迪、卢旺达、乌干达、马拉维和刚果（金）等国的进出口贸易的发展发挥了重要作用。

　　20世纪六七十年代，为了帮助内陆邻国赞比亚冲破南非和当时白人罗得西亚当局的封锁，坦桑尼亚和赞比亚两国政府决定在中国的帮助下修建一条坦赞铁路。坦赞铁路是一个举世瞩目的工程项目，于1970年10月动工，1976年7月14日建成移交。坦赞铁路起于达累斯萨拉姆，至赞比亚的新卡比里姆博希（与赞比亚铁路衔接），全长1860.5公里。这条铁路的建成不仅为当时处在支持南部非洲民族独立和解放斗争前线的赞比亚的进出口提供了方便，为南部非洲的民族解放运动作出了重要贡献，被国际社会称作非洲的"自由之路"，而且还带动了坦桑尼亚和赞比亚两国铁路沿线的经济发展。另外，坦赞铁路还成了连接东部和南部非洲国家的交通大动脉，在运输坦桑尼亚、赞比亚、马拉维、刚果（金）等国进出口货物方面发挥着重要作用。

　　1977年以前，坦桑尼亚铁路隶属于东非共同体的铁路系统，与肯尼亚和乌干达的铁路相连。1977年东非共同体解体后，坦桑尼亚政府成立了坦桑尼亚铁路公司，负责全国铁路运输工作。

而坦赞铁路，作为坦桑尼亚和赞比亚两国共有的一条铁路，由坦赞铁路局直接管理。

1. 坦桑尼亚铁路公司（TRC）

坦桑尼亚铁路公司建立以来，经营状况尚可，一般年货运量都在 100 多万顿；客运量在 200 万人次左右。但自 20 世纪 70 年代末期坦桑尼亚经济陷入困境以来，由于管理不善，缺乏进口零部件的资金，致使许多机车车辆停转，货运量和客运量减少，公司运营一直处于亏损状态。1997 年，坦桑尼亚铁路路基多处被"厄尔尼诺"洪水冲毁，进一步增加了坦桑尼亚铁路公司运营的困难。近年来，坦桑尼亚铁路公司进行了一些改革，也得到了一些援助，重点改善了货运服务。2001～2004 年，货运量分别为1350625 吨、1445757 吨、1333249 吨和1450000 吨，基本上恢复了正常的货运水平。然而，客运却一蹶不振，并且出现了客运量下滑不止的局面。据报道，2001 年客运量已经减少到727851 人次，到 2004 年又进一步减少到464000 人次。目前，坦桑尼亚铁路公司仍然困难重重，主要是许多机车车辆老化，而且能够投入运营的越来越少；另外，铁路电信网络系统也都老化了，有待更新。

为了改善坦桑尼亚铁路公司的经营状况，政府提出了对坦桑尼亚铁路实行私营化的计划，并于 2003 年 8 月正式启动了坦桑尼亚中央铁路经营租赁权的招标程序。有南非、津巴布韦、印度、加拿大、毛里求斯等国的 6 家铁路公司或财团参与了竞争。据坦桑尼亚政府报纸《每日新闻》2005 年 6 月 13 日报道，印度铁路财团经过近两年的竞争已经中标，成为今后 25 年坦桑尼亚铁路的特许经营商。报道说，印度铁路财团将向坦桑尼亚政府交付 1 亿美元的特许经营费。

2. 坦赞铁路局（TAZARA）

坦赞铁路设计年运量 200 万吨，客运 200 万人次。但因坦桑

尼亚和赞比亚两国及其周边国家经济发展缓慢和东南非地区战乱不断等因素制约，坦赞铁路自运营以来一直未能达到设计运量的水平。据统计，运营初期的 1977/1978 财政年度货运量曾达 127.3 万吨，以后一直徘徊在 100 万吨左右。1995 年以来，特别是新南非诞生后对周边国家开放口岸，坦赞铁路面临激烈的竞争，客货运量进一步下滑，目前货运基本维持在年 60 万吨左右的水平。据统计，2004 年其货运为 610286 吨，比 2003 年的 613693 吨减少了 0.5%；客运为 929000 人次，比 2003 年的 1021384 人次，减少了 9%。

统计资料表明，进入 20 世纪 80 年代以来，坦赞铁路公司多数年份都有不同程度的亏损。从 1995 年 5 月起，坦赞铁路局开始对铁路实施商业化管理，但由于运量不足、管理不善和受公路运输及其他出海通道竞争等因素的影响，起色不大。另外，坦赞铁路的管理工作目前确实也面临许多具体困难，如机车车辆短缺，许多设备老化（约 20% 的轨枕及全部通讯设备有待更新）和货运量严重不足等。为从根本上解决亏损问题，坦桑尼亚和赞比亚两国政府已于 2003 年 12 月决定以特许经营方式对坦赞铁路实行私有化。

（三）水路运输

坦桑尼亚的水路运输包括远洋运输、沿海运输和湖泊运输。

坦桑尼亚的海运事业起步较早，并且出现了达累斯萨拉姆和桑给巴尔等一些世界知名的港口。这些港口，一直是坦桑尼亚进出口贸易的主要通道，与坦桑尼亚国计民生息息相关；同时，也为赞比亚、布隆迪、卢旺达、乌干达、刚果（金）和马拉维等几个内陆邻国提供出海口，为他们开展进出口贸易有着重要贡献。沿海地区（包括大陆沿岸和桑给巴尔）之间的水路运输，自古有之，对于他们之间的交往始终发挥着巨大作用。维多利亚湖、坦噶尼喀湖和尼亚萨湖的湖上运输，对坦桑尼亚和邻国沿湖地区的物资交流和人员来往以及在沟通邻国同出海口之间的联系，都有着特殊的作用。

独立以来，坦桑尼亚政府重视港口的建设，重视海上运输和湖上运输事业的发展，并取得了进展，尤其是 20 世纪 80 年代中期以来，成绩较为显著。

1. 坦桑尼亚水路运输业的发展和困难

（1）远洋运输

坦桑尼亚的进出口贸易主要靠远洋运输。但其四大港口达累斯萨拉姆港、坦噶港、姆特瓦拉港和桑给巴尔港，在 1977 年前东非共同体解体前统由共同体的东非港口公司管理，1977 年坦桑尼亚国民议会通过港务局法以后，坦桑尼亚才建立了自己的港务局坦桑尼亚港务局（THA），全面负责坦桑尼亚港口的建设和管理工作。坦桑尼亚港务局成立后，坦桑尼亚的港口发展较快，尤其是达累斯萨拉姆港。

独立初期，坦桑尼亚的进出口货物靠一些国际海运公司（在达累斯萨拉姆有办事处）运输。20 世纪 60 年代后期，坦桑尼亚开始建立自己的海运公司。1966 年坦桑尼亚、乌干达、肯尼亚和赞比亚建立了一个东非海运公司，有 4 艘万吨级货轮；1967 年，坦桑尼亚和中国建立了坦桑尼亚－中国联合海运公司，两国政府投资 150 万英镑，1975 年又追加投资 150 万英镑，共投资 300 万英镑，双方各占一半，拥有轮船 5 艘，总载重达 6.5 万吨。1967 年实行国有化政策后，坦桑尼亚政府 1973 年 1 月建立了国家海运公司，开始对坦桑尼亚海运业务实行垄断经营。1981 年，坦桑尼亚政府还建立了坦桑尼亚中央海运局，为大陆海外运输提供咨询服务。

20 世纪六七十年代，坦桑尼亚的远洋运输呈发展趋势。据统计，1968 年，坦桑尼亚大陆三大港口的年吞吐量达到 2546904 吨，比 1958 年的 957624 吨增加了 166%；其中，达累斯萨拉姆

港发展最快，1968 年吞吐量为 2126734 吨，比 1958 年的 705326
吨增加了 202%，占大陆三大港口总吞吐量的 84%。20 世纪 70
年代，达累斯萨拉姆港增建了 5 个码头和一个超级油船港（坦
赞铁路建成后其万吨级码头增至 11 个），吞吐量进一步增加。
据统计，1974 年，大陆三大港口的年吞吐量达到 4288000 吨，
比 1968 年的 2546904 吨增加了 68%；其中，达累斯萨拉姆港的
年吞吐量为 369.4 万吨，比 1968 年的 2126734 吨增加了 74%，
占三大港口总吞吐量的 86%。

（2）沿海运输和湖泊运输

达累斯萨拉姆同桑给巴尔之间的沿海航运由桑给巴尔轮船公
司经营，主要是客运服务；在坦噶、林迪、姆特瓦拉和达累斯萨
拉姆之间，也有客运服务。另外，1971 年坦桑尼亚政府还开办
了坦桑尼亚沿海海运有限公司（TCSHILI），有机动船 4 艘，从
事客货运服务。该公司当时主要服务于南方地区、尤其是南方沿
海地区，因为长期以来那个地区的公路状况不好，那里雨季时道
路泥泞，陆路运输极为困难。

湖上运输发展较快。坦桑尼亚大陆的湖运航道有 4300 公
里。1967 年坦桑尼亚实行国有化后，湖上运输开始由坦桑尼亚
铁路公司经营管理。坦桑尼亚境内维多利亚湖主要港口有姆万
扎、布科巴和穆索马，可通往肯尼亚的基苏木和乌干达的金贾、
钟港；坦噶尼喀湖主要港口有基戈马，可通往赞比亚、布隆迪
和刚果（金）的港口；尼亚萨湖主要港口有伊通吉和姆巴姆巴，
可通往马拉维和莫桑比克。1976 年，坦桑尼亚和布隆迪两国还
建立了一家联合湖运公司，共同经营坦噶尼喀湖上客、货运输
业务。

然而，进入 80 年代以来，由于经济困难，政府缺少对水路
运输部门的投入，加之国营公司人员膨胀，管理不善，坦桑尼亚
的水路运输业日益困难。一方面，坦桑尼亚主要港口的吞吐量锐

减。以达累斯萨拉姆港为例，到 1982 年，其深水码头虽已经增加到 11 个，但其年吞吐量却降到 246.2 万吨，比 1974 年的 369.4 万吨下降了 33%。另一方面，坦桑尼亚海运公司日渐困难。据报道，坦桑尼亚、乌干达、肯尼亚和赞比亚四国合资的东非海运公司，由于连年亏损，于 1980 年被迫解散；坦桑尼亚沿海海运有限公司，运营亏损增加，到 80 年代末就已完全陷入困境，停运了；坦桑尼亚国家海运公司，虽然政府投入大，但缺乏管理人才，它聘用的 600 多名工作人员大部分都不合乎要求，公司办事效率低，费用高，根本竞争不过邻国肯尼亚的蒙巴萨港，只能惨淡经营。在坦桑尼亚的海运公司中，只有坦桑尼亚－中国联合海运公司的运营较好，它来往于中国至东非、红海、波斯湾、地中海和东南亚等地区航线，承揽和运送这些地区的进出口货物和经援物资，并在达累斯萨拉姆港和蒙巴萨港开展船舶代理及清关代理业务，为东非的内陆国家办理货物中转等相关业务，公司不断发展壮大，截至 1981 年底公司固定资产总值已经达到 700 多万英镑。当然，进入 90 年代以来，由于远洋货运竞争激烈，货源不足等因素，坦桑尼亚－中国联合海运公司的收入也有明显下降。

2. 私营化推动水路运输业的发展

20 世纪 80 年代后期以来，随着改革开放政策的实施，政府对水路运输部门逐步实行了私营化政策。

（1）改革港务管理模式，提高港口服务质量

在水路运输部门的改革中，首当其冲的是坦桑尼亚港务局（THA）。坦桑尼亚港务局下辖全国（大陆）大小港口，是管理坦桑尼亚水路运输的政府机构。1992 年，坦桑制定了一部新的《港务局法》，决定对港口建设和管理实行私营化政策。新港务局法明确提出：①鼓励私人投资于港口建设，同政府一道建设和发展港务运输事业；②对港务局工作实行私营化，通过私营化改

进港务工作，提高服务质量，增强坦桑尼亚港口的竞争力，增加港口经济效益。1994 年，政府同港务局签订合同，开始对港务局实行商业化经营。随后，为提高工作效率，确保利润指标的完成，港务局便把达累斯萨拉姆港粮食装卸区的工作特许给一家私营公司经营。

1997 年政府进一步明确了对坦桑尼亚港务局实行私营化的政策，认为对港务局实行私营化主要涉及港口的管理和服务工作。政府在达累斯萨拉姆港粮食装卸区已经取得的经验的基础上明确提出，可以通过中长期合同，采用租赁或承包等方式，请私营部门介入港口的具体服务项目，以把各项服务工作做好，增加港口的收入。2000 年 9 月，坦桑尼亚港务局把达累斯萨拉姆港集装箱装卸区租赁给一家由菲律宾公司牵头的国际集装箱服务集团公司，期限为 10 年。

2004 年坦桑尼亚制定的一部新《港口法》规定：沿海和维多利亚湖、坦噶尼喀湖以及尼亚萨湖的港口归坦桑尼亚港务局管理；沿海和内湖港口的客货运输业务和港口货物的装卸工作，可租赁给私营公司。根据这一规定，港务局当年就把内陆湖上客货运输业务租赁给了一家私营公司——坦桑尼亚海运服务公司。目前，该公司有 16 艘船。其中，10 艘在维多利亚湖，4 艘在坦噶尼喀湖，2 艘在尼亚萨湖。

（2）开放水路运输市场，增添水路运输活力

自实行经济改革政策、尤其是推出《坦桑尼亚投资促进法》（1990 年）以来，坦桑尼亚就对海运市场实行了开放政策，投资法还把水路运输部门列为引资优先领域。但是，由于国家海运代理有限公司（NASACO）仍然垄断着坦桑尼亚海运市场，所以，除少数希腊人和加拿大人于 90 年代初投资开办沿海航运公司，经营达累斯萨拉姆与大陆其它港口和桑给巴尔的客货运输业务以外，水路运输部门一直没有引起私人投资者的强烈反响。

1993 年 9 月，政府提出对国营公司实行私营化的计划，其中包括了对国家海运代理有限公司实行私营化的安排。政府明确宣布欢迎私人资本投资于坦桑尼亚海运部门，建立新的公司，或参与国家海运代理有限公司私营化的进程。1995 年 10 月，比利时南航集装箱海运公司（Safmarine）办事处注册，成为在坦桑尼亚注册的第一家外国海运公司。坦桑尼亚国内私营海运代理公司和海外海运公司驻坦桑办事处陆续注册；国家海运代理公司的 5 个单位也分别同国内外 5 家海运或海运代理公司，建立了合营公司。

2002 年 6 月，坦桑尼亚出台《海运公司法》，为在坦桑尼亚建立和发展一种海运和海运服务竞争市场机制提供了法律支持。新的海运公司法规定：支持和鼓励私人投资于海运业，为坦桑尼亚海运业的不断发展增添新活力；在新注册的海运和海运服务公司中，坦桑尼亚人应直接和间接占有 51% 以上的股份，因为海运公司（和湖运公司）的运营与坦桑尼亚人民生产和生活息息相关，海运（和湖运）权应当控制在坦桑尼亚人手中。

坦桑尼亚水路运输市场的开放，受到国内外的欢迎。据报道，注册的海运代理公司、海运服务公司和外国远洋运输公司驻坦桑的办事处，目前已经达到 26 家（包括坦桑尼亚－中国联合海运公司）。在坦桑尼亚设立办事处的外国海运公司，包括一些来自英国、丹麦、瑞士、比利时等国的国际知名远洋运输公司。

（3）改革开放使水路运输业得到恢复和发展

从坦桑尼亚港务局的统计资料和这几年政府每年的经济运行情况看，坦桑尼亚水路运输业（大陆部分）在经过一系列的调整和改革以后，已经得到了全面恢复和发展。

第一，货运出现了稳步增长局面。2001～2004 年，达累斯萨拉姆、坦噶和姆特瓦拉三大港口的年均吞吐量为 488.6 万吨，比 1997～2001 年的年均吞吐量 389.7 万吨增长了 25%，比改革开放前的 1982～1985 年的年均吞吐量 341.3 万吨增长了 43%。

2004 年三大港口的吞吐量为 609.2 万吨，比 2003 年的 574.6 万吨增长了 6%。

第二，转口货运增加。20 世纪 80 年代以来，转口货物一直都只有几千顿，最多的 1993 年也只有 3 万吨。通过改革，坦桑尼亚港口服务质量有所提高，其内陆邻国通过达累斯萨拉姆港的进出口增加，特别是 2003 年以来赞比亚通过达累斯萨拉姆港出口的铜的数量增加了。据统计，坦桑尼亚内陆邻国通过坦桑尼亚港口转口的货物，2001 年为 2 万吨，2002 年增加到 16.8 万吨，到 2003 年和 2004 年就分别增加到了 25.3 万吨和 25.1 万吨。

第三，沿海客运量有了大幅度的增加。沿海客运包括大陆沿海各港口之间和大陆港口同桑给巴尔之间，2001～2004 年年均客运 57.9 万人次，比改革前的 1982～1985 年年均 16.2 万人次增长了 257%。

第四，湖上运输也有了发展。据坦桑尼亚海运服务公司的统计，2001～2004 年，年均湖上客运量为 382897 人次，年均货运为 163931 吨。2004 年，客运 483619 人次，比 2003 年的 347564 人次增加了 39.1%；货运 167177 吨，比 2003 年的 143751 吨增长了 16.2%。

（四）航空运输

坦桑尼亚的航空运输也发展较早。殖民统治时期，德国殖民者 1918 年在达累斯萨拉姆特梅克地区修建了机场（坦桑尼亚的第一个机场）。英国殖民者 1929 年建立了坦噶尼喀民航局。此后，在坦桑尼亚则使用飞机较多，用于土地测量、地质和生态调查、虫害控制、医疗救助，在发生灾荒时运粮救灾等。另外，由于坦桑尼亚处在伦敦至开普敦航线之上，坦桑尼亚也较早地同国际航线建立了联系。

独立前后，坦桑尼亚国内外航空运输一直由东非航空公司统一经营。1977 年原东非共同体解体后，东非航空公司撤销，坦桑尼亚于同年 7 月成立了自己的国家航空公司坦桑尼亚航空公司。坦桑尼亚航空公司建立后，一直以国内航线为主，国际航线只飞往莫桑比克、印度和英国等十几个国家。1982 年，坦桑尼亚航空公司有飞机 11 架。

目前，坦桑尼亚有达累斯萨拉姆、乞力马扎罗和桑给巴尔三个大的国际机场。其中，达累斯萨拉姆机场和乞力马扎罗机场，可停降波音 747 客机；桑给巴尔机场可停降波音 737 客机。除这三个国际机场外，坦桑尼亚还有 50 多个小机场和许多简易机场。其中，能办理民航业务的有 20 多处；较大的多多马、姆万扎、塔波拉、莫希、坦噶和姆特瓦拉机场等，都铺设沥青跑道，可升降双引擎客机并有定期班机。

达累斯萨拉姆国际机场，是经过对独立前在乌康加地区修建的达累斯萨拉姆机场的扩建，于 1984 年建成的。它是东非地区重要的国际机场之一，目前英国、肯尼亚、瑞士、埃塞俄比亚、埃及、印度和也门航空公司以及海湾航空公司和埃米尔航空公司等 17 家国际航空公司，有飞往达累斯萨拉姆的航班。据报道，1984～2004 年，20 年间该机场共接待乘客 9501265 人次，等于每天有 2770 人乘飞机从这里进入或离开坦桑尼亚。2005 年 10 月 6 日，坦桑尼亚政府把达累斯萨拉姆国际机场更名为尼雷尔国际机场，以缅怀开国总统尼雷尔为坦桑尼亚的独立和国家建设所作的贡献。

80 年代中期坦桑尼亚开始进行经济改革，尤其是 1990 年国民议会通过了《坦桑尼亚投资促进法》，完全打破了坦桑尼亚航空公司对航空运输业的垄断。一些私营航空公司的注册，使国内航空运输市场上出现了激烈的竞争。1992 年，坦桑尼亚航空公司（拥有客机 2 架，租用客机 2 架，管理政府专机 2 架）开始实行商业化经营，除经营国内航线外，还经营多条国际航线，飞往东部和南部非洲、欧洲、中东地区及印度。在 1993 年政府提出国营公司私营化计划以后，坦桑尼亚航空公司，开始同马拉维航

空公司联合经营达累斯萨拉姆至约翰内斯堡航线。1995年3月，同乌干达航空公司、南非航空公司联合组建了联合航空公司，经营达累斯萨拉姆－恩德培－伦敦航线，但由于经营不善，该公司已于2000年10月10日停运（坦桑尼亚航空公司于1998年提前退出）。2002年12月，坦桑尼亚航空公司通过与南非航空公司合资实现了私营化。南非航空公司出资2000万美元收购坦桑尼亚航空公司49%的股份以后，坦桑尼亚航空公司更名为坦桑尼亚航空股份有限公司。除坦桑尼亚航空股份有限公司外，到2002年坦桑尼亚全国已有快捷航空公司、海岸旅游航空公司和桑给巴尔航空公司等26家私营航空公司。

与此同时，坦桑尼亚政府重视机场建设，为坦桑尼亚民航业的发展创造了良好条件。20世纪90年代以来，政府不仅对达累斯萨拉姆、乞力马扎罗和桑给巴尔三大国际机场的跑道进行了修复、更新和添置了一些机场设施或设备，对一些小机场的基础设施和设备也进行了维修或更新。

近年来，坦桑尼亚航空运输业呈现出某种程度的发展趋势。据统计，2002年、2003年和2004年，坦桑尼亚民航客运分别为1355739人次、1876553人次和1950383人次。其中，坦桑尼亚航空股份有限公司，2003年客运149540人次，比2002年（坦桑尼亚航空公司未私营化时）的134370人次增长了11%；2004年客运268168人次，比2003年猛增了79.3%；2004年，坦桑尼亚航空股份有限公司的收入达到380亿先令，比2003年的150亿先令增长了153.3%。

二　通信

（一）邮电服务业发展简况

坦桑尼亚的邮电服务开始于19世纪80年代德国统治时期，电信服务和邮政服务统一由邮电局管理。英国统治时期，延续了德国殖民者的做法。20 世纪 60 年代和 70 年代，坦桑尼亚邮电服务由东非邮政电信公司统管。1977 年原东非共同体解体后，坦桑尼亚建立了自己的邮电服务公司——坦桑尼亚邮政和电信公司（TP&TC）。坦桑尼亚邮电公司为国营公司，建立以来一直对坦桑尼亚的邮政电信服务业实行垄断经营。

独立前，坦桑尼亚邮政电信服务业基础十分薄弱；独立后，一直到 20 世纪 90 年代，坦桑尼亚的邮政电信发展很缓慢。邮政业务，包括国内和国际邮件业务、邮政金融业务、邮政包裹业务等，20 世纪 80 年代后期增加了特快专递。其邮政服务是通过设在邮局的信箱进行的。电信服务，有电话、电传、电报和 1987 年开始的传真服务。全国大部分城镇都有这些电信服务设施，但得通过达累斯萨拉姆与国外联络。截至 1989 年，全国有电话 13.7 万部，电传线路 3350 条。坦桑尼亚有两个卫星地面接收站，建在达累斯萨拉姆，共有 420 个通道，是坦桑尼亚与世界其他地区联系的主要渠道。

随着 20 世纪 80 年代中期开始的经济改革的进行，政府对邮政和电信服务业也进行了改革。1993 年 12 月 31 日，国民议会通过《坦桑尼亚通信法》，决定重组坦桑尼亚邮电局，政企分开，建立一个坦桑尼亚通信委员会（TCC），负责坦桑尼亚的邮政和电信事业的管理工作；建立两个国营公司，一个是坦桑尼亚邮政公司（TPC），一个是坦桑尼亚电信有限公司（TTCL）。由于传统的邮政业务和固定电话服务是国家重要的社会公用事业，传统的邮政网络和国定电话网络是国家重要的邮电服务基础设施，所以通信法规定，坦桑尼亚传统的邮政服务由新组建的坦桑尼亚邮政公司实行垄断经营，固定电话业务由坦桑尼亚电信有限公司实行垄断经营。与此同时，通信法决定开放坦桑尼亚的邮政和电信服务市场，鼓励私人在传统的邮政和固定电话服务业之外的邮电服务领域投资，还欢迎他们购买坦桑尼亚邮政公司和坦桑

尼亚电信有限公司的股份。

1994年1月，政府根据通信法对坦桑尼亚邮电局进行重组，决定对坦桑尼亚邮政公司和坦桑尼亚电信有限公司不再提供财政补贴，并由国有企业改革总统委员会（PPSRC）和坦桑尼亚通信委员会（TCC）代表政府，分别同他们两家公司签署了实行"商业化经营"的合同。

坦桑尼亚邮政和电信服务市场开放以后，除坦桑尼亚邮政公司和坦桑尼亚电信有限公司以外，还有一批私营的邮政和电信服务公司注册，坦桑尼亚邮政和电信服务业得到了恢复和发展。

（二）开放后电信业发展较快

1. 移动通信从无到有，长足发展

1994年开始有私营移动通信公司注册，经营移动电话业务，1995年坦桑尼亚有2198部移动电话，2001年增加到805000部，而到2004年底就猛增到1788749部。与此同时，由于激烈竞争，移动电话费用已经开始下调。

近年来，手机在坦桑尼亚的应用已经比较广泛。现在，在咖啡种植园、剑麻农场、草原牧区、家禽养殖场和林区，在野生动物园、乞力马扎罗山山麓和坦噶尼喀湖畔等旅游景点，在达累斯萨拉姆和桑给巴尔的渔港码头，或在那些偏远的乡村地区，总之是在那些有线电话线路尚未延伸到或不可能延伸到的许多地方，已经有人用上了手机，他们用手机与外界沟通信息，通报或了解有关经济、商品、价格和市场等信息。观察家们一致认为，在经济发展竞争激烈的当今世界，移动通信的蓬勃发展必将为坦桑尼亚经济社会的发展带来巨大的效益。

目前，在坦桑尼亚的移动通信公司主要有：

（1）米利坦桑尼亚国际移动通信有限公司，是南非米利国际移动通信公司（Millicom）与坦桑尼亚电信有限公司合资的一家移动通信公司，前者占公司股份的51%，后者占49%，1994

年 1 月注册并开始运营。

（2）桑给巴尔电信有限公司，是桑给巴尔政府和一家来自爱尔兰的公司的合资公司，1994 年 1 月注册和开始营业。按坦桑尼亚通信委员会规定，该公司对桑给巴尔的固定电话业务实行垄断经营，同时经营桑给巴尔地区的移动通信业务。2005 年，坦桑尼亚通信委员会已批准该公司可在坦桑尼亚全国开展移动通信业务。

（3）沃达坦桑尼亚移动通信有限公司，是南非沃达移动通信公司（Vodacom）同坦桑尼亚一家私营通信公司帕兰尼特尔通信有限公司（Planetel Communication Ltd）组建的合资公司，共投资 9000 万美元，前者占股份的 55%，后者占 45%，1999 年注册开业，是目前坦桑尼亚最大的一家移动通信公司。

（4）坦桑尼亚移动通信公司（坦桑尼亚电信有限公司的子公司），经营移动通信业务，2001 年 9 月开始运营。

截至 2004 年底，这四家移动通信公司所拥有的手机用户分别为：沃达坦桑尼亚移动通信有限公司，有 995749 家手机用户（2003 年为 700000 家）；坦桑尼亚移动通信公司，有 450000 家手机用户（2003 年为 320000 家）；米利坦桑尼亚通信有限公司，有 258000 家手机用户（2003 年为 201000 家）；桑给巴尔电信有限公司，有 85000 家手机用户（2003 年为 68000 家）。

2. 出现一批国际互联网和数据库服务公司

1996 年，达累斯萨拉姆大学非洲计算机中心注册，开始向社会提供国际互联网服务，成为坦桑尼亚第一家国际互联网公司；同时，坦桑尼亚电信有限公司和法国电信公司的一家子公司合资建立了坦桑尼亚第一个信息资料库——数据资料库有限公司，开始向社会提供信息资料服务。截至 2004 年底，在坦桑尼亚注册的国际互联网公司已有 21 家，主要在达累斯萨拉姆。据报道，坦桑尼亚注册的电子邮件信箱现在约有 5 万到 10 万个；

经常使用互联网的客户有 7000 到 1 万人。

最近两年，坦桑尼亚城镇建立了许多网吧，仅在达累斯萨拉姆的商业中心现在就有 20 多家网吧，在桑给巴尔市至少也有 5 家。网吧的发展推动了坦桑尼亚国际互联网业务的发展。2004 年坦桑尼亚《商业时报》的一份调查报告表明，在达累斯萨拉姆，每天都有数以千计的人进入网吧。他们大多数是年轻人，包括公司企业和政府机关的工作人员、商人和学生（主要是中学生）。他们，许多人到那里都是通过互联网查找相关信息资料，或发送电子邮件的；一些商人在那里通过互联网联系生意（包括进出口业务）；有些人则专门到那里打国际长途电话，因为通过互联网打国际长途省钱；学生们在那里则主要是玩电子游戏。开始，达累斯萨拉姆市网吧的收费标准很高，现在网吧多了，收费标准降下来了，到 2004 年已从过去的每小时 1.25 美元降到了 0.625 美元。

3. 固定电话有所增加

1994 年以来，坦桑尼亚电信有限公司从世界银行、非洲发展银行和日本等国得到一些贷款和援助，同时私人公司还购买了该公司 35% 的股份，对已经老化的电话交换装置及其相关设施进行了维修，并增加了新的电话交换装置，大大提高了有线电话的交换能力。

据统计，2004 年该公司有线电话的交换能力已经达到 244536 条线路，比 1993 年的 125703 条线路增加了 95%。截至 2002 年，陆续恢复和新连通城镇社区电话站达到 2111 个，固定电话用户猛增，坦桑尼亚固定电话总数已从 1993 年的 85005 部增加到 2004 年的 148360 部，增长了 75%。

1994 年坦桑电信业实行改革以来，电信服务业发展迅速，并且成了坦桑发展最快的部门之一。据统计，坦桑尼亚电话占有率已从 1995 年的每 100 人拥有 0.33 部电话增加到 2004 年每 100

人拥有 0.41 部电话；如果加上手机，坦桑尼亚现在已经达到了每 100 人拥有约 5.3 部电话的水平。

（三）邮政业得到恢复和发展

1. 商业化运营取得成效

从 1994 年 1 月起，坦桑尼亚邮政公司就开始了商业化运营。政府每三年与公司签一次合同。每次签署的合同都包括以下五项指标，即快速（指邮件投递的时间要快）、安全（保证邮件的安全）、效益（公司的税前利润）、增长（年业务量的增长比例）和客户满意度（看客户对服务的评价或投诉）。同时，还都规定了严格的奖惩措施。

为了达标，邮政公司在商业化运营中采取了一系列措施。公司规定：在交通方便的城镇地区，信件和其他邮件的分理、发送和投递工作，要在 24 小时之内完成，以让客户尽快收到有关信件或邮件。为此，公司增加了夜班，以完成当天下午送来的信件和邮件的分理工作，待第二天上午及时投递出去。现在，在坦桑尼亚的城镇地区，一般信件今天寄出，第二天就能收到。另外，公司采取了灵活的经营方式，把一些邮局租赁给私人公司，这不仅精简了邮政公司的机构，节约了行政开支，而且公司还可以收到一定数额的租赁费。目前，在全国 430 个邮局中，有 145 个由公司职员直接负责，71 个租赁给有关公司特许经营，214 个在乡村地区的邮政分局全部租赁给私人公司经营。

对坦桑尼亚邮政公司的工作，政府每年都要聘请一家公司予以评估。1997 年和 1998 年，政府聘请荷兰一家咨询公司和新西兰邮局国际业务部，一起对坦桑尼亚邮政公司的工作进行了审计和评估。结果表明，在邮件投递速度、客户满意度、邮件安全和经济效益方面，都达到了计划指标的要求。其中，最突出的是经济效益，1994～1999 年公司的收入增长了 109%。

最近几年，坦桑尼亚邮政公司的经营状况一直比较稳定。据

统计，2004 年投递国内信件 1900 万封，比 2003 年的 1820 万封增加了 4.4%；处理国际信件 710 万封，比 2003 年的 670 万封增加了 6%。2004 年投递国内包裹 42710 个，比 2003 年的 29832 个增加了 43.2%；处理国际包裹 7531 个，比 2003 年的 6664 个增加了 13%。2004 年投递国内挂号信 542327 封，比 2003 年的 405100 封增加了 33.9%；处理国际挂号信 66699 封，比 2003 年的 42386 封增加了 64.4%。

然而，令人关注的是，随着电信业和快件速递业务的发展，人们通过邮局发送的信件（包括普通信件和挂号信件）的数量在逐年减少。2004 年坦桑尼亚邮政局处理信件 2670.9 万封，已比 1998 年的 4251 万封减少了 37%。

2. 特快专递业务的发展

邮政服务市场开放以后，坦桑尼亚的特快专递业务发展很快。1994 年 1 月就注册了一批邮政服务公司，包括坦桑尼亚邮政公司和敦豪快递、天地快运、天空快递网、东非快递和斯堪的纳维亚快递服务公司等 8 家国际和国内快件速递公司。截至 2005 年 1 月底，注册的快件速递公司达到 32 家。其中，7 家为国际快件速递公司在坦桑尼亚的分公司，承担了坦桑尼亚的国际快件的速递业务；25 家为国内公司，有的承担全国性的快件速递业务，但大部分为地区性公司，只承揽本地区的业务。

坦桑尼亚邮政公司从一开始就建立了特快专递服务部，积极参与了特快专递市场的竞争；与此同时，依靠它固有的传统邮政网络优势，与一些私营速递公司建立了合作关系，2002 年还与敦豪公司签订了一项互惠互利的合作协议。几年来，公司的特快专递业务有了发展。据统计，2004 年，国内快递（信件和其他物品）达到 290254 件，比 2003 年的 268708 件增加 8.0%；国际快递达到 29210 件，比 2003 年的 19671 件增加了 48.5%。

第六节 财政与金融

一 财政

独立以来，坦桑尼亚的财政年度一直为每年的 7 月至来年的 6 月。每个财政年度结束时，总统府负责计划和发展的国务部长都要对上一个财政年度经济运行情况和对下一个财政年度的社会经济发展计划提出报告；财政部长，除对上一个财政年度预算执行情况进行回顾和总结外，主要根据社会经济发展计划的新安排提出下一个财政年度的预算报告，包括完成预算指标的财政政策和措施。政府的财政预算包括收入预算和支出预算两大项。政府的收入主要来自税收、银行贷款和外援；政府的财政支出包括经常项目支出和发展项目支出两类。

（一）尼雷尔时期的财政状况

独立初期，由于经济状况较好，国内的税入（不时有少量的银行贷款）就大体可以满足政府经常项目支出的需要，只有一些发展项目支出靠外援。

然而，在 1967 年执行了"国有化"和"乌贾马社会主义"政策以后，加上旱灾，从 20 世纪 70 年代末开始出现了经济困难，国内税入越来越少，到 80 年代初政府财政完全陷入困境。为解决财政困难，政府一方面增加从银行的贷款，80 年代中期政府从银行的贷款已经占到国内生产总值的 20% ~ 30%，导致了严重的通货膨胀；另一方面则争取外援，包括赠款和贷款，以弥补发展项目支出和经常项目支出的不足，从而使外援在坦桑尼亚的财政预算中占到了举足轻重的地位。据统计，外援在政府发展支出中所占的比例，1963/1964 ~ 1969/1970 财政年度年均为

28.45%，1973/1974～1979/1980 财政年度增至 46.08%，到 1981/1982～1984/1985 财政年度期间就达到了 89.17%；外援在政府经常性项目支出中所占比例，进入 80 年代以后也相当高，在 1981/1982、1982/1983 和 1983/1984 三个财政年度里，分别占到了 58.5%、59.5% 和 59.2%。

财政支出方面，在政府的经常项目支出中，70 年代约有 21% 用于工业、农业和采矿业等基础设施，12% 用于教育，6% 用于医疗卫生。由于在"国有化"和"乌贾马"运动中政府新设立了许多机构和建立了一大批国营公司，加上对乌干达的战争，政府经常项目支出剧增。据报道，1977/1978 年度公用事业、国防和行政费用占经常项目支出的 37%，1978/1979 年度增加到 44%。进入 80 年代以后，在财政困难的形势下，政府不得不压缩一些经常项目的支出，首当其冲的是公用事业的支出，从而出现了水、电供应不足，道路得不到维修，缺医少药，学校缺少教师等问题；至于发展项目支出，政府也只能用于现有企业，包括企业设备和基础设施的维修，难以兴建新的项目。

（二）姆维尼时期的财政困难

姆维尼执政初期，政府实施紧缩的财政政策，包括削减行政开支、裁减冗员、减少年度预算赤字等措施，加上国际货币基金组织和世界银行以及西方国家的援助，从 20 世纪 70 年代末到 80 年代初开始的政府财政危机有所缓解，坦桑尼亚经济也得以缓慢回升。据报道，80 年代末，政府把退休年龄从原来的 60 岁提前到 55 岁，退休了一大批政府工作人员。但由于长期以来中央政府开支大，经济衰退，财源枯竭，预算赤字还比较大。1986～1989 年度赤字居高不下，一直占国内生产总值的 11% 左右。1989 年赤字约 474 亿坦桑尼亚先令（约合 3.31 亿美元），占国内生产总值的 9.4%。当然，这些财政赤字都靠国际货币基金组织等国际金融机构和友好国家的援助得到了补充。

从 1986 年起，坦桑尼亚开始进行预算改革，并且得到了世界银行、联合国计划开发署和瑞典等国的支持，坦桑政府先后加强了预算管理（建立了严格的预算收入和支出的财会制度），实施了援助管理和责任制，1989 年提出滚动和前瞻预算制（Rolling Plan and Forward Budgeting）计划，并于 1993 年付诸实施。1993/1994 年度财政预算是坦桑尼亚第一个滚动和前瞻预算制预算，即在 1993/1994 ~ 1995/1996 年度预算计划框架内提出 1993/1994 年度的具体预算。据认为，这是一种短期与中期计划相结合的预算模式，可使政府对发展目标比较明确，也可使援助国和国际金融组织在提供援助方面心中有数。1993/1994 ~ 1996/1997 年度滚动和前瞻预算计划提出：宏观经济目标使国内生产总值年均增长 4.5%，人均实际收入实现正增长；紧缩财政，将通膨率控制在 10% 以内；加强税收管理，增加政府税入，同时增强外贸部门的活力，保持足够的外汇储备（以能支持三个月的进口作为最低限度），以减少国际收支中对外援的依赖。然而，由于当时税收管理不善，政府税入没有增加，致使这第一个滚动和前瞻预算计划落空。

到 80 年代末、90 年代初，坦桑尼亚国内外贸易完全开放了，开始以私营化为动力建立一种全新的市场经济，而且随着私营部门的发展出现了一些新的税务因素，如私营工商企业、合资企业和外资企业等的税收问题。面对这种改革开放的新形势，姆维尼政府未能及时进行税务改革，而是继续沿用过去的税种和税务机构，即使在《坦桑尼亚投资促进法》（1990 年）出台以后，政府也只是说"所有公司都应按照其赢利情况缴纳所得税，税率为 5%（外国公司驻坦桑分支机构所得税率为 55%）"。姆维尼时期，每年的财政预算只是对一些税种的收税

额度作些调整。

当时的税种，主要包括销售税、消费税、进口税和公司所得税，1990/1991 年度这四种税收的收入占政府税入的 87.8%；其他则是一些小税种，包括印花税、汽车牌照税、养路费、个人所得税和工资税等。当时的税务单位，一个是海关和销售税务局，负责进口税、销售税和消费税的征收工作；另一个是所得税税务局，负责所得税工作。这两个税务局还分别负责一些小税种的征收工作。

由于税务部门不统一、不健全，税种不全、不细，加上管理不善，偷税漏税和走私现象严重，尤其是相关单位的贪污受贿现象普遍，致使政府税入不仅无法增加而且还在减少。1994/1995 年度的政府收入为 3897.44 先令（合 7.61 亿美元），比 1993/1994 年度的 3492.34 亿先令（合 8.58 亿美元）减少了 11.3%。1992 年以后，坦桑尼亚政府的财政赤字又开始增加，1994/1995 年度的赤字比 1993/1994 年度增加了 73%；通货膨胀反弹，过去几年通货膨胀率一直稳定在 20% 左右，但到 1994 年就回升到 36.4%。西方主要援助国和国际金融组织认为坦桑尼亚政府"短期行为严重，财税秩序混乱"，纷纷冻结援助，坦桑尼亚经济增长速度放慢，坦桑尼亚的财政形势更加严峻。

（三）姆卡帕时期财政状况好转

姆卡帕时期，坦桑尼亚政府的财政政策把重点放在加强税务管理，增加国内税入，以满足政府开支预算的需要；同时注重加强同友好国家和国际金融机构的合作，呼吁减免坦桑债务和向坦桑提供更多的援助。经过几年的努力，坦桑政府的财政状况出现明显好转。

1. 财政收入

姆卡帕政府执政后，即按照 1995 年国民议会通过的关于改革税制和建立税务局（TRA）的《坦桑尼亚税务局法》，不失时机地抓紧进行财政改革，并在实践中不断深化这种改革，以增加政府税入，摆脱财政困境。

（1）税制改革，调整税种，取消消费税，增加增值税。过去几年，政府征税的重点在进口税、营业税、增值税和所得税四大税种，从根本上保证了税入；对于其他税种，不断进行协调，以便于征收；对各种税法，根据形势变化，或进行修改，或以新的税法取而代之；许多小税种或利润小的行业税已被取消，如"发展税"。经过对增值税反复论证和听证，政府1997年正式实施增值税。其中，政府对"利税大户"给予了特别关注。据报道，利税大户在纳税方面发挥了重要作用，坦桑尼亚现有利税大户286家，他们缴纳的税收已占到坦桑尼亚政府税入的37%。

（2）坚持良政原则，建立了一个统一的坦桑尼亚税务局。税务局下设所得税部、关税和营业税部、增值税部、利税大户部四个部门。所得税部负责征收直接税（如所得税和财产税），关税营业税部和增值税部分别负责征收间接税（如营业税和进出口税）；利税大户部则负责征收利税大户的直接税和间接税。在税务局组建过程中，姆卡帕总统注重税务局的人员素质，宣布要把所有腐败分子都清除出税务局。据报道，1996年和1997年因为涉嫌腐败案被勒令退休的122名政府官员中，包括涉嫌的9名移民局官员和10名警官；另有原海关、营业税和所得税部门的848名职员，因涉嫌腐败案先后被开除公职。坦桑尼亚税务局道德规范委员会（在大陆和桑给巴尔均设有办公室）规定：凡税务人员涉嫌腐败案，一经发现，将立即被解雇。[①] 另外，政府重视对税务人员进行职业道

①　Retired For Corruption: 122 Government Officials in Two Years, 22 November 1997, Tanzania News Online.

德、业务和技术培训，一般是轮训，几乎每年都有这种培训活动。

（3）采取措施，堵塞漏洞，避免逃税、漏税。比如，海关已安装现代化设备，所有进口的石油卸货必须经过流程设备，所有集装箱必须经过扫描装置检查，才能卸货，防止了石油和集装箱货物的逃税问题。

（4）在政府和纳税人之间建立了一种每年一次的国家税务建设研讨会制度，这不仅推动了政府税务工作改革的深入发展，也不断增强了纳税人纳税的自觉性。

（5）2000年，坦桑尼亚还设立了税务申诉局（TRAB）和税务上诉法庭（TRAT），旨在解决纳税人遇到的麻烦，使纳税工作进一步法制化。

由于采取了上述措施，自1996年以来政府税入一直稳定增加，而且每个年度的税入都超过了所预期的指标（见表4－14）。据统计，1995/1996年度的政府税入为3837亿先令（约合6.6亿美元），占国内收入的85.6%；到2001/2002年度，政府税入增加到9385亿先令（合10.2亿美元），占政府国内收入的90%，比1995/1996年度增长了55%；而2004/2005年度政府税入预期为15799亿先令（合14.5亿美元），占政府国内收入的91%，比2001/2002年度又增长了42%。据报道，2005年12月坦桑税务局收税1910.7亿先令（约合1.756亿美元），再创历史新高。①

与此同时，姆卡帕政府在争取外援方面也取得了进展。姆卡帕时期，坦桑尼亚得到的外援增加了，国际赠款和减免的债务也增加了。

---

① Well Done, But Tame Cheats, Kikwete Tells TRA By Correspondent Ernest Ambali, 2006 - 02 - 05, 08：31 Source：*Sunday Observer*.

表 4 – 14　近年来坦桑尼亚政府财政收支情况（大陆）

单位：百万先令

	1993/1994	1995/1996	2001/2002	2002/2003	2003/2004	2004/2005	2004/2005	2004/2005
	实际	实际	实际	实际	实际	预　算	7～12月*	7～6月**
国内收入	242444	448373	1042945	1217517	1459303	1716255	869858	1742888
税　入	220358	383744	938478	1105746	1342798	1571356	794288	1579951
进口税	50229	131397	266322	293695	352320	396809	178808	365876
营业税	70388	84558	0	0	0	0	0	0
消费税	0	0	351894	424338	548572	673499	358670	710900
增值税	0	0	208675	249854	315958	365693	212929	423312
进口产品	0	0	143219	174484	232614	307806	145741	287588
国内产品	58505	103871	219852	276050	366651	457098	223204	431737
所得税	41236	63918	100410	111663	123500	116020	64765	143277
其他税								
其　他					-48245	-72070	-31159	-71839
非税收入	22086	64630	104467	111771	116505	144899	75570	162937
支出总额	410533	500116	1462767	1989538	2516943	3198151	1641373	3243662
经常项目	335844	470014	1118156	1488641	1780115	2106561	970525	2038457
发展项目	74689	30102	344611	500897	736828	1091590	670848	1205205
国内资金	18678	5382	50236	95662	133041	233705	118817	233705
国外资金	56011	24720	294375	405235	603787	857885	552031	971500

续表 4 - 14

	1993/1994 实际	1995/1996 实际	2001/2002 实际	2002/2003 实际	2003/2004 实际	2004/2005 预算	2004/2005 7～12月*	2004/2005 7～6月**
财政赤字	-168089	-51743	-419822	-772021	-1057640	-1481896	-771515	-1500774
政府融资	168089	51744	419822	692626	956335	1458865	631078	1183433
国外来源	164286	62391	501949	822027	1053531	1233578	1083725	1389401
赠 款	76909	46882	383479	622302	494889	908790	607639	911284
项目援助	64446	7703	33171	151331	94331	109956	129787	146458
商业贷款	22931	7806	154184		0	0	0	
项目贷款	3803	-10647	-68885	149719	509456	348279	392126	423468
偿还外债			-82127	-101325	-45145	-133447	-45827	-91809
国内来源	26556	-5636	36574	-50007	-7648	225287	-312511	-102984
非银行借贷	14000	62753	-59181	8500	21357	0	0	0
银行贷款			0	-44763	0	231111	-256076	0
转让国企	17700	17700		0				
股份收入				0	9767	10115	0	0
偿还债务收入			-59107		0	0	0	0
其 他	-36753	-85464	1139	65901	50776	0	83701	0
偿还内债			-1552	-251	0	-15939	0	0
支出浮动			0	-79394	-89548	0	-140136	-102984

说明：* 实际数字；** 预期数字。
资料来源：坦桑尼亚总统府计划和私营化部。

2. 财政支出

在财政支出方面，姆卡帕政府一方面加强管理，一方面随着形势发展和变化对政策做出调整。姆卡帕执政初期，继续执行紧缩政策；在经济状况有所改善、尤其是政府税入有所增加以后，便将"紧缩财政"调整为"适度从紧"；而从 2001 年开始执行《国家减贫战略计划》，尤其是坦桑尼亚被世界银行和国际货币基金组织划定为减免重债穷国债务的对象以后，政府开始执行了向减贫战略计划中确定的优先发展部门倾斜的财政政策，加大了对其发展项目的投资力度。

近年来，政府支出不断增加。1999/2000 年度政府总支出为11919 亿先令（约合 15.69 亿美元），比 1993/1994 年度 4105.33 亿先令（合 10.09 亿美元）增加 56%；2004/2005 年度政府总支出达到 32436.62 亿先令（合 29.79 亿美元），比 1999/2000 年度增长 90%。实际上，自 2000/2001 年度以来，政府把大部分预算资金用在了减贫战略计划中确定的优先部门（见表 4 – 15）。

表 4 – 15 坦桑尼亚中央政府财政支出情况（1999/2000 ~ 2004/2005）

单位：10 亿先令

	1999/2000	2000/2001	2001/2002	2002/2003	2003/2004	2004/2005
	实 际	实 际	实 际	实 际	实 际	预 算
政府总支出	1191.9	1257.6	1625.8	2091.1	2694.5	3347.5
优先部门总支出	414.3	494.6	753.8	953.6	1199.9	1473.0
教 育	218.0	254.9	344.9	436.2	517.5	581.4
医疗卫生	81.2	100.7	142.1	186.7	217.3	290.8
供 水	14.5	18.3	32.5	51.9	63.7	127.8
农 业	21.6	19.1	31.9	60.2	113.3	111.0
道 路	70.8	92.5	179.6	190.2	235.0	274.3
司法部门	8.3	9.2	18.8	23.2	32.1	36.2
防治艾滋病	0.0	0.0	4.0	5.3	21.1	51.5
非优先部门总支出	511.4	459.2	541.6	833.8	1126.5	1393.4
联合服务基金	266.1	303.8	330.4	303.7	368.1	481.2

资料来源：坦桑尼亚财政部。

坦桑尼亚减贫战略计划确定的优先发展部门，包括教育、医疗卫生、供水、乡村道路、农业和司法等部门以及防治艾滋病项目。据统计，第一个减贫战略计划（2000/2001～2002/2003）期间，政府向这些部门的拨款分别占各年度政府总支出的 39.3%、46.4% 和 45.6%；在第二个减贫战略计划（2003/2004～2005/2006）期间，2003/2004 年度占政府总支出的 44.5%，2004/2005 增至 49%。由于对国家减贫战略计划中的优先发展部门实行倾斜政策，目前坦桑尼亚的教育和乡村道路等状况已经有了显著改善。

为了加强财政支出的管理，防止（或减少）政府系统资金流失现象的发生，姆卡帕政府始终坚持从中央到地方的广泛的良政建设，开展反腐倡廉活动，并采取了一些具体措施，包括在中央政府建立了提高公共支出效率的中期支出框架（MTEF）、公共支出评估（PER）、现金预算管理体系和综合财政管理系统（IFMS）等，严格了各政府部门包括地方政府的及时进行有关财政报告的制度，2001 年政府还制定和实施了《公共财政和采购法》。所有这些，对增加财政透明度，加强公共支出管理，都发挥了积极作用。

应当看到，虽然近年来坦桑尼亚政府在财政改革方面取得了重大进展，但要实现财政状况的根本好转，尚任重而道远。财政部长姆兰巴在向议会作《2005/2006 年度预算报告》时指出，在坦桑尼亚实现自立和减贫的道路上，政府的财政还面临许多挑战。第一，虽然政府已把大量资金投向减贫战略计划的优先发展部门，但同这些部门发展的需要相比，投入的资金还远远不够。第二，虽然政府税入不断增加，但目前它占国内生产总值的比例还很小，仅占 14% 左右（比过去的 12% 左右是个进步），税入增加的潜力还较大。苏马耶总理说过，政府的税入目标应在国内生产总值的 20% 左右。目前，坦桑尼亚政府已计划 2005/2006、

2006/2007 和 2007/2008 三个财政年度的政府税入要分别占到国内生产总值的 14.3%、14.5% 和 14.6%。第三，政府一直在为减少对外援的依赖做出努力，但进展缓慢。据统计，外援在政府财政预算中所占的比例，2002/2003 年度为 47%，2003/2004 年度为 45%，2004/2005 年度为 41%，2005/2006 年度计划减少到 40%。第四，整个财政系统的建设任务仍然很重，包括良政建设，对财政人员的职业教育和技术培训，也包括财政系统办公设备的现代化等问题。

二　金融

（一）独立后金融业发展简况

独立前后，坦桑尼亚同肯尼亚和乌干达一起一直共同使用东非货币局发行的东非先令。1966 年以前，坦桑的金融业全部由英国人控制。1966 年 6 月，坦桑尼亚根据 1965 年 12 月国民议会通过的《坦桑尼亚银行法》，建立了自己的国家银行——坦桑尼亚银行，收回了货币发行权，开始发行本国的货币坦桑尼亚先令，取代了东非先令。

独立后，坦桑尼亚先令同其他东非国家的先令一样，一直与国际货币基金组织的特别提款权挂钩，直至 1979 年 1 月；此后，坦桑尼亚先令开始同主要贸易国的货币挂钩。

1967 年坦桑尼亚实行国有化政策后，首先把外资商业银行和保险公司收归国有，同时成立了坦桑尼亚国家商业银行和国家保险公司。作为中央银行的坦桑尼亚银行，负责制定和执行政府的货币政策，并对国家商业银行和保险公司进行政策指导。坦桑尼亚银行授权桑给巴尔人民银行负责桑给巴尔地区的银行业务。桑给巴尔人民银行，是 1964 年"一月革命"成功后由桑给巴尔革命政府建立的桑给巴尔政府银行，统一负责桑给巴尔对内和对外的一切银行业务往来。

政府还陆续建立了一些不同类型的银行，包括：坦桑尼亚投资银行，建于1970年，主要向生产部门提供中、长期贷款，其资金来自各国政府或国际金融机构向坦桑尼亚提供的援助；坦桑尼亚乡村合作发展银行，建于1971年，任务是为农村提供不同期限的贷款，主要为农村地区一些发展公司等单位提供收购农产品等季节性的贷款，并为农民购买设备、牲畜和发展当地小工业提供贷款，其资金也主要来自国际金融机构和友好国家向坦桑尼亚提供的贷款；坦噶尼喀邮政储蓄银行，原为东非邮政公司下属单位，原东非共同体解体后更名为坦桑尼亚邮政储蓄银行，它在全国有200多家分行或支行，主要为城乡小储户服务，但政府规定坦桑尼亚邮政储蓄银行必须将其利润全部购买政府债券。与此同时，政府还建立了一个坦桑尼亚房产银行，它在全国各地均有分行或代办处，为商业或私人住宅建筑和房屋维修提供贷款。

这些银行，不论是中央银行还是其他商业银行，都是国家银行，从坦桑先令的汇率、外汇的管制，到银行存储和信贷的利率等，都得听命于政府。由于缺乏资金和金融业的管理人才，有的银行自建立之日起就面临运营困难，再加上政府的干预，在信贷方面经常出现亏空，不时陷入难以运作的尴尬境地。据报道，早在1970年，坦桑尼亚银行的坏账率就高达60%。

从金融业角度讲，政府的干预是导致坦桑尼亚20世纪70年代末和80年代初出现金融危机的重要原因之一。坦桑尼亚银行建立不久，政府在1967年《阿鲁沙宣言》后推行国有化政策，即把坦桑尼亚银行纳入计划经济轨道，坦桑尼亚银行作为坦桑尼亚中央银行首先要满足政府每个财政年度从银行贷款和政府外汇支出的需要。随着"村庄化"和"工业化"政策的实施，政府遇到财政困难后，1978年政府便修改了《坦桑尼亚银行法》，决定在银行建立四种"特别基金"，即"乡村财政基金"、"工业财政基金"、"出口信贷担保基金"和"资本和利率贴现基金"，让银行分担了国家的"发展任务";另外,政府还让中央银行准备和提出国家经济年度发展计划的建议,取代了政府计划发展部的工作;80 年代初,为解决外汇短缺问题,政府颁布《外汇管制法令》,规定个人不得占有外汇,所有外汇收入都得"卖给"政府银行,同时颁布《进口控制法令》,任何进口都得到中央银行办理进口许可证,对外汇实行了严格管制。所有这些,或多或少都使坦桑尼亚银行偏离了作为中央银行的工作方向。在国家经济和政府财政日益困难的情况下,政府从银行的贷款日益增加,外汇"管制"得也越来越少,致使市场商品奇缺,物价飞涨,通货膨胀率攀升。据统计,坦桑尼亚外汇储备,1979 年为 6800 万美元,到 1985 年仅有 1600 多万美元;通货膨胀率,1971～1979年平均为 22.5%,到 1983 年就上升到了 30%;而外债却在猛增,1978 年为 11.42 亿美元,到 1982 年就增加到了 16.32 亿美元。

(二) 对金融业进行全面改革

20 世纪 80 年代后期、尤其是 90 年代以来,随着经济改革的发展,国民议会陆续出台一些金融法规,政府不断采取措施,对金融业进行全面改革,取得了良好效果。

1. 加强中央银行宏观调控职能

姆维尼总统特别重视中央银行即坦桑尼亚银行的宏观调控职能。在组建第一任内阁时就恢复了计划发展部,把坦桑尼亚银行从政府具体工作中解脱出来,以使其集中精力做好本职工作,发挥中央银行应有的宏观调控的作用。

根据"结构调整计划"和恢复经济的需要,坦桑尼亚银行1985 年便向私商开放绿灯:允许他们自筹外汇进口商品;允许他们将其出口外汇收入的留成比例从过去的 35% 提高到 50%。这不仅使坦桑尼亚进出口贸易得到恢复和发展,也使其外汇储备有了增加,发挥了重要的宏观调控作用。1986 年,根据同国际货币基金组织的协议坦桑尼亚先令要大幅度贬值,经过周密测算，坦桑尼亚银行对先令采取了"细水长流，逐渐贬值"的做法，保证了金融市场的相对稳定，效果较好。

在90年代初银行业向私人资本开放以后，坦桑尼亚建立了一批私营商业银行，国营商业银行也开始改制。为活跃金融市场，推动银行业的发展，坦桑尼亚银行1993年8月决定取消对商业银行和其他金融机构存款和贷款利率的限制。在改革开放初期，坦桑尼亚银行随时根据通货膨胀率变化情况提出坦桑先令存款的基本利率（和最低利率），商业银行和其他金融机构则围绕这一基本利率上下浮动；还规定商业银行和其他金融机构的信贷利率最高不得超过31%。取消利率限制以来，商业银行对外贷款和存款业务一直在稳步发展。据统计，坦桑尼亚商业银行1995/1996年度对外贷款总额为1349.059亿先令；到1999/2000年度增至3134.385亿先令；到2003/2004年度就增加到9659.859亿先令。商业银行的存款业务也得到相应发展。1995/1996年度商业银行的存款（包括所有活期存款、定期存款、储蓄存款和外汇存款）为5733.075亿先令；2000/2001年度增至10978.599亿先令；到2003/2004年度，就增加到20124.938亿先令。[①]值得提及的是，在商业银行的外汇存款也在日益增加。1995/1996年度的外汇存款为1420.265亿先令；2000/2001年度增至3738.679亿先令；到2003/2004年度就增加到了7466.085亿先令，外汇存款占商业银行存款的37.1%。

随着商业银行贷款和存款业务的发展，银行间出现竞争，银行的贷款和存款利率也在发生变化。目前，贷款利率呈下降趋势。短期贷款利率，1996/1997年度为24.5%；2002/2003年度降至14.8%，此后一直在15%上下徘徊。中长期贷款利率，

① History of the Bank of Tanzania Electronic Mail：General Information：info @ hq. bot-tz. org.

1996/1997 年度为 21.5%，2002/2003 年度降至 13.5%，此后便一直徘徊在 14% 上下。存款利率，经过一段时间的下降之后，现在开始回升。中央银行的贴现率，1996/1997 年度为 20.5%；2001/2002 降到 9.4%，2002/2003 年度和 2003/2004 年度又分别回升到 10.6% 和 12.6%；活期存款，1996/1997 年度为 12%，2003/2004 年度下降到 2.4%，到 2004 年 12 月底稍有回升，为 2.6%；定期存款（3～6 个月），1996/1997 年度为 29%，2002/2003 年度下降到 3.5%，此后便一直在 4% 上下浮动。

为加强和发挥中央银行宏观调控的职能，1995 年国民议会通过《坦桑尼亚银行法》，重申坦桑尼亚银行为国家中央银行。该银行法赋予坦桑尼亚银行的任务包括：制定和执行有利于稳定物价、推动国民经济均衡和持续发展的货币政策；负责创造有利于降低和稳定通货膨胀率的金融环境；负责对坦桑金融部门的监督和管理工作，保证坦桑金融业的稳定发展；参与银行间外汇兑换市场的工作，充当政府证券拍卖代理人和负责国家收支的主管单位。

自 1996 年以来，坦桑尼亚通货膨胀率一路走低。按消费物价指数计算，1995 年的通货膨胀率为 27.45%，到 2000 年下降到 6%。2001～2004 年，通货膨胀率一直稳定在 5% 左右。据认为，这与坦桑尼亚银行实行"谨慎的"货币政策有着直接关系。据报道，1995/1996～2001/2002 年度，坦桑市场货币供应量持续下降，货币供应量的增幅从 26.1% 下降到 12.3%，2002 年有所提高，但 2003 年又迅速回落到 14.4%，2003 年以来一直保持在 12% 和 15% 之间。据报道，在此期间，为了减少货币供应量，坦桑尼亚银行曾建议政府压缩了从商业银行的贷款计划，使其当年通过商业银行发行的债券（政府从商业银行贷款的一种形式）占其贷款比例从 2002 年的 31.6% 减少到 1.6%。

2. 允许私人开办银行金融机构

1991 年坦桑尼亚出台《银行和金融机构法》，允许国内外私

人资本投资于银行和非银行金融机构。从 1993 年起，坦桑尼亚
国内私营银行陆续注册；在美国花旗银行率先进入坦桑尼亚以
后，国际或地区知名的一些银行纷纷到坦桑开办分行，包括英资
渣打银行、英国巴克莱银行、南非斯坦比克银行、肯尼亚商业银
行、欧非银行和马来西亚国际银行。截至 2005 年 6 月底，坦桑
尼亚注册商业银行已从 1991 年的两家增加到 26 家，它们现在坦
桑尼亚各地约有 200 多个分行或办事处；非银行金融机构从原来
的两家增至 5 家；同时，还有两家"风险基金"应运而生。

在银行业向私人资本开放以后，政府开始考虑对国有商业银
行和非银行金融机构的改革问题。90 年代初，坦桑尼亚只有 3
家商业银行，即国家商业银行、坦桑尼亚房产银行和乡村合作发
展银行，另有坦桑尼亚投资银行和坦桑尼亚邮政银行 2 家非银行
金融机构。首先，政府根据实际情况关闭了困难重重的坦桑尼亚
房产银行。接着，在 1993 年政府提出国营企业私营化计划以后，
政府把其余 4 家国有商业银行和非银行金融机构推向市场，吸收
私人资本，进行改制，以增添他们的运营活力。在得到一定的私
人资本加盟后，1996 年乡村合作发展银行更名为乡村合作发展
有限银行；1997 年国家商业银行一分为二，一部分称为国家商
业有限银行；另一部分则组建为国家微观有限银行。截至 1997
年，坦桑尼亚国家商业银行和乡村合作发展银行已经完成改制任
务，重组的这 3 家银行成了公私合资银行，由政府控股。改制
后，坦桑尼亚微观银行发展较快，到 2005 年已在全国设有 95 个
分行和 6 个代理行，仍由国家控股；桑给巴尔人民银行的改制任
务也即将完成。其余两家非银行金融机构坦桑尼亚投资银行和坦
桑尼亚邮政银行，目前仍在改制过程中。

另外，近几年政府根据减贫战略计划的需要设立了一些政策
性非银行金融机构，包括：①坦桑尼亚社会行动基金，设立于
2000 年，旨在向贫困个人、家庭和社区提供一些减贫贷款；

②国家乡村基金，是社会行动基金的一个组成部分，主要向乡村地区弱势群体提供一些救助，帮他们解决生活上的困难。上述两项基金得到世界银行的赞助，世界银行 2000 年 8 月和 2004 年 11 月两次为这两项基金向坦桑尼亚政府提供 6000 万美元和 1.5 亿美元的贷款和赠款。③小额信贷基金，建于 2001 年，旨在帮助发展小工业、小企业，为更多的贫困人口提供就业机会，非洲开发银行向坦桑尼亚政府提供了 1000 万美元的贷款。④农业投入信托基金（AITF），建于 2003 年，主要为农民购买农机具、化肥、农药和种子等提供信贷。此外，还有全国企业家发展基金（NEDF）和达累斯萨拉姆社区银行（DCB）等。

3. 建立完全市场化的汇率机制

1992 年 3 月，议会通过《外汇法》，取消《外汇管制法令》，允许私人拥有外汇，允许坦桑尼亚境内商业银行经营货币兑换业务。1993 年 4 月，政府宣布取消进出口许可证做法，允许商人自由从事进出口贸易；与此同时，政府宣布允许私人建立外汇兑换所，经营货币兑换业务。1993 年 7 月，坦桑尼亚银行开始拍卖外汇，以推动坦桑尼亚外汇市场的发展。1993 年 8 月，为了使外汇市场汇率与坦桑尼亚官方汇率大体一致，坦桑尼亚银行同商业银行一起创建了银行间外汇兑换市场（IFEM），共同拍卖外汇。银行间兑换外汇市场相当于批发市场，根据当天国际外汇市场比价情况决定坦桑尼亚先令与外币汇率的指导价格；外汇兑换所相当于零售商，通过竞标从银行间兑换外汇市场购进外汇，然后按汇率指导价格浮动兑换。最初，坦桑尼亚银行（和后来的银行间外汇兑换市场）在坦桑尼亚银行大厅里以公开叫拍的方式批发外汇，每周一次。从 1994 年 6 月 20 日起，银行间外汇市场拍卖外汇改为每天一次。从 1996 年 5 月开始，坦桑尼亚银行采取了通过电话拍卖外汇的做法。

目前，坦桑尼亚所有商业银行都有外汇兑换业务；在国际机

场和大的饭店都有货币兑换处；在全国所有大城市，包括各省会和地区首府，也都有货币兑换所。在首都达累斯萨拉姆，就有9家较大的货币兑换所。

现在坦桑通行的外汇主要是美元，其次是英镑、欧元和阿联酋的迪尔汗等。东非共同体重建后，坦桑尼亚、肯尼亚和乌干达三国的先令可自由兑换，坦桑尼亚的银行还可以发放肯尼亚先令和乌干达先令的贷款。所有外汇和坦桑尼亚先令，在坦桑尼亚国内银行间都可自由划转。

由于有比较充裕的外汇储备和建立了一套市场化的货币兑换机制，不论是本国人还是外国人，目前在坦桑尼亚兑换货币都已非常容易。与坦桑尼亚商人做生意通常以美元作为支付和结算货币。对于进口贸易，相关贸易公司只要向银行递交进口申报单，就可以在结算时凭进口单据按当时市场汇率向对方支付或汇出美元。对于在坦桑尼亚投资项目或承包工程项目的外国公司，坦桑尼亚政府则通过商业银行以自由兑换货币的方式向对方支付或汇出美元。

应当提及的是，市场化的汇率机制和外汇市场的建立对稳定货币方面开始发挥作用。1993年8月银行间外汇兑换市场建立以后，坦桑尼亚先令的汇率就完全由外汇市场决定了。1993年坦桑先令的汇率是：1美元比407先令，到2003年5月坦桑尼亚先令贬值到1美元兑换1047先令，坦桑尼亚先令币值首次跌破1美元兑换1000先令的"千先令大关"。令人欣慰的是，目前坦桑尼亚先令的汇率开始出现相对稳定的局面。财政部长姆兰巴在2005/2006年度的预算报告中说，由于坦桑尼亚国内市场外汇供应量的增加，2004年12月的汇率从2003年同期的1美元兑1107先令下降到1060先令。他说，2004年坦桑尼亚先令的平均汇率为1美元兑1089先令，2003年年均汇率为1美元兑1038先令（见表4-16）

表 4 – 16 坦桑尼亚先令对美元汇率变化情况（参考价格）

单位：1 美元 = x 先令

1966 ~ 1972	7. 143	1993	407
1979	8. 217	1994	512
1980	8. 197	1995	581
1981	8. 284	1996	582
1985	17. 472	1997	618
1986	32. 698	1998	665
1987	64. 26	1999	745
1988	99. 29	2000	804
1989	143. 34	2001	920
1990	195. 06	2002	975
1991	225	2003	1038
1992	335. 95	2004	1089

资料来源：坦桑尼亚银行。

4. 向私人资本全面开放保险业

过去，坦桑尼亚的保险业一直为国家保险公司所垄断，并且仅此一家，非常落后。1996 年坦桑尼亚国民议会通过《保险业法》，向私人资本（包括外国资本）开放了保险业市场。1996 年以来，坦桑尼亚的保险业有所发展，陆续建立了一些新的保险公司，包括一些外国保险公司也相继来到坦桑经营保险业务。目前，除国营的坦桑尼亚国家保险公司以外，坦桑尼亚有 9 家私营保险公司和 32 家保险公司代办处。这些新建立的保险公司的总部都在达累斯萨拉姆市；有些在阿鲁沙市和姆万扎市设立了分公司。

5. 政府建立了债券和资本市场

1994 年国民议会通过《资本市场和债券法》。同年，政府根据这项立法设立了资本市场和证券局，其任务是制定资本市场的相关法规。达累斯萨拉姆股票市场 1996 年 9 月建立，1998 年 4

月开盘营业。达累斯萨拉姆股票市场是当前坦桑尼亚唯一进行证券交易的场所。然而，股票市场开业以来，上市公司不多，迄今只有10家，包括坦桑尼亚氧气有限公司、坦桑尼亚酿造有限公司、坦桑尼亚卷烟公司、坦桑尼亚茶叶包装有限公司、坦噶水泥有限公司和东非发展银行等。按资本市场和证券局规定，达累斯萨拉姆股票市场开盘后，只允许坦桑尼亚人在那里从事股票交易，旨在让更多的坦桑人占有更多的公司的股份。从2003年5月起，坦桑开始允许外国人在达累斯萨拉姆股票市场从事股票交易，以推动资本股票市场的持续发展。坦桑尼亚银行规定，只准外国人参与上市公司的股票和证券交易，不准涉足政府证券交易。

总之，自80年代中期以来，坦桑尼亚在金融改革方面制定一系列法律，采取了一些措施，经过近30年的努力，已经建立起一个比较活跃、充满竞争的金融体系。

第七节　对外经济关系

一　对外贸易

（一）对外贸易直接关系到国计民生

由于长期的殖民统治，殖民地经济体系严重地影响了坦桑尼亚经济和社会的发展。长期以来，坦桑尼亚农业落后，工业基础薄弱。一方面，经济作物生产在农业和整个国民经济中都占有重要地位，20世纪90年代中期以前，外汇收入的一半以上均来自经济作物产品的出口；而另一方面，人民生活所需要的消费品和工农业生产所需要的生产资料，大部分都靠进口，包括60%～80%的日用品、主要资本货物、全部石油以及相当数量的工业原料和农机具等；粮食安全没有保障，一遇自然灾害，粮食歉收，还需要进口大量粮食。这种自殖民统治时期形成的靠出口经济作物产品和少量矿产品赚取外汇，然后进口人民生活和生产所需要的消费品和生产资料的严重依赖外贸的对外经济关系，一直延续至今。

独立以后，坦桑尼亚政府，一直在为调整经济结构，推动经济和社会的全面发展，改善人民生活做出努力；与此同时，从实际情况出发，一向重视发展对外贸易，以赚取更多的外汇，增强经济发展的活力。

引人注目的是，2003 年 2 月国民议会通过的《国家贸易政策》（NTP），进一步确定了发展外贸，以外贸带动国内生产总值增长的战略，把外贸定为实现《2025 年远景发展规划》所规定的减贫目标的战略措施之一。《国家贸易政策》指出，为落实《2025 年远景发展规划》的各项指标，消除贫困，国内生产总值年增长率就得在 7% 以上，这就要求贸易增长率必须达到 14%。

（二）开放政策带来外贸的稳定发展

1. "国有化"后外贸陷入困境

独立初期，坦桑尼亚实行自由贸易政策，外贸有了发展。据统计，1961 年进出口贸易总额 22.38 亿先令，1967 年就发展到 33.85 亿先令，增长 51%。在此期间，坦桑尼亚外贸一直为顺差，1961 年出口 11.31 亿先令，进口 11.07 亿先令，盈余 0.24 亿先令；1967 年出口 17.6 亿先令，进口 16.25 亿先令，盈余达到 1.35 亿先令。

然而，1967 年政府根据《阿鲁沙宣言》精神步入计划经济轨道，推行国有化政策，把大的进出口贸易公司收归国有，建立了国家贸易公司，并取消了收购农产品的合作社和合作社联盟，设立了棉花、剑麻、咖啡等农产品销售局，分别负责这些农产品的收购和出口业务。为控制进口贸易，政府于 1970 年 7 月还实行了"进口许可证"制度。到 1972 年，政府已经控制了

80%以上的进出口贸易。然而，"由于国家贸易公司和农产品销售局缺乏管理经验"，1970年坦桑尼亚外贸就出现了逆差，并从此一蹶不振。特别是20世纪70年代中期出现世界石油危机以后，国际市场上石油价格上涨，工业品价格上调，而坦桑尼亚出口的农产品价格却大幅度下降，再加上干旱造成农业歉收，坦桑尼亚还不得不进口大量粮食，导致其国际贸易赤字急剧增加。

据坦桑尼亚国家统计局统计，1973年坦桑尼亚商品出口额为3.676亿美元，进口额为4.955亿美元，商品贸易逆差为1.279亿美元；1976年出口3.507亿美元，进口3.718亿美元，逆差为2.108亿美元；到1984年和1985年，坦桑尼亚商品进出口贸易逆差就分别达到了4.46亿美元和6.601亿美元。

2. 调整对外贸易政策初见成效

（1）对外贸政策的调整

在推行"社会主义"政策，经济陷入危机之后，尼雷尔1982年提出"结构调整计划"（1982～1984年），放宽进出口限制，鼓励私商从事国内贸易和对外贸易，实行了逐步开放的经济政策。第一，在进口方面，坦桑尼亚政府从1984年开始允许私商自备外汇进口商品，从过去只准进口小商品，放宽到准许进口零配件、机械和汽车等几乎所有商品，以解决人民对商品的需求问题；为鼓励进口，政府大幅度降低进口税，并把进口税从过去几十类简化为4大类，即免税、10%、20%和30%。第二，在出口方面，1984年政府号召私商从事非传统出口商品的出口业务，作为鼓励措施，允许出口商留成出口收入的35%；1985年政府取消国家对农产品的统购统销政策，决定恢复合作社和合作社联盟，并开始允许私商收购和出口农产品；从1985年7月起，为鼓励出口，政府还取消了经济作物产品的出口税。

姆维尼时期，政府继续进行外贸改革，逐步实施了对外贸全面开放的政策。姆维尼执政后即宣布将出口商留成比例从原先的35%提高到50%；1988年2月，实行"公开进口许可证"计划，即在西方捐赠国的帮助下，政府每月拨款2000万美元供私商进口使用，以帮助私商解决进口中外汇短缺的困难；为吸引国内外私人投资，1990年国民议会通过《坦桑尼亚投资促进法》，并把出口型项目列为投资的优先项目；1992年3月议会通过《外汇法》，取消《外汇管制法令》，允许私人拥有外汇，允许坦桑尼亚境内商业银行开展经营兑换外汇的业务，并逐渐建立起一套自由兑换货币的市场化汇率机制；1993年政府宣布取消进出口许可证制度，允许商人自由从事进出口贸易活动；1994年，为吸引国内外投资，发展外贸，大陆建立了自由港、出口加工区和经济开发区，桑给巴尔也开辟丰巴海岸和奔巴岛的米切韦尼为自由经济区。

姆卡帕执政期间，在外贸全面开放以后，政府还不断做出努力，积极推动外贸发展。第一，在进口方面，1996年进一步降低进口关税，在四大类进口税中，免税和税率在10%的关税不变，把后两类的税率分别从20%和30%降至15%和25%。第二，在出口方面，1996年制定《出口发展战略》（EDS），为避免国际市场农产品价格低迷给传统商品出口带来的严重影响，决定大力发展非传统出口商品的生产和出口，如矿产品、鱼和鱼制品以及园艺产品等；2000年制定和实施了《增加出口战略和行动计划》，把发展非传统出口产品生产，增加出口创汇的战略具体化；2002年4月国民议会还通过《出口加工区法》，对出口加工区企业给予了更加优惠的政策。

（2）外贸取得长足发展

自20世纪中期开始调整经济政策以来，随着对外贸易的逐步开放，坦桑尼亚外贸不断取得了新进展。到姆卡帕执政后期，

坦桑尼亚

坦桑尼亚的外贸同其宏观经济一样，也出现了稳步发展的局面。
（见表 4 - 17）

表 4 - 17   1985 年以来坦桑尼亚商品进出口情况

单位：百万先令

项 目＼年 份	1985	1990	1995	2000	2001	2002	2003	2004
出 口	6173	66561	390378	588416	738857	926892	1462888	1582111
国内产品出口	6048	66561	390378	532863	673981	853158	419972	1437423
转 口	126			55553	64876	73734	42921	144688
进 口	16966	231283	770779	1217367	1517151	1615037	1236567	2758953
进出口总额	23139	297844	1161157	1805783	2256008	2541929	1699455	4341064
逆 差	－ 10793	－ 164722	－ 380401	－ 628951	－ 778294	－ 688145	－ 773679	－ 1176842
先令/美元汇率	17.21	197.6	574.8	800.7	876.4	966.7	748.1	1089.4

资料来源：坦桑尼亚银行。

第一，进出口大幅度增加。据统计，1995 年出口 3903.78
亿先令，进口 7707.79 亿先令，进出口贸易总额为 11611.57 亿
先令，分别比 1985 年的 61.73 亿先令、169.66 亿先令和 231.39
亿先令增长 89.3%、36.03% 和 50.25%；2000 年出口 5884.16
亿先令，进口 12173.67 亿先令，进出口总额为 18057.83 亿先
令，又比 1995 年分别增长 8.21%、13.38% 和 11.64%。2001 年
以来，对外贸易发展速度进一步加快。2001 年，出口 7388.57
亿先令，进口 15171.51 亿先令，进出口贸易总额为 22560.08 亿
先令；到 2004 年，出口达到 15821.11 亿先令，进口达到
27589.53 亿先令，进出口贸易总额为 43410.64 亿先令，分别比
2001 年增长了 72.3%、46.29% 和 54.8%。
第二，非传统商品出口增加。坦桑尼亚七大农产品咖啡、
棉花、剑麻、茶叶、烟草、腰果和丁香是传统出口商品，一直是
坦桑尼亚出口创汇的依赖，其出口收入直至 1999 年仍占坦桑尼亚

表 4 - 18　坦桑尼亚传统和非传统出口商品出口情况（1991～2004 年）

单位：百万美元

年份 商品	1991	1992	1993	1994	1995	1998	1999	2000	2001	2002	2003	2004	2003/2004 增长%
传统商品													
咖啡	77.25	59.5	96.08	115.36	142.60	108.74	76.6	83.7	57.10	35.22	49.8	49.5	-0.6
棉花	63.34	97.6	78.38	105.12	120.15	47.63	28.5	38.0	33.70	28.63	41.3	50.3	21.8
剑麻	2.17	1.3	3.33	5.12	6.31	6.78	7.3	5.6	6.70	6.55	6.8	6.9	1.5
茶叶	21.68	22.4	38.03	39.52	23.36	30.43	24.6	32.7	29.00	29.60	25.0	30.1	20.4
烟草	16.70	27.2	17.07	20.56	27.13	55.39	43.4	38.4	35.70	55.52	46.0	60.7	32.0
腰果	16.70	23.5	23.31	51.16	64.00	107.32	100.9	84.4	56.60	46.59	44.2	69.1	56.3
丁香	—	—	—	—	—	—	19.9	10.0	12.30	3.96	10.3	10.2	-1.0
小　计	197.84	231.5	256.20	336.84	383.55	356.29	301.2	292.8	231.10	206.07	223.4	276.8	23.9
非传统商品													
石油产品	7.30	10.6	9.10	5.52	10.98	0.10	0.4	0.0	0.00	0.00	0.0	0.0	
矿产品	41.60	40.8	69.00	30.00	44.88	26.37	73.3	177.4	302.23	383.80	491.6	692.9	40.9
工业品	70.30	64.2	52.00	77.00	109.25	35.69	30.1	43.1	56.16	65.90	83.5	95.6	14.5
其他出口	41.60	49.9	53.00	70.00	134.26	170.08	138.4	149.9	186.88	246.73	435.3	264.5	-9.2
小　计	160.80	165.5	183.10	182.52	299.37	232.24	242.2	370.4	545.27	696.43	1010.4	1053.0	4.2
出口总额	358.64	397.0	439.30	519.36	682.92	588.53	543.4	663.2	776.37	902.50	1233.8	1329.8	7.8

资料来源：坦桑尼亚银行。

出口总额的 55.4% （见表 4 – 18）。经过 15 年发展非传统出口商品生产和鼓励非传统出口产品出口的努力，靠单一的初级农产品出口的模式终于发生变化，并保证了坦桑尼亚出口贸易的发展。据统计，2000 年，包括矿产品、工业产品、鱼和鱼产品以及花卉等园艺产品在内的非传统出口商品的出口达到 3.704 亿美元，占当年坦桑尼亚出口总额 6.632 亿美元的 55.9%。其中，包括黄金、钻石和宝石在内的矿产品的出口占的比重最大；2000 年其出口额 1.774 亿美元，占非传统出口商品出口收入的 47.9%。从此，非传统商品的出口在坦桑尼亚出口总额中所占的比重便越来越大。

第三，外汇储备增加。这是外贸发展的一个重要标志。据统计，改革前的 1984 年和 1985 年 7 月底的外汇储备仅为 2680 万美元和 1600 万美元，到 1990 年就增加到 1.93 亿美元，为 1985 年的 12 倍。按《坦桑尼亚银行法》规定，外汇储备至少应保持在足以支付当年 16 周（即 3.7 个月）进口需要的水平。1997 年的外汇储备达到了可支付 3.8 个月的进口费用。此后，坦桑尼亚的外汇储备一直都在规定标准以上。2003 年的外汇储备达到创纪录的 20.378 亿美元，可供 8.9 个月进口使用。2004 年的外汇储备增加到 22.96 亿美元，相当于支付当年 8.4 个月的进口费用。

二　进出口商品及贸易伙伴

桑尼亚与非洲、欧洲、美洲、亚洲和澳洲的 168 个国家有贸易往来。其主要贸易伙伴，包括欧盟、南部非洲发展共同体、东非共同体和其他非洲国家。

（一）出口

坦桑尼亚的出口商品分两类，一类是从殖民统治时期就开始出口的传统出口商品，即七大农产品，包括咖啡、棉花、丁香、烟草、腰果、茶叶和剑麻；另一类则是矿产品、工业产品、鱼和鱼产品、园艺产品、粮食和水果等其他产品，称作非传统出口商品。1985 年以前，七大农产品的出口收入一直占出口总额的70%以上。如上所述，1999 年其出口额为 3.012 亿美元，仍占坦桑尼亚出口总额的 55.4%，直至 2000 年这种主要靠初级农产品出口的单一的出口商品结构才得以改变。进入 21 世纪以来，由于国际市场农产品价格持续下跌，坦桑尼亚传统产品出口一直下滑；到 2004 年，由于国际市场上咖啡、棉花、茶、腰果和丁香的价格上涨（上涨幅度在 11% 到 38%），坦桑尼亚传统产品出口有所回升，达到 2.923 亿美元，比 2003 年的 2.205 亿美元增长了 32.6%。2000 年以来，非传统商品出口在出口中占的比重一路攀升。2004 年其出口额达到 10.426 亿美元，比 2003 年的 9.087 亿美元增加了 14.7%，在出口总额中所占的比重从2003 年 78.1% 增加到 80.5%。在 2004 年的非传统出口商品的出口收入中，矿产品为 6.865 亿美元（其中黄金出口达到6.295 亿美元），工业产品为 1.106 亿美元，鱼和鱼产品 1.242亿美元，园艺产品为 0.143 亿美元，粮食和水果等其他产品的出口为 1.069 亿美元。

坦桑尼亚商品出口的国家和地区，改革前主要是英国和德国等欧盟国家、印度、日本、意大利、中国台湾地区和中国大陆，改革以来主要是英国和德国等欧盟国家、南非、肯尼亚、印度和日本等（见表 4 - 19）。向欧盟市场的出口，1999 年以来连年增加，到 2002 年已增加到 4.737 亿美元。从 2000 年以来，坦桑尼亚同欧盟的贸易开始保持顺差。坦桑尼亚向欧盟的出口商品主要是矿产品、传统商品、园艺产品、鱼和鱼产品。另外，坦桑尼亚向非洲国家的出口增加了，2002 年向非洲国家出口占其出口总额的 9.6%；2004 年向非洲国家出口占其出口总额的20%。

表 4-19 坦桑尼亚商品出口（地区/国家）统计

单位：百万美元

国家和地区\年份	1997	1998	1999	2000	2001	2002	2003	2004p
欧盟（EU）	226.5	241.2	214.7	362.1	432.2	479.9	644.9	654.1
非 洲	51.2	48.1	43	63.8	70.8	135.3	205.3	267.3
南共体（SADC）	22.3	15.1	13.8	18.4	21	71.6	94.5	151.9
南 非	7.9	6.3	6.6	12.1	8.7	16.5	37.3	113.8
赞比亚	10	3.7	2.8	4.7	5.5	17.4	17.7	6.8
斯威士兰	—	—	—	—	—	—	—	2.8
津巴布韦	—	—	—	—	—	—	—	1.2
莫桑比克	2.6	0.1	0.7	1.5	1.4	1.6	2.2	3.4
刚果（金）	1.8	5	3.7	0.1	5.4	15.8	22.6	10.1
其他南共体国家	—	—	—	—	—	20.3	24.7	13.8
东非共同体（EAC）	24.4	32.5	25.7	40.7	43.6	40.8	88.6	95.4
肯尼亚	12.8	26	21	32.2	38.1	35.3	78.3	83.7
乌干达	11.6	6.5	4.7	8.5	5.5	5.5	10.3	11.7
其他非洲国家	4.5	0.5	3.5	4.7	6.2	22.9	22.2	20.0
美 洲	23.1	13.5	18.6	15.7	15.6	16.2	15.7	21.1
美 国	21.4	12.8	18	15.2	15.1	13.5	11.3	13.7
加拿大	1.7	0.7	0.6	0.5	0.5	1.4	1.7	4.8
其他美洲国家	—	—	—	—	—	1.3	2.7	2.6
印 度	66.5	114.8	112.8	98.5	82.2	64.2	69.6	100.7
日 本	60	45.5	43.9	34.2	68.5	96.3	88.2	64.3
阿联酋（UAE）	5	6.8	6.7	6.3	9.6	14.4	15.4	17.5
香港地区	18.2	5	7.8	8.8	8.7	11.2	9.9	12.3
其他国家	451.7	285.7	267	221.7	257.6	85.0	79.9	197.6
出口总额	752.5	588.5	543.2	663.2	776.4	902.5	1129.2	1334.9

说明：p 为临时数字。

资料来源：坦桑尼亚银行。

（二）进口

坦桑尼亚进口商品的种类，长期以来变化不大，主要是生活消费品、资本货物和工业原材料。而各类商品进口的比例，在经济改革前后发生了一些变化。生活消费品在进口额中所占的比重，20 世纪 80 年代初期约为 20%，90 年代以来增至 30%以上。工业原材料在进口额中所占的比重，70 年代和 80 年代初期约 30%；80 年代中期至 90 年代中期，由于外汇短缺，加上许多工厂停产或开工不足，降至 20%以下；90 年代中期以来，随着私有化的发展，在采矿业和制造业等领域投资的增加，工业原材料进口的比重不断增加，进入 21 世纪以来，已增至 30%左右。资本货物的进口，20 世纪 80~90 年代很少，90 年代中期以来逐年增加，其所占比重一直保持在进口额的 40%左右。

坦桑尼亚进口商品，主要来自为英国和德国等欧盟国家、南非、印度、日本、阿联酋和中国等（见表 4－20）。

三 对外贸的管理及相关法规

（一）主管部门

坦桑尼亚政府工贸部的贸易司主管对外贸易事宜。该司负责坦桑尼亚对外贸易的宏观管理，负责研究和制定对外贸易方针政策及其实施措施；负责签发对某些货物的临时停止或禁止进口的命令；负责向国民议会提出有关关税规定的建议或议案。

坦桑尼亚是世界贸易组织的成员国，政府工贸部贸易司负责实施世界贸易组织协议的工作。坦桑尼亚政府每年派出包括工贸部、外贸委员会、商会和桑给巴尔政府代表的代表团，参加世界贸易组织会议，并进行国际贸易谈判。坦桑尼亚在日内瓦世界贸易组织总部派有大使。

坦桑尼亚

表 4 – 20　坦桑尼亚商品进口（地区/国家）统计

单位：百万美元，以到岸价格计

国家和地区＼年份	1997	1998	1999	2000	2001	2002	2003	2004p
欧　盟	367.1	514.57	413.09	344.61	389.74	369.6	434.4	477.3
非　洲	237.7	287.93	297.51	293.39	329.19	322.1	124.1	565.7
南共体	139.94	179.84	196.34	194.39	221.57	215.16	328.2	365.3
南　非	95.99	130.72	170.8	174.38	203.44	188.78	306.4	330.4
津巴布韦	4.73	14.56	5.6	4.52	3.01	1.98	1.2	1.5
赞比亚	25	17.04	7.26	2.4	1.8	4.32	2	6.1
莫桑比克	5.08	5.49	0.05	0.12	0.43	0.03	0.9	1.6
刚果（金）	0.19	0.5	0.11	0.11	0.24	0.37	0.7	0.8
斯威士兰	8.95	11.53	12.52	12.86	12.65	15.62	12.2	17.2
其他南共体国家	—	—	—	—	—	4.0	4.8	7.7
东非共同体	97.58	108.04	101.08	98.99	107.45	97.87	124.1	137.7
肯尼亚	95.66	105.79	95.05	93.37	96.08	95.21	115.9	130.1
乌干达	1.92	2.25	6.03	5.62	11.37	2.66	8.2	7.6
其他非洲国家	0.18	0.05	0.09	0.01	0.17	9.0	17.8	43.2
美　洲	80.61	136.84	163.81	115.75	96.26	117.1	122.2	150.4
美　国	52.63	81.31	99.29	58.92	65.31	91.38	69.7	78.1
加拿大	12.5	16.67	26.65	32.3	23.08	17.69	19.6	39.7
其他美洲国家	15.48	38.86	37.87	24.53	7.87	13.73	32.9	32.6
日　本	74.04	130.96	178.16	142.27	150.7	138.72	169.9	180.6
阿联酋	93.45	59.73	51.01	56.95	108.98	97.08	146.8	184.7
中　国	61.54	48.75	58.01	68.03	70.55	78.97	116.7	171.4
印　度	77.51	89.76	94.57	88.78	87.47	106.84	167.7	216.1
其他国家	634.85	649.39	732.09	780.16	899.16	429.1	236.4	304.0
进口总额	1320.3	1588.7	1572.8	1533.9	1714.4	1658.4	2168.2	2529.4

说明：p 为临时数字。

资料来源：坦桑尼亚银行。

坦桑尼亚政府主办的对外贸易促进机构称为坦桑尼亚外贸委员会（Board Of External Trade）。该委员会的任务包括：负责举办每年一度的达累斯萨拉姆国际贸易博览会和国内有关的贸易展览会；组织和推动坦桑企业开展与国外企业的交流活动；出版有关促进贸易发展的期刊和其它出版物，收集和传播各种外贸资料，促进坦桑对外贸易的发展。

与外贸有着直接关系的坦桑尼亚标准局、企业注册局和商标管理局，均由坦桑尼亚工贸部代管。

（二）法律规定

1985 年经济改革开放以来，为适应经济恢复和发展以及实施国家减贫战略计划的需要，坦桑尼亚不断对进出口贸易相关的法律和规定做出调整，进入 21 世纪以后已经形成了一套比较有效的法规。

1. 进出口管理

在坦桑尼亚，任何持有商业经营执照的当地公司均可申请进出口营业执照，独立从事进出口贸易。若要开展特定货物（如烟酒、药品、石油、军火、爆炸品、矿产品、森林产品和野生动物及其产品等）的进出口业务，尚需到相关部门注册并获得特许营业许可证。

在进口方面，坦桑尼亚政府除对国际公约要求各国政府对涉及安全、卫生和环保等项的商品加强管制之外，对其它商品的进口没有什么限制。在出口方面，总的讲没有什么限制。然而，对涉及资源和环境保护的商品（包括野生动物及其制品）的出口，坦桑尼亚政府按有关规定实施限制或禁止的政策；对某些商品的出口，如珍贵金属和宝石，出口商需从有关当局申办出口许可证，2003 年 6 月财政部长宣布，政府将禁止未经加工的坦桑蓝（坦桑尼亚最好的一种宝石）出口，政府正在制定有关禁令。

从事一般进出口货物的贸易公司，要进出口货物，向其开户银行外汇业务部提交进出口申报单即可，银行将其申报单转报坦

桑尼亚海关和坦桑尼亚银行外汇部，用作收取关税和货币汇兑的凭证。从事特定商品进出口的公司，除持有对某种货物的特许经营的许可证外，经营每项进出口业务，还得到相关管理部门单独申请，并凭批准证书在海关报关放行。对矿产品和木材的出口，有关公司需申办出口许可证。

在保证进口商品的质量方面，坦桑尼亚标准局（TBS）设有商品质量检查标准，进口商品发货前必须取得坦桑标准局的质量认证，或经过坦桑尼亚政府委托的国际商检公司的商检合格后，方可进口。

2. 进出口税率

坦桑尼亚的进口税通常包括三种，即关税、增值税和消费税。

关税，税率分为四档：免税（或称"0"关税）、15%、10%和25%。对促进工业和农业发展的工业原料和农药、化肥等免税，对涉及国民生计的医药品和医疗器械免税，对高科技产品，如计算机等，也予以免税。对绝大部分进口日常生活品如成衣、鞋帽、玩具等征收25%的关税。对投资于坦桑尼亚投资法规定的最惠领域（包括农业、采矿业、基础建设、出口加工区等）的项目的资本货物的进口，免征关税；对投资于优先领域项目的资本货物的进口征收5%的关税，包括在航空、商业建筑、商业开发和小型商业银行、出口型项目、地理上特别发展区域、人力资源发展、制造业、自然资源开发（包括渔业）、广播电视业、旅游业等领域的投资项目。

根据东非（肯尼亚、坦桑尼亚和乌干达）共同体协定，东非将建立关税同盟，取消同盟内部关税并对外统一关税。

增值税，1998年7月1日起开始征收，税率为20%。对初级农产品、肉类、用于治疗艾滋病、疟疾、肺结核的医药品及器械、农药、化肥、燃料、计算机打印机及其配件的进口，免征增值税；对援助项目、慈善项目、教育机构等免征增值税。

消费税，对烟、酒、石油产品、移动电话服务等特殊商品征收消费税，税率可视需要调整。2002/2003 年度的税率为：每升汽油消费税 135 先令、柴油 201 先令、煤油 122 先令、重油 13.5 先令、液化气 228 先令。

按政府规定，对外交机构、宗教团体、教育及慈善机构的进口免征进口税。

关于出口税，一般讲，为鼓励传统出口产品尤其是非传统出口产品的出口，坦桑尼亚政府免征出口税。然而，90 年代曾对一些产品的出口征收出口税，税率在 2%～3%，如咖啡和宝石等。

3. 报关与清关

坦桑尼亚海关全称为坦桑尼亚税务局关税与消费税部。坦桑尼亚海关下设口岸管理、税务征收、税务稽查、统计和计算机联网、财务等部门，在坦桑尼亚所有边境口岸都设有分支机构，负责对进出口货物征收关税和增值税，同时对进口的和国内生产的特定商品征收消费税。

海关以进口货物的到岸价格为依据征收进口税。长期以来，这种到岸价格都是靠商检报告提供。坦桑尼亚没有自己的商检公司，一直委托一家瑞士国际商检公司和一家英国商检公司代行商检任务，凡坦桑尼亚出口的商品在装船前必须接受这家瑞士（或英国商检）公司按坦桑尼亚公司进口合同对商品质量、数量和价格进行检验。作为世界贸易组织的成员国，坦桑尼亚海关从 2001 年 1 月 1 日起执行世贸组织的《海关估价协议》，即用一种新的海关估价系统对进口货物进行当场估计的办法。但是，由于技术条件的原因，在采用海关估价系统以后，对小批量的货物进口的到岸价格（价值在 5000 美元以下），尚需沿用过去那种装船前对商品进行商检的传统办法，以避遗漏对这些小批量进口商品的征税，所以商检的做法至今仍然适用。

关于报关、通关和清关事项，有以下三个问题值得关注：

第一，坦桑尼亚海关规定，为了提高工作效率，所有从事进出口贸易的公司均需委托清关公司将其进出口货物报关。一般代理报关费用为货物价值的 0.5%。贸易公司，需将海关要求的单据和证明全部交给被委托的清关公司，由清关公司报海关审核并代交一切税费，代理提货。

第二，进口货物报关进口前存放于港口保税区内。如果是转口货物只收存放费，不收关税；如果报关进口后再申请转口，届时海关只退增值税，而不退还关税。空运的转运管理办法和海运大体相同。通过坦桑尼亚陆路转运到其他国家的货物，需经坦桑尼亚海关批准，在海关的监督下经事先确定的路线和运输办法在规定的期限内入境和离境。坦桑尼亚还实行保税仓库制度，在货物出库后上税，并允许将存放在仓库的货物免税退回发货地。

第三，海关对未被提取货物的处理程序：在坦桑尼亚大陆，进口货物抵港（办理机场或邮局）后可在接收单位仓库免税存放21 天；逾期未被提取者，则被移入其他仓库；在那里仓储 2 个月后仍未被提取者，海关将办理"未被领取货物变卖事宜"，并在官方报上公布，拍卖款项扣除所有费用和税以后，可归货主所有；在此期间，货主可在支付关税后将货物从仓库中赎出，同时允许货主在纳税前将货物退回发货地。在桑给巴尔，进口货物抵港后14 天内未被提取者，将由船务代理将货物从港口仓库转入保税仓库，货物可在保税仓储存放 3 个月，再未被提取者将被拍卖。

四　外援与外债

（一）外援

独立后，由于工业基础薄弱，农业落后，坦桑尼亚缺乏自我发展能力，形成"发展靠援助"的局面。而且，经济越是困难，对外援的依赖性越大。据报道，坦桑尼亚大陆1963/1964～1969/1970 年度，其政府发展支出中约 28.45% 为外

第一，坦桑尼亚海关规定，为了提高工作效率，所有从事进出口贸易的公司均需委托清关公司将其进出口货物报关。一般代理报关费用为货物价值的 0.5%。贸易公司，需将海关要求的单据和证明全部交给被委托的清关公司，由清关公司报海关审核并代交一切税费，代理提货。

第二，进口货物报关进口前存放于港口保税区内。如果是转口货物只收存放费，不收关税；如果报关进口后再申请转口，届时海关只退增值税，而不退还关税。空运的转运管理办法和海运大体相同。通过坦桑尼亚陆路转运到其他国家的货物，需经坦桑尼亚海关批准，在海关的监督下经事先确定的路线和运输办法在规定的期限内入境和离境。坦桑尼亚还实行保税仓库制度，在货物出库后上税，并允许将存放在仓库的货物免税退回发货地。

第三，海关对未被提取货物的处理程序：在坦桑尼亚大陆，进口货物抵港（办理机场或邮局）后可在接收单位仓库免税存放21 天；逾期未被提取者，则被移入其他仓库；在那里仓储 2 个月后仍未被提取者，海关将办理"未被领取货物变卖事宜"，并在官方报上公布，拍卖款项扣除所有费用和税以后，可归货主所有；在此期间，货主可在支付关税后将货物从仓库中赎出，同时允许货主在纳税前将货物退回发货地。在桑给巴尔，进口货物抵港后14 天内未被提取者，将由船务代理将货物从港口仓库转入保税仓库，货物可在保税仓储存放 3 个月，再未被提取者将被拍卖。

四　外援与外债

（一）外援

独立后，由于工业基础薄弱，农业落后，坦桑尼亚缺乏自我发展能力，形成"发展靠援助"的局面。而且，经济越是困难，对外援的依赖性越大。据报道，坦桑尼亚大陆1963/1964～1969/1970 年度，其政府发展支出中约 28.45% 为外

援；1970/1971～1979/1980 年度，外援占其政府发展支出的
44.25%；20 世纪 80 年代以后，"乌贾马社会主义"政策使其经
济完全陷入困境，不仅政府的发展预算靠外援（1981/1982～
1984/1985 年度政府发展支出中的 89.17% 来自外援），就连政府
大部分经常性支出也得靠外援了。比如，在 1983/1984 年度政府
经常性支出中，就有 59.24% 来自外援。另外，坦桑尼亚外贸
1968 年开始出现赤字，并且赤字越来越大，1978～1982 年间，
坦桑尼亚年均出口收入 5 亿美元，年均进口 10 亿美元，其缺口
全靠外援弥补。

　　独立初期，其发展预算主要靠英国、美国、德意志联邦共和
国和以色列的援助。然而，由于坦桑尼亚实施不结盟的外交政
策，反对种族歧视，支持南部非洲人民的民族解放斗争，到 20
世纪 60 年代中期，坦桑尼亚同英国、美国和德意志联邦共和国
关系破裂，失去了主要外援来源。1967 年《阿鲁沙宣言》之后，
许多西方国家对坦桑的"乌贾马社会主义"感到忧虑，疏远坦
桑，外援进一步减少。进入 80 年代以后，由于"天灾人祸"，
坦桑尼亚经济陷入困境，政府财政拮据。

　　姆维尼 1985 年 10 月当选坦桑尼亚总统后，为得到更多的外
援，实行多元化外交政策。从 1986 年开始，除继续发展同中国、
日本和北欧国家以及其他未中断对坦桑尼亚提供援助的国家的友
好合作关系外，重点修补和加强了对英国、美国和德意志联邦共
和国及其他一些西欧国家的关系。1986 年，坦桑尼亚接受了国
际货币基金组织和世界银行的贷款条件，按"结构调整计划"
要求实施了经济恢复计划。英国、美国、德意志联邦共和国和许
多西方国家积极支持坦桑尼亚政府为恢复和发展经济所作的努
力，都增加了对坦桑的援助。据不完全统计，1986 年以后，坦
桑尼亚接受的外援（包括赠款、贷款和"进口支持"）不断增
加，1986/1987、1987/1988 和 1988/1989 三个财政年度分别接受

外援 7.12 亿美元、7.84 亿美元和 8.86 亿美元。但是，由于政府对税收和财政管理不力，国际金融机构和西方主要援助者不满，纷纷减少或中断了对坦桑尼亚的援助，1993/1994 年度减少到 3.063 亿美元，到 1994/1995 年度就减少到了 1.403 亿美元。

　　姆卡帕 1995 年执政后，坦桑尼亚政府继续执行结构调整计划，积极建立以私营化为动力的市场经济，加之重视良政建设，坦桑经济呈现持续发展局面，赢得了主要捐助国和国际金融机构的信任。另外，在争取外援方面制定了一些政策，包括：第一，提出政府财政预算逐步减少对外援依赖的中长期计划；第二，制定《国家债务战略》，明确了从国外借贷的政策和程序，以保证外债在国家承受能力之内，总目标是减少国家债务（包括内债）；第三，在《减贫战略计划》中，确立了坦桑尼亚减贫计划的优先发展领域，强烈呼吁发达国家减免债务，让坦桑尼亚轻装减贫，同时强烈呼吁发达国家增加援助，提供财政支持和技术支持，帮助坦桑尼亚人民提高自力更生的能力，切实帮助他们减贫；第四，为了更好地发挥外援的作用，坦桑尼亚政府还于 2002 年 6 月制定了一项《坦桑尼亚援助战略》（TAS），希望捐赠者向坦桑尼亚提供预算援助，对发展项目的援助给予坦桑尼亚自主权，并希望捐赠者对坦桑尼亚提供援助采取联合行动和协调一致的援助原则和程序。

　　上述这些计划和政策，受到了坦桑尼亚发展合作伙伴的普遍欢迎和重视，具体表现在：第一，他们增加了对坦桑尼亚的援助。据世界银行的数据，在 1999 和 2002 年之间，坦桑尼亚得到的官方发展援助从 9.9 亿美元增加到 12 亿美元以上。据联合国开发署（UNDP）的统计，坦桑尼亚 2003 年接受的官方援助达 16.693 亿美元；而 1990 年得到的官方发展援助仅为 2750 万美元。第二，他们在按坦桑尼亚的要求改变援助方式。越来越多的捐赠者对坦桑尼亚政府的财政预算提供了援助。据世界银行的数据，他们向坦桑尼亚政府1999/2000年度财政预算提供的援助为那个财政年度坦桑尼亚得到的援助的32%，到2002/2003年度这个比例就增加到了58%。据报道，英国是第一个向坦桑尼亚政府财政预算提供援助的国家。与此同时，他们开始以"一揽子"的方式对发展项目或发展计划提供援助，使坦桑尼亚得到了根据实际情况使用发展援助和落实有关计划或援助项目的自主权。向坦桑尼亚提供援助的国家，主要包括日本、英国、荷兰、瑞典、丹麦、德国、挪威、爱尔兰、瑞士、芬兰和美国等，其中日本和英国向坦桑尼亚提供的援助占其双边援助的1/3以上。向坦桑尼亚提供多边援助的机构，主要是联合国机构（包括世界银行、国际货币基金组织、世界粮食计划署、联合国难民署、联合国开发计划署等），其援助占多边援助总额的80%左右；非洲开发银行和欧盟等组织援助约占20%左右。在联合国机构中，世界银行和国际货币基金组织向坦桑尼亚提供的援助占其接受多边援助的50%以上。

坦桑尼亚所接受的外援，20世纪中期以来发生了一些变化。第一，坦桑尼亚改革前主要是双边援助，改革开放以来多边援助所占的比重越来越大，如1998年坦桑尼亚共接受外援9.082亿美元，其双边援助为4.738亿美元，占其外援的51.9%，多边援助为4.344亿美元，占47.6%；第二，过去的援助以贷款为主，现在大部分都是无偿援助，如技术合作、粮食援助及各类紧急援助等基本上都改为无偿援助了，进入21世纪以来坦桑尼亚接受的无偿援助大体上已经占到其接受外援的70%左右。

（二）外债

1. 沉重外债负担制约经济发展

长期以来，坦桑尼亚政府依赖外援弥补财政赤字和贸易赤字，可谓债台高筑。截至2000年7月底，其外债总额已经达到75.9299亿美元，相当于坦桑尼亚1999年国内生产总值的90%，为其1999年出口收入的13.5倍和财政收入的7倍多。

坦桑尼亚的外债包括双边债务、多边债务和商业债务。截至
2000 年 7 月底，在坦桑尼亚约 76 亿美元债务总额中，双边债务
约占 38.4%；多边债务约占 54.8%；商业债务约占 4.0%；私营
部门债务占 2.8%。坦桑尼亚主要多边债权机构依次为世界银
行、非洲开发银行、国际货币基金组织和欧盟等。据财政部统
计，坦桑尼亚欠世界银行债务 25 亿美元，欠非洲开发银行债务
4.65 亿美元，欠国际货币基金组织债务 2.79 亿美元，欠欧盟债务
9200 万美元。在坦桑双边外债中，欠巴黎俱乐部成员国债务达 19
亿美元，约占双边债务总额的 74.5%。其余 25.5% 为欠非巴黎俱
乐部成员国的债务。在巴黎俱乐部成员国中，日本是坦桑尼亚第
一大债权国，坦桑尼亚欠其债务在所有双边债务中约占 36%。

从世界银行和国际货币基金组织为"重债穷国"所设定的
"可持续债务标准"的指标看，坦桑尼亚外债的各项指标均已超
标。从外债规模看，坦桑尼亚外债总额与其年出口总额之比为
13.5 比 1，外债总额与其财政收入之比为 7 比 1，都远远超过
"可持续债务标准"所规定的 2 ~ 2.5 比 1 和 2.8 比 1 的"安全
线"。从偿还债务的负担看，90 年代每年还本付息约 2 亿美元。
1998/1999 年度还债支出虽因减债增加而有所下降，但仍相当于
当年出口总额的 35%，相当于财政支出的 25%，均高于"可持
续债务"要求的偿债支出不得高于出口总额的 30%、财政支出
20% ~ 25% 的"安全线"。

由于偿还外债，政府只能减少对经济发展和社会福利项目的
开支，直接影响到经济的恢复和发展，进一步加剧了坦桑尼亚的
贫困。坦桑尼亚政府 2000 年 4 月发表的《脱贫战略报告》指
出，坦桑尼亚的贫困状况在 90 年代非但没有缓解，反而在继续
恶化。据统计，截至 2000 年初，坦桑尼亚仍有 1500 万 ~ 1800
万人口，即全国总人口的一半左右生活在每天 0.65 美元的贫困
线以下。其中，1250 万人生活在每天 0.50 美元的赤贫状态。与

此同时，各种社会危机日益突出。坦桑尼亚成人识字率已从20世纪70和80年代的85%下降到90年代的68%左右；小学入学率逐年下降，从1980年的93%降至1985年的72%、1990年的63%和90年代末的57%。此外，坦桑尼亚医疗卫生、平均寿命、安全饮用水拥有率和婴儿死亡率等各项社会指标均明显恶化。沉重的债务负担不仅严重地制约着坦桑经济的恢复和发展，而且还使坦桑尼亚陷入"借新债、还旧债"而不能自拔的恶性循环。

2. 坦桑尼亚从减免外债中得到好处

坦桑尼亚一向认为，巨额外债及不公正的国际经济秩序是导致坦桑尼亚经济落后、人民生活贫困的重要的外部因素。从尼雷尔时期、姆维尼时期到姆卡帕时期，坦桑尼亚政府始终呼吁西方发达国家无条件免除包括坦桑尼亚在内的发展中穷国的全部债务，为其经济发展创造有利的外部环境。1997年1月6日，姆卡帕总统在为外交使团举行的新年酒会上郑重提出，坦桑尼亚希望同巴黎俱乐部的债权国讨论减免坦桑债务的问题。他说："我们希望继续得到我们债权人的谅解和支持，因为我们偿还债务确实困难，偿还债务要占去我们全部出口收入的1/3以上。减免债务将会帮助我们建立起持续的、依靠自己力量发展的能力。"

国际援助者对坦桑债务减免的突破性进展是在1996年世界银行和国际货币基金组织提出关于对重债穷国减免债务的倡议之后。1997年1月21日，坦桑尼亚代表同巴黎俱乐部债权国代表会晤，债权国代表同意自当年起至1999年底3年内免除坦桑尼亚10亿美元的债务，并决定在以后的25年内免除坦桑尼亚其余10多亿美元的全部债务。2001年11月，世界银行和国际货币基金组织决定在未来20年内免除坦桑尼亚30亿美元的债务，并宣布这笔被免除的债务资金将拨到坦桑减贫战略计划中优先发展项目使用。据估算，坦桑尼亚需要偿还的外债将年均减少47%，坦桑尼亚2000/2001年度偿还的债务占政府税入的19%，将会逐年

下降到 2010/2011 年度的 7.7% 和 2020/2021 年度的 4.4% 的水平。

在坦桑尼亚享受到世界银行和国际货币基金组织的减免债务的待遇之后，其他多边援助机构和双边援助国纷纷做出对坦桑尼亚减免债务的安排。2005 年 6 月，总统办公室私营化和计划国务部长基戈达在议会发表《2004 年经济运行情况和对 2005/2006 ~ 2007/2008 年度中期计划和支出计划的建议》的讲话时说："截至 2004 年 12 月底，坦桑尼亚政府已经得到多边金融机构免除的 3.297 亿美元的债务，包括世界银行国际开发署 2.051 亿美元、国际货币基金组织 0.656 亿美元、非洲发展银行 0.372 亿美元、欧洲投资银行 0.083 亿美元、农业发展国际基金 0.055 亿美元、挪威信托基金 0.055 亿美元和北欧发展基金 0.0011 亿美元。巴黎俱乐部成员国免除坦桑尼亚的债务达到 8.587 亿美元，这些双边债权国包括奥地利、比利时、加拿大、德国、法国、意大利、俄国、日本、荷兰、挪威、英国和美国。同时，坦桑尼亚政府得到来自非巴黎俱乐部成员减免的 1.043 亿美元的债务，这些双边债权国包括保加利亚、印度和科威特等。此前，中国已经免除了 0.377 亿美元的债务。基戈达说，政府已将通过减免债务省下来的资金全部拨到了减贫战略计划规定的优先发展部门，包括教育、供水、医疗卫生、农业、乡村道路和良政建设方面。"

另外，基戈达部长说，2005 年 7 月八国集团（德国、加拿大、美国、法国、意大利、日本、英国和俄罗斯）在英国举行峰会，决定免除包括坦桑尼亚在内的 18 个重债穷国的全部双边债务；2006 年 1 月国际货币基金组织还决定免除 3.36 亿美元的坦桑尼亚的全部债务。

这位部长说，多边和双边债权者纷纷为坦桑减免债务，不仅使坦桑尼亚增加了对其减贫项目的投入，而且大大减轻了它当前的债务负担。比如，截止到 2004 年 12 月底，坦桑尼亚需要偿还的外债为 1.499 亿美元，比 2003 年 12 月底的 2.381 亿美元，就减少了 37%。

目前，坦桑尼亚的外债负担仍然比较重，而且还有增加之趋势。截至 2004 年 12 月底，坦桑外债总额为 82.91 亿美元，比截至 2003 年 12 月底的 78.907 亿美元增加了 5.1%。其中，贷款总额为 69.906 亿美元，应付息 13.004 亿美元。在这些贷款中，48.205 亿美元（占 69.0%）为多边债务，15.201 亿美元（占 21.7%）为双边债务，商业贷款和进口债务分别为 4.017 亿美元（占 5.7%）和 2.482 亿美元（占 3.6%）。在这些欠债中，中央政府是大户，欠 63.74 亿美元，占外债总额的 91.2%；准国家机构和私营部门，分别欠 1.492 亿美元和 4.674 亿美元，占外债总额的 2.1% 和 6.7%。基戈达部长指出，坦桑尼亚外债的增加，主要归因于非巴黎俱乐部债权人债务利息的增加，另外还有坦桑尼亚先令贬值和增加一些新贷款的因素。

第八节　旅游业

坦桑尼亚的旅游资源非常丰富。然而，坦桑尼亚的旅游业同其整体经济一样，只是在 20 世纪 80 年代中期进行经济改革以后才逐步得到发展。2004 年，坦桑尼亚旅游业产值为 7.46 亿美元，约占国内生产总值的 16%。

一　旅游资源和旅游业的发展

（一）得天独厚的旅游资源

大自然的变迁、人类的进化、历史的发展和种族的大迁徙、大融合，为坦桑尼亚提供了丰富的、独具特色的旅游资源。

1. 拥有大量举世闻名的自然景观

在迄今 250 万年前一直延续不断的东非地壳大变动中，形成

的东非大裂谷，在经埃塞俄比亚、肯尼亚，进入坦桑尼亚西北部以后，分成东、西两个裂谷带，纵贯坦桑尼亚西部和中部地区，最后又在其北部汇合。在其两个裂谷带的西部、东部和北部出现了许多湖泊，在裂谷相间和中断处则造就了一系列高大的山脉和火山。坦桑尼亚有三大名湖（均与邻国共享）：世界第二大淡水湖维多利亚湖、世界第二大深水湖坦噶尼喀湖和有"鳄鱼和河马的故乡"之称的尼亚萨湖（又称马拉维湖）。北部有非洲第一高峰乞力马扎罗山，主峰基博峰海拔5895米，山顶终年积雪，蔚为赤道奇观。东部沿海地区有800多公里海岸线，遍布自然沙滩，还有许多风光秀丽的岛屿，是休闲度假的好去处。

2. 优越的地理位置、多样化的地形和气候，赐予坦桑尼亚良好的生态环境

坦桑尼亚大陆地处东非高原，东南低、西北高，自东南向西北，由海拔6~10米的沿海平原，到60~80米的丘陵，再过渡到300~400米和1000~1500米的高原。它河流纵横、大小湖泊星罗棋布。坦桑地域辽阔，分处热带草原、热带山地和热带海洋三个不同的气候带。坦桑尼亚植物群落齐全，包括森林、林地、灌木林、灌丛、草地和沼泽。在坦桑尼亚，由一望无际的大草原、云雾缭绕的崇山峻岭、茂密苍郁的森林和林地、交织如网的河川、激浪光涌的峡谷和星罗棋布的大小湖泊等打造的优美生态环境，为野生物种（包括动物和植物）提供了广阔的栖息和繁衍或自由生长的场所。据介绍，坦桑尼亚有数以百万计的包括大象、斑马、角马、羚羊、长颈鹿、犀牛、狮子、豹子、河马和鳄鱼在内的野生动物，有各种鸟类1500多种，还有一些世上稀有的昆虫和植物。因为人烟稀少，再加上一些环保和生态保护措施，坦桑尼亚有些地区至今还是一派原始生态氛围，有些地方是名副其实的"动物乐园"、"角马王国"、"黑猩猩的故乡"、"鱼的世界"、"鸟类天堂"或"花的海洋"。

3. 人类的进化、种族和民族的迁徙和历史的发展，为坦桑尼亚留下了一批宝贵的文化和自然遗产

首先，坦桑尼亚已有一批自然景观和历史遗址被列为世界文化和自然遗产。坦桑尼亚1977年8月2日正式成为《保护世界文化和自然遗产公约》缔约国。两年后的1979年，位于坦桑尼亚北部的恩戈罗恩戈罗保护区作为自然遗产列入《世界文化和自然遗产名录》，成为坦桑尼亚第一处世界文化和自然遗产。恩戈罗恩戈罗保护区（Ngorongoro Conservation Area），位于坦桑北部，在马尼亚拉湖、纳特龙湖与埃亚西湖之间，占地8.1万平方公里。该保护区包括三部分：恩戈罗恩戈罗火山口国家公园——一个建立在死火山谷底的特殊的野生动物园；一个已成为深湖的恩帕卡艾火山口和一个被称作"奥尔多尼约·伦盖"的活火山；位于恩戈罗恩戈罗火山口西侧40公里处的奥杜瓦伊峡谷，自1959年起考古工作者在这里发掘出大量的古人类化石，为人种系谱的研究提供了重要依据。1981~1987年，基尔瓦·基西瓦尼遗迹和松戈·姆纳拉遗迹、塞伦盖蒂国家公园、塞卢斯野生动物保护区和乞力马扎罗国家公园，先后被列为世界文化和自然遗产。2000年桑给巴尔的"石头城"又被列为世界文化遗产，成为坦桑尼亚第六处世界文化和自然遗产。其次，还有一批著名的历史遗址和历史名城，一直是一些专家和学者研究人类进化和历史发展的重要场所，一直是广大旅游者了解和认识坦桑尼亚的重要人文景观，如奥杜瓦伊峡谷人类进化遗址、孔多阿古代壁画遗址、旧时"奴隶城"巴加莫约市郊奴隶市场的旧址等。

4. 坦桑尼亚有130多个部族，他们都能歌善舞，但民俗民风不尽相同，绚丽多彩、独具特色的民族文化，提供了丰富的文化旅游资源

（二）改革推动旅游业的发展

1. 独立初期旅游业有所发展

独立初期，坦桑尼亚政府十分重视发展旅游事业。坦噶尼喀

独立后，就专门设立了土地、自然资源和旅游部，并制定了一个包括发展"北方环游"和"南方环游"两个部分的旅游业发展计划。北方环游的主要景点，包括塞伦盖蒂、恩戈罗恩戈罗、马尼亚拉湖和阿鲁沙国家公园。为吸引更多的游客，政府投资分别在塞伦盖蒂、恩戈罗恩戈罗和阿鲁沙修建了现代化旅馆；更重要的是，在阿鲁沙和莫希之间修建了乞力马扎罗国际机场，过去到坦桑尼亚北部来旅游的大部分游客都以内罗毕为基地，尽管恩戈罗恩戈罗和塞伦盖蒂是整个东非最引人入胜的野生动物园。南方环游计划以拥有优美海滩的达累斯萨拉姆和桑给巴尔以及受到游客青睐的马菲亚岛的深海捕鱼活动，发展休闲度假旅游。根据这项计划，政府投资在达累斯萨拉姆和桑给巴尔建立了旅馆和旅游公司，同时在距达累斯萨拉姆约 300 公里的莫罗戈罗建立了米库米国家公园，以满足到达累斯萨拉姆的游客能够就近看到野生动物的欲望。

随着旅游业发展计划的实施，坦桑尼亚旅游业有了发展。据统计，1964 年到坦桑尼亚大陆各景点旅游的为 2.67 万人次，1967 年增加到 8.6 万人次，到 1974 年就增加到 17.8 万人次；1977～1981 年，旅游人数不断增加，最多曾达 25.4 万人次。然而，随着 20 世纪 70 年代末和 80 年代初坦桑经尼亚济形势的恶化，旅游业也日益萧条，到 1983 年旅游人数就下降到了约 6 万人次。

2. 改革后旅游业的恢复和发展

20 世纪 80 年代以来，为振兴旅游业，增加外汇收入，坦桑尼亚政府不断采取措施，进行改革，使坦桑尼亚的旅游业出现了新的发展。

坦桑尼亚政府 1980 年制定和实施了《发展旅游业的十年计划》（1980～1990 年）。在计划的头 5 年，大陆就新建旅馆 11 家，扩建 2 家。截至 1985 年，坦桑尼亚大陆已经拥有 11 家大旅馆和 5 家小旅馆。11 家大旅馆包括：位于达累斯萨拉姆的乞力马扎罗旅馆、新非洲旅馆和"大使馆"旅馆；位于达累斯萨拉姆市郊区的昆杜奇海滨旅馆；位于姆万扎的新姆万扎旅馆；位于阿鲁沙的梅鲁山旅馆（现更名为新阿鲁沙旅馆）；位于莫希的"七七"旅馆；位于马尼亚拉湖湖畔的马尼亚拉湖旅馆；位于恩戈罗恩戈罗火山口一侧的恩戈罗恩戈罗野生动物园旅馆；位于塞伦盖蒂动物园内的塞罗内拉野生动物园旅馆；位于坦噶的新征途旅馆。5家小旅馆是：米库米野生动物园旅馆、莫希旅馆、马菲亚旅馆、沙乌伊旅馆和洛博野生动物园旅馆。

为解决资金不足问题，政府兴建新旅馆时采取了一些与外国合资的办法，如梅鲁山旅馆，与丹麦合资，政府占80%股份；新姆万扎旅馆，政府占50%股份。

在《阿鲁沙宣言》之后，坦桑尼亚的旅游业一直由坦桑尼亚国家旅游公司经营，但因管理不善，旅游业发展受挫，大部分旅馆长期亏损，姆维尼执政后，即开始了对旅馆业管理工作进行改革。1985年11月成立"旅游协调促进委员会"，制定了一个《旅游业五年发展计划》（1986~1990年），提出旅游业每年要为国家赚取外汇2亿美元的目标。其措施主要是改变旅馆管理方式，实行由私人承包、聘请外国公司代管或与外资合营。另外，加强旅游业（包括旅馆）工作人员的培训工作，以提高服务质量；降低野生动物园门票价格，以吸引更多游客。到1992年，坦桑尼亚国家旅游公司下属的16个饭店和旅馆，有9个已由私人公司承包，4个由外国投资的旅馆按政府计划由外方接管了管理权，其余则聘请了外国公司代管。在这种情况下，1992年政府撤销了国家旅游公司，坦桑尼亚的旅游业直接由政府旅游部负责。

在此期间，1990年坦桑尼亚大陆出台《投资促进法》、鼓励私人投资后，作为旅游业基本辅助产业的旅馆业成为国内外私人资本投资的热点。据统计，1991年坦桑尼亚旅馆数目从1985年的16家增加到205家，到1995年又增加到了210家（包括1993年竣工开业的位于达累斯萨拉姆市中心的五星级喜来登饭店）。

姆维尼时期，在采取上述政策和措施后，坦桑尼亚大陆的旅游业得到了一定程度的恢复和发展。坦桑尼亚旅游业 1986 年开始好转。据统计，1988 年旅游者为 9.6 万人次，旅游业外汇收入 4040 万美元；1991 年旅游者增至 18.68 万人次，外汇收入达到 9473 万美元；到 1995 年旅游者就猛增到了 29.38 万人次，外汇收入超过了五年计划预期的 2 亿美元的目标，达到 2.58 亿美元。

3. 姆卡帕时期旅游业稳步发展

姆卡帕执政后，继续以"私营化"为动力，推动旅游业的发展。政府制定的一项新的旅游业发展五年计划（1996～2000 年）规定了新的目标：争取到 2000 年旅游者人数增加到 50 万人次；旅游业年收入达到 5 亿美元。其主要措施包括：第一，鼓励私人投资，全面落实 1993 年政府决定的对国营旅馆和饭店全部实行私营化的计划，以提高服务质量；第二，为改善旅游业基础设施，一方面鼓励私人投资，另一方面政府率先决定投资 1.5 亿美元。

1999 年 9 月，政府又制定一个旅游业十年发展规划（2001～2010 年）。规划的总目标是：争取到 2010 年旅游部门对国内生产总值的贡献从 1999 年占 16% 增加到 25%～30%。实现这一目标的政策措施包括：在国内外加大对坦桑尼亚旅游景点的宣传力度，拓宽旅游业市场；发展多元化旅游项目，全面推动观光旅游、文化旅游、生态旅游、休闲度假、科学考察等旅游项目的发展，以增加外国旅游者人数；培养旅游业人才，加强对旅游业的管理，提高旅游服务质量；进一步鼓励私人投资，改善旅游业发展的基础设施，如旅馆、餐馆、交通和通信条件等。

经过几年的努力，尤其是 1996 年政府调整投资政策和 1997 年出台新《投资法》，为投资者提供了更多的优惠条件以后，国内外私人资本在旅游业的投资进一步增加，使坦桑尼亚旅游业基础设施得到明显改善。据统计，2000 年坦桑尼亚大陆有旅馆 326 家，比 1995 年增长了 55%；到 2004 年，旅馆数目增加到 474

家，又比 2000 年增长了 45%。另外，到 2004 年坦桑尼亚国营旅馆的改制计划已全部完成，在原坦桑尼亚旅游局下属的 16 个旅馆中，除政府在 4 个旅馆中保留了股份外，其余全部转让给了私人公司（包括外国公司）。随着旅游业基础设施的改善，坦桑尼亚的旅游业发展较快。据统计，自 1995 年以来，旅游者人数逐年增加，1999 年到坦桑尼亚大陆的旅游者人数增至 62.82 万人次，比 1995 年增长 114%，外汇收入达到 7.333 亿美元，比 1995 年增长 184%。从产值看，旅游业已经成为坦桑尼亚经济支柱产业之一，1999 年旅游收入占国内生产总值的 16%。2000 年以来，坦桑尼亚大陆每年接待旅游者的人数一直稳定在 50 万到 60 万人次之间（见表 4 – 21），旅游收入逐年增加。据报道，2005 年旅游者人数达到 61.2 万人次，外汇收入为 8.2 亿美元。①

表 4 – 21　坦桑尼亚（大陆）1990 ~ 2004 年旅游者人数和外汇收入

年　份	旅游者人数	增长百分比	外汇税入（百万美元）	增长百分比
1990	153000	—	65.00	
1991	186800	22.1	94.73	45.7
1992	201744	8.0	120.04	26.7
1993	230166	14.1	146.84	22.3
1994	261595	13.7	192.10	30.8
1995	293834	12.3	258.14	34.4
1996	326192	11.0	322.00	24.7
1997	360000	10.4	392.41	21.9
1998	482331	34.0	570.00	45.3
1999	628188	30.2	733.30	28.6
2000	501668	– 20.1	739.10	0.8
2001	525122	4.7	725.00	– 1.9
2002	575000	9.5	730.00	0.7
2003	576000	0.2	731.00	0.1
2004	582000	1.0	746.08	2.1

资料来源：坦桑尼亚国家统计局。

---

① Number of Tourists Soars Amid More Robust Strategies 2006 – 05 – 12 12∶44∶31 by Austin Beyadi Source：*Guardian* Tanzania.

80 年代中期以来，坦桑尼亚的外国旅游者主要来自英国、美国、肯尼亚、意大利、德国、瑞士、加拿大、日本和巴林等国。

二　主要国家公园和野生动物保护区

（一）国家公园

据官方统计，坦桑尼亚大陆国家公园、野生动物保护区和森林保护区占其国土面积的 23%。从旅游业角度讲，坦桑尼亚大陆现有国家公园 15 个，面积约 10 万多平方公里。其中，除乞力马扎罗国家公园是以观光"赤道雪山"和攀登乞力马扎罗山运动为主的"公园"，基图洛国家公园是以花草为主的植物园，乌宗瓜山国家公园是热带雨林公园以外，其它均为以观赏野生动物为主的野生动物园。除国家公园外，还有 50 个野生动物保护区、1 个自然生态保护区和 1 个海洋公园。上述所有这些单位，均由政府自然资源和旅游部坦桑尼亚国家公园管理局（TNPA）管理。坦桑尼亚国家公园简况[①]如下：

1. **乞力马扎罗国家公园（Kilimanjaro National Park）**

位于东北部，建于 1968 年，其主体即乞力马扎罗山，坐落在赤道与南纬 3 度之间，距离赤道仅 300 多公里，面积 756 平方公里。乞力马扎罗山主峰海拔 5895 米，是非洲的第一高峰。乞力马扎罗山是世界最高的休眠火山之一。75 万年前，非洲大裂谷的地壳运动带来频繁的火山喷发，基博、马文济、希拉三座活火山喷发后连成一体，成为乞力马扎罗山。乞力马扎罗山占据了长 97 公里、宽 64 公里的地域，在饱含水汽的风从印度洋吹来时，遇到乞力马扎罗山的阻挡，被迫抬升，然后则出现雨或雪的

---

① List of National Parks of Tanzania. Top Ten Tanzania National Parks，Tanzania Tourism Profile etc. Source：The United Republic of Tanzania National Website.

降水过程，致使乞力马扎罗山一山独具寒带、温带和热带三个气候带的奇妙生态环境：5000 米以上为寒带，顶峰在零下 30℃ 以下，终年冰封雪盖，使乞力马扎罗山成了世界闻名的"赤道雪山"。在 2000 米以上，5000 米以下的山腰部分，生长着茂密的森林，树木高大，种类繁多，其中不少是非洲乃至世界上的名贵品种，相当于温带。2000 米以下的山腰部分，气候温暖，雨水充沛，在肥沃的火山灰土壤上，生长着咖啡、花生、茶叶、香蕉等经济作物，相当于亚热带；山脚部分，气候炎热，气温常在 30℃ 以上，到处是一派热带风光。山麓四周的莽原上，有许多非洲象、斑马、鸵鸟、长颈鹿、犀牛等热带野生动物以及稀有的疣猴和蓝猴、阿拉伯羚、大角斑羚等，是世界上著名的野生动物保护区；这里还有生长茂盛的热带作物，包括甘蔗、香蕉、可可和剑麻等。

自乞力马扎罗国家公园建园以来，乞力马扎罗山独特的自然景观一直是坦桑尼亚旅游业的一大亮点，每年都有许多外国旅游者到这里游览；外国专家和学者也络绎不绝，经常到这里进行相关的科学考察和研究，有些还把这里当成科研基地；世界各地登山运动爱好者对非洲第一峰乞力马扎罗山更是情有独钟，现在每年攀登乞力马扎罗山的人都有 2.5 万多人。

2. 塞伦盖蒂国家公园（Serengeti National Park）

地处坦桑尼亚北部塞伦盖蒂平原之上，跨越马拉、阿鲁沙、希尼安加三省，占地面积 1.5 万平方公里，与肯尼亚马赛伊马腊野生动物园相邻，是非洲乃至世界上最大的天然动物园。在马赛语里，塞伦盖蒂的意思是"一望无际的平原"。1940 年塞伦盖蒂平原被辟为自然保护区；1929 年塞伦盖蒂平原中部 228600 公顷的土地被定为狩猎保护区；1951 年将狩猎保护区建成国家公园。1951 年以来，塞伦盖蒂国家公园一直是人们观光旅游、生态研究和科学考察的理想地方。许多地理学家和生态学家，都称它是

"一个范围巨大、名符其实的草原生态系统"，"当今世界上数量最多、品种最全的野生动物群栖居地"和"原始生态系统的最后遗迹"。

塞伦盖蒂以野生动物数量大、种类多而享有盛誉。据统计，园内野生动物达170多种，总数有300多万头，包括斑马13万匹、羚羊16.5万只、埃塞俄比亚疣猪1.5万头、长颈鹿4000多头、水羚3000只、非洲象2700头、河马500多头、黑犀牛200多头、狮子2000多只、豹子1000多只、鬃毛豹200多只、斑纹鬣狗3500多只、狼300多只以及东部非洲和南部非洲所特有的斑纹角马35万匹。这里还有一种世界上最善于奔跑的动物——猎豹，它每小时可奔跑近百公里，据说经过驯养可以用于狩猎。另外，这里每年一度（5～7月）的野生动物大迁徙，是吸引旅游者的一大亮点。塞伦盖蒂国家公园还以它拥有400多种鸟类而闻名世界，包括长居类鸟和候鸟。

在世界旅游组织2002年2月公布的全球13个最吸引人的旅游景点中，坦桑尼亚的塞伦盖蒂国家公园被排在第四位。美国《国家地理旅行家》杂志（1999年10月），在介绍《世界上"一生必须看"的51处世界著名旅游景点》的专栏中，以"最后一块处女地"的冠名，将塞伦盖蒂国家公园排名第十九位。

3. 恩戈罗恩戈罗火山口国家公园（Ngorongoro Crater National Park）

恩戈罗恩戈罗火山口国家公园为恩戈罗恩戈罗自然保护区的核心部分。恩戈罗恩戈罗火山有250万年的历史，停止喷发已有25万年。当年，火山多次喷发喷走了火山的顶峰，留下一个完美的碗形火山口。该火山口，海拔高度为2135米，深600多米，直径约18公里，底部直径为16公里，面积达264平方公里以上。这是世界上最完整的一个火山口。

这座火山口的大谷底有一种独特的生态系统。它基本上是一个大平原，有林地、沼泽、湖泊、河流以及广阔的草原地带；有泉水，在谷底西南部地区还有一个称之为"马加迪"的蓝色大咸水湖。它树木茂盛，水源丰富，环境优美，为野生动物提供了一个天然栖息场所。生活在这里的野生动物不需要每年为寻找水源和新鲜的草场而迁徙，即使在干旱季节，火山口内也不缺水，因此这里的野生动物不仅种类多，而且数量大。

恩戈罗恩戈罗火山口国家公园是坦桑野生动物最集中的地方。据统计，它现有各种野生动物 250 多万头（只），包括狮子、豹、大象、角马、斑马、野牛、犀牛和各种羚羊及猴子；在旱季里，加上"口外"来客，野生动物总数可达 300 多万。它还是大量鸟类生活、繁殖、长途迁徙中停留的重要地区，全年在此栖居的鸟类约有 350 种，包括火烈鸟、鸵鸟、鸨、黑雕和白兀鹫等，仅火烈鸟就有 50 多万只，还有许多欧洲候鸟（如白鹳等），也常飞到此地避寒。

恩戈罗恩戈罗火山口国家公园每年都能吸引来十几万的国外旅游者。

4. 贡贝溪国家公园（Gombe Stream National Park）

位于坦桑尼亚西北部的坦噶尼喀湖畔，占地仅 52 平方公里，是坦桑尼亚最小的国家公园。这里海拔高度为 800～1500 米，雨量充沛，园内山峦起伏，森林茂密，特别适宜灵长类动物生存。距离基戈马 16 公里，需从基戈马乘船才能进入公园。在贡贝溪公园，可以看到著名英国女科学家简·古德尔博士建立的黑猩猩群落。1960～1965 年，她在这里研究黑猩猩。她发现：黑猩猩智力发达，喜吃素食，也吃小羚羊等小动物；它们能制造最原始的工具；虽无语言，但他们能用声音等交流感情。1974 年坦桑尼亚政府在这里建立了黑猩猩研究中心，从此贡贝溪国家公园闻名于世界。这里，还有大量红疣猴和红尾青猴以及各种鸟类。

5. 马哈雷山区国家公园（Mahale Mountains National Park）

坐落在西部的坦噶尼喀湖畔，占地1000平方公里，是黑猩猩另一个栖息地，也得从基戈马乘船进入。这里大猩猩最多，约有1000多只，它们成群地在自己的栖息地活动，其最大群落可达30只。公园里还有狒狒、疣猴、野牛、野猪、大象、长颈鹿、美洲豹、狮子、豪猪以及各种羚羊。坦噶尼喀湖有250多种鱼，是旅游者垂钓的好地方。

6. 阿鲁沙国家公园（Arusha National Park）

距离阿鲁沙市只有25公里，占地137平方公里，被称为"公园中的宝石"。它有三大看点：第一，梅鲁山（高4566米）；第二，大莫梅拉湖和8个小莫梅拉湖（均为碱水湖）；第三，梅鲁火山口和恩古多托火山口。另外，天气晴朗时，在公园任何方位都能看到乞力马扎罗山。经常有登山爱好者来这里攀登梅鲁山。这里的植被和野生动物物种繁多，随地形的不同而变化。它以其400多种鸟类和黑白疣猴而闻名；还有狒狒、大象、野牛、长颈鹿、河马、美洲豹、土狼、斑马及各种羚羊等。

7. 塔兰吉雷国家公园（Tarangire National Park）

占地2600平方公里，距阿鲁沙118公里，因塔兰吉雷河贯穿整个公园，故取名为"塔兰吉雷"。每年6~9月旱季期间，许多羚羊、斑马、大象、野牛等成群结队到此寻找水源，连同尾随其后、伺机捕食的狮子、美洲豹及其他食肉动物，从干旱的马赛草原迁徙到塔兰吉雷河畔寻找水源，聚集在塔兰吉雷国家公园，景象十分壮观。塔兰吉雷还栖息着550多种鸟类。同时，这里有马赛族村落，还可以观赏到坦桑尼亚的古岩画。

8. 马尼亚拉湖国家公园（Lake Manyara National Park）

地处阿鲁沙市西南117公里处，位于东非大裂谷内，占地330平方公里。它在利夫特大裂谷坡下，宛如一条绿色的飘带盘绕马尼亚拉湖一侧。它沿马尼亚拉湖自东向西延伸，背山面湖，瀑布从悬崖上漂流而下，是动物生长的理想地域。湖畔为草地、沼泽地、林地和森林。这里以成群结队的野牛和大象而闻名，还有无数的斑马、狮子、羚羊、犀牛、角马、长颈鹿、黑斑羚和河马等。湖区栖息着 400 多种鸟类，包括浅色火烈鸟、伽蓝鸟、鹳、朱鹭鸬鹚和埃及雌鹅等。这里有两大奇观：狮子上树和巨蟒攀树。旅游者经常会见到一头或几头狮子懒洋洋地倚躺在距地面六七米高的阿拉伯树胶树的枝杈上。美国著名作家海明威曾把这里描述为"非洲最可爱的地方"。

9. 米库米国家公园（Mikumi National Park）

位于莫罗戈罗省境内，占地面积 3237 平方公里，距首都达累斯萨拉姆市 300 公里，是离首都最近的一个野生动物园。地理位置的优势使其成为坦桑尼亚最受欢迎的野生动物园和生态保护教育基地之一。它以动物种类多和数量大而著称，主要动物有大象、狮子、长颈鹿、角马、斑马、猴子、河马、野牛、各种羚羊、鳄鱼、大蜥蜴和巨蟒等。在基科博加（Kikoboga）一带，有成群的黄色狒狒。另外，还有 300 多种鸟类，其中有很多是过往的欧亚迁徙候鸟，每年 10 月至第二年的 4 月是这里鸟类最多的季节。有高速公路和中国援建的坦赞铁路从园内穿过，驱车或乘火车经过动物园时可观赏到园内野生动物。

10. 卡塔维国家公园（Katavi National Park）

占地 4500 平方公里，是坦桑尼亚第三大野生动物园，位于姆潘达城东南 40 公里处的卡塔维湖畔，是一片广阔的冲积平原，与查拉湖和卡图马河相邻。卡塔维国家公园，同卡塔维湖一样，是为纪念传奇猎人卡塔维而命名的。在这里，可以参观传奇猎手卡塔维的灵魂所寄居的罗望子树以及当地人为祭奠他在树前摆放的供品，还可眺望到东非大裂谷中的中继湖卢克瓦湖。该公园有大量的野生动物，包括野牛、大象、美洲豹、狮子、斑马及种类繁多的羚羊，是坦桑河马和鳄鱼最多的国家公园；园内查拉湖畔

鸟类众多，达400多种。

11. 鲁瓦哈国家公园（Ruaha National Park）

位于伊林加西部130公里处，占地12950平方公里，是坦桑尼亚较大的一个国家公园。公园得名于贯穿公园东部的鲁瓦哈河。该公园有大象8000多头，是东非大象数量最多的地方。除鳄鱼外，鲁瓦哈河里还有大量的河马、龟和各种鱼类。该公园鸟类品种也很多。游客可以通过坦赞铁路或公路到达鲁瓦哈国家公园。鲁阿哈河岸有简易机场，可供运送旅游者的轻型飞机降落。

12. 鲁邦多岛国家公园（Rubondo Island National Park）

位于姆万扎省西北部维多利亚湖内，由鲁邦多岛和周围9个小岛组成，其70%的面积被茂密的森林所覆盖，被称作维多利亚湖上的"水上仙境"。园内地形多姿多彩，有大草原、广阔的林地、茂密的森林，还有沼泽和沙滩。这里，有羚羊、大象、长颈鹿、香猫、河马、鳄鱼、猫鼬和猴子等各种常见的野生动物。这里，栖息着来自非洲东部、中部和南部的各种鸟类，不计其数，加之湖中有大量的鲈鱼，还引来了许多鱼鹰、朱鹭、翠鸟和鹳等，所以许多旅游者都称鲁邦多国家公园是"鸟类公园"或"鸟的天堂"；另外，鲁邦多岛及其9个姊妹岛之间的湖区，为维多利亚湖罗非鱼和鲈鱼等提供了一个产子和繁衍后代的安全"避风港"，公园内湖里的罗非鱼和鲈鱼终年成群结队，所以鲁邦多岛国家公园还有一个"鱼的世界"的美称。在这里，旅游者可乘独木舟在维多利亚湖上游览，观赏飞禽和鳄鱼捕食的场面；可以在几个岛上观赏到地质活动造就的各种怪石风采；可以垂钓罗非鱼和鲈鱼，公园经常组织钓鱼比赛，据说曾有人钓到过一条100多公斤的鲈鱼。

13. 基图洛国家公园（Kitulo National Park）

位于塞伦盖蒂基图洛高地，是非洲赤道地区第一个以花草为主的公园，当地人称之为"上帝的花园"或"塞伦盖蒂花篮"，外国人称其为"世界植被奇观"。据统计，基图洛高地有植物350 多种。其中，45 种是世界目前绝无仅有的兰花，31 种是坦桑尼亚特有的，包括 26 种产自基图洛地区，至少有 3 种是基图洛高地的特产。这块高地还是一个"鸟类的家园"，很多鸟都是坦桑尼亚本土特有的，包括青燕、大鸨、猎兔狗、食籽雀等。另外，还有很多种世界上稀有的蝴蝶。

14. 乌宗瓜山国家公园（Udzungwa Mounton National Park）

是 1992 年由"野生动物保护区"、"森林保护区"建成的一个国家公园，面积为 1990 平方公里，位于首都达累斯萨拉姆以西，横跨中南部伊林加和莫罗戈罗两省，北邻鲁瓦哈河，东以米库米－伊法卡拉公路为界。

整个公园坐落在以乌宗瓜山为主体的海拔 250 米到 2500 米的中东部高原地区。乌宗瓜山实际上是坦桑尼亚境内东非大裂谷东部裂谷带的一条东崖山脉，上面覆盖着 100 多平方公里热带雨林，其最高峰为 2576 米；园内还有 5 座同乌宗瓜山相连、但又是彼此孤立的小山，一般被统称为乌宗瓜山。乌宗瓜山上，泉水四溢；桑杰河（Sanje River）水"从天而降"，直倾热带雨林之中，形成高达 1700 米的瀑布，气势磅礴。

有史以来，这座山上居住的就是宗瓜族人，所以这座山也就被称作"宗瓜山"了。按斯瓦希里语习惯，在"宗瓜山"前面加前缀"乌"（U）则表示地域或行政区划的概念，故称宗瓜山地区为"乌宗瓜山"。宗瓜人把热带雨林奉为神灵，"是热带雨林一直在保护着宗瓜山"。

至今，乌宗瓜山国家公园里基本上还保持着原始生态，这也是这个公园最重要的特点。

乌宗瓜山国家公园是坦桑尼亚第一个热带雨林公园（在非洲有热带雨林的国家只有少数几个），园内成片成片的热带雨林，树的平均高度在 30～40 米之间。在乌宗瓜山的热带雨林中，

现在仍然保留着许多世界上稀有的物种（野生动物和野生植物）。一些科学家考察的结果表明，这里有世界上30%～40%的濒危动物和植物，还有一些坦桑尼亚特有的物种，包括：300多种野生动物，有大象、野牛、狮子、美洲豹、野狗、各种羚羊、长颈鹿和斑马等；18种脊椎动物，是这里特有的，其中一些是最近几年才发现的，比如，科学家们1979年在热带雨林中才发现的红疣猴和白眉猴（又称"桑杰白眉猴"）；植物2500多种，其中160多种被宗瓜人当成了药材；科学家们在热带雨林中还发现了一种紫罗兰花，据说这种紫罗兰除了在温室里可以见到外在其他任何地方都见不到了。另外，这里有250多种鸟类，其中四种鸟鲜为人知，包括一种红褐色翅膀的太阳鸟（1981年发现，又称"伊林加太阳鸟"），还有一种类似山鹬的鹧鸪鸟类（1991年发现）；还有1300种蝴蝶，其中121种是坦桑尼亚特有的。

乌宗瓜山国家公园还有一个特点，即：公园内没有纵横交错的道路，没有旅馆，也没有饭店，旅游者进公园后均进行"徒步旅游"，别有一番情趣。旅游者的吃住问题，均在公园之外附近的村落解决。据介绍，为了保持园内原始生态不受到破坏，从建园之日起，政府就规定禁止在公园内开山修路、大兴土木。

15. 萨达尼国家公园 (Saadani National Park)

该国家公园是由萨达尼野生动物保护区于2003年建设而成。位于北部东海岸地区，在首都达累斯萨拉姆以北130公里和巴加莫约以北54公里处，隔桑给巴尔海峡与桑给巴尔市遥遥相对，是坦桑尼亚第一个沿海国家公园。它东起印度洋海岸，除原来的萨达尼野生动物保护区外，还包括了姆夸贾南部500公里的一个大牧场和一个方圆180平方公里的扎拉尼格林区，其陆地面积1148平方公里、海滩（包括部分近海区域）面积为30平方公里。

公园里有许多野生动物，包括成群结队的大象、水牛、狮子、美洲虎、土狼、长颈鹿、疣猪、黄色狒狒、黑白相间和皮毛光华的猴子。园内鸟类众多，除了鱼鹰和火烈鸟外，还有各类燕子、鸽子、灰头麻雀、织巢鸟、黄嘴鹃、灰色苍鹭、矶鹬、小白鹭和各种各样的翠鸟。瓦米（Wami）河从西向东，穿过公园，瓦米河内有许多河马和鳄鱼，岸边有各种各样的大蜥蜴，还有一些珍稀动物，如非洲大羚羊和罗斯福紫貂等。在印度洋岸边可以看到鲸鱼，一般情况下，鲸鱼群每年10月或11月都要通过桑给巴尔海峡。另外，海豚是公园南海岸的常客；马德特（Madete）海滩是绿毛龟爬到岸边产蛋和繁殖后代的固定场所。

萨达尼国家公园取名于印度洋岸边的萨达尼村。萨达尼村是非洲东海岸最古老的码头和渔村之一，是德国和英国殖民者入侵以及阿拉伯人在东非从事惨无人道的奴隶贸易的历史见证。游客可以同当地村民接触，目睹他们特有的传统文化，包括他们在近海捕鱼的情景。

萨达尼野生动物保护区建于1964年，它南起瓦米河（Wami River），北到姆利加吉河（Mligaji River），东起印度洋海岸，西则以开往莫希的铁路线为界，当时面积只有250平方公里。90年代初，政府提出扩建萨达尼野生动物保护区的计划，一方面加强环保工作，保护生态平衡，另一方面则为达累斯萨拉姆居民、主要是常驻坦桑尼亚的外交人员和外国公司的老板及其工作人员（也包括来去匆匆的到坦桑尼亚执行公务和商务活动的外国人），提供一个"一日游"或周末休闲度假的场所。该计划得到欧盟、德国和英国等国的赞助和支持，1999年政府开始执行扩建计划，大兴土木，2003年竣工并开始接待游客。据报道，2003年以来从达累斯萨拉姆到萨达尼"一日游"的客人每年都有1000多人。

（二）野生动物保护区

坦桑尼亚有野生动物保护区约50个，名气较大的有以下两个。

1. 塞卢斯野生动物保护区 (Selous Game Reserve)

位于坦桑尼亚东南部鲁菲吉河流域，面积为5.6万平方公里，占坦桑尼亚土地面积的6%，覆盖濒海、莫罗戈罗、林迪、姆特瓦拉和鲁伍马五个省区，是当今世界面积最大、野生动物种类和数量最多的野生动物保护区之一，也是蜚声世界的旅游胜地之一。

塞卢斯早在1922年就被划为保护区，是当今人类社会罕见的一处自然景区，有一望无际的平原、云雾缭绕的崇山峻岭、茂密苍郁的森林、交织如网的河川、激浪光涌的峡谷和星罗棋布的大小湖泊。舒古里瀑布是保护区内的一大景观，它宽1500米，鲁菲吉河水在舒古里地段平推而下，势如万马奔腾，水雾缭绕，在阳光下反射出绚丽的彩虹。保护区是一个名符其实的"野生动物世界"。有数以百万计的野生动物，栖身着20万头水牛、10万多头非洲大象、8万多匹斑纹角马、5万只驼鹿、2万多头河马以及世界上最大的犀牛群、鳄鱼群等；还有世界其他地方没有或少见的一些珍稀动物。保护区内无人居住，飞禽走兽活动自由，是它们繁衍生息的理想生态环境。另外，保护区内还有些世界上稀有的昆虫和植物。

为了满足游人的兴趣，在保护区内专门辟有一块"狩猎活动区"，供游人打猎。所猎获的动物要由猎获者带走，但狩猎费用很贵，如果将狩猎许可证费用、狩猎费用、纪念品费用等计算在一起，如要猎获一头野象大约得花1.5万美元。尽管狩猎费用很高，但申请办理狩猎许可证者，仍不乏其人。

2. 姆科马齐野生动物保护区 (Mkomazi Game Reserve)

位于坦桑尼亚北部，建立于1951年，占地3700平方公里。本来是坦桑尼亚一个野生动物种类多、数量大的保护区，但由于管理不善，偷猎严重，野生动物越来越少，到1988年其黑犀牛和大象几乎灭绝。据80年代末的一份统计，60年代末这里曾有

400 头黑犀牛，但现在已踪迹全无；过去成群结队的大象，保护区内仅剩下 11 头。在这种情况下，坦桑尼亚政府决定恢复姆科马齐保护区，以保护濒危野生动物，主要包括姆科马齐犀牛保护计划和非洲野狗圈养计划。政府把恢复姆科马齐保护区作为优先发展项目，增加了投入，加强了保护区的管理工作。与此同时，乔治·亚当森（George Adamson）野生动物保护基金会从 1990 年开始向姆科马齐野生动物园的恢复计划提供了援助。

目前，经过十几年的努力，保护区的生态环境已逐步得到改善，姆科马齐已经恢复了昔日的风采。政府在保护区内建立了一个 28 平方公里的犀牛保护基地，已有 8 头黑犀牛在这里安家。多雨季节，这里又出现了一群群的大象带着小象穿梭于保护区的景象。保护区内野生动物种类繁多，包括水牛、大羚羊、长颈鹿、瞪羚、黑斑羚、各种小羚羊、斑马、大象、狮子、美洲豹和土狼等；哺乳动物也很多，多达 78 种；鸟类越来越多，现有 400~450 种。另外，该保护区还是坦桑尼亚野生植物和昆虫种类最多的地方。

三 大陆主要旅游城市

达累斯萨拉姆（Dar Es Salaam）

位于坦桑尼亚大陆东海岸，濒临印度洋，环抱着达累斯萨拉姆海湾，东北距桑给巴尔 64 公里，是坦桑最大的海港，也是东非的著名港口之一；是坦桑尼亚的第一大城市、坦桑尼亚的首都（1973 年坦桑尼亚政府已决定迁都多多马，但至今尚未完成迁都任务）和全国政治、经济、文化及交通中心；是非洲重要的政治都市，许多国际会议尤其是关于非洲问题的国际会议经常在这里举行。现有人口 2497940 人（2002 年坦桑尼亚全国人口普查）。

早在 12 世纪，阿拉伯商人扬帆南下，经东非海岸时就常将

这里作为避风港，这片海湾风平浪静，岸边一个称之为"姆齐齐马"（Mzizima）的小渔村的居民热情好客，久而久之，他们便把这片海湾和岸边的渔村统称"达累斯萨拉姆"了，在阿拉伯语中为"安全的避风港"之意。后来，他们就称这片海湾为"达累斯萨拉姆海湾"，称姆齐齐马村为"达累斯萨拉姆"了，遂被演绎为"和平的海湾"和"和平之港"。桑给巴尔苏丹王马吉德·比·萨乌德占领桑给巴尔和东非海岸后，1862年把姆齐齐马村扩建为一座城镇，正式冠名为"达累斯萨拉姆"。1887年被德国东非公司占领，1891～1919年为德属东非首都；1919～1946年为英国保护领地坦噶尼喀行政中心，1946～1961年为英国托管地坦噶尼喀首府，1961～1964年为独立的坦噶尼喀共和国首都；1964年坦噶尼喀和桑给巴尔合并后即成为坦桑尼亚联合共和国的首都。

达累斯萨拉姆港是一个天然良港。它有11个万吨级码头、8个港湾驳船码头和1个10万吨级码头，可同时停泊10多艘远洋货轮。港口有各种装卸设备，其最大起重能力为120吨。港口年货物吞吐量在400万吨以上。达累斯萨拉姆港不仅是坦桑尼亚国内进出口货物的重要通道，也是其内陆邻国马拉维、布隆迪、卢旺达、赞比亚和刚果（金）进出口货物的通道。

达累斯萨拉姆市是全国交通枢纽。有两条铁路的起点都在达累斯萨拉姆，一条是横贯坦桑西至坦噶尼喀湖畔基戈马的中央铁路，另一条则是由中国援建的进入赞比亚境内的坦赞铁路；另外它有公路通往全国各地，并与通向几个内陆邻国的公路网相连。1984年在市西郊建成的一座现代化机场，配有各种自动化设备，可起落大型客机，现有16个国家的航空公司在达累斯萨拉姆市设有办事处。现在，达累斯萨拉姆港不仅是全国2/3以上的进出口货物的集散地，而且也是东非地区一个重要的国际贸易的转运站。

达累斯萨拉姆市市区以独立广场为中心，向北、西、南三面扩展。东部是政府机关和使馆区，北部、西部是住宅区和文化区，再向外围则是西北、西南部的工业区。

独立广场，又名"一棵椰子树"广场，方圆数百米，绿草铺地，名贵花木遍布其间。广场中央有一处喷泉池塘，池水中有一只形态逼真的石雕仙鹤，池边的草地上耸立着一尊击鼓的石刻老人。广场的东北角，耸立着一尊高 20 多米的独立纪念碑，碑文是用斯瓦希里文镌刻的"自由和独立"，碑顶上矗立着"熊熊燃烧的火炬"模型，催人奋进。独立广场是独立后不久修建的，平时是群众集会和休憩的地方，每年的独立日人们都要在这里载歌载舞，欢庆胜利，并举行隆重的火炬游行。

整座城市清新淡雅，草木终年不凋。市内街道纵横交错，主要街道有独立大街、卢蒙巴大街和曼德拉大街等。在街道纵横交错、现代化建筑密如林立的繁华市区，高级商店鳞次栉比，超级市场五光十色，家家商店商品琳琅满目。一些珠宝商店里，还出售着中国的丝绸锦缎等商品以及印度的佛像等工艺商品。当地的民族手工艺品格外引人注目，乌木雕刻的大象、犀牛、长颈鹿等，贝壳、海螺制作的台灯、装饰品等，一件件做工精细，富有极高的艺术欣赏价值。

城市西北部是老城区，这里的住房多是两三层高的印度或者阿拉伯式小楼，其间夹杂着一片片低矮的当地传统房屋。老城区以一个名叫卡里亚科大的传统农贸市场而闻名，那里的人群整天熙熙攘攘，川流不息，争相购买肉、蛋、五谷杂粮、各种蔬菜和瓜果以及其他农副产品。

东部和东北部是著名的海滨旅游区，这里椰树挺立，精致花园别墅和现代化旅馆掩映在花丛绿林之中，沿海是大片的海滨浴场，沙软滩平，是游泳和日光浴的好地方。

达累斯萨拉姆市的工业产值占全国一半以上，现有 80 多家

工业企业，主要有纺织、卷烟、啤酒和饮料、食品、腰果加工、皮革、制鞋、制药、造纸、化肥、轧钢、铝材加工、水泥、轮胎、炼油、汽车装配、农具制造、机车修理和火力发电等。

达累斯萨拉姆市的文化教育、医疗卫生、体育娱乐、新闻出版等各项事业都比较发达。全国最高学府达累斯萨拉姆大学、全国最大的医院兼医学研究中心——穆欣比利（Muhimbili）医疗中心、国家博物馆、自然村博物馆、中央图书馆、国家视听中心、电影制片厂、艺术中心和一些科研机构，都设在这里。

多多马（Dodoma）

位于坦桑尼亚中部，现为多多马省首府。1973 年 10 月坦桑尼亚政府决定把首都从达累斯萨拉姆迁到多多马，旨在加强首都防卫，加强中央与地方的联系，促进全国农业及其它建设事业的发展。

多多马是大陆交通枢纽。20 世纪初，它就成了坦桑尼亚修建最早的中央铁路的一个重要车站，并因此于 1907 年多多马村被正式提升为多多马镇。公路运输，从沿海到内地，甚至到邻国布隆迪、卢旺达、马拉维、赞比亚和刚果（金），多多马均为必经之路，从南非至埃及的大北国际公路也从多多马经过。然而，由于干旱少雨，其经济一直没有发展起来。至 1973 年还只是一个拥有 2 万多人的小城镇，城内基础设施简陋，商店很少，"工业"也只是几家小的粮食加工厂、榨油厂、铁匠铺和木雕作坊。

政府决定迁都后，多多马即开始了新的发展的历程。目前，经过 30 年的艰苦努力，坦桑新首都多多马已初具规模。首先，根据新首都多多马建设总体规划，到 20 世纪 70 年代末和 80 年代初就完成了包括议会大楼、总统府、总理办公室和政府 20 多个部委办公楼在内的一批项目。多多马老城的改造和新居民区的建设工程 1981 年 2 月启动后，全国保险公司、坦桑房产银行、坦桑尼亚电力公司和国家节约基金等单位，先后到多多马投资建房。现在，老城区已新建住房 5 万多套；新市区也建 3 万多套住宅，并且绝大部分已经入住。加上配套的商店、餐馆、学校和诊所等，新型的居民区已经初步形成。

多多马的基础设施也有了长足发展。市内，主要马路都已是柏油路；供排水设施，已成龙配套；通往市内各区的公共汽车，运行比较正常；通信设施齐备，有电话、移动电话、文传、因特网、邮局及其各居民区分局等；供电有保证，家庭用电和工业用电均由全国电力网提供，多多马市自己前两年还建了一个作为备用的热电站；供水问题，2002 年完成"多多马供水工程"后，也有了保证。

为了加强首都与全国各地、乃至与外国的联系，政府重视以多多马为中心的公路网的建设，往东至达累斯萨拉姆和往北至阿鲁沙和乞力马扎罗地区砂石公路早在 20 世纪 80 年代就铺设了沥青路面，90 年代又进行了全面检修；往西经塔波拉通往姆万扎和基戈马的干线公路现在也都是柏油路了。政府还在多多马修建了一个新的可供中型喷气机降落的国际机场。

随着新都的建设和发展，多多马已经办起了一些新的工业，主要有食品加工（多多马的葡萄酒、罐头和黄油，在达市市场上已颇有名气）、木材加工和水泥厂等。教育和医疗卫生事业也有了发展，政府先后在多多马建立了地质科研中心和地质博物馆，建立了一家省立中心医院、几所中学和几十所小学。多多马市的人口，已由 1973 年的 2 万多增加到现在的 149180 人（2002年 8 月坦桑尼亚全国人口普查）。

目前，随着迁都措施的逐步落实，执政党革命党总部、议会、总统府国务部、各省行政和地方政府部、合作社和销售部、供水和畜牧发展部及教育和文化部等 5 个部，已全部或部分迁到了多多马；各国驻坦桑尼亚使领馆也都在多多马划定了筹建新馆地盘。

姆万扎 （Mwanza）

坦桑尼亚维多利亚湖区主要城市和港口，为姆万扎省首府，现有人口 30 多万（2002 年 8 月坦桑尼亚全国人口普查），是全国第二大城市。这里是坦桑尼亚西北部交通枢纽，有铁路与塔波拉、达累斯萨拉姆和西南部坦噶尼喀湖畔港口基戈马相通；有汽轮与乌干达和肯尼亚的维多利亚湖港口城市相连，为东非维多利亚湖地区国际贸易交通要道。姆万扎省是全国最大棉花产区，农牧业均较发达，西部盖塔还有金矿和钻石矿等，姆万扎省的农牧产品和矿产品主要由此转运。该市有纺织、粮食加工、船舶修理、鱼类加工、皮革制造、肥皂生产等工厂，还有一个铁路集装箱制造厂。

阿鲁沙 （Arusha）

坦桑尼亚东北部的一座旅游城市，为阿鲁沙省的首府，东非共同体总部所在地。现有人口 270485 人（2002 年 8 月坦桑尼亚全国人口普查），为全国第三大城市。

阿鲁沙位于梅鲁山脚下，西北不远就是乞力马扎罗山，虽临近赤道，但地势较高，故气候凉爽宜人。市郊有乞力马扎罗国际机场，每年都有大量外国旅游者飞抵这里，东登乞力马扎罗雪山，西游塞伦盖蒂野生动物园。坦桑尼亚重要历史文献《阿鲁沙宣言》即于 1967 年初在此公布，它因此名声大振。革命党历史博物馆建立于此，馆前矗立着火炬纪念塔；市中心建有国际会议中心，不少重要国际会议在此举行。阿鲁沙是坦桑尼亚北部交通和工业中心。它往东有通向达累斯萨拉姆和坦噶的公路，向北连接通往肯尼亚的国际公路；还是经坦噶通往肯尼亚蒙巴萨港的铁路的起点。阿鲁沙一直是北部地区农产品贸易集散地，主要经销咖啡、除虫菊和牧畜产品。市内建有纺织、皮毛加工、食品加工、轮胎制造、金属加工、收音机制造以及制药等工厂。

坦噶 （Tanga）

坦桑尼亚东北部的一座重镇，为坦噶省首府。现有人口

179400 人（2002 年 8 月坦桑尼亚全国人口普查）。东濒临印度洋，隔坦噶湾畔、奔巴海峡与奔巴岛相望，是坦桑尼亚第二大港口。坦噶曾在桑给巴尔苏丹统治之下；德国殖民者 1888 年占领后将其发展成为一个移民者的入口港。目前，港区主要码头泊位有 3 个，岸线长 692 米，最大码头水深 17 米，可泊 10 万吨级的散货船，装卸设备较全，其可移式吊车最大起重能力为 40 吨。其转口区始建于 1967 年，港区库场面积约 3 万平方米。坦噶是坦桑尼亚东北部交通枢纽，是从肯尼亚蒙巴萨至阿鲁沙的一条铁路的中转站，是内地剑麻、咖啡、茶叶、棉花和毛皮的出海口之一，进口货物主要有食品、机械、石油、金属制品及饮料等。除铁路外，有公路通往达累斯萨拉姆和阿鲁沙等地；港口距机场3.7 公里，有定期航班飞往达累斯萨拉姆等地。独立后，坦噶兴建了一些工业，包括粮食加工、皮革制品和棉纺品等生产项目。

姆特瓦拉（Mtwara）

东濒印度洋，是坦桑尼亚东南部的港口城市，姆特瓦拉省首府。现有人口 78116 人（2002 年 8 月坦桑尼亚全国人口普查）。有深水码头，能同时接纳两艘万吨级海轮。还有公路与内地的马萨西（Masasi）和松盖阿（Songea）相通。姆特瓦拉省是全国腰果和椰子的重要产区，还产乌木、剑麻、花生、芝麻等，全省所产腰果、谷物、剑麻、木材等都从此运出。工业不发达，只有腰果加工厂和轮胎厂等。

姆贝亚（Mbeya）

坦桑尼亚西南部地区的重要城镇，姆贝亚省首府，海拔1736 米，气候凉爽宜人。现有人口 230318 人（2002 年 8 月坦桑全国人口普查）。姆贝亚是坦桑尼亚西南部地区的交通枢纽，而且坦赞铁路和大北公路都自东向西经过这里，与赞比亚相通。姆贝亚省地处东、西两支裂谷带的交会处，境内多高地和盆地，有伦圭山等火山，低地炎热干旱，高地凉爽湿润，是全国咖啡、小

麦、茶叶、除虫菊等重要产区；畜牧业和渔业也较发达；矿藏丰富，现在开采的有金、铌、煤、铁和云母等。姆贝亚是坦桑尼亚西南地区贸易中心，是咖啡、烟叶、茶叶、除虫菊和畜产品集散地。

基戈马（Kigoma）

位于坦噶尼喀湖东岸，是坦噶尼喀湖的一个重要港口，湖光山色，是一座美丽的山城。为西部基戈马省首府，现有人口144257人（2002年8月坦桑尼亚全国人口普查）。

1850～1890年，基戈马曾是阿拉伯人从事象牙和奴隶贸易的重要商站之一。基戈马是欧洲人从坦噶尼喀湖登陆的第一个港口。1914年坦桑尼亚修建了第一条铁路（达累斯萨拉姆至基戈马），即中央铁路，带动了基戈马的发展。独立以来，基戈马经济发展较快，建立了渔业加工厂和农产品加工厂；旅游事业也得到发展，去贡贝溪国家公园和马哈雷山国家公园观赏黑猩猩都要从这里乘船前往。

基戈马是坦桑尼亚西部地区的交通枢纽。它可通过公路网和铁路网与全国各地相连，其铁路可直通塔波拉、姆万扎、多多马、莫罗戈罗和达累斯萨拉姆。另外，基戈马是东部和中部非洲大湖地区的一个重要港口。坦噶尼喀湖是坦桑尼亚、布隆迪、刚果（金）和赞比亚的界湖，湖上运输比较发达。布隆迪把货物从布琼布拉经湖运到基戈马，然后从基戈马转铁路运输至达累斯萨拉姆出口，布隆迪有一半以上的进出口货物是经基戈马转运的；刚果（金）和卢旺达的一些进出口货物也都经过基戈马－达累斯萨拉姆港线路。

第九节　国民生活

长期的殖民统治和剥削，导致坦桑尼亚经济落后，人民生活贫困。

尼雷尔总统曾试图以"乌贾马社会主义"改变贫穷落后状况，但由于政策失误，收效甚微。

20 世纪 80 年代中期以来，坦桑尼亚政府接受国际货币基金组织和世界银行贷款条件，调整政策，推行私营化，建立市场经济，宏观经济逐步取得了恢复和发展。然而，改革成果并未明显惠及广大人民群众，因为拉动坦桑尼亚经济增长的主要是采矿业和旅游业，而坦桑尼亚广大人民赖以生存的农业增长乏力，再加上坦桑出口的经济作物产品国际市场大幅降价，他们的收入没有增加，生活难以改善，充其量只能维持在勉强糊口的水平；同时，由于财政困难，政府无力投入恢复和发展社会福利事业，使人民接受教育和医疗卫生服务的水平受到影响。

自 20 世纪 90 年代末期政府制定和实施《2025 年远景发展规划》和《国家减贫战略计划》，以发展带动减贫以来，人民生活才开始有了某种程度的改善。

一 1/3 以上人口生活在贫困线以下

坦桑尼亚国家统计局 2002 年 9 月 17 日公布的一份《2000/2001 年度坦桑尼亚家庭开支调查报告》说，经过 10 多年的经济改革，坦桑尼亚（大陆）的贫穷程度仅略有改善，目前仍有 1/3 以上的人口无力得到基本生活必需品，即生活在人均收入每天不足 0.5 美元的贫困线以下。《报告》表明，10 年来收入贫困略有改善，下降了大约三个百分点，约 36% 的坦桑尼亚人在基本生活必需品贫困（基本生活必需品贫困，包括衣、食、住、孩子上学和家庭健康等基本生活的必要开支不足者）线以下，19% 的人在食物贫困（食物贫困，指按一个人所吃食物产生的卡路里不足以满足其生存需要者）线以下，而1991/1992 年度在生活必需品贫困线和食物贫困线以下的人口分别为 39% 和 22%。但是，由于人口增长速度过快，现在处于生活必需品贫困线以下的人比 90 年代初增加了 200 多万。

目前，坦桑尼亚约有 85% 的人口生活在乡村地区。《报告》说：贫困人口主要在乡村地区，乡村地区仍有 39% 的人口生活在基本生活必需品贫困线以下；达累斯萨拉姆市生活在基本生活必需品贫困线以下的人口为 18%；其他城镇地区生活在基本生活必需品贫困线以下的人口为 26%。

二 乡村和城市的就业情况

桑尼亚是一个农业国，现在有 85% 以上的人口生活在乡村地区，他们以传统的农业生产（包括种植业、畜牧业、渔业和林业），维持生计。

据坦桑尼亚国家统计局的一份《关于坦桑尼亚劳动力情况的调查报告 (2000/2001)》，在大陆 1780 万有劳动能力的人当中，有工作的为 1550 万人。其中，1300 万人从事农业生产，包括乡村的小商店和小摊贩等自谋生计者，占有工作人群总数的 84%，他们自食其力，无工资收入可言。

在拿工资的约 250 万人的工薪阶层中，90 万人为临时工，包括一大批农业季节工；60 万人在私营部门；50 万人从事家政服务；40 万人在政府部门工作；10 万人在官方机构或国营企业工作。按行业划分，在工薪阶层中，制造业职工（245449 人）、采矿业职工（29223 人）、建筑职工（151690 人）和交通通信系统职工（111572 人），占工薪阶层的 22%。

关于工人或雇员的工资和福利待遇，政府 2002 年作出规定：在城市和在省会所在地的工商企业的各类雇员的最低工资，18 岁以上者为每月 4.8 万先令，15～18 岁者每月 3.4 万先令；在乡村地区工商企业的各类雇员（不包括家政服务人员）的最低工资，18 岁以上者每月 3.5 万先令，15～18 岁者每月 2.5 万先令。按照这项规定，除工资以外，雇员享有以下待遇：①标准工作时间为每周 45 个小时，若超过 5 小时，则须按标准工资的 1.5 倍支付；②除政府规定的 14 个法定公共假日为雇员的休息日外，每年可有 28 天的休假；③雇员享有连续三个月的支付全额工资的病假，三个月后的病假期间雇主为其支付正常工资的一半，雇主对连续六个月的病假者可解除雇佣关系；妇女产假为 84 天，可三年有一次产假。另外，雇主应为其雇员向政府缴纳技术培训税（为其工资总额的 6%）和社会保障基金（其基本工资的 10%）；雇主还应为其雇员提供一些租房和交通费补贴等。

失业是当前坦桑尼亚的一大社会问题。《调查报告》说，大陆失业者达 230 万，为劳动力人数的 12.9%。其中，女性 130 万，男性 100 万；失业者主要在城市，在乡村地区仅占 6.4%。达累斯萨拉姆市的失业者占整个失业人群的 46.5%；其他城镇的失业者约占 25.5%。《调查报告》还说，城市地区的失业人数在日益增加，除了农村经济形势不好，致使大量农村青年流入城市寻找出路之外，现在的正式单位（主要是私营部门）提供的就业机会不多，另外每年还有大批新劳动力队伍涌入市场。总统办公室私营化和计划部国务部长基戈达在《2002/2003 年度预算执行情况》的报告中说，2002 年进入劳动力市场的青年人就有 65 万。国际劳工组织 2005 年 12 月的一份《关于坦桑尼亚劳动力的调查》也说，目前坦桑尼亚"城市的失业率达到了 20%，青年人的失业率在 40% 以上"①。

基奎特总统 2005 年 12 月 30 日向国民议会发表施政演说时说，按照我们在竞选时所作的许诺，政府要尽一切努力，在今后 5 年解决 100 万人的就业问题。他说，本政府的目标就是确保每个公民都有一定的收入来源。基奎特还说，政府还要进一步鼓励

---

① Tanzania's Unemployment Rate Increases, Source: *Guardian* 2005 – 12 – 21, Bagamoyo.

私人投资，尤其是在劳动密集型的纺织行业等，因为这样的行业可以提供大量的就业机会。

关于坦桑尼亚各类人群的实际收入情况，据坦桑尼亚国家统计局2002年10月15日发布的一份《坦桑尼亚人均收支情况调查报告》（2002年10月），2000/2001年财政年度坦桑尼亚大陆人均月收入为69.6美元（67896先令）。其中，城市地区人均月收入109.7美元，首都达累斯萨拉姆市为126.2美元；乡村地区人均月收入为5.6美元。城市居民主要收入来源于工资和商业活动。乡村居民的收入，过去主要来自出售经济作物产品和粮食，现在越来越多的农民出外打工或从事小商业活动。据报道，现在达累斯萨拉姆地区农民的收入，有70%来自非农业生产；其它城镇地区的农民来自非农业生产的收入也达到了50%左右。

三　广大群众生活仍很困苦

坦桑尼亚是联合国公布的世界最贫穷国家之一，总的讲坦桑尼亚人民的生活十分困苦，尤其是乡村地区。90%以上的家庭生活在乡村地区。

据坦桑尼亚国家统计局公布的《坦桑尼亚家庭支出调查报告（2000/2001）》，自1990/1991年度以来坦桑尼亚乡村地区没有发生什么变化。

在自然条件好、农业比较发达的地区，大多数农民靠种植木薯、玉米、豆类和香蕉等，维持生活；同时种些经济作物，有的饲养些牛、羊或家禽，靠出售经济作物产品和畜产品等得到一些收入，收入多的生活较为宽裕，收入少的或没有收入的只能维持简单的生活。

在自然条件较差、农业不发达的地区，农民和牧民的生活比较困难，不少地区旱季缺雨，影响耕种，甚至有时出现人畜用水困难。在这些地区，没有什么经济作物种植，农民们以农为主或半农半牧，牧民则以牧为主，有些牧民尚未定居下来。许多农牧民和半游牧民，现在许多人还都住在用树枝、茅草搭成的土屋或窝棚里，室内往往除煮饭的锅以外，几乎一无所有，他们就睡在牛皮上、草垫上或地上。这些地区的农牧民靠种些玉米、木薯等糊口，无什么收入来源，生产和生活都比较困难。

在城市，居民生活水平不一，既有巨商富贾等过的现代化都市生活，有普通工薪阶层过的一般居民生活，也有进城打工族过着的"能勉强维持"的贫民窟生活。从吃住、交通和其他生活消费看，坦桑尼亚城镇大多数居民的生活都比较贫困。

坦桑尼亚国家统计局这份《调查报告》说，购买生活消费品的家庭在 90 年代增加了，但这主要在达累斯萨拉姆和其它城镇地区，如自行车和收音机等。乡村地区的消费品也有增加，现在乡村地区约 46% 的家庭都有收音机了。

关于食品消费，调查报告说，现在全国食品消费占整个家庭消费的 65%，为家庭支出的大部分。一个家庭把收入的大部分用于食品消费，表明这个家庭收入少，也表明了其贫困的程度。另外，农业部的一份研究资料表明：90 年代初，坦桑尼亚是东非消费肉类和蛋类最少的国家，年人均吃肉 0.65 公斤，吃鸡蛋 9~10 个。[①] 从坦桑尼亚这种副食的消费水平，不难看出坦桑尼亚人贫困的程度。据报道，由于食物不足，再加上食物营养成分不高，1996~1998 年坦桑尼亚约 40% 的人口（1250 万人以上）营养不良。

总之，目前坦桑尼亚人民的消费水平极低。在 1991/1992 年度至 2000/2001 年度 10 年间，一般讲，家庭收入有所增加，通货膨胀率也下降了，家庭消费有所增加，但增幅仅为 17% 左右。

---

① Tanzania: Poultry Farming, The Private Sector and Development: Five Case Studies by Walter Elkan.

其中，达累斯萨拉姆市增幅最大，达到 47%；广大乡村地区仅增长 11%。就是在这种情况下，据坦桑尼亚国家统计局 2002 年 10 月公布的《坦桑尼亚人均收支情况调查报告》，全国人均月支出仅为 11.8 美元，其中城镇地区为 33.8 美元，达累斯萨拉姆市为 45.5 美元，乡村地区只有 5.5 美元。

四　非收入贫困状况的恶化

这里的"非收入贫困"（Non-Income-Poverty）不是指国民本身的贫困，而是指国民赖以生存和发展的社会福利条件差，或政府为国民提供的社会服务的"贫困"。

独立后，为改变贫穷落后的面貌，尼雷尔总统重视发展教育和医疗卫生事业，尤其是乡村地区的教育和医疗卫生事业。1967 年实行自力更生地建设"社会主义"政策之后，政府加大投入，实行了小学强制性义务教育，建立了公费医疗制度，加快了教育和医疗卫生事业发展的步伐。然而，从 20 世纪 70 年代末出现经济困难以来，政府财政拮据，对教育和医疗卫生等社会服务项目的投入越来越少，使教育和医疗卫生事业等社会服务事业的发展受到了严重挫折。

以小学教育和成人教育为例，据统计，坦桑尼亚大陆小学入学率 1981 年为 69.7%，到 1994 年就下降到了 54.7%；大陆的识字率 1986 年为 90.4%，1992 年下降到 84%，到 1998 年又进一步下降到了 68%。桑给巴尔的情况与大陆完全一样，自 1964 年以来桑给巴尔的小学教育一直是免费的，孩子们都有上学的机会，但进入 80 年代以后，由于财政困难，加上人口增长较快，许多孩子就被排斥在校门之外，到 1990 年桑给巴尔小学入学率就降到了 65.7%。

独立后，政府为向城镇居民提供安全用水、尤其为保证乡村地区广大农民饮用水的安全做出了努力，1971 年农民能用上合

乎卫生要求的安全水的人数仅占全国农民的 0.8%，到 1985 年
就增加到近 50%。据《家庭开支调查报告（2000/2001）》，目前
坦桑尼亚能够饮用到安全水的人数在日益减少，乡村地区能够饮
用到安全水的家庭只占 28%（全国从不安全水源取水的家庭占
到 53%）；全国只有 40% 的家庭饮用水来自安全水源；在达累斯
萨拉姆和其他城镇地区能够饮用安全水的也只有其居民的 86%
和 76%。

另外，这份调查报告说，在道路（尤其是乡村地区的道路）
和供电（包括城市和乡村）以及通信等方面，在 90 年代几乎没
有发生什么变化。坦桑尼亚只有 10% 的家庭使用全国电网提供
的电。大城市和城镇地区用电的家庭较多，达累斯萨拉姆有
59% 的家庭用电，其他城镇地区 30% 的家庭用电，而乡村地区
只有 2% 的家庭用电。从全国讲，大约只有 9% 的家庭用电照明，
84% 的家庭仍然用蜡或煤油灯照明。使用电话的人更少了，坦桑
尼亚人平均每百人只有 0.53 部电话。

第十节　桑给巴尔经济概况

一　桑给巴尔经济发展概况

（一）一月革命后经济取得发展

独立前，桑给巴尔是一个落后的农业国，这个世界文明
的"丁香之岛"一直是西方宗主国原料和农产品的
供应地、工业和日用品的销售市场。殖民者霸占了桑给巴尔的大
部分肥沃土地，通过种植丁香等经济作物对桑给巴尔人进行残酷
的剥削。除经济作物外，殖民当局不重视当地的粮食生产，粮食
消费主要靠进口。殖民当局也不关心当地的工业发展，独立前桑
给巴尔只有一些农产品加工企业，如丁香油厂和椰子油厂等，再

有就是汽水厂、肥皂厂、碾米厂和面粉厂等，致使桑给巴尔人民生产和生活所需要的生产资料和日用品基本上都靠进口。长期的殖民统治，造成了桑给巴尔片面发展丁香和椰子种植，依赖丁香等农产品的出口收入进口生产资料和生活消费品的单一经济体系。

"一月革命"后，桑给巴尔革命政府主张自力更生，发展民族经济。其基本政策有二，一是继续丁香和其他经济作物的种植，以换取外汇，维持国计民生；二是调整经济结构，发展粮食生产，建立和发展民族工业，改变殖民统治遗留下的国民经济完全依赖丁香等经济作物产品出口的单一的经济体制，以减少对国外的依赖。

革命后，政府把原来由少数阿拉伯人移民霸占的丁香种植园及其他大量土地收归国有，进行土改，除把土地按每户三英亩分给农民外，还建立了一批国营农牧场、"青年农场"和"集体农庄"，扩大了粮食作物种植面积。在工业方面，除把原有企业收归国有外，还投资兴建了一些设备比较先进的国营企业，包括农机具修配厂、制糖厂、卷烟厂、木材厂、皮革皮鞋厂等，并把桑给巴尔发电站的装机容量从原来的 4500 千瓦扩大到 6000 千瓦。

革命政府发展民族经济的政策，激发了广大群众、尤其是广大农民的生产积极性，桑给巴尔经济得到了某种程度的发展。在农业方面，尽管丁香产量有所下降，但仍一直保持在年产 1 万吨左右的水平，其出口仍占国际市场份额的 80% 左右，保证了出口创汇的需要。在发展粮食生产方面取得了明显进展。据官方统计，1971 年主要粮食作物的种植面积比 1964 年增加了大约 80%。其中，木薯达到 34430 公顷，稻谷 13277 公顷，香蕉 12150 公顷，甘薯 3650 公顷。粮食作物播种面积扩大，粮食产量增加，使桑给巴尔粮食自给率得到提高，到 20 世纪 70 年代其粮食自给率已经达到了 60%。在工业方面，工业产品品种和产量都有增加，大大减少了进口的数量，有些产品已能自给。

（二）80 年代以来的经济改革

1. 进行经济改革的背景

20 世纪 80 年代中期以前，桑给巴尔政府采取的是计划经济体制，实行的是国有化政策。除小农个体种植外，其它经济活动均由政府控制，政府直接卷入了大部分的经济运营活动，并担负起全部社会服务工作。

尽管"一月革命"后政府提出调整依靠丁香出口的单一的经济结构，发展粮食生产，发展民族工业的政策，并取得了某些进展，但由于"国有化"政策脱离实际，经济基础薄弱，缺乏发展资金和管理人才等，许多国营企业都管理不善，不仅没能创造出应有的经济效益，反而出现亏损，而且情况愈演愈烈。

以工业为例，60 年代末和 70 年代初建立的一些工厂，机器设备和许多原料都靠进口，到 80 年代初，由于外汇紧缺，工业原料和机器零配件进口受到限制，许多工厂都打打停停，开工率下降到 30% 以下，这些工厂只能靠政府补贴度日。

作为经济支柱的丁香种植，情况更糟。1966 年，政府建立了桑给巴尔贸易公司，统一管理丁香的生产、收购和出口工作，但因管理不善，丁香树不断减少，丁香产量也逐年下降。据统计，1950～1959 年，有丁香树 512 万棵，年均产量为 12408 吨；1960～1969 年间，丁香树减少到约 400 万棵（估计数），年均产量下降到 8425 吨；而到 1980～1989 年，丁香树则减少到了 285.485 万棵，年均产量就下降到了 6225 吨。

更有甚者，世界种植丁香的国家多了，到 20 世纪 80 年代，桑给巴尔的丁香产量就落到印度尼西亚、马达加斯加和科摩罗之后，退居世界第四位。随着国际市场上供货的增加，丁香价格日益下降，从过去的每吨 9000 美元下降到 80 年代中期的每吨 3000 美元左右，到 1990 年下降到每吨 1800 美元，1991 年进一步跌至每吨 700 美元。

由于丁香产量减少和国际市场丁香价格下跌，桑给巴尔丁香出口收入锐减。1977～1986 年期间，桑给巴尔外汇短缺，人民生活消费品和生产资料的进口受阻，经济萎缩，市场萧条，国内生产总值逐年下降，1986 年的国内生产总值仅为 1977 年的75%。①

在这种国民经济萎靡不振、政府财政极端困难的形势下，桑给巴尔政府不得不根据桑给巴尔的实际情况，进行经济改革，调整经济结构，实行经济发展多元化战略，开始从计划经济向开放的市场经济转型。

2. 改革和发展的政策措施

从 20 世纪 80 年代初开始，桑给巴尔政府就考虑并决定进行经济改革，实施经济发展多元化政策，并从 1986 年开始按照世界银行和国际货币基金组织的建议，执行结构调整计划，发展私营部门，建立市场经济。80 年代以来桑给巴尔政府采取的改革发展的政策和措施主要包括：

（1）1983 年桑给巴尔政府制定了《桑给巴尔旅游业发展规划》，提出利用当地丰富的旅游资源，发展旅游业，创造就业机会，增加居民收入，并把发展旅游业确定为促进经济发展多样性计划的一个重要组成部分、恢复和发展国民经济的关键。为此，政府决定优先恢复和发展交通通信事业，发展旅馆和餐饮业，同时要加强对旅游业服务人员的培训工作。

（2）为解决市场商品短缺，满足人民对生活消费品和生产资料的需要，从 1983 年起开始允许私商自筹资金从事进口贸易；在出口方面，按经济发展多元化的战略，鼓励非传统出口产品的生产和出口（包括海藻、辣椒、水果等），以缓解丁香出口收入

---

① Document of the World Bank: Tanzania, The Challenge of Reforms: Growth, Incomes and Welfare, The Economy and Welfare in Zanzibar, May 31, 1996.

锐减带来的影响。

（3）同大陆一样，在世界银行和国际货币基金组织的支持下，从 1986 年开始执行结构调整计划，实施经济恢复计划（1986～1988 年），接下来又实施了第二个经济恢复计划（1988～1990年）和第三个经济恢复计划（1991～1994 年），等等。

（4）为解决发展计划资金不足问题，1986 年出台《桑给巴尔投资保护法》，以相当优惠的条件鼓励私人（包括外国人）在各个经济领域投资，并于 1991 年建立了桑给巴尔投资促进中心，具体办理本国私人投资和外国直接投资事宜。

（5）1991 年桑给巴尔代表院通过《银行和金融机构法》，将金融市场向本国和外国私人资本开放，随后桑给巴尔建立了一些私营货币兑换所，活跃了金融市场。

（6）1992 年决定在温古贾岛和奔巴岛各建一个出口加工区，以鼓励非传统出口产品的生产和出口等。

（7）1998 年桑给巴尔代表院通过一项关于建立桑给巴尔自由港的法令，决定在桑给巴尔修建一个吞吐量更大和吃水更深的新港口，并宣布把桑给巴尔自由港建成一个全非的自由港，使桑给巴尔成为进出口贸易和转口贸易配送中心。据此，桑给巴尔政府设立了桑给巴尔自由港管理局，负责自由港的管理工作和商务活动。

（8）2002 年 1 月 23 日，桑给巴尔政府制定并开始实施了《桑给巴尔 2020 年远景发展规划》（*Zanzibar Vision 2020*），计划加速经济发展步伐，争取在今后 20 年内消除桑给巴尔的贫困。2002 年 5 月桑给巴尔革命政府推出《桑给巴尔减贫计划》（ZPRP），旨在落实《桑给巴尔 2020 年远景发展规划》，减少收入贫困和非收入贫困，增加社会服务，提高人民尤其是弱势群体的生活水平和社会福利待遇，消除绝对贫困。其政策和措施包括：发展教育事业，提高人民获得基本生活必需品（包括有足

够的食品、良好的居住条件和适时的服装）的能力；坚持改革开放政策，为人民创造良好的就业和增加收入的机会；提高社会服务水平，向社会弱势群体提供生活安全保证；坚持多党民主，保证国家的和平与稳定，保证社会的安全；加强良政建设，提高政府部门的工作效率。2000 年桑给巴尔约有 36% 的人口生活在贫困线以下。

3. 经济改革取得进展

（1）萨勒明时期

萨勒明·阿穆尔 1985 年当选为桑给巴尔总统，在 1990 年坦桑尼亚首次多党民主大选中再次当选。萨勒明当政的 10 年，是桑给巴尔经济最困难的 10 年，一是因为国际市场丁香价格大幅度下降，使桑给巴尔经济发展和政府财政遇到严重困难；二是在 1995 年坦桑尼亚首次多党民主大选中出现了一些争执，反对党公民联合阵线对当选的革命党桑给巴尔总统候选人萨勒明的总统地位长期不予承认，捐赠国（尤其是欧盟）还因此冻结了对桑给巴尔的援助拨款。

萨勒明时期，农业在国民经济中的地位发生了变化。1984～1988 年，农业还是经济发展的支柱，其产值仍占国内生产总值的 58%，丁香出口收入仍是国家外汇收入的主要来源。但从 80 年代末期开始，农业在国民经济中的传统地位开始崩溃，其产值在国内生产总值中所占的比重不断下滑，1992 年降为 43%，1994 年降到 34%，1998 年回升到 38%，2000 年又降到 36%。在这 10 年期间，丁香出口收入锐减，而且还很不稳定。据统计，1990～1993 年的 4 年，丁香出口收入分别为 38.54 亿先令、4.58 亿先令、16.67 亿先令和 16.02 亿先令；1997～2000 年，丁香出口收入分别为 31.67 亿先令、6.31 亿先令、0.07 亿先令和 177.12 亿先令。

尽管国际市场丁香价格下跌使桑给巴尔外汇收入受到严重影

响，但由于政府实施改革开放和经济发展多元化政策，带来一些推动经济发展的新因素，使经济出现了某种程度的恢复和发展。

第一，私人投资增加。1986～2000 年，桑给巴尔投资促进中心批准了 200 个项目，计划投资金额 45 亿先令（约合 560 多万美元），绝大部分是外国直接投资。外国直接投资不仅带来了资金，增加了就业机会，也改善了企业管理水平。

第二，为发展旅游业，政府专门投资修复了一些旅游景点，改善了交通通信设施，培训了一些旅游服务人员；同时，还对私人投资旅游服务业实行了特别优惠的政策，截至 2000 年底外国直接投资的旅馆和饭店的项目就有 37 个，占其当时投资项目数量的 45%，从 80 年代中期开始，桑给巴尔的旅馆、餐饮和整个旅游业发展较快。据统计，桑给巴尔商业、旅馆和餐饮业（包括旅游业）的产值在国内生产总值所占的比重，到 1995 年就占到了 19.8%，到 1999 年又增加到了 21% 以上。

第三，在农业部门实施的鼓励非传统出口产品的生产和出口政策也取得了成绩。如海藻，1991 年出口收入 12690 万先令，为当年出口收入的 16%；1998 年出口收入 1061560 万先令，占当年出口总收入（2331790 万先令）的 45%；1999 年出口收入476400 万先令，占当年出口总收入（651740 万先令）的 73%。海藻出口收入的增加，显然弥补了丁香出口收入减少带来的一些影响。

总之，在萨勒明时期，桑给巴尔的经济完全扭转了过去负增长的局面。统计表明，1986～2000 年，桑给巴尔国内生产总值年均实际增长 3.5%；年人均收入为 220 美元，比前 5 年的 230美元略有减少，这主要是人口增加过快（增长率约为 3%）所致；由于政府采取了财政紧缩政策，物价下降，通货膨胀率下降，到 2000 年底通货膨胀率已从 80 年代初的 28% 下降到了 7%以下。

（2）卡鲁姆时期

在 2000 年 10 月举行的坦桑尼亚第二次多党民主大选中，阿马尼·阿贝德·卡鲁姆当选为桑给巴尔总统。大选后，因公民联合阵线指责革命党在大选中"作弊"，桑给巴尔政治形势曾一度紧张，并引起国际舆论的广泛关注。2001 年 2 月，执政党革命党主动与公民联合阵线谈判，两党于 3 月达成缓解共识，并于 10 月签署了和解协议，桑给巴尔形势趋于缓和。随着和解协议的落实，桑给巴尔出现了相对稳定的政治局面，为经济的恢复和发展奠定了基础。

卡鲁姆执政后，继续坚持改革开放，实施经济发展多元化政策，发展旅游业，增加非传统出口产品的生产和出口，经济的恢复和发展有所进展。2002 年以来，卡鲁姆政府抓住政治形势趋缓的有利时机，进一步采取政策措施，加快了改革发展的步伐。

第一，强调以农业为基础，发展粮食生产，提高粮食自给率。2002 年政府制定的《桑给巴尔农业发展计划》明确提出：到 2010 年农业产值增长率要达到 6%，粮食产量增长 4%，畜牧业、渔业和林业生产增长率分别达到 5%；利用现有条件，增加丁香产量和出口；增加非传统出口农产品（芒果、香草和辣椒等）的生产和出口。大米是桑给巴尔城镇居民的主食。为扩大水稻种植，增加稻谷产量，2003 年政府制定并实施了《桑给巴尔水利灌溉管理计划（2003～2020 年）》。

第二，为推动经济社会的全面发展，政府决定增加对经济基础设施建设的投入，包括交通通信、供水和供电等，尤其要加强乡村地区公路网的建设。

第三，加强良政建设，加强税务管理，从而使国家税收情况得到改善，政府财政状况好转，保证了对经济基础设施项目的投入。

第四，为了吸引投资，政府出台了一些鼓励在农业部门投资的政策，2004 年还对在战略部门（包括旅游业、农业和渔业）的投资项目给予了免税 10 年的特别优惠待遇。在政治形势较为稳定的情况下，私人投资、尤其是外国直接投资增加了。据统计，截至 2005 年 3 月，桑给巴尔投资促进中心批准的投资项目从 2000 年的 200 个增至 254 个，投资金额从 560 多万美元增加到 6.793 亿美元；其中 109 个项目（投资金额 1.255 亿美元）已经完全投入运营。

另外，1995 年中断对桑给巴尔援助拨款的一些国家都逐步恢复了援助拨款，原来停建的一些发展项目重新启动，有的已经完成。

目前，经过几年的努力，桑给巴尔经济发展已经出现了一种增长态势（见表 4 – 22）。据统计，2001 ~ 2004 年，桑给巴尔国内生产总值分别增长 5.1%、8.1%、1.8% 和 14.4%，年均经济增长率达到 4% 以上。2004 年国内生产总值为 3441 亿先令（合 3.154 亿美元），比 2000 年的 1905 亿先令（2.381 亿美元）增长了 32.5%。人均年收入也随之增加，2004 年为 331000 先令（合 303 美元），比 2000 年的 208000 先令（合 260 美元）增长了 16.5%。另外，2001 ~ 2004 年桑给巴尔的通货膨胀率一直保持在一位数，2005 年初上升到 8.1%。

在 2005 年 10 月举行的大选中，卡鲁姆再次当选为桑给巴尔总统。卡鲁姆在 2005 年 11 月 2 日宣誓就职时说，今后 5 年，桑给巴尔将集中精力发展城乡公路网、农业、教育、海上和空中运输以及城乡供水项目，预期今后 5 年桑给巴尔的经济的增长率将达到 8% ~ 10%。①

---

① Xinhua Dar es Salaam, November 03, 2005: Zanzibar President Calls on Donor Countries to Assist Development.

表 4－22　桑给巴尔国内生产总值（1995～2004 年）
（按当前市场价格计算）

项目 \ 年份	1995	1996	1997	1998	1999	2000	2001	2002	2003	2004*
国内生产总值										
10 亿先令	85.4	111.5	136.4	149.4	165.9	190.5	222.4	256.0	286.6	344.1
亿美元	1.384	1.868	2.172	2.298	2.146	2.381	2.502	2.706	2.756	3.154
人均年收入										
千先令	108	137	214	173	187	208	236	261	284	331
美　元	175	229	341	266	241	260	265	276	273	303
备忘录										
人口（千人）	790	814	636	864	889	916	944	982	1011	1041
先令/美元汇率	617	597	628	650	773	800	889	946	1040	1091

说明：＊为预计数字。

资料来源：桑给巴尔政府首席统计官办公室。

二　主要经济部门发展情况

（一）农业

桑给巴尔的农业资源非常丰富。可耕地面积 130970 公顷，占其土地面积的 49.2%；森林和林地 36172 公顷，占土地面积的 13.7%（其中，森林 2571 公顷、林地 19419 公顷、灌木丛 8340 公顷、红树林和沼泽地森林 5842 公顷）；还有草原（牧场）2210 公顷，占土地面积的 0.8%。① 另外，作为一个群岛，桑给巴尔有着丰富的海洋渔业资源。桑给巴尔海域鱼类品种繁多，既有浅水鱼种，如大海鱼、金枪鱼、沙丁鱼、鲸鱼等，又有深海鱼种，如石斑鱼、鳕鱼和红鱼等，同时还有各种贝

---

① Zanzibar Country Analysis, Final Report, April, 2003, Revolutionary Government of Zanzibar, Ministry of Finance and Economic Affairs.

壳类、海参等许多种水生动物。按联合国粮农组织测算，除浅水鱼类外，桑给巴尔海域有大量深水鱼群，深水鱼年产可达 2 万吨。然而，由于长期的殖民统治，桑给巴尔丰富的农业资源不仅没有得到合理的开发利用，反而形成了一种片面发展丁香等经济作物种植的单一经济体制。独立后，桑给巴尔政府不断采取措施，试图改变种植经济结构，但由于各种因素，成效甚微，桑给巴尔的农业迄今仍然十分落后。

1. 种植业

种植业是桑给巴尔农业的主体。种植业分为两大类，一是经济作物，二是粮食作物。

从播种面积看，长期以来经济作物一直居首要地位。截至1997 年，在 130970 公顷的可耕地中，纯丁香种植区占 28170 公顷，椰林 5140 公顷，加上以丁香和椰子树为主、可在丁香树和椰子树中间种粮食作物的种植区 56880 公顷，这样丁香和椰子的种植面积就达到了 90190 公顷，占桑给巴尔可耕地的 69%；而粮食播种面积只占可耕地的 27%，其中包括 20800 公顷的杂粮和 14180 公顷的稻田。[①]

（1）经济作物。丁香是桑给巴尔最重要的传统大宗出口产品，其次是椰子。另外，还有各种热带水果、蔬菜等经济作物，主要包括柑橘、香蕉、芒果、番木瓜、红毛丹、菠萝、爱情果、番石榴、甘蔗、柠檬以及各类蔬菜。

丁香

桑给巴尔的丁香，是 1818 年阿拉伯移民从塞舌尔和毛里求斯引进的，一直在大型种植园种植，由于这里气候适于丁香生长，丁香种植发展很快，其年产量到 1834 年就达到 35000 吨，

---

① Zanzibar Country Analysis, Final Report, April, 2003, Revolutionary Government of Zanzibar, Ministry of Finance and Economic Affairs.

占领了世界丁香市场 90% 的份额，桑给巴尔成为世界丁香第一大生产国，被誉为"丁香之岛"。此后，丁香的出口收入就一直是桑给巴尔外汇收入的主要来源，至 20 世纪七八十年代，其出口收入还占桑给巴尔出口总收入的 90% 以上。桑给巴尔共有丁香树约 450 万株，占地 4 万多公顷；丁香树 80% 分布在奔巴岛，20% 在温古贾岛。

1964 年"一月革命"后，革命政府把丁香种植园实行了国有化，然后分配给农民。自 1966 年起，桑给巴尔的丁香一直由桑给巴尔国家贸易公司负责收购和出口，垄断经营。

40 多年来，由于管理不善，丁香树不断减少，产量下降。据统计，1950～1959 年期间，有树 5120000 棵，年均产量为 12408 吨；1990～1999 年期间，丁香树减少到 2005494 棵，年均产量下降到 4805 吨。与此同时，世界种植丁香的国家增多，到 20 世纪 80 年代，桑给巴尔的丁香产量就落到印尼、马达加斯加和科摩罗之后，退居世界第四位。随着国际市场上供货的增加，丁香价格日益下降，从过去的每吨 9000 美元下降到 90 年代初的 600～700 美元。1999 年以来，由于印尼丁香产量下降，国际市场丁香价格已回升到每吨 3000 美元左右。

桑给巴尔出口的丁香产品主要是丁香花蕾。奔巴岛有个丁香油加工厂，主要生产丁香油、丁香叶油和丁香梗油，其产品的 90% 销往印尼。本来，桑给巴尔是丁香梗油的生产基地，近年来马达加斯加也生产丁香梗油，并且占去了市场大部分份额。

20 世纪 80 年代以来，虽然桑给巴尔丁香产量大幅度下降，丁香国际市场价格一跌再跌，但丁香出口收入仍占其外汇收入的 70% 左右。据统计，2001 年出口 2450 吨，收入 1230 万美元；2002 年出口 1220 吨，收入 400 万美元；2003 年出口 5600 吨，收入 1003 万美元。

椰子

椰子是桑给巴尔的第二大经济作物，也是其经济收入主要来源之一。桑给巴尔共有椰子树约 500 万株，占地 4 万多公顷。椰子树主要分布在温古贾岛，占 80%。"一月革命"以来，椰子年均产量保持在 1.5 亿个左右，或直接出口，或制成椰干和椰子油出口，少量椰子供本地消费，是当地人民食油的重要原料来源。

（2）粮食作物。过去，由于殖民统治者不关心粮食生产，广大农民只能以传统的生产和生活方式过着自然经济的生活，他们（包括城镇的大多数居民）以木薯、香蕉、土豆、豆类、玉米和高粱等为主食，有些地区种些水稻，但面积不大，产量也不高；而城镇居民（主要是外来移民）则以大米为主食。长期以来，桑给巴尔的粮食供应，乡村地区主要是农民自己生产，而城镇居民则基本靠进口。

独立后，桑给巴尔政府强调发展粮食生产，粮食的自给率有所提高。然而，进入 20 世纪 80 年代以后，由于丁香出口收入减少，影响到农用物资的进口，加之人口增长率较高（约 3%），桑给巴尔缺粮情况日益严重。据统计，到 20 世纪 80 年代，桑给巴尔粮食的自给率从 70 年代的 60% 下降到 42%，而到了 90 年代又进一步下降到了 35%。

当前，桑给巴尔农业仍处于自然经济阶段。第一，广大农民还是一家一户分散经营，又主要是在房前屋后或村庄附近种些粮食作物，供自己消费。每户农民拥有的土地仅在 1.2～2 公顷之间，有 1.6 公顷土地以上的农户占 70%，其余 30% 的农户每户都不足 0.8 公顷。目前，在桑给巴尔成片种植粮食作物的农户很少。第二，广大农村生产技术落后，农具主要还是锄头和砍刀，管理粗放，很少施肥，多数农户种地仍采用传统的休耕制，所以粮食产量极低。第三，农业生产基本上是"靠天吃

饭", 而温古贾岛和奔巴岛经常出现干旱情况, 粮食收成毫无保证。第四, 殖民者发展丁香和椰子种植时, 霸占了农民大部分土地, 为养家糊口, 失去土地的农民只能在"丁香种植园"和椰林中间隙较大和在树木稀疏的地方间种一些粮食作物 (包括木薯、高粱、玉米、花生等), 产量有限, 而这种间作传统一直延续至今。

1991 年政府制定和实施的桑给巴尔农业发展计划, 提出首先要解决好粮食安全问题, 计划重点发展香蕉、甘薯和豆类种植, 还要多种蔬菜; 同时发展稻谷生产, 以满足城镇人口对大米的需求。然而, 由于耕种条件的制约, 除水稻播种面积有所增加外, 其他粮食作物播种面积却难以增加, 因为现在不论种什么粮食作物, 都得在丁香园或椰林中进行间作, 由于其田间管理困难、缺种少肥, 产量不高, 农民扩大粮食播种面积的积极性不高。据统计, 90 年代以来粮食作物播种面积和产量不仅没有增加, 反而有所减少 (见表 4 - 23)。在这种情况下, 粮食进口不断增加。1980 ~ 1990 年, 粮食进口额在桑给巴尔各类进口商品中居第三位; 而在 1991/1992 ~ 1998/1999 年度, 其进口额成倍增长, 从 1996 年开始其进口额就已跃居于桑给巴尔各类进口商品额的首位。①

桑给巴尔农业部 1999 年 6 月的一份考察报告说, 桑给巴尔现在自己生产的大米仅有 15600 吨, 每年进口约 80000 吨。现在每年种稻约 8000 公顷, 其中仅 400 公顷为水利灌溉稻田。报告说, 桑给巴尔约有 17000 公顷土地可以种稻。为扩大水稻种植面积, 增加稻谷产量, 2003 年政府制定了水利灌溉发展计划 (2003 ~ 2020 年), 并开始实施了第一阶段的计划 (2003 ~ 2007 年), 认

---

① Zanzibar Country Analysis, Final Report, April, 2003, Revolutionary Government of Zanzibar, Ministry of Finance and Economic Affairs.

表 4 – 23　桑给巴尔粮食作物产量（1999～2004 年）

单位：吨

作物种类＼年份	1999	2000	2001	2002	2003	2004
玉 米	311	616	1559	1584	1605	2515
高 粱	16	269	112	91	158	145
稻 谷	11856	17622	18482	17725	23534	20405
木 薯	112746	122905	128488	162006	158898	166266
香 蕉	24746	28866	47331	32541	35250	37998
红 薯	32875	37894	29740	19652	21500	36018
山 药	1973	1742	3916	1052	3164	3691
芋 头	3908	3733	3616	7166	1400	3227
花 生	51	101	90	295	255	105
豌 豆	28	34	116	90	117	266
绿 豆	—	—	—	—	—	62
牛 豆	—	156	22	695	1346	474

资料来源：桑给巴尔农业、畜牧业、自然资源、环境和合作社部。

为经过恢复和新建一些水利设施，桑给巴尔水稻种植面积将会有大幅度增加，预计稻谷产量可达 157270 吨，大米自给率将会大大提高。

　2. 渔业

　捕鱼是桑给巴尔一项重要的经济活动，尤其是在靠近海边的地区，桑给巴尔的 25% 以上的人口为渔民。目前，桑给巴尔渔业尚处于原始捕捞阶段，个体渔民使用的还是传统独木舟和简单渔具，捕捞的范围仅限于浅海和近海，捕捞量非常有限。据统计，目前桑给巴尔的年捕捞量约为 1.5 万～2 万吨（见表 4 – 24），远远不能满足市场的需求。99% 的鱼产品在本地销售，桑给巴尔人均年消费鱼在 12 公斤左右，鱼是当地低收入居民的主要营养食品。渔业产值约占桑给巴尔国内生产总值的2.5%、

表 4－24 桑给巴尔渔业产量和产值统计（2000～2004 年）

地区	2000		2001		2002		2003		2004	
	捕鱼量（吨）	产值 M/－*	捕鱼量（吨）	产值 M/－*	捕鱼量（吨）	产值 M/－*	捕鱼量（吨）	产值 M/－*	捕鱼量（吨）	产值 M/－*
桑市城区	3733	1675	3268	1483	3976	1591	6137	3269	6296	5252
西 区	816	614	630	447	755	672	579	552	738	645
北'A'区	5269	3934	6081	3015	5286	3472	2583	1795	3182	2719
北'B'区	151	96	163	106	146	111	115	91	134	137
中部地区	496	362	761	596	692	533	1001	687	831	854
南部地区	590	298	483	284	443	300	1261	360	1213	1169
温岛小计	11055	6979	11386	5932	11298	6679	11676	6753	12394	10776
维特区	1832	731	3251	1234	3048	1419	1514	959	1672	964
米切韦尼	870	402	1062	525	1522	1000	3461	1221	3531	3141
卡克卡克	1376	579	1337	718	987	702	989	641	1182	876
姆科阿尼	2789	1439	3506	2254	3488	2736	3222	3612	3085	2804
奔岛小计	6867	3152	9156	4731	9045	5859	9186	6433	9470	7785
其 他					—	—	6	1.8	7	1.9
总 计	17922	10131	20542	10663	20343	12537	20868	13188	21871	18563

资料来源：农业、畜牧、自然资源、环保和合作社部。M/－* 为百万先令。

占农业产值的 6.3%。

迄今，桑给巴尔尚无远洋捕鱼。桑给巴尔政府正在采取一些措施（包括免税等）吸引外资，以发展海洋渔业生产，并计划把渔业发展成为一项重要产业。

3. 畜牧业

畜牧业是桑给巴尔自然农业的一部分，主要由农民个体经营，十分落后。一些农民放牧些牛，也放牧些羊和驴，同时饲养些鸡和鸭。由于生产方式和经营管理落后，桑给巴尔畜牧业的发展一直都很缓慢。以牛为例，据桑给巴尔农业、畜牧业和自然资源部统计，桑给巴尔 1966 年有牛约 5 万头，1978 年增至 60140 头，到 1985 年也只有 76365 头。

20 世纪中期实行经济改革以来，革命政府采取了一系列发展畜牧业的政策措施，主要包括：鼓励私人投资，并为个体农民发展畜牧业提供贷款方便；将"一月革命"后建立的管理不善的几家国营牛奶场，或转让给私营公司，或"化整为零"，把一些奶牛卖给个体农民，实行了私营化；同时加强了对农民饲养牲畜和家禽的技术服务。令人关注的是，1986 年，桑给巴尔一些地区曾出现萃萃蝇，萃萃蝇的蔓延不仅影响到人民身体健康，也给畜牧业发展带来了严重影响。为此，政府不断采取萃萃蝇防治措施，在世界卫生组织的帮助下，到 1997 年就"消灭"了萃萃蝇，从而增强了农民饲养家畜和家禽的信心。加之旅游业的发展，国内市场对畜产品需求增加，乡村地区饲养家畜和家禽的农户越来越多，使桑给巴尔畜牧业得到了发展。据统计，2003 年桑给巴尔有牛 12 万头（8000 头为奶牛）、山羊和绵羊 4.56 万只，还有鸡 70 万只。

可喜的是，随着畜牧业的发展，桑给巴尔人开始改进牲畜的饲养方法，提高饲养技术，为畜牧业进一步发展创造了条件。第一，普遍增加了牛的饲养数量。以奶牛为例，饲养奶牛的规模，

过去每户仅两三头，现在都在 10 头左右，办起了家庭"牛奶场"，这样的牛奶场到 2003 年桑给巴尔已有 1000 多家。第二，为增加经济效益，农民们开始对家畜采取圈养的办法。过去，他们养牛（包括奶牛）都是进行传统的自然放牧，现在许多农户都在自家"后院"建起了"饲养场"（主要饲养奶牛），采取了到外边割草，把草运回，然后在家里喂养的办法，称之为"打草喂养法"。到 2003 年，桑给巴尔至少已有 72% 的农户牛奶场采取了这种饲养方法。第三，桑给巴尔人饲养的牛一直都是当地的"泽布牛"，个头小，公牛出肉少，母牛产奶少，随着畜牧业的发展，他们开始更新牛的品种，尤其是奶牛的品种。

目前，桑给巴尔畜牧业产值占国内生产总值的 5% 左右，畜产品远远不能满足国内市场的需要，每年都要从大陆进口一些牛、鸡和鸡蛋。现在，桑给巴尔牛和羊的年屠宰量分别为 5000 头和 4000 只左右。牛肉和牛奶是桑给巴尔居民日常的主要营养品，牛肉和牛奶的人均年消费量分别为 3～4 公斤和 11 升。

4. 林业

桑给巴尔有森林和林地 36172 公顷，占其土地面积的 13.7%。其中，森林 2571 公顷，林地 19419 公顷，灌木丛 8340 公顷，红树林和沼泽林 5842 公顷。

红树林是桑给巴尔最重要的林业资源，其主要树种红茄冬和木榄占红树林蓄积量的 54%，这两种树的树皮中单宁含量高达 28.4%～42.3%，是桑给巴尔一项重要资源和出口物资。红树干是当地普遍采用的建筑材料。

除红树林外，还有许多其他优质树种，软木和硬木的都有，木材加工工业发展潜力巨大。

目前，桑给巴尔建材和家具制造等每年需要的木材在 1900～2000 立方米之间，虽然当地有足够的林业资源，但因缺乏专业

坦桑尼亚

采伐队伍和设备，采伐量很小，每年得从大陆进口 1800～1900 立方米的成材。

(二) 工业

桑给巴尔的工业，包括制造业、采矿业和能源部门。

1. 制造业

20 世纪 80 年代以来，桑给巴尔的制造业一直十分困难。

一方面，由于缺乏资金，到 1993 年，20 世纪六七十年代兴建的一些国营企业大部分都已停产，包括泡沫床垫、清洁剂、纺织印染厂、牛奶厂和皮革皮鞋厂等；许多小工业也纷纷关闭，包括油漆厂、铝制品厂和一些日用品工厂；就连过去发展较快的肥皂厂，也因进口的肥皂价格便宜，当地产品缺乏竞争力，都被迫停产了。

另一方面，在优惠投资政策和私营化政策的推动下，一些国营企业实现了私营化，国内外一些私人资本在桑给巴尔投资建立了一些新的工厂和企业，包括肥皂厂、食用油厂、饲料厂和面粉厂等。政府还在距桑给巴尔市区几公里的福姆巴（Fumba）建立了一个出口加工区和一个自由贸易区，以在制造业方面吸引更多的外国直接投资。

然而，由于市场小，供水、供电和公路交通等基础设施条件差，桑给巴尔制造业吸引投资的工作进展十分缓慢，新的投资项目不多。

据桑给巴尔投资促进中心统计，1994～2002 年，在制造业中投资的项目有 18 个，投资总额为 24683963 美元；其中，包括外国直接投资项目 11 个，投资金额为 12454203 美元。近几年来，新的投资项目有所增加。截至 2005 年 3 月，在制造业投资的新项目已从 2002 年的 18 个增至 27 个，包括 2003 年投资促进中心批准的在出口加工区的通信公司、服装厂、盒式磁带厂、地毯厂和肥料厂等 8 个生产项目。

从现在情况看，桑给巴尔的制造业规模很小，基本上以生活消费品为主，主要有饮料厂、卷烟厂、饲料厂、椰子油厂、塑钢门窗厂、服装厂、面粉厂、面包房、录像带/录音带厂等，这些工厂投资不多，产值也有限（见表4－25）。据统计，最近几年，其年均产值仅占国内生产总值的6%左右。其年均增长率在1%左右。

表4－25　桑给巴尔制造业产值（1999～2004年）

单位：百万先令

产品种类	1999	2000	2001	2002	2003	2004
饮　料	2092.4	2744.2	2363	2332	2273.9	2541.9
饲　料	450	346.5	243.8	268	252	207.7
卷　烟	528	312.8	111.3	0	0	0
肥　皂	337.9	80.3	55.8	13.1	2.2	14.7
面　包	1500.4	1545.4	1857.7	1922.7	2558.9	3297.8
椰子油	276	138.5	118.5	74.7	1.4	41.4
椰　干	3.5	4.2	1.6	1.1	1	10.6
玉米面	3019	2430.1	0	0	0	0
面　粉	2735.4	3218.2	2245.1	4631.9	5121	5140
塑钢门			0.9	0.9		15
塑钢窗			47.7	16.3		14
录像带/录音带	621.5	672.8	733	1419.9	1721.4	2584.6
服　装	0	41	9	4.8	11.3	19
面　条	0	0	0	0	55.8	93.4
首饰(金、银,克)	0	0	0	0	10.3	4.4

资料来源：桑给巴尔政府首席统计师办公室。

2. 能源

桑给巴尔的能源，包括电力、石油和石油产品以及木柴和木炭。桑给巴尔没有水电站，温古贾岛和奔巴岛各有一个热电站，靠柴油发电。1979年，在大陆和温古贾岛之间铺设了一条海底输电电缆，解决了温古贾岛70%左右的电力需求，其余仍靠柴油发电解决。在奔巴岛，一直靠热电站供电，柴油发电费用高，其发电量的70%~75%为家庭用电，工业用电不到20%。

目前，桑给巴尔使用电力的主要在城镇地区，广大乡村地区居民还普遍用木柴、木炭和煤油作为做饭和照明的能源。

90年代以来，桑给巴尔政府制定了一个为乡村地区供电，实现乡村电气化的计划，并得到了挪威的援助。为解决奔巴岛电力不足和实施乡村电气化计划，经过可行性考察和研究，桑给巴尔政府决定在坦噶省的潘加尼和奔巴岛之间铺设一条海底输电电缆，由坦桑尼亚供电公司向奔巴岛供电。2006年12月，挪威政府同意向桑给巴尔政府提供310亿先令的援助，帮助铺设这条海底输电电缆。这项工程预计需要3年多的时间。① 据认为，这个项目将会改善奔巴岛的供电状况，推动奔巴岛经济、尤其是旅游业的发展。

近年来，随着经济的恢复和发展，桑给巴尔对石油、天然气、煤油和其他石油产品的消费逐年增加。据统计，1997年总消费量为5650吨，到1999年的总消费量就增加到了7500多吨。

3. 采矿业

桑给巴尔没有什么重要矿藏。桑给巴尔只有为建筑业提供石料和石灰的采石业和灰厂。1995~1999年，这一部门的产值在桑给巴尔国内生产总值中仅占0.2%~0.5%。

（三）桑给巴尔旅游业的发展

1. 丰富多彩的旅游资源

特殊的地理位置和生态环境，加上漫长的历史沿革，包括不同

---

① Power Supply Project from Tanga to Pemba, Zanzibar, Norway Sign Power Deal Assah Mwambene, *Zanzibar Daily News*; Monday, December 11, 2006 @ 00：03.

种族和民族的交流和融合，为桑给巴尔打造了丰富的旅游资源，有些是桑给巴尔特有的，有的已被列入世界自然和文化遗产名录。

第一，从物种讲，桑给巴尔素有"世界丁香园"之称。这里的丁香不仅产量多，而且质地优良，在国际市场上享有盛誉。桑给巴尔有丁香树近 500 万株，其中约 80% 集中于奔巴岛上。这里的自然条件极宜丁香的生长，浓郁芳香的丁香林使整个奔巴岛变成了一个香气醉人的世外桃源。起伏的丘陵到处长着丁香树，低的有 2 米多高，最高的有 10 米。不论在温古贾岛，还是在奔巴岛，岛上的空气里弥漫着丁香的芬芳，令人陶醉。收获丁香的季节就像过盛大节日，男女老少齐上阵，攀树摘丁香花蕾的，往自家运送丁香的，在房前屋后空地上晒丁香的，都忙得不亦乐乎，景色十分壮观。尤其是，在丁香园里，苍翠的丁香树上结满了金黄色的蓓蕾，小伙子们都攀上几米（有的 10 来米）高的丁香树，在树枝间攀来攀去，摘着串串丁香花蕾，他们那种攀树的胆量和技术，不漏掉一朵花蕾的认真收获精神，令人叹为观止！

桑给巴尔还有展示热带风光的一片又一片的海边椰林和棕榈林，尤其是椰林，椰子曾是继丁香之后的第二大出口产品。

第二，从自然风光讲，一年四季，桑给巴尔树木总是郁郁葱葱，被誉为"常青岛"。桑给巴尔由温古贾岛（当地人对桑给巴尔岛的称呼）和奔巴岛以及周围 20 多个小岛组成。温古贾岛和奔巴岛的海岸 90% 为珊瑚海岸，大部分都很平缓，且表层覆有一层银白色的细沙。蓝色的大海，水天相连；白花花的细沙，镶嵌在大海与排排椰林或棕榈林之间。到过那里的旅游者往往会兴奋地回忆道：一到那里，就仿佛走进了"人间仙境"。因为工业不发达，桑给巴尔没有什么污染，阳光、大海、海滨浴场和沙滩，为人们提供了休闲度假的理想场所。

在桑给巴尔市西北约 5 公里的海面上，有一个只有方圆 1 公里的无名小岛。据介绍，在阿曼苏丹王统治时期岛上曾有过一座监狱，狱卒们把陆地上的旱龟带上小岛喂养，越养越多，越养越大，完全成了一种在特殊环境下生长起来的特大的新的旱龟品种，该小岛便因此得名为"龟岛"。独立以来，凡是到桑给巴尔的客人总是要到龟岛一游。从桑给巴尔码头乘电动小船只需 40 分钟的航程。岛上现有 100 多只大旱龟。岛上林木成荫，鲜花盛开，是个宁静而又有鸟语花香的世界，称得上"世外桃源"。据介绍，岛上的大旱龟最小的也都有 100 多岁，最老的一个已经 170 多岁了。这些旱龟在岛上靠吃杂草、树根和野果，靠喝岛上降雨积水为生。它们耐旱，即使干旱季节，它们也不到海边去喝咸水。它们怕热，总是躲在树丛的绿荫下。陆龟个子大，趴在那里恰似一口大铁锅扣在那里，每只都有 70～80 公斤重。他们力气大，一两个人坐一只旱龟的背上，它照样轻松自如地向前爬行。许多游客都喜欢坐在旱龟背上拍张照片，以做纪念。

第三，从文化历史讲，时代的变迁在这里留下了许多历史和文化发展的足迹。

桑给巴尔是斯瓦希里民族和斯瓦希里文化的策源地之一。斯瓦希里文化受阿拉伯文化影响较大。桑给巴尔市老城即世界文明的"石头城"，绝大多数房子由珊瑚石砌成，为阿拉伯样式：街道狭窄，住宅为 2～3 层平顶楼房，按正方形构成院落，均为双扇门，雕绘着阿拉伯式图案；清真寺为柱廊型，带尖顶并有垂花雕塑的拱门。现在保留下来的有 1710 年修建的有 4 个圆形塔楼的桑给巴尔要塞和 1883 年修建的"珍奇宫"。有关专家认为，石头城的建筑，以建筑的方式记录了亚洲人和非洲人在过去几个世纪里开展东非沿海贸易的历程，表明非洲、阿拉伯和印度等不同文化在这里得到交融，形成了一种具有鲜明商业城邦文明的桑给巴尔特有的建筑风格。石头城已于 2000 年被列入《世界文化和自然遗产名录》。

另外，在阿曼苏丹王统治时期，桑给巴尔一直是东非最大的

奴隶贸易市场和贩卖奴隶的转运中心。独立后，桑给巴尔革命政府把仅存的一处当年奴隶市场的遗迹——马鲁呼比奴隶洞和一个把奴隶装上运奴轮船的小码头旧址——曼加普瓦尼奴隶窖保存下来，为世人了解和认识人类历史上最黑暗的一幕——奴隶贸易提供了有力证据。

2. 历史名城桑给巴尔市（Zanzibar）

位于温古贾岛（当地人对桑给巴尔岛的称呼）西岸，濒印度洋桑给巴尔海峡，距达累斯萨拉姆只有 35 公里。桑给巴尔市系坦桑尼亚联合共和国桑给巴尔革命政府所在地，桑给巴尔政治、经济、文化中心，是桑给巴尔岛和奔巴岛的主要商业中心和港口。现有人口 205870 人（2002 年全国人口普查）。

桑给巴尔市是一座历史名城。作为葡萄牙殖民者的一个商港，建于 16 世纪。1729 年阿曼苏丹王朝把葡萄牙人赶出东非沿海地区，并在东非沿海地区和岛屿建立海外领地，1840 年阿曼将其首都从马斯喀特迁至桑给巴尔，并于 1856 年在这里建立了桑给巴尔苏丹国。1890 年，成为英国保护国桑给巴尔的首都。1963 年桑给巴尔"独立"后继续为桑给巴尔首都。1964 年桑给巴尔"一月革命"推翻苏丹王朝后，1～4 月为桑给巴尔人民共和国首都；1964 年 4 月桑给巴尔同坦噶尼喀联合组成坦桑尼亚后，它继续作为半自治的桑给巴尔的首府。

桑给巴尔港是东非一个重要的驳运港，世界上最大丁香和丁香油输出港，故有"丁香之都"的美名；同时有定期班轮，来往于达累斯萨拉姆和奔巴岛。在航空运输方面，市郊有现代化机场，每天都有航班飞往达累斯萨拉姆、阿鲁沙及肯尼亚首都内罗毕。

桑给巴尔工业不发达，桑给巴尔市只有一些小工业，如丁香油提炼、椰子加工、肥皂制造、制糖、卷烟、制鞋、食品加工和农机具修理等工业。

文化体育和医疗卫生设施主要有：国家博物馆、国家艺术宫、三所大学（桑给巴尔国立大学、桑给巴尔大学和初科瓦尼教育学院）、斯瓦希里语和外语学院（专科学校）、十多所中学和几十所小学、一家医院、一个体育场和一个儿童游乐中心。

桑给巴尔市的"石头城"和阿曼苏丹王统治时期从事奴隶贸易遗址——关押奴隶的马鲁呼比奴隶洞和装运奴隶的轮船小码头曼加普瓦尼码头旧址，已经成为国内外旅游者参观旅游、了解历史的重要景点。

3. 旅游事业的蓬勃发展

进入 20 世纪 80 年代以后，由于各种因素，尤其是国际市场丁香价格大幅度下跌，丁香出口收入日益减少，桑给巴尔经济陷入困境。在联合国开发计划署和世界旅游组织的咨询和帮助下，1983 年桑给巴尔政府就制定了《桑给巴尔旅游业发展规划》，认为长期以来的经济支柱丁香种植已经靠不住了，明确提出实行经济发展多元化战略，调整经济结构，大力发展旅游业，把旅游业建设成为桑给巴尔的重要经济部门之一。这一规划，是桑给巴尔政府根据桑给巴尔的实际情况，总结正反两方面的经验教训，经过反复论证制定的，是恢复和发展经济的切入点。《发展规划》明确提出：发展旅游业、尤其是国际旅游业，旨在为当地居民提供更多的就业机会和增加他们的收入。《发展规划》指出：发展旅游业将会起到催化剂的作用，带动相关经济活动的发展，如手工艺、农业和渔业以及其他相关工业产品的生产；要发展旅游业，就要加大对旅游设施的投入，就要改善交通设施和其他经济基础设施和服务，这将会有利于这个社会经济的恢复和发展。《发展规划》还提出，要积极发展旅游业，在发展旅游业进程中促进对自然环境的保护，尤其是对那些天然风景区、本土的植物和动物聚集区、重要的自然生态系统、潜在的休闲开发区和海滨地区环境的保护工作。

为落实旅游业发展规划，桑给巴尔政府采取了一系列政策措施，主要包括：

第一，在 1986 年制定了私人投资法，把旅游业列为优先投资发展项目，包括修建并经营星级饭店、发展餐饮业、开发新的旅游景点、开办与经营旅行社等；同时把与旅游业密切相关的交通运输和通信业也列为优先投资发展项目，包括海、陆、空运输及相关服务，以及电话、电信服务等。

第二，1992 年，政府出面组建了一个包括各方代表在内的专门负责发展旅游业的桑给巴尔旅游业委员会。这是一个完全自治的机构，负责向政府提出有关建议，帮助政府制定和监督实施有关发展旅游业的政策和规定。

第三，2004 年桑给巴尔代表院通过《桑给巴尔旅游业法》，对《桑给巴尔旅游业发展规划》、把旅游业相关项目列为优先投资发展的项目和旅游业委员会的建立，均给予了法律支持。这项法律还强调提高旅游业服务质量，保持旅游业的可持续发展；同时，重申鼓励私人投资，并要求按国际标准发展桑给巴尔的旅游业，为旅游者提供优质服务，以吸引更多的外国旅游者。

80 年代以来，随着政府发展旅游业政策的出台和落实，桑给巴尔旅游业实施（包括景点、旅馆和饭店）和与旅游业密切相关的经济基础实施（包括交通通信等）得到迅速恢复和发展。据统计，到 1993 年桑给巴尔投资促进中心批准的 200 个投资项目中，60% 都是旅游业项目。旅馆如雨后春笋纷纷建立，1987 年桑给巴尔只有 3 家旅馆，到 1997 年旅馆就增加到了 104 家，到 2005 年又增加到 125 家。在旅馆业发展的同时，餐饮业也得到了发展。桑给巴尔有各种类型的餐馆，从斯瓦希里、果阿、印度、中国、阿拉伯和泰国餐馆，到意大利餐馆，应有尽有。在桑给巴尔市福罗达尼公园，每天都有大型的露天西式自助餐。另外，城镇地区，还有许多供当地人消费的小餐馆。除旅馆里有各种各样的饮料外，当地市场有各种各样的时令水果，包括芒果、椰子、西瓜和香蕉等。

根据旅游市场的需要，新建了一批旅游景点和娱乐设施，同时注册了一批旅游公司。截至 2004 年底，20 多家公司沿温古贾岛和奔巴岛海岸线建立了潜水中心、水上公园、快艇俱乐部、垂钓俱乐部和水上运动中心等；在城镇地区建了一些夜总会和迪斯科舞厅；注册的旅游公司达到 26 家。

另外，由于政府加大了对交通通信部门的投入和一些私营公司的投资，桑给巴尔的交通通信状况也有了明显改善。出入桑给巴尔主要靠飞机和船只，截至 2005 年 3 月，已有 8 家航空公司和 12 家海运公司，提供航运和海运服务。桑给巴尔有两个机场，其中桑给巴尔国际机场可起降各种客机，并与多家国际航空公司通航。海上交通也很便利，已经开辟有到肯尼亚、莫桑比克等海上国际航线。过去，桑给巴尔只有两艘快艇，现在已增加到 14 艘船；而且，在桑给巴尔港靠港的船只，1990 年为 40 艘，1995 年以来就增加到 190 多艘。岛内公路交通也比较方便，各个旅游景点都有公路相通。

在经济发展多元化战略的指导下，开放旅游部门，鼓励私人投资，旅游业开始成为桑给巴尔的一个新兴的产业部门，并且发展很快，已经成为桑给巴尔外汇收入的主要来源之一。据统计，1995 年接待外国旅游者 56415 人次，收入 705.84 万美元；到 1999 年接待旅游者的人数增加到 86918 人次，收入增至 1180.3 万美元；到 2004 年，旅游者人数突破了 10 万大关，达到 12 万人次。收入也猛增到了 1.4 亿美元，约占国内生产总值的 20%。[①] 目前，桑给巴尔的外国旅游者，主要来自意大利、法国、德国、英国和北欧国家，有些来自美国、加拿大、日本和韩国，还有一些来自其他一些非洲和亚洲国家。

---

① 中国驻桑给巴尔总领事馆经商室文章：《桑给巴尔旅游市场简介》，2005 年 4 月 5 日。见中华人民共和国驻桑给巴尔总领事馆经商室网站。

第五章

军　事

第一节　坦桑尼亚人民国防军
建立的前前后后

西方列强入侵前，坦桑尼亚没有正规军队，只有以部族为基础的一个部族为了防范外来种族或其他部族入侵或抢劫而建立起来的防御体系。每个部族基本上都有自己的由身强力壮的士兵或勇士组成的武装力量，酋长就是其部族防务力量的最高统帅。这些士兵或勇士，平时同家人住在一起，有时还要帮助家人干活；当有情况时，他们便按照酋长的鼓声或号角声的指挥在指定地点集合出战。为了防止外来人的侵入，有的部族还在交通要道设置路卡，甚至派士兵或勇士昼夜值班。有时，班图部族之间在防务上采取联合行动，共同对付外来种族的入侵。坦桑尼亚历史上有名的马及马及战争（1905～1907 年），就是一场坦噶尼喀许多部族共同参加的抗击德国殖民者入侵的战争。

德国 1886 年占领坦噶尼喀后，为巩固殖民统治，于 1891 年在坦噶尼喀建立了一支正规军队——德国"护卫军"。这支军队约有 3000 人，包括 80 名德国军官，士兵大部分是来自南苏丹的努比亚人。德国殖民当局还在坦噶尼喀建立了一支警察部队，最初只有 400 多人，是一支准军事部队，其任务是协助德国殖民军维持社会治安。

德国在第一次世界大战中战败后，坦噶尼喀成为英国的"委任统治地"。鉴于德国人对德属东非"直接统治"的失败教训，英国人对坦噶尼喀采取了"间接统治"办法。1917 年 11 月，英国军队占领了坦噶尼喀全境，但英国人只在坦噶尼喀驻守了英国皇家长枪队第六营一个营的兵力；后来，随着坦噶尼喀民族运动的兴起和发展，1939 年才向坦噶尼喀增派（或建立）了一个步兵营，即英国皇家长枪队第二十六营。这两个营在坦噶尼喀分别被称为英国皇家"非洲长枪队"一营和二营，分别驻扎在达累斯萨拉姆和塔波拉。英国殖民当局比较重视警察部队的建设，坦噶尼喀独立前警察部队已经发展到 5000 人左右。

1961 年独立后，坦噶尼喀政府接管了英国皇家"非洲长枪队"，更名为"坦噶尼喀长枪队"，更换了军服，并且提升了几个坦噶尼喀人下级军官，但军队中的大部分军官仍是英国人，原英国驻坦噶尼喀皇家"非洲长枪队"司令道格拉斯准将继续留任"坦噶尼喀长枪队"司令，军权仍然掌握在英国人手里。

独立后，坦噶尼喀即开始了包括国防与安全部门在内的"非洲化"进程，1962 年就任命了第一任坦噶尼喀人警察总监，但总的来讲，刚刚独立的坦噶尼喀政府要做的事情很多，国防与安全部门的非洲化问题进展得比较缓慢。

1963 年 3 月非洲统一组织建立解放委员会，并将其总部设在达累斯萨拉姆之后，形势发生了变化。坦噶尼喀的外交政策和国防政策明显地转向支持南部非洲解放运动。这一个变化使坦噶尼喀长枪队的英国指挥官感到不安，因为当时英国还是南部非洲的主要的殖民势力，南非还是英国的主要贸易伙伴。这就出现了一种尴尬的局面：如果政府要决定派坦噶尼喀长枪队去支持南部非洲解放运动，而这支由英国人指挥的军队的军官差不多都是英

国人。坦噶尼喀政府认识到，虽说军队是政府的工具，但在坦噶尼喀长枪队由英国军官掌握的情况下，政府不可能自由调动军队，也不可能顺利地派它去支持南部非洲解放运动。而在兵营里，士兵们对当时的情况十分不满：他们要求晋升，要求把军队的指挥权交给坦噶尼喀人，而英国军官则千方百计地封锁消息，置之不理。政府通过当时的外交和国防部长坎博纳了解到这种情况后，还没来得及采取措施，坦噶尼喀长枪队就发生了兵变。

1964年1月20日，驻守达累斯萨拉姆的坦噶尼喀长枪队一营40多人发动兵变，并迅速占领了军营。他们都是尚未被提升为军官的青年士兵。他们要求政府加速军队非洲化的进程，晋升非洲人军官，增加军饷，改善待遇。21日，一营的兵变迅速得到驻守塔波拉卡雷瓦兵营的二营的士兵的响应。在兵变中，估计有17名士兵和平民被打死。23日，尼雷尔曾向一营官兵下达过命令，遭到拒绝；24日上午，政府与兵变军队代表的谈判破裂了，"士兵变得难于控制"；24日下午，尼雷尔紧急召见英国驻达累斯萨拉姆代理高级专员，要求英国派兵帮助平息兵变。

作为预防措施，英国政府早就命令运输舰"森陶尔"号载着600名海军陆战队突击队员从亚丁港驶向东非沿海。兵变的第六天，即25日，英国政府同意派兵帮助。清晨6时20分，6架直升机从"森陶尔"号装载60名英国海军陆战队突击队员到达科利托军营正南的运动场；6时30分，这艘运输舰也和停在海面上的驱逐舰"坎布赖恩"号同时朝天空开炮，来吓唬坦噶尼喀士兵；英国海军陆战队用火箭炮向科利托兵营哨卡射击，摧毁了一部分屋顶，打碎了一些窗户。1小时以后，参加兵变的士兵们就全部投降了。这样，英国军队600人就应邀解除了坦噶尼喀兵变队伍的武装，平息了叛乱。

4月初，非洲统一组织应尼雷尔总统要求，请尼日利亚派一个营500人的兵力抵达坦噶尼喀，接替了英国军队。随后，坦噶尼喀政府宣布解散坦噶尼喀长枪队一营和二营，并着手组建自己的军队。为了建立一支可靠的军队，执政的坦噶尼喀非洲民族联盟及其政府，决定从国民服务队队员和坦噶尼喀非洲民族联盟青年团团员中挑选新兵。1964 年 9 月 1 日，坦噶尼喀长枪队三营和四营正式成立，同时任命了坦噶尼喀历史上的第一名坦噶尼喀人司令和第一批坦噶尼喀人为长枪队各级指挥官。

　　桑给巴尔的军队——桑给巴尔解放军，是在 1964 年 "一月革命" 中于 1 月 12 日建立的。1964 年 4 月 26 日，坦噶尼喀和桑给巴尔联合组成坦桑尼亚联合共和国后，根据尼雷尔和卡鲁姆签署的《联合条款》，两国军队合并，由中央政府管理。坦噶尼喀和桑给巴尔军队于 1964 年 7 月 24 日决定合并，取名为坦桑尼亚联合共和国军事力量（URMF）。

　　1965 年 1 月，坦桑尼亚联合共和国军事力量正式定名为坦桑尼亚人民国防军，宣告坦桑尼亚人民国防军正式建立，尼雷尔总统兼任武装部队总司令。在建军仪式上，从坦噶尼喀非洲民族联盟青年团、非洲设拉子青年团和国民服务队中招募的 1000 多名新兵在达累斯萨拉姆举行了列队表演，宣誓忠于坦桑尼亚联合共和国总统；同时宣布 9 月 1 日为坦桑尼亚人民国防军建军节。

第二节　尼雷尔时期坦桑国防力量建设和发展

作为一个刚刚独立的国家，坦噶尼喀和后来与桑给巴尔联合组成的坦桑尼亚，需要建设和发展一支自己的武装力量。首先，新生的政权有待巩固和发展；第二，要支持南部非洲争取民族独立和反对种族隔离政策的斗争；第三，由于奉行反帝、反殖、不结盟的外交政策，反对大国指手画脚的霸权主义，坦桑尼亚政权随时都面临着殖民主义和帝国主义的报复甚至

颠覆的威胁。所以，从 1964 年建立坦桑尼亚人民国防军之日起，尼雷尔始终把国防建设作为政府重点工作之一。经过约 20 年的努力，坦桑尼亚人民国防军从单一的步兵初步建设成为一支具有一定战斗力的合成部队，准军事部队也得到全面发展，为坦桑尼亚国防建设奠定了坚实基础。尼雷尔时期，坦桑尼亚可谓东非地区的一个军事大国。

一 尼雷尔的建军思想和坦桑的国防体制

（一）尼雷尔的建军思想

在 坦桑尼亚军队和整个国防力量的建设和发展过程中，坦桑尼亚不断总结和吸取国内外的有关经验，根据坦桑尼亚的实际情况提出军队和整个国防力量建设和发展的方针政策，并不断完善，形成了被观察家们称作具有坦桑尼亚特点的"尼雷尔的建军思想"。尼雷尔的建军思想主要包括：

1. 国防军是人民的军队，任务是保卫人民、保卫国家

尼雷尔认为，坦桑尼亚人民国防军与过去的部族武装、殖民军或雇佣军不同，它是一支人民的军队，其任务就是保卫人民，保卫国家。

坦桑尼亚部族众多。为保持国防军的人民性，坚持士兵从全国各个部族、社会各个阶层选拔；军官的选拔和任命是靠他本人的表现，而不是来自哪一个特定集团，尼雷尔本人的三个儿子在军队里都没有被提拔为军官，成为坦桑尼亚建军史上的一段佳话。

为保持军队同人民的血肉联系，除进行政治教育和严格的群众纪律外，还规定驻军要帮助驻地周围群众，解决他们在生产和生活上的困难。在 1967 年《阿鲁沙宣言》发表之后，国防军帮助全国各地群众修建了许多桥梁、道路、学校、诊所和文化中心等。另外，政府还把训练民兵的任务交给国防军，为他们提供了更多的接触人民群众的机会。

关于国防军"保卫人民，保卫国家"的任务，在不同的时期，尼雷尔根据坦桑尼亚当时对内对外政策赋予了更加具体的内容。如在 1964 年坦桑人民国防军建军仪式上，尼雷尔为国防军确定的任务是：保卫国家主权和领土完整；支持南部非洲民族独立运动和反对种族主义的斗争；维护国家的和平与稳定，在紧急情况下向政府有关部门或地区提供支持。后来，他还多次论述过国防军的任务，诸如"国防军就是要保卫人民和他们的独立"，"国防军要保卫人民和他们的社会主义和自力更生的政策"，"国防军的任务就是建设国家和保卫国家"，"和平时期国防军要从事生产活动"等等。

2. **坦桑军队建设的根本原则——军队要服从党的领导**

独立后，坦噶尼喀已基本上是一党制国家了，因为在大选中坦噶尼喀非洲民族联盟已无正式反对党。尼雷尔在 1964 年"一月兵变"后组建坦噶尼喀长枪队三营和四营时就明确指出，新建的坦噶尼喀军队应该是一支听从坦盟指挥的军队。他主持建立的两个营的坦噶尼喀长枪队的士兵都是坦盟成员和坦盟青年团员。

1965 年坦桑尼亚正式宣布为一党制国家后，尼雷尔反复强调，"军中要有党，党要指挥枪"。后来又明确规定，国防军成员应全部是坦盟成员。

为了加强坦盟对军队的领导，军队实行了政治委员制度，在军队连以上行政单位都建立了坦盟支部（统称支部），由连长、营长等各级指挥官任支部书记。《坦噶尼喀非洲民族联盟工作指导方针（1971 年)》，还进一步强调了坦盟要加强对军队的领导工作。

尼雷尔始终认为，要加强党对军队的领导，就得让他们了解党的方针政策，了解政府的工作。从国防军建立之日起，尼雷尔

就十分重视军队的政治思想工作，国防军总部设有政治教育部，并在各部队派有政治教官，开展军内日常政治思想工作和宣传教育工作，军队政治教育的时间约占训练时间的1/4。结果，不仅指挥官，而且所有的士兵，同党和政府的关系都十分密切。

3. 全国都要增强国防安全意识，军民团结为胜利之本

从1963年起，莫桑比克解放阵线自由战士就从坦桑尼亚鲁伍马（Ruvuma）地区渗入莫桑比克开展游击活动，反抗葡萄牙殖民统治，葡萄牙殖民军往往要追过边界，坦桑尼亚南部边境地区变得越来越不安全；1970年葡萄牙殖民军对几内亚的入侵；1971年乌干达的奥博特总统被军事政变推翻。所有这些，对坦桑尼亚触动都很大，尼雷尔也担心同样的事情会落在坦桑尼亚的头上。《坦桑尼亚非洲民族联盟工作指导方针（1971年）》说："帝国主义者有一天也会攻击坦桑尼亚。几内亚的经验是：人民和军队团结一致，帝国主义者无法颠覆他们的国家。"

为此，尼雷尔决定在全国范围内建立民兵，民兵由国防军领导，国防军负责对民兵的培训，同时决定加强对警察部队、监狱部队和国民服务队的军事培训，把民兵、监察部队、监狱部队和国民服务队建设成为协助国防军维护国家和平与稳定的有生力量。尼雷尔特别重视民兵队伍的建设，因为民兵来自社会各个阶层，民兵的建立和军队派教官训练民兵，这不仅密切了军民关系，而且也使人民群众增强了国防与安全意识。

1967年发表的《阿鲁沙宣言》还明确规定：当需要的时候，每个公民都有上前线保卫国家的义务；国防军则是冲锋在前保卫国家的先锋队。

4. 国民服务队应是培养干部、向军队输送官兵的学校

1964年1月坦噶尼喀兵变后，新组建的坦噶尼喀长枪队的士兵主要来自国民服务队。此后，国民服务队便成了国防军士兵的主要来源。1964年国民议会通过的关于国民服务队的法令规

定，国民服务队要在全国各个地区建立基地，要把国民服务队办成对全国知识青年分期进行政治教育、军训、劳动锻炼、职业训练以及参加社会活动（如维持治安等）的准军事组织。1966 年坦桑尼亚国民议会正式通过《国民服务队法》，开始在一些省区建立国民服务队训练营地。为加强对国民服务队的领导，政府于1975 年决定将其编入坦桑尼亚人民国防军，作为国防军的生产部队。70 年代，国民服务队得到蓬勃发展，并逐渐发展成为对青年进行政治教育、军事训练以及工业、农业、副业和手工业生产技术培训的基地，同时也成了向各级行政部门提供干部（包括民兵干部），为国防军、警察部队和监狱部队输送新鲜血液的基地。1977 年宪法又进一步明确，服兵役是每个公民的义务，参加国民服务队即服兵役，所有的中学毕业生都必须参加国民服务队。

5. 作为国家机器一部分，国防军要参与国家政治生活

首先，规定国防军在国民议会中占 10% 左右的议员席位。其次，政府随时根据工作需要从武装部队中选拔人才，安排在政府部门的一些领导岗位上工作。80 年代中期，在大陆约 25% 的地区专员是军官，到 1990 年这一比例增加到 30%；内阁里也有军人，有的是当选为国民议会议员后被任命的，有的则是从军队里直接被任命为内阁成员的。这样，武装部队就没有任何失落感，因为在中央政府、省政府和地区政府里都有他们的代表。

观察家认为，在这种情况下，他们就不会挑政府的毛病了，因为他们许多人就是政府官员。军队是政府和执政党的一个组成部分，这就排除了军队搞政变的可能性。[1]

（二）坦桑尼亚的国防体制

在尼雷尔建军思想的指导下，坦桑尼亚也建立了一套自己的

---

[1] *Tanzania Civil-military Relations and Political Stability*，Herman Lupogo，Published in *African Security Review* Vol 10 No 1，2001.

国防体制。

坦桑尼亚武装力量由正规军、预备役和准军事部队组成。正规军即人民国防军，分为陆、海、空三个军种；预备役为全国武装民兵；准军事部队包括警察、国民服务队和普通民兵。

按宪法规定，国家元首即总统兼任武装力量总司令，有权任免部队高级军官。总统通过国防部和人民国防军司令部对全国武装力量实施领导和指挥。

最高国防决策机构为执政党革命党中央国防安全委员会，由革命党主席任该委员会主席，政府总理任委员会书记。

国防部为政府中的一个部，是最高军事行政机关，全称为国防和国民服务部，设部长1人，副部长2人，首席秘书1人，下有政策计划署、法律办公室和行政署，负责国防政策的制定、国防预决算、军法的制定，与外国签署军事协议文本的起草、审定等具体工作。一些军队高中级军官在该部担任要职，但他们办公时间不着军服。

国防军司令部即国防军总部，为最高军事指挥机构。国防军司令为军队最高指挥官，参谋长协助司令处理日常工作。在一党制时期，坦桑尼亚实行"党指挥枪"原则，国防军全体官兵均为革命党党员，国防军总部设有政治教育部，下属各军事和警察部队，除指挥官或警官外，设有政治委员；1992年实行多党制后，根据新宪法的规定，取消了军队和警察部队中的政党组织，取消政治教育部和政治委员。目前，国防军总部下设参谋、军训、政教、人事、后勤工程、民兵、审计、情报、建筑计划、计划发展等10个部，主要负责作战指挥、军事训练、编制人事、装备、政治教育以及后勤保障等工作。

另外，到正规军队和预备役（后称后备军人）服务是自愿的。坦桑尼亚实行义务兵役制，服役期为两年，如果条件合格，可以成为职业军人。在坦桑，由于孩子上学较晚，一般都是18

岁或稍大一点中学毕业。规定的服役年龄为中学毕业后，一般都在 18 岁或 18 岁以上（自愿参加国民服务队年龄为 15 岁）。预备役军人的服役年龄均在 55 岁以下。

军官军衔分 4 等 11 级。将官分上将、中将、少将、准将，校官分上校、中校、少校，尉官分上尉、中尉、少尉、准尉。

二　国防开支和外国军事援助

坦桑尼亚同许多非洲国家一样，搞国防建设，除自己投资外，也需要积极争取外援。

尼雷尔时期，为了建设和发展国防军以及全面发展国防力量，政府支付了大量的国防开支，尽管独立后的坦桑尼亚经济条件并不宽裕。据统计，1972/1973 ~ 1981/1982 年度的 10 年间，在政府经常性开支中，每个年度的国防预算均占各部门预算之首，约占政府总支出的 20% 左右。在特殊情况下，国防开支还要增加。据报道，尼雷尔 1979 年 6 月曾经谈到，在 1978 ~ 1979 年 7 个月的抗击乌干达阿明军队入侵的战争中，坦桑尼亚就花去了 40 多亿先令，约合 5 亿美元。

独立初期，坦桑尼亚的外援主要来自西方国家。但引人注目的是，由于坦桑尼亚支持南部非洲民族解放运动，反对美国干涉刚果（利）内政，由于坦桑尼亚允许德意志民主共和国、苏联和中国等社会主义国家的代表在桑给巴尔的存在，美国等西方国家对坦桑感到忧虑，甚至要阴谋颠覆坦桑政权。1965 年 1 月，坦桑尼亚宣布驱逐了从事颠覆活动的两名美国"外交官"，美国停止对坦桑尼亚的援助；同年 2 月，德意志联邦共和国停止对坦噶尼喀的军事援助，包括用以购买军用飞机的 400 万英镑，并撤走了空军和海军专家组；11 月，由于英国支持罗得西亚少数白人政权，坦桑尼亚断绝了同英国的外交关系，也失去了英国的援助。

1964 年 8 月，尼雷尔表示他要为他的军队邀请中国教官。后来，他在一次记者招待会上解释说，桑给巴尔之所以接受苏联和中国的军事援助，是因为他们没有其它选择。他还说，他已向好几个国家提出要求，请他们派教官来训练他的军队，但他们都拒绝了。[①] 就这样，坦桑尼亚开始接受中国、苏联和东欧一些国家的援助，包括军事援助。

坦桑尼亚国防军建立初期，大陆的军队主要聘请加拿大和中国专家训练；桑给巴尔聘请的则是中国和苏联的专家；1969 年底坦桑尼亚辞退了加拿大和苏联专家后，其军队就全部由中国专家训练了。

据报道，1964～1974 年，中国向坦桑尼亚提供一批陆军武器装备（包括警察、民兵装备），提供了海军和空军的一些装备，并于六七十年代先后帮助坦桑尼亚建立了莫希警校（1964 年）、弹药厂（1968 年）、达累斯萨拉姆海军基地（1971 年）、恩格莱恩格莱空军基地（1973 年）、蒙杜里国家领导学院（1976 年）。1983 年，中国还帮助坦桑尼亚建立了恩格莱恩格莱军事航空学院（空训中心）。

从 1974 年起，苏联增加了对坦桑尼亚的军援。报道说，坦桑与苏联于 1974 年和 1980 年两次签订军援协议，苏联以贷款方式（款额分别为 2.4 亿美元和 4500 万美元）向坦桑尼亚提供了一大批武器装备，包括：①装备 1 个团的导弹，包括萨姆 III、萨姆 VI 和萨姆 VII 导弹；②装备 1 个大队的米格 21 战斗机；③装备 6 个营的各种火炮，包括 106MM 反坦克炮、130MM 加农炮、120MM 迫击炮、76MM 野战炮、37MM 高射炮和 14.5MM 高射机关枪等；④装备 1 个团的 T55 式坦克（可携带地对空导弹）35 辆和水陆两栖装甲车 20 辆；⑤可装备 2 个营的防空、预警雷

---

① 威廉·埃杰特·史密斯：《尼雷尔》，上海人民出版社，1975，第 213 页。

达和 1 个营的通信指挥器材；⑥各种汽车数百辆；⑦可装备 1 个营的 100MM40 管火箭炮。1987 年，坦桑尼亚又同苏联签订了关于苏联向坦桑尼亚提供武器装备零配件的军事协议。

根据协议，大批苏军事人员来到坦桑尼亚，主要援建达累斯萨拉姆、桑给巴尔和姆特瓦拉 3 个导弹基地以及姆万扎空军基地（米格 21 战斗机基地），1988 年以后苏联军事专家人数才有所减少。

总之，尼雷尔时期坦桑尼亚的武器装备主要来自中国和苏联。另外，坦桑尼亚还从英国、南斯拉夫、罗马尼亚和埃及得到一些大口径火炮、轻武器和弹药等。

加拿大、中国和苏联还派出教官，帮助坦桑尼亚训练军队、警察和民兵等，印度也从 1988 年起派教官到坦桑尼亚帮助培训军队。与此同时，坦桑尼亚还经常派一些军官到英国、中国、苏联、加拿大、巴基斯坦、印度、埃及和朝鲜等国接受训练。

三 国防军建制及武器装备

（一）国防军

到 20 世纪 80 年代中期，坦桑尼亚人民国防军已逐步组建了海军、空军、防空军、炮兵、装甲兵、工程兵和通信兵等军兵种，由单一步兵种建设成了一支以陆军为主体、辅之以一定数量的其他军兵种的合成部队。据报道，坦桑尼亚当时的总兵力约为 5 万人。其中，陆军 4.6 万人；空军 3000 人；海军 850 人。

1. 陆军

有 3 个步兵师，编为 8 个旅。一个师驻桑给巴尔防区，下辖 2 个旅，分驻桑给巴尔岛和奔巴岛；一个师驻西部防区，师部设于塔波拉，下辖 3 个旅，分驻比哈拉穆洛、塔波拉和穆索马。第三个师驻东部防区，师部设于达累斯萨拉姆，下辖 3 个旅，分驻阿鲁沙、达累斯萨拉姆和松盖阿。

另外，还有 3 个炮兵旅、3 个坦克团（分驻多多马、希尼安加和基巴哈）、工兵和通信兵等部队，直接由国防军总部指挥。

主要武器装备：坦克 100 多辆，包括英制轻型坦克、59 式坦克、62 式坦克、坦克牵引车、苏制 T55 式坦克；装甲车约 60辆，包括英制装甲车、63 式装甲运兵车、苏制水陆两栖装甲车；重型火炮 400 余门，包括 85 加农炮、120 迫击炮、122 榴弹炮、37 高炮、106 反坦克炮、130 加农炮、76 野战炮以及 100 四十管火箭炮等。

2. 海军

海军司令部设在达累斯萨拉姆海军基地，辖有海军大队、基地修理厂和雷达总站。

海军大队，包括 1 个快艇中队、2 个护卫艇中队和 1 个辅助艇中队，共有艇船 13 艘，包括护卫艇 6 艘，鱼雷快艇 4 艘，捞雷艇、拖船、交通艇各 1 艘。

修理厂，近 200 人。

雷达总站，下辖 3 个雷达站，分驻达累斯萨拉姆、姆特瓦拉和桑给巴尔。

3. 空军（防空部队）

防空部队司令部设在达累斯萨拉姆郊区，辖有：①恩格莱恩格莱空军基地：驻军约 1000 人，有飞机 19 架，包括歼 6 和米格17。②姆万扎空军基地：驻军约 1000 人，有米格 21 战斗机 15架。③运输机旅：驻达累斯萨拉姆国际机场西南军用机场，约400 人，有飞机 17 架（包括运输机和直升机）。④导弹营：共有3 个，分驻达累斯萨拉姆、桑给巴尔和姆特瓦拉地区；其装备，包括 SA－3、SA－6 和 SA－7 地空导弹若干枚及其相关的发射架。防空军司令部还辖有雷达部队。

（二） 准军事部队

1. 警察部队

独立后，仍由英国人在坦噶尼喀充任各级警官；1962 年，坦噶尼喀任命了第一任本国籍总监；1964 年，全部英国警官被赶走。坦桑尼亚警察部队属内政部领导，设警察总监 1 人，副总监 5 人，分管刑警、行政与财务、组织、培训和桑给巴尔警务。每省为一个警区，每区设司令一人，每县设县警部、主要村镇设警察所。到 80 年代中期，坦桑尼亚约有警察 2 万人，其中桑给巴尔 2000 人。

按业务性质划分，坦桑尼亚警察有防暴队、侦缉队、交通警察、铁路警察、港口警察、海上警察、防空警察和消防大队等。其中，比较引人注目的是：警察防暴队，是应付突发事件的机动武装警察，分布在包括首都在内的一些地区；海防警察，有 100多人，配备几艘登陆艇，分别驻防在达累斯萨拉姆、桑给巴尔、姆特瓦拉、坦噶、布科巴等港口；防空警察，其职责为巡逻边防、追捕罪犯、救济难民等，装备几架直升机。

坦桑尼亚有 3 所警校，即达累斯萨拉姆警校、莫希警校和桑给巴尔警校。其中，达累斯萨拉姆警察学院主要培训中、高级警官，莫希警校与桑给巴尔警校均为普通警校。七八十年代，每年约增加 1000 名新警察。

坦桑尼亚警察部队主要是由德国、中国、苏联、印度和南斯拉夫帮助培训的，其装备大多来自英国、美国、德意志联邦共和国和中国。与此同时，坦桑尼亚还不断派出警官到国外进行培训，包括澳大利亚、中国、埃及、美国、加拿大、以色列、英国、德意志联邦共和国等。

2. 监狱部队

坦桑尼亚监狱工作归内政部领导，由监狱管理局具体负责。全国约有监狱 70 个，狱警 4000 多人。莫罗戈罗监狱最大，

可容犯人 2000 名。

坦桑监狱分为五类：①中央监狱，关押重犯，刑期较长；②劳改监狱，主要关押初犯，刑期为 1～5 年的；③县级监狱，其性质与拘留所相同；④青少年监狱，关押的为 16 岁以下的犯罪青少年，对他们除进行法律教育外，主要进行文化和专业知识的教育；⑤女犯监狱。

据坦桑尼亚国家监狱管理局介绍，监狱的任务是将罪犯改造成遵纪守法的良民，注重对罪犯进行政治教育和生产技术培训。监狱在全国各地办有 6 个农场、4 个畜牧场、1 个葡萄种植园（在多多马）、2 个石灰厂和 1 个制糖厂等，还经营制鞋、木雕、铁工、木工、制砖、捕鱼和晒盐等副业和手工业生产。

3. 国民服务队

国民服务队始建于 1963 年 7 月 10 日，开始以接收小学毕业生为主，自愿参加，在那里向他们传播各种生产（主要是农副业生产）知识和技术，支持和鼓励他们回乡从事农副业生产，由民族文化和青年部直接领导。政府还为此开办了国民服务队干训班，参加首批干训班的 11 名学员都是坦噶尼喀非洲民族联盟青年团县委青年书记，曾聘请以色列专家帮助培训，还派学员到以色列接受过培训。1964 年 1 月坦噶尼喀兵变后，新组建的坦噶尼喀长枪队的士兵主要来自国民服务队。

1964 年国民议会通过的有关国民服务队的法令规定：①国民服务队要在全国各个地区建立基地，是对全国知识青年分期进行政治教育、军训、劳动锻炼、职业训练以及参加社会活动（如维持治安等）的准军事组织；②高中和初中毕业生要首先接受国民服务队一年的营地训练，然后就业；③小学毕业生和其他社会青年可自愿申请参加；④在营地训练期间，由国家提供食宿和服装，并发给生活零用费。

1966 年坦桑尼亚国民议会通过第一个《国民服务队法》，除确认上述法令的有关内容外，又增加了"高等院校毕业生也要先参加国民服务队训练，后分配工作"的条款。1966 年以后，开始在大陆的一些省份建立国民服务队训练营地。1973 年还确定了国民服务队队旗。

为加强对国民服务队的领导，政府于 1975 年决定将其编入坦桑尼亚人民国防军，并将原来的国防部改为国防和国民服务部，国民服务队作为国家准军事部队，同国防军一样接受国防和国民服务部及国防军总部的双重领导。

70 年代，国民服务队得到蓬勃发展，并逐渐发展成为对青年进行政治教育、军事训练及工业、农业、副业和手工业生产技术培训的基地，同时也成了向各级行政部门提供干部（包括民兵干部），为国防军、警察部队和监狱部队输送新鲜血液的基地。

据报道，截至 1987 年，国民服务队在大陆共建大小训练营地 26 个、训练学校 4 所；25 年中培训知识青年 18.8 万人。

桑给巴尔另有经济建设部队，于 1977 年 3 月 3 日建立，其性质和建制与大陆国民服务队相同。

4. 民兵

独立前，在大陆一些乡村地区（主要是西北各省）就有一种称之为"松古松古"（Sungusungu）的"居民巡逻队"，其主要任务是保护本村牲畜免遭偷劫。独立后，政府曾将这种居民巡逻队称为"传统民兵"，并在全国许多乡村和一些城镇都建起了这种居民巡逻队，协助警察部队维持社会治安。

1966 年初，随着莫桑比克争取民族独立运动的发展，坦桑尼亚加强了在坦桑南部边境地区的设防，同时在边境地区正式建立了民兵组织，其主要任务是配合国防军和警察部队保卫本地区或本单位的安全。政府规定：凡年满 18 岁的青年均为民兵；18～25 岁为基干民兵，基干民兵即武装民兵，接受国防军训练。

1974 年以后，这种新型的民兵组织扩展到全国大部分地区。但是，居民巡逻队在塔波拉、希尼安加、姆万扎地区和难民营里仍然十分活跃，并同警察一样有一定的权力，如在夜间可逮捕一些犯罪嫌疑人等。在难民营的居民巡逻队由难民组成，帮助难民营当局维持治安。

（三）军事院校

坦桑尼亚的军事人才主要在国内培养，到 20 世纪 80 年代中期，坦桑尼亚共有 10 所军事院校，包括：蒙杜里国家领导学院、伊科马参谋指挥学院、恩格莱恩格莱军事航空学院（空训中心）、蒙杜里炮兵学院、多多马防空军事学校、多多马情报学校、伊林加士官学校、南钦奎参谋学校、莫罗戈罗行政管理学校和莫洛洛军械学校。有关院校情况如下。

（1）蒙杜里国家领导学院，1976 年由中国援建，原按培训坦桑尼亚国防军中、高级军官设计，实际上主要用于训练国防军预备军官，有时也举办一些营级和高干训练班。近年来先后接受了塞舌尔、莫桑比克、乌干达、津巴布韦、科摩罗、尼日利亚、塞拉利昂等国的军事学员。另根据坦桑—赞比亚双方协议，两国军事学院互换教官任教。自建院以来，中国曾派了 4 批军事专家在该院工作，主要训练营级和旅以上军官以及教官，第四批专家于 1988 年 5 月完成任务回国。接着，印度教官任教，至 1991 年结束。

（2）恩格莱恩格莱军事航空学院（空训中心），按中国—坦桑尼亚两国政府 1983 年底协议，由中国帮助组建，下设初教 6 飞行训练基地、歼教 5 和歼教 6 飞行训练基地（坦方称这两个基地为飞行学校）、地面训练基地（坦方称地面学校，负责机务人员训练），有教练机 15 架，其中初教 6 飞机 8 架、歼教 5 飞机 5 架、歼教 6 飞机 2 架。原定初教 6 飞行训练和机务人员训练在坦噶机场进行，歼教 5 和歼 6 飞行训练在恩格莱恩格莱空军基地进行，因坦噶机场不具备训练条件，坦桑尼亚又缺少资金在该机场修建必要的训练设施，现 3 个机种的飞行训练暂都集中在恩格莱恩格莱空军基地，地面学校则暂驻达累斯萨拉姆市运输旅。训练的地面保障工作主要由中国专家负责。

（3）伊科马参谋指挥学院：建于 1979 年，同年 11 月至 1981 年 10 月，中国曾派一批军事专家去该院帮助训练中、高级军官。1988 年 5 月，印度派出 30 名军事教官到该院任教。

（四）与外国互派武官情况

坦桑尼亚先后向中国、英国、加拿大、苏联、印度、赞比亚、津巴布韦、莫桑比克、乌干达、肯尼亚等 10 国派驻武官，驻中国武官兼任驻巴基斯坦武官。

赞比亚、津巴布韦、莫桑比克、乌干达、肯尼亚、埃及、阿尔及利亚、尼日利亚、印度、俄罗斯等 10 国向坦桑尼亚派有武官。另外，英国驻肯尼亚武官和加拿大驻津巴布韦武官兼任各自国家驻坦桑尼亚的武官。

四 为非洲民族独立和民族解放做出贡献

自1964 年建军以来，坦桑尼亚人民国防军一直站在支持南部非洲地区民族独立和反种族主义斗争的最前线，一方面帮助南部非洲一些国家的解放组织训练自由战士，另一方面则向刚刚独立的国家提供一些力所能及的军事援助。

坦桑尼亚人民国防军建立不久，就建立了一些训练营地，开始派教官为津巴布韦解放运动、莫桑比克民族解放阵线、南非泛非主义者大会和非洲人国民大会、纳米比亚的西南非洲人民组织等训练自由战士。

坦桑尼亚在支持邻国莫桑比克争取独立和捍卫独立方面的贡献尤为突出。坦桑尼亚不仅帮助莫桑比克解放阵线（Frelimo）训练自由战士，准许莫桑比克解放阵线武装力量从坦桑尼亚南部

边境地区渗入莫桑比克，开展游击活动，为其争取独立的战争提供了可靠后方，而且莫桑比克1976年独立后还为其巩固独立提供了帮助。莫桑比克独立后，坦桑尼亚曾派出50名教官，帮助莫桑比克把原解放阵线游击队整编为一支正规军；1977～1978年，当莫桑比克受到当时罗得西亚史密斯少数白人政权的军事进犯时，坦桑尼亚曾应莫桑比克要求派出军队，予以支援，并有109名坦桑尼亚人民国防军士兵牺牲在抗击史密斯军队入侵莫桑比克的战场上；在莫桑比克内战期间，坦桑尼亚还应莫桑比克政府要求于1987年1月派出一支部队（约3000人）接防赞比西省，以使莫桑比克军队能腾出手来清剿"抵运"武装势力，1988年11月完成任务后回国。

据报道，坦桑尼亚还曾派出军事顾问帮助塞舌尔和科摩罗训练过民兵和军队。

1977年勒内政变上台后，坦桑尼亚应邀派出12名军事顾问帮助塞舌尔训练民兵。到1980年，坦桑尼亚人民国防军派到塞舌尔的军人就达到大约140人，包括一个由30人组成的训练小组。1979年法国技术人员被驱逐后，坦桑尼亚又加强了在塞舌尔群岛的军事存在。1979年6月，坦桑尼亚人民国防军、马达加斯加军队和民兵曾在塞舌尔举行过一次联合军事演习。1981年11月26日，霍尔（Hoare）上校发动的一次政变失败后，400名坦桑尼亚人民国防军士兵开始在马埃（Mahé）国际机场和沿海巡逻，以防止霍尔上校的雇佣军卷土重来。一些西方观察家认为，1982年8月塞舌尔人民国防军（SPDF）发动兵变，由于坦桑尼亚军事人员的干预，才使勒内政权有惊无险。1983年初，坦桑尼亚驻塞舌尔军队减少到150～200人。1985年上半年，根据双方达成的协议，坦桑尼亚驻塞部队全部撤离回国。观察家认为，坦桑尼亚之所以向塞舌尔提供军事援助，主要是为了避免南非种族主义当局向塞舌尔渗透，以塞舌尔为跳板从海上袭击坦桑尼亚。

科摩罗 1975 年独立后，坦桑尼亚曾应科摩罗政府要求派出约 100 名军事顾问，帮助科摩罗训练军队。

五　反击阿明军队入侵，保卫国家安全

19 71 年 1 月乌干达阿明军事政变推翻奥博特政权后，尼雷尔拒绝承认阿明的军政权，并为奥博特提供庇护，导致两国关系紧张。1972 下半年，一支亲奥博特的流亡在坦桑尼亚的武装力量越过边界向阿明政权发动"进攻"失败后，阿明多次派飞机对坦桑尼亚南部边境城镇进行轰炸。1978 年上半年，阿明统治集团公开分裂，阿明对副总统穆斯塔法一派的清洗，导致穆派官兵不断哗变，并有一些官兵逃往坦桑尼亚。这不能不使阿明忧心忡忡。1978 年 10 月 10 日，阿明宣布坦桑尼亚"入侵"乌干达，10 月 27 日便派出 3000 人的一支部队入侵坦桑尼亚，占领了坦桑尼亚卡盖拉河以北大约 1800 平方公里的土地，并宣布坦桑尼亚这片被占领的土地"将作为一个行政区由乌干达统辖"。阿明军队入侵之后，11 月 2 日尼雷尔总统向全国发表讲话，号召全国军民团结一致，保卫国土，进行反击。接着，尼雷尔便到与乌干达交界的姆万扎省首府布科巴坐镇指挥，调集大军，开始了对乌干达的反击战。

坦桑尼亚军事动员的速度快得令人吃惊。当时，有报道说，仅用了几周的时间，尼雷尔就把坦桑尼亚军队从 4 万人扩大到 10 万多人，许多外国人，包括阿明本人，都想不到坦桑尼亚会如此迅速地动员和组织一支如此庞大的武装力量。除国防军外，警察部队、监狱部队、国民服务队和民兵，都积极备战，整装待发，成了武装部队的一部分；数千名接受过军训的民兵到招募中心报名参战，大部分民兵应征入伍，被派到国家重要部门、重要设施和南部边境地区，承担起保卫后方、保卫边境安全的任务。

在当时，支援前线的物资和运输这些物资的交通工具是个重

要问题，但由于私人公司和国营机构都踊跃捐献军队所需要的各种物资，尤其是各种汽车，这个问题也就迎刃而解了。希尼安加地区的许多苏库马人把他们自己的牛群赶到老希尼安加兵营，慰劳那里的国防军官兵，热烈支持他们奔赴前线，反击乌干达暴君阿明的入侵。

在全国人民的支持下，坦桑尼亚人民国防军越战越勇，到12月9日就把入侵的阿明军队全部赶出坦桑尼亚领土。1979年1月中旬，坦桑尼亚国防军越过边界，同乌干达流亡组织武装力量一起，向乌干达军队展开进攻。这时，正如尼雷尔3月27日在达累斯萨拉姆的一次记者招待会上所说的，"在乌干达进行的有两场战争，一场是由阿明去年10月入侵坦桑尼亚引起的，坦桑尼亚军队对乌干达的进攻是对阿明入侵的回敬；另一场则是反对阿明法西斯统治的战争，是乌干达人发动的。"在坦桑尼亚人民国防军的配合下，乌干达流亡组织武装力量——乌干达民族解放军，进展神速，4月10日凌晨开始炮击坎帕拉，阿明及其嫡系部队早已逃跑，到10日晚8时半就攻占了坎帕拉全城，从此宣告了乌干达阿明军政权的结束。（当时，笔者正在乌干达任职。）

战争结束后，部分坦桑尼亚军队继续留驻乌干达境内，并于1979年12月与乌干达新政府签订为期两年的军事协议。据此，坦桑尼亚在乌继续留驻3个旅的武装部队（1.1万人），协助乌干达新政权加强防务和社会治安，并培训新兵。1981年6月，坦桑尼亚驻乌干达武装部队撤出；同年8月，坦桑尼亚和乌干达签订第二个军事协议，由坦桑尼亚派150名军人帮助乌干达训练部队，派500名警察帮助维持社会治安，协议期满后全部撤离。

1986年穆塞韦尼取得政权后，坦桑尼亚继续帮助乌干达建立乌干达人民国防军。1987年初，英国军事顾问训练团在乌干达的协议到期后，坦桑尼亚又派教官去乌干达协助进行军官、士官和士兵的训练。

第三节 和平时期的国防安全
形势和国防建设

一 进入和平时期面临的安全形势

20 世纪 70 年代中期以后，莫桑比克、安哥拉和津巴布韦相继独立；入侵坦桑尼亚的乌干达阿明军政权也已垮台；莫桑比克 1987~1988 年期间的内战业已结束；1990 年纳米比亚独立；1994 年 5 月曼德拉就任南非历史上第一位黑人总统，结束了南非长达 300 年的种族歧视和种族隔离制度。南部非洲和坦桑尼亚周边形势缓和了，从此六七十年代一直处于临战状态的坦桑尼亚进入了一个和平与发展的新时期。然而，随着"冷战"结束后国际形势和地区形势发生的变化，以及在坦桑尼亚政治经济改革中出现的一些新形势，坦桑尼亚面临着一些涉及国防安全的新形势和新问题。

1. 大湖地区国家动乱困扰着坦桑尼亚安全

一方面，大湖地区国家的动乱给地区形势带来不安，甚至直接威胁到坦桑尼亚边界的安全。比如，坦桑尼亚同布隆迪的关系，20 世纪 70 年代因难民问题曾一度紧张。1993 年 10 月布隆迪图西族军人发动政变，1994 年双方达成"政府契约"后，图西族军队继续屠杀胡图族人，布隆迪士兵还不断侵犯坦桑尼亚边境，骚扰边民，坦桑尼亚不得不于 1995 年 3 月关闭与布隆迪的边界，禁止武器过境运往布隆迪，向边境增派军队，两国关系再度趋于紧张。另一方面，大批难民涌入坦桑尼亚，给坦桑尼亚社会生活带来不安。自 20 世纪 70 年代起，特别是 90 年代以来，来自卢旺达、布隆迪和刚果（金）等邻国的难民络绎不绝，至今在坦桑尼亚的难民大约还有 40 万，分别居住在 20 个难民营

里。为了维持生计，这些难民经常偷猎周围稀有野生动物，数以百万计的树木成为难民的棚屋建材和釜底之薪，难民营周围的土地也遭到破坏性的开垦，难民营附近地区不仅社会治安状况恶化，生态环境也遭到了严重破坏。

2. 实行多党制以来分裂活动时有发生

1992年实行多党制以来，坦桑尼亚出现了一股不满桑给巴尔和大陆联合、鼓吹桑给巴尔"独立"的分离主义势力，这些人经常在桑给巴尔搞些恐怖和破坏活动，包括暗杀、爆炸、放火等。他们甚至"在清真寺里对青年进行空手道和柔道训练，为的是建立一支他们自己的政治军队"。看来，这种分离活动一时难以完全平息下来。

3. 伊斯兰原教旨主义恐怖活动的威胁

1998年8月7日美国驻坦桑尼亚和肯尼亚大使馆，几乎同时遭到重磅汽车炸弹袭击，在袭击美国驻达累斯萨拉姆大使馆的事件中，11人死亡，85人受伤，许多房子和车辆被毁坏。这虽是一起针对美国的恐怖袭击活动，也引起了坦桑尼亚的忧虑。在美国驻坦桑尼亚大使馆遭到恐怖袭击的前几周，在达累斯萨拉姆一座清真寺外面曾发生过暴力冲突。据报道，近年来坦桑尼亚出现了一些小的伊斯兰教激进组织，而被捕的与1998年美国大使馆爆炸事件有牵连的1名坦桑尼亚人就是坦桑尼亚一个伊斯兰激进组织的成员。在坦桑尼亚、尤其在桑给巴尔，一直有原教旨主义势力在活动。据报道，1993年一个称为"坦桑尼亚的古兰经的散播会议"（Balukuta）的组织曾试图招募500名青年，组建一个军事组织——伊斯兰军，准备进行一场"圣战"。据说，近年来发生在桑给巴尔的一些恐怖活动，都与坦桑尼亚伊斯兰原教旨主义组织有关。

4. 海洋资源和湖上运输安全出现问题

据报道，20世纪90年代以来，越来越多的外国渔船到坦桑尼亚水域进行非法捕鱼活动。另外，2001 年在坦噶尼喀湖和维多利亚湖上都发生过船只遭武装抢劫的事件；2002 年坦噶尼喀湖上的盗贼增加，来往于基戈马和布琼布拉的湖上客运和货运业务曾被迫停止。

二　和平时期的国防政策逐步形成

20 世纪中期以来，坦桑尼亚领导人已经及时把工作重点转移到经济建设上，并随着国家经济的恢复和发展，根据和平时期国家安全形势的需要逐步调整了国防政策，并最终形成了一套以精兵简政为基本原则的和平时期的国防政策。

在坦桑尼亚国防军反击乌干达阿明军队入侵凯旋以后，尼雷尔就提出军队要精兵简政，要把国防军建设成为"一支小型的知识化军队"。当时的情况是，除了有一支约 5 万人的正规军以外，在反击乌干达阿明暴君入侵的战争中应召入伍的民兵、国民服务队成员多达 4 万~5 万人。在精兵简政政策的指导下，战争期间入伍的民兵和国民服务队成员就全部被顺利地欢送回乡或回原单位了。此后，尼雷尔提出的精兵简政也就成了坦桑尼亚和平时期国防建设的指导方针。

姆维尼接替尼雷尔后，继续执行精兵简政政策。据报道，姆维尼还把和平时期国防军的任务规定为：第一，保卫国家主权和领土完整；第二，在紧急情况下向政府有关部门提供支持；第三，从事生产活动（这一任务由国民服务队完成）。在姆维尼时期，政府特别强调军队、尤其是国民服务队要为振兴经济作出贡献。姆维尼说，坦桑尼亚面临严重的经济困难，发展经济，不仅是党、政府和人民群众的任务，也是军队的重要责任。在 20 世纪 80 年代末和 90 年代初苏联和东欧社会主义解体，大国之间的冷战结束以后，世界上出现了一个相对缓和时期。他指出：在和平环境中，坦桑尼亚军队仍然要加强训练，加强管理，提高官兵思想道德水平，增进军民关系和官兵关系，作好反侵略战争的准备；同时要充分利用当前时机，力所能及地支援国家经济建设。①

坦桑尼亚的国防体制，是在尼雷尔时期建立和发展起来的，1992 年实行多党制后做了些相应调整。一党制时期，国防军是执政党革命党的军队，是"党指挥枪"。坦桑尼亚实行多党制后完全改变了这套做法。按宪法规定：国防军成为国家机器的一个组成部分，是国家的军队、人民的军队，不是哪一个政党的军队，军队内不允许开展任何政党活动，军队不参加政治活动、不参加国民议会活动；坦桑尼亚最高军事决策机构和指挥机构，分别为国民议会国防与安全委员会和人民国防军总部（即司令部）；另外，关于国民服务队，现在强调在国民服务队的训练以职业培训为主，参加国民服务队营地训练要坚持自愿原则。

姆卡帕 1995 年当选为坦桑尼亚总统后，继续执行尼雷尔提出的精兵简政政策。后来，他根据实践经验对和平时期的国防政策做过一些阐述，形成了坦桑尼亚新时期的国防政策：①坦桑尼亚人民国防军，从人数上讲，它规模小，但从爱国主义、忠诚、军纪、应对突发事件和保卫国家安全方面讲，它却是一支强大的军队；②这支军队应同人民关系密切，一切为人民，在保卫国防方面它能冲锋陷阵；国防与安全涉及全体人民，在需要的时候，寓兵于民的民兵也应奋不顾身，同国防军共同战斗；③我们还要重新组建国民服务队，通过营地生活和对各种专业技术的培训，培养青年人的爱国主义、团结互助和平等博爱的精神，提高他们走向社会、走向生活的能力，为国家培养各级领导人才，培养他们在国家需要的时候能够挺身而出，参加保卫国防与安全的队

---

① 张邦栋：《坦桑尼亚的国民服务队》，见 1988 年 10 月 11 日《解放军报》。

伍；④我们还要加强警察部队和监狱部队的建设，配备先进的侦破技术和设备，加强对警察部队的教育，对人民群众要友好、公正，对罪犯也要依法办事。① 据报道，姆卡帕在 2004 年庆祝坦桑尼亚人民国防军建军 40 周年活动讲话时还说：在经济条件允许的情况下，"建设现代化军队必须与发展现代化经济同步进行"；国防建设要靠自力更生，军队要通过国民服务队的发展不断提高自力更生的能力。②

三 实行精兵简政政策已初见成效

（一）采取精简编制与恢复发展并重方针

自80 年代中期以来，坦桑尼亚政府在国防建设上就根据和平时期国防安全的需要，实施了精兵简政政策。从做法上看，采取了精简与恢复和发展并重的方针，包括压缩陆军、充实海军和空军、发展警察部队、恢复国民服务队和民兵，并取得了明显进展。

1. 陆军人数大大压缩

1985 年姆维尼接任总统时坦桑尼亚总兵力约有 4.6 万人，其中陆军约 4.4 万人。经过姆维尼时期和姆卡帕时期对陆军逐步整编和减员的计划，陆军人数现已压缩到 2.3 万人；建制也作了相应调整，编成了 5 个步兵旅、1 个坦克旅、6 个炮兵营、2 个高炮营、2 个迫击炮营、2 个反坦克营、1 个工兵营。到 2002 年，坦桑尼亚现役军人已经减少到 2.7 万人。③

---

① Speech by the President Benjamin William Mkapa, on Inaugurating the New Parliament of the United Republic of Tanzania, Dodoma, November 20, 2000.
② TPDF Should Strive for Self-reliance, Says Mkapa, Source：*Guardian*, Tanzania 2004 - 09 - 02.
③ 《世界军事年鉴》(2002 年)，解放军出版社，2002。

2. 海军和空军得到加强

海军：现约 1000 人，姆维尼接任总统后增加了 150 人。近年来，根据形势发展的需要，对基地作了调整，撤销了姆特瓦拉基地，在姆万扎（维多利亚湖）建立了一个新的基地；装备增加了巡逻艇，现有鱼雷快艇"湖川级"2 艘，巡逻艇"上海"II 型 2 艘、"索尼克罗夫"2 艘，两栖登陆艇"云南"2 艘。

空军：人数和建制未变，装备有所加强。近年来，从国外购置了空军飞行交通控制系统（BAE Systems），增加至少 3 架军用直升机和两架运输机。目前，空军约有 3000 人（含防空部队 2000 人），编有 3 个战斗机中队和 1 个运输机中队。装备包括作战飞机 19 架，运输机 12 架，直升机 4 架，联络机 14 架，教练机 7 架，高炮（高射机枪）约 200 门，SA – 3、SA – 6 和 SA – 7 型地空导弹 20 余枚。[1]

3. 警察监狱部队有发展

l996 年 11 月，根据国民议会通过的法案成立了坦桑尼亚情报与安全局，取代了 20 世纪 70 年代初设立的国家安全情报局。目前，坦桑尼亚有警察 4 万多人，其中在桑给巴尔有 3000 多人。警察野战部队 1400 人（包括警察海上分队 100 人），装备飞机"塞斯纳"U – 206 型 1 架、直升机 AB – 206A 型 2 架、贝尔 – 47G/206L 型 4 架。近年来，加强了警官和警察的培训工作，同时增置了办公和技术设备。

坦桑尼亚现有各类监狱 120 个，可容纳 2.1 万名犯人。全国监狱系统（亦称"监狱部队"）工作人员有 2.2 万多人，其中一半以上为狱警，其余为经营管理、技术和教育人员等。[2]

---

[1] 《世界军事年鉴》（2002 年），解放军出版社，2002。

[2] News Release, Tanzania Prison Service Department 1, Jan. 2004.

4. 国民服务队得到恢复

进入 20 世纪 80 年代、尤其是 90 年代以后，由于经济困难，国民服务队的工作受到一定影响，从 1993 年起一些国民服务队训练营地逐渐荒废。1999 年国民议会通过一项法令，决定恢复和加强国民服务队训练营的工作。从那以后，政府增加了对国民服务队的投入，为国民服务队修建了新的总部；在鲁伏（Ruvu）、马库托波拉（Makutopora）、奥莱乔罗（Oljoro）和马芬加（Mafinga）国民服务队训练营地已经得到整修，其它营地还在整修；在 2002/2003 财政年度里，政府还为国民服务队拨款购买了相关技术设备，加强了对国民服务队成员的技术培训工作。据报道，近年来国民服务队在制造和建筑业方面取得了成绩。目前，国民服务队的建筑公司经常中标拿到大的建房项目；国民服务队 2003 年还同一家外国公司建立了一家合资制药厂。国民服务队现在每年都招收一些新学员。姆卡帕总统说，国民服务队要招收更多的青年人，为国家培养更多的高素质人才，使他们成为国家各个经济部门生产活动的骨干力量。

目前，国民服务队在全国有营地 16 个，包括 4 个训练学校。大营地近千人，小营地数百人；约有队员 1 万人。国民服务队成员现在可分为三类：①自愿加入的青年，结业后多数转到国防军；②部分初中和高中毕业生；③成年队员，主要是到那里进行短期培训的各级政府官员。

国民服务队总部设在达累斯萨拉姆，下设建设、农业、畜牧、工程和生产办公室，并有专业文化艺术团，如军乐队、舞蹈队、合唱队及话剧团等；有两个专业建筑队，负责国民服务队营地的建设，同时从社会上承包一些建房工程。

5. 民兵训练亦得到恢复

从 20 世纪 80 年代末期开始，由于经济困难，民兵训练工作受到严重影响，许多地方都停止了训练。随着经济状况的好转，

从 2003 年起民兵训练工作已经在全国陆续恢复。在乡村地区，以村为基础，每期 3 个月，训练科目包括民兵基础知识、公共安全知识、格斗、枪支使用和急救等，训练中，还参加了修路、建设学校、修建民兵办公室和村长办公室等义务劳动。有些地区的民兵训练工作，则在附近国民服务队训练营地进行。民兵现在的任务，主要是协助警察维持社会治安。

现在全国约有民兵 3 万人。从村到县，从县到地区，从地区到省的各民兵组织，一党制时期由各级党组织领导；实行多党制后由各级地方政府负责，上边仍由国防和国民服务部和国防军领导，国防和国民法务部设民兵部，领导全国各地的民兵工作，各省、地区和县均设有民兵办公室；国民军总部设有民兵司令部。

另外，坦桑尼亚现有预备役部队约 8 万人。

（二）经济形势好转后国防开支有所增加

据统计，在 1972/1973～1981/1982 年度，国防预算在政府每个年度的经常性开支中均居首位，约占政府总支出预算的 20% 左右。进入和平时期以后，为了维持一个庞大的军队，开始阶段的国防开支仍然较大，如 1986/1987 年度的国防预算（包括发展预算）为 1.75 亿美元，占政府预算总额的 12.5%。在陆军大量减员后，国防预算减少，如 1988/1989 年度的国防预算（包括发展预算）为 0.97 亿美元，以后几年也大体上都不到 1 亿美元（见表 5-1）。

到姆卡帕时期，由于经济形势较好，在国防建设上一方面继续削减陆军人员，另一方面则为海军、空军等单位购买一些装备，国防开支增加，1996～2002 年年均国防开支为 1.41 亿美元。2002 年国防开支为 1.35 亿美元，进口武器装备就占 0.22 多亿美元。姆卡帕总统说："要建立一支少而精、高度专业化的军队，我们得花很多钱，但是值得。"他还说："现在我们税收

表 5 – 1 坦桑尼亚 1992 ~ 2003 年国防支出情况

单位：亿美元

年 份	国内生产总值	国防支出	占国内生产总值%
1992 年	27	1. 08	3. 99
1993 年	28. 4	0. 9	3. 17
1994 年	30	0. 88	2. 93
1995 年	32	0. 87	2. 72
1996 年	55	1. 32	2. 4
1997 年	77	1. 4	1. 5
1998 年	86	1. 43	1. 6
1999 年	88	1. 37	1. 8
2000 年	90	0. 95	1. 05
2001 年	91	1. 44	1. 6
2002 年	94	1. 35	1. 44
2003 年	99	2. 03	2. 1

资料来源：根据坦桑尼亚财政部、国际战略情报研究所。

情况较好，我们能做一些事情。"①

1996 年以来，尤其是最近几年，坦桑尼亚的国防建设工作比较活跃。除国民服务队、民兵、空军和海军、警察和监狱部队有了一定的发展外，整个部队都充满了生机。军事医院，包括在卢加洛（Lugalo）的人民国防军总医院、在姆贝亚和姆万扎的军区医院，都已更新或配备必要设备，能为军人和老百姓看病了；食品供应得到了保证，无论数量还是质量都有了明显改善；各个兵营的免税商店都很红火，商品齐全，琳琅满目；全军的军服有了保证，做到了及时换季或更新；建立了一些新兵宿舍和训练营地；使全军上下深受鼓舞的是，坦桑人民军也开始跟上了时代的

① Speech by the President Benjamin William Mkapa, on Inaugurating the New Parliament of the United Republic of Tanzania, Dodoma, November 20, 2000.

步伐——2004年开始实施了军队管理和决策过程的电脑化计划，目前正在安装和调试电脑，等等。①

（三）坦桑尼亚和平时期的对外军事关系

进入和平与发展的新时期以来，根据改革和发展的需要，坦桑尼亚逐渐建立和发展了新型的对外军事合作关系。

1. 发展和加强本地区的军事合作

根据新时期国家国防安全形势，在发展本国国防力量的同时，坦桑尼亚主张发展和加强地区军事合作，并且已将其和平与安全同本地区乃至整个非洲的和平与安全紧密地联系在一起。作为东非共同体、南部非洲发展共同体和非洲联盟的重要成员国，坦桑尼亚在推动和发展地区军事合作，维护非洲和平与稳定方面发挥着积极作用。

从东非地区讲，在坦桑尼亚的倡议下，1993年东非三国恢复合作、尤其是1996年3月东非合作组织开始运作以来，坦桑尼亚就同肯尼亚和乌干达讨论三国间的军事合作问题，1997年11月三国军队总司令达成协议，决定加强三国在国防事务方面的合作。1998年6月，三国进行了联合军事演习。2001年1月东非共同体正式成立后，根据共同体条约，三国要加强防务合作，以确保本地区的和平、安全与稳定。2001年10月三国签署《国防谅解备忘录》，决定加强三国在军事培训、军事技术、军事情报等方面的合作。2002年11月东非共同体首脑会议决定三国将采取一致行动，打击东非地区的恐怖主义势力。据报道，2005年9月1~13日，坦桑尼亚、肯尼亚和乌干达军队各兵种在肯尼亚举行了联合反恐演习，三国相关部门如海关、警察等也参加了演习。演习的目的在于使三国军队在打击恐怖行动方面能

---

① Speech by the President Benjamin William Mkapa, on Inaugurating the New Parliament of the United Republic of Tanzania, Dodoma, November 20, 2000.

够适应时代发展的需要，加强防止恐怖主义以及打击恐怖主义的措施，制定该地区联合打击恐怖主义的具体安排。

南部非洲发展共同体（南共体）于 1992 年 8 月 17 日正式成立后（其前身为南部非洲发展协调会议），1996 年 6 月南共体即设立了防务和安全机构，把共同体的作用扩大到了防务领域，其主要职责为促进各成员国之间的政治合作，发展地区集体防务能力，处理和预防地区冲突，调解地区争端，推动各成员国在利益相关的领域制定共同的外交政策。1999 年 4 月 22~26 日，南共体 12 国武装部队（包括坦桑尼亚人民国防军）在南非北部举行"蓝鹤行动"军事演习，有 4500 人参加了这次演习。2001 年 12 月 17 日和 18 日，南共体国家外交、内政和国防部长在安哥拉举行地区防务和安全会议，决定设立专门委员会，制定反恐计划，采取联合行动，共同反对和打击恐怖主义。2002 年 1 月南共体在马拉维举行特别首脑会议，通过了《南共体反恐宣言》。2002 年 9 月 17 日，南共体在津巴布韦举行成员国警察局长会议，签署了一项警察行为共同法，规范成员国警察在执行任务时的行为，以加强合作。2003 年 8 月 25~26 日，南共体第 23 届首脑会议在达累斯萨拉姆举行，会议讨论了地区政治、经济和安全形势等问题，通过了《南共体共同防务协定》等。

同样，2002 年 7 月成立的非洲联盟（其前身为非洲统一组织），2002 年 9 月 11~14 日在阿尔及尔举行反对和预防恐怖主义会议，通过了一项"全非反恐行动计划"，以实施 1999 年非统组织首脑会议通过的《非洲反对和预防恐怖主义条约》，实现非洲的和平与稳定。2003 年 5 月 25 日，非盟在亚的斯亚贝巴设立了和平与安全理事会，其职责是负责非洲地区的和平与安全。2005 年 3 月，非盟和平与安全理事会决定组建一支 1.5 万人的非洲常备维和部队，以应对非洲大陆可能发生的冲突事件。

另外，据报道，近年来坦桑尼亚积极参加了一些非洲国家的维和行动，如 1992 年参加西非国家向利比里亚派出的维和部队，向刚果（金）派出过 7 名联合国委员会观察员，还向塞拉利昂联合国委员会派出 12 名观察员等。

2. 重视与大国的军事合作与交往

近年来，在加强本地区的军事合作的同时，坦桑尼亚也开展了同一些大国军事交往与合作，并得到了一些军事援助。

比如，同中国的军事友好交往与合作，在过去友好合作的基础上得到了进一步加强（见第七章）。

再比如，同美国开展了反恐合作。这种合作是 1998 年 8 月 7 日美国驻达累斯萨拉姆（和驻内罗毕）大使馆发生恐怖爆炸事件后开始的。1998 年 8 月，美国联邦调查局局长弗里齐访问坦桑尼亚，与坦桑尼亚内政部长签署了美国接受坦桑尼亚选派警官赴美国接受反恐怖活动训练的协议。2000 年 8 月 28 日，美国总统克林顿对坦桑尼亚进行一天的国事访问，同坦桑尼亚签署了相互开放领空的协议。2002 年 8 月，美国还同坦桑尼亚签署帮助坦桑尼亚加强打击金融和经济犯罪活动的协议，主要是为了打击洗钱活动和控制恐怖分子的银行存款。

根据协议，第一，美国向坦桑尼亚警察部队提供了技术援助，包括：① 2002 年 11 月，美国为坦桑尼亚达累斯萨拉姆、乞力马扎罗和桑给巴尔三个国际机场提供了将近 100 万美元的安检设备。② 2003 年 11 月美国决定向坦桑尼亚警察部队提供 55 万美元赠款，帮助建立一个法医实验室和更新莫希警察学院部分技术设备。③ 2003 年 4 月，美国向坦桑尼亚警察部队赠送一些通讯器材。第二，美国帮助坦桑尼亚警察进行了大量的反恐培训工作。截至 2004 年 6 月底，接受短期培训的坦桑尼亚警官估计已有 200 人左右；到美国参加培训的警官约有 20 人；参加航空安全学习班的也有 20 多人。在此期间，美国还在坦桑尼亚组织了两次大规模的反恐培训活动。与此同时，美国加强了同坦桑尼亚国防军的关系。2002 年 5 月，一支 1000 人的美国军队在肯尼亚海岸同肯尼亚、坦桑尼亚和乌干达军队举行了为期一个月的水陆两栖进攻演习。另外，美国还向坦桑尼亚国防军提供了一些奖学金名额，自 80 年代中期以来，坦桑尼亚国防军军官就开始到美国军校学习。据美国驻坦桑尼亚使馆 2002 年 11 月的一份新闻公报，1999 年以来就有 30 多名坦桑尼亚军官到美国军校学习或进修，专业包括步兵、火炮、信号、宪兵、情报、工程师、海防守卫等。第三，过去几年，坦桑尼亚国防军加强了同法国军队在南印度洋地区的合作。2000 年 6 月，坦桑尼亚国防军参加了法国在法属留尼汪（La Reunion）组织的一次非洲国家军队维和演习；2002 年 2 月，法国同坦桑尼亚国防军一起在坦噶组织了一次非洲国家军队旨在"加强非洲维和能力"、代号为"坦桑尼亚蓝宝石行动"的维和演习；2003 年下半年，坦桑尼亚国防军又参加了法国在赞比亚举行的另一次维和演习。据法国驻达累斯萨拉姆大使馆的一份新闻公报说，法国政府认为，这些军事演习为两国军事合作增添了活力。法国驻达累斯萨拉姆大使馆 2004 年的一份新闻公报说，近年来，法国经常组织军事培训班，每次都邀请坦桑尼亚人民国防军派代表参加；而且，20 世纪 90 年代以来，法国军舰每年都要到达累斯萨拉姆港进行一两次礼节性的访问。据报道，2001 年法国还曾帮助坦桑尼亚把几十艘在坦桑尼亚印度洋海洋经济区非法捕鱼的外国拖船驱除出坦桑尼亚水域。

另外，还有一些国家向坦桑尼亚提供了军事援助。据报道，1999 年 6 月，南非赠送给坦桑 3 架军用直升机，同时还有一些其他军事援助；英国 2004 年 3 月向坦桑尼亚赠送一艘巡逻艇；2004 年 3 月，欧盟还提供费用并派出一架直升机，帮助坦桑尼亚在其领海进行联合巡逻，以防止非法拖船和海盗船只进入坦桑尼亚水域。

第六章

教育、文艺、医疗、体育、新闻

第一节　教育

一　坦桑尼亚的教育体制

按 联合共和国宪法规定，坦桑尼亚大陆和桑给巴尔的学龄前儿童教育、小学教育、中学和师范教育及成人教育属非联合事务，分别由中央政府和桑给巴尔政府负责；高等教育属于联合事务，全部由中央政府负责。

大陆的初等和中等教育由中央政府的几个部分别负责：教育和文化部负责基础教育，包括学龄前、小学、中学、师范和成人教育；总统府下属的省政府和地方政府部负责基层学龄前和小学教育政策落实工作；劳工、青年和体育部负责职业教育，包括没有升学的中、小学毕业生的校外教育；社区发展、妇女和儿童事务部，负责已经在当地参加生产劳动的青年生产技能的培训工作，负责没有升学的中、小学毕业生生产技能的培训工作。桑给巴尔的学龄前、小学、中学、师范和成人教育工作，均由桑给巴尔革命政府教育部负责，由教育部长在一位副部长的帮助下直接负责。桑给巴尔教育部的首席执行官是首席秘书，由两位秘书协助工作，一位负责教育的计划和行政管理工作，另一位负责学校的后勤保障工作（包括教材、督察、技术培训和其他一些教学事务）。坦桑尼亚全国的高等教育，由中央政府科学、技术和高等教育部负责。

在初等教育和中等教育方面，大陆和桑给巴尔学制不同。

（1）坦桑尼亚大陆，独立后实行的是：小学7年（7～13岁），中学6年（初中4年、高中2年）；1992年教育改革后保持原"7－4－2"的学制不变，但为了提高小学教育质量，强调学龄前儿童教育，增加了2年的小学预科教育，年龄为5～6岁，小学预科班主要设在小学校内。中等教育分普通中学教育和中等专业教育。普通中学教育分初级中学和高级中学两个阶段。普通中学，读完初中4年后参加统考，及格者获初中毕业文凭（即"O"级证书）；无高中入学考试，从初中毕业生中择优录取，升入高中；读完高中2年后参加全国统考，及格者获高中毕业文凭（即"A"级证书），成绩优秀者可免试升入高等院校学习或被选拔出国留学。中等专业教育分初等专业学校和中等专业学校两类，其学习年限因专业不同而不同。初等专业学校和中等专业学校相当于初中和高中，分别招收小学毕业生和初中毕业生或具有同等学历者，中等专业毕业生授予相当于"A"级证书的毕业证书，持有此种证书者可免试升入高等院校学习和出国留学。

（2）桑给巴尔，1992年调整教育政策后，把基础教育从8－3－2－2的15年改为7－3－2－2的14年，即把基础教育从原来的11年减为10年；另外，把上小学的年龄从过去的8岁提前到7岁。学龄前儿童教育由政府和私立学校共同提供，学龄前教育年龄段为4～6岁。基础教育10年，包括7年的小学教育和3年的初中教育，一般情况下均在同一所学校进行，政府现在正研究小学与初中分校的计划。在桑给巴尔，进入初中的第一年为"预备年"，学生们主要集中学习英文、数学、道德课和自然环保课，第二年正式开始初中课程，为初中一年级，第三年为初中

二年级。完成基础教育学业后为基础教育后教育（The Post Basic
Education），分两个阶段。第一个阶段，基础教育考试成绩优秀
者可继续初中学习，即读完初中三年级和四年级。初中四年级读
完后，即进入基础教育后继续教育的第二个阶段。进入第二个阶
段有几种选择：可升入高中，即读中学五年级和六年级，共两
年；或进入技术学校（3 年）；还可以进入桑给巴尔其他技术和
职业学校，如幼儿师范学校、旅游学校、外语学校等和大陆的许
多其他职业学校和技术学校。

关于初等教育课程的设置，大陆与桑给巴尔也不尽相同。大
陆，为培养学生们毕业后的独立生存能力，按照尼雷尔的"应
让孩子们为走向生活做好一切准备"的思想，1976 年把小学的
必修课设定为 13 门；1992 年从 13 门减少到 7 门，即斯瓦希里
语、英语、数学、社会学、科普知识、生活常识和宗教课；桑给
巴尔过去是 14 门，1993 年减少为 8 门。

初等和中等教育的教材，统一由中央教育和文化部下属的教
育研究所（The Institute of Education）编写。教育研究所建立于
1965 年，它与师范学院、大学和教育部协作，从事教学研究工
作，统一负责整个坦桑尼亚学龄前儿童教育、小学、中学和师范
学校课本和相关教学材料的研究、编纂和出版工作。

关于毕业考试，全国小学、中学、师范和中等专业学校学生
的毕业考试，由教育和文化部领导下的坦桑尼亚国家考试委员会
（The National Examinations Council of Tanzania）负责，并向考试
达标学生颁发正式毕业证。该委员会是根据 1973 年国民议会通
过的一项立法建立的。目前，在桑给巴尔有些变化：①小学七年
级读完后由桑给巴尔教育部考试；②基础教育读完（初中二年
级）后由桑给巴尔教育部考试；③初中读完（初中四年级）后
由坦桑尼亚国家考试委员会主持毕业考试；④高中毕业生的毕业
考试由坦桑尼亚全国考试委员会主持。大陆和桑给巴尔师范学校

和师范学院的毕业考试，均由坦桑尼亚全国考试委员会主持进行，并向达标者颁发毕业证书。

坦桑尼亚初等和中等学校教师的管理工作，统一由中央政府教师服务委员会（Teachers Service Commission）负责，包括教师的注册、教师待遇的评定（定级和晋级）和任教学校及其期限。

高等专业和大学的教材和考试，均由中央科学、技术和高等教育部领导下的高等教育标准委员会（The Higher Education Accreditation Council）负责。

二 大陆的初、中等教育

（一）独立前教育事业十分落后

据记载，坦桑大陆的正规教育开始于德国殖民统治时期。到1911年，坦桑尼亚大陆已经办起了一些小学，主要是路德教会和天主教会办的。到1914年在教会学校的小学生人数约有15万人；与此同时，殖民政府还创办了几所初中、高中和商业学校。

1920年英国接管"委任统治地"坦噶尼喀后，1925～1931年学校数量又有增加。1929年，英国殖民政府在达累斯萨拉姆主持召开教育工作者会议，提出对非洲人的教育应当是让他们"从哪里来再回到那里去"。1930年，英国殖民政府农业委员会提出办学要从城镇向农村扩展，开始在农村地区修建学校，并从美国请来了有农村教学经验的教师。

但是，英国殖民统治者在坦桑尼亚大陆建立的完全是一套殖民教育制度。教育以培养为殖民统治服务的人员为目标。执行的是种族歧视政策：学校被分为欧洲人学校、印度人学校、非洲人学校和其他人种学校四类；政府教育部门有欧、印、非和其他等四个单位，分管不同种类的学校；各类学校教育制度和管理方法不同，经费开支相差悬殊，所以独立前坦噶尼喀的教育事业十分

落后，能上学的只是少数白人和印度人的子女，当地广大黑人子女都被排斥在校门之外。

1961年独立时，坦桑尼亚大陆有小学近3000所，小学一年级入学人数为121386人（约占适龄儿童的25%），但读完七年级的学生只有其中的42.4%；由于条件限制，能升入中学的小学毕业生仅有10%。当时坦桑尼亚没有大学，被派到英国等西方国家留学的约300人，到乌干达麦克雷雷大学和肯尼亚内罗毕皇家技术学院读书的分别为171人和30人。

（二）独立初期教育事业取得发展

独立以后，坦桑尼亚（大陆）重视教育工作。1962年1月1日政府颁布教育法令，宣布取消种族歧视和种族隔离政策，在学校实行统一教育制度，统一教学大纲，修改教材，合并院校，普及初等教育并推广扫盲运动。为了发展教育事业，政府采取了一系列措施，尤其是增加了教育经费，每个年度的教育经费都约占政府行政支出的20%左右，保证了各项教育事业的发展。

第一，为了发展基础教育，政府推行"教育自助计划"，在城镇主要是乡村地区办起了一大批学校（主要是小学）。到1967年，坦桑尼亚大陆有公立小学3865所，私立小学758所；小学一年级新生入学达到823024人；小学教师达到16514人，教师队伍也发生了变化，从独立时主要是外国师资变为主要是坦桑尼亚师资了。此外，坦桑尼亚大陆还建了三所国际小学，分别设在阿鲁沙、莫希和达累斯萨拉姆，主要招收常驻坦桑外国人员、专家学者等外籍人士的子女。

第二，中等教育出现了相应发展。①普通中学增多了。1967年，全国中学从独立时的40所发展到104所（其中22所设有高中部），公立70所，私立34所；初中一年级新生人数达到31542人；高中一年级新生从1961年400多人增加到1709人。1967年，坦桑尼亚大陆中学在校学生达到35000人；中学教师

1514 名，主要还是外国师资，占 72%。②中等专业学校得到发展。1957 年建立的达累斯萨拉姆技术学校，原来只对小学毕业生进行技术培训，到 1962 年升格为达累斯萨拉姆技术学院，成为坦桑尼亚第一所正规技术学校；1961 年，政府在达累斯萨拉姆建立了坦桑尼亚第一所行政管理学院——基武科尼（Kivukoni）行政管理学院；1965 年还在达累斯萨拉姆设立了工商教育学院。③随着小学教育和普通中学教育的发展，师范教育发展较快：1967 年师范学校达到 15 所，在校学生达到 2590 人；同时，政府还在达累斯萨拉姆市开办了一所教师进修学院。

（三）"社会主义"时期初等和中等教育快速发展

1964 年尼雷尔说："在别人走的时候，我们要跑！"怎样才能跑起来呢？在尼雷尔看来，发展教育是坦桑尼亚摆脱愚昧、发展乡村、消除贫困的立国之本。1967 年《阿鲁沙宣言》颁布后，尼雷尔总统提出"为自力更生而办教育"的指导方针，1969 年议会通过《教育法》，从此小学义务教育、成人教育、职业教育和技术培训便成了这个时期的教育事业发展的重点。

1. 小学教育发展迅速

按《教育法》规定，小学教育的目标主要是使学生具备"乌贾马观念"，能读、能写、能算和掌握一定的生产和生活知识与技能，毕业后能在村社胜任工作。为了有计划地发展小学教育，1971 年政府将全部小学收归国有。1974 年开始实行小学义务教育计划；同年决定免除家庭贫困子女的学费，以便适龄儿童都有学上。从 1977 年起，实行强制性 7 年小学义务教育。直至 1985 年政府还重申小学生必须读完 7 年才能参加小学毕业考试，得到小学毕业证书后参加工作。为发展小学教育，政府不断采取措施。

第一，教育经费逐年增加，1979 年已占到国内生产总值的 6%，并主要用于初等教育。

第二，大量扩建新建学校。除政府办学外，尼雷尔总统还发动群众，自力更生地办学。革命党下属五大群众组织青年联盟、妇女联合会、工会联合会、农民协会和双亲协会，都积极参与了办学兴教事业。以双亲协会为例，仅在 20 世纪七八十年代它就依靠国内外捐助和少量政府资助兴办了中小学校 2000 多所，包括一些技术学校。

第三，注重师范教育，不断扩大教师队伍。据统计，1967年大陆有师范学校 15 所，在校学生 2590 人；到 1971 年师范学校增至 22 所，学生人数达到 4471 人。

明确的政策和有力的措施保证了坦桑尼亚小学教育的顺利发展。据统计，1973 年坦桑尼亚大陆共有小学 4705 所，小学教师 2.3 万人，在校学生人数达到 110 万人；到 80 年代初，坦桑尼亚大陆的每个村庄都有自己的小学，1981 年小学入学率已达到 98%。

2. 成人教育发展举世瞩目

在成人教育方面，1972 年中央政府将成人教育管理权下放给地方政府，让其根据当地情况开办各种成人教育中心，全面开展成人教育活动。1975 年国民议会通过了成人教育法，还把 1963 年成立的成人教育研究所确定为一个由成人教育司直接领导的国家机构。

独立初，大陆文盲占其人口总数的 80% 以上。按成人教育法规定，13 岁以上的文盲和半文盲都要参加扫盲班学习。据报道，整个 20 世纪 70 年代，从城镇到乡村，白天在街头或村头的大树下，晚上在一所所小学校的教室里，总能见到一群群青年男女在一起学认字、写字，各类成人教育机构达 1 万多个。成人教育分为三个层次：①扫盲班，13 岁以上文盲参加；②半文盲班，刚经过扫盲的成人参加；③农民发展学校，完成上述两级扫盲者由村委会推荐入校，这是一种学文化和学技术（主要是农业技

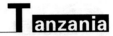

术）相结合的学校，到 70 年代中期坦桑大陆已经建立这种学校
50 多所。

经多年努力，大陆成人教育取得可喜成绩。大陆 13 岁以上
人口的识字率，1975 年为 26%，1986 年增加到 90.4%，被视为
世界上文盲最少的国家之一，并受到联合国教科文组织的赞扬。

3. 职业教育和技术培训取得进展

独立初期，大陆劳动力的文化水平极低，受过小学教育的不
过 5%，所以政府十分重视职业教育和技术培训。1972 年国民议
会通过《职业培训法》，建立了全国职业培训委员会，负责全国
的职业培训工作。《阿鲁沙宣言》发表以后至 80 年代中期，政
府相关的 8 个部委先后建立了 20 多个职业教育和技术培训学校，
包括农业和合作社部下属的达累斯萨拉姆合作社学院和阿鲁沙特
盖鲁果蔬园艺发展学院；交通运输部下属的达累斯萨拉姆国家运
输学院；社会发展、妇女和儿童事务部下属的穆辛加农村发展学
院、萨梅农村发展学院、马穆土库雷农村发展学院、坦噶农村发
展学院；能源和矿产部下属的坦桑电力供应公司基大度技术培训
学院和多多马矿业学院；财政部下属的阿鲁沙会计学院、达累斯
萨拉姆会计学校；卫生部下属的乞力马扎罗护士学校、马温济护
士学校；科学、技术和高等教育部下属的阿鲁沙技术学院、达累
斯萨拉姆技术学院；商业和工业部下属的达累斯萨拉姆商业教育
学院，等等。各个学校根据自己的特点，以不同方式对职工或技
术人员进行技术培训，包括为在职工人开办夜校；对职工开展半
脱产或脱产培训；对农村地区的一些技术人员开办短期培训或开
展函授教育等。据报道，在 20 世纪 70~80 年代，这些职业教育
和技术培训学校每年都能为国家培训 5000~6000 名职工。

4. 中等教育也有发展

1969 年的《教育法》规定，中等教育主要是培养学生掌握
科学技术知识和技能，具备自力更生和"乌贾马思想"、运用斯

瓦希里语和英语进行交际的能力，以使学生毕业后能自立于社会并为社会服务。为发展中等教育，政府还于1974年宣布免除了政府中学的学费。在上述思想指导下，坦桑尼亚大陆中等专业教育有所发展，而普通中学教育却受到了影响。

第一，初等专业和中等专业教育的发展较快。到20世纪70年代，大陆已有3所技工学校，包括达累斯萨拉姆技术学院、莫希工学院和伊丰达技术学校（位于伊林加区），1970年这3所学校在校学生1546人，有教师145人；各类卫生学校43所，包括高级医助学校（招收初中毕业生，学制4年）6所、农村医助学校（招收小学毕业生，学制3年）12所、甲级护士学校（招收初中毕业生）3所、乙级护士学校（招收小学毕业生）20所、助产学校和助产护士学校各1所；农业学校有莫希合作学院、姆特瓦拉农业学院、达累斯萨拉姆渔业学院和阿鲁沙奥尔莫托尼森林学校等。

第二，职业中学的建立和发展。1975年世界银行提供贷款，支持坦桑尼亚大陆兴办职业中学，实行中学教育多样化，建立农业中学、商业中学和技术中学等，旨在把学生尽快培养成在农村和城镇能够自食其力的劳动者。职业中学分属政府各有关业务部门或组织，1975年以后发展很快，估计到80年代初大陆已有各类职业中学300所。职业中学招收小学毕业生，因专业不同，学制长短不一，多数为4年，相当于初中；少数为6年，相当于高中。

·然而，由于财力有限，政府对普通中学的教育关注不够，政府主要采取了"鼓励各社区自力更生创办学校，置办学校设备，政府负责派教师和提供课本和其他教材"的做法，使普通中学教育的发展受到影响。据统计，1963年初中一年级新生人数为4972人，占小学毕业生人数的29.2%；1968年升入中学的为9500人，占小学毕业生的16.1%；1983年升入中学的19505人，

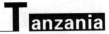

仅占小学毕业生人数的 4.3%。同样,升入高中的人数也越来越少,1977 年从初中升入高中的人数仅占初中毕业生人数的 14.8%。

(四) 20 世纪 80～90 年代处于困难时期

从 20 世纪 70 年代末开始,坦桑尼亚经济出现困难,且每况愈下,国家财政拮据,教育经费越来越少。由于教育经费不足,政府发不出教师的工资,学校缺乏教科书和其他教学材料,甚至学校建筑也无钱维修,其他教学设施也只好一坏了之,教育发展受到严重影响。

面对困难的发展形势,1982 年政府提出进行教育改革。1984 年 11 月,坦桑尼亚全国教育工作大会讨论通过了《通向 2000 年的坦桑尼亚教育制度》的决议,做出两条重要决定:①取消对集体和私人办校的限制;②逐步改变免费教育的做法,决定从 1985 年起中学即恢复缴纳学费的做法。从此,坦桑尼亚迈开教育改革的步伐,探索符合本国国情的教育发展道路。

1991 年 6 月,为落实 1990 年世界教育大会提出的到 2000 年全球各国都要对基础教育实行义务教育,做到"人人有学上",坦桑尼亚全国教育工作会议,确定了两项任务:①到 2000 年对基础教育实行义务教育;②到 2000 年把成人文盲至少减少到 1990 年的一半。

1992 年 11 月,政府教育工作专家小组提出关于 21 世纪坦桑尼亚教育体制改革的建议,包括:①增加教育预算,到 2000 年将其在政府预算的比例从当时的 12% 增加到 20%;②要把小学教育预算在教育预算中所占的比例从当时的 45% 至少增加到 60%;③实行教育经费"分摊"政策,并决定从 1992 年起小学生开始缴纳学费。

1995 年 2 月,政府推出《教育和培训政策》(ETP),进一步明确进行教育改革,恢复和发展教育事业的思路:①改变中央

政府一抓到底的做法，将教育和培训权下放到省、地区、社区和相关的教育机构，发挥中央和地方两个积极性，办好教育事业；②实行开放政策，支持和鼓励非政府组织和私人兴办教育事业，加快正规和非正规、远程和校外教育的发展；③加强职业教育和技术培训，发展高等职业教育，加强对高等技术人才的培养；④创造条件，使女孩子（和妇女）享有同男孩子（和男人）一样的受教育的权利，使残疾人享有同正常人一样的受教育的权利，要办好特殊教育。

1996年下半年政府制定了《基础教育总体计划》（BEMP），到2000年的基础教育目标更加明确，措施更加具体。主要包括：①政府将从2000年起向所有适龄儿童免费提供小学教育，争取让80%的15岁的学生读完小学；到2000/2001年度，要增加5000间教室，增加500名教师。②争取到2000年把1990的文盲率减少一半。1989年成人男子识字率为93%，妇女为88%，争取到2000年将这一比例分别增至96%和94%。为此，政府将扩大社区成人教育计划（ICBAE），提供扫盲贷款；招聘和培训5400名扫盲教师。③为提高小学教育质量，决定开办小学预科学校或预科班，计划到2000/2001年度小学预科生（5～6岁儿童）能招收到100万人。

虽然政府为恢复和发展教育事业进行的一系列改革和采取的一些措施，取得了一些成效，但教育经费的困难并未得到缓解。政府许诺把教育预算的比例增至政府预算支出的20%，但实际情况是：教育经费不仅没有增加，反而在逐年减少。据报道，1975～1980年平均教育经费占政府总支出的15%，1980～1985年降到了13%，1985～1994年竟然降到了11%。1992年政府实行小学缴纳学费的政策以来，学费在一些小学解决了某些燃眉之急，但仅为杯水车薪，因为小学收上来的学费很少，只相当于政府拨给小学经费的1%。而另一方面，教育"费用分担"政策带

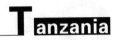

来的负面影响却很大，尤其在广大乡村地区，许多家庭缴纳学费有困难，不少确实交不起学费的家庭也就不让孩子去上学了。更有甚者，沉重的债务负担挤占了坦桑尼亚经济发展与社会福利事业的经费，而这又是坦桑尼亚政府不能控制的问题。长期以来，坦桑依赖外援弥补发展资金缺口和国际收支赤字，截至 2000 年 7 月底，坦桑尼亚外债总额为 76 亿美元，90 年代坦桑尼亚每年还本付息约 2 亿美元，相当于政府财政支出的 25% 左右。

总之，由于经济困难，尤其是外债的困扰，致使坦桑尼亚教育经费严重不足，在小学教育和向成人提供的基础教育方面进展不大，1990 年世界教育大会提出的到 2000 年要做到"人人有学上"的目标也没有实现。据统计，小学总入学率，1981 年为 98%，以后连年下降，1990 年、1994 年、1997 年和 1998 年分别下降到 84.7%、83.29%、82.7% 和 84.9%（净入学率 1981 年为 69.7%，1991 年、1994 年、1997 年和 1998 年分别下降到 56.4%、54.7%、57.6% 和 56.7%）。而小学辍学率却在逐年增加，1981 年为 4%，到 1997 年增加到 6.7%；1995 ~ 1999 年读完小学的学生只有 65.3%。大陆的识字率，1986 年为 90.4%，1992 年下降到 84%，到 1998 年又进一步下降到 68%。另外，中学接纳学生的能力仍然有限。1997 年，初中一年级新生 64825 人，为小学毕业生人数 359337 的 16.4%；而从初中升入高中的仅占初中毕业生人数 42943 的 14.8%。[1]

（五）进入 21 世纪教育事业得到发展

从 2001 年 7 月开始，坦桑尼亚政府对小学教育实行了义务教育。这不仅使小学教育得到发展，同时也推动了整个教育事业的发展。

---

① The EFA 2000 Assessment: Country Reports Tanzania (Mainland) by The Ministry of Education and Culture, United Republic of Tanzania.

1. 小学教育

坦桑尼亚取消小学学费经历了一个艰苦的过程。独立后，坦桑尼亚一直实行小学义务教育，是 1992 年开始收费的。政府实行"费用分担"政策，动员家长和社会支持教育事业，认为符合"自力更生"精神，直至 1995 年制定的《教育和训练政策》还在坚持这项政策。但实践表明，这项政策并不成功，教育状况越来越差，适龄儿童入学率和识字率都急遽下降，政府早已感到这项政策必须改变的压力。支持坦桑尼亚进行经济改革的国际金融组织和大部分援助国，90 年代初积极建议和支持坦桑尼亚实行"费用分担"政策，但到 90 年代后期，他们的态度已基本改变。另外，还有一个促使坦桑尼亚政府取消小学学费的重要因素，即：1990 年和 2000 年两次世界教育大会，都强调全球各国对基础教育都要实行义务教育，做到"人人有学上"。

观察家们还认为，坦桑尼亚政府决定实行小学义务教育，也得益于政府的减贫战略计划。2000 年 1 月，政府根据《2025 年发展远景规划》的要求制定了《减贫战略计划》，国际货币基金组织和世界银行对坦桑尼亚这项计划表示赞赏。坦桑尼亚政府随后制定的《减贫和发展计划》（PRGF）（2001/2002 - 2003/2004），也得到了国际货币基金组织和世界银行的支持。坦桑尼亚政府在《减贫和发展计划》中明确提出：在教育方面，政府决定从 2001 年 7 月起免除小学学费，增加对小学教育的拨款，改善学校教学环境，包括学校桌椅板凳、公共卫生实施、教室、教科书、教学材料、教师宿舍等；同时，提倡和鼓励私人办学和社区办学，到 2003 年，小学净入学率从 2000 年占适龄儿童的 57% 增加到 70%；从小学升入中学的比例从 2000 年的 15% 增加到 21%；到 2005 年在小学和中学实现男女学生人数比例的大体平衡；发展成人教育，到 2010 年消除文盲。

2001 年坦桑尼亚政府还制定了一个新的《小学教育发展计

划》（2002～2006 年）。这项计划明确宣布，免除小学学费和所有家长向学校缴纳的所有费用，对小学教育实行强制性义务教育。计划强调扩大资金来源，增加教育投入，改善学校设施，以保证增加适龄儿童入学率和学生在校的保持率，并要不断提高教育质量。计划提出的具体措施包括：增加教室，增加教师。世界银行 2001 年 10 月即表示支持这项计划，并决定向坦桑尼亚提供1.5 亿美元的贷款。

令人振奋的是，2001 年 11 月，世界银行和国际货币基金组织宣布，坦桑尼亚已达到 "重债穷国"（HIPC）动议中的 "完成点" 要求，在今后 20 年可获减债务 30 亿美元。同时宣布，减免的债务将主要用于教育、卫生、供水、防病及扶贫等领域。这就为坦桑尼亚实行小学义务教育提供了有力支持。

从 2001/2002 年度开始，政府免除了小学学费和所有家长向学校缴纳的所有费用。据报道，在实行义务教育以来，坦桑尼亚的小学教育经费比较充足，保证了恢复和发展小学教育计划的落实。在实行小学义务教育的第一年，适龄儿童净入学率就从2000 年的 57% 上升到 75%，到 2003 年 1 月就达到 88.5%，超过了计划指标的 13.5%。到 2003 年，坦桑尼亚大陆小学已经达到 12981 所（12815 所为政府小学，166 所为私立小学），在大陆 121 个地区的政府小学里就新建教室 16494 个。小学生在校人数，2002 年达到 5981338 人，比 2001 年的 4845185 人增加23%；2003 年增至 6562772 人，比 2002 年又增加了 9.7%。教师人数（仅公立小学），2002 年达到 112109 人，比 2001 年的105921 人增加了 5.8%；2003 年又新招 15921 人，比 2002 年增加了 14%；与此同时，政府还为教师修建了不少新住宅，仅2002 年和 2003 年，就新建教师住宅 3839 套。

与此同时，由于小学预科教育的加强，小学的教育质量也有所提高。报道说，经过政府、社区和私营机构或个人的努力，许

多幼儿园都改为小学预科学校，或增设了小学预科班。2002年，在大陆已有小学预科学校9569所，招收学龄前儿童581022人；到2003年小学预科学校增加到11846所，招收的学龄前儿童达到了774750名。

坦桑尼亚副总统阿里·穆罕默德·谢尼2004年3月12日说，现在对小学教育实行的是强制性义务教育，到2006年大陆所有7~13岁的适龄儿童都可以上学。他说："作为战略步骤之一，为提高教育水平，政府已经把教育经费的62%拨给了小学教育。"

2. 中学教育

在"乌贾马社会主义"时期，坦桑尼亚政府对普通中学的教育有所忽视，小学到中学的升学率从20世纪60年代的30%下降到80年代初的4%左右。1985年，大陆共有中学190所，其中公立86所，私立104所，但1985年小学到初中的升学率仅为3%。

从80年代中期起，坦桑尼亚政府开始重视中学教育，一方面政府增加经费，修复旧学校、建设新学校，另一方面，支持和鼓励社区、宗教团体、社会团体和私人兴办中学。

坦桑尼亚政府增加了中学的教育经费。另外，坦桑尼亚恢复和发展普通中学教育的努力，也得到国际上的支持。1990年，坦桑尼亚政府在世界银行和挪威政府的资助下建立了国家教育信托基金（NETF），旨在为非政府组织办学提供少量的贷款或赠款。截至1997年5月，仅挪威政府就通过这项基金向大陆非政府组织的211所私立中学提供了援助。世界银行向政府提供贷款和赠款，帮助恢复过去一批中学（有的增建了教室），新建一批中学，还把一些政府中学扩建到了偏远和贫困的一些乡村地区，因为那里对私立中学没有吸引力，社区自己也办不起学校。

坦桑尼亚大陆的中学教育的恢复和发展较快。据报道，1995年大陆已有中学595所，包括公立259所，私立336所；到1998年，大陆中学就增加到792所，包括公立406所，私立386所。

据统计，1998 年大陆小学毕业生升入初中一年级的有 226903 人，升学率提高到 15%。

1998 年 12 月，政府制定了一个《改善中学教育的总体计划》，提出：第一，到 2001 年，把小学到中学的升学率从 15% 至少要提高到 20%；第二，采取措施，解决好中学里女生比例偏低和来自贫困地区学生比例偏低的问题。为此，政府为中学教育的发展增加了资金，多建教室，多建学校。以招收更多的学生；同时设立了"中学女生助学金"（GSES）和用来资助贫困学生的"贫困生教育基金"。据报道，到 2002 年，大陆初一至初四享受女生助学金的有 4291 人，高中五、六年级享受助学金的有 76 人。报道说，2002 年，大陆升入初中一年级的女孩子的比例已从 2001 年占 49.9% 增加到 2002 年的 50%；升入高中一年级的女孩子所占的比例从 2001 年的 38% 增加到 2002 年的 42%。另外，从 2001 年起政府每年都从行政预算中为"教育基金"拨款，支持 6000 多名贫困学生就读。

执行《改善中学教育的总体计划》以后，坦桑尼亚大陆的中学教育发展较快。据统计，2001 年，大陆中学增加到 937 所，从小学到初中的升学率已接近预定的目标，达到 19.5%；到 2003 年，中学达到 1082 所（公立 649 所，私立 433 所）；小学到初中的升学率就猛增到了 38.7%。

2002 年，坦桑尼亚政府制定了《中学教育发展计划》（2003 ~ 2009 年）。计划到 2009 年，小学到中学升学率，要从当年的 21.7% 增加到 50%；实现男女生比例和地区比例的大体平衡；另外，到 2009 年通过初中毕业考试（即 IV 级）的比例将达到 70%。[①]

---

① The Economic Survey 2003, Produced by the President's Office, Planning and Privatization Dar Es Salaam-Tanzania June, 2004.

观察家们一致认为，这是一个雄心勃勃的计划，因为要完成这项计划，坦桑尼亚面临三个方面的挑战：需新建一大批学校，需解决好教师严重短缺的问题，另外还需要花大力气加强学校管理工作。国际金融机构和主要捐助国支持坦桑尼亚的这项计划，2004年6月8日世界银行同意向坦桑提供1.5亿美元援助，支持其中等教育发展计划，0.264亿美元为赠款，1.236亿美元为贷款。计划所需要的另外0.93亿美元则由坦桑尼亚政府和其他发展合作伙伴筹措。

3. 师范教育

在恢复和发展初等教育和中等教育的进程中，师资短缺问题十分突出：一是当前在校中小学教师水平低，教学质量不高；二是师范院校不多，每年培养的中小学教师不能满足教育事业发展的需要。

坦桑尼亚小学教师分两级：一是A级，即初中毕业后上两年师范学院者；二是B级，即小学（7年级）毕业后上两年师范学校者。1996年教育和文化部的一份报告说，1995年，坦桑尼亚大陆有105280小学教师在10927所小学任教，但他们大部分不合格，要么学历不够，要么在师范院校学习时间不够。这份报告说，1974~1994年，政府为普及小学教育不断扩大教师队伍，小学教师从29000人增加到98000人，但他们大都是小学毕业后到师范学校上8~24个月的师范就当上了小学教师，他们现在许多人还在任教。为提高教学水平，政府对在校中、小学教师采取了轮流培训，考核合格者持证上岗的办法，收到了良好效果。到2002年，被送到师范院校培训的中小学教师已经达到12991人；到1998年小学教师的合格率已经从1991年的30.3%增加到了44.1%。

与此同时，政府一方面增加了对师范院校建设的投入，一方面鼓励宗教团体、非政府组织和私人等建师范院校，同政府一道发展师范教育，坦桑尼亚师范教育发展较快。据统计，到2005

年坦桑尼亚大陆的师范院校已经达到 52 所，比 1996 年的 35 所增加了 48%。其中，包括公立师范学院 34 所，私立师范院校 18 所。目前，师范院校招生人数不断增加，2005 年在校学生人数为 26224 人，比 1996 年的 13297 人增加了 97%；这些师范院校每年可为国家培养小学教师 10000 名和初中教师 2000 名。

三　桑给巴尔的初等和中等教育

（一）"一月革命"以后取得发展

独立前，桑给巴尔教育事业十分落后。据统计，1964 年"一月革命"前，桑给巴尔 80% 的人是文盲。直至 1963 年，全境只有 62 所小学，学生 19106 人，仅占适龄儿童的 28%；中学只有 4 所，学生 734 人。殖民者利用教育为其统治服务，他们把持学校，采用英国的学制、英国的课本，把英语列为各级学校的教学语言，毕业生要通过所谓"东非考试"或"剑桥考试"等才能取得合格证书。

"一月革命"以后，革命委员会重视教育事业。1964 年 9 月政府接管了桑给巴尔岛和奔巴岛的全部学校，实行免费教育，同时政府新建了一些学校，尤其是在农村地区。与此同时，从 1968 年起开始进行教育改革。第一，把 12 年的基础教育（包括小学 8 年、中学 4 年）改为十年一贯制（小学 7 年、中学 3 年）；第二，在课程设置上强调科学、技术知识的讲授和实际训练，学校里都增设了实验室，一般都有劳动基地，让学生参加一定的劳动；第三，每学年分三个学期，每学期三个月，假期三个月，在假期中教师和高年级学生都要有一段时间参加军训和生产劳动；第四，1970 年 5 月，废除外国考试制度，即免去小学升中学的入学考试。另外，还把《古兰经》定为必修课。

1978 年制定了桑给巴尔第一部教育法，规定在 7~13 岁的 7 年为强制小学教育年龄段；同时决定在教育、文化和体育部设立

成人教育司，在全国范围内开展扫除文盲运动，计划到 2000 年把桑给巴尔的识字率从 1978 年的 21% 增加到 85%。1982 年，桑给巴尔又修改教育法，规定在桑给巴尔实行 10 年强制性基础教育（包括小学 7 年和初中 3 年）。

桑给巴尔教育事业"一月革命"后取得较快发展。截至 1974 年，桑给巴尔已有小学 108 所，在校学生 60020 人；中学 79 所，学生达到 10060 人；有初等专业学校 3 所，即：桑给巴尔米贡古尼职业学校（即木工学校），招收高小毕业生，学制 3 年，1970 年有学生 38 人；桑给巴尔技工学校，设电工、地下管道和金属板焊接三个专业，招收高小毕业生，学制 3 年；卫生学校，设护士与助产士两个专业，招收高小毕业生，学制为 3 年。在成人教育方面也取得了积极进展，到 1986 年，在桑给巴尔 60 万人口中，识字率已经提高到 61%。

另外，还建立了 4 所中等专业学校。①卢蒙巴学院（在温古贾岛）。②菲德尔·卡斯特罗学院（在奔巴岛）。这两所学院均不分科系专业，文理兼收，招收初小毕业生，学制 6 年；招收高小毕业生，学制 2 年。他们毕业后，有的去达累斯萨拉姆大学读大学，有的被派往国外留学。1972 年，这两所学校共有学生 254 人。③恩克鲁玛师范学院，招收初小毕业生，学制 4 年；招收高小毕业生，学制 2 年。他们毕业后根据其考试成绩被分配去中学或小学任教。1972 年，该院有学生 120 人。④姆布威尼技术学院，设电工、机械工程、动力机械、金属板焊接四个专业，招收初小毕业生，学习 7 年；招收高小毕业生，学习 4 年，1972 年，该学院共有学生 123 人。

（二）20 世纪 80 年代起遇到困难

从 20 世纪 80 年代初开始，由于桑给巴尔失去对国际丁香市场的垄断地位，加之丁香价格大幅度下降，桑给巴尔外汇收入锐减。这不仅使桑给巴尔经济发展受到影响，而且也使其教育事业

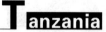

乃至整个社会服务事业的发展都受到了影响。

自1964年以来，桑给巴尔的小学教育一直是免费的，儿童都有上学的机会，但进入80年代以后，政府财政困难，不仅无力兴建新学校，许多老学校的建筑也都年久失修，教室、桌椅板凳、课本和教学材料都严重短缺。另一方面，人口增长较快，需要上学的儿童越来越多。在这种情况下，许多孩子就被排斥在校门之外。据桑给巴尔教育部统计，到1990年，桑给巴尔小学入学率已降至适龄儿童的65.7%，基础教育适龄儿童入学率仅为59.7%。另外，由于许多适龄儿童因故没有上学，或许多小学生没有上几天学就辍学了，加上因为没有资金，许多扫盲班停办，这样桑给巴尔的成人文盲率不仅没有下降，反而上升了。据估计，到1990年已从1987年的38.5%增加到40%以上。

（三）政府采取发展初、中等教育新政策

1990年3月在泰国举行的世界教育大会提出到2000年要实现全球"人人有学上"（Education For All）的计划，并确定届时各国"对基础教育都要实行义务教育"等具体指标。为落实世界教育大会的精神，桑给巴尔政府1991年制定了一项中长期教育发展计划，并采取了一系列的政策措施。

首先，调整了办学政策。1964年"一月革命"后，政府把私立学校全部收归国有。1991年政府提出了政府和社会共同兴办教育的策略，1992年进一步具体化，确立了鼓励私人、社会团体、社区、地方当局同政府一道办学的开放政策。1993年桑给巴尔代表会议对1982年的《教育法》作了相应修改，为桑给巴尔实施依靠全社会办学的战略铺平了道路。

第二，改革学制，1992年把8－3－2－2的15年初等和中等教育体制改为7－3－2－2的14年，并把基础教育从11年减为10年（即小学7年，初中3年）；同时，为了提高小学教育质量，强调学龄前儿童教育，把幼儿园入院年龄从3～5岁改为4～

6 岁，相当于小学预科班。

第三，1996 年政府提出《桑给巴尔教育总体计划（1996~2006）》（ZEMAP），并于 1997 年 10 月得到代表会议的批准。计划的宗旨是提高基础教育水平，提高桑给巴尔的总体教育水平。《计划》目标主要包括：①学龄前儿童（4~6 岁）入幼儿园的比例，争取到 2006 年达到 100%（包括进古兰经班）；②小学教育和基础教育适龄儿童的入学率，争取到 2006 年均达到 100%；③识字率每年增加 5%，争取到 2006 年达到 85%；④对 10~16 岁的辍学青少年要进行技术培训，对基础教育结业生要进行技术培训，争取到 2006 年对他们的培训率分别达到 100% 和 50%。

（四）改革以来初等和中等教育有所发展

自 20 世纪 90 年代桑给巴尔教育事业改革以来，由于经济改革、特别是旅游业的发展，桑给巴尔经济形势好转，政府加大了对教育部门的投入，加之 2002 年执政党与反对党公民联合阵线达成和解协议以后曾于 1995 年大选后冻结援助的西方国家恢复了援助，更重要的是，和平、稳定的政治形势为教育事业的发展创造了良好氛围，桑给巴尔出现了非政府组织、宗教团体、社区、社会组织和私人同政府一道努力，共同办学的热潮，推动了桑给巴尔学龄前儿童、初等教育、中等教育和成人教育的发展。

第一，这也是最突出的，即近年来学龄前儿童教育发展十分迅速。据统计，到 2004 年，桑给巴尔有学龄前儿童学校 181 所，比 1999 年的 94 所增加了近一倍，包括政府的 24 所、私立的 157 所，可为桑给巴尔 80%~90% 的学龄前儿童提供学习机会。其中，由阿迦汗基金与社区合作创办的学龄前儿童学校就有 65 个，招收 15601 个孩子，占适龄儿童的 13.8%。此外，伊斯兰协会还在广大乡村和城镇社区办起了 1355 个古兰经班，每个班都有几个到几十个孩子。当然，这些学龄前儿童学校的教师，大多数水平不高；不同的学校所使用的课本不同，对孩子们的小学预科教育内容也不同，等等，学龄前儿童教育尚有待规范，教学质量有待提高。

第二，年久失修的政府小学已经逐步得到修缮，增加了教室，增加了教室设施，同时新建了一些小学，不断扩大招生名额。据统计，到1996年，政府小学已从原来的108所增加到111所，到2004年进一步增加到了130所左右。小学入学率，1999年已从1990年的65.7%增加到85.4%；2003年增加到99.1%，而到2004年就达到了100%。实际上，2004年小学入学人数达到199938人，入学率为100.3%，之所以超过100%，是因为过去几年因故未能入学的一些超龄儿童也上了小学。

第三，除原有政府中学得到修缮和扩大以外，1991年以来政府新建了几所中学，社区、宗教组织、坦桑尼亚双亲协会和私人，还都先后开办了一些私立中学。据统计，到1996年，桑给巴尔的中学就达到了93所，其中80所为包含小学在内的初级中学，13所完全中学或高级中学。然而，由于小学和中学师资不足，教师水平不高，从小学升入中学、从初中升入高中的升学率都很低，尽管适龄儿童的小学入学率越来越高。据报道，2004年从小学升入中学的只有59831人，占小学毕业生的29.9%。[①]（2003年，桑给巴尔有3539名初中毕业生参加国家统一考试，只有987人达标，升入高中，升学率仅为27.9%。）《桑给巴尔教育总体计划（1996～2006）》提出，到2001年小学升入中学的比例达到40%，2006年要增加到50%，现在桑给巴尔政府正在采取措施，为增加升入初中和高中的升学率做出努力。

第四，政府十分重视职业培训和成人教育。1991年以来，政府、宗教团体和私人等，已先后为未能升入高中的青年学生建

① Zanzibar New Co-operation by Mwinyi Sadallah, Zanzibar, Source：*Guardian*, Tanzania 2004 – 01 – 30.

立了约 30 所基础教育后学校或职业培训中心，提供基础教育后相关课程学习，进行各类职业培训，近年来每年进入这些基础教育后学校或职业培训中心学习的青年学生 5000 多人。除原有的 3 所初等专业学校外，政府于 1990 年建立了旅馆和旅游业管理学校，于 2004/2005 年度在温古贾岛的姆科科托尼（Mkokotoni）和奔巴岛的维通戈吉（Vitongoji）各建立了一个职业培训中心。

根据《桑给巴尔教育总体计划》的要求，近年来地方政府、社区和宗教团体等在许多地方（特别是乡村地区）都办起了识字班，桑给巴尔的识字率有所提高。据统计，1986 年桑给巴尔成人识字率为 61.5%，到 1995 年增加到 71.9%，到 2002 年就增加到了 79.6%（其中，妇女识字率为 69.2%，男子识字率为 90%）。

四　坦桑尼亚的高等教育

（一）独立后高等教育得到较快发展

坦桑尼亚的高等教育十分落后，独立时坦桑尼亚还没有自己的大学。1961 年，在达累斯萨拉姆建立了东非大学分校，只有法律系，称之为东非大学坦噶尼喀分校，首批学生仅有 14 人。1963 年，坦噶尼喀分校、乌干达分校和肯尼亚分校，都成了东非大学 3 所相对独立的分校。

政府重视发展高等教育，在 1964～1969 年的第一个五年计划中就拟订了一个发展高等教育的长远目标，提出到 1980 年要把在坦桑尼亚各部门工作的外国会计师、经理、工程师、医生和其他高级技术人员全部换上坦桑尼亚人。为此，东非大学坦噶尼喀分校从 1964 年开始先后设立了文学系和理工系，1967 年其入学新生人数增加到 711 人；1969 年以后又逐步增设了艺术、社会科学系、自然科学系、医学系和农学系。

1969 年坦桑尼亚国民议会通过的《教育法》规定，高等教育要以培养具有"乌贾马觉悟"的高级专业人才为主要目标，要集中选拔全国最优秀的高中毕业生进高校学习或派到国外留学。

1970 年坦桑尼亚国民议会通过《达累斯萨拉姆大学法》，宣布将东非大学坦噶尼喀分校更名为达累斯萨拉姆大学，同时增加了医学系，从而达累斯萨拉姆大学成了一所文、理、工、法、医各科门类齐全的综合大学。接着，又开设了农业、行政管理、教育、财会、渔业等专业课程，培养有关专业的专门人才。随着坦噶尼喀分校的扩大、尤其是达累斯萨拉姆大学的正式建立，达累斯萨拉姆大学的学生和教职员工的人数不断增加。据统计，1970 年全校学生人数已经达到 2060 人，教师人数也达到了 308 人。

为推动高等教育的发展，1974 年坦噶尼喀非洲民族联盟全国执委会作出决定：免除大学生上学的全部费用，条件是毕业后首先要在政府部门工作两年。

20 世纪 80 年代，随着教育事业的发展，达累斯萨拉姆大学对各系和学科进行了调整，组建成 7 所学院：艺术与社会科学学院（简称文学院）、理学院、工学院、农学院、法学院、商业和管理学院和医学院。达累斯萨拉姆大学重组后还设立了五个研究所：发展研究所、斯瓦希里语研究所、海洋科学研究所、生产发明研究所和资源评估研究所；同时，设立了一个东非统计训练中心。达累斯萨拉姆大学各学院及统计训练中心，设学士学位课程并招收硕士生和博士生，从而成为坦桑尼亚能够授予学位的高等学府。各研究所以研究为主，研究人员常在各学院兼课。

根据农业发展的需要，1984 年坦桑政府决定建立了索科伊内农业大学。该大学位于莫罗戈罗市郊，距达累斯萨拉姆 300 公里。其前身为达累斯萨拉姆大学下属的农学院，升格为独立的大学后，设农林、兽医、农机、渔业、水利、野生动物管理等 8 个

系，后组建为农、林、兽医等三个学院，成为坦桑能授予学位的第二所大学，1985 年其招生人数为 480 人。

（二）阿鲁沙宣言以后高等教育发展缓慢

20 世纪 70～80 年代，即 1967 年《阿鲁沙宣言》发表以后，坦桑尼亚高等教育发展十分缓慢，其原因主要包括：

（1）《阿鲁沙宣言》颁布后，政府把小学教育（和成人教育）当成教育事业发展的重点。1974 年开始实行小学义务教育计划，把教育经费主要用于小学教育事业，而对中等教育和高等教育有所忽视，甚至有些专家批评政府"为发展初等教育而牺牲了中等教育"，并直接影响到高等教育的发展。尽管 1969 年的《教育法》中规定"要集中选拔全国最优秀的高中毕业生进高校学习或派到国外留学"，但由于中等教育被冷落，上中学的人数的比例减少，高中毕业生的人数不多，升大学和被选派到国外留学的也就相对减少了，这一规定一直难以落实。

（2）在发展高等教育方面，政府重点抓中等学校教师的培养，忽视了大学各类本科和科研的发展。独立后，为了加速培养本国中学教师，20 世纪六七十年代达累斯萨拉姆大学文学院奖学金的 60% 和理学院奖学金的 85%，都分配给了师范生。这一政策措施，虽然为中学培养了一大批教师，到 1970 年在中学任教的绝大部分教师都换上了坦桑尼亚人，但大学各类本科的发展却受到了缺乏资金的困扰，各个学术机构的发展更无从谈起。

（3）1974 年坦噶尼喀非洲民族联盟全国执委会决定免除大学生上学的全部费用，包括学费、书本费、学杂费、膳食、住宿和往返学校的交通费等一切费用，被派到国外留学的学生就由政府全包，这无疑加重了政府的负担，在政府预算有限的情况下，大学无法扩招，尤其在 80 年代经济开始困难以后。

（4）1974 年坦噶尼喀非洲民族联盟全国执委会还决定：高中生毕业后不能直接上大学，必须到国民服务队进行一年的军训，参加生产劳动和军事训练，在此期间不准回家，以培养具有"乌贾马觉悟"的人才。然而，由于军训时间过长，对学业不利，把"乌贾马觉悟"看得过重，为学生毕业后是否考大学问题就蒙上了一层阴影，有的认为上大学还不如毕业后就参加工作，加之"军训"管理不善等原因，在学生中似乎出现了一种不愿上大学的情绪。

总之，由于政府对高等教育重视不够，虽然独立后建立了两所大学和一些学院，坦桑尼亚高等教育的发展一直十分缓慢。以大学招收新生的名额为例，据统计，达累斯萨拉姆大学入学新生，1967年为711人，到1976年达到2145人，增加了两倍。但在这以后，达累斯萨拉姆大学的招生名额就没有什么增加，1984年和1993年招收的新生分别为2913人和2968人，1993年比1984年增长还不到2%。而索科伊内农业大学招生人数不仅没有增加，反而减少了，从1986年的465人减少到1990年的383人。到1990年，坦桑两所大学仅有3146名学生，还不到当时肯尼亚大学生人数的1/5。20世纪80年代，撒哈拉以南非洲国家的大学招生总额增长了6%以上，坦桑尼亚远远落在了后面。

（三）调整政策后高等教育的新发展

20世纪80年代中期以来，面对高等教育滞后的局面，在进行政治和经济改革的同时，坦桑政府采取了一系列的政策措施，对高等教育进行了改革。主要政策措施有：

1. 建立科学技术和高等教育部

独立后，坦桑尼亚高等教育一直属文化和教育部或其他相关部委领导。随着经济的恢复和发展，1990年政府首次设立了科学、技术和高等教育部，旨在加强对高等教育的计划和管理，加快坦桑尼亚高等教育发展的步伐，推动坦桑尼亚科学技术的发展，培养更多的能够满足坦桑尼亚社会经济发展需要的掌握科学知识和先进技术的人才。科学、技术和高等教育部内主要设立了

三个司：即高等教育司、科教司、技术和职业教育司。

2. 鼓励私人投资发展高等教育

在 1990 年国民议会通过《投资促进和保护法》以后，在教育资金短缺的情况下政府也鼓励私人、宗教和社会团体、非政府组织投资办学，同政府一道发展坦桑的教育事业，尤其是高等教育事业。1995 年坦桑尼亚修改教育法，建立了高等教育委员会（The Higher Education Accreditation Council），负责高等教育机构的审批和管理工作，同时为坦桑尼亚发展高等教育事业向政府提出咨询建议。

3. 高校率先实行费用分担政策

过去，上大学个人得交一部分费用。1974 年政府免除了大学生的全部费用。80 年代后期，由于经济危机，进行结构调整，政府决定恢复大学费用的分担制度，并从 1988 年开始，因故推迟至 1992 年 1 月正式实施。根据坦桑尼亚过去长期实行大学免费教育的情况，政府对费用分担政策采取了"三步走"的办法。第一步，即 1992/1993 学年，学生开始支付每个学期一次的从家至学校的往返火车票费用；过去乘火车往返学校完全免费，乘飞机者给予半价优惠。第二步，即 1993/1994 学年，学生要交伙食费和住宿费等，同时取消了过去对困难学生发放的"补助金"；政府仍然负责学费、考试费、课本和文具补贴、各科一些特殊的费用和补贴，如野外实习补贴等。第三步，从 1994/1995 学年开始，让学生支付自己的交通、在学校的食宿和其他必要的一切费用；让学生缴纳部分学费、考试费、课本和文具等费用，对贫困生政府开始提供一些助学金；为帮助贫困学生，政府设立了高等教育基金，开始向贫困学生提供贷款，规定贫困生可按学校食宿标准得到贷款，毕业后 16 年内要还清贷款，不管毕业后贷款人有无工作。据统计，1994～1999 年，政府已经向大学贫困生发放贷款 118.5 亿先令（约合 1400 万美元）。目前，校方、家长和社会上普遍担心这些贷款将难以如数偿还，有关部门正在研究相关保证措施。

4. 政府出台国家高等教育政策

根据 80 年代中期政治和经济改革以来取得的发展和经验，1999 年政府制定了坦桑尼亚《国家高等教育政策》。这一政策受到了国内外的广泛欢迎。

第一，明确了发展高等教育的指导思想，主要包括：①高等教育应着眼于坦桑尼亚经济和社会发展对文化知识和科学技术日益增长的需要；②鉴于农业将继续是坦桑经济的支柱产业，发展高等教育应把与农业相关的科技知识放在首位；③科学技术培训应为发展服务，应建立和发展一支强大的当地的科技力量队伍，以及时解决好坦桑尼亚在经济社会发展中遇到的问题和困难；④为了适应现代科技时代发展的需要，应特别重视基础科学的数学和研究工作，重视科技研究工作，重视科技研究成果的应用，把研究成果转变为生产力；重视信息和传播技术的教学和研究工作，要把信息和传播技术的发展当作实现国家 2025 年远景发展规划的推动力。[1]

第二，进一步确定了发展高等教育的政策措施，主要包括：①扩建现有公立大学，并计划新建几所政府大学；②对私立大学采取鼓励措施，推动私人、宗教和社会团体等创办更多的高等院校；③坚持实行大学的"费用分担"政策，同时规定获奖学金到国外留学者，其往返机票自理等；④办好高等教育基金，继续向高校贫困生提供贷款，帮助他们解决好上大学的费用问题；⑤增加女生录取名额；⑥招收更多走读生；⑦大力发展远程教育；⑧安排好教师们（包括各级教师）的生活，政府计划修缮

---

[1]　The Tanzania Planning Commission：*Development Vision* 2025，*Tanzania*. Source：The United Republic of Tanzania National Website.

和新建一批教师住宅，等等。总之，政府采取这些政策措施的出发点在于：扩大高等院校的招生名额，提高教学质量，为国家培养更多有文化、有知识的专门人才。①

5. 近年来高等教育有了新发展

自80年代中期开始进行政治经济改革以来，由于政府重视高等教育的发展，政策措施得力，加上国际社会的支持，坦桑尼亚的高等教育发展较快。到1999年，除政府新开办了开放大学，建立了穆欣比利医科大学学院，把原土地和建筑学院升格为大学学院，把原达累斯萨拉姆技术学院、阿鲁沙技术学院、姆贝亚技术学院等高等技术学校升格为学院（相当于大专）外，宗教组织、社会团体、非政府组织和私人开办了12所民办大学、大学学院和高等专业学校，使坦桑尼亚的高等院校从原来仅有的两所增至20所。在民办大学中较突出的有两所：一所是坦桑尼亚天主教会1996年在姆万扎开办的坦桑尼亚圣·奥古斯廷大学；另一所则是路德教会1996年在达累斯萨拉姆开办的希望大学（TU），它在阿鲁沙、伊林加和莫希都设有分校。进入21世纪以来，坦桑的高等教育继续发展。到2004年，坦桑尼亚的高等院校就达到了36所。其中，政府高等院校19所，包括大学4所，大学学院2所，各类学院和高等专业学校13所。民办高等院校增加到14所，包括7所大学，7所为大学学院。新建的大学包括：2003年创办的桑给巴尔国立大学、2004年阿迦汗大学医学院和阿迦汗医疗中心合作升格的阿迦汗大学（Aga khan University）和2004年底穆斯林发展基金在莫罗戈罗创建的坦桑尼亚穆斯林大学。

应当提及的是，从法律上讲高等教育属于联合事务，由中央

① Higher Education Policy: Tanzania's Development Vision 2025 Proposes, Source: The United Republic of Tanzania National Website.

政府负责。然而，自 20 世纪 90 年代高等教育事业开放以来，桑给巴尔也建立了一些高等院校。1998 年，桑给巴尔先后建立了两所私立大学，一所是桑给巴尔市的桑给巴尔大学（The Zanzibar University），设有法学学士学位课程、商业管理和社会学等课程；另一所是设在丘科瓦尼（Chukwani）的教育学院（The University of Education College），是培养中学教师的殿堂。2003 年，桑给巴尔政府根据桑给巴尔代表院通过的一项立法在桑给巴尔市建立了一所国立大学——桑给巴尔国立大学（SUZA）。报道说，过去，桑给巴尔没有大学，桑给巴尔人只能到坦桑尼亚大陆上大学，或到国外留学，所以桑给巴尔中学生毕业后能进大学的人很少，大约只有 3%。另外，最近几年，桑给巴尔政府还把桑给巴尔技工学校扩建为卡鲁姆技术学院（KTC），把卫生学校扩建为卫生学院（CHS），把斯瓦希里语和外国语学校升格为斯瓦希里语和外国语学院（ISFL），把恩克鲁马师范学校升格为恩克鲁马师范学院（NTTC），把 90 年代初建立的旅馆和旅游业管理学校升格为旅馆和旅游业管理学院（CHTM），同时新建了一所农业学院（CA）。桑给巴尔官员普遍认为，桑给巴尔本地办起了大学教育，大大减轻了政府为派人到大陆和国外上大学筹集资金的压力。

随着高等教育的改革和院校数量的增加，坦桑尼亚大学的招生人数不断增加。以达累斯萨拉姆大学为例，1992 年招收一年级新生 883 人，到 1999 年就增加到 2055 人，增加了 133%；毕业生人数也在增加，达累斯萨拉姆大学本部和穆欣比利医学院 1992 年的毕业生为 777 人，到 1998 年毕业生就增加到了 1167 人，增加了 50%；在此期间，获得学位的研究生人数也从 110 人增加到了 126 人。进入 21 世纪以来，坦桑大学生（大本以上）人数增加更快。据统计，1999/2000 年度，招收一年级学生、毕业班和在校学生总人数分别为 3611 人、1579 人和 12555

人，到 2003/2004 年度分别达到 8070 人、4027 人和 25937 人，分别增长了 123.5%、155% 和 106.6%。

第二节　文学艺术

坦桑尼亚是一个以班图人为主的多种族、多部族国家，其文艺活动丰富多彩，有传统的口头文学，有斯瓦希里语诗歌、小说，有传统的民族音乐和舞蹈，还有蜚声世界的乌木雕和绘画艺术。随着与外界交往的增加和时代的变迁，坦桑尼亚的文学和艺术，不断创新，不断发展。

一　文学

（一）坦桑尼亚的口头文学较为发达

坦桑尼亚是一个多种族、多部族的国家，各个部族都有许多神话、传说、故事、寓言或谚语，并且代代相传，不断丰富和发展，打造了一个丰富多彩的民间传统口头文学宝库。这就是坦桑尼亚早期的文学。

坦桑尼亚大约有 130 个部族，每个部族都有自己部族的传统文化，包括他们的部族历史、部族信仰、行为规范、风俗习惯、生产和生活经验等。这些部族文化的传承，开始阶段就靠各部族的长老们口头传授；时间长了，长老们的这种"口头传授"就逐渐演变成为人们喜闻乐听的故事会，许多传统文化的内容，就被长老们加工成一个一个的故事，一代又一代，流传至今，成为坦桑尼亚丰富多彩的民间故事。今天，在坦桑尼亚的许多地区，尤其乡村地区，还保留着讲故事的传统。每当暮色降临，人们往往就聚集在村子里的广场上听长老们讲故事。

坦桑尼亚的民间故事极其丰富，因为每个部族都有许多自己祖先遗传下来的神话和传说。早期，民间故事全靠口头流传，流传中不断创新和改进，成为口头文学。民间故事里的主角，有人，有动物，有鬼，也有神，但多以动物为主角，不过这些动物都被人格化了。这些民间故事一般都曲折动听，耐人寻味。每个故事都主题鲜明，故事中动物，有的诚实、善良，讲的是"好人有好报"；有的贪婪、嫉妒，讲的是"聪明反被聪明误"，等等。在坦桑尼亚的民间故事中，还有许多是讲民族英雄和睿智祖先的，年轻人喜欢听这类故事或传说，他们把古代圣贤当成学习的榜样。除了故事、神话和传说外，寓言和格言也是坦桑尼亚口头文学的一部分。除了口头传承外，在当地妇女用的"坎嘎"布上也经常印有斯瓦希里语的格言。

坦桑尼亚的故事会都十分活跃，讲故事前、讲完一个故事休息时、特别是在故事会结束时，听众总是忙个不停，不是唱歌，就是跳舞，有时就这样载歌载舞，直至深夜。

坦桑尼亚人喜欢听故事，也喜欢讲故事。有外国观察家说，"坦桑尼亚人都是听着故事长大的，故事也塑造了他们的生活"。

由于历史上大量坦桑尼亚人以黑奴身份被卖到海外，坦桑尼亚的民间故事也流传到世界各地。

（二）坦桑尼亚文学发展的几个时期

坦桑尼亚文学的发展大体上可分为四个时期。

1. 殖民者入侵前

如上所述，殖民者入侵前是坦桑尼亚的口头文学发展的时期。12 世纪斯瓦希里语出现以后，以班图文化为主体的斯瓦希里语文化逐渐形成，一些口头文学材料得到整理和出版，更重要的是，出现了一些斯瓦希里语诗歌。

2. 殖民统治时期

19 世纪 80 年代到 20 世纪 60 年代，即德国和英国殖民统治时期，是斯瓦希里语文学发展的重要时期。尤其是 19 世纪下半叶斯瓦希里文改用拉丁字母拼写后，斯瓦希里语广泛传播，推动了斯瓦希里语文学的发展。虽然殖民当局对明显带有民族主义色彩的作品加以限制，坦噶尼喀民族主义诗人还是不断发表诗作，揭露殖民者对当地人民进行残暴统治的现实，讴歌当地人民反抗外来入侵的英勇斗争。阿·贾马尔迪尼的长诗《马及马及之战》（1946 年），以 1905~1907 年坦噶尼喀人民的抗德武装起义为题材，就描写了人民的深重苦难和反抗精神。30 年代以后特别是 50 年代，随着坦桑尼亚民族独立运动的高涨，出现了一批民族主义作家，如罗伯特·夏巴尼、阿姆里·阿贝德、马蒂亚斯·姆尼亚姆帕拉等。他们以强烈的民族主义精神，写了许多诗歌、小说和其他文学作品，在揭露殖民者统治阴谋、焕发人民群众民族意识、民族自尊心和爱国精神方面都发挥了重要作用。①

3. 获得独立以后

20 世纪 60 年代以后，政治上的独立推动了斯瓦希里语文学的发展，并产生了不少富有朝气的作家。姆尼亚姆帕拉以"对口诗"和"多口诗"的形式创作了《我的妻子，咱们下乡去》、《乌贾马之歌》（1968 年）等诗作，透过人物对话，表现了坦桑尼亚人与贫困、愚昧和疾病作斗争的决心，抒发了人民创建新生活的豪情。②

4. 改革开放以来

20 世纪 70 年代末坦桑尼亚经济困难，文艺创作和出版印刷都受到严重影响；80 年代中期以来，随着经济的恢复和发展，出现了一些反映坦桑尼亚经济和政治改革的文学作品。

（三）主要作家和诗人及其著作

夏班·罗伯特（Shaaban Robert），诗人、小说家，是东非最有名的斯瓦希里文作家之一，非洲文学界都称他是"东非的莎

---

① 周国勇：《非洲斯瓦希里语文学》，百度网站，2004 年 11 月 13 日。
② 周国勇：《非洲斯瓦希里语文学》，百度网站，2004 年 11 月 13 日。

士比亚"。他 1909 年 1 月 1 日生于坦噶省坦噶市附近的威班巴尼（Vibambani）村，系斯瓦希里族人，1962 年 6 月 20 日去世。殖民统治时期，他一直在坦噶地方政府工作，任职员。20 世纪 50 年代和 60 年代，他支持尼雷尔领导坦噶尼喀人民进行争取民族独立的斗争，并同尼雷尔进行了密切的合作。在这个时期，他写了大量抨击残暴的殖民统治的诗作。夏班多才多产，作品题材广泛，涉及许多社会问题，作品有诗歌、小说、散文和随笔，还有自传和寓言等，他一生共写了 22 部作品，得过许多文学奖，临终前还获得了英国最高文学奖——玛格丽特·朗奖章。其代表作主要有：诗集《非洲人在歌唱》、《非洲的钻石》、《语言之花》、《真正的爱》等；长篇叙事诗《为自由而战》；诗文集《散文与诗歌》和《正义的教诲》；小说《农民乌图波拉》、《阿迪利兄弟》、《戈雨塞迪·沙特》、《可信国》、《想象国》；自传《我的一生》；还有随笔录《随笔范例》等。曾任坦噶尼喀斯瓦希里语委员会委员和东非斯瓦希里语委员会主席，为斯瓦希里语的发展做出了贡献。[①]

　　穆罕默德·赛义德·阿卜达拉（Muhammed Said Abdalla），东非出色的侦探小说家之一。1918 年生于桑给巴尔马孔杜奇，1938 年教会学校毕业后到殖民政府卫生部工作，10 年后到桑给巴尔农业部主编的斯瓦希里语杂志《农民》任编辑，并开始进行写作。1957 年写的侦探小说《古人墓地》获东非文学委员会一等奖。此后，他写了一系列侦探小说，包括《深井奇案》（1968 年）、《世间人》（1973 年）、《零之谜》（1974 年）和《穆萨先生之错》（1984 年），还有《乱世》、《三夫一妻》、《千钧一发》等，都受到读者的广泛欢迎。阿卜杜拉的作品都是用斯瓦希里文写的，他的斯瓦希里语文字水平很高，一些作品已被

---

① 《坦桑尼亚》，《万国博览·非洲卷》，新华出版社，1998，第 1054 页。

选入坦桑尼亚中学语文课本，有的还被一些外国的语言学校选作斯瓦希里语班的斯瓦希里语教材。

尤弗雷斯·凯齐拉哈比（Euphrase Kezilahab），小说家，1940年4月13日生于维多利亚湖乌凯雷维岛，毕业于坦桑尼亚达累斯萨拉姆大学文学系。其成名作为两部长篇小说，即1976年发表的《混乱人世》和《白痴》，二者可谓姊妹篇，均以描写青年一代的人生观为中心内容，对独立后非洲国家各种社会弊端进行了抨击。他七八十年代写了许多作品，包括：小说《未开的玫瑰花》，通过对一个女青年走向堕落的描写，呼吁社会要重视对青年人的教育；《蛇皮》，小说，写的是坦桑尼亚在建设"乌贾马村"过程中新旧思想矛盾的斗争，呼吁人们同旧习惯势力斗争，推动社会进步。他1983年去美国威斯康星州大学进修，获第一个非洲文学硕士学位，后又获非洲哲学和文学翻译博士学位。他一直任达累斯萨拉姆大学口头文学、书面文学和文学写作系教授，任博茨瓦纳大学客座教授，现任达累斯萨拉姆大学斯瓦希里语文学系主任、坦桑尼亚作协主席。他还是一位斯瓦希里语语言学者，曾任达累斯萨拉姆大学斯瓦希里语研究所所长，汇编了《斯瓦希里语的成语与比喻》。

穆罕默德·苏莱曼·穆罕默德（Mohamed Suleman Mahamed），1943年生于桑给巴尔，是桑给巴尔有声望的小说家。他从小酷爱文学，其处女作《渴》（1970年）一问世，就在东非引起轰动，成为一本畅销书，获当年东非文学奖第一名，尼雷尔总统还亲自为他颁奖。这部作品1973年还曾获得肯雅塔文学奖。这部小说写的是一位天真少女巴哈蒂上当受骗的悲剧，书中对伪善人物的丑恶面目揭露得淋漓尽致。20世纪70年代以来，他写了不少小说，包括《姑娘莱哈玛》和《胜利的欢笑》等。

弗雷迪·马查（Freddy Macha），坦桑尼亚当代知名诗人、作家和音乐家。他生于坦桑尼亚北部乞力马扎罗山区。工作后至

1984 年，他一直任坦噶尼喀非洲民族联盟党报《自由报》记者，同时兼任政府报纸《星期日新闻》周刊专栏作者。在此期间，他写了大量自由体诗，1983 年出版诗集《夏日烈火》（*Summer Fires*），曾获英国广播公司的诗歌创作奖。1984 年他的斯瓦希里语短篇小说集《我们的朋友——欧洲》（*Twen'zetu Ulaya*）出版后，成了东非轰动一时的畅销书。1980 年，他同朋友一起创办了坦桑尼亚诗乐团，又称"小小乐团"（*Kitoto Band*）。1985 年他出版自传《音乐之子的旋律》（*Mwanamuziki Remi*）。至 1992 年，他和他的诗乐团一直来往于德国和巴西之间，进行演出。1998 ~ 2001 年，他一直在英国的伦敦一家西班牙人酒吧举办周末"世界音乐之夜"活动，同时参与一些音乐光盘的制作活动。1996 年以来，他一直住在伦敦，除周末的演出活动外，仍坚持为国内媒体专栏写文章。他 1985 ~ 1991 年任坦桑尼亚政府报纸《每日新闻》专栏作家；1997 ~ 1999 年任坦桑尼亚《每日邮报》专栏作家；自 2003 年起任坦桑尼亚《卫报》专栏作家。

姆索基莱（M. Msokile），是坦桑尼亚大陆一位有名望的小说家，1950 年生于穆索马，1976 年毕业于达累斯萨拉姆大学，系坦桑尼亚文坛后起之秀。他善于暴露社会的黑暗面，主要作品有长篇小说《黎明》、中篇小说《大人物的职责》及短篇小说集《我悄悄来到你身旁》等。

二　音乐舞蹈

坦桑尼亚的民族音乐舞蹈是坦桑尼亚各族人民在他们长期的生产劳动和社会生活中出现和发展起来的。坦桑尼亚人的先祖们在中央高原孔多阿县科洛地区（还有其他地区）的山洞里留下了许多史前岩石壁画，壁画上除了狩猎和采集的外，就是跳舞的和唱歌的，还有演奏乐器的。从这些古人类遗址

中的岩石壁画看，早在石器时期，坦桑尼亚的先祖就把音乐和舞蹈当成他们生活的一个重要组成部分。坦桑尼亚民族众多，创造了丰富多彩的民族音乐舞蹈。

（一）民族舞蹈

坦桑尼亚是个多种族、多部族的国家，各个部族都有其自己传统形式的舞蹈，坦桑尼亚的民族舞蹈可谓多姿多彩。其民族舞蹈分集体舞和表演舞两种。所谓集体舞，即在重大集体活动场合，人人均可即兴参加的舞蹈，最常见的形式是：人少时排成一个横队，人多时则由数横队组成一个方阵，在指挥者带领下，随着非洲鼓和木琴等打击乐器的强烈节奏，边舞（或边扭或边走）边唱，还时而发出兴奋的、颤抖舌尖的尖叫声，或高呼口号，气氛十分热烈感人。表演舞则是由各个舞蹈艺术团队表演的，各种盛大场合都是他们表演其艺术天才的大舞台。独立以来，政府重视民族舞蹈的继承和发展，在乡村地区各个省区、甚至各个村，都建立了自己的舞蹈队；在城镇地区则建立了许多舞蹈艺术团。目前，在政府注册的舞蹈艺术团就有250多个。

在坦桑尼亚广大地区、特别是乡村地区，谁家添丁、孩子割礼（割礼后进入成年）、儿女结婚，都是全村的大事，同喜同贺，要聚会，要跳舞；在许多部族中，有家族或氏族一起祭神、祭祖、干旱时求雨的传统，在这种同祖同宗的大聚会中，舞蹈表演是活动的主要内容；国家重大节日，全国上下都要组织庆典活动，各种舞蹈队（单位的、社区的、民族的）纷纷出动，同场竞技，等等。可以说，在坦桑尼亚，每时每刻、并且在许多地方，都有民族舞蹈登场，表达着人民发扬民族传统、热爱生活、奋发向上的决心和对美好生活的期盼。

坦桑尼亚人朴素好客，舞蹈是迎宾活动中的一个重要组成部分，官方场合（欢迎外国领导人或其他外国朋友）如此，民间

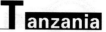

更是如此。客人一到，主人（包括国家领导人、部长或地方官、部族长老等）首先陪着他们观看在列队欢迎人群前面的一个或几个舞蹈艺术团的民族舞蹈的表演，舞蹈一个接着一个，有的还邀请客人一起参加到舞蹈者的行列。

随着时代的发展，坦桑尼亚的舞蹈已以其鲜明的个性逐渐走上了舞台。坦桑尼亚民间舞蹈题材非常广泛。比如：

1. 反映农业生产的舞蹈

常见的主要有耕地舞、播种舞、丰收舞、求雨舞和狩猎舞等。

坦桑尼亚大部分班图民族都以农耕为主，所以反映农业生产活动的民族舞蹈特别多。在丰收舞中，20多个男女演员腰缠用禾秆制作的衣裙（有时男演员头戴茅草编织的凉帽），各个手持锄头或砍刀，在雄浑有力的鼓乐声中，表演着各种动作："播种"、"除草"、"收割"、"送粮进仓"，最后演员们则围着"粮仓"跳起了欢快的舞步，享受着丰收的喜悦，女演员中还不时发出长长的卷舌高叫声，把演出推向高潮。

2. 表现祖先狩猎的舞蹈

表现坦桑尼亚远古狩猎兼采集时期人类祖先生产和生活场面的舞蹈。狩猎舞有两种，一是男女老少为去狩猎的青年男子壮行，另一种是欢迎他们打猎凯旋，有时则把这两个场面合二为一。壮行：去狩猎的青年男子（一般10人左右）各个身披兽皮，头插长长的羽毛，手持长矛，气宇轩昂，在鼓乐声中向着远方挥动长矛，而出来为他们送行的男女老少却心绪复杂，有的轻轻舞动，有的连连挥手。凯旋：外出狩猎的猎手们抬着猎物归来了，顿时鼓乐齐鸣，早已等候"村头"的男女老少，同凯旋的英雄们一起围着猎物跳起欢快的舞蹈，庆祝胜利。

3. 反映抗击侵略的舞蹈

在坦桑尼亚的历史上，出现过无数次的民族争斗和反侵略的

战争，坦桑尼亚人在独立日和其他重大节日时喜欢跳这种战争舞，以缅怀为民族独立和发展而献身的先烈，鼓舞人民维护独立和建设国家的斗志。跳战争舞的都是青年男子，常常身着兽皮披肩或围腰，头插羽毛，足系铃铛，手持长矛和盾牌等武器，在激烈的战鼓声中表演刺杀和防御等各种战斗动作，粗犷威武。在舞台上演出时有几十人登场，在广场上演出时参演的可多达一二百人，场面极为壮观。

4. 表现男女爱情的舞蹈

坦桑尼亚表现男女爱情的舞蹈很多，经常表演的有"双人舞"和"青年舞"（多人），各个舞蹈团的表演不同，但大多以欢快、热情的舞姿，表现青年男女的恋情和青春活力。在马赛族，有一种独特的"爱情舞"，即"蹦高选秀"舞，在国家重大的庆祝活动上经常可见。

这种舞蹈没有伴奏。在场地上，一边站的是几名身着紫红色或红色斗篷、手持标枪的男青年，他们把头前的"刘海儿"都编成了发髻；另一边站的则是穿着节日盛装、脖子上戴着彩色项圈的女青年。舞蹈开始后，这几个马赛男青年就在场地上不断"嘣"、"嘣"地向高蹦，"旱地拔葱"，看谁蹦得最高，最高者获胜。然后，获胜的男青年即跑向姑娘们那一边，走到他中意的那位姑娘面前，停下脚步，把头上的发髻朝那位姑娘的脸上一甩，表示他要娶她为妻。据说，这种做法目前在马赛族中还很流行。

除上述舞蹈外，坦桑尼亚还有其他形式的舞蹈，如鼓舞、面具舞和踩高跷等。

（二）坦桑尼亚音乐

坦桑尼亚的音乐分两种，一是民族音乐和乐器，主要流行于乡村地区；二是外来音乐，来自非洲的、东方的和西方的，在城镇地区影响较大。

　　独立后，在发展民族文化的口号下，坦桑尼亚政府重视对民族传统音乐的继承和发展。1974 年成立了坦桑尼亚音乐委员会，其宗旨是：恢复和发展传统音乐，培训音乐人才，协调全国音乐机构和团体的工作，与外国进行音乐方面的交流和合作。音乐委员会每年都与艺术委员会、斯瓦希里语委员会及其他有关部门联合举办全国各地区的各种艺术比赛活动。音乐委员会还单独举办些全国乐队演奏比赛。音乐委员会在全国各地有关学校开设了专业课程，如在达累斯萨拉姆大学艺术系设立了音乐专业，在巴加莫约艺术学院开办了传统音乐班，在布蒂亚马师范学院、达累斯萨拉姆国立师范学院和各省师院以及一些中学，还都设立了音乐专业课程。

　1. **民族音乐和民族乐器**

　　在坦桑尼亚，各个民族早就有了自己的传统形式的音乐。各民族的音乐家们不仅用他们自己制作的乐器为其民族歌舞伴奏，而且在节庆日和迎宾等重大的文艺演出活动中还专门演奏一些传统乐曲。这些乐曲，同他们的乐器一样，都是世世代代相传下来的。

　　在传统乐器中，鼓居首位。鼓有大有小，形状各异。在乐队中，鼓手为乐队指挥，乐曲要根据鼓的节奏进行，鼓也可以单独演奏。打击乐器中，自制的木琴比较重要。这种木琴是用长短不等的硬木条排列而成，少的 4 根，多的 7 根，最多的 12 根，有的在琴板下面装有用葫芦制成的"共鸣器"，音响效果较好。弹拨乐器中，主要有一种"马林巴琴"，这种琴是在一块书本大小、较厚的硬木板上安装一排弹性钢条，中间的较长，依次向两边排开，两端的最短，演奏者双手握琴，同时用拇指拨动不同钢条，发出不同的音响；同时还有名称各异的单弦琴、六弦琴、七弦琴或八弦琴等。管乐器中，则有用许多葫芦连接而成的曲颈"低音号"，有用兽角制成的"高音号"，还有用竹子制成的"横

笛"等，但都比较简单，只能吹出一个或几个音阶。①

2. 外来的音乐及其影响

由于坦桑尼亚沿海地区的对外贸易开展较早，阿拉伯地区、印度和非洲其他地区的一些音乐早已传入坦桑尼亚，并推动了坦桑尼亚音乐的发展。突出的是，一种称之为"塔阿拉伯"（Taarab）的音乐，就是当地以打击乐器为主要乐器的班图音乐吸收了阿拉伯音乐（包括印度音乐）的曲调委婉和悠扬的优点，经过长期的融合而形成的一种节奏明快，娓娓动听的斯瓦希里音乐。这种音乐，在坦桑尼亚和东非沿海地区广为流传，同时也受到了阿拉伯世界、印度和西方国家的广泛欢迎。

在 20 世纪 30 年代初古巴伦巴舞在世界上广泛传播的时候，坦桑尼亚曾出现流行音乐热。1932 年成立了达累斯萨拉姆爵士乐团，后来又成立了莫罗戈罗爵士乐队和塔波拉爵士乐队。独立后，这些乐团大部分成了政府单位，如达累斯萨拉姆爵士乐团就成了坦桑尼亚国家乐团。

70 年代初，受到来自刚果（金）卢本巴希音乐的影响，坦桑尼亚出现了流行音乐发展的第二次热潮。80 年代，坦桑尼亚青年爵士乐团开始用电子乐器伴舞，1985 年成立了管弦乐团。目前，在国家艺术委员会正式注册的乐队有 50 多个。其中，有一些流行音乐团，如马奇里库乐团（Mchiriku）、大篷车乐团（Gari Kubwa）和电子乐团等，但因资金不足，他们的装备比较简单，一般就是四面鼓和一个电子乐箱，但他们演奏的流行音乐，尤其是当今世界极为流行的迪斯科乐曲，却颇受欢迎，特别是受到了青年人的欢迎。

目前，坦桑尼亚全国有 3000 多音乐工作者，其中约 100 人从事制作音乐磁带工作。

---

① 《坦桑尼亚》，《万国博览·非洲卷》，新华出版社，1998，第 1056 页。

三　戏剧电影

（一）话剧

坦　桑尼亚的戏剧主要是话剧。话剧的内容和情节都比较简单易懂，大都是社会讽刺剧和喜剧，很受一般群众欢迎。话剧团一般都是由社会团体、学校或私人组建的，较有名的有保克瓦（Paukwa）剧团、布廷巴（Butimba）教育学院剧团、巴加莫约艺术学院话剧团等。

剧作一般都短小精悍，易于表演。著名剧作家有侯赛因（Ebrahim Hussein），毕业于达累斯萨拉姆大学文学系，曾去汉堡深造，现为达累斯萨拉姆大学艺术系教授，是一位多产的剧作家，主要剧作有《金吉克蒂勒》、《魔鬼》、《乡村的公鸡》、《婚礼》、《时势》等。马汉多（Penina Mahando）是一位青年女剧作家，在坦桑尼亚文坛享有较高声誉。她1971年毕业于达累斯萨拉姆大学文学系，现为达累斯萨拉姆大学艺术系主任，她的一些现代题材的剧作搬上舞台后，受到文艺界和观众的好评。其主要剧作有《正视我们的权利》、《罪恶》、《离婚》、《母亲——社会的支柱》等。①

（二）电影

坦桑尼亚的电影业相当落后，独立后坦桑尼亚一直没有电影制片厂，只有从殖民政府手里接管过来的负责拍摄政府活动记录片的"电影单位"。1968年，政府以这个单位为基础组建了坦桑尼亚电影公司（TFC），负责影片生产、进口和发行工作，同时负责坦桑尼亚与国外电影界的交流与合作。下设三个单位，一个新闻电影制片厂、一个故事影片厂和一个电影发行公司。新闻电影制片厂建立后继续为政府的各项活动拍摄记录片，同时拍摄了

---

① 《坦桑尼亚》，《万国博览·非洲卷》，新华出版社，1998，第1055页。

不少介绍坦桑尼亚风土人情的记录片，在国际上受到了欢迎。故事影片厂，因设备简陋，只能拍摄 16 毫米黑白故事片，1979 年以来共摄制了四部斯瓦希里语故事片，即《穷人之路》、《孩子的权利》、《玛莉雅姆的婚礼》和《玛伊尼大婶》等。坦桑尼亚电影发行公司，主要负责影片的进口、发行和保管。坦桑尼亚电影公司现有职工两百多人。

坦桑尼亚电影公司 1974 年建立了一个视听中心（AVI）。该中心 20 世纪七八十年代摄制了大量的纪录片和科教片，免费向农村、工厂、学校、机关提供。该中心摄制的一些影片在国际上还得过奖。坦桑尼亚电影公司 1986 年还建立了一个唱片厂，1987 年下半年开始灌制唱片。

20 世纪 80 年代中期以后，由于经济困难，坦桑尼亚电影制片厂很长一段时间没有生产故事片，迄今全国商业性影片全靠进口。另外，由于电视和录像业的迅速发展，公众对记录片的兴趣大减，坦桑尼亚电影公司的业务日渐萧条。目前，坦桑尼亚电影公司的任务只有一个，那就是继续为政府活动拍摄记录片。

随着电视和音像业的发展，坦桑尼亚许多电影院悄然关闭。据报道，目前坦桑尼亚全国电影院已从 1992 年的 40 家减少到 4 家。

另外，现在坦桑尼亚的音像市场较为活跃，尽管坦桑尼亚迄今尚无正式的音像出版机构。据统计，坦桑尼亚全国一年销售录音带约为 3000 万盒，录像带 50 万盒。

四　绘画雕塑

桑尼亚的绘画、雕塑等造型艺术丰富多彩，有绘画、木雕、牙雕、葫芦雕、竹编、藤编、草编、麻编、印染、皮革工艺和首饰等。其中，乌木雕和廷加廷加画艺术享誉世

界，在世界一些大的博物馆都有收藏。

（一）马孔德乌木雕艺术

在种类繁多的非洲木雕中，坦桑尼亚的乌木雕以其独特的材质"乌木"独树一帜，成为非洲木雕艺苑中的一枝奇葩。乌木雕是马孔德族（Makonde）的一种传统艺术，又称"马孔德艺术"和"马孔德木雕"。马孔德族属班图人，是坦桑尼亚和莫桑比克两国边境地区的一个部族，大部分居住在坦桑尼业境内，有200多万人，是坦桑尼亚东南部地区的一个主要族体，主要聚居在与莫桑比克交界的姆特瓦拉省和鲁伍马省。坦桑尼亚和莫桑比克边界地区盛产乌木。

"乌木"是世界上稀有的珍贵树种之一，当地人称之为"姆平戈"（即斯瓦希里语中的 Mpingo），学名为"埃博尼"（英语中的 Ebony），汉语中称作"黑檀木"，简称"乌木"或"黑木"。乌木之所以珍贵在于它本身的特点：在浩瀚的原始森林中，在一望无际的林地上，散落着三三两两的乌木树，它小叶稀疏，微黄带绿，不成林，也不成荫；它生长期之长可谓万木之最，二三百年树径才能长成 30 厘米左右；它生命力极强，几百年中要经受多少次干旱、水涝、林火，还有野生动物践踏的考验，其他树木都死去活来，它却依然故我。乌木原木树皮为深灰色，内皮为黄白色，芯材分黑色、深褐色、紫红色和带纹浅褐色等四种。材质优良，坚硬、耐磨、不蛀、不腐，比重大于水，是木雕难得的优质材料，一经打磨十分光滑。据介绍，乌木还可药用。坦桑尼亚的"黑药"同中国的云南白药一样神奇，刀伤敷上乌木粉可马上止血，不会发炎；用开水煮过的乌木汤（呈红褐色）是治眼睛发炎的良药，还可治肚子疼（服用）。乌木不仅是马孔德人雕刻的用材，而且还是制造高级管乐器的材料，如苏格兰风笛和黑管等。

乌木雕是马孔德人的传统艺术。早期的马孔德木雕，与马

孔德人的生活密切相关，他们发现乌木"坚硬无比"，能工巧匠们便用乌木雕成手镯、项链、饭碗和手杖等。后来，长老们用乌木雕刻成家族、氏族和部落的图腾，一些青年人则用乌木雕刻成各式各样的假面具，每当庆典或祭祀活动时便把它们戴上；同时开始出现少数以人物（包括鬼神）和动物为主体的乌木雕。

随着时代的变迁和商品社会的发展，坦桑尼亚的乌木雕在20世纪50年代和六七十年代发展较快。许多马孔德人到达累斯萨拉姆办起了乌木雕作坊，把他们的木雕变成了供城里人享用的艺术品。在旅游业发展以后，马孔德的乌木雕受到外国旅游者的青睐，它们作为外国旅游者的旅游纪念品，逐渐传到了欧洲和亚洲一些国家。市场的需求带动了坦桑尼亚乌木雕艺术的进一步发展。莫桑比克独立前，许多莫桑比克境内的马孔德人为了生存和发展，纷纷到达累斯萨拉姆安家落户，从事木雕艺术；另外，乌木不仅生长在马孔德人居住的地区，而且在坦桑尼亚东部沿海地区许多地方都有，包括滨海省、林迪省、姆特瓦拉省、伊林加省，随着乌木雕的商品化，除马孔德人以外，集聚在这些地区的尧族（Yao）、马夸族（Makua）以及达累斯萨拉姆市和滨海省的扎拉莫族（Zaramo）的不少人，也开始从事木雕艺术及其商业活动。

在这30多年的时间里，随着经济、政治和社会的发展变化，马孔德乌木雕艺术也在不断发展和变化。坦桑传统的乌木雕得到了充实和发展，同时出现了"现代乌木雕"。坦桑尼亚的乌木雕系统化了，艺术风格也有了新的发展。

1. 传统乌木雕的发展

传统的马孔德乌木雕进入城市，成为供人欣赏的艺术品之后，根据市场的需求发展非常迅速。在假面具和图腾等传统木雕造型的基础上，发展了写真雕；在传统手镯、项链和手杖的基础上发展了妇女饰品和生活日用品等木雕。

第一，写真类木雕的发展。

人物活动是马孔德木雕的主体。天真烂漫的儿童、婷婷玉立的少女，挥刀耕种的农妇，草原放牧的马赛青年男子，迈着轻盈的步伐《打水归来》的少妇等等，都生动地刻画出坦桑尼亚人生活与劳动的情景。人头像是人物雕的一个重要组成部分。刻画不同部族的人头像雕，有男的、女的、老的、少的，个个表情丰富，独具特色。在写真雕中，野生动物是第二个重要内容，狮子、大象、犀牛、斑马、长颈鹿、河马、羚羊、鳄鱼、乌龟和猫头鹰等，都造型逼真，雕刻得惟妙惟肖。而这些动物雕都有着其丰富的内涵，如：兽中之王狮子，总是雕得张牙舞爪，象征着霸气；大象作为庞然大物，总是雕得四平八稳，是力量的象征；缓缓爬行的乌龟，在默默地为主人祈祷长寿；猫头鹰的两只眼睛瞪得圆圆的，为主人（农民）企盼五谷丰登，等等。另外，还出现了飞禽和花卉等木雕，其雕工之精细，栩栩如生，令人爱不释手。

第二，饰品种类大量增加。

除了传统的手镯和项链外，妇女饰品的种类增加了很多，包括项坠、戒指、耳环、耳坠、梳子、发夹等，应有尽有。值得提及的是乌木梳子。黑人头发，卷曲羊毛型，细而密，紧紧地贴在头皮上，要梳理这样的头发，梳齿特别长，可达十厘米；梳体雕得十分精美。它本身就是件很别致的雕刻品，外国人往往买回去挂在墙上做装饰品。鉴此，工匠们则雕刻了一种大型梳子，当装饰品用。

这里顺便提一下乌木雕装饰品。随着市场对装饰品的需求，马孔德艺术家们逐渐推出了挂板面具雕、人头像雕和动物雕等。

第三，日用品雕越来越多。

到 20 世纪 60 年代，在市场上就出现了大量的既是日用品、

又是艺术品的乌木雕。常见的有手杖、权杖、碗、盘子、勺子、刀子、烛台、烟灰缸、首饰盒和蜡烛台等。1965年笔者曾到坦桑尼亚工作，回国时就在礼品店里买了一把乌木雕裁纸刀，全长22厘米，宽2.2厘米；刀面乌黑锃亮，裁起纸来同金属刀一样"沙沙"作响；刀把部分为7厘米，雕有一个少女头像，在刀面和刀把接头处缠有几道白色的金属圈，是少女脖子上的"项链"。这件宝贵的艺术品，我珍藏至今。

在乌木雕商店，还出现了五子棋、国际象棋等；大型的木雕家具中，有衣箱、桌子、柜子、椅子、茶几和凳子等。

2. 现代乌木雕的出现

随着乌木雕的商品化，人们对乌木雕艺术欣赏的水平提高了，对乌木雕艺术价值的要求也提高了。于是，被称之为"鬼怪类"、"乌贾马类"和"马温古类"三种现代化乌木雕应运而生。

第一，鬼怪类。

斯瓦希里语称鬼怪为"谢塔尼"（Shetani），马孔德地方语称鬼怪为"南登加"（Nandenga），故鬼怪类在当地又称作"谢塔尼类"或"南登加类"。从传统讲，马孔德人相信灵魂，认为人类社会和祖先们的灵魂世界相互关联，人世间的生老病死、刮风下雨、五谷丰登或旱涝灾害等自然现象，都是祖先们在灵魂世界喜怒哀乐的结果。据传说，先祖们的灵魂常以似人非人、似动物非动物的形象显现，因丑陋无比，被称作"鬼怪"。马孔德人把这些鬼怪奉为"神灵"，总是祈求列位神灵保佑他们丰衣足食、世世平安。

在木雕市场得到发展以后，许多马孔德木雕艺术家都在考虑把从祖辈那里听到的故事和传说通过木雕形式表现出来。有着非同寻常想象力和创造力的马孔德乌木雕艺术大师萨马基·利卡诺卡（Samaki Likanoka），1959年终于完成他第一块（也是坦桑尼亚第一块）1 米多高的鬼怪大木雕；接着，千奇百怪、形态各异的鬼怪乌木雕纷纷出笼。所有这些鬼怪雕的背后，都有一个美丽动听或骇人听闻的传说或故事，包含着爱与恨、善良与残暴。这类作品，通过木雕艺术与马孔德人理念的结合，警示世人遵从祖训、扬善惩恶。专家们认为，马孔德艺术家运用变形、夸张和错位等奇特手法刻画鬼怪，以触动人的心灵，给人们一种强烈的精神震撼。鬼怪类乌木雕，在市场上受到了广泛欢迎。20 世纪 70 年代以来，坦桑尼亚鬼怪类的乌木雕一直是许多国家博物馆、国际上许多艺术家收藏的艺术珍品。

第二，"乌贾马"类。

这类乌木雕是一种群雕，出现于 20 世纪 50 年代。开始，有人（包括坦桑尼亚商人和外国旅游者）向马孔德木雕艺术家提出，希望他们能雕刻些反映马孔德人生产、生活和传统理念的木雕。根据订货，1964 年木雕艺术大师雅各布（Roberto Jakobo）完成了题为《母亲》的坦桑尼亚第一尊乌贾马类木雕；1965 年另一位木雕大师卢帕帕（Lupapa）又雕出了第二尊乌贾马类木雕，题目为《传统乌贾马》；接着，此类木雕《生命树》、《团结的力量》、《马赛人的乌贾马》等群雕纷至沓来。这类群雕有一个共同的主体，即：坦桑尼亚传统的同祖同宗、相互帮助、相互关心的社会关系。在 1967 年《阿鲁沙宣言》之后的一次坦桑尼亚全国乌木雕展览会上，雅各布参展的 5 件题为《迪蒙戈》（Dimoongo）的群雕，格外引人注目。"迪蒙戈"在马孔德语中意为"团结"，在那次展览会上，坦桑尼亚政府正式命名此类群雕为"乌贾马类"，使这类群雕从此有了自己的艺术归宿，并称雅各布的作品为乌贾马类乌木雕的代表作。

由于 1967 年《阿鲁沙宣言》决定坦桑尼亚执行"乌贾马社会主义和自力更生"政策，所以一些人把乌贾马类乌木雕称为"社会主义类"木雕，一些坦桑尼亚木雕艺术家批驳说，这是一

种曲解，因为马孔德人社会、乃至整个坦桑尼亚社会，就是一个团结和谐、互相关爱、充满亲情的"乌贾马"社会。

乌贾马木雕，通常是用整个乌木树雕成的，一般在 1 米左右，最高的要在两米以上；用整段乌木雕成的，短的也得有 20 多厘米高。雕刻大师构思巧妙，把几个、十几个甚至上百个人物以摞叠形式雕刻于一棵或一段乌木上。这类木雕都是直立的，大师们多采用深浮雕形式将人物雕刻在树段的周围，从下到上，一层层，像叠罗汉似的；有的还做成镂空形式，人物更富立体感。群雕所表现的多是马孔德人的一个家庭或一个族群劳动和生活的场面，从人物之间、上下左右的自然有机的联系，不难领悟出木雕的深刻内涵。在这类木雕中，有的顶端雕有一女性头像，表示马孔德人在这位女性的呵护下幸福安康，繁衍发展。

20 世纪 70 年代以来，乌贾马类乌木雕已经成为坦桑尼亚一种民族艺术珍品，国家领导人经常赠送给来访的外国国家元首或政府首脑，是坦桑尼亚政府或民间交往中一种规格最高的礼品。

第三，马温古类。

在鬼怪类和乌贾马类木雕之后，坦桑尼亚又出现了一类新的乌木雕作品，即"马温古"类。这是相关木雕艺术家为他们自己的作品所下的定义。马温古（Mawingu）在斯瓦希里语中意为"云彩"。他们说，他们的创作灵感全来自空中的变化莫测的云彩。据说，白云象征平和，彩云通报喜庆，乌云则预示着灾难。他们就是靠观察这些云彩的变化，打开思路，扩大想象，抓住在浮想联翩中出现的神话、传说和现实生活的某个场面，形成创作灵感的。他们的作品，题材广泛，涉及人、鬼神、动物和植物以及一些自然想象；从艺术手法上讲，构图简单，多为环状框架式图形，但造型较为抽象，接近于西方抽象派艺术作品；其主题只

有一个，那就是在抽象的作品中寓意着深刻的马孔德人或坦桑尼亚人的传统理念。

20 世纪 80 年代以来，坦桑尼亚出现了一批以乔治·利兰加（George Lilanga）为代表的马温古类木雕艺术家。利兰加是马温古类乌木雕的创始人之一，他还是一位有名的画家。

（二）廷加廷加绘画艺术

坦桑尼亚有些民间画家，擅长绘画，并以父子或师徒相传的方式，将其技艺代代相传。他们由绘制部落图腾、装饰图案等，发展到与工艺品相结合，绘制各种工艺画及旅游纪念品，其所描绘的主题也不断扩大，有人物、动物、花鸟、当地风光、风俗习惯、神话故事等，绘画手法概括、夸张，明暗对比强烈，富有装饰性。

廷加廷加（Tinga Tinga）画是坦桑尼亚民间画家一派的作品，是坦桑尼亚特有的一种画在布上和纤维板上的漆画。廷加廷加画是以其创始人爱德华·赛义德·廷加廷加（Edward Said Tinga Tinga）的名字命名的。廷加廷加 1937 年生于坦桑尼亚坦噶省通杜鲁地区的民杜村。他长大后当了一名油漆工。在建筑工地上休息时，他经常用油漆在木板上画画，按照自己的观察和想象画动物，也画人物，画得越来越好。这样，当地的一些医生和小公司经常请他为他们用油漆在墙上画些广告。他的漆画逐渐引起社会上、尤其是达累斯萨拉姆艺术界的关注。后来，东乌桑巴拉林业公司聘请 5 名廷加廷加画家（都是廷加廷加的徒弟，也是他的亲戚）到公司作画，从此布漆画和纤维板漆画开始在市场上销售。廷加廷加 1972 年逝世后，他的绘画风格又有了新的发展，色调变得明快，画面更加富于想象力。[①]

廷加廷加漆画是从民间装饰性绘画发展起来的，具有强烈的

---

① Tinga Tinga Art-www. Zanzibar Connection. com/tingact. htm.

民间气息和特色风格。廷加廷加画大致可分为三类：第一，用单色线条构成的花鸟图案，其线条婉转流畅，疏密相间，既有统一格调，又变化多样，所绘花鸟有动有静，栩栩如生。这类作品，除直接用作艺术装饰品外，现在有许多用作印染图案，或作为各种材质的线雕或浮雕等工艺品的图样。第二，用色块构成的绘画，既有花鸟动物，也有风景、人物等，其特点是概括性、装饰性强，以运用黑、白、红、青、绿等色为主，色彩鲜艳、浓重，引人入胜。第三，以线条和色块相结合的方式，绘画内涵深远的神话传说、历史事件和现实生活，尤其是乡村生活等，2002 年11 月在中国江苏举办的一次坦桑尼亚廷加廷加画展上，就展出了《奴隶贸易》（见下图）、《狩猎》和一些中国援建坦桑尼亚工程项目的热烈友好场面的画卷。

20 世纪 80 年代中期实行改革开放政策以后，随着旅游业的发展，廷加廷加画作为旅游纪念品越来越受到外国旅游者的青睐，尤其受到了国外艺术家们的重视。现在，廷加廷加画已经走出非洲，成为欧美和日本等国家艺术家和收藏家们研究和收藏的珍品。

第三节　医疗卫生

一　坦桑大陆的医疗卫生事业

（一）独立后医疗卫生事业的发展

在殖民统治时期，坦桑尼亚大陆（坦噶尼喀）医疗卫生事业非常落后。

坦噶尼喀独立后，尼雷尔总统重视医疗卫生事业，提出"把农村卫生事业和预防工作放在首位，有效地发展农村卫生中心和诊所，建立农村医疗预防网"，提出"为住有90%人口的农村地区服务"。1967 年实施"乌贾马社会主义"政策后，加快了医疗卫生事业发展的步伐，到 20 世纪 80 年代坦桑尼亚已经建立了一套完整的公共医疗卫生系统。

1. 卫生站

在乡村地区的每个村和城市的每个街道都有卫生站。每村或每条街道都有由当地推荐的两名卫生员，经短期培训后从事乡村或街道医疗卫生服务工作。其主要任务是向村民或居民宣传医疗卫生常识，同时做一些具体的预防疾病的工作。

2. 诊所

在乡村地区的几个村或城市几条街道，就设有一个（或几个）诊所，每个诊所负责 6000 到 1 万人的医疗卫生工作，同时监管其辖区的所有卫生站的工作。其任务是负责其地区卫生防疫、妇幼卫生和其他群众性卫生活动，诊治一般病症，并负责将危重病人转送医疗卫生中心、县或地区医院进行治疗。

3. 医疗卫生中心

在乡村地区的每个乡或城市的每个社区，都有一个（或几个）医疗卫生中心，每个中心负责约 5 万人的医疗服务工作，

每个医疗卫生中心都有医生和医助，可门诊看病，可住院治疗。

4. 地区医院

属正规医院，任务就是为病人看病，有相应的医务人员、医药和设备。在乡村和城市的每个地区，都有一个这样的医院，中央政府和宗教团体对地区医院都有一定的补贴。

5. 省立医院

为二级医院，每个省都有一家省立医院，省立医院的医疗条件比地区医院好得多。

6. 会诊医院或一级医院

是坦桑尼亚水平最高的医院。坦桑尼亚现有四家这样的医院，除为当地患者看病外，他们分别负责 4 个大区疑难病症的诊治。穆欣比利医疗中心负责东部地区；乞力马扎罗基督教医疗中心负责北部地区；姆万扎布干多医院负责西部地区；姆贝亚医院负责南方地区。

有些病症国内看不了，或国内医院无相关设备，政府则根据外汇情况，批准一些病人到国外进行治疗。

为满足国家对医疗卫生人才的需要，达累斯萨拉姆大学设立了医学系，政府还在全国建立了一些中等专业学校、护士学校、卫生学校和适于各类医疗卫生干部进修的医疗卫生培训学校。

另外，坦桑尼亚政府重视计划生育工作，1986 年开始实行全国计划生育计划，提倡"间歇生育"，即一对夫妇生多少不限，但子女相隔年龄必须在 3 岁以上。计划生育工作由卫生部妇幼健康司负责，各省市、各地区还都有相应的负责计划生育工作的办公室。

从建制看，坦桑尼亚大陆医疗卫生事业的发展在尼雷尔时期已经初具规模。据坦桑尼亚卫生部统计，截至 1985 年底，大陆的各类医院已从 1962 年的 99 家发展到 152 家（包括教会和私人医院 54 家），医院病床数由 11031 张增加到 22800 张；有医疗卫生中心 260 个，医疗卫生中心有病床 5122 张；有诊所 2831 个，其病床达到 ll320 张。医务人员也大大增加了。到 1983/1984 年度，正式医生从 1961 年的 12 人增至 1015 名；另外，还有医助 2243 人，护士约 4.4 万人。

过去，在医疗技术和医药上全靠西方，而现在已初步有了自己的医疗队伍。据 1984 年统计，为解决缺药问题，除继续依靠外国援助以外，建立了小规模的制药厂和生物制品所，穆欣比利医学中心还对数千种草药进行了研究实验，不少已临床使用。

在医疗费用方面，政府医院、医疗中心和诊所，对工人、农民和政府工作人员实行免费医疗，免收门诊费、住院费、医药费和住院病人的伙食费等；对商人和外国人则收取医疗费。私人和教会医院及其他医疗机构自行收费。需要提及的是，1977 年国民议会通过《私人医院法》后，政府对私营医院和诊所等实行了国有化。

总之，独立后坦桑尼亚医疗卫生事业发展较快，是非洲医疗卫生较好的国家之一，坦桑尼亚人民的健康水平有了明显改善。据统计，到 1985 年，婴儿死亡率已由独立时的 14.4% 下降到了 9.8%，人口平均寿命由独立时的 40 岁增加到 54 岁。另外，1971 年乡村地区能够从安全卫生水源得到饮用水的人口仅占乡村人口的 0.8%，到 1985 年这个数字已经达到了 50%。

（二）经济困难医疗卫生事业受挫

从 20 世纪 70 年代末开始，由于"天灾人祸"，坦桑尼亚经济陷入萧条，政府财政拮据，向医疗卫生部门的拨款日益减少，不仅无力扩大医疗卫生服务，就是连维持一些简单的医疗服务也困难重重。

更为重要的是，按照国际货币基金组织和世界银行的贷款条件实施结构调整计划以后，坦桑尼亚政府实行了紧缩的财政政策，大大压缩了政府对社会服务（包括教育、卫生、住房、社

区发展、环境和公共卫生等）部门的预算，致使医院、医疗中心和诊所缺医少药，无法正常运行。尽管姆维尼总统执政后，政府即允许私人开办医院和诊所，允许私商自筹资金进口医药，但普通百姓根本无钱去私立医院或诊所看病，因为尽管执行结构调整计划后坦桑尼亚宏观经济有所恢复和发展，但因坦桑尼亚先令大幅度贬值，通货膨胀率飙升，人民生活变得越来越困难。

　　面对如此困难的形势，1990 年政府制定了《医疗卫生发展计划（1990～2000）》。计划强调医疗卫生事业发展的重点在乡村地区，还强调要特别关注包括妇女和儿童在内的弱势群体的健康。措施是动员、组织和协调全社会的力量，包括中央政府、地方政府、社区、私营部门和居民个人以及非政府组织，共同建立一个能够满足人民健康需要的医疗系统，实施《基础保健计划（PHC）》，改善人民的健康状况。这项计划还特别强调食物和营养问题，认为营养不良是造成产妇、婴儿和儿童死亡率过高的重要因素，也是成人身体虚弱、易感染各种疾病、影响人均寿命的原因之一。政府提出，除努力改善食物贫困状况外，还要加强营养学知识的宣传教育，提高人们注意食物营养的观念。据坦桑尼亚政府卫生部统计，1990 年严重营养不良者占全国人口的 6%；一般营养失调的人占全国人口的 46%。

　　在此期间，为了调动私营部门在提供医疗服务方面的积极性，1991 年政府修改 1977 年的《私人医院法》，重新确立了私人为社会提供医疗卫生服务的法律地位，即具备从事医疗服务（包括牙科服务和开药店）的个人，可以经卫生部批准建立医院、诊所或药店。另外，作为《基础保健计划》的重要措施，政府于 1992 年还先后制定了《坦桑尼亚国家供水计划》和《坦桑尼亚食物和营养政策》。

　　1993 年，坦桑尼亚国民议会通过《医疗卫生改革法》，以便改善医疗卫生设施，更好地利用医疗卫生资源，改进基本医疗卫生服务工作。这项法律规定：第一，废除免费医疗做法，实行"费用共担"制度，为此决定建立国家工作人员医疗保险和社区医疗基金。第二，决定改变过去提供医疗服务由中央政府"一包到底"的做法，在中央财政的支持下，实行"分片包干"，从组织和动员社会力量，制定发展计划，到医疗卫生费用预算的安排和管理工作，把提供基本医疗卫生服务的工作全权下放到地方政府。这项法律还强调，坦桑尼亚医疗卫生改革的重点在乡村地区，应当把着眼点放在地区医院、卫生中心和诊所。

1994 年，坦桑尼亚政府启动医疗卫生部门的改革计划。首先实行了"费用共担"制度，即患者在政府医疗机构支付门诊、医药和住院费用的一半。这种费用共担制，经过在国家一级医院试行后，1996 年政府制定了《医疗卫生部门改革行动计划和工作安排 (1996～1999)》，全面铺开，推广到省立医院、地区医院、医疗中心和诊所。

从实际情况看，因为政府缺乏资金，医疗改革进展十分缓慢，坦桑尼亚医疗卫生状况不仅没有改善，反而日趋恶化。据报道，20 世纪 70 年代对政府这些基本社会服务部门的拨款，平均占政府总支出的 25%，到执行结构调整计划时期则下降到 14%，平均减少了 44%。有些地区医院、医疗中心和诊所，因无钱买药、无钱维修医院诊室或病房，无钱购买医疗器械，甚至无钱为员工发放工资，只好关门大吉。在实行费用共担制以后，因为要交一部分钱，老百姓到医院、医疗中心和诊所看病的也越来越少。

到 90 年代末期，坦桑尼亚医疗系统基本瘫痪。政府缺少资金，就连过去一直为儿童免费注射（几种）疫苗的工作几乎也停止了。结果，妇女和儿童的健康状况受到严重影响，各种常见病发病率增加，包括传染性疾病，像疟疾、肺结核和霍乱等，坦桑尼亚人的健康水平明显下降。

据坦桑尼亚卫生部统计，到 1999 年，坦桑尼亚人的平均寿命已从 1988 年的 54 岁下降到 1999 年的 48 岁（艾滋病的肆虐是坦桑人平均寿命下降的一个重要原因）；产妇死亡率，1973 年从 1961 年的 4.5‰下降的 2‰以下以后一直保持在 2‰左右，但 80 年代以后逐年增加，到 1999 年就增加到了 5.29‰；5 岁以下儿童死亡率，从 1992 年的 137‰上升到 1999 年的 158‰。另外，能够从安全卫生水源得到饮用水的人口，也从 1985 年的 50% 减少到 1999 年的 48.5%。

（三）医疗卫生事业的恢复和发展

1997 年国民议会通过的《2025 年远景发展规划》，确立了发展经济，改善人民生活的目标。在改善人民生活方面，发展规划提出为国民提供良好的医疗卫生服务，让全体国民都能用上安全饮用水，把婴儿和产妇的死亡率减少 3/4。为落实远景发展规划的目标，2000 年 1 月政府制定了一个中期发展计划《减贫战略计划（2000~2010）》，同时制定了一个新的《医疗卫生部门发展计划（2000~2010）》，2003 年又制定了《医疗卫生部门发展战略计划（2003~2008）》，拟通过减少粮食贫困、让更多的人能用上安全饮用水和改善医疗卫生条件，到 2010 年把全国平均寿命从 48 岁增加到 52 岁。计划中提出的主要措施是：增加政府对基础医疗卫生单位的拨款；支持和鼓励私营部门和居民个人在医疗卫生领域投资，为公共医疗卫生事业做出贡献；在城市和乡村地区恢复和增加医疗卫生中心，改善向社区居民提供医疗保健服务工作。

1. 政府对医疗卫生部门的预算增加

1995 年姆卡帕总统执政后，坚持经济改革开放政策，实施"加强经济结构调整"计划。在第一个加强经济结构调整计划期间，坦桑尼亚经济取得了一定程度的恢复和发展；在第二个加强结构调整计划期间，坦桑尼亚经济开始走出低谷，并出现了稳定发展的局面。经济发展了，有了一定的外汇储备，为增加社会服务部门的拨款奠定了基础。

2000/2001 年度，政府即按照《减贫战略计划》的精神增加了对社会服务部门的预算，为医疗卫生部门拨款 1.2513 亿美元，比上一年度的 1.0879 亿美元增加 15%；为供水部门拨款 2346 万美元，比上一年度的 1920 万美元增加了 22.2%。

姆卡帕政府执政后在各方面取得的成绩赢得了国际上的普遍赞誉，国际上对坦桑尼亚的多边和双边援助进一步增加，尤其是 2001 年以来坦桑尼亚的多边和双边债权人陆续减免了坦桑尼亚的大批债务，为坦桑尼亚恢复和发展社会服务事业创造了条件。从 2001/2002 年度正式实施《减贫战略计划》开始，坦桑尼亚政府就大幅度地增加了对社会福利部门的预算。据坦桑尼亚财政部统计，2001/2002 年度，政府为医疗卫生部门拨款 1.7859 亿美元，比上一年度增加 42.7%，占整个政府财政支出的 8.7%；向供水部门拨款 4106 万美元，比上一年度增加 75%，占政府整个财政支出的 2%。近年来，政府对社会福利部门的预算逐年增加。据统计，2004/2005 年度，政府为医疗卫生部门拨款 2.6743 亿美元，比上一年度增加 27.2%；为供水部门拨款 1.1681 亿美元，比上一年度增加 87.5%。

2. 医疗卫生部门发展计划逐步落实

政府对医疗卫生部门拨款的增加，为实施医疗卫生部门改革和发展计划增添了活力，医疗卫生事业逐步得到了恢复和发展。

（1）医疗机构的恢复和发展

坦桑尼亚的医疗机构，从一级医院、省立医院、地区医院，到医疗卫生中心和诊所，大部分都是政府于 20 世纪七八十年代建立的，其设施早已年久失修。1990 年政府提出维修问题，但因资金匮乏医疗机构的维修工程一直未能全面启动，直至 2001 年正式实施《减贫战略计划》。截至 2003 年底，达累斯萨拉姆

穆欣比利医疗中心（国家一级医院）和姆贝亚、阿鲁沙、鲁伍马等省级医院，以及包括伊拉拉（Ilala）、特梅克´（Temeke）、基农多尼（Kinondoni）、基洛萨等一大批地区医院，都完成了维修任务，有的还扩建了。在城市、尤其是乡村地区的许多医疗卫生中心和诊所，经过修复，也都恢复了正常的医疗卫生服务。经过扩建，2002年政府已把穆欣比利医院的两个科室建成两家特种病医院——滨海路肿瘤研究所（ORCI）和穆欣比利整形外科中心（MOI）。2003/2004年度，政府还根据实际需要同社区合作，在相关的地区新建了25个医疗卫生中心和175家诊所。

自1990年、尤其是进入21世纪以来，私人、宗教团体和非政府组织投资于医疗卫生部门越来越多，兴建了一大批医疗卫生机构，包括各类医院、医疗卫生中心和诊所，私人在开办诊所方面尤为活跃。

据坦桑尼亚卫生部统计，1994年坦桑尼亚大陆有各类医院175家，医疗卫生中心276家和诊所3014家（其中一些因故已经停业）。但到2004年底，坦桑尼亚运营的各类医院已增至219家（一级医院8家，省级医院17家，地区医院78家，其他小型或专科医院116家），比1994年增加24%；医疗中心434个，增加了57%；诊所4408个，增加了46%。加上其他一些医疗机构（如特种诊所、医疗实验室等），坦桑尼亚共有医疗机构5095家，比1994年的3465家增加了47%。

与此同时，坦桑尼亚医疗机构还增添了一些新的医疗设备，包括X光设备、超声波检测仪、CT扫描仪和实验室设备以及艾滋病检测仪器等。

（2）新型医疗制度初步形成

进入21世纪以来，政府按照《医疗卫生改革法》的规定，建立以地区为中心的医疗服务体系，实施费用共担的医疗制度，落实国家医疗保险基金和社区医疗基金计划，现已初步建立起一

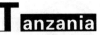

种新型的医疗体制。

第一，根据医疗卫生改革法提出的"权力下放"的精神，经过在卢菲吉和莫罗戈罗等10个地区的几年的试点，到2003年坦桑尼亚大陆已初步建立起以地区为中心、由中央到省到地区层层负责的为全体公民提供基础医疗服务的医疗管理系统。2003年政府支持召开了坦桑尼亚第一届地区医官会议，明确了地区的任务：向社会提供合格的医疗服务。2005年11月举行坦桑尼亚第三届地区医官会议时，桑给巴尔各地区的医官也参加了会议。

按医疗卫生改革法规定，各地区建立由各阶层代表参加的医疗卫生委员会，全权负责本地区的医疗卫生服务工作。其任务包括：加强对地区医院和下属的医疗中心管理（医疗中心要加强对其下属诊所的管理），向公民提供良好的医疗卫生服务；制定本地区的医疗卫生发展和服务计划，包括制定地区医疗卫生服务预算和对预算的管理。改革后，免疫服务、计划生育、慢性病的防治、肺结核、麻风病的治疗、妇幼和其他特殊群体的医疗服务，仍由中央政府安排，并按各地区人口多少、贫困程度、5岁以下儿童死亡率高低和医疗机构与乡村农民或城市居民住处平均距离远近情况等，予以拨款。新的医疗卫生系统采取层层负责制，省医官和监管该省医疗工作的国家一级医院负责人，共同监管辖区内的各地区的医疗卫生工作；反过来，他们对中央政府卫生部负责。

第二，1996年政府实施《医疗卫生部门改革行动计划和工作安排》，全面铺开"费用共担"的医疗制度以后，开始为国家工作人员建立国家医疗保险基金和为广大城乡居民建立社区医疗基金进行准备。政府从2001年开始建立国家医疗保险基金，到2004年底绝大部分政府工作人员（248343人）就都参加了医疗保险，政府还为享有医疗保险的政府工作人员及其家属发放了医疗保险证（一位工作人员可以有6名家属享受与其相同的医疗保险待遇）；为国家医疗保险基金参保人员提供服务的全国医疗单位已经达到 3877 家。另外，经过在 10 个地区的试点后，政府 2001年开始了在大陆建立社区医疗保险基金的工作。截至 2004 年底，坦桑尼亚大陆已在 42 个地区建立了社区医疗保险基金。①

3. 提高健康水平任务艰巨

随着经济形势的好转，政府对医疗卫生部门预算的增加，医疗卫生机构的恢复和发展，坦桑尼亚的医疗卫生服务有所改善，城市和乡村地区居民过去那种看病难的问题得到缓解；另外，医疗卫生部门的职业道德也有所提高。

近年来，到医院和其他医疗单位就诊的病人增加了。2002年到各类医院和其他医疗机构就诊的达到 1328395 人次，比2001 年就诊的 1167139 人次增长了 12.1%。其中，到各诊所看病的有 19695356 人次，比 2001 年的 17218371 人次增长了25.7%。② 尤其是，国家医疗保险基金建立后，到医院看病的政府工作人员及其家属增加得更多，每个月到医疗机构看病的人数，已从 2001/2002 年度的 14039 人增加到 2003/2004 年度的64917 人。③

应当看到，尽管医疗卫生事业改革取得了进展，到医院看病的人也增加了，但要真正提高人民健康水平的任务仍然十分艰巨。坦桑尼亚卫生部的统计表明，到 2004 年，坦桑尼亚大陆婴儿死亡率从 2000 年的 88‰ 下降到 78.4‰，5 岁以下儿童死亡率从 2000 年 141‰ 下降到 126‰，均未达到预期的指标。而产妇死

---

① The Economic Survey 2004, Produced by The Ministry of Planning, Economy and Empowerment Dar er Salaam, Tanzania, June, 2005.

② The Economic Survey 2002, Produced by The Ministry of Planning, Economy and Empowerment Dar er Salaam, Tanzania June, 2003.

③ Speech by the President of the United Republic of Tanzania, Hon. Benjamin William Mkapa, at the official Opening of the Annual Meeting of Regional Medical Officers and Directors of Referral and Specialist Hospitals Held at Mtwara Teachers College Hall, August 2, 2005.

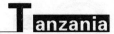

亡率 2000 年为 5.29‰，到 2004 年这个数字毫无变化，仍为5.29‰。更为严峻的是，人均寿命 2000 年为 46.8 岁，到 2004下降到了 46.2 岁。

这表明，坦桑尼亚的医疗卫生事业还有许多困难，而这些困难只能逐步解决，包括：

第一，资金短缺。现在的医疗卫生服务还主要是政府的任务，医疗机构的恢复和发展，医务人员的工资和福利待遇，医疗设备的补充和医药的进口等，都需要很多钱。

第二，在医疗机构恢复和发展以后，医生、护士和其他医务人员严重短缺。据报道，坦桑尼亚大陆现在医院缺员近70%。

第三，老百姓还很穷，尤其是在乡村地区。许多人无钱看病。按政府所作的《家庭支出情况调查报告（2000/2001）》，大约75.4%的家庭居住在方圆 6 公里之内有医疗卫生设施和91.4%的人居住在方圆 10 公里之内有医疗卫生设施的地方。尽管如此，很多人，特别是儿童和女人有病也不去看，有时就这样死在家里。10 个孩子有 8 个孩子是死在家里的，其中 6 个根本没去看过病。妇女生孩子到附近医疗卫生站或医疗中心接生的人很少，致使妇幼健康得不到保证。营养不良是坦桑尼亚人容易感染疾病和死亡率高的内在因素，尤其是儿童，由于营养不足，发育不良，夭折者甚多，症结在于现在仍有许多人处在食物贫困线以下，他们的"温饱"问题尚未解决，就很难谈"吃好"的问题了。尽管乡村和城市地区的供水工作有了改进，但由于贫困，2004 年乡村地区 46.5%的人口和城市地区 26%的人口，仍然在饮用非安全水源的水，"尽管城市供水增加，但水费较高，特别在城市居住的穷人，他们有些承受不了"①。

① The Economic Survey 2004 Produced by: The Ministry of Planning, Economy and Empowerment Dar er Salaam, Tanzania June, 2005.

二 桑给巴尔的医疗卫生事业

给巴尔诸岛的医疗卫生事业由桑给巴尔革命政府卫生部统管。

"一月革命"以后，桑给巴尔非洲-设拉子党和革命委员会重视医疗卫生事业，并采取了一系列措施。1965 年 3 月 23 日，宣布对全民实行免费医疗，包括检查、医药和住院等。以后又陆续兴建或扩建了医院与卫生所，到 20 世纪 70 年代中期桑给巴尔的医疗卫生事业已经有了较大发展。

据报道，各类医院已达 9 所。桑给巴尔岛有 1 所综合性医院——列宁医院，另有妇产医院、结核病院、麻风病院和精神病院各 1 所；奔巴岛有奔巴医院（亦称姆夸尼或阿杜拉-姆齐医院）、韦蒂医院、查克查克医院、3 所中小型综合性医院和一所麻风病院。两个岛上还设有农村卫生所 67 个。桑给巴尔各类医院和卫生所共有病床 1214 张。

卫生所是桑给巴尔的基层医疗单位，日常工作主要是门诊和接生等。卫生所，服务半径为 5~6 公里，服务人口约 5000 人，一般有护士 1 人和工勤人员 1 人。有些中心卫生所，还配有助产士和卫生助理，并设有临时病床和产床。此外，桑给巴尔岛和奔巴岛上还有些医疗巡回点，由邻近卫生所的医务人员定期前往巡诊。

医疗卫生队伍逐渐发展壮大，医务人员达到 1109 人，较 1962 年增长了 71%，其中本国医生 15 名（1962 年仅 2 名），护士 300 人、助产士 15 人、药剂师和化验员 40 人，农村医护人员 40 多人，其余为职员和工勤人员。

然而，从 80 年代开始，由于国际市场上丁香价格大幅跌落（从过去每公斤 7 美元跌至 2 美元），丁香出口收入锐减，桑给巴尔政府财政陷入困境，致使其公共卫生环境和医疗服务等福利事业受到严重影响。在 1995 年实行首次多党民主大选后，桑给巴尔政治局势动乱不已，西方一些国家对桑给巴尔的援助也中断了，桑给巴尔经济发展停滞，桑给巴尔医疗卫生和其他福利事业的形势进一步恶化。这种局面一直持续到 2000 年第二次多党大选后经过国际斡旋，革命党和公民阵线于 2002 年达成妥协为止。

第一，在过去的 10 年中，由于现有供水设施已经老化，人口增长过快等因素，城市自来水的供应没有保证，更严重的是乡村地区，尤其是奔巴岛，村民们每天都要跑很远的路才能搞到一点饮用水，而且农民们的饮用水都来自不卫生、无安全保证的水源。"平均起来，桑给巴尔大约 60% 的人口能够饮用上有卫生和安全保证的水"①。

第二，在桑给巴尔，不论是城市地区，还是乡村地区，现在的公共卫生设施都很差，大部分已经被垃圾等所堵塞。在城市，现在只有 1/5 的家庭的下水道可用，其余的就都不能用了，所以有人就在院内某个角落挖个坑当茅厕，有的干脆就"随地大小便"了。据报道，在温古贾岛，城镇里 3% 的家庭没有厕所；在奔巴岛，城镇里 21% 的家庭无厕所。在温古贾岛的乡村地区，约有一半的家庭有坑"茅厕"，而在奔巴岛乡村地区有茅厕的只是少数家庭。②

第三，城乡医疗机构的设施普遍待修，医院缺医少药。正如卡鲁姆总统所说，政府设法维修了温古贾岛和奔巴岛的一些医疗设施，但还有许多有待修复。他还说："尽管政府已竭尽全力，

---

① Speech by the president of Zanzibar and Chairman of the Revolutionary Council His Excellency Amani Abeid Karume during Celebrations to Commemorate 38 Years of the Zanzibar Revolution On 12th January，2002.

② UNDP Announces Strategic Partnership with DFID to Step up Zanzibar Development，January 21st，2003.

但我们医院所需要的医药还是严重不足。"①

2002 年 1 月 23 日，桑给巴尔革命政府推出《桑给巴尔 2020 年远景发展规划》（Zanzibar Vision 2020），并于翌日开始实施了落实这项远景发展规划的《桑给巴尔减贫计划》（ZPRP）。

《减贫计划》在医疗卫生和社会福利方面提出了总目标：恢复和发展城市和乡村地区的医疗卫生设施，向全体公民提供安全饮用水或安全饮用水水源，提供基础保健服务，搞好环境卫生，减少人口死亡率，到 2020 年把桑给巴尔人的平均寿命从 2002 年的 48 岁增加到 65 岁。其主要措施包括：政府增加对医疗卫生部门的预算；调动社会各个阶层，包括宗教团体、非政府组织、尤其是社区和私人的参与发展桑给巴尔基础医疗卫生事业的积极性；寻求国际援助，以弥补桑给巴尔本地资金的不足。另外，还具体提出：①以改善对产妇和婴儿的公共医疗服务工作为重点；②增加对 5 岁以下儿童的各种疫苗注射的比例，以防治疟疾、腹泻、肺炎和其他呼吸器官疾病发生和蔓延；③为保证基础医疗服务工作顺利进行，保证向地区医疗卫生中心和卫生所提供足够的医药和其他医疗辅助材料及设备；④设法提高基层医疗单位医务人员的医疗水平；⑤加强地区医疗计划和发展部门建设，提高管理水平，改善医疗服务；⑥加强宣传教育，并采取具体措施，做好计划生育工作；⑦加强关于预防艾滋病知识的宣传教育工作，让人们远离艾滋病；⑧普及卫生知识，做好疾病的预防工作。

到 2020 年具体目标是：①婴儿死亡率从 2002 年的 83‰下降到 20‰。② 5 岁以下儿童死亡率，到 2005 年从 114‰下降到 80‰，到 2020 年下降到 20‰。③产妇死亡率，到 2010 年，在温

---

① Speech by the President Of Zanzibar and Chairman of the Revolutionary Council His Excellency Amani Abeid Karume during Celebrations to Commemorate 38 Years of the Zanzibar Revolution On 12th January, 2002.

古贾岛要从 3.67‰ 下降到 2.2‰；在奔巴岛上，要从 4.6‰ 下降到 2.5‰。④消除食物贫困，注意营养，到 2005 年，要把体重和身高不达标的儿童的比例从 2002 年的 36% 下降到 20%。

2002 年以来，政府增加了对医疗卫生部门的预算，逐步开始了医疗机构建筑的维修工程，增加了医药和医疗设备的进口。政府为改善医疗卫生服务的努力得到国内外的广泛支持。一些社区、非政府组织和宗教组织开办了一些医疗中心和诊所；联合国开发署、世界银行、非洲发展银行、石油输出国组织、国际红十字会以及中国、英国和日本等国，都向桑给巴尔医疗卫生部门提供了援助。桑给巴尔的医疗卫生事业正在逐步得到恢复和发展。

三　坦桑尼亚几种常见的疾病

坦桑尼亚的疾病较多。其中，尤以传染病和寄生虫病为甚。疟疾、艾滋病和肺结核为当前坦桑尼亚人民健康的三大杀手。另外，还有麻疹、霍乱、痢疾、蛔虫病、血吸虫病、性病、麻风病、百日咳和伤寒等。营养不良是坦桑尼亚人死亡的一个重要因素，是许多儿童死亡的重要因素；不卫生的环境、拥挤和不通风的住房，使这些问题进一步恶化；户外储存的食物，受到灰尘和苍蝇的污染；饮用水，特别是在乡村地区，许多饮用水都来自不卫生、不安全的水源，有许多受到人和牲畜粪便的污染。这些都是导致疾病多发的重要因素。一些最常见的疾病如下。

1. 疟疾

疟疾一直是威胁坦桑人民身体健康的最大"杀手"之一。在全国 40% 以上的地区，一年内大部分时间都有疟疾的传播。在缺医少药的乡村地区，约 70% 以上的人均带有疟原虫，1~5 岁儿童中发病率几乎高达 100%，1 岁以下婴儿死亡于疟疾的达

10%。成年人中，发病率也有50%。近年来，坦桑尼亚每年约有1800万人害疟疾（相当于患艾滋病、肺结核、麻疹和麻风病人数的5倍），有1.8万人（约70%是孕妇和5岁以下的儿童）死于疟疾。

据报道，卫生部部长安娜·阿卜杜拉2002年10月在达累斯萨拉姆举行的一次全国防治疟疾的会议上说，坦桑尼亚疟疾流行的主要原因有两个：一是许多贫困人口无钱购买防治疟疾的药物，甚至无钱购买蚊帐等防止蚊子叮咬的物品；二是导致疟疾发病的疟原虫对现在市场出售的许多药品产生的抗药性，致使治疗效果不佳。

2. 艾滋病

1983年坦桑尼亚在西北部卡盖拉省首次发现艾滋病人。1986年4月21日，坦桑尼亚卫生部宣布，在大陆的17省中都发现有艾滋病人，并且已有149人死亡。姆卡帕总统1999年12月向全国发表公开讲话宣布"艾滋病是坦桑尼亚面临的一场国难"。他说，目前全国大约有艾滋病毒感染者和艾滋病患者200万人，在15~49岁年龄段感染艾滋病毒的，大陆为12%，桑给巴尔为1%。他说，现在全国有200万孤儿，他们大部分都是艾滋孤儿。据官方统计，截至2001年6月底，坦桑尼亚约有300万人感染了艾滋病病毒，占全国人口的10%以上。苏马耶总理同年8月4日在多多马一个群众集会上发表讲话说，在坦桑尼亚，经济建设的骨干力量正是受艾滋病影响最严重的群体。新发现的艾滋病人中有70%以上是25~49岁之间的青壮年。他说，这一趋势持续下去，国家的经济生产能力将被大大削弱。目前，艾滋病毒或艾滋病在坦桑尼亚蔓延的趋势尚未得到抑制。据报道，截至2003年12月底，坦桑尼亚全国已有约220万人感染上艾滋病病毒或为艾滋病患者，他们许多人是25~34岁之间的妇女和30~39岁男子。

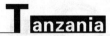

3. 肺结核

肺结核一直是困扰坦桑尼亚人民身体健康的一大病魔，尤其是在高密度人群居住的地区。由于受艾滋病蔓延的影响，20世纪90年代以来肺结核发病率呈上升趋势。据坦桑卫生部统计，肺结核病病例1993年为1万多例，1999年已增至52437例，到2000年就增加到了54000例，专家认为，人们感染艾滋病病毒以后自身免疫力急剧下降，容易引起肺结核病等传染性疾病的发作。2001年，坦桑尼亚政府实施了一个5年防治肺结核计划，以降低其发病率。然而，至今坦桑尼亚肺结核病人的数字还在增加。据坦桑尼亚卫生部统计，到2003年底坦桑尼亚肺结核发病人数为63211人，到2004年底就增加到了64665人，增长2.3%。[①]

4. 血吸虫病

血吸虫病作为人民痛苦和经济损失的原因，其地位可能仅次于疟疾。据姆万扎附近的一次调查，小学儿童的50%受到传染，20%已受到身体不能复原的损害。血吸虫分布于沿维多利亚湖东南岸和东岸一带。

5. 血丝虫病

该病分布于全国1/5的地区，包括东部沿海地区、维多利亚湖东岸和尼亚萨湖北岸地区、一些河谷和低地区域。

6. 河盲症

主要分布在东乌萨姆巴腊的阿马尼和锡吉谷地、西乌萨姆巴腊的本布利地区、乌卢古鲁山区、马亨格和鲁伍马地区，在尼亚萨湖北岸和乞力马扎罗县也有河盲症。

7. 睡眠症

睡眠症由萃萃蝇传播。萃萃蝇主要分布在南起鲁夸湖、北至

① The Economic Survey 2004 Produced by: the Ministry of Planning, Economy and Empowerment Dar er Salaam, Tanzania June, 2005.

维多利亚湖、东界塔波拉、西靠坦噶尼喀湖的一片广阔的地带。最近几十年，随着人口的增加，农业的发展，天然植被情况有所改变，萃萃蝇减少，睡眠症明显减少。

第四节　体育

一　坦桑尼亚独立后体育运动的发展

（一）坦桑尼亚体育项目种类繁多

由于同外界联系较早，交往较多，坦桑尼亚流行的体育项目较多。有田径、球类（足球、篮球、手球、垒球、板球、乒乓球、羽毛球、网球、曲棍球、橄榄球等）、举重、登山、自行车、摔跤等，还有五项全能和汽车拉力赛等现代体育项目。另外，坦桑尼亚还有些传统的体育项目，如桑给巴尔的斗牛及独木舟和独桅舟比赛等。

从普及程度和运动水平看，长跑、足球和拳击为坦桑尼亚的"三大"体育项目。群众对这三大体育项目极为关心，尤其是足球。在城市里，许多人喜欢到体育馆观看专业队的足球比赛，喜欢到酒吧、其他公共场所或在家里，围在电视机旁观看重大国际足球比赛实况转播和实况录像；在广大乡村地区，除了观看地方足球队之间的比赛外，少数有电视机的人家，足球比赛的节目必看，绝大部分家庭，人们就围在一个小收音机旁收听电台对重大足球比赛的实况转播。

（二）政府重视发展体育运动

独立后，坦桑尼亚政府重视发展体育运动，1967年国民议会通过《体育法》，设立了国家体育委员会（NSC），作为政府文化和体育部（或劳工、青年和体育部）的一个直属机构，负责全国体育运动的发展工作。1968年建立了坦桑尼亚奥林匹克

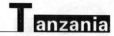

委员会，与国家体育委员会平行，负责全国的奥林匹克事宜。根据本国体育运动发展的实际情况，政府确定了大力发展足球、田径和拳击三大运动，带动整个体育事业的全面发展的体育政策。

坦桑尼亚国内的体育运动工作，大陆的，由中央政府的文化和体育部（或劳工、青年和体育部）的体育司直接领导；桑给巴尔的，则由桑给巴尔政府新闻、文化和旅游部主管。

为推动体育运动的发展，中央政府和地方政府都很重视体育场地的建设，除了在小学和中学修建一些操场和足球场外，在首都和省政府所在地还修建和扩建了一些体育场。到 20 世纪 80 年代，首都达累斯萨拉姆有三处主要体育设施：一处是国家体育场，可容约 4~5 万名观众，各种体育运动会和大型的庆祝、迎宾活动均在此举行；一处是伊拉拉体育场，较小，专供足球比赛使用；另一处是室内体育馆，供乒乓球、体操等项目训练和表演使用。全国各省基本上也都有自己的体育场，较大的一些体育场有：姆万扎的"共和国体育场"、姆贝亚的"索科伊内体育场"、塔波拉的"独立体育场"、伊林加的"萨莫拉体育场"、莫罗戈罗的"共和国体育场"、松巴万加的"曼德拉体育场"、阿鲁沙市的"阿鲁沙体育场"和新首都多多马的"共和国体育场"等。在桑给巴尔，桑给巴尔市修建了一个"和平体育场"，规模较大；奔巴省会也修建了一个"贡巴尼体育场"。

（三）体育运动水平有所提高

由于政府重视发展体育运动，独立后坦桑尼亚各项体育运动都发展较快，特别是被政府确定的"三大运动"——足球、长跑和拳击取得了明显的进展。

据介绍，政府十分重视足球运动，每个财政年度几乎都把体育经费的 50% 用于发展这个项目。足球是坦桑尼亚名符其实的第一运动项目，相当普及，所有省、县都有自己的代表队，足球比赛最多，全国每年有各省市的联赛，大陆和桑给巴尔还分别有

一年一度的足球锦标赛，国家的重大节假日时有各种级别的足球赛，就连基督教和伊斯兰教两大宗教节日中也少不了足球赛。到80年代，坦桑尼亚出现了一批全国有名的球队，如"达市青年队"、"狮子队"、"红星队"、"桑给巴尔KMKM队"、"芒果树队"、松盖亚的"马及马及队"、姆贝亚的"图库尤星队"等等。近几年来，坦桑尼亚与外国开展了较为广泛的足球交往，其足球队曾前往德国、保加利亚、瑞士、澳大利亚、利比里亚、莫桑比克、埃及、马达加斯加、赞比亚、苏丹等国比赛，外国一些球队也不时来坦桑尼亚比赛。就东中非而言，坦桑尼亚足球队一直名列前茅，1986年6月在达累斯萨拉姆市举行的东中非足球赛，坦桑尼亚青年队荣获亚军。

长跑是坦桑尼亚第二大体运项目，到80年代坦桑尼亚已有一批国际上著名的长跑运动员。在1978年在埃德蒙顿举行的英联邦运动会上，吉达马斯·沙汉加（Gidamas Shahanga）获得马拉松比赛冠军，成绩是2小时15分40秒；菲尔伯特·巴伊（Filbert Bayi）获1500米银牌，成绩是3分36秒。在1980年莫斯科奥运会上，菲尔伯特·巴伊（Filbert Bayi）在3000米障碍赛中，以8分12秒48的成绩获得银牌；苏莱曼·尼扬布伊（Suleiman Nyambui）在男子5000米比赛中又以13分21秒6的成绩获得亚军，为坦桑尼亚赢得第二块银牌。这是迄今为止坦桑尼亚运动员在奥林匹克运动会上获得的最好成绩。被称为"非洲明星"的朱姆斯·伊康加（Jums lkanga），在1989年纽约国际马拉松比赛中夺得男子组冠军，并创造了2小时8分01秒的世界最好成绩（第二年被埃塞俄比亚选手吉法以2小时7分43秒的成绩打破）。马拉松选手约翰·布拉（John Bura），1985年跑出了2小时2分11秒17的好成绩，1987年5月荣获荷兰阿姆斯特丹国际马拉松赛冠军，成绩是2小时2分12秒40。另外，坦桑尼亚还有几名著名的万米和5000米长跑运动员，包括姆尼

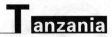

扬潘达（Juma Mnyampanda）和马雷夸（I. Marekwa）等。

拳击是坦桑三大运动项目之一，到 80 年代坦桑尼亚已培养出一批有一定水平的拳击运动员，在东中非地区属中上水平。坦桑尼亚经常派人参加在肯尼亚、乌干达、英国、保加利亚、芬兰、意大利、英国、委内瑞拉、朝鲜等地举行的拳击比赛。在1987 年 8 月于肯尼亚举行的第四届非洲运动会上，拳击是坦桑尼亚的主要拿分项目，共获得了 1 枚银牌和 4 枚铜碑。

坦桑尼亚的手球运动有一定水平，1987 年 4 月在内罗毕举行的中东非手球赛中，坦桑尼亚男队获亚军，女队获冠军。

乒乓球运动在坦桑尼亚也有一定发展，尤其是 1984 年以来，坦桑尼亚邀请中国乒乓球教练加强训练，曾涌现出一批有希望的选手，如菲力克斯（Fellx Donrld），曾获 1986 年全国乒乓球锦标赛男子单打冠军，获国家最佳运动员称号；在 1986 年蒙巴萨国际乒乓球公开赛中，获男子单打冠军，为国家争得了荣誉。

此外，标枪、羽毛球、网球、曲棍球等运动项目也有了一定的发展。

（四）为奥林匹克精神而奋斗

坦桑尼亚重视奥林匹克运动会，1964 年就派团参加了奥林匹克运动会的比赛。1968 年，在墨西哥城举行的第十九届奥运会上，坦桑尼亚马拉松选手约翰·史蒂芬·阿赫瓦里（John Stephen Akhwari）在比赛中不幸因抽筋把腿摔伤，受伤后他没有退出比赛，而是在对伤口进行了简单的包扎以后他又一瘸一拐地、甚至流着血，继续向前"跑"，不停地"跑"，并终于在夜幕降临之前跑进体育场的主赛场，坚持跑到了终点。这时，尽管他已经比大队人马迟到终点 1 个多小时，但在场的奥林匹克官员、参赛运动员和所有观众，无不为他这种带伤跑完全程的顽强精神所震撼，顿时全场爆发出阵阵热烈的掌声和"坦桑尼亚"、"坦桑尼亚"的欢呼声，为他的"参与"、坚强的毅力和顽强拼搏的精神而呐喊、欢呼。他带伤跑完全程后，一位电影制片人亚格林斯潘问他为什么一定要跑完全程时，阿赫瓦里答道："我的国家从 7000 英里之外派我来墨西哥城，不是让我来参加起跑的，而是参加比赛，跑完全程。"从那时起，阿赫瓦里的顽强精神一直受到国际体坛的尊敬，普遍称道："这就是奥林匹克精神！"

在 30 多年之后，国际奥林匹克运动委员会把阿赫瓦里作为奥林匹克精神的象征请到澳大利亚的悉尼，在 2000 年悉尼奥运会的闭幕式上向他颁发了"奥林匹克精神"奖。悉尼奥运会之后，坦桑尼亚设立了"阿赫瓦里基金"，旨在培养更多的具有奥林匹克精神的运动员。

二 采取措施，恢复和发展体育运动

（一）80 年代以来体育运动水平下降

20 世纪 80～90 年代以来，由于经济困难，政府财政匮乏，实行紧缩的财政政策，对体育运动无暇关顾，致使坦桑尼亚体育运动的发展受到严重影响。

过去二三十年，坦桑尼亚的体育运动有些冷清。①除一些单项体育比赛（如足球俱乐部联赛）外，全国性体育比赛很少，没有举办过全国体育运动会、省级运动会、甚至中小学生和大学生的运动会等。②学校操场因陋就简，体育运动器材没有什么增加；地区和全国性体育场馆没有增加，其设备也很少更新，严重短缺，影响体育比赛和有关运动员的训练。③由于资金困难，运动员的训练得不到保证，参加国际比赛的机会少。比如，2004年的雅典奥运会坦桑尼亚只派出 9 名运动员参赛；一些国际比赛坦桑尼亚代表队也根本无法参加。足球是坦桑尼亚的第一大运动项目，但因资金困难，在非洲国家杯比赛中坦桑尼亚国家足球队曾于 1986 年、1994 年和 2004 年三次退出分区预选赛。坦桑尼亚乒乓球代表队，也因没有资金，不得不退出 2006 年 4 月 24

日至 5 月 1 日在德国不来梅举行的世界乒乓球锦标赛,尽管已经通过非洲洲际比赛,取得了参赛资格,等等。引人注目的是,近年来一些运动员移民外国,代表那些国家参加比赛,如坦桑尼亚马拉松男选手阿尔弗雷·谢姆维塔和马拉松女选手马丽埃·瑟德斯特罗姆·隆德贝里移民瑞典,在 2001 年和 2002 年的斯德哥尔摩国际马拉松比赛中,双双蝉联冠军,阿尔弗雷·谢姆维塔2002 年的成绩为 2 小时 18 分 49 秒;马丽埃·瑟德斯特罗姆·隆德贝里 2002 年的成绩为 2 小时 37 分 57 秒。

因此,80 年代、特别是 90 年代以来,坦桑尼亚的体育水平明显下降。以奥运会为例,自 1980 年莫斯科奥运会获得两枚银牌以来,坦桑尼亚运动员再也没有拿过什么奖牌。足球是坦桑尼亚第一大运动,但其国家足球队在国际赛事中屡屡告败,一直未能走出预选赛,被拒之于世界杯赛和非洲国家杯赛赛圈之外。1982 年在拉各斯举行非洲国家杯赛时,坦桑尼亚国家足球队在小组赛中曾出线,从那以后他们就一直无所作为。[1] 国际足联不断公布的世界约 200 个国家和地区足球队的排名也表明了坦桑尼亚国家足球队水平下降的情况,在 2001 年 12 月的一次排名中,坦桑尼亚国家足球队为 149 名,在 2004 年 9 月的排名中下降到了 168 名,在 2005 年 2 月的排名中又进一步下降到172 名。

(二)为恢复和发展体育运动采取措施

随着经济形势的好转,坦桑政府开始、并且越来越重视体育事业的恢复和发展工作,尤其是比较喜欢体育运动的基奎特总统2005 年 12 月执政以来。近年来,政府采取了一系列推动体育运动发展的政策措施,主要包括:

---

[1] Well Done Taifa Stars... Well Done President Jakaya Mrisho Kikwete by Saria Israel, Published 09/04/2006, Habari za Kitaifa.

（1）政府有计划地为修缮、扩建和新建体育设施增加了拨款，包括学校操场、社区运动场（主要是足球场）、各个地区和首都的体育场馆，并且开始为有关单位更新体育设备增加拨款。令人振奋的是，目前达累斯萨拉姆正在建设一个大型的、现代化的国家体育场。该项目于 2005 年 1 月破土动工，7 月 18 日由姆卡帕总统正式奠基，计划于 2007 年 1 月建成并投入使用。该体育场是按国际足联和国际田联标准兴建的一个综合性体育场，包括训练中心和游泳馆等基础设施，看台将拥有 6 万人的座位。该体育馆预计投资 5600 万美元，中国政府为其提供部分援助。①

（2）在联合国决定 2005 年为“国际体育运动年”以后，坦桑尼亚政府 2005 年 7 月 21 日决定 9 月 21 日为坦桑尼亚全国体育日，每年 9 月 21 日坦桑尼亚全国都要举行各项体育比赛，以推动全民参加体育运动，锻炼身体，增强体质，提高健康水平。坦桑尼亚劳工、青年和体育部长卡普亚在宣布这一决定时说，体育日的体育活动和比赛将按行政区自下而上地进行，最后举行全国性的各项体育比赛。在 2005 年和 2006 年的全国体育日，坦桑尼亚全国各地，从学校到工厂，从政府机关到社会团体和非政府组织，都积极组织了各类体育活动和体育比赛，最后还都举行了全国体育日庆祝活动。

（3）政府对在国际比赛中获得突出成绩的运动员采取了奖励措施。2005 年 7 月 8 日政府宣布，免除坦桑尼亚运动员在国际比赛中获得的奖金和奖品应当缴纳的个人所得税和进口税，同时决定对在国际比赛中获得奖牌的运动员给予重奖。比如，来自坦桑尼亚人民国防军的运动员拉马德哈尼在 2006 年 8 月举行的英联邦运动会上卫冕成功，连续第二次获得男子马拉松赛冠军，

---

① Mkapa Lays Foundation Stone for Ultra-modern Stadium, *Guardian*, Tanzania, 2005 - 07 - 19.

8月30日政府即宣布奖励其100万坦桑先令现金（约合1000美元），另外坦桑尼亚人民国防军总部还宣布将这位马拉松赛冠军从列兵提升为下士。

（4）政府重视发展足球运动，基奎特2005年12月当选总统后即指示坦桑尼亚足协聘请外国足球教练，2006年3月8日巡视新闻、文化和体育部时，又敦促坦桑尼亚足协及早从外国聘请高明教练，为坦桑尼亚国家足球队参加2008年非洲国家杯赛和2010年世界杯预选赛做准备。基奎特总统表示，聘请外国教练的费用可由政府支付。① 经过认真选拔，以高薪聘请的巴西足球教练马尔西奥·马西莫和一位巴西体能训练师，于2006年7月26日抵达坦桑尼亚，开始执教坦桑尼亚国家足球队。现年44岁的马西莫，是国际上知名的一位巴西足球教练，曾于1992年和1993年先后执教巴西17岁以下和20岁以下两支国家青年队；2003～2004年执教苏格兰甲级联赛俱乐部列文斯顿队，是首位在英国执教的巴西教练；马西莫还先后担任过沙特阿拉伯和卡塔尔国家足球队的教练。坦桑尼亚足球协会对这位巴西足球教练寄予厚望，甚至公开表示，今后国际足联为世界国家/地区足球排名时，坦桑尼亚的名次将会逐步上升，甚至可进入前70名。② 据报道，早在2000年坦桑尼亚足协就制定了一个2000～2015年的足球运动发展计划，决定加强全国地区足球赛和定期举办全国青年足球赛。计划提出，争取到2008年保证全国小学、中学和高等院校都有足够的足球设施，足球水平都有明显的提高，争取在2008年全非足球赛中拿到名次，争取在2008年奥运会足球资格选拔赛中胜出。

---

① 新华社达累斯萨拉姆分社2006年3月9日专电："备战08非洲杯，坦桑尼亚总统敦促足协聘请外教。"
② 新华社达累斯萨拉姆2006年7月19日专电："坦桑尼亚足协夸海口，发誓进入国际足联排名前70位。"

（三）近年坦桑尼亚运动员创造出些好成绩

随着经济的回升和发展，政府日益重视体育运动的发展，不断采取推动体育运动发展的政策措施；与此同时，大的公司或企业纷纷对一些体育协会或团队提供资助，开始出现社会办体育的热潮。90 年代、主要是进入 21 世纪以来，坦桑尼亚的体育运动出现了一些新气象：中小学和高等院校的体育活动增多了；在国家体育委员会下恢复或新建了各种体育协会，各协会都在努力开展自己的活动；全国足球俱乐部联赛（甲级队 32 个队）一直在正常运行；坦桑尼亚的体育比赛（包括地方的和全国范围的），在 2005 年政府决定每年 9 月 21 日为全国体育日以来明显增加；尤其是，坦桑尼亚派团队参加国际比赛多了，而且坦桑尼亚运动员在比赛中还取得了一些好成绩。

20 世纪 70～80 年代，中长跑、尤其是长跑是坦桑尼亚的强项，这一项目现在已经得到了某种程度的恢复和发展。据报道，2001 年以来，坦桑尼亚运动员在国际比赛中拿到了许多奖牌，而且成绩突出。比如：2001 年 5 月 20 日，桑布荣获第七届布拉格国际马拉松男子组比赛冠军，成绩是 2 小时 10 分 14 秒；2002 年 11 月，巴纽埃利亚在一年一度的日本东京国际女子马拉松赛中获冠军，成绩是 2 小时 24 分 59 秒；2003 年 2 月，巴约·阿姆纳伊在东京国际马拉松比赛中夺得男子组冠军，成绩是 2 小时 9 分 7 秒；2003 年，在尼日利亚举行的第八届非洲运动会上，萨姆维尔·姆维拉（Samwel Mwera）在男子 800 米比赛中获得冠军，成绩是 1 分 46 秒 13；2004 年 10 月 17 日，在 2004 北京国际马拉松赛中，克里斯托夫·伊色格威以 2 小时 10 分 56 秒获得男子组亚军；2004 年 11 月，安德列·施佩在第九届马拉松赛中获得男子组第二名，成绩是 2 小时 9 分 52 秒；2005 年 2 月，巴约在 2005 年日本东京国际男子马拉松赛中获得亚军，成绩是 2 小时 10 分 51 秒；2005 年 5 月，在里约热内卢举行的世界田径锦标赛上，萨姆维尔·姆维拉获得男子 800 米比赛冠军，成绩是 1

508

分 45 秒 28；2005 年 8 月，伊斯格维（Isegwe）在世界田径锦标赛男子马拉松比赛中获得亚军，成绩是 2 小时 10 分 21 秒。在 2006 年 3 月 19 日英联邦运动会马拉松的比赛中，马哈尼·尼奥尼以 2 小时 11 分 29 秒的成绩夺得男子组冠军，等等。

在足球方面，也取得了一些进展。从国际足联的排名榜看，2006 年 2 月坦桑尼亚国家足球队从 2005 年 2 月的 172 名上升至 165 名，在 2006 年 7 月的排名中又一跃升至 143 名。更加重要的是，2006 年 4 月，坦桑尼亚国家足球队在达累斯萨拉姆国家体育场以 2 比 1 战胜了实力较强的布基纳法索国家足球队，取得了参加 2008 年将在加纳举行的非洲国家杯决赛的资格。上次坦桑尼亚国家足球队取得参加非洲国家杯决赛资格是 1982 年。这是一个具有历史意义的良好的开端。坦桑尼亚体育界人士普遍认为，在坦桑尼亚体育运动恢复和发展的今天，这场足球比赛的胜利意义重大，它将会把坦桑尼亚的体育运动带进一个崭新的时代。①

其他体育项目在一些国际比赛中也取得了好成绩。比如，在 2006 年非洲橄榄球乙级队联赛中，坦桑尼亚队以 29 比 10 击败尼日尔队，获得冠军，这是坦桑尼亚橄榄球队三年前重返国际橄榄球赛场后首次获得的冠军，2005 年曾获得亚军。等等。

第五节　新闻出版

一　坦桑尼亚大陆新闻事业发展历程

迄今，坦桑尼亚的新闻事业大体上经历了三个阶段：殖民统治时期新闻媒体的出现和新闻事业的初步发展；

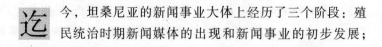

① Well Done Taifa Stars... Well Done President Jakaya Mrisho Kikwete by Saria Israel，Published 09/4/2006，Habari za Kitaifa.

独立后，坦桑尼亚的新闻媒体作为执政党及其政府的宣传工具，得到一定程度的发展；在当前阶段，政治上实行多党制、经济上实行自由化政策以来，坦桑尼亚进入经济社会发展的新时期，新闻事业出现了新的发展。

（一）坦桑尼亚新闻事业起源于殖民统治时期

在坦桑尼亚出现的最早的新闻传媒可追溯到基督教教会1888 年初印发的传教活动《简报》；同一年，坦桑尼亚大陆出现了第一份英文报纸《新闻报》（*The Msimulizi*）；1894 年出现了第一份斯瓦希里文报纸《新闻月报》（*Habari Za Mwezi*）；1899 德国移民出版了关注德国移民利益的德语周报《报纸》（*Zeitung*），1908 年改为双周刊。

20 世纪初，德国殖民政府开始印发一些单页的新闻稿。到1910 年，坦桑尼亚大陆又出版了一种斯瓦希里文报纸《沿海与内陆》（*Pwani na Bara*）。1930 年，英国殖民当局邀请英国伦罗（Lonrho）财团到达累斯萨拉姆创办了《坦噶尼喀旗帜报》（*The Tanganyika Standard*）。

1937 年，由埃里卡·菲亚（Erica Fiah）在首都达累斯萨拉姆出版了一种英文和斯瓦希里文两个版本的新闻周刊《我们的祖国》（*Kwetu*）。菲亚是一位乌干达移民，在达累斯萨拉姆建立了坦噶尼喀非洲人福利和商业协会，反对亚洲人对坦噶尼喀商业的垄断。《我们的祖国》是非洲人在坦噶尼喀创办的第一份报纸，很快发展成为代表坦噶尼喀非洲人声音的报纸。后来，埃里卡·菲亚又先后于 1939 年和 1941 年在外地办了《坦噶尼喀视点》（*The Tanganyika Opinion*）和《坦噶尼喀先驱报》（*The Tanganyika Herald*）。菲亚创办的这三种报纸始终反映当地非洲人民呼声，在推动当地非洲人社会、经济和政治发展方面发挥了作用。

随着非洲民族独立运动的兴起和发展，到 20 世纪 40 年代，英国殖民当局开始限制私人办报了，尤其是非洲人办的带有民族主义色彩的报纸，即使当时教会出版的小册子，政府也要进行审查，限制刊登关于当地非洲人争取独立和正义呼声的报道和文章。

第二次世界大战以后，非洲民族解放运动蓬勃兴起，坦噶尼喀非洲民族联盟（简称"坦盟"）领导坦噶尼喀各族人民开展了各种形式的争取民族独立的斗争。为了抵消坦盟的影响和阻止坦桑斯瓦希里文大陆争取民族独立运动的发展，殖民当局在新闻传播方面采取了两项措施。

第一，出报纸、建电台，加强殖民主义宣传。战后，殖民政府新闻局就直接创办了两种斯瓦希里文报纸，一种是月报《当今事》（*Mambo Leo*），另一种是周报《今日新闻》（*Habari Za Leo*），免费向政府机关和有关单位及个人赠送。1954 年，殖民政府决定接管《旗帜报》，把它办成一种政府报纸。1956 年殖民政府还在达累斯萨拉姆出版一种新的斯瓦希里文周刊《巴拉古穆》（*Baragumu*），取代于 1951 年停刊的《今日新闻》。1949 年，殖民政府还在原来新闻局的基础上组建了公共关系部，负责向当地斯瓦希里语、英语和地方语的报刊以及海外新闻机构提供新闻及有关图片，1954 年向大陆各省派出新闻官，让他们帮助地方当局筹办地方报纸。在殖民政府的支持下，地区委员会或土著当局和一些公司办起了报纸，这样的报纸就达到了 20 多种。为了加大宣传力度，殖民当局 1951 年在达市建立了坦桑大陆第一座广播电台"达累斯萨拉姆之声"（Sauti ya Der es Salaam），开始阶段其节目只能覆盖达市地区，1956 年电台工程全部完工后就能覆盖全国了，殖民政府将它改为坦噶尼喀广播公司（TBC）。

第二，千方百计限制非洲人、尤其是坦盟出版报刊。殖民政府 1952 年制定了一项"报纸注册法"，后来又炮制了一项"煽

动法",对当地人办的报纸、尤其是坦盟的报纸,进行刁难和限制,甚至不时以"诬陷"或"诽谤"罪起诉报纸负责人。例如:《非洲人》(The Mwafrika)是由坦盟重要成员罗伯特·马坎盖(Robert Makange)出面于1956年创办的一种坦盟的报纸,出版后就不断遇到麻烦,甚至坦盟主席尼雷尔也因此受到过殖民当局"诽谤罪"的起诉,没多久《非洲人》就被查封,马坎盖及其同事还在监狱里被关了6个月。

但是,殖民政府的限制和镇压不仅没有达到目的,反而进一步激发了当地的民族主义情绪。50年代,坦桑尼亚大陆新出现了一批私营的斯瓦希里文和英文报纸和杂志,如《新坦噶尼喀》报(Tanganyika Mpya)、《领导人》(Kiongozi)和《甘地》(Gandi)等期刊。虽然这些报纸和刊物与坦盟没有什么直接联系,它们却时常刊登一些同情和支持争取民族独立斗争的报道,就连天主教会1955年5月创刊的斯瓦希里文月刊《领导人》,在民族主义运动的影响下,从1957年起就经常刊登些坦盟的消息,包括对坦盟领导人进行的专访,还在第一版刊登过尼雷尔的照片。尤其是,1957年坦盟以英文和斯瓦希里文两种文字出版了坦盟新闻稿《坦噶尼喀非洲民族联盟之声》(Sauti Ya Tanu)之后,《领导人》大量采用了坦盟新闻稿的报道,到1959年它就公开支持坦盟了。坦盟新闻稿是在《非洲人》被查封一年以后出版的,其内容主要是坦盟活动的新闻、尼雷尔的讲话和坦盟的政策声明等。

(二)独立后坦桑尼亚官方新闻媒体得到发展

从独立之日起,为了把握正确的舆论导向,宣传、动员和组织群众,维护民族独立,投身国家建设,以尼雷尔为首的坦盟(1977年后的革命党)及其政府就十分重视新闻工作,不断加强官方新闻媒体建设,从而推动了坦桑尼亚官方新闻事业的发展。

第一,建立新闻局,制定法律,加强新闻管理工作。在

"自治政府"期间（1960～1961 年），坦噶尼喀政府就接管了前殖民政府的公共关系部，更名为坦噶尼喀新闻局（Tanganyika Information Services），由总理办公室直接领导。新闻局继续负责向国内外新闻单位供稿（包括图片）工作；负责新闻媒体的注册和管理工作；同时，出版了两种新的周报，一种是斯瓦希里文的《我们的国家》（*Nchi Yetu*），一种是英文的《坦桑尼亚新闻周报》（*The Tanzania News Review*），迄今这两种周报仍然是坦桑尼亚新闻局的主要刊物。

第二，狠抓舆论导向，创办党报。1961 年 12 月 9 日坦桑尼亚大陆独立之日，坦盟即在《坦噶尼喀非洲民族联盟之声》的基础上创办了斯瓦希里文周报《自由报》（*Uhuru*），1964 年将其改为日报；同年又创刊了一种英文日报《民族主义者》报（*The Nationalist*）。1972 年坦桑尼亚政府将英文版《民族主义者》报与《坦桑尼亚旗帜报》合并为政府机关报《每日新闻》后，《自由报》就成了坦盟的机关报。1977 年坦桑尼亚大陆和桑给巴尔的两个执政党坦盟和非洲－设拉子党合并组成坦桑尼亚革命党以来，《自由报》就一直是革命党的机关报。

40 多年来，作为党报，《自由报》的报道思想始终以革命党的路线和方针政策为转移。革命党总书记科林巴在 1991 年 11 月 9 日该报创刊 30 周年庆祝会上曾赞扬《自由报》及其前身《坦噶尼喀非洲民族联盟之声》坚持党的路线，在争取民族独立，推动国家经济恢复与发展和促进全国各族人民团结方面做出了重要贡献。

第三，因地制宜，大力发展广播事业。尼雷尔认为，坦桑尼亚是个穷国，政府应当首先发展电台广播，让老百姓都能听到广播节目，听到政府的声音。1961 年独立后，坦桑尼亚大陆政府即接管了坦噶尼喀广播公司，将其改为坦噶尼喀政府电台，并开始了它的扩建工作，从 1961 年的一个播音室扩展为 1969 年的 8

个播音室，使其成为坦桑尼亚大陆"一个真正的大众传媒"。1964年坦噶尼喀和桑给巴尔合并为联合共和国后，该电台1965年7月改为坦桑尼亚达累斯萨拉姆电台（Radio Tanzania Dar es Salaam）。从1981年10月起，开始实施在各省建立转播台的计划，现已在阿鲁沙、多多马，姆贝亚、姆万扎、基戈马、南钦奎和松盖亚建起了转播站。从此以后，坦桑尼亚达累斯萨拉姆电台就一直是"乌贾马社会主义"的宣传工具。到80年代末，坦桑尼亚达累斯萨拉姆电台有3个播音频道：对外广播、对内广播和商业广播。

第四，对《坦噶尼喀旗帜报》实行国有化，创办政府报纸。1964年坦桑尼亚联合共和国成立后，英国伦罗财团将达市的《坦噶尼喀旗帜报》改名为《坦桑尼亚旗帜报》。1970年2月5日，坦桑尼亚对该报实行国有化，改为政府报纸。1972年4月26日，政府将该报与坦盟机关报英文版的《民族主义者》报合并，创办了《每日新闻》（Daily News），其星期日版为《星期日新闻》（Sunday News）。该报总编由总统直接任命，坦桑尼亚第二位总统姆维尼还曾兼任该报总编。该报发行到全国各地和邻国，是坦桑尼亚发行量最大的英文报纸，其发行量过去一直在3万份左右，国有化后逐年增长，曾一度达到9万多份。70年代末和80年代初，由于经济困难，发行量下降到3万份左右，1986年经济回升以来，其发行量又略有增加。

第五，1967年创刊了《工人报》（Mfanyakazi）。该报系坦桑尼亚工会组织机关报，用斯瓦希里文出版，16开16版，每周三、六出报，分别发行7万份和11万份。坦桑尼亚工会组织（The Workers Organization——JUWATA）是坦盟（后来是革命党）领导下的工人组织，所以《工人报》一直被认为是"半官方"的报纸。该报主要报道坦桑尼亚工人的劳动、生活和反映他们的要求，报道工会组织为保障工人福利所开展的各种活动，以教育和团结工人，发展工会运动。

第六，建立国家通讯社，加强新闻资源管理。这家通讯社是1976年10月2日建立的，全称为坦桑尼亚通讯社（Shirika La Habari La Tanzania 或 Tanzania News Agency），简称坦通社（SHIHATA）。同年11月议会通过的《坦桑尼亚通讯社法》规定：其职能是收集和传播国内新闻；它是坦桑尼亚唯一拥有向国外传播坦桑新闻和抄收并传播国际新闻的权利的新闻机构。坦通社建立后，建制不断扩大，到20世纪80年代已有一定规模，并有一套基本上能够维持运转的电脑编辑和收发的电讯系统，从而进入黑非洲国家通讯社的前列。其工作人员曾达到160多人，在大陆20个省的19个省设有分社。总社约有40多名采编人员，分属国内新闻、国内对外新闻、国际新闻、特稿、摄影和调研及文献部等单位。其国内新闻主要靠总社和分社记者采写，国际新闻则靠新华社、路透社、第三世界通讯社（Third World News Agency）和泛非通讯社供稿。另外，它还同赞比亚通讯社，津巴布韦通讯社，莫桑比克新闻社，塞舌尔新闻社、乌干达通讯社和朝中社有合作关系。

至此，坦桑尼亚大陆有了政府电台、报纸，执政党有了机关报，执政党下属的全国工人组织也有了机关报，又有了国家通讯社，官方新闻媒体大体齐全。这就出现了坦桑尼亚官方（包括半官方）媒体垄断新闻市场的局面，而这种局面一直持续到80年代末期。

据坦桑尼亚新闻局的一份材料，1961～1970年坦桑尼亚大陆注册的报刊共122种，包括斯文的89种，英文的33种，但由于1965年坦桑尼亚临时宪法规定坦桑尼亚为一党制国家，1967年《阿鲁沙宣言》之后出现了国有化运动，许多私营报刊都在注册后悄然退出了新闻领域；有些一直在出版的报刊到70年代中期以后，由于经济日益困难，无法维持，也都停刊了，其中包

括独立后的四家日报之一《鼓声》报（*Ngurumo*）；少数报刊则改为"不定期出版"了。全国只有一种月刊，从独立前开始出版一直到今天还在出版，那就是教会办的《领导人》。

（三）新时期坦桑尼亚的新闻事业得到新的发展

经过 20 年的"社会主义和自力更生"的痛苦经历之后，坦桑尼亚实行改革开放政策，开始探索适合本国国情的发展道路，从而使坦桑尼亚进入了社会经济恢复和发展的新时期。

1985 年 10 月姆维尼就任坦桑尼亚总统后，采取的欢迎私人投资、发展个体经营和对国有企业进行改革的一系列调整措施，不仅使坦桑尼亚经济得到稳步回升，也为坦桑尼亚新闻事业的发展注入了活力。1987 年 3 月，坦桑尼亚实行改革开放后的第一家私营报纸《非洲论坛》（*Africa Baraza*）（试版）问世；1988 年《商业时报》（*Business Times*）作为坦桑尼亚第一家私营的英文周报正式出版；接着，又有双月刊《家庭镜报》（*Family Mirror*）相继出版。

随着经济改革的深入，坦桑尼亚开始进行政治改革，1992 年 7 月 1 日正式实行多党制，为私营新闻媒体的发展奠定了基础。

1. 坦桑尼亚大陆私营报刊蓬勃发展

1992 年 5 月，国民议会在为实行多党制修改宪法时，也修改了《坦桑尼亚通讯社法》，宣布坦桑尼亚实行新闻自由，取消了坦通社对国内外新闻收集与传播的垄断地位，为私营报刊的发展提供了法律依据。从此，坦桑尼亚大陆便出现了私营报刊蓬勃发展的局面。

1992 年 2 月，一家媒体控股有限公司（Media Holdings Ltd）出版了两种周报，一种是英文《快报》（*The Express*），一种是斯瓦希里文《国民报》（*Mwananchi*）；1993 年，商业时报有限公司出版了斯瓦希里文日报《时报》（*Majira*）。就这样，在宣布将于 1995 年进行多党民主大选后一年的时间里，就有

50 家私营报纸和杂志，根据多党民主的精神，如雨后春笋一样先后出版了。

1995 年 1 月 11 日，一种私营的英文日报《卫报》（*The Guradian*）出版了，从而打破了政府报纸《每日新闻》对坦桑尼亚新闻的 30 年的垄断的局面。

据坦桑斯瓦希里文政府网站（http：//www. tanzania. go. tz）2003 年 1 月的材料，注册报刊已经达到 350 家，大部分都在达累斯萨拉姆、多多马、桑给巴尔、阿鲁沙、姆万扎和莫罗戈罗。报纸的发行主要在城镇地区，约占其发行量的 90%，达累斯萨拉姆市订阅报纸的就占全国报纸订户的 50% 左右。

但是，由于印刷报纸费用较高，坦桑尼亚许多报刊由于资金困难，注册后不久又不得不停刊或改为不定期出版。目前能正常出版的报纸和刊物一般也只有三四十家，包括约 10 家日报和 15 家周报。随着国际互联网的发展，这些报刊多数都上了网。

2. 私营电台和电视台如雨后春笋

1993 年，坦桑尼亚国民议会通过《坦桑尼亚广播法》（The Broadcasting Services Act），允许私人开办电台和电视台。据这项立法，政府设立了一个坦桑尼亚广播委员会（The Tanzania Broadcasting Commission），负责大陆电台和电视台的注册和管理工作。广播委员会为开办电台或电视台的法人做出了某些"技术安排"。对私营电台，第一，一般只允许用调频频道播出，少数可用中波波段；第二，为了弥补他们新闻节目普遍不足的现象，要求或希望它们每周有一天转播坦桑尼亚达累斯萨拉姆电台的新闻节目。关于私营电视台，政府规定每家私营电视台播放节目的覆盖率不得超过大陆土地面积的 25%，即只能覆盖大陆 20 个省中的 5 个省区。广播委员会对私营电台和电视台的节目不进行新闻检查，但对他们的节目要予以监听。

坦桑尼亚大陆第一家私营电台"一台"（Radio One），位于达累斯萨拉姆市，1994年1月开播后，打破了坦桑尼亚达累斯萨拉姆电台在该领域里的一统天下。1994年2月，另一家私营电台"希望电台"（Radio Tumaini）开播，为达累斯萨拉姆大教区所办。接着，又相继出现了达累斯萨拉姆市的空中娱乐台（Radio Clouds Entertainment）、自由非洲电台（Radio Free Africa）和圣·奥古斯廷电台（Radio St. Auguostine）等。

从1994年起，坦桑尼亚大陆每年都有新的电台注册，目前坦桑尼亚大陆已有26家私营电台，并且分布在坦桑大陆各地。这些私营电台的老板，大部分是商人，他们办电台是为了利润；另一些则是宗教团体，目的在于布教；最后一类是教育台，是为推动教育事业的发展，如圣·奥古斯廷大学所办的圣·奥古斯廷电台。

据估计，目前坦桑尼亚乡村地区90%的人民还是靠收音机了解国内外新闻的。据粗略统计：坦桑尼亚人1995年拥有收音机1180万台，1996年增加到1250万台，到1997年就达到了1500万台；1997年收听各种电台广播的听众可占全国人口的87.5%。

坦桑尼亚大陆第一家私营电视台滨海电视网（Coast Television Network）建在达市，1994年2月开播。第二家是独立电视台（1ndependent Television），也在达市，1994年6月开播。第三家是达累斯萨拉姆电视台（Dar es Salaam Television），1995年1月开播。迄今，坦桑尼亚大陆已有14家私营电视台，其中10家电视台建在达累斯萨拉姆市。

坦桑尼亚大陆还开办了许多有线电视广播站，其第一家创办于1994年，目前大陆11个城镇都办起了这样的有线电视，共20家，均为商人所办。

在坦桑尼亚大陆，一些市、镇委员会也在经营电视业务，向当地观众转播别的电视台的节目。现在坦桑尼亚大陆已有 20 个这样的电视转播站。据认为，这些电视转播站最终都有可能发展成完全独立的电视台。

3. 经济形势好转，坦桑尼亚大陆建起了政府电视台

六七十年代，坦桑尼亚大陆修建一个电视台不会有很大困难，但当时把搞好电台广播放在了优先地位，到 70 年代末和 80 年代初以后，坦桑尼亚大陆财政日益困难，修建电视台的问题根本提不到议事日程，致使坦桑尼亚大陆就一直没有电视台。还是 1986 年实行经济改革和调整政策，经济得到某种程度的恢复和发展以后，政府才有可能提出电视台的问题，并于 1990 年要求英国汤姆森基金会帮助进行考察。1992 年上半年，坦桑尼亚新闻和广播部设立了一个坦桑尼亚电视局（Tanzania Television Authority），负责大陆修建电视台的工作。汤姆森基金会 1993 年 4 月进行考察后提出可行性报告，坦桑尼亚电视局据此制定了一个在大陆发展电视事业的 10 年计划，提出 10 年内逐步向全国范围提供电视服务。

2000 年 1 月，坦桑尼亚国家电视台（TVT）一期工程竣工，经过 3 个月的试播后于 2000 年 3 月 15 日正式播放节目，但现在只有达累斯萨拉姆、滨海省、桑给巴尔和坦噶省、林迪省和莫罗戈罗省的部分地区，可以收看到它的节目。坦桑尼亚电视台二期工程已于 2003 年年底完工，其播放的节目大体可以覆盖全国。

二　政府主管新闻媒体工作的机构

坦桑尼亚政府一向重视新闻媒体的管理工作。但是，由于财政的原因，政府对主管新闻媒体的机构不断作出了调整。

在"自治"期间，政府就接管了殖民政府主管新闻工作的公共关系部，并改建为坦噶尼喀新闻局，由总理办公室直接负

责。在独立后和改为共和国之前的这段时间（1961~1962年）里，将坦噶尼喀新闻局划归教育和新闻部。在1962~1964年期间，坦噶尼喀新闻局改由副总统办公室领导。1964年坦噶尼喀和桑给巴尔合并组成坦桑尼亚联合共和国后，坦噶尼喀新闻局改称坦桑尼亚新闻局，直至1971年一直是新组建的新闻和旅游部的一个部门。1971~1979年，坦桑尼亚政府成立了专门负责国家新闻工作的新闻和广播部，新闻局成为该部的一个重要部门。

20世纪70年代后期坦桑尼亚经济出现困难以后，政府精简机构，新闻和广播部与文化部合并为新闻和文化部（1979~1984年）；1984年新闻和文化部被撤消后，坦桑尼亚新闻局又由总理办公室管辖（1984~1989年），在1991年新闻和广播部恢复之前的一段时间里曾由总统府管辖。1991~1995年新闻和广播部恢复，直接负责坦桑尼亚大陆的新闻工作。1995年因政府财政困难，新闻和广播部再次被撤，坦桑尼亚大陆的新闻工作又归总理办公室直接领导。

坦桑尼亚政府现行的新闻政策，同其改革开放的总政策是完全一致的：尊重新闻自由，但要求新闻工作者尊重新闻规律、职业道德和国家法律；精兵简政，改革国家新闻机构；欢迎私人投资，发展新闻事业。

目前，在总理办公室内，设有坦桑尼亚新闻局，负责政府（大陆）新闻工作和报刊管理工作；同时设有广播局，负责电台和电视台的管理工作。

（一）坦桑尼亚新闻局（Tanzania 1nformation Services）

坦桑尼亚新闻局系坦桑尼亚政府总理办公室的一个重要机构，约170人，下设新闻部、报刊注册部和公共关系部三个单位。

1. 新闻部，包括新闻、出版和影视组三个组

新闻组，约有50名新闻官，负责收集、加工和发布总统府、政府有关部门和地区的官方新闻；负责领导人出访（和外国领

导人来访）文字新闻的采访工作；同时通过多种形式（如专稿）解释政府有关政策。该部在政府各主要部门都派有新闻官；在达累斯萨拉姆、阿鲁沙、多多马，姆万扎－基戈马，姆特瓦拉和鲁伍马等地设有地区新闻中心，并派有专职新闻官（或记者），负责有关地区官方新闻的收集与传播工作。新闻局长为政府首席新闻发言人，新闻局定期组织记者招待会和新闻吹风会。

出版组——负责编辑和出版政府的几种刊物。包括编辑和发布当日新闻；编辑出版英文月刊《坦桑尼亚新闻月报》（*Tanzania News Review*）和斯文月刊《我们的祖国》（*Nchi Yetu*）；同时还编辑出版一些新闻资料，如国家领导人讲话、预算报告、政府工作年鉴和有关会议文献等。该部下辖一政府书店，负责销售其出版物。

影视组——有几名摄影和摄像记者，负责有关新闻摄影和摄像工作；同时负责国内报刊及有关单位摄影、纪录片和录像片摄制的安排工作。

2. 报刊注册部

接受和审查报刊注册申请，为合格的申请者发放报刊经营许可证；跟踪各报刊的报道情况，对违纪违规者向上级主管单位提出处理建议；定期编制坦桑尼亚大陆新闻媒体名录。

目前，坦桑尼亚大陆正在制定新的报刊法。新闻局现在注册和管理报刊，有时只能参照 1976 年议会通过的《报刊法》（*The Newspapers Act*）和 1977 年政府制定的《关于报刊的若干规定》（*The Newspaper Regulations*）。这两项立法的主要内容包括：①编辑、出版和发行报纸都要到政府有关部门正式注册，获得营业权；对不注册者，政府将要予以处罚，包括罚款，或追究刑事责任。②任何报纸都不得刊登恶意损害他人声誉的报道，如若发生此类事件，报纸（包括当事者）应当受到法律追究，甚至要对声誉受损者予以补偿（包括声誉受损费）。③对刊登有损于公众

利益和国家和平与稳定的煽动性报道或言论的报纸，政府有权予以取缔，对其当事者政府有权追究其刑事责任。

3. 公共关系部

负责研究国家（大陆）新闻媒体发展情况和存在的问题，及时向政府提出有关建议；负责政府新闻媒体同国外有关新闻单位的合作事宜；同时负责驻坦桑尼亚外国记者的管理工作。

（二）坦桑尼亚广播委员会（The Tanzania Broadcasting Commission）

坦桑尼亚广播委员会是根据 1993 年坦桑尼亚国民议会通过的《坦桑尼亚广播法》（*The Broadcasting Services Act*）建立的。《广播法》明确规定：允许私人建立电台和电视台。坦桑尼亚广播委员会则负责大陆所有电台和电视台的注册和管理工作。该委员会对私营电台和电视台的节目不进行新闻检查，但对他们的节目要予以监听。

按照《广播法》的要求，广播委员会为开办电台或电视台的法人代表发放经营许可证，同时要为其做出某些"技术安排"，包括：对私营电台，第一，一般只允许用调频频道播音，少数可用中波波段；第二，为了弥补他们新闻节目普遍不足的现象，要求或希望它们每家电台每周有一天能转播坦桑尼亚达累斯萨拉姆电台的新闻节目，以让听众能收听到更多的新闻。对私营电视台，政府规定每家电视台播放节目的覆盖率不得超过大陆土地面积的 25%，即只能覆盖大陆 21 个省区的 5 个省区。

三 坦桑尼亚大陆主要新闻媒体简况

（一）报刊

目前坦桑尼亚大陆主要报纸简况如下（按报业集团或主管单位计）。

（1）坦桑尼亚旗帜报报业有限公司（Tanzania Standard

Newspapers Limited-TSN），它所出版的英文日报《每日新闻》（*The Daily News*），系坦桑尼亚政府报纸；《星期日新闻》（*Sunday News*）为其星期日版。该报以标准版面印刷，平日 8 版；星期六 12 版，《星期日新闻》亦 12 版。一般情况下，第一版刊登国内外重大新闻；第二版为国际新闻；第三版和第五版为国内新闻；第四版为社论、国际或国内问题专稿和"读者来信"；第六版和第七版为广告版；第八版是文化、娱乐和体育版。星期六和星期日版，除各版都增加广告外，还增加了"环境保护"、"妇女和儿童"、"社会问题"、"农业和畜牧业"、"工商企业"、"金融"、"卫生保健"、"家庭生活"和"文化教育"等专栏以及非洲及邻国政治、经济和社会发展等专稿。

该报一直发行到全国各地和邻国，现发行 5 万份左右，仍是坦桑尼亚发行量最大的英文报纸之一。它主要靠刊登政府广告的收入维持出版，收支相抵后略有盈余。

《每日新闻》和《星期日新闻》已上国际互联网，网址是 http：//www. dailynews. co. tz.

（2）自由报出版公司（Uhuru Publications），它的斯瓦希里文日报《自由报》（*Uhuru*），系坦桑尼亚革命党机关报；其星期日版为《民族主义者报》（*Mzalendo*）。平日 8 开 16 版。第一版刊登国内外重要新闻；第二版为国际新闻；第六版是社论和读者来信版；第三、五、七版为国内新闻（包括"图片新闻"）；第九版为经济、社会、文化、卫生专栏版；第十一版为诗歌版；第十四、十五、十六版为文艺、娱乐和体育版；其他为广告版。其星期日版《民族主义者报》为 4 开 12 版，较平日版增加了一些反映经济和社会发展、坦桑尼亚与外国合作及国际问题的专题报道。由于有大量广告来源，该报目前财政上可以自理。

该报一直是坦桑尼亚发行量最大的一家报纸，1980 年曾达到 10 万多份，目前仍有 8 万份左右。该报已上网，其网址是

http：//www. uhuru. co. tz.

（3）卫报报业有限公司（Guardian Limited），创建于 1994 年，是坦桑尼亚 IPP 集团公司的一家新闻媒体公司。

IPP 集团公司，是坦桑尼亚私人企业家门吉（Reginald Abraham Mengi）于 20 世纪 80 年代中期建立的，经过 20 多年的艰苦创业，目前已发展成为东非一个强大的集团公司。在坦桑尼亚实行经济改革初期，门吉提出一个自己的创业计划，即"工业促进计划"（Industrial Promotion Rogramme，简称 IPP），以大展宏图。他后来的公司便以 IPP 冠名，即形成了现在的 IPP 集团公司。开始，门吉在达累斯萨拉姆建立了一个小圆珠笔厂；圆珠笔厂取得成功后，逐步涉足于其他行业，现在 IPP 集团公司涉及坦桑尼亚的各个行业，主要包括传媒、饮料、保健、矿物探勘和采矿等四大公司。2001 年以来，门吉一直被东非媒体评为东非最成功工业十大实业家之一和传媒大亨。

卫报报业有限公司共出版大小 10 种英文和斯瓦希里文报纸，这些报纸大部分都是全国发行，其中一些还发行到肯尼亚。

《卫报》（The Guardian），1994 年创刊，英文日报，以标准版面印刷，是 IPP 新闻媒体集团标志性产品，据称是目前坦桑尼亚"全国发行量最大的一种英文报纸"。它主要刊登国内外新闻、商业、文化和体育报道。另有三种英文报纸，即日报《每日邮报》（Daily Mail）、周报《星期日观察家报》（The Sunday Observer）和《金融时报》（Financial Times）（周三出版）。

该公司出版的斯瓦希里文报纸，有两种是日报：《消息报》（Nipashe），8 开版面，以国内外新闻为主；《晚报》（Alasiri），8 开版面，以文化娱乐为主。此外，还有四种周报：《星期日消息报》（Nipashe Jumapili），为《消息报》的星期日版；《闲谈》（Kasheshe）（周五出版）；《我们的民族》（Taifa Letu）（周日出版），主要刊登背景新闻；《娱乐报》（Lete Raha）（周日出版）。

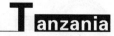

这 10 种报纸都上了 IPP 新闻媒体网站，其网址是：http：//www. ippmedia. com.

（4）商业时报有限公司（Business Times Limited），是当地黑人工商企业界人士创办的，总部在达累斯萨拉姆市，现有工作人员 60 多人，除报纸编辑部外，还有一个经贸信息咨询部。该集团出版 1 种英文报纸和 3 种斯瓦希里文报纸。《商业时报》（*Business Times*）为英文周报，创刊于 1988 年 11 月，周五出版，4 开 12 版，是目前坦桑尼亚唯一以本国经济、贸易和金融为主要报道内容的专业性较强的报纸，现发行量约为两万份，在经贸和金融界及外国驻坦桑尼亚使团中影响较大。其 3 种斯瓦希里文报纸《时报》（*Majira*）、《今日达累斯萨拉姆》（*Dar Leo*）和《体育和生活》（*Spoti、Maisha*），都是日报，并均以 8 开版面印刷出版。这 3 种报纸都已上网，其网址是：http：//www. bcstimes. com.

（5）新闻有限公司（Habari Corporation Limited），是达累斯萨拉姆市的一家报业公司，主要出版两种报纸，即英文日报《非洲人》（*The African*）和斯瓦希里文日报《坦桑尼亚人》（*Mtanzania*），两报均以 8 开版面印刷出版。

（6）新闻媒体控股有限公司（Media Holdings Ltd），系当地印度商人在达市创办的一家报业公司。1992 年 2 月，该公司出版了三种周报：分别是英文《快报》（*The Express*）（周四出版）、斯瓦希里文《国民报》（*Meananchi*）及其姊妹报《运动员》（*Mwana Spoti*）。这三种周报均已上网，其网址是 http：//www. theexpress. com/ 前两年，该公司一分为二，一些股东另外成立了国民报大众传播有限公司（Mwananchi Communications Limited），负责出版《国民报》和《运动员》两种斯瓦希里文周报。由于经营困难，总部设在内罗毕的《民族日报》报业集团 2003 年已购这家新公司 60% 的股份，维持其两种斯瓦希里

文周报的出版。这两种报纸的网址是: mwananchipapers@ cats-net. com.

（7）坦桑尼亚工会组织机关报《工人报》（*Mfanyakazl*），8开16版，斯瓦希里文每周二刊，每周三、六出报。该报主要报道坦桑尼亚工人的劳动、生活和反映他们的要求，报道工会组织为保障工人福利所开展的各种活动，以教育和团结工人，发展工会运动。为了解决办报经费问题，其编辑部从创刊之日起就注意该报的商业性问题，开辟了"世界各地"、"文化娱乐"、"占星术"、"音乐舞蹈"、"体坛"和"国际体育"等专栏，办得比较活跃，大体上可以自负盈亏。

（8）天主教出版公司（Catholic Publishers），由坦噶尼喀天主教会于1955年5月在达累斯萨拉姆市创刊的斯瓦希里文月刊《领导人》（*Kiongozi*），是该公司出版的第一种报纸，也是坦桑尼亚大陆从创刊到现在唯一一种一直未有中断的私营报纸。该报已上网，其网址是: tec@ cats-net. com. 20世纪90年代，该公司出版了另一种报纸《火炬》（*Mwenge*），其网址是: tec@ cats-net. com.

（9）伊斯兰教传播中心（Islamic Propagation Centre），随着新闻媒体自由化的发展，在坦桑尼亚首次出现了伊斯兰教报纸，现该中心出版两种伊斯兰教周报。①《光明报》（*An-Nuur-Arabic Light*，周报），1993年由坦桑尼亚穆斯林最高委员会（Bakwata）在达累斯萨拉姆市创刊，8开版面，周三出版，2000年上网，其网址是 http: //www. islamtz. org/an-nuur/index. html. 这家周报被视为"一家战斗的伊斯兰出版物"，经常批评美国在"国际反恐战争"中"对世界穆斯林的伤害"。据报道，该报有时还刊登文章呼吁在桑给巴尔建了"伊斯兰政府"，呼吁桑给巴尔"实行伊斯兰化"。②《建议》（*Nasaha*）周刊，1998年7月由坦桑尼亚穆斯林职员协会（Tampro）在达市创刊，8开版面，周三出版，2004

年上国际互联网网，其网址是 http：//www. islamtz. org/nasaha/index. html. 它也是一家激进的伊斯兰报纸，在国际反恐和中东问题上，经常批评美国"镇压穆斯林"。这两家报纸主要在坦桑尼亚沿海地区和桑给巴尔发行。

（10）阿鲁沙时报有限公司（The Arusha Times Ltd.），在阿鲁沙出版的《阿鲁沙时报》（周六出版的周报）在全国有一定影响，其网址为 http：//www. arushatimes. co. tz/.

（11）《家庭镜报》（*Family Mirror*），系 1988 年 6 月创刊的私营英文报纸，每半月出版一期，8 开 16 版。它的报道以本国政治、经济和社会问题的专题报道为主，同时辟有"家庭生活"、"医疗卫生"和"文娱活动"专栏。现发行量为两万份，在社会上有一定影响。该报由私营的大众出版有限公司（General Publications Limited）编辑出版。除办报外，这家公司还经营一个图书、报纸、杂志和其他印刷品代销处和一个文具店。该公司共有工作人员 16 人。

目前，坦桑尼亚有刊物十几种，多为政党所办，大部分都是不定期出版的刊物。真正的期刊却很少，原因是印刷出版费用过高。过去几年，最成功的一种期刊当是《菲米纳》（*Femina*）。菲米纳杂志社是东非电影有限公司（East African Movies Ltd）和东非发展通讯基金（the East African Development Communication Foundation）合办的一家合资企业，并且得到了瑞典国际开发署的资助。

（二）电台

现在，坦桑尼亚能覆盖全国的电台有 4 家。

（1）政府电台坦桑尼亚达累斯萨拉姆电台（Radio Tanzania Dar es Salaam—RTD），目前仍然是坦桑尼亚影响最大的电台。据说，它可覆盖全国 85% 的地区。现在，一般情况下，人们还是先听政府电台的广播，认为政府电台是"政府发布新闻的机

构"，因为几乎所有政府声明都是首先从那里播出的。现有职工约 500 人，其中约 200 人是技术人员。

长期以来，达累斯萨拉姆电台一直播出 5 套节目：①斯瓦希里语节目，包括新闻、评论、时事、文艺、体育、经济和社会发展专题及儿童节目，每天播音 13 个小时。②英语节目，包括新闻、评论、时事、文艺等，每天播音 5 小时。③教育节目，为配合中小学教育而设，主要是辅导中小学基础课程，讲授与初等和中等教育有关的基本知识，每天播音 10 小时。④对外广播节目，开办于 1962 年，当时主要是为南部非洲各民族解放运动向其本国和本地区人民进行宣传提供渠道，每周播音 60 小时左右，除英语、法语和葡萄牙语外，还有一些南部非洲国家的地方语，所使用的语言曾达到过 16 种。随着南部非洲国家的独立和新南非的建立，除英文外，其它语言节目停播，目前该节目以播坦桑尼亚对外新闻和国际新闻为主，每天播音 4 次，每次播出 10 ~ 15分钟，主要对象是在坦桑尼亚的外国移民和其他外国人。⑤商业节目，主要是广告，另有一些关于本国工商企业发展情况的报道和有关知识的介绍。

（2）IPP 新闻媒体集团的"一台"（Radio One），建在达累斯萨拉姆，现在使用 89.5 FM 和 1440 AM 两个频道播音。据认为，目前"一台"是坦桑尼亚影响最大的私营电台，其广播节目主要有音乐、戏剧和国内外新闻。

（3）自由非洲电台（Radio Free Africa），建在姆万扎，现在使用 89.8 FM 和 1377 AM 两个频道播音。

（4）自由电台（Radio Uhuru），建在达累斯萨拉姆市，现在使用 95.2 FM 频道播音。该电台由国民报大众传播有限公司（Mwananchi Communications Ltd）所建，但肯尼亚民族日报报业集团占其股份的 49%。据说，该电台支持坦桑尼亚执政党革命党的政策。

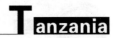

其他建在达累斯萨拉姆市的电台包括："云中娱乐"调频台（Clouds FM）、首都电台（Capital Radio）和气象电台（Metro FM）。

此外，坦桑尼亚还有一些宗教电台，包括：天主教会办有"希望电台"（Radio Tumaini），用96.3FM频道播音；在坦桑尼亚大陆西部地区的"玛丽亚电台"（Radio Maria）和"奎泽拉电台"（Radio Kwizera），分别通过89.1FM和97.9FM频道播音；路德教会在莫希办有"福音之声"（Sauti ya Injili），通过97.2FM播音；坦桑尼亚穆斯林最高委员会（Bakwata）2002年在达累斯萨拉姆市办的"古兰经调频电台"（Koran FM），通过102.0FM播音，每天从上午8点至夜间12点播音16个小时，其节目大部分为斯瓦希里语节目，英文节目很少。

坦桑尼亚许多私营电台都转播英国广播公司、美国之音和法国电台国际台的节目。

过去10年里，坦桑尼亚私营调频电台迅猛增加，这些调频电台主要建在城镇地区。这些电台的听众主要是青年人，用英语和斯瓦希里语两种语言播出，除了有限的国内外新闻外，"不间断"地播放的主要是音乐和其他娱乐节目，音乐专题节目大部分来自美国和其他西方国家。

据估计，目前坦桑尼亚大陆约有各种收音机350万个。

（三）电视台

尽管财政困难、技术落后，坦桑尼亚的电视事业在过去10年里得到了巨大发展。

（1）坦桑尼亚电视台（TVT），坦桑尼亚大陆第一家国有电视台，2000年3月15日，经过3个月的试播以后正式开播。坦桑尼亚电视台所报道的主要是关于总统、政府官员和执政党领导人活动和讲话的新闻，关于反对党和其他组织的报道很少。节目80%是他们自己制作的，现在困难较多，主要是缺乏各类专门节目制作人，同时也缺乏报道和制作节目的设备。

（2）独立电视台（ITV），是目前坦桑尼亚最有影响的一家私营电视台。1994 年 6 月 10 日由 IPP 新闻媒体集团创建于达累斯萨拉姆市，从 2002 年底开始，以三个频道播出节目。其节目现已覆盖大陆 5 省市——达累斯萨拉姆、阿鲁沙、乞力马扎罗、姆万扎和多多马；桑给巴尔也可以收看它的节目。节目以国内新闻、国际新闻、体育报道和文化娱乐为主，另辟专题报道和评论。在文化娱乐节目中经常播放一些当地戏剧和西方电影、喜剧和木偶片等。整个节目，以斯瓦希里语为主；其 60% 由自己的采编人员制作。据认为，该台得到坦桑尼亚政府支持和广大观众欢迎。它同英国广播公司、美国有线新闻网、德国和法国电视台都有转播电视节目的协议；也是现在坦桑尼亚唯一能通过卫星与非洲其他一些国家电视台连接的电视台；对中国友好，自建台以来，每年都播放大量中方有关单位提供的录像片。

（3）达累斯萨拉姆电视台（DTV），由坦桑尼亚和肯尼亚私人投资者合办的非洲新闻媒体集团（Africa Media Group）创建，1995 年 1 月正式开播。其节目包括斯瓦希里语和英语两种。除转播英国天空电视网（Sky News）新闻节目外，还开设了用斯瓦希里语播送的晚间和早间新闻节目和专门介绍科技、历史、医学和生态环境等方面的专题节目。开始阶段，该电视台的节目只覆盖达累斯萨拉姆地区；2000 年与南非的非洲电视台合作开通第二个频道后，姆万扎、阿鲁沙和坦噶也能收看到它的节目了。

（4）滨海电视网（CTN），系 1994 年 2 月在坦桑尼亚大陆建立的第一家私营电视台，除了播放当地的新闻节目外，主要转播美国有线电视网（CNN）的新闻节目和其他西方电视台的节目。

（四）通讯社

截至 2002 年年底，坦桑尼亚已有两家通讯社，即坦桑尼亚新闻局和 IPP 新闻媒体集团的坦桑尼亚新闻服务有限公司。

（1）坦桑尼亚新闻局（TIS），系总理办公室主管坦桑尼亚大陆新闻工作的一个局级单位。它在 2000 年 4 月坦桑尼亚通讯社（简称"坦通社"）解散后接管了原坦通社的工作，开始身兼二职。《坦桑尼亚通讯社解散法》（2000 年）决定：废除《坦桑尼亚通讯社法》（1976 年），解散坦通社；将原坦通社的工作、办公设施、设备和资产全部移交给新闻局。

坦桑尼亚通讯社（Shirika la Habari la Tanzania—SHIHATA），作为国家通讯社，1976 年建立后发展很快，成为非洲国家的一家重要通讯社，也起到了一个国家通讯社应有的作用。过去，其经费一直靠政府拨款。但自 20 世纪 80 年代中期坦桑尼亚经济困难以来，政府财政拮据，拨款减少，其发展受阻，甚至出现了它能否继续存在下去的问题。姆维尼政府开始进行结构调整、改革国企后，明确提出改造坦通社的计划，即政府每年为通讯社的拨款降至其预算的 2/3，其余 1/3 自筹。开始阶段，坦通社靠向报纸、杂志、电台等供稿得到的一些收入，可以勉强维持。但 1992 年 5 月国民议会修改《坦桑尼亚通讯社法》，宣布坦桑尼亚实行新闻自由，取消了坦通社对国内外新闻收集与传播的垄断地位之后，它的供稿收入大大减少，尤其是私营新闻媒体迅速发展后，其编辑、记者大量外流，坦通社的命运就变得岌岌可危了。1996 年，姆卡帕政府提出一项包括坦通社在内的国家企事业单位改革的计划，规定这些单位要在 5 年内（或稍长一点的时间）达到不要政府补贴、实现经费自理的要求。据此，坦通社就面临着要么成为一家独立的通讯社、要么"关门大吉"的生死攸关的挑战。就是在这种背景下，坦桑尼亚国民议会于 2000 年通过了解散坦通社、把坦通社的工作交给新闻局的议案。

从目前情况看，坦桑尼亚新闻局具备作为一个"兼职通讯社"的条件，并且它现在已经成为坦桑尼亚政府报纸、电台、电视台和革命党报消息的主要来源，也开始向私营新闻媒体供稿。当然，在它发展的道路上还有很多困难，缺乏资金、人才和设备等问题，都需要逐步加以解决。

（2）坦桑尼亚新闻服务有限公司（PST），由 IPP 新闻媒体集团建立，总部设在达累斯萨拉姆市。其主要任务是为 IPP 集团的报刊供稿，同时，向一些新闻媒体（如调频电台）供稿，据称，坦桑尼亚新闻服务有限公司现已在大陆 20 个省派有记者。

四　桑给巴尔主要新闻媒体简况

独立前，在桑给巴尔的印度人和阿拉伯人对办报比较积极。进入 20 世纪以后，曾经有过一种英文版的《古拉特报》（*Gujarat Samachar*）；1922 年又出版了一种斯瓦希里语的《桑给巴尔之声》（*The Zanzibar Voice*）；后来，出现过一种亲英的用英文和斯文出版的《我们的非洲》（*Afrika Kwetu*），阿拉伯人协会还出版了《曙光》（*Al Faiaq*）和《南扎》（*Al-Nandha*）两种周报。

独立后，尤其是"一月革命"以后，上述那些报刊就都不见了，不是撤走了，就是停刊了。只有 1951 年由殖民当局建立的电台"桑给巴尔之声"（*Sauti Ya Zanzibar*），在"一月革命"后被接管为政府电台后保留下来了。

1964 年桑给巴尔与坦噶尼喀联合组成坦桑尼亚联合共和国后，桑给巴尔地方政府另设新闻、文化、旅游和青年部，其下属的新闻局和广播局具体负责当地的新闻广播工作。

独立以来，桑给巴尔新闻市场基本上为官方的报纸、电台和电视台所垄断。

《灯塔报》（*Nuru*），为桑给巴尔政府报纸，斯瓦希里文双周刊，1992 年 1 月 12 日由桑给巴尔新闻局创办。该报每期 8 开 12 版。第一版为国内外重大新闻；第二版为国际新闻版；第三版为国内新闻；第四版为社论和读者来信版；第十一和十二版为文化

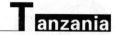

体育报道；其他版则为"经济发展"、"社会生活"、少量的"国际专题"、"诗歌"和"图片新闻"，间杂着一些商业广告。目前，发行量约为 5000 份左右。除了这种双周刊外，桑给巴尔新闻局还一直负责出版《新闻稿》和不定期的英文版《政府公报》（*Government Gazette*）。

坦桑尼亚桑给巴尔之声（Sauti Ya Zanzibar, Tanzania），为桑给巴尔政府电台。桑给巴尔政府还先后于 20 世纪 80 年代和 90 年代请中国帮助修建了一座发射台和一个播音馆。该电台每天三次播音，主要是斯瓦希里语节目。播音时间为：上午 6 ~ 8 点半，下午 2 ~ 4 点和晚上 6 ~ 11 点。广播的内容包括：新闻、国家经济和社会发展的专题报道，文化、体育、宗教节目和广告（过去，所谓的"广告"只是讣告；最近几年，随着经济改革的深入，才开始广播商业广告）等。其中，每天上午 7 点开始转播约 15 分钟的达累斯萨拉姆电台的新闻节目；每天晚上 7 点开始有半个小时的对外英语广播，主要播对外新闻、国际新闻和桑给巴尔经济、文化与社会发展的专题报道。该电台现有工作人员约120 人。

桑给巴尔电视台（TVZ），系桑给巴尔政府电视台。桑给巴尔政府 1971 年拨款建了一个黑白电视台，1973 年再次拨款把它改建为彩色电视台，成为当时"黑非洲国家的第一个彩色电视台"，属 PAL 制式，并在奔巴岛建了一个电视转播台。该电视台现有工作人员约 230 人，包括技术人员 81 人，节目制作人员 29 人，另有几个日本和德国技术顾问。它每天晚上 6 点 45 分至 10 点播放节目，以斯瓦希里语节目为主，包括新闻、儿童节目、成人教育、文化体育和宗教节目。其中，75% 的节目是自制的，成人教育节目由教育部协助制作。它虽有译制外国电视节目的设备，但因人员和经费不足，译制量很小。据统计，桑给巴尔现有电视机 15000 多台。

桑给巴尔代表会议 1988 年通过了《新闻代理机构、报纸和图书出版法》（*The Zanzibar Registration Of News Agents*，*Newspapers And Books Act*），同年还通过了一项建立桑给巴尔新闻委员会的立法。桑给巴尔新闻委员会的任务，主要是就桑给巴尔新闻事业发展有关问题向政府提出咨询建议。1997 年桑给巴尔代表会议通过了一项《桑给巴尔广播委员会法》（*The Zanzibar Broadcasting Commission Act*）；同年，政府据此建立了桑给巴尔广播委员会，负责桑给巴尔电台和电视台的注册和管理工作。

改革开放以来，桑给巴尔出现了两种私营报纸。一种是 2002 年 12 月出版的斯瓦希里文周刊《指南针》（*Dira*）；另一种是《论坛》（*Jukwaa*），也是斯瓦希里文周刊。

五　坦桑尼亚图书出版业

独立前，坦桑尼亚没有自己的出版机构。最早出现的是殖民主义者为宗教宣传而设的小型印刷厂，后来则以印教科书为主。第二次世界大战以后，欧美一些大出版社相继进入非洲，罗曼（Longmans）、牛津（Oxford）等出版社开始在坦桑尼亚经营。英国殖民当局 1948 年建立了东非文学局（EALB），1965 年又建立了东非出版社（EAPH），但他们的总部均设在肯尼亚的内罗毕。

1966 年，坦桑尼亚政府建立了坦桑尼亚自己的一家出版社，即坦桑尼亚出版社；与此同时，政府开始对外资和本国私营出版社实行统一管理，但并未影响到它们的独立经营权。到 1980 年，坦桑尼亚已有 150 多个出版机构。

独立后，坦桑尼亚政府大力提倡发展民族文化，鼓励出版斯瓦希里文的各种书籍、报刊，并出版了大量斯瓦希里文教科书、政治理论书、科学普及读物、小说和诗歌等，其中影响较大的有 1981 年出版的第一部由本国学者编写的《斯瓦希里语词典》，以

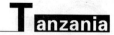

及后来用斯文翻译出版的英文八卷本《非洲通史》（联合国教科文组织出版）；同时也出版了不少英文书籍。按统计，1977～1981年坦桑尼亚共出版各类图书634种，平均每年127种，每种图书的发行量少则1.5万册，多则数万乃至十余万册。为此，坦桑尼亚被认为是非洲出版事业较发达的国家之一。

但进入20世纪80年代以后，由于经济困难加重，纸张、油墨等均严重短缺，坦桑尼亚许多出版社停业，出书数量越来越少，甚至连教科书的印数都不能满足需要了，各种报刊的发行也因此不断减少。

1986年以来，政府恢复和发展经济的政策，也带动了出版业的恢复，尤其是政府还为此提出了一些具体政策。如1991年，政府在教育文化部设立了一个出版署，负责对出版公司的注册和管理工作。政府规定：对出版、销售图书和报刊征收营业税和所得税；对进口的教育类图书和报刊予以免税。同年，政府还开始实施了一项"教科书政策"（The Text book Policy），打破政府出版机构对供应教科书的垄断局面，鼓励私营公司投资，实行教科书供应商业化，通过竞争，保证供应教科书（尤其是中学课本）的时间、数量和质量。1994年教育文化部还制定了一项"儿童图书计划"，以推动儿童图书的出版和发行工作。政府的这些措施，对坦桑尼亚出版业的恢复和发展都起到了积极作用。据坦桑尼亚主要出版物目录，20世纪90年代坦桑尼亚共出版图书360多种。

目前，坦桑尼亚全国有大小出版机构30多家。国营的有政府印刷局、坦桑尼亚教育供应公司、坦桑尼亚出版社、达累斯萨拉姆大学出版社、东非出版有限公司、坦桑尼亚国家图书馆服务公司、泛非出版公司、坦桑尼亚成人教育研究院出版社等；目前，坦桑尼亚约有20多家外国和本国私人投资经营的出版公司，包括《卫报》印刷有限公司、《商业时报》印刷有限公司、新闻

印刷有限公司、商业印刷公司、大学出版社、贝恩出版有限公司、非洲出版社、洲际出版社、羚羊出版社和乞力马扎罗出版公司等。

另外，坦桑尼亚是《世界版权公约》成员国，其 1966 年颁布《坦桑尼亚版权法》采用国际标准书号，语区号是 9976 和 9987。1987 年，坦桑尼亚建立了坦桑尼亚出版者协会（The Publishers Association of Tanzania—PATA），其任务是维护出版者的权宜，推动出版事业的发展，组织出版界人员的培养工作，组织"坦桑尼亚图书周"等活动。

六　坦桑尼亚新闻界组织

坦桑尼亚记者协会（Tanzania Journalists Association）是坦桑尼亚全国性新闻工作者组织，成立于 1966 年，其宗旨在于维护新闻工作者的权益，尤其要保证其应得的福利或待遇。该组织过去活动一直不多。最近几年，随着坦桑尼亚经济和政治改革日渐活跃，该组织的活动有所增加，1991 年 10 月提出的坦桑尼亚新闻工作者《工作守则和职业道德》，经 1992 年 3 月记协大会通过后已于同年 7 月生效。坦桑尼亚新闻工作者《工作守则和职业道德》，主张新闻自由，要求新闻客观真实；主张减少官方对新闻的限制；认为新闻是社会产品，但不是商品，要求新闻工作者遵守职业道德，遵守国家法律；对外主张消除战争和一切危害人类和平与发展的因素，主张建立国际新秩序和大众传播新秩序。坦桑尼亚记协同中国记协关系较为密切，双方有过一些互访。

坦桑尼亚新闻委员会（The Media Council of Tanzania），是 1995 年 6 月 28 日召开大众传播工作者大会之后，于 1997 年 5 月 22 日登记注册的。这是由记者、出版商和从事其他大众传媒工作的人一起组织的一个独立的非政府机构，目的在于维护和发展新闻自由，在于维护新闻工作者的权利。

坦桑尼亚环保记者协会（The Journalists Environment Association Of Tanzania）成立于 1992 年 5 月 12 日，其宗旨在于推动记者加强坦桑尼亚环境保护的报道。该协会成立以来，在坦桑尼亚环境保护方面发挥了重要作用。

坦桑尼亚新闻媒体妇女协会（TAMWA），是为争取妇女平等权利而战的一个妇女组织。在该协会的推动下，1998 年国民议会通过了《预防性犯罪法》（SOPSA）。

还有一些立足于保护和提高本行业权利和工作待遇的组织，包括坦桑尼亚体育记者协会、基层新闻媒体妇女工作者协会、坦桑尼亚全国摄影工作者协会（TANAP）和商业记者协会（BJA）等。

另外，坦桑尼亚还有一个坦桑尼亚记者工会（TUJ），该工会是 2001 年 6 月 8 日成立的，现在它已在一些新闻媒体单位设立了分会。

七 新闻工作者培训机构

坦桑尼亚现有 10 所培训新闻工作者的学校。其中，3 所是正规的培训新闻工作者的学校：

（1）坦桑尼亚新闻学校（The Tanzania School of Journalism）；

（2）圣·奥古斯廷大学（St. Augustine University）；

（3）希望大学（Tumaini University）。

其他 7 所为非正规学校，基本上为培训中心：

（1）莫罗戈罗新闻学校（Morogoro School of Journalism）；

（2）马里法新闻媒体培训中心（Marifa Media Trust）；

（3）新闻媒体发展中心（Media Development Trust Fund）；

（4）坦桑尼亚新闻培训中心（Tanzania Press Centre）；

（5）达累斯萨拉姆新闻学校（Dar es Salaam School of

Journalism）；

（6）雷蒂新闻学校（RETI School of Journalism）；

（7）初等职业教育学院（Prime Educational Network College of Professional Studies）。

八　驻当地外国新闻机构

目前，在坦桑尼亚派有常驻记者的外国新闻机构有：路透社、俄通－塔斯社、法新社、英国广播公司、朝中社和新华社。另外，在坦桑尼亚设有新闻中心或文化中心的国家有：美国、英国、法国、德国、俄国和朝鲜。

第七章

外　交

第一节　外交政策

坦桑尼亚的对外关系，历经南部非洲民族解放运动、激烈的冷战争夺、多党民主和经济全球化等浪潮的冲击，经历了国际形势从紧张趋向缓和、从政治对抗到经济竞争、从两极争霸到多极化政治格局的重大变迁。40 多年来，坦桑尼亚政府始终根据国内外形势的发展变化及时调整对外政策，维护民族独立和国家主权，为国民经济建设与社会发展创造有利的外部环境。坦桑尼亚的外交政策，从独立到现在大体上经历了两个阶段，即：尼雷尔时期的不结盟外交政策和尼雷尔 1985 年让贤后坦桑尼亚实行改革开放以来的务实外交政策或经济外交政策。

一　尼雷尔时期奉行不结盟外交政策

坦桑尼亚在尼雷尔时期的外交政策，用尼雷尔自己的话说就是"积极的不结盟政策"。这完全出于坦桑尼亚独立后捍卫民族独立、建设国家的需要，同时也是当时非洲争取民族独立和民族解放斗争形势和处于"冷战"时期的错综复杂的国际关系发展的历史的必然。

尼雷尔是非洲一位有名望的民族主义者，怀有强烈的民族感情，痛恨殖民主义和白人种族主义对非洲人民的残酷剥削和迫害，反对大国对小国的指手画脚。他的这种思想感情，对坦桑尼亚的外交政策也有着极其重大的影响。

坦噶尼喀独立后，尼雷尔宣布实行共和制，割断了与宗主国英王室的联系；呼吁国际社会对非洲白人种族主义政权实行制裁，并率先中断了坦噶尼喀向南非提供劳工的协议。在尼雷尔的领导下，坦噶尼喀政府和人民支持尚未独立的南部非洲国家争取民族独立和南非人民反对种族歧视、争取解放的斗争，支持刚刚独立的非洲国家捍卫民族独立的斗争，并提供了帮助。尤其是，桑给巴尔"在共产党国家的影响下"发动的"一月革命"取得成功，尼雷尔不仅给予支持，而且坦噶尼喀还同桑给巴尔联合成立了坦桑尼亚共和国。所有这些，不能不引起美国和西方一些国家以及南非种族主义政权的忧虑。于是，美国和西方一些国家不断向尼雷尔施加压力，妄图压尼雷尔改弦易辙，从而导致了引起国际广泛关注的坦桑尼亚建立初期的"三大外交事件"的发生。

第一，尼雷尔反对美国 1964 年 11 月派兵干涉刚果（利）内政，反对美国扩大越南战争，引起了美国的不瞒。更有甚者，尼雷尔允许德意志民主共和国（简称"民主德国"）、苏联和中国等社会主义国家的代表在桑给巴尔存在，甚至邀请他们对坦噶尼喀进行援助，美国及其西方盟友无不担心"共产党国家的进入"。美国同坦桑尼亚"交涉"，但毫无"效果"。美国恼羞成怒，开始对坦桑尼亚进行威胁，甚至要阴谋推翻尼雷尔政权。1965 年 1 月，坦桑尼亚宣布驱逐美国使馆参赞罗伯特·戈登和驻桑给巴尔代办弗兰克·卡卢奇，报道说，他们是美国中央情报局的雇员，正在阴谋推翻桑给巴尔政府。

第二，桑给巴尔革命成功后，民主德国迅速承认桑给巴尔人民共和国，并立即在那里建立大使馆，开始向桑给巴尔提供援

助。在坦噶尼喀和桑给巴尔联合后，尼雷尔希望当时与坦噶尼喀
关系密切的德意志联邦共和国（简称"联邦德国"）能够承认坦
桑尼亚联合共和国，并同意让民主德国在桑给巴尔的大使馆改为
总领事馆，但联邦德国反对。1965 年 2 月坦桑尼亚决定让民主
德国在桑给巴尔设立总领事馆后，联邦德国拒绝接受坦桑尼亚这
一决定，立即宣布取消了对坦噶尼喀的军援，包括用来购买军用
飞机的 400 万英镑的援助，并撤走其在坦噶尼喀的空军和海军专
家组。对此，尼雷尔进行了反击，要联邦德国取消了对坦噶尼喀
的所有援助，包括新承诺的 300 万英镑的技术援助。

第三，1965 年 11 月 11 日英国支持罗得西亚少数白人政权
单方面宣布独立，坦桑尼亚坚决反对，并于 12 月 15 日宣布与英
国断交。坦桑尼亚同英国断交后，不仅使坦桑尼亚丧失了当时已
有的英国援助，而且还失去了正在准备提供的一笔 750 万英镑的
贷款。

在美国和西方国家这种强大的压力面前，坦桑尼亚没有屈
服，"西方不亮东方亮"，它转向"东方"，得到了中国、苏联和
东欧一些国家的支持和援助。尼雷尔总统说，"这意味着采取了
一些疏远西方、接近东方的步骤，以便更靠近中间"[1]。坦桑历
史学家莱昂内尔·克利夫评论说："鉴于世界政治的分裂性质，
以及坦桑尼亚对类似解放非洲等问题上所承担的义务，要想在国
际争端中避免站在哪一边，从而避免遭受冷战参与者的胁迫，那
是困难的。"[2] 尼雷尔在一次记者招待会上还解释说，桑给巴尔
接受苏联和中国的军事援助，是因为他们别无选择。至于坦噶尼
喀的军队，尼雷尔说，他曾向几个不结盟国家提出派遣教官的请

[1] 伊·基曼博、阿·特穆：《坦桑尼亚史》，钟丘译，商务印书馆，1973，第
474 页。
[2] 伊·基曼博、阿·特穆：《坦桑尼亚史》，钟丘译，商务印书馆，1973，第
475 页。

求，但他们都拒绝了。① 尼雷尔说，这表明坦桑尼亚是不结盟的。他还指出，"实际上，我们这个国家，在政治、商业和教育等各个领域完全都是西方色彩的。我们所受的影响是西方的"②。

坦桑尼亚顶住西方的压力，在维护国家独立和主权，发展民族经济，建设国家的同时，坚定不移地奉行了不结盟外交政策。坦桑尼亚奉行的所谓的"积极的不结盟政策"，即中立于东方集团和西方集团之间的不结盟政策，其出发点在于维护民族独立和国家主权，为国民经济建设与社会发展创造有利的外部环境。尼雷尔认为，国家不分大小，一律平等，都有权根据本国的情况自由决定自己的政策，而不受超级大国或任何集团的干涉；坦桑尼亚愿在互不干涉内政和相互尊重的基础上与各国发展友好合作关系。

尼雷尔时期，坦桑尼亚奉行的不结盟外交政策取得了重大成就，赢得了世界的广泛赞誉。

1. 坚决支持非洲民族独立和民族解放斗争

自 20 世纪 60 年代初开始，坦桑尼亚一直支持津巴布韦、莫桑比克、安哥拉、纳米比亚和南非人民争取民族独立和民族解放的斗争。非洲统一组织解放委员会总部设在达累斯萨拉姆，尼雷尔长期担任该委员会主席；许多南部非洲解放运动的总部都曾设在达累斯萨拉姆，他们坐落在达累斯萨拉姆市中心的办公大楼至今仍被称为"解放大楼"；许多解放组织都在坦桑尼亚境内设立了游击队训练营地。坦桑尼亚自己经济比较困难，还不时为一些解放组织慷慨解囊。坦桑尼亚为支持非洲民族解放运动和反对南非种族主义的斗争做出了牺牲，为非洲大陆非殖民化运动做出了杰出贡献。

---

① 威廉·埃杰特·史密斯：《尼雷尔》，上海人民出版社，1975，第 213 页。
② 威廉·埃杰特·史密斯：《尼雷尔》，上海人民出版社，1975，第 214 页。

2. 积极支持第三世界人民的正义斗争

坦桑尼亚在国际事务中一向主持正义，支持各国人民反对外来侵略和干涉的斗争。坦桑尼亚同越南民主共和国建立外交关系，反对美国以所谓"共产党颠覆活动"为借口扩大越南战争；1970年初又宣布承认越南南方共和临时革命政府；谴责美国侵略柬埔寨，支持当时的柬埔寨王国民族团结政府；1973年10月中东战争爆发后，坦桑尼亚宣布同以色列断交，重申支持埃及和其他阿拉伯国家反击以色列侵略的正义斗争，并且给埃及和叙利亚以物质支持；坦桑尼亚还一再重申，不恢复被驱逐的巴勒斯坦人民的权利，中东问题就得不到解决，等等。

3. 坚决反对国际强权政治和霸权主义

坦桑尼亚认为两个超级大国是第三世界的大敌，第三世界和不结盟国家应站在一起，挫败超级大国及其盟友的强权政治和霸权主义。针对超级大国在印度洋的争夺，坦桑尼亚主张建立印度洋和平区，反对两霸在印度洋的争夺，反对一切外来军事势力进入该地区。坦桑尼亚反对超级大国在非洲的扩张行径，曾谴责美国是西方"帝国主义的头子"、"南非白人种族主义的后台"。

4. 主张建立国际政治、经济新秩序

冷战时期，坦桑尼亚在不结盟运动、77国集团和非洲统一组织等地区性和国际性组织中，都发挥了重要的作用，尼雷尔曾被誉为"第三世界的代言人"。尼雷尔认为，发展中国家只有团结起来，才能获得它们应该享有的权益。他说："无论对不结盟国家还是对整个第三世界，仅有政治上的合作还远远不够，我们第三世界还应当加强在经济方面的合作。"坦桑尼亚要求建立国际政治、经济新秩序，缓和国际紧张局势，维护世界和平与安全。坦桑尼亚主张加强南南合作，开展南北对话。尼雷尔认为，发展中国家要建立自己的经济机构，共同控制价格及其资源，在取得与工业化国家相抗衡力量的基础上，才有可能进行有效的南北对话。

二 新时期以经济为中心的外交政策

85 年 10 月姆维尼当选为坦桑尼亚总统后，着手调整经济政策，改变国有化和集体化做法，鼓励私人投资，开放市场，恢复和发展经济，从而使坦桑尼亚进入改革开放、恢复和发展经济的新时期。从 1985 年起，姆维尼政府和姆卡帕政府，根据恢复和发展经济的需要，在巩固和发展国内和平稳定局面的同时，不断调整外交政策和外交工作的重点，逐渐形成新时期的把经济发展放在首位的务实外交政策或经济外交政策，并取得了显著成果。

回顾起来，坦桑尼亚新时期的外交政策主要包括以下几点。

（一）坚持对外关系的基本原则

姆卡帕总统 2000 年大选连任后在总结坦桑尼亚新时期的外交政策时说："我们主张国家不分大小、不分贫富，一律平等，都要互相尊重，都享有平等的权利；在维护独立、主权、平等和尊严的同时，我们将一如既往，发展和维护与邻国的睦邻友好关系；坦桑尼亚主张并推动弱国和穷国团结一致，维护他们的共同利益，包括不可剥夺的政治解放和经济解放的权利。"他说，这是坦桑尼亚对外关系的基本原则，是尼雷尔制定的，始终是坦桑尼亚外交政策的坚实基础。[①] 姆卡帕总统说，坦桑尼亚的外交政策是多方面的，在制定和执行外交政策时，不同时期重点不同。他指出，目前坦桑尼亚的外交政策就是要把经济放在最优先的位置，要为国内经济的恢复和发展服务，这就是"经济优先"的经济外交政策。

（二）外交要为经济发展服务

1. 发展多元化外交，争取更多外援、外资和外国旅游者

由于历史的原因，坦桑尼亚是个"建设靠援助"的国家。

---

① William Mkapa, on Inaugurating the New Parliament of the United Republic of Tanzania, Dodoma, November 20, 2000.

发展资金基本上靠外援，政府部分经常性开支也靠外援补充。独立初，其发展预算主要靠英国、美国、联邦德国和以色列的援助。60 年代中，坦桑尼亚同英国、美国和联邦德国关系破裂，失去了主要外援来源。坦桑尼亚发展同苏联、中国和东欧国家的关系，得到一些援助。1967 年《阿鲁沙宣言》之后，许多西方国家对坦桑尼亚的"乌贾马社会主义"感到忧虑，疏远坦桑，援助大大减少。1985 年 10 月当选为坦桑尼亚新总统的姆维尼，可谓"受命于危难之时"，在经历"乌贾马社会主义"尝试失败和耗资过大的"反击阿明入侵"战争之后，坦桑尼亚经济和政府财政都极端困难。

为了恢复经济，坦桑尼亚需要更多的外国援助，为此姆维尼执政后即不失时机地调整了对外政策。据报道，姆维尼总统1985 年 11 月召开坦桑尼亚驻外使节会议，明确提出外交要为国内经济发展创造条件。他说，为了能有更多的外援来源和得到更多的援助，坦桑尼亚要加强同英国和美国等西方国家的关系，建立和发展一种多元化的对外关系。他要求驻外使节要为国内寻求尽可能多的援助，寻求尽可能多的、条件尽可能优惠的贷款。他还说，为了得到贷款，政府要同国际货币基金组织继续 1979 年初就开始的贷款谈判，可以同意他们的条件，因为那些条件大部分都是坦桑计划改革的内容。

姆维尼总统对外交政策的调整在国内外受到普遍欢迎。在姆维尼召开坦桑尼亚驻外使节会议后，坦桑尼亚政府首先就恢复了同国际货币基金组织的贷款谈判，因谈判中互有妥协，双方很快达成协议。坦桑尼亚政府 1986 年 8 月接受国际货币基金组织的贷款条件，开始执行国际货币基金组织建议的"结构调整计划"。

从 1986 年开始，除继续发展同中国、日本和北欧国家以及其他未中断对坦桑尼亚提供援助的国家的友好合作关系外，重点修补和加强了同英国、美国和联邦德国及其他一些西欧国家的关系，并收到了良好效果。在坦桑尼亚政府接受国际货币基金组织的贷款条件，按"结构调整计划"制定了经济恢复计划（1986/1987~1988/1989）以后，英国、美国、联邦德国和其他一些西方国家对坦桑尼亚的经济恢复计划纷纷表示支持，他们多数国家都增加了对坦桑尼亚的援助。

从姆维尼时期到姆卡帕时期，坦桑尼亚政府始终坚持发展多元化的外交关系，尤其重视同那些能够提供援助、到坦桑尼亚投资和到坦桑尼亚旅游的大国的双边关系。姆卡帕总统在 1999 年 3 月一次坦桑尼亚驻外使节会议上发出指示：所有驻外使节都要加强对驻在国工作，为争取更多的技术援助、财政援助、外国投资和扩大外贸做出努力。2000 年，姆卡帕总统还要求坦桑尼亚驻外使节敦促驻在国减免坦桑尼亚债务的工作。他说："我们现在的任务很重。一方面，我们要集中力量执行全国减贫战略计划；另一方面，为保证经济可持续增长需要兴建一批现代化的基础设施。这就需要得到捐赠国和多边金融机构的积极支持。我们希望他们尽快解除我们的债务，同时向我们提供更多的赞助。我们将要求我们的外交官做好这些工作。"

观察家们认为，坦桑尼亚建立和发展多元化外交关系的努力取得了成功。比如，20 年来，西方主要援助国和国际金融机构对坦桑尼亚提供的预算支持，据估计，前 10 年约每个财政年度近 10 亿美元，最近 10 年每年都在 10 亿美元以上。再比如，2001 年 11 月世界银行和国际货币基金组织宣布，坦桑尼亚已达到关于减免重债穷国债务动议中的要求，在今后 20 年内可获减免债务 30 亿美元。这批债务约占坦桑外债的 50%，减免的债务将主要用于教育、卫生、供水、防病及扶贫等领域。

2. 搞睦邻友好，创造有利于国内经济恢复和发展的环境

这一政策也是姆维尼总统在 1985 年 11 月那次坦桑尼亚驻外

使节会议上提出的。在这以前，除同赞比亚和莫桑比克关系密切以外，坦桑尼亚同其他几个邻国的关系并不十分和谐，甚至有某些争端或冲突。如同马拉维，因当时马拉维与南非关系密切，直至 1985 年坦桑尼亚才与其建立外交关系；另外，两国还有边界争端。再如，同肯尼亚，由于 1967 年《阿鲁沙宣言》后两国间意识形态分歧和 1977 年东非共同体解体时共同体财产分配的矛盾，坦桑尼亚曾关闭两国边界，直至 1983 年才重新开放两国边界，两国关系有所缓和。20 年来，坦桑尼亚的睦邻友好政策也取得了积极成果。

（1）发展同邻国关系，加强合作，实现地区经济一体化

姆维尼总统 1986 年 6 月访问肯尼亚，同莫伊总统讨论改善两国关系、加强两国经济合作问题。姆维尼的努力得到肯尼亚的积极响应。1988 年莫伊总统回访；1991 年莫伊两次访问坦桑尼亚，两国总统最终发表联合公报，宣布加强两国在旅游和电力等领域的合作，并表示两国政府将为两国边境贸易和两国边境居民的相互来往提供方便；1996 年 1 月，中断近 20 年的两国间的铁路客运正式恢复运营。

同样，20 世纪 80 年代中期坦桑尼亚同乌干达的关系进入"不冷不热"阶段，尽管阿明军政权是坦桑尼亚帮助乌干达解放阵线推翻的。报道说，1980 年乌干达大选后奥博特总统开始疏远坦桑尼亚。这时，乌干达政局发生变化，1985 年 7 月军事领导人奥凯罗政变推翻奥博特政权；1986 年 1 月穆塞韦尼率全国抵抗运动游击队又推翻奥凯罗。坦桑尼亚支持穆塞韦尼，1986 年 11 月坦桑尼亚派军事专家帮助穆塞韦尼训练军队。穆塞韦尼执政后，坦桑尼亚同乌干达加强了在贸易、海关、交通和通信方面的合作。

90 年代初，随着经济全球化和市场化的发展，坦桑尼亚提出东非三国恢复地区合作的建议。坦桑尼亚认为非洲国家只有联

合起来，通过地区合作和集体自力更生精神，才能摆脱对大国的依赖，求得生存和发展。

坦桑尼亚、肯尼亚和乌干达三国的经济合作开始于殖民统治时期。20 世纪 60 年代三国先后独立后，于 1967 年建立了东非共同体。共同体设立了统一的行政、财政与立法机构，组建了共同市场，实行自由贸易政策，互免关税；同时建立了三国铁路、航运、航空和邮电通信四大公司。但由于缺乏管理经验，在利益分配等问题上出现矛盾，坦桑尼亚《阿鲁沙宣言》后与肯尼亚在意识形态方面产生分歧，加之阿明军事政变上台后坦桑尼亚与乌干达关系恶化，最终导致共同体于 1977 年解体。

在姆维尼总统的推动下，经过多次磋商，坦桑尼亚、肯尼亚和乌干达就加强三国经济合作达成共识。1994 年 11 月 26 日，三国总统在坎帕拉签署协议，决定建立东非合作体。1996 年 3 月 14 日，东非合作体秘书处在阿鲁沙建立，东非合作体正式建立并开始运作。

东非合作体建立后，三国友好合作关系进一步发展，先后开始了三国货币的相互兑换，达成了避免双重征税协议，建立了东非证券调控局，成立了三国中央银行货币委员会，放宽了人员和货物跨境流动的限制，颁发了东非护照等。在基础设施建设方面，制定了《东非合作发展战略》，确认了优先发展的基础设施项目。在安全方面，三国先后召开军队和警察部门领导人会议，达成防务政策基础备忘录，建立了东非防务小组，并决定联合打击贩毒和边境犯罪等活动。

在三国合作迅速发展的基础上，1999 年 11 月 30 日三国签署《东非共同体条约》，将合作体升格为共同体。2000 年 7 月 7 日，经三国议会批准后《东非共同体条约》正式生效。2001 年 1 月 15 日三国东非共同体正式成立。2004 年 3 月，三国签署《东非共同体关税同盟议定书》。2004 年 11 月，三国签署《加快东非共同体一体化进程时间表》，同意 2010 年 1 月前成立东非联邦，三国在保留各自议会、总统和国旗的同时，共同组建联邦议会、内阁和司法机构。2005 年 1 月 1 日，东非共同体关税同盟正式启动。该同盟将通过 5 年过渡期实现东非三国间自由贸易和零关税，并逐步实现劳动力和服务贸易的自由流动，实现货币统一，最终建立政治上统一的东非联邦。

（2）调解邻国冲突，帮助恢复和平，以有利于本国发展

坦桑尼亚同西边三个邻邦卢旺达、布隆迪和刚果（金）的关系，直到 20 世纪 80 年代仍处于比较疏远的状态。这是因为：第一，过去不同的殖民历史造成的缺乏交通联系；第二，从达累斯萨拉姆到西部边界相距遥远。80 年代中期以来，坦桑尼亚加强了同他们的联系，公路交通已经得到改进，与刚果（金）的航空交通也增加了，并且计划在政治和经济方面进行更加密切的往来与合作。

从国内安全形势讲，坦桑尼亚主要担心大湖地区的危机为其西北部边境地区带来不安因素，影响当地人民的生产和生活。

1994 年卢旺达发生部族大屠杀以后，约 50 万胡图族人越过边界，进入坦桑尼亚卡盖拉地区。联合国难民事务高级专员公署和国际救援机构为这些难民在坦桑的滞留提供了赞助，但他们的涌入使那里的环境遭到了严重的破坏。1996 年 11 月，坦桑和卢旺达两国政府就联合国难民事务高级专员公署提出的一项引渡计划达成协议。根据这项协议，到 2004 年底。在坦桑尼亚的绝大部分卢旺达难民都已安全回国。

而布隆迪的国内动乱，一波三折，大量布隆迪难民长期滞留在坦桑，给坦桑尼亚边境地区人民正常的生产和生活带来巨大压力，同时也增加了边境地区的不安全因素。1993 年 10 月布隆迪图西族军人发动军事政变未遂，引发了大规模的部族流血冲突，致使大约 40 多万布隆迪胡图族人逃难到坦桑尼亚；1994 年 4

月，刚刚上任两个多月的希普里安·恩塔里亚米拉恩遇空难身亡
后，布隆迪国内再次发生动乱；1996 年 7 月，布隆迪军人再次
发动政变，并"推举"前总统布约亚为总统。布隆迪每次动乱，
都有胡图族人逃难到坦桑尼亚，截止到 2000 年在坦桑尼亚的布
隆迪难民大约就有 50 多万。

在此期间，坦桑尼亚一直在为布隆迪的民族和解做出努力。
1993 年 10 月布隆迪未遂军事政变后，前总统尼雷尔就被国际社
会推举为布隆迪问题国际调解人，他直至 1999 年逝世前始终在
为布隆迪的民族和解奔波，为布隆迪的民族和解做出了重要贡
献。姆卡帕总统执政后，就开始在布隆迪政府和反对派之间进行
斡旋，自 1996 年以来多次主持召开布隆迪民族和解地区会议，
并最终于 2000 年 8 月取得突破，在阿鲁沙主持了《布隆迪和平
与和解阿鲁沙协议》的签字仪式。2001 年 6 月，布隆迪和坦桑
两国国防部长达成协议，同意将坦桑尼亚境内的大约 50 万布隆
迪难民遣返回布隆迪境内的安全区。2002 年 3 月，坦桑尼亚、
布隆迪、联合国难民署代表就遣返布隆迪难民问题达成协议，开
始执行"自愿遣返回国计划"。2005 年 5 月布隆迪过渡政府与反
对派武装在坦桑尼亚的推动下签署停火协议后，返乡难民日益增
多。到 2005 年 8 月就已有 20 多万布隆迪难民从坦桑返回国内。

三　对当前一些重大国际问题的看法

1. 关于国际形势

坦桑尼亚认为冷战结束并未给世界带来和平与安全，全
球争霸正被地区冲突、民族和宗教矛盾所取代。强权
政治在国际事务中仍在起主导作用。目前的世界是以美国为主导
的单极世界，尚不存在能在政治、经济及军事等诸方面同美抗衡
的国家。主张发展中国家必须联合自强，在联合国等国际论坛中
以集体力量与大国势力抗衡。

2. 关于建立国际政治经济新秩序

主张各国无论大小都有权选择符合本国国情的发展道路和政治制度，反对西方国家将其民主制度和价值观强加于发展中国家。呼吁和平解决国际争端，反对在国际关系中诉诸武力。认为现行的国际经济秩序主要为发达国家服务，并带有剥削性质；经济全球化有损于发展中国家的利益。呼吁发达国家在解决发展中国家债务、贸易条件恶化、资金倒流、资源开发与环境保护等问题上采取积极态度，帮助穷国建立有利于公平竞争的经济和贸易关系。主张推动南北对话，强调发展中国家加强团结，建立公正的国际经济新秩序。

认为国不论大小，都享有国际事务的平等参与权，都有权选择适合本国国情的发展道路和政治制度，国家间应相互尊重独立、主权和领土完整。

反对西方国家将其民主制度和价值观强加给发展中国家。

呼吁和平解决国际争端，反对在国际关系中诉诸武力。

认为现行的国际经济关系是西方强加的，损害了发展中国家利益；经济全球化也有损于发展中国家的利益。

主张加强南北对话，呼吁发达国家在解决发展中国家债务、贸易条件恶化、资金倒流、资源开发与环境保护等问题上采取积极态度，帮助穷国建立有利于公平竞争的经济和贸易关系。

主张加强南南合作，增强发展中国家集体自力更生的能力，减少对北方的依赖。

要求在联合国监督下通过全球谈判，对现存的国际经济秩序进行全面审查和改革，建立公正的国际经济新秩序。

3. 关于非洲问题

主张加强非洲经济一体化。认为非洲国家只有联合起来，通过地区合作，才能摆脱对大国的依赖，求得生存和发展，呼吁非洲领导人发扬集体自力更生精神。

认为政治、经济一体化是维护非洲和平与稳定的最好解决办法，支持建立非洲政治和经济联盟。呼吁国际社会关注非洲，帮助非洲国家实现稳定和发展。

认为民主的建立需要适合各国特殊情况，尊重各国历史、文化和发展水平，非洲的民主只有通过经济的增长和国家的发展才能实现。

外来势力解决非洲问题的时代已经过去，主张以和谈方式自主解决非洲冲突，提倡建立有效的地区性安全机制，加强在军事和安全方面的合作。

4. 关于中东和平进程

支持巴勒斯坦人民恢复民族权利和阿拉伯国家收复失地的斗争，谴责以色列在约旦河西岸和加沙地带建立居民点和入侵黎巴嫩。同时主张阿拉伯国家承认以色列的存在。坚决支持中东和平进程，认为中东问题只能是在联大和安理会的有关决议基础上政治解决。

5. 关于反恐

反对任何形式的恐怖主义，在 1998 年美国驻达累斯萨拉姆大使馆遭到恐怖主义袭击以后，坦桑尼亚反对恐怖主义的立场更加坚定。认为恐怖行径无助于解决问题，愿与国际社会一道打击恐怖主义，但反对将恐怖主义与某种宗教信仰相联系，希望国际社会重视恐怖主义产生的根源，对恐怖主义实行标本兼治。

6. 关于联合国改革

认为必须尽快对现行联合国机构进行改革，增加透明度，扩大民主，以改变大国主宰联合国的局面。主张发展中国家应在安理会中享有更广泛的代表权，非洲至少应获得两个拥有否决权的常任理事国席位。

7. 关于民主与人权

认为民主是一个渐进过程，民主制度应与本国国情、历史文化和发展水平相适应，反对西方国家将其民主模式强加于他国。赞同人权的普遍性，但强调当前非洲国家最重要的人权是国民的生存权和发展权；批评西方将其人权观强加于非洲国家，反对在人权问题上采用双重标准。

8. 关于债务问题

主张取消或减免发展中国家的债务，认为发展中国家沉重的偿债负担是经济发展的障碍，呼吁国际社会采取切实措施解决穷国的外债问题。

9. 关于核问题

主张所有核大国停止试验、生产、部署核武器，呼吁停止研制空间武器，希望发达国家削减军费，用于解决本国失业问题和增加对发展中国家的援助。坦桑尼亚是 1963 年部分核禁试条约签字国，1995 年 5 月还签署了《核不扩散条约》，1996 年 5 月签署了《非洲无核武器区条约》。

10. 关于不结盟运动

认为不结盟原则是符合发展中国家外交政策的原则，不结盟运动仍是发展中国家的有效论坛，不应随着冷战的结束而中止，应努力使其成为政治上加强团结、经济上促进合作，共谋发展的论坛。不结盟运动应在世界事务中发出更强的声音，致力于改变不合理的国际经济秩序，实现发展中国家的经济解放。

第二节　同美国和加拿大的关系

一　同美国的关系

（一）尼雷尔时期

坦 桑尼亚大陆坦噶尼喀 1961 年独立后即同美国建交。独立初期，坦噶尼喀与美国关系较好。1963 年尼雷

尔访美，两国签订了保护美国在坦噶尼喀投资的协议。坦桑尼亚联合共和国成立后，延续同美国的外交关系。1965 年因美国"阴谋颠覆尼雷尔政权"，坦桑尼亚宣布美国驻坦桑尼亚使馆参赞和驻桑给巴尔领事为不受欢迎的人，随后双方召回各自大使。其后，1969 年底坦桑尼亚赶走全部美国"和平队"成员，并不时点名谴责美国侵略越南和支持南非种族主义政权，两国关系一度紧张，美曾一度与欧洲国家一起中断对坦桑尼亚的援助。

1971 年坦桑尼亚同美国关系开始松动。1974 年美恢复并增加对坦桑尼亚的援助，提供了约 5000 万美元的援助，主要用于修建通往赞比亚的大北公路。

70 年代中期，坦桑尼亚和美国在南部非洲问题上有某些合作，两国关系进一步改善，尽管坦桑尼亚还不时批评美国支持南非种族主义政权、阻挠纳米比亚独立、利用国际货币基金组织干涉坦桑尼亚政策和经济发展，并对美在建立国际经济新秩序、南南合作和南北对话问题上持消极态度表示不满。1976 年美国国务卿基辛格两次访问坦桑尼亚；1977 年 8 月尼雷尔第二次访美；在 1978 年和 1979 年的坦桑尼亚和乌干达的冲突中，美国公开表示支持坦桑尼亚；1979 年 1 月，两国签署了美国重新向坦桑尼亚派出"和平队"的协定，美国"和平队"65 人于同年 8 月重返坦桑尼亚；1980 年，两国还签订坦桑尼亚军官赴美接受训练的协定。1977 年坦桑尼亚遇到严重旱灾之后，美国向坦桑提供了一些财政援助和 9 万吨的粮食援助，使美国对坦桑尼亚的援助（1961～1977 年）达到 2.1 亿美元；70 年代末和 80 年代初，美国又陆续向坦桑尼亚提供了一些援助。据报道，1961～1984 年，美国共向坦桑尼亚提供近 4 亿美元的援助，其中一半为贷款，另一半是赠款。美国对坦桑尼亚的援助主要集中于农业和交通项目，重点又在乡村地区，包括马赛人居住区的发展项目。

（二）　姆维尼时期

姆维尼 1985 年继任坦桑尼亚总统后，开始调整内外政策。1986 年坦桑尼亚政府接受国际货币基金组织建议，进行结构调整，开始执行经济恢复计划，美国表示支持，增加了对坦桑尼亚的援助，截至 1992 年美国向坦桑尼亚提供的援助达到约 4.8 亿美元，另外还有一些粮食援助。美国对坦桑尼亚的援助是通过美国国际开发署进行的，其对坦桑尼业援助的重点是农业部门，以推动坦桑尼亚粮食生产和畜牧业的发展。美国还对坦桑尼亚医疗卫生部门提供了援助，主要集中于人力资源的开发，帮助培训了一大批妇幼保健人员，至 1992 年约有 3500 名坦桑尼亚人接受了长期或短期的培训，这些培训工作基本上是在美国进行的。

进入 20 世纪 90 年代以后，两国关系有了发展，美国支持坦桑尼亚经济恢复计划，对坦桑尼亚政治和经济改革进程较为满意，同时对坦桑尼亚在推动地区和平、接纳卢旺达和布隆迪难民方面发挥的积极作用表示赞赏。到 90 年代中期，美国政府通过美国国际开发署每年向坦桑尼亚提供的援助都在 2000 万美元以上，援助的重点在改善交通运输网、支持私营部门发展计划、防治艾滋病感染和艾滋病、计划生育、加强民主和加强政府管理等领域。

引人注目的是，在此期间，美国"对坦桑尼亚内政时常指手画脚"，使两国关系发展受到某些影响。例如：1995 年大选后，美国驻坦桑尼亚大使馆多次公开对桑给巴尔大选及其大选后的形势表示"关注"，引起了坦桑尼亚政府和桑给巴尔政府的反感；1995 年 5 月，美还以"坦桑尼亚拒绝开放保险业市场"为由一度中断了 1600 万美元的援助拨款。

（三）　姆卡帕时期

姆卡帕总统执政后，坦桑尼亚重视同美国的关系，美国也重视坦桑尼亚的地区大国作用，两国加强了政府高层官员的互访，

尤其是 1998 年美国驻达累斯萨拉姆使馆遭到恐怖袭击后，美国增加了对坦桑尼亚的援助和在坦桑的直接投资，两国关系得到进一步发展。

1997 年，3 月美国总统夫人希拉里·克林顿对坦桑进行友好访问；4 月坦桑尼亚工业和贸易部长希贾访美；6 月美国大湖地区特使沃尔佩访问坦桑，会见了姆卡帕总统。1997 年，美国向坦桑尼亚提供了约 1121 万美元的援助，美国在坦桑尼亚的和平队员增加到 80 人。

1998 年 8 月 7 日，美国驻达累斯萨拉姆大使馆发生恐怖爆炸事件后，坦桑尼亚和美国双边合作关系得到加强，并把这种合作扩大到反恐和加强法治建设等领域。1998 年 8 月，美国国务卿奥尔布赖特访坦桑尼亚，视察美国驻坦桑尼亚使馆被炸现场，并拜会了朱马代总统；同月，美国联邦调查局局长弗里齐访问坦桑，与坦桑尼亚内政部长签署了美国接受坦桑尼亚选派警官赴美接受反恐怖活动训练的协议；同年 9 月，美国商业部长戴利访问坦桑尼亚，会见了姆卡帕总统。1998 年美国向坦桑尼亚提供了约 3160 万美元的援助。1999 年，2 月姆卡帕总统夫人访美；3 月基奎特外长和约纳财长赴美参加美非部长级会议；9 月姆卡帕总统率领一个包括企业家在内的庞大代表团对美国进行正式访问，标志着两国在贸易和投资方面合作的发展；10 月美国务卿奥尔布赖特出席前总统尼雷尔的国葬。2000 年 8 月 28 日，美国总统克林顿对坦桑进行一天的国事访问，同坦桑尼亚签署了相互开放领空的协议。2001 年，2 月基奎特外长访美；9 月苏马耶总理访美；"9·11"事件发生后，坦桑尼亚外交部即发表声明，强烈谴责恐怖主义者对美国的袭击。2003 年 7 月 4 日，坦桑尼亚外长基奎特在美国独立日招待会上讲话时表示，"坦桑尼亚愿意并准备在坦桑、东非和世界其他地区开展的反恐斗争中同美国政府合作。在反恐斗争中，坦桑尼亚将永远是美国的朋友和伙伴。" 2004 年 4 月 23 日，布什总统在坦桑尼亚联合日给姆卡帕总统的贺电中说，坦桑尼亚致力于民主政治和反对恐怖主义决心，加强了美国和坦桑之间的友谊，希望进一步加强反恐合作。

据报道，自 1998 年美国驻坦桑尼亚大使馆遭恐怖袭击以来，两国加强了安全合作。美国为坦桑尼亚警察部队提供援助，帮助购买了一批通信设备，建立了法院实验室；为达累斯萨拉姆、乞力马扎罗和桑给巴尔国际机场提供了安检设备；每年都为坦桑尼亚警察部队培训一批警官和技术人员，迄今经过培训的已有 300 多人。另外，到美国军事院校学习的坦桑尼亚人民国防军军官人数增加了，仅在 2000 年和 2001 年，就有 24 名军官到美国军事院校进修，涉及步兵、火炮、信号、宪兵、情报、工程、海防守卫等专业。

目前，美国已经成为坦桑尼亚的第三大投资国和十大捐助国之一。据报道，1995 年 11 月，美国雷诺兹烟草公司 (R. J. Reynolds) 出资 5500 万美元购买坦桑尼亚烟草公司 51% 的股份，成为其在非洲第一家合资企业，美国公司现已进入坦桑尼亚的电信业、农业、采矿业和旅游业等部门。最近几年，除免除坦桑尼亚对美国的双边债务外，美国每年向坦桑尼亚提供的援助都在 2600 万美元左右，并筹措 700 万美元帮助坦桑尼亚建立了首家 "风险资本基金会"，旨在推动坦桑尼亚私营企业的发展。2001 年 4 月，美国还给予坦桑尼亚以《非洲发展与机遇法》(*Africa Growth And Opportunity Act*) 的优惠待遇，即给予坦桑尼亚向美国出口的商品 "O" 关税待遇。

另外，坦桑尼亚同美国在教育领域里的合作也得到了加强。目前美国在坦桑尼亚大陆和桑给巴尔的和平队员的人数已增加到 95 人，主要在中等教育部门服务；坦桑尼亚在美国的留学生人数逐年增加，2002 年达到 1824 人，比 2001 年的 1528 人增加了 18.7%，比 1998 年增加了一倍，在美国读书的坦桑尼亚学生人数在撒哈拉以南非洲国家中排名第六。

二　同加拿大的关系

坦桑尼亚和加拿大 1961 年建交。加拿大从 1961 起开始向坦桑尼亚提供援助。1977 年，加拿大宣布免除过去坦桑尼亚的全部官方债务，同时宣布以后对坦桑尼亚的援助全部为无偿赠送。在尼雷尔时期，加拿大是坦桑尼亚的主要援助国之一。截至 1985 年，加拿大向坦桑尼亚提供的援助约 3 亿美元。援助的重点是中央铁路，先后为其提供了柴油机车及其配件，修建了莫罗戈罗机车车辆厂，提供了铁路通信设备、车厢和帮助进行铁路维修等；同时，在军队训练、教育、农业、供水项目、医疗卫生等方面提供了援助。

80 年代中期以来，加拿大支持坦桑尼亚所进行的政治和经济改革，继续向坦桑尼亚提供援助。20 年来，加拿大每年都向坦桑尼亚提供 1000 多万加元（合 715 万多美元）的援助。目前，其援助的重点仍然是中央铁路，包括机车维修、提供新机车和帮助培训机车工作人员。此外，还为教育部门、医疗卫生、乡村发展、环境保护、中小企业发展、地方政府改革和防治艾滋病方面提供一些援助。有时，还对在坦桑尼亚的布隆迪难民提供人道主义援助，对坦桑尼亚干旱地区的灾民提供粮食援助。坦桑尼亚实施减贫战略后，加拿大增加了对坦桑尼亚教育部门的援助，2002 年 11 月宣布，2003～2007 年将向坦桑尼亚基础教育部门提供 5000 万美元的援助。

坦桑尼亚注意发展同加拿大的贸易关系。加拿大 2003 年 7 月和坦桑尼亚签署对进口的坦桑尼亚产品给予免税待遇的协议。2003 年双边贸易额为 3100 万加元（约 2214 万美元），坦桑尼亚从加拿大进口 2800 万加元（约 2000 万美元），向加拿大出口 300 万加元（约 214 万美元）。

目前，加拿大公司在坦桑尼亚有些投资，主要集中在采矿和能源部门。

第三节　同英国、德国、法国和其他
欧洲国家的关系

一　同英国的关系

坦桑尼亚过去长期受英殖民统治，同英国有传统的关系。独立后，坦桑尼亚仍留在英联邦内，两国关系密切。

1964 年 1 月，英国曾应尼雷尔总统要求派军队帮助平定了兵变。但 1964 年 3 月英联邦关系与殖民大臣桑迪斯访问坦噶尼喀时，尼雷尔拒绝了英国提供的"军援"。1965 年 12 月，由于英国纵容罗得西亚殖民主义者片面独立，坦桑尼亚宣布与英国断交。此后，坦桑尼亚不断谴责英国支持南罗史密斯政权和向南非出售武器，并宣布停付前英殖民官员的养老金；英国中断了对坦桑尼亚的援助。

1968 年 7 月两国复交。复交后两国关系得到稳步发展。1974 年 2 月，英外交大臣霍姆访问坦桑，表示愿意同坦桑尼亚改善关系。1975 年底尼雷尔访英时说，坦桑尼亚和英国之间最困难的日子已经过去，表示愿同英国改善关系，加强合作。1979 年 4 月，英国宣布今后给坦桑尼亚的发展援助将以赠款方式提供。1981 年 3 月，查尔斯王子访问坦桑尼亚。1985 年 3 月，尼雷尔总统再次访英，两国签署了经济技术合作协定。

两国复交后，英国即宣布恢复了原来中止的 750 万英镑的无息贷款，同时增加了对坦桑尼亚的援助。英国对坦桑尼亚的援助，截至 1979 年底达到 1.081 亿英镑，到 1985 年估计增至 2 亿多英镑，其中大部分为赠款。这些援助，主要用于支持坦桑尼亚政府的财政预算；英国援建的项目主要有综合性农场、医院、省级公路和粮库等。英国还向坦桑尼亚派出一些专家和志愿人员，仅 1974 年一年就有志愿人员 78 人，70% 是教师。另一方面，坦桑尼亚向英国派出大量留学生。据统计，1974～1985 年坦桑尼亚派往英国的留学生就有 2550 人，所学专业包括农业、畜牧、医药、卫生保健、教育、工程、财政、行政管理等。

20 世纪 80 年代中期以来，英国支持坦桑尼亚的经济改革和政治改革，坦桑尼亚同英国的关系进一步发展。最近几年，两国领导人往来比较频繁。坦桑尼亚对英国的重要访问有：姆卡帕总统（1996 年 11 月）、议长姆塞夸（1997 年 11 月）和外交部长基奎特（2001 年 2 月）。英国对坦桑尼亚的重要访问有：英国王室安妮公主夫妇（1998 年 9 月）、英国负责对非外交和英联邦事务国务大臣海恩（1999 年 10 月）和英国国际发展部国务大臣本·希拉里（2004 年 11 月）。希拉里访问坦桑尼亚时，同姆卡帕总统、财政部长姆拉姆巴和外交部长基奎特讨论了坦桑尼亚执行减贫战略取得的进展、存在的问题和英国如何给予有效的支持等问题，并参加了 11 月 17 日在阿鲁沙举行的防治艾滋病、肺结核和疟疾的非洲国家峰会。①

目前，英国是坦桑尼亚的主要援助国之一。自 1986 年起，英国增加了对坦桑尼亚的援助，1986～1997 年为坦桑提供了 1.4 亿英镑的援助。1997 年，英国免除了坦桑尼亚所欠的 1.18 亿英镑的全部债务；与此同时，为支持坦桑尼亚政府实施减贫战略计划，进一步增加了对坦桑尼亚的援助，1997/1998 年度援助 4000 万英镑，到 2003/2004 年度就增加到 8000 万英镑，2004/2005 年度又增加到 9500 英镑，预计 2005/2006 年度增加到 1.1 亿英镑。② 这些援助主要为提高政府执行减贫战略计划能力而提供技

① U. K. Development Minister Visits Tanazania, DFID Press Release, 15 November 2004.

② U. K. Development Minister Visits Tanazania, DFID Press Release, 15 November 2004.

术和财政支持，其余则用于提高教育水平、搞好环境卫生（如城镇的排水系统）、改进医疗服务、增加供水设施、改良农业、加强环境保护、提高劳动生产率和良政建设等项目。另外，英国还通过欧盟、欧洲发展基金、紧急援助和非政府组织等途径，向坦桑尼亚提供资金援助和粮食援助。

英国是坦桑尼亚最大的贸易伙伴和重要的投资者之一。英国对坦桑尼亚的贸易在坦桑尼亚的外贸中一直名列前茅，2002 年英国对坦桑尼亚的贸易额为 25449 万美元，占坦桑尼亚对外贸易额的 10%，排名第一。两国签有促进和保护投资协定，前两年一些英国公司购买了坦桑尼亚的茶园和剑麻园等，使英国成为目前在坦桑尼亚投资最多的国家之一。

二 同德国的关系

坦噶尼喀曾是德国的殖民地。坦桑尼亚和德国存在着许多传统联系，如现存的中央铁路和滨海医院都是德国统治时期修建的。坦噶尼喀独立后，即与当时的联邦德国建交，并于 1962 年与其签署了发展合作协议，规定联邦德国通过贷款和赠款方式向坦噶尼喀提供经济发展援助。联邦德国从 1963 年开始向坦噶尼喀提供援助。1964 年坦桑尼亚联合共和国成立后，在承认民主德国问题上与联邦德国发生龃龉，联邦德国停止了对坦桑尼亚的援助。20 世纪 70 年代，两国复交，联邦德国也恢复了对坦桑尼亚的经济援助，此后两国关系得到稳定发展。

两国领导人互访较多，为两国关系发展奠定了基础。尼雷尔、姆维尼等坦桑尼亚领导人曾多次访问联邦德国。访问坦桑尼亚的德国领导人包括：魏茨曼总统（1992 年）、副总理兼外长金克尔（1995 年 7 月）、约翰内斯·劳总统（2004 年 3 月）等。两国领导人签署的主要经贸合作协议有：贸易和经济合作协议（1962 年 9 月 6 日）、海运议定书（1962 年 9 月 11 日）、投资保护协议（1965 年 1 月 30 日）和航空协议（1981 年 11 月 17 日）等。

自 20 世纪 70 年代以来，两国经贸关系一直都很密切。

首先，德国是坦桑尼亚重要的贸易伙伴之一。坦桑主要向德国出口农产品，尤其是咖啡，从德国进口机械、化工产品和汽车等。近年来坦桑尼亚对德出口额一直占其出口总额的 10% 左右。2003 年，双边贸易额为 1.25 亿欧元，德国顺差 2550 万欧元。

其次，德国一直是坦桑尼亚的主要援助国之一。据报道，截至 1985 年，德国向坦桑尼亚提供的经济援助达到约 4 亿美元，而其中大部分都是赠送的。坦桑尼亚从 20 世纪 80 年代中期开始进行的经济和政治改革，得到德国的支持，德国增加了对坦桑尼亚的经济援助。目前，德国是向坦桑尼亚提供援助的 10 个主要捐助国之一，每年向坦桑尼亚提供 2770 万欧元的援助。据德国驻坦桑尼亚大使馆的一份新闻公报，至 2005 年 12 月 31 日，德国对坦桑尼亚的发展援助总额达到 13.032 亿欧元，其中财政支持为 8.236 亿欧元，技术合作为 4.796 亿欧元，所有财政支持均为赠款。这份公报说，双边合作集中在医疗卫生、供排水项目和天然资源的持续开发和利用方面，今后这种合作将集中在良政建设和行政管理方面。

另外，德国是免除坦桑尼亚债务的倡导者。它坚决支持 8 国集团关于免除高负债穷国债务的方案，支持免除坦桑尼亚沉重的债务负担，支持其脱贫计划，它是最早 100% 免除坦桑尼亚债务的国家之一。

目前，两国合作的主要发展项目包括：坦桑尼亚铁路、输电线路和输变电站设备、公路管理、城镇和乡村地区供水和自然资源管理等。德国援助坦桑尼亚的项目较多，范围也广，并有许多德国公司承包工程，向坦桑尼亚派出了一些专家、工程师、教师和医生等。德国私人公司在坦桑尼亚投资很大，投资方向主要在贸易、零售贸易、纺织工业、农业等领域。

除政府间的合作外，还有一些非政府组织向坦桑尼亚提供援助，如：德国发展服务计划（DED）现派有 30 名技术人员在坦桑尼亚工作；德国国际人力资源开发计划（INWENT），现派有 6 名德国专家在坦桑尼亚工作；两国教会在提供社会服务项目方面加强了合作。

坦桑尼亚人和德国人的联系十分密切。德国是近年来到坦桑尼亚旅游人数最多的国家，每年都有几万人到坦桑尼亚旅游；德国向坦桑尼亚提供奖学金，为优秀的坦桑尼亚青年人提供深造的机会；德国驻坦桑尼亚使馆还为坦桑尼亚人开办了德语训练班。

三 同法国的关系

坦桑尼亚同法国建交很早。然而，由于坦桑尼亚属于英语国家，它同法国的关系直至 20 世纪 80 年代、特别是 90 年代中后期以来才得到全面发展。90 年代后期，法国调整其对非洲的政策，即除保持同法语非洲国家的友好关系外，还要积极发展同其他非洲国家的关系。这种调整，为坦桑尼亚发展同法国的关系提供了机遇。90 年代以来，大湖地区的几个法语非洲国家卢旺达、布隆迪和扎伊尔［刚果（金）］相继出现动乱，是坦桑尼亚通过调解，维持了大湖地区的相对稳定。法国重视坦桑尼亚在维护大湖地区和平与稳定方面发挥的不可替代的作用，赞赏坦桑尼亚为此而做的坚持不懈的努力，愿意同坦桑尼亚加强合作，共同维护大湖地区的和平与稳定；另外，坦桑尼亚地处非洲中心地区，对于法国来说，发展同坦桑尼亚的关系有利于它发展同东部和南部英语非洲国家的关系。

80 年代以来，坦桑尼亚同法国领导人和政府高级官员的互访增加，标志着两国政治和外交关系的发展。坦桑尼亚访问法国的主要有：尼雷尔（1981 年 9 月、1984 年 2 月）、桑给巴尔首席部长赛伊夫·沙里夫·哈马德（1985年10月）、坦桑尼亚教育部长朱马·卡普亚（1996年）、姆卡帕总统（2001年5月）、外交部长基奎特（2001年5月、2002年9月）、国防部长萨隆基（2002年9月）。姆卡帕总统2003年2月到巴黎参加了第二十一届非法国家首脑峰会，并顺访法国。法国访问坦桑尼亚的主要有：外交部长让·弗朗索瓦·蓬塞（1980年7月）、对外关系部长克洛德·谢松（1982年11月）、对外合作部长夏尔·若斯兰（1999～2002年四次访问坦桑尼亚）、外交部长于贝尔·韦德里纳（2001年8月）和外交部长德维尔潘（2002年9月）。

两国领导人和政府高级官员的互访，增进了双方的相互了解，建立了友谊，推动了坦桑尼亚和法国在各个领域里的合作。

首先，法国开始向坦桑尼亚提供发展援助。据报道，截至1985年，法国援助坦桑尼亚约1亿美元，其中赠款和贷款各半。达累斯萨拉姆国际机场是其援建的一个重要项目，1982年动工，1984年10月完工交付使用，建设费用较高，除法国的援助外，坦桑尼亚还使用了世界银行的一些贷款。此外，法国还帮助兴建了姆万扎玻璃厂、改建了多多马机场和向桑给巴尔派出了医疗队等。1985年以后，法国每年对坦桑提供援助仅为50万美元左右，只能为坦桑尼亚人学法语创造一些条件，为医疗卫生部门和乡村发展提供一点资助。

法国调整其对非政策后，法国对坦桑尼亚的援助大幅度地增加了。据法国驻坦桑尼亚使馆提供的一份材料，① 1997年以来，法国开发署（AFD）已拨款2000多万欧元（约合2500万美元），援助坦桑尼亚的发展项目，包括电力工业、乡村市场、莫

① France-Tanzania：Bilateral Relations In 2004，Source：the French Ministry of Foreign Affairs / the Embassy of France in Tanzania.

罗戈罗省城镇地区的供排水项目、兴建达累斯萨拉姆旅游学院等。另外，法国开发署通过它的一家公司对坦桑尼亚一些私营工业部门给予了投资支持，到 2004 年该公司已投资 510 多万欧元（约 640 万美元）。法国驻坦桑尼亚使馆预计，随着坦桑尼亚投资环境的改善，法国公司的直接投资将会增加。

法国在巴黎俱乐部积极推动了减免坦桑尼亚债务的工作。根据巴黎俱乐部提出的减免高负债穷国债务的规定和其他双边承诺，法国已经决定对坦桑尼亚所欠法国 1.16 亿欧元债务中 8900 万欧元予以免除，将其余 1270 万欧元的债务转为对其他新的发展项目的援助。第一笔 450 万欧元已于 2003 年 5 月作为支持恢复初等教育项目转入政府预算。

法国还通过它所在的地区和国际组织对坦桑尼亚提供了援助，主要是欧盟（24.7% 的欧盟对坦桑尼亚的援助来自法国），还有国际货币基金组织和世界银行等。考虑到通过各种渠道（包括两国政府双边合作、非政府组织间合作和多边援助项目等）提供的援助，法国现在每年对坦桑尼亚的发展援助大体在 600 万 ~ 1000 万欧元之间。

其次，两国开始了双边贸易。坦桑尼亚同法国的贸易开始于 1996 年，两国贸易额一直在 1200 万 ~ 2400 万欧元之间。最近几年两国贸易额有了大幅度的增加。坦桑尼亚欢迎法国的医药和采矿设备，2002 年法国对坦桑尼亚的出口已经达到 5100 万欧元。法国主要从坦桑尼亚进口鱼，2002 年法国从坦桑尼亚进口为 2000 万欧元，进口的维多利亚湖的鱼就达到了 1160 万欧元。在两国贸易中，2002 年法国顺差 3100 万欧元。法国驻坦桑尼亚使馆认为，双边贸易潜力很大，必将得到进一步发展。

另外，随着政治和经贸关系的发展，两国从 2000 年起开始了军事领域里的合作（见第五章），在文化和教育领域里的合作也得到了某些发展，如法国使馆在达累斯萨拉姆和阿鲁沙开办了

"法语之家"，为坦桑尼亚人学法语提供方便，2001 年还通过
"希望之声"私营电台转播了法语广播节目。

　　四　同欧盟的关系

总的来讲，30 年来坦桑尼亚同欧盟的关系友好、密切。
坦桑尼亚极其重视同欧盟的关系，它一直是欧盟外援
的最大受援国之一，而欧盟则一直是坦桑尼亚的主要贸易伙伴。

　　坦桑尼亚是 1975 年建立的非洲、加勒比和太平洋地区国家集
团的成员国，欧盟 1975 年同非加太国家集团签订《洛美协定》
后，就开始向包括坦桑尼亚在内的该集团的成员国提供援助。

　　截至 1985 年，欧盟通过四期援助计划向坦桑尼亚提供约 2
亿美元的援助，其中 80% 是赠送。援助的重点是咖啡生产，因
为欧盟国家是坦桑尼亚咖啡的主要进口国。此外，欧盟还帮助坦
桑尼亚修建了卢萨胡尼亚 - 布孔巴（Lusahunya-Bukomba）沥青
公路；扩建了桑给巴尔港和奔巴港；援助了坦赞铁路某些路轨的
维修项目；帮助坦桑尼亚大陆和桑给巴尔扩建一些医院；对一些
农村的供水项目提供了援助；还帮助坦桑尼亚建立了莫罗戈罗帆
布厂等。

　　80 年代中期坦桑尼亚开始进行经济改革，欧盟增加了对坦
桑尼亚的援助。据统计，欧洲开发基金（EDF）第六期援助坦桑
尼亚计划（1986～1990 年），提供 1.765 亿欧元的援助；第七期
援助坦桑尼亚计划（1991～1995 年），援助 1.85 亿欧元；第八
期援助坦桑尼亚计划（1996～2000 年），提供了 2.225 亿欧元的
援助[1]

　　2000 年，欧盟与非加太国家集团签署新的经济贸易合作和

---

[1] Annual Report 2000, William Hanna Ambassador, Head of the E. U. Delegation in
Dar es Salaam, Tanzania.

援助协定（即《科托努协定》），取代《洛美协定》后，加强对
这些发展中国家减贫努力的支持，增加了经济援助，坦桑尼亚也
得到欧盟的更多援助，欧洲开发基金第九期援助坦桑尼亚计划
（2001～2007 年）承诺将援助增至 3.55 亿欧元①。

　　令人注目的是，由于近年来坦桑尼亚经济出现稳步增长形
势，欧盟对其宏观经济发展及其减贫战略计划充满信心，加大了
对坦桑尼亚援助的力度，目前每年对坦桑尼亚的援助达到 1 亿多
欧元。据报道，2000 年欧盟对坦桑尼亚的援助为 1.31 亿欧元；
2001 年为 1.23 亿欧元，加上欧洲投资银行（EIB）为松戈松戈
天然气项目 5500 万欧元的投资，使欧盟 2001 年对坦桑尼亚的援
助达到 1.78 亿欧元。

　　欧盟对坦桑尼亚的援助主要来自欧洲开发基金。此外，还通
过其他一些机构或援助计划向坦桑尼亚提供援助，包括稳定出口
收入计划（STABEX）、结构调整支持计划、非政府组织间合作
计划、粮食援助和欧洲投资银行（EIB）投资计划。比如：在
1991～1995 年欧盟就在"结构调整支持计划"项目下向坦桑尼亚
结构调整计划提供了 1.03 亿欧元的援助；2000 年 11 月，通过稳
定出口收入计划向坦桑尼亚提供 2900 万欧元的援助，以补偿因
1999 年国际市场咖啡降价给坦桑尼亚咖啡生产带来的损失。另外，
自大湖地区冲突爆发以来，大批难民流入坦桑尼亚，欧盟人道主
义救援处（ECHO）还向坦桑尼亚提供了大量人道主义援助。1998
年以来，欧盟人道主义救援处已向坦桑尼亚提供了大约 1 亿欧元
的人道主义救援，是向坦桑尼亚提供这种援助最多的捐赠者之一。
据报道，欧盟人道主义救援处仅 2002 年和 2003 年就分别向坦桑尼

---

① Joint Annual Report on Tanzania-EU Cooperation 2001, Peter Ngumbullu, Permanent Secretary Ministry of Finance and National Authorising Officer of the EDF, William Hanna, Head of the E. U. Delegation in Dar es Salaam, Tanzania.

亚提供了 2700 万欧元和 2400 万欧元的人道主义援助。

欧盟对坦桑尼亚的援助，主要根据坦桑尼亚结构调整和减贫战略计划用于支持政府的发展预算。重点集中于交通运输和农业项目，其次是教育、医疗卫生和供水等项目，另外还资助一些预防艾滋病、环保、反贪和良政建设等项目。与此同时，欧盟还与坦桑尼亚基层合作，同坦桑尼亚非政府组织一起共同资助了一些项目。

现在，欧盟每年向坦桑尼亚提供的 1 亿多欧元的援助，均为赠款，而过去坦桑尼亚所欠债务也早已免除。欧盟对坦桑尼亚的援款从欧盟发展基金和欧盟预算中支付。欧盟和它的一些成员国一起，现在每年对坦桑尼亚的援助为 4 亿欧元左右，约占坦桑尼亚得到外援的一半。

欧盟国家是坦桑尼亚主要贸易伙伴。从 1975 年欧盟同非加太国家集团签署《洛美协定》起，欧盟就给予了包括坦桑尼亚在内的这些发展中国家出口到欧盟国家的所有商品免除关税和其他入关费用的最优惠待遇。一般情况下，坦桑尼亚每年出口的农产品的 35% 以上出口到欧盟国家，包括咖啡、腰果、烟草和棉花等，同时还向欧洲国家出口一些矿产品和鱼类产品；坦桑尼亚从欧盟国家进口的货物约占其进口总额的 30% 以上，包括机器、生活消费品和交通运输设备等。目前，到坦桑尼亚旅游的外国旅游者也大部分来自欧盟国家。

可喜的是，坦桑尼亚在 2000 年对欧盟贸易第一次出现了顺差，主要原因是欧盟解除了 1999 的从坦桑尼亚（和乌干达、肯尼亚）进口鱼产品的禁令。这一年，坦桑尼亚向欧盟出口 4.05 亿欧元，从欧盟进口 3.355 亿欧元，顺差为 6950 万欧元。[1] 从

---

① Annual Report 2000, William Hanna Ambassador, Head of the E. U. Delegation in Dar es salaam, Tanzania.

2000 年起，坦桑尼亚在对欧盟的贸易中保持了顺差的态势。到
2003 年，坦桑尼亚向欧盟国家的出口达到 6.1 亿欧元，从欧盟
国家的进口为 4.02 亿欧元，顺差增至 2.08 亿欧元，比 2000 年
增加近 2 倍，这主要是归功于矿产品和咖啡出口的增加。①

五 同北欧国家的关系

瑞典、挪威、丹麦和芬兰北欧四国是坦桑尼亚传统的友
好国家和主要捐助国。

这四个国家都从 20 世纪 60 年代开始向坦桑尼亚提供援助。
开始阶段，援助包括贷款和赠款两个部分。值得称道的是，七八
十年代北欧四国就先后免除了坦桑尼亚的（贷款）债务，对坦
桑尼亚的援助就全部改成了无偿赠送。

在 20 世纪七八十年代，除中国外，北欧国家是对坦桑尼亚
提供援助最多的国家。据报道，1975~1978 年，北欧四国每年
向坦桑尼亚提供 5000 多万美元的援助，4 年共提供了约 2.14 亿
美元的援助，大部分为赠款。其中，瑞典援助最多，4 年共向坦
桑尼亚提供了约 1.35 亿美元的援助。1985 年，北欧投资银行还
以北欧集团的名义向坦桑尼亚赠款约 1 亿美元，用以帮助坦桑
亚解决国际收支平衡问题和建设莫希合作社学院等工程项目。

北欧国家向坦桑尼亚提供援助，一般不承建相关项目，主要
是提供资金，根据项目需要进口物资和设备，派遣专家和志愿人
员对项目进行技术指导。他们援建的项目主要在森林业和木材工
业上；瑞典援建了大型基大度水电站和南方造纸厂以及坦桑尼亚
的水泥工厂。

坦桑尼亚从 20 世纪 80 年代中期开始进行经济改革和政治改
革，北欧四国完全支持坦桑尼亚为改革所做的努力，增加了对坦

① E. U. Press Release, 01/06/2004 Tanzania Quadruples Trade Surplus with EU.

桑尼亚的援助。坦桑尼亚政府每年的财政预算一半左右要靠外援。从 1986 年开始，北欧四国基本上每年都在坦桑尼亚 10 个主要援助国之列。例如，1994 年他们共向坦桑尼亚提供各类援助约 1.68 亿美元，占坦桑尼亚全年得到的外援的 1/5。其中，丹麦 6010 万美元，芬兰 1934 万美元，挪威 4869 万美元，瑞典 5685 万美元。

令人注目的是，1994 年底，因对当时坦桑尼亚财税管理混乱、偷漏税严重和政府滥批免税等问题不满，挪威率先冻结对坦桑尼亚国际收支平衡援助的 720 万美元，随后，瑞典、丹麦、芬兰也纷纷停援。姆卡帕新政府上台后，瑞典、芬兰、挪威三国的发展合作部长于 1996 年初相继访问坦桑尼亚，对新政府打击贪污腐败、加强财税管理表示满意，逐步恢复了援助。然而，由于第一次多党大选后桑给巴尔形势出现动乱，四国不满，遂于 1996 年 6 月相继宣布暂停对桑给巴尔提供新的发展援助。2000 年第二次多党大选后桑给巴尔形势继续动乱，直至 2001 年形势好转后，他们才恢复了对桑给巴尔的援助。

进入 21 世纪，按《减贫战略计划》的规定，坦桑尼亚开始执行《结构调整和减贫计划》，北欧四国称赞坦桑尼亚自己制定的这项减贫战略，加大了对坦桑尼亚援助的力度。第一，继续对坦桑尼亚政府的预算给予支持，几年来四国每年对坦桑尼亚政府预算的支持总额都在 1 亿美元左右，支持的重点为教育、卫生、供水、道路、农业、司法和防治艾滋病等项目的预算。第二，他们紧紧围绕坦桑尼亚减贫战略计划目标，按照坦桑尼亚实际需要，为其提供专项减贫援助或继续目前正在实施的援助项目（一些项目在坦桑尼亚政府减贫预算之列），并形成了各自的侧重点。

丹麦：①从 1997 年以来，一直支持坦桑尼亚公路发展计划，已为其第一期工程（1997～2000 年）提供约 5114 万美元援助，

它继续支持其第二期工程（2001～2005 年），将提供约 6680 万
美元的援助；②1996 年以来就为坦桑尼亚医疗卫生部门发展计
划提供援助，2003 年又同坦桑尼亚签署协议，继续支持这项计
划，将于 2004～2009 年期间向坦桑尼亚提供约 6739 万美元的援
助。

挪威：①把对坦桑尼亚发展教育事业的援助列为优先领域之
一，在援助坦桑尼亚基础教育发展计划的同时，2000 年开始对
坦桑尼亚高等教育提供援助。据报道，挪威 1999 年和 2000 年向
坦桑尼亚提供了约 1000 万美元的教育援助，其中将近一半是支
持高等教育发展项目的。②加强与坦桑尼亚在公路建设方面的合
作。2003 年 4 月，挪威与坦桑尼亚签署了 2003～2007 年公路建
设的合作协议。据此，挪威将向坦桑尼亚提供约 8000 万美元的
无偿援助，用于改善坦桑尼亚道路状况，包括新建、修缮和维护
公路，提供公路维护的技术培训，增强公路管理部门的管理能力
等。

瑞典：①根据协议，瑞典向坦桑尼亚提供约 180 万美元的援
助，帮助实施《维多利亚湖盆地地区发展计划》（2003～2007
年）。按计划要求，除改善地区公共服务基础设施的条件外，将
主要对该地区的行政官员，包括其下属工作人员、警察和法官
等，进行培训，目的在于提高地方政府为公众提供社会服务的水
平，帮助广大村民发展生产，逐步减贫。② 2001 年 12 月向坦桑
尼亚政府提供 180 万美元赠款，为坦桑尼亚建立了"腰果出口
基金"，以帮助农民发展腰果种植，尤其是建立腰果加工厂，出
口去壳腰果，增加收入。③支持坦桑尼亚发展教育，开展科研合
作。根据 2003 年 1 月两国政府签署的一项协议，瑞典于 2003～
2006 年向坦桑尼亚提供约 550 万美元，支持其初等教育发展计
划。同时，瑞典将向达累斯萨拉姆大学提供资金，开展科研合作
活动，以推动坦桑尼亚高等教育的发展：一项是瑞典有关单位提

供约 100 万美元，同达累斯萨拉姆大学工程系的科研合作项目；另一项则是向达累斯萨拉姆大学穆欣比利医学院提供约 100 万美元，帮助其开展防治艾滋病的专题研究。

芬兰：①继续支持坦桑尼亚地方政府的改革，按协议规定，芬兰将于 2005～2008 年向坦桑尼亚提供 850 万欧元的援助；②在林业部门，2005～2008 年芬兰将向坦桑尼亚提供 387 万欧元的援助，用于坦桑尼亚林业的管理项目。

六　同其他欧洲国家的关系

1. 同瑞士的关系

坦桑尼亚同瑞士的发展合作开始于 20 世纪 60 年代。迄今，瑞士向坦桑尼亚提供的援助达到了 2.5 亿美元。目前，瑞士每年向坦桑尼亚提供 2000 万美元左右的援助，大部分用来支持坦桑尼亚减贫预算和坦桑尼亚卫生部门发展计划。过去 30 年，医疗卫生和交通运输等基础设施一直是瑞士援助的重点，主要项目包括达累斯萨拉姆市区卫生项目、伊法卡拉卫生中心、高等教育、职业培训和奶牛场等。在 2004～2010 年期间，瑞士将继续在这些领域对坦桑尼亚提供援助。

2. 同比利时的关系

坦桑尼亚同比利时的发展合作开始于 20 世纪 60 年代初期。两国政府还于 1984 年正式签署了一项发展合作总协议。

目前，主要合作领域包括：①通信；②中央铁路设备的维修、更新、人员的培训；③电脑和办公自动化；④乡村发展：包括卡盖拉地区的发展、改良香蕉品种、提高经济作物产量、打井、医疗卫生等；⑤减贫：该项目由联合国开发计划署通过国家增收计划实施；⑥私营部门发展方面：拟建立一项坦桑尼亚企业基金，以资助卡盖拉和中央走廊地区的企业活动；⑦建立恩加拉生存基金（Survival Fund-Ngara），通过植树帮助恩加拉地区木材的供应问题。

2002 年 11 月 23 日，比利时政府宣布免除坦桑尼亚全部官方债务，约 2100 万美元。

3. 同荷兰的关系

荷兰是目前受到坦桑尼亚政府高度赞扬的援助国，提供的经援总额估计已达 6 亿美元，20 世纪 70 年代在援助坦桑尼亚的国家中排行第十位，80 年代跃居第一位。而且，从 80 年代开始，98% 的援款都改为了赠送，仅 1980 年就赠送了 1 亿美元的援助（其中，一半为现金，坦桑尼亚可用来从荷兰和第三世界国家购买商品；另一半则用于援建项目）。

荷兰援建的工程项目很多，主要在坦桑尼亚的制糖业、水泥工业、农村打井和坦桑尼亚的民航事业。援助还涉及玉米种植、卫生、教育、牛奶加工、制鞋、淀粉生产、小船坞等方面。与此同时，提供了相当数量的财政支援，赠送了大批药品、粮食和化肥等，还向坦桑尼亚派出了几十名医生、有关专家和志愿者。

第四节　同苏联（俄罗斯）的关系

冷战时期，坦桑尼亚同苏联的关系比较密切。

坦噶尼喀和桑给巴尔联合成立坦桑尼亚以后，两国领导人交往较多。访问过苏联的坦桑尼亚领导人有：尼雷尔总统（1969 年 10 月）和第二副总统卡瓦瓦（1964 年 9 月）。1984 年 2 月和 1985 年 3 月，革命党总书记卡瓦瓦先后率领坦桑代表团参加了苏联领导人安德罗波夫和契尔年科的葬礼。访问过坦桑尼亚的苏联领导人有：最高苏维埃主席团主席波德戈尔内（1975 年和 1977 年）和苏最高苏维埃主席团副主席库拉托夫（1970 年 4

月）。1986 年 10 月，一个苏联高级军事代表团还访问过坦桑尼亚。苏共还同坦噶尼喀非洲民族联盟和桑给巴尔非洲 - 设拉子党建立了党的关系，多次邀坦盟和设拉子党代表团访苏，承认坦桑尼亚的"社会主义"。

在经援方面，1966 年苏联同坦桑尼亚签订了一份向坦桑尼亚提供 2337 万美元的经济技术合作协议，1977 年又续签经济技术合作协议，将苏联对坦桑尼亚的经济援助增至约 3000 万美元。主要援建项目包括：桑给巴尔列宁医院、姆贝亚水泥厂、纳姆通博（Namtumbo）国营农场、卡瓦姆西西（Kwamsisi）国营农场和姆贝亚中等技术学校。同时，向坦桑尼亚派出医疗队（14人），分别在达累斯萨拉姆穆欣比利医院、坦噶医院、姆贝亚医院和姆万扎医院工作。

在军事援助方面，据报道，1964 年桑给巴尔革命后，苏联曾向桑给巴尔派出军事专家组，帮助训练军队；1969 年坦桑尼亚拒绝苏联在奔巴岛建立海军基地的要求，1970 年前后桑给巴尔辞退苏联军事和海运专家。从 1974 年起，苏联增加了对坦桑尼亚的军事援助。据报道，坦桑尼亚与苏联于 1974 年和 1980 年两次签订军援协议，以贷款方式（款额分别为 2.4 亿美元和4500 万美元）向坦桑尼亚提供了一大批武器装备，包括导弹、米格 -21 战斗机、各种火炮、坦克、装甲车、防空和预警雷达等。根据协议，80 年代，曾有 200～300 名苏军事人员在坦桑尼亚工作，主要帮助建设达累斯萨拉姆、桑给巴尔和姆特瓦拉 3 个导弹基地及姆万扎空军基地，1988 年以后苏联军事专家人数减少。戈尔巴乔夫执政期间，苏联终止了两国军援协议，逐渐停止了对坦桑尼亚的军援。

在文化、科学和技术领域，1973 年 3 月双方签署了合作协定。根据协定，苏联曾向坦桑尼亚新闻、广播、书刊、图片和电影等单位提供过一些帮助；为达累斯萨拉姆大学、工会组织、青年组织和妇女组织等提供过小额援助和到苏联访问的机会；另外，向坦桑尼亚提供奖学金，截止到 1988 年到苏联留学回国的有 400 多人，仍在苏联学习的约 300 人。

苏联解体后，坦桑尼亚承认俄罗斯是前苏联当然继承国，并与独联体 11 国和波罗的海 3 个国家建立了外交关系，表示愿意在平等互利的基础上继续发展与这些国家的友好关系。

但这些年来，坦桑尼亚同俄罗斯等国交往不多。

l995 年 6 月，坦桑尼亚外长雷加西拉访问俄罗斯，会见科济列夫外长，双方签订了文化、技术合作协议，两国外交部合作和磋商协议。2003 年 7 月，坦桑尼亚外长基奎特访问莫斯科。报道说，在基奎特外长访问莫斯科后，坦桑尼亚国防部与俄国米格公司签署协议，坦桑尼亚从俄罗斯米格公司购买 6 架米格 – 29型飞机，总金额约 5000 万美元。[①]

第五节　同中国的关系

从 1961 年 12 月 9 日坦噶尼喀独立后即与中国建交算起，坦桑尼亚与中国建交已经 40 多年了。40 多年来，坦桑尼亚与中国的关系一直在健康稳定地发展。

一　坦桑尼亚与中国友好合作关系的建立和发展

（一）尼雷尔时期结下兄弟般友好合作关系

坦桑尼亚与中国的友好关系和传统友谊源远流长。在近代历史上，坦桑尼亚和中国相继沦为帝国主义的殖民地或半殖民地，有着同样的苦难的经历；在争取民族解放和独立

---

① 《俄米格战机继续抢占中国在非洲武器市场》，中国航空信息网，2003 年 8月 21 日。

的斗争中两国人民始终互相同情、互相支持；在取得民族解放和独立以后，两国人民都面临着反对外来干涉、巩固独立和发展生产、建设国家的共同任务，同时还有一个支持一些国家正在进行的争取民族独立和解放的斗争的任务。正是大体相同的历史遭遇、解放和独立后所面临的共同任务，把两国人民紧密地联系在一起。

尼雷尔执政期间（1961～1985年），先后5次访华，同中国签订了《中华人民共和国和坦桑尼亚联合共和国友好条约》，签订了一系列两国在经济、贸易、文化、卫生等领域里的合作协议，为两国友好合作关系的建立和发展奠定了坚实的基础。在此期间，坦桑尼亚与中国在政治、经济上相互支持，相互帮助；在支持非洲民族独立和解放的斗争中密切配合，提供道义支持和物质援助，为南部非洲民族独立和解放事业作出了应有贡献；在国际事务中，两国不断协调立场，配合默契，共同维护发展中国家的合法权益，等等。经过尼雷尔和毛泽东、周恩来等中国老一代领导人的共同努力，在两国间建立和发展了兄弟般的友好合作关系。

尼雷尔时期，坦桑尼亚与中国的友好合作关系中有两点举世瞩目：

1. 坦桑为恢复中国在联合国合法席位作出贡献

新中国成立后，美国施展种种阴谋，顽固地阻挠恢复中国在联合国的一切权利。中国人民为揭露美国的阴谋和恢复中国在联合国的一切合法权利，进行了坚决的斗争。1971年10月25日，第二十六届联大终于作出了恢复中国在联合国的合法席位的历史性决议。在投票支持中国恢复在联合国合法席位的76国中，非洲就有26国，毛泽东主席曾动情地说：是非洲朋友把我们抬进了联合国。在这一斗争中，坦桑尼亚始终坚持原则，主持正义，为恢复中国在联合国的合法权利作出了卓越贡献。

尼雷尔是一位有远见卓识的政治家和外交家。在担任坦噶尼喀自治政府总理期间，他就预见到中国将是一个"前途无量的国家"，坚决拒绝与当时的台湾当局建交，在坦噶尼喀成立共和国后毅然决然同中国建立了外交关系。[①]

1963年2月，第三届亚非人民团结大会在坦噶尼喀莫希举行，经过尼雷尔和其他亚非国家领导人的建议，会议通过一项决议，"强烈谴责美帝国主义占据中国领土台湾、支持蒋介石集团在中国东南沿海地区进行骚乱和破坏"。决议还强烈要求联合国"恢复中华人民共和国的合法权利"。

坦桑尼亚成立后，尼雷尔不顾美国和其他一些西方国家的反对，顶住压力，坚持同中国发展关系，并于1965年2月对中国进行了访问。尼雷尔认为，就是那次访问为两国友好合作关系的发展奠定了坚实的基础。

尼雷尔首次访华后在接受西方记者采访时说，美国在东南亚试图以实力遏制中国的思想是错误的。他说："我不相信它能遏制住中国。"

他称中国是兄弟。他说："中国人都是我们的兄弟，有7亿之多，他们有权共享这个星球上的友谊和财富。但美国却说，'你必须朝中国人的脸上吐唾沫！你在联合国必须每次投票反对中国'，这简直是无稽之谈，胡说八道！"

"我认为这是错误的，"他坦诚地说，"如果我是新闻记者，我就要站在乞力马扎罗山顶上大声疾呼：这是错误的！"

通过一系列的和中国人的交往，尼雷尔看到了中国的希望，他经常向一些非洲国家领导人和西方国家领导人介绍中国的情况，他还建议他们去中国看看。他说，中国人是一个高尚民族，一个拥有悠久历史的伟大民族，已经不是一个任人欺负的巨人了。

---

① 《中国兄弟》，中国新闻网，1999年12月1日。

　　在尼雷尔的领导下，在中国加入联合国以及很多重大国际问题上，坦桑尼亚一直都同中国坚定地站在一起。从 1969 年起，坦桑就一直是在历届联大要求恢复中国在联合国合法席位并立即驱逐蒋介石集团的提案国之一。[①]

2. 中国向坦桑尼亚提供了大量的经济技术援助

　　在尼雷尔时期，中国在自身经济十分困难，受到帝国主义封锁和压力的情况下，向坦桑尼亚（和其他非洲国家）提供了大量的经济技术援助，帮助坦桑尼亚发展经济、巩固独立，为坦桑尼亚经济建设作出了重要贡献。

　　坦桑尼亚是中国外援的最大受援国。中国从 1964 年开始向坦桑尼亚提供援助，截至 1987 年共承担援助项目 60 多个。中国援助坦桑尼亚大陆成套项目 40 多个，主要包括坦赞铁路、友谊纺织厂、乌本戈农具厂、姆巴拉利农场、鲁伏农场和基维拉煤矿等；援助桑给巴尔的成套项目 20 多个，主要有马宏达糖厂、卷烟厂、农具修配厂、皮革皮鞋厂、缝纫厂、甘蔗农场、短波电台、播音馆、医院和体育场等。

　　在这些援建项目中，坦赞铁路影响最大。这条铁路长 1860 公里，其中坦桑尼亚境内 977 公里，赞比亚境内 883 公里。它东起坦桑尼亚首都达累斯萨拉姆深水港，西至赞比亚中部的卡皮里姆波希，同南部非洲的铁路网连接起来，也是赞比亚和扎伊尔铜矿带的连接点。

　　修建这条铁路，对非洲来说是一项巨大的工程。过去，赞比亚的物资外运，要通过当时的南罗得西亚运至南非出口。坦桑尼亚和赞比亚两国独立后，为了突破罗得西亚和南非种族主义政权的封锁，巩固民族独立和发展民族经济，就渴望修建这条连接赞比亚和达累斯萨拉姆港口的铁路。他们求助于一些西方国家，均

----

① 《中国兄弟》，中国新闻网，1999 年 12 月 1 日。

遭拒绝。然而，1965 年 2 月尼雷尔总统访华时表达了希望中国援建这条铁路的愿望，中国领导人从支持非洲国家争取和维护民族独立、发展民族经济以及积极发展中国同第三世界国家的友好合作关系的战略高度出发，表示同意援建这条铁路。

坦赞铁路是迄今中国最大的援外成套项目之一。1967 年 9 月中、坦、赞三国签订了修建坦赞铁路的协定；1970 年 10 月正式开工，1976 年 7 月全部建成移交。为建设这条铁路，中国政府提供无息贷款 9.88 亿元人民币，共发运各种设备材料近 100 万吨，先后派遣工程技术人员近 5 万人次，高峰时期在现场施工的中国员工队伍多达 1.6 万人，在工程修建及后来技术合作过程中，中方有 64 人为之献出宝贵生命。铁路建成后，交由坦赞两国组成的铁路局共管。其后，为保障铁路的正常运营，中国继续提供无息贷款，予以技术合作援助，并派出专家和技术人员参与管理或提供咨询。截至 1999 年底，累计派出专家近 3000 人次。

坦赞铁路建成后，成为把坦赞两国联结在一起的一条主要交通干线，为赞比亚出口铜提供了一条新的、可靠的出海通道，打破了当时南非种族主义政权的封锁，保证了赞比亚的主要收入来源。20 多年来，坦赞铁路促进了坦赞两国经济发展和城乡物资交流。铁路沿线涌现了不少新兴城镇，成为各地区政治、经济、文化中心。同时，这条铁路也为支援南部非洲的民族解放斗争发挥了积极作用。尼雷尔高度评价说，中国援建坦赞铁路是"对非洲人民的伟大贡献"，"历史上外国人在非洲修建铁路，都是为掠夺非洲的财富，而中国人相反，是为了帮助我们发展民族经济"。卡翁达总统赞扬说："患难知真友，当我们面临最困难的时刻，是中国援助了我们。"坦赞两国人民乃至整个非洲把坦赞铁路誉之为"自由之路"、"南南合作的典范"。①

---

① 《中国援建坦赞铁路》，中国新闻网，2000 年 11 月 7 日。

　　中国援建的一些工农业生产项目在坦桑尼亚经济建设中也都发挥了重要作用。例如：姆巴拉利农场，位于坦桑尼亚西南的姆贝亚省，距首都 730 公里，是我国在坦桑尼亚援建的大型国营机械化水稻农场。1971 年 6 月开工兴建，1977 年 9 月建成移交。该农场有稻田 3300 公顷，配有全套灌溉设备；一座 320 千瓦水电站，两台 160 千瓦发电机组；一个年处理稻谷 1.8 万吨的碾米厂；一个农机修配厂；一个可饲养 700 头猪的养猪场；一处可饲养 300 头牛的牛舍；一个年产 10 万只鸡的肉鸡场（包括孵化和屠宰）。农场曾有雇员 170 人。建成初期，至 1984 年，年产稻谷均在 2 万多吨，其大米产量占坦桑尼亚全国销量的 1/4，对缓解坦桑尼亚粮食供应紧张状况发挥了积极作用。由于农、牧、副业综合经营，该农场年年盈利，到 1982 年底，净盈利已超过了建场的全部投资。坦桑尼亚政府把它誉为"模范农场"、"坦桑尼亚发展农业的榜样"和"第三世界经济合作的典范"。尼雷尔总统曾亲自给农场授奖，称赞它是"坦桑尼亚农业的榜样，坦桑尼亚和中国合作的结晶"。

　　另外，应坦桑尼亚要求，中国政府还向坦桑尼亚大陆和桑给巴尔派出了医疗队。中国从 1964 年开始向桑给巴尔派出医疗队，分别在桑给巴尔市的列宁医院和奔巴岛的姆达阿尼医院工作，到 1987 年共派出 11 批，共 850 人次；从 1968 年起向坦桑尼亚大陆派出中国医疗队，分别在达累斯萨拉姆穆欣比利医疗中心、穆索马、多多马和塔波拉医院工作，到 1987 年派出 9 批，共 639 人次。中国医疗队每两年轮换一次，其当地费用分别由桑给巴尔政府和坦桑尼亚政府支付。按协议，为保证中国医疗队顺利开展工作，中国政府每年分别向坦桑尼亚和桑给巴尔赠送价值 40 万元人民币的药品和医疗器械。尼雷尔总统、第一副总统兼政府总理马拉塞拉和革命党副主席卡瓦瓦等党和国家领导人多次接见中国医疗队。尼雷尔总统说："我信任中国医生，他们不但医术高，而且责任心强。"

（二）20 世纪 80 年代中期以来两国关系得到全面发展

1985 年尼雷尔让贤以来，姆维尼总统（1985～1995 年）、姆卡帕总统（1995～2005 年）和基奎特总统（2005 年 12 月当选），都十分重视发展同中国的友好合作关系，不仅使两国传统的友好合作关系得到巩固和加强，而且在政治、经济、军事、文化等各领域都开展了更加广泛的合作，使两国关系进入"朋友加兄弟的全天候友谊"的新阶段。

1. 两国领导人互访增多，政治外交关系进一步发展

20 世纪 80 年代中期以来，两国领导人互访增加。

姆维尼总统两次访华（1987 年 3 月、1992 年 8 月），姆卡帕总统 3 次访华（1998 年 4 月，2000 年 10 月率团参加中非合作论坛——北京 2000 年部长级会议开幕式，2004 年 5 月到上海出席全球扶贫大会并访华）；2006 年 11 月，基奎特总统到北京出席中非合作论坛北京峰会，期间与胡锦涛主席和温家宝总理进行了会晤。此外，还有一些其他重要访问，包括：马莱塞拉总理（1994 年 9 月）、桑给巴尔总统萨勒明（1990 年 11 月、1996 年 11 月）、苏马耶总理（2000 年 3 月）、基奎特外长（2001 年 6 月）、桑给巴尔总统卡鲁姆（2002 年 8 月）等人的来访。

中国访问坦桑尼亚的党政领导人有：吴学谦国务委员兼外长（1987 年 5 月）、钱其琛外长（1991 年 1 月）、朱镕基副总理（1995 年 7 月）、罗干国务委员兼国务院秘书长（1996 年 9 月）、李鹏总理（1997 年 5 月）、唐家璇外长（1999 年 1 月）、全国人大许嘉璐副委员长（1999 年 1 月）、全国政协李瑞环主席（2003 年 2 月）、中共中央政治局常委李长春（2005 年 11 月）和温家宝总理（2006 年 6 月）等。

两国高层互访，为两国相互了解、增强互信、加强合作做出了重要贡献。

80 年代中期以来，两国在政治和外交方面始终相互支持。

在政治上，互相关心、互相同情、互相支持。坦桑尼亚积极支持中国为建设具有中国特色的社会主义所实施的改革开放政策，高度赞扬中国改革开放以来在经济和社会发展方面所取得的日新月异的变化，并十分重视中国改革开放的做法和经验；中国支持坦桑尼亚政府根据本国情况进行的政治改革和经济改革，赞扬坦桑尼亚 80 年代中期以来在恢复和发展经济方面取得的成就，并根据坦桑尼亚的需要及时地提供一些力所能及的帮助。

在国际事务中，两国坚持互相磋商，密切合作，相互支持。两国共同反对霸权主义和强权政治，推动建立公正、合理的国际新秩序，反对利用"民主"、"人权"和"良政"干涉别国内政的强权政治。中国支持坦桑尼亚要求发达国家继续向发展中国家提供官方援助和减轻高负债穷国外债的正当要求，并率先于 2000 年宣布减免坦桑尼亚等非洲国家拖欠中国的债务。坦桑尼亚继续积极奉行"一个中国"的政策，支持中国在台湾和"人权"等问题上的正义立场，并支持中国加入世界贸易组织和申办奥林匹克运动会取得成功。

坦桑尼亚和中国都十分珍视两国间传统的兄弟般的友好合作关系，对当前两国间的"朋友加兄弟的全天候友谊"表示满意，并且对两国友好合作关系的进一步发展充满了信心。这正如两国领导人 2004 年 4 月 26 日在两国建交 40 周年之际互致贺电时所表示的。姆卡帕总统在贺电中说，坦桑尼亚和中国间的特殊友好合作关系经受了时间的考验，鼓舞了两国人民，已成为南南合作的典范。坦桑尼亚政府衷心希望与中国政府一道，探索将双边合作推向新高度的新途径、新领域，以造福于两国人民。胡锦涛主席在贺电中说，近年来，根据形势发展的需要，双方进一步增强政治互信，积极探索互利合作的新方式、新途径，加强在国际和地区事务中的协调与配合，为两国友好合作关系的发展注入了新的活力。中国政府和人民十分珍视中坦传统友谊，愿与坦桑尼亚政府和人民一道，努力把新世纪的中坦友好合作关系推向更高的水平。①

2. 从单一援助模式向经济多元化合作转变取得进展

冷战结束后，国际形势发生剧变，和平与发展成为世界形势的两大主题，坦桑尼亚和中国也随之进入全力以赴发展经济的新时期，坦桑尼亚和中国关系更趋成熟和务实。

尼雷尔时期，坦桑尼亚和中国的经贸合作关系发展较快，其特点是中国向坦桑尼亚提供了大量的经济技术援助，并以此带动了两国贸易的发展，属于单一的政府间的援助模式。

1968～1976 年，由于中国援建坦赞铁路和一大批援建项目上马，中国利用援建项目中的当地费用向坦桑尼亚提供了大批商品，双边贸易发展很快。中国向坦桑尼亚的出口 1974 年为最高年份，曾达到 5300 多万美元；在此期间，坦桑尼亚开始向中国出口一定数量的棉花、剑麻、腰果、咖啡、栲胶等，出口额曾达到过 2000 多万美元。20 世纪 80 年代中后期，由于坦桑尼亚国民经济发展陷入困境，进口能力急剧萎缩，两国贸易锐减。据统计，两国的贸易额 1988 年仅有 848 万美元，到 1989 年又减少到 750 万美元。就援建项目而言，不论工厂还是农场，援建初期，中国专家还在，经济效益不错；而中国专家撤离后，即逐渐出现了管理不善、经济效益不佳、甚至亏损的局面。

1986 年，坦桑尼亚接受国际货币基金组织和世界银行的经济结构调整计划，进行经济体制改革，并开始实行经济贸易自由化政策。为使两国经贸合作步入良性发展轨道，两国政府曾于 1986 年、1988 年和 1991 年三次举行经贸混合委员会会议，主要研究如何解决双边贸易滑坡和改善援助项目经济效益等问题。

---

① 《胡锦涛：中国坦桑尼亚有朋友兄弟的全天候友谊》，中新社北京 2004 年 4 月 26 日电。

进入 90 年代以后，一方面，坦桑尼亚各个经济领域向私人资本开放，坦桑尼亚政府不断呼吁中国公司到坦桑尼亚投资。另一方面，中国根据国内外形势发展变化的情况，改革单一的援助模式，实行了包括发展贸易、投资、承包工程和提供经济技术援助等多种形式的合作在内的外援政策；与此同时，中国政府实施了"市场多元化"和"走出去"的战略，以发展和扩大对外经贸关系。为适应中国改革开放和坦桑尼亚对国有企业进行私有化的新形势，两国领导人就调整双边经贸合作方式达成共识：中国将继续根据坦桑尼亚的需要提供力所能及的经济技术援助，增加无偿援助的比重，并决定以促进两国公司建立合资企业加强两国的经济技术合作，鼓励和吸引更多的中国公司到坦桑尼亚投资，全面发展两国经贸合作关系，帮助坦桑尼亚发展民族经济。为推动到包括坦桑尼亚在内的发展中国家投资，中国政府还于 1995 年设立了政府贴息优惠贷款等机制，开始对向坦桑尼亚等非洲国家投资的中国公司提供优惠贷款。

90 年代以来，尤其是最近几年，中国除继续向坦桑尼亚政府提供一些经济技术援助外，在两国政府的推动下，中国国营公司、民营公司和个体经营者纷纷到坦桑尼亚投资，投资涉及各个领域。随着投资合作的发展，坦桑尼亚和中国经贸关系已经出现了多元化合作的全面发展局面。

（1）投资合作发展较快

坦桑尼亚和中国的投资合作开始于 20 世纪 60 年代。为帮助转运中国援助物资、促进两国贸易和坦桑尼亚海洋航运业发展，经尼雷尔总统和周恩来总理的倡议，两国政府 1967 年共同投资建立了坦桑尼亚－中国联合海运公司。90 年代以来，在两国政府的推动下，中国国营公司、民营公司和个体经营者纷纷到坦桑投资，两国投资合作得到了发展。

据统计，截至 2002 年 12 月底，中国公司和个体在坦桑尼亚投资的项目达到 71 个，注册资本总额达到 1.5 亿美元，投资项目主要在贸易、制造业、农牧业、自然资源开发、建筑业、交通运输和服务业等领域，同时也涉及捕鱼、旅馆业、家具制作、木材加工、制盐、纸制品生产等行业。另外，个体经营者还开办了8 家中国餐馆、18 家中医诊所。①

其中，中国公司投资（合资或独资）的大型企业主要有：

①坦桑尼亚 - 中国联合海运有限公司，合作公司，1967 年 6 月成立，投资 300 万英镑，双方各占股份的 50%，坦桑尼亚投资的 150 万英镑系中国政府提供的无息贷款。中方投资公司为中国远洋海运公司。目前，该公司拥有 1.5 万吨级远洋船舶三艘，是东非地区唯一拥有远洋运输船舶的海运公司，运营状况较好。

②坦桑尼亚 - 中国友谊纺织有限公司，合资公司，为原中国援建的友谊纺织厂改造项目，投资金额为 4800 万美元，中方（常州市纺织国有资产经营有限公司）投资 2840 万美元，占51% 的股份，其中 1500 万美元为中国政府提供的优惠贷款。由于种种原因，投资以来经营状况不尽如人意。目前，该公司正在通过中国政府提供的优惠贷款，进行二期技术改造工程，二期技术改造后可望生产具有竞争力的多样化和高质量的产品。

③坦桑尼亚 - 中国联合制药有限公司，合资企业，建于1997 年 5 月，总投资约为 465 万美元，中方（山西亚宝药业）投资 256 万美元（使用合资合作专项基金 80 万美元），占 55% 的股份，坦方占 45%；主要生产扑热息痛、阿司匹林等药品。2001 年 3 月正式投产，目前生产经营状况较好。

④中农垦坦桑尼亚公司剑麻农场，2000 年 1 月注册建立，为中国农垦（集团）总公司在坦桑尼亚投资建立的独资企业，

① 参见中国驻坦桑尼亚经商代表处文章《中坦经贸合作关系》，见中华人民共和国驻坦桑尼亚经济商务代表处网站，2002 年 10 月 21 日。

投资总额为 1505 万美元（其中，40% 为中国政府提供的优惠贷款）；农场总面积 5900 公顷，剑麻种植面积为 669 公顷（计划到 2003 年底增加剑麻种植面积 350 公顷）。

中国公司和个体经营者在坦桑尼亚投资，不仅推动了两国贸易的发展、经济和技术的合作，而且在创造就业、上缴税费和繁荣市场等方面都发挥着积极作用。坦桑尼亚希望中国能投资更多，投资项目涉及的领域更广，尤其对中国公司在农业、能源等领域增加投资寄予了厚望。

（2）双边贸易增幅较大

自 20 世纪 80 年代末以来，有 5 家贸易公司先后在坦桑建立。①中航技坦桑尼亚分公司，建于 1990 年 3 月，主营汽车、拖拉机、摩托车和飞机等。②河北机械进出口公司坦桑尼亚分公司，建于 1993 年 1 月，主营农机、塑料制品、机械、水处理设备的瓷器等。③天津机械进出口公司坦桑尼亚分公司，建于 1998 年 3 月，主营汽车、农具和五金等。④解放汽车公司坦桑尼亚分公司，建于 1998 年 4 月，主营汽车、拖拉机和摩托车等。⑤中国投资开发贸易促进中心，建于 2000 年 3 月，主营电机、电器、化工产品，并提供仓储和经贸合作咨询等服务。

1990 年以后，两国贸易开始回升。1995～1997 年，两国贸易额连续三年超过 8000 万美元。1997 年，首次超过 1 亿美元，达到 1.021 亿美元，其中坦桑尼亚从中国进口 8448 万美元，向中国出口 762 万美元。

随着坦桑尼亚经济形势的好转，加上 2000 年"中非合作论坛"机制启动以后中国强调增加从非洲国家的进口，进入 21 世纪以来两国贸易快速增长。据中国海关统计，2002 年双边贸易额达到 1.2804 亿美元，比上年增长 37%。其中，坦桑尼亚从中国进口 1.2142 亿美元；向中国出口 662 万美元；2004 年，两国贸易额增加到 2.8424 亿美元，比 2002 年增长约 120%，其中从中国进口 2.1597 亿美元,向中国出口 6827 万美元;到 2005 年,两国贸易额就达到了 4.743 亿美元,同比增长 66.9%,其中坦桑尼亚从中国进口 3.0359 亿美元,向中国出口 1.7071 亿美元。长期以来,坦桑尼亚主要从中国进口自行车、缝纫机、手工工具、医药、农机、鞋类、纺织纱线、原电池、车辆、轮胎和日用百货等。近年来,坦桑尼亚从中国进口的机电产品有所增加,并开始通过加工贸易方式进口少量汽车、民用飞机等商品;向中国出口的商品主要是木材、棉花、剑麻纤维、海产品、生皮革、粗铜和木雕工艺品等。

(3)中国公司工程承包增加

中国工程建筑公司从 1981 年开始在坦桑尼亚投标承包工程项目,最近几年发展较快。

目前,中国在坦桑尼亚的工程承包公司有中土公司、中地公司、路桥公司、海南国际公司、河南国际公司、重庆外建公司和中电技公司等 12 家,工程技术和管理人员 240 多人。截至 2003 年底,中国公司在坦桑尼亚签订工程承包合同 400 多份,合同总金额约 5.9 亿多美元。工程主要在灌溉、房建、路桥、供水等领域。其中,2001 年,中国公司在坦桑尼亚工程承包合同额为 5225 万美元(占市场份额的 15%),完成营业额 2705 万美元;2002 年新签合同额 8181 万美元,完成营业额 3330 万美元;2003 年新签合同额约 1 亿美元,完成营业额约 6000 万美元。

中国公司到坦桑尼亚开展工程承包业务,实属互利合作范畴。由于中国物价水平低,中国公司投标承包工程的报价一般都不高,这不仅打破了西方公司在坦桑尼亚工程承包市场的一统天下,无形中降低了工程造价,使坦桑尼亚的工程投资有所减少,而且中国公司施工保质、守时,受到坦桑尼亚的欢迎。另外,随着中国公司在工程承包市场份额的增加,坦桑尼亚希望加强与中国公司的合作,学习中国公司投标及项目管理经验,引进先进施工设备、材料和技术，带动当地承包公司的发展。①

（4）继续提供经济技术援助

20 世纪 80 年代中期以来，中国继续向坦桑尼亚提供经济技术援助。

由中国援助建设的坦赞铁路 1976 年建成交接以来，为确保坦赞铁路顺利运营，中国政府一直以技术合作的形式对铁路的运营进行协助，至今已完成了 12 期技术合作。每期技术合作都是以无息贷款方式进行，所提供贷款主要用于对铁路设备进行更新、维修、维护以及对运营人员进行培训等。② 在过去 12 期技术合作期间，中国派遣专家 2800 多人次，为保障铁路系统正常运营，进一步巩固和发展中国、坦桑尼亚和赞比亚三国的友好合作关系作出了重要贡献。

80 年代末至 90 年代初，中国政府通过经济技术援助，对友谊纺织厂、马宏达糖厂进行大修，更新设备，恢复了生产；帮助姆巴拉利农场和鲁伏农场恢复生产；完成基维拉煤矿的建矿任务并开始进行技术合作；还帮助桑给巴尔建造了低造价住房，兴建了电台播音馆并开展了技术合作，等等。

1995 年以来，在推动企业到坦桑尼亚投资的同时，中国政府继续向坦桑尼亚提供经济技术援助，增加无偿援助比例，重点帮助坦桑尼亚解决国计民生亟待解决的问题。比如，2001 ~ 2003 年，先后向坦桑尼亚提供无偿援助，帮助完成了两项大型供水项目。多多马供水设施维修项目，2001 年 2 月 22 日正式开工，2002 年 11 月 20 日竣工并于 2002 年 12 月 10 日移交。该项目使多多马市的日供水能力从 2.4 万立方米增加到 4 万立方米。查林

---

① 参见中国驻坦桑尼亚经济商务代表处文章《双边经贸关系》，中华人民共和国驻坦桑尼亚经济商务代表处网站，2004 年 1 月 8 日。

② 《中国向坦赞铁路管理局交接新设备》，新华网达累斯萨拉姆 2006 年 10 月 27 日电。

兹供水项目，是近年来中国向坦桑尼亚提供的最大的经援项目，2001 年 9 月开工，2003 年 10 月竣工，该项目输水管线长约 160 公里，日供水能力 7200 立方米，解决了近 10 万人的安全用水问题。另外，90 年代以来，中国政府还根据向坦桑尼亚政府（包括桑给巴尔政府）无偿赠送了一些粮食、医疗设备和医药、电脑和其他办公用品、体育器材、施工车辆和公共汽车、拖拉机和其他农机具等。

中国一向重视对坦桑尼亚人才的培训工作，并已经通过各种方式为坦桑尼亚培训了一大批专业骨干。在援建的项目建成移交后，为帮助坦桑尼亚经营管理和技术人员掌握管理和专业技术，保证项目正常运营，中国总是以贷款或无偿援助的方式，派出专家，进行技术合作。多年来，中方已向坦赞铁路、姆巴拉利和鲁伏农场、友谊纺织厂、乌本戈农具厂、莫罗戈罗弹药厂、马宏达糖厂等援助项目派遣了上万名专家，目前尚有 15 名铁路专家在为坦赞铁路服务。

近年来，中国与联合国开发计划署等国际组织合作，按《发展中国家技术合作协议》（TCDC），为包括坦桑尼亚在内的发展中国家人员在华举办实用技术培训班。技术培训项目包括水稻栽培、太阳能应用、小水电、沼气、蘑菇栽培、国宾馆管理和服务、花卉技术、中医针灸、粮食仓储和养鱼等。中国政府还举办了一些"外交官培训班"和"中非经济管理官员研修班"等，对包括坦桑尼亚在内的发展中国家的年轻的外交人员和经济管理人员进行短期培训。每年中国政府举办上述培训班时，都邀请坦桑尼亚政府选派几名学员参加。

3. 加强了文教卫生和军事等领域的双边交往与合作

（1）在文化、体育、教育方面，中国和坦桑尼亚一直有着密切的合作关系。20 世纪 80 年代中期以来，两国文教领域里的合作进一步加强。1990 年向达累斯萨拉姆技术学院赠款，帮助

其土木工程系修建了一个材料实验室；从 1991 年开始，中国西安公路大学应邀派出 4 名教师到达累斯萨拉姆技术学院土木工程系任教，等等。1992 年两国签署《中国和坦桑尼亚文化协定》，代替了 1962 年签署的《中国和坦噶尼喀文化合作协定》。两国政府在新的《文化协定》中，强调加强智力投资合作，中国政府将在这方面提供援助；增加坦桑尼亚留学生中的研修人员名额。该协定还提出要加强两国高等院校校际的交流。过去，中国每年向坦桑尼亚 15 名留学生提供奖学金，1985 年增加到 25 名，从 1986 年起增加到每年 30 名，截至 1991 年底，中国共接收坦桑尼亚留学生 295 名。近年来，中国接收的坦桑尼亚留学生增加，2004 年底达到 573 人，到 2005 年底就增加到 696 名。

2004 年 6 月，中国政府决定同坦桑尼亚政府在达累斯萨拉姆合建一处现代化的坦桑尼亚国家体育场，包括一个拥有 6 万个座位的足球场、一个室内体育馆和一个剧场，体育场将按国际奥委会和国际足联有关标准修建，整个工程预计将耗资约 5640 万美元。根据协议，中国政府将为其出资 1.7 亿元人民币（合 2000 多万美元）。体育场建设工程已于 2005 年 1 月开工，预计 2007 年完工。2006 年 5 月，中国还向坦桑尼亚赠送了一批价值 100 万元人民币的体育运动器材，以帮助坦桑政府开展学校体育活动。

（2）在医疗合作方面，从 20 世纪 60 年代开始，中国一直在向坦桑尼亚大陆和桑给巴尔派遣医疗队。目前，仍有 25 人在坦桑大陆的达累斯萨拉姆的穆欣比利医疗中心和穆索马、多多马以及塔波拉三家省立医院工作；有 22 人在桑给巴尔市列宁医院和奔巴岛姆科阿尼医院工作。另外，坦桑尼亚是艾滋病的一个重灾区。1987 年，尼雷尔提出希望中国派中医药专家到坦桑尼亚帮助防治艾滋病的要求后，在邓小平的亲自关怀下，两国政府即签署了相关合作协议。从 1987 年 9 月开始，中国中医研究院便派出专家，到坦桑尼亚国立穆欣比利医疗中心传统医学研究所同坦桑尼亚专家一起从事艾滋病的研究与治疗工作。通过实践，科研小组摸索出一些治疗艾滋病的经验，使部分患者的病症得到缓解，题为《用中医治疗 158 例达累斯萨拉姆艾滋病毒感染者》的论文在 1991 年 10 月 18 日举行的北京国际传统医药大会上发表后，就赢得了国际传统医学界的好评。目前，仍有 3 名中医专家在坦桑尼亚从事这项研究工作。另外，中国 2005 年 7 月向桑给巴尔赠送了一批医疗器械；2005 年 12 月向坦桑尼亚政府赠送了一批可供 27800 名疟疾患者使用的抗疟疾药（科泰新）。

（3）两国军事交往与合作始于 1964 年。坦桑尼亚军方领导人访华的有：国防军司令萨拉基基亚准将（1964 年 7 月）、桑给巴尔驻军司令尤索夫上校（1966 年 8 月）、国防和国民服务部部长索科伊内（1973 年 1 月和 1974 年 3 月）、总统办公室国防国务部长马奎塔（1985 年 5 月）、国防军司令基亚罗上将（1991 年 5 月）、国防国务部长基纳纳（1993 年 10 月）、国防部长马乔戈（1997 年 10 月）、国防军司令姆博马上将（1998 年 3 月）、国防与国民服务部长马乔戈（1999 年 12 月）、国防军作训部长瓦依塔拉少将（2000 年 9 月）、国防与国民服务部常秘姆里绍（2001 年 9 月）、国防军司令瓦伊塔拉上将（2002 年 8 月、2005 年 9 月）、国防军参谋长加胡中将（2004 年 5 月）等。中国军队领导人访问坦桑尼亚的有：副总参谋长李达（1974 年 6 月）、总参谋长助理徐信（1982 年 8 月）、成都军区司令员傅全有中将（1989 年 9 月）、空军司令员王海上将（1992 年 2 月）、国务委员兼国防部长迟浩田（1994 年 8 月）、副总参谋长熊光楷上将（1997 年 5 月）、国防部外事办公室副主任孙启祥少将（1998 年）、国防部外事办公室副主任张邦栋（2000 年 3 月、12 月）、总装备部李继耐上将（2000 年 10 月）、副总参谋长钱树根上将（2001 年 5 月）、总参谋长傅全有上将（2001 年 11 月）、总参谋长梁光烈上将（2003 年 5 月）、副总参谋长张黎（2004 年 5 月）、中央军委副主席兼国防部长曹刚川上将（2005 年 4 月）等。① 2000 年 7 月 28～29 日，由"深圳"号导弹驱逐舰和"南仓"号综合补给舰组成的中国人民解放军海军舰艇编队还对坦桑尼亚的达累斯萨拉姆港进行了友好访问。

二 建交、建馆情况及双边重要协定和文件

（一）两国建交和建馆情况（附两国历任大使名单）

1961 年 12 月 9 日坦噶尼喀独立，中国政府总理周恩来和外交部长陈毅即分别致电祝贺，并决定于同日与坦噶尼喀正式建交。1962 年 2 月中国在坦噶尼喀首都达累斯萨拉姆设立大使馆。1963 年 12 月 10 日桑给巴尔独立，中国国家主席刘少奇、国务院总理周恩来和外交部长陈毅分别致电祝贺并予承认，次日中国与桑给巴尔建交。1964 年 2 月 6 日，中国在桑给巴尔市设立大使馆。1964 年 4 月 26 日，坦噶尼喀和桑给巴尔两国决定联合成立坦桑尼亚联合共和国，中国自然延续与坦噶尼喀、桑给巴尔的外交关系，并将 1964 年 4 月 26 日坦桑尼亚联合日定为中国与坦桑尼亚的建交日。

中国驻坦桑尼亚大使馆设在达累斯萨拉姆，中国驻桑给巴尔大使馆改为中国驻桑给巴尔领事馆。中国未向坦桑派驻武官，但根据两国政府协议，中国于 1966 年 6 月 4 日向坦桑尼亚派出首席军事专家。另外，中国在坦桑尼亚设有中华人民共和国驻坦桑尼亚联合共和国经济商务代表处，负责两国间经贸合作事宜。1982 年 1 月中国大使馆设立文化处。中国驻桑给巴尔领事馆于 1999 年 1 月升格为中国驻桑给巴尔总领馆。现任中国驻坦桑尼亚大使：于庆泰（Yu Qingtai）。

---

① 《双边关系》，中国外交部网站，2006 年 9 月 3 日。

（1）中华人民共和国驻坦桑尼亚联合共和国大使馆（Embassy Of The People's Republic Of China In The United Republic Of Tanzania）；地址：No. 2 Kajificheni Close, Tour Drive, Dar Es Salaam, Tanzania；信箱：P. O. BOX 1649；电话：00255 - 22 - 2667475/2667105（值班室），00255 - 22 - 2668064（领事部）；传真：00255 - 22 - 2666353；电子邮箱：chinaemb_ tz @ mfa. gov. cn。

（2）中华人民共和国驻坦桑尼亚联合共和国经济商务代表处。地址：坦桑尼亚达累斯萨拉姆市姆沙沙尼路1040号；信箱：（P. O. Box）9284；电话：00255 - 22 - 2601395/2601374；传真：00255 - 22 - 2601329；电子信箱：tz@ mofcom. gov. cn。

（3）中华人民共和国驻桑给巴尔总领事馆（坦桑尼亚）（Consulate-General Of The People's Republic Of China In Zanzibar）。总领事：李庆江（Li Qingjiang）；地址：P. O. BOX 1200, Mazizini Kati, Zanzibar, Tanzania；电话：00255 - 24 - 2232547；手机：（0）744 - 601626；传真：00255 - 24 - 2232681；电子信箱：chinaconsul_ zan_ tz@ mfa. gov. cn。

坦桑尼亚于1965年2月在北京设立大使馆，并于1969年10月30日派出首任驻华武官。1998年4月，坦桑尼亚在中国香港特别行政区设立名誉领事馆，领区为香港特别行政区，兼管澳门领事事务。坦桑尼亚现任驻中国大使：马普里（Omar Ramadhan Mapuri.）。坦桑尼亚驻中国大使馆地址：北京三里屯亮马河南路8号。电话：010 - 65322394/65321491；传真：010 - 65324351。E - mail：tzrepbj@ a - 1. net. cn。

（4）两国历任大使名单。

中国历任驻坦桑尼亚大使名单：

何 英，1962年4月至1969年5月。

仲曦东，1969年6月至1972年3月。

李耀文，1972 年 4 月至 1976 年 1 月。

刘　春，1976 年 5 月至 1979 年 10 月。

何功楷，1980 年 2 月至 1985 年 4 月。

刘庆有，1985 年 4 月至 1990 年 1 月。

孙国桐，1990 年 5 月至 1993 年 11 月。

谢佑昆，1994 年 1 月至 1997 年 7 月。

张宏喜，1997 年 7 月至 1999 年 7 月。

王永秋，1999 年 9 月至 2003 年 3 月。

于庆泰，2003 年 4 月到任。

另，孟英于 1964 年 4 月至 7 月任中国驻桑给巴尔大使。

坦桑历任驻华大使名单：

哈基·特瓦·赛义德·特瓦（Al. Haj. Tewa. Said. Tewa），1965 年 2 月至 9 月。

瓦齐里·朱马（Waziri. Juma），1965 年 10 月至 1966 年 12 月。

保罗·姆瓦鲁科（Paul. Mwaluko），1967 年 1 月至 1969 年 2 月。

萨利姆·艾哈迈德·萨利姆（Salimu. Ahmed. Salimu），1969 年 4 月至 12 月。

理查德·万布拉（Richard. Wambura），1970 年 2 月至 1975 年 8 月。

乔布·马莱塞拉·卢辛德（Job. Malecela. Lusinde），1975 年 11 月至 1984 年 7 月。

乔治·卡哈马（George. Kahama），1984 年 9 月至 1989 年 4 月。

卢辛达（Ruhinda），1989 年 7 月至 1992 年 12 月。

赛义夫·伊迪（Seif. Iddi），1993 年 6 月至 1999 年 10 月。

查尔斯·桑加（Charles. A. Sanga），2000 年 3 月至 2006 年 5 月。

马普里（Omar Ramadhan Mapuri.），2006 年 6 月到任。

（二）两国政府签属的主要条约、协定、协议和换文

据报道，主要包括：

《中国和坦噶尼喀文化合作协定》（1962 年 12 月 13 日）；

《中华人民共和国和坦桑尼亚联合共和国经济技术合作协定》（1964 年 6 月）；

《中国和坦桑尼亚桑给巴尔经济技术合作协定》（1964 年 6 月）；

《中华人民共和国和坦桑尼亚联合共和国友好条约》（1965 年 2 月 20 日）；

《中华人民共和国和坦桑尼亚联合共和国贸易协定》（1965 年 2 月）；

《中国和坦桑尼亚关于建立中坦联合海运公司的协议》（1966 年 7 月）；

《中国、坦桑尼亚、赞比亚关于修建坦赞铁路的协定》（1967 年 9 月 5 日）；

《关于中国派遣医疗队在坦桑尼亚工作的协议》（1967 年 11 月）；

《关于中国向坦桑尼亚派遣军训团的协议》（1970 年 2 月 13 日）；

《关于中国向坦桑尼亚派遣军事专家协议》（1974 年 5 月 4 日）；

《中华人民共和国和坦桑尼亚联合共和国易货贸易议定书》（1984 年 3 月）；

《中华人民共和国政府和坦桑尼亚联合共和国政府关于建立经济、技术和贸易混合委员会的协定》（1985 年 8 月）；

《中华人民共和国政府和坦桑尼亚联合共和国政府文化合作协定》（1992 年）；

《中国政府向坦桑尼亚联合共和国政府提供优惠贴息贷款的框架协议》（1996、1997 年）；

《中国香港特区同坦桑尼亚就香港特区和坦桑尼亚之间互免

签证问题达成换文协议》（1997 年 6 月）；

《中华人民共和国政府和坦桑尼亚联合共和国政府关于坦桑尼亚联合共和国在中华人民共和国香港特别行政区设立名誉领事馆的协议》（1998 年 1 月）；

《关于中华人民共和国政府免除坦桑尼亚联合共和国政府部分债务的议定书》（2001 年 7 月 17 日）；

《关于中华人民共和国政府免除坦桑尼亚联合共和国桑给巴尔政府部分债务的议定书》（2001 年 7 月 17 日）；

《中华人民共和国政府和坦桑尼亚联合共和国政府关于加强经济技术合作协定》（2001 年 7 月 17 日）；

《中国澳门特区同坦桑尼亚就澳门特区和坦桑尼亚之间互免签证问题达成换文协议》（2002 年 4 月）；

《中华人民共和国政府和坦桑尼亚联合共和国桑给巴尔革命政府经济技术合作协定》（2002 年 12 月 13 日）；

《中华人民共和国政府和坦桑尼亚联合共和国政府经济技术合作协定》（2004 年 6 月）；

《中华人民共和国政府和坦桑尼亚联合共和国桑给巴尔革命政府经济技术合作协定》（2004 年 6 月）；

《中华人民共和国政府和坦桑尼亚联合共和国政府关于合作建设坦桑尼亚国家体育场项目换文》（2004 年 6 月）；

《中华人民共和国国家旅游局和坦桑尼亚联合共和国自然资源和旅游部关于中国公民组团赴坦桑尼亚旅游实施方案的谅解备忘录》（2004 年 6 月）。

第六节　同亚洲其他国家的关系

桑一向重视发展同亚洲国家的关系。

一 同日本的关系

坦 噶尼喀 1961 年独立后即同日本建立外交关系，1964
年坦桑尼亚联合共和国建立后延续同日本的外交关
系。1966 年日本在坦桑尼亚设立大使馆，1970 坦桑尼亚在东京
设立大使馆。坦桑尼亚与日本的关系，两国建交初期较为一般，
20 世纪 70 年代以后才得到一定程度的发展。80 年代中期实行改
革开放政策以来，坦桑尼亚重视发展同日本的关系，加强了同日
本的交往，尤其最近几年两国领导人频繁互访，两国关系日益密
切。目前，坦桑尼亚已经成为日本在撒哈拉以南非洲的最大的受
援国，日本也成了坦桑尼亚最大的贸易伙伴之一。

（一）尼雷尔时期对日关系有所发展

两国领导人，在两国建交初期没有什么交往。进入 20 世纪
70 年代以后，随着国内外形势的变化，尼雷尔总统开始注意发
展同日本的关系。1970 年 3 月，卡瓦瓦总理访问日本。这是坦
桑尼亚领导人首次访问日本。1981 年，尼雷尔总统也对日本进
行了正式访问。在此期间，日本外相木村俊夫（1974 年 11 月）、
日本皇太子和公主（1983 年）等也先后访问了坦桑。两国领导
人的互访，推动了两国关系、尤其是两国经贸合作关系的发展。

从 20 世纪 60 年代末起，坦桑尼亚开始从日本进口货物，到
1973 年从日本的进口额已达到 3 亿多坦桑尼亚先令，使日本在
坦桑进口国中排名第三，仅次于英国和中国；从 70 年代起，日
本也开始从坦桑进口一些货物，如纯碱等。

日本从 70 年代起开始向坦桑尼亚提供经济援助。据统计，
截至 1985 年，日本为坦桑尼亚提供经援约 4 亿美元，其中赠
款和贷款各半。主要援建项目包括：卢菲吉大桥、塞拉默
（Selamer）大桥、林迪公路、大鲁瓦哈河水电站、腰果加工厂、
制毯厂、微波电话设备、莫希农业推广站和农场、达累斯萨拉姆

供排水系统、乞力马扎罗省的综合发展项目和全国防治肺病计划、与桑给巴尔和大陆的联合捕鱼项目等。随着援建项目的开始，日本开始向坦桑尼亚派出援外人员。到 1985 年，日本已向坦桑尼亚派出各类经援人员 100 多人，包括海外合作志愿者 53 人、海外合作专家 11 人、农业专家 10 多人以及桥梁设计组、测绘组等。另外，日本开始向坦桑尼亚提供奖学金，截至 1985 年共提供了约 200 个奖学金名额。

与此同时，日本公司开始在坦桑尼亚投资，投资项目主要有姆特瓦拉腰果厂、松下电池厂、毛毯厂、姆万扎渔网厂和冷气机厂等。

（二）进入新时期对日关系发展迅速

80 年代中期开始进行经济和政治改革后，坦桑尼亚进入改革开放的新时期。出于改革和发展的需要，姆维尼总统重视同日本的关系，并把日本定位为"坦桑尼亚发展同东南亚国家关系的重点国家"。面对艰巨的"减贫战略"任务，姆卡帕总统同样、甚至更加重视发展同日本的关系。

姆维尼总统 1989 年访问日本。90 年代初，马莱塞拉总理、桑给巴尔总统阿穆尔和桑给巴尔首席部长奥马尔等坦桑尼亚领导人，也相继访问了日本。坦桑尼亚领导人的访问，推动了坦桑尼亚和日本双边关系的发展。日本支持坦桑尼亚在政治和经济领域里进行的改革，赞赏坦桑尼亚为维护大湖地区的稳定所作的努力，逐年增加了对坦桑尼亚的援助。据报道，到 1994 年，日本政府已向坦桑尼亚提供了 7.2211 亿美元的援助，其中无偿援助 5.2787 亿美元，技术援助 1.9424 亿美元；1995 年日本对坦桑尼亚的援助增加到 5000 万美元左右。另外，坦桑尼亚同日本的贸易也发展较快。据统计，1995 年双边贸易额达 1.707 亿美元，从日本进口 1.06 亿美元，向日本出口 6470 万美元。

近年来，坦桑尼亚领导人进一步加强了对日本的工作。姆卡帕总统1998年12月访日，2003年9月赴日参加第三届非洲发展东京国际会议，2004年12月再次访日。苏马耶总理1998年访问日本，2004年上半年再次访日，并于同年10月到日本参加了非洲发展第二届东京国际会议。另外，访问日本的部长有：外交部长基奎特（1998年、2004年）、政府良政建设国务部长马希林基（2001年）、计划和私营化国务部长基戈达（2001年）、水利和畜牧发展部长洛瓦萨（2002年）和财政部长姆拉姆巴（2004年）等。另一方面，最近几年不少日本政府高级官员也相继访问坦桑尼亚，包括：卫生和福利大臣小泉纯一郎（1997年）、外交国务秘书武见敬三（1999年）、内阁副首席秘书铃木宗男（1999年）、日本皇子浩宫夫妇（1999年12月）、副外相Yoshitaka Sakurada（2001年4月）、副外相矢野哲郎（2003年）和小泉纯一郎首相的代表Masaharu Kohno大使（2004年2月）等。双方高层官员频繁互访，在增进两国的相互了解，密切关系，加强合作，尤其是在推动两国的经贸合作方面，发挥了重要作用。

90年代中期以来，坦桑尼亚同日本的关系出现了以下特点：

第一，日本进一步增加了对坦桑尼亚的援助。据2001年日本政府的一份援助白皮书说，坦桑已成为日本对非洲援助的最大受益者。日本2000年向非洲提供6.6489亿美元的援助，其中援助坦桑尼亚的为2.0316亿美元，占总额的30.6%；如果把2665万美元的技术援助包括在内的话，2000年日本对坦桑的援助就达到了2.2982亿美元。这份白皮书还说，此前日本对坦桑的援助已经达到相当高的水平，1996~1999年4年，日本对坦桑尼亚的援助分别为1.0949亿美元、6588万美元、1.0286亿美元和8102万美元。2000年以来，日本每年向坦桑尼亚提供的援助都在1亿多美元。日本援助的项目，主要集中在电信、公路、医疗卫生、教育等领域。

第二，同日本的贸易额不断增加。据坦桑尼亚海关统计，坦桑尼亚同日本的贸易额 2002 年达到 2.3298 亿美元，日本成为坦桑尼亚的第二大贸易伙伴。其中，从日本进口为 1.3725 亿美元，进口的主要是交通运输设备、机器和钢材等；向日本出口为 0.9573 亿美元，出口的产品主要是咖啡、熏鱼和芝麻等。

与此同时，来自日本的直接投资增加了。截至 1998 年，日本公司在坦桑尼亚投资的项目就有 19 个，投资总额达到 2000 万美元。

第三，根据"重债贫穷国"债务减免动议，2004 年 3 月日本政府宣布免除坦桑尼亚 1.15 亿美元的债务，免除坦桑尼亚拖欠 20 年的日本国际开发合作银行的 1100 万美元的债务。目前，两国政府正在讨论免除坦桑所欠的商业贷款的债务。

二 同印度的关系

早在 2000 多年以前，印度商人就乘船经印度洋来到桑给巴尔和东非海岸。19 世纪初，来这里经商的印度人越来越多，到 19 世纪末坦噶尼喀和桑给巴尔的印度人就达到 10 万左右，他们控制了坦桑尼亚的商业和部分工业。这种传统的联系为当代两国友好关系的发展奠定了基础。据报道，印度首任驻坦噶尼喀高级专员在坦噶尼喀独立前，即 1961 年 11 月就先期抵达达累斯萨拉姆。独立后，两国关系一直很好。1967 年坦桑尼亚实行国有化使包括印度移民在内的商人受到打击，两国关系受到影响，但到 1971 年以后就开始好转。截至 1985 年，印度援助坦桑尼亚几百万美元，援建项目主要有卡盖拉糖厂和达累斯萨拉姆自行车装配厂。20 世纪 80 年代中期以来、尤其最近几年，两国关系、特别是经贸合作关系得到迅速发展。目前，印度是唯一的在达累斯萨拉姆有外交使团的南亚国家。

（一） 两国关系比较密切

两国始终保持着高层领导人的互访。

尼雷尔总统先后于 1976、1981、1982、1983、1984、1985、1987、1988、1991 和 1996 年 10 次访问印度；姆维尼总统先后于 1989 年 12 月和 1993 年 5 月两次访问印度。姆卡帕总统 2002 年 12 月访问印度，期间印度政府宣布免除了坦桑尼亚包括本息在内的全部债务。访问印度的坦桑领导人还有：坦桑尼亚第一副总统、桑给巴尔总统阿布德·琼布（1973 年 2～3 月、1977 年 4 月、1978 年 4 月）、桑给巴尔总统卡鲁姆（2004 年 3 月）、政府总理兼第二副总统卡瓦瓦（1975 年 1 月）、政府总理索科伊内（1980 年 10 月）、政府副总理萨利姆·阿赫迈德·萨利姆（1988 年 11 月）、议长姆克瓦瓦（1992 年 4 月）、议长姆塞夸（2000 年、2001 年）政府副总理兼内政部长姆雷马（1994 年 12 月）、外长姆卡帕（1980 年 4 月）、外长迪里亚（1991 年 9 月）、外长基奎特（1997 年 4 月、2001 年 5 月）、坦桑尼亚国防军司令姆博马上将（1995 年 5 月）、桑给巴尔首席部长纳霍达（2002 年 11 月）和国防部长萨隆基（2003 年 10 月）等。

先后访问坦桑尼亚的印度领导人有：总理英迪拉·甘地（1976 年 10 月和 1980 年 4 月）、拉吉夫·甘地总理（1986 年 3 月）、古杰拉尔（I. K. Gujral）总理（1997 年 9 月）、拉达克里希南（Dr S Radhakrishnan）副总统（1956 年）、瓦拉哈吉里·文卡塔·吉里（V. V. Giri）总统（1972 年）、帕斯阿克（G. S. Pathak）副总统（1974 年 1 月）、温卡塔拉曼（R Venkataraman）总统（1989 年 6 月）、克里尚·坎特（Krishan Kant）副总统（1999 年 10 月）、阿卜杜勒·卡拉姆（Abdul Kalam）总统（2004 年 9 月）、阿塔尔·比哈里·瓦杰帕伊（Atal Bihari Vajpayee）外交部长（1977 年 7～8 月）、纳拉辛哈·拉奥（P. V. Narasimha Rao）外交部长（1981 年 8 月）、古杰拉尔（I. K. Gujral）外交部长（1990 年

7月）、亚施旺特·辛哈（Yashwant Sinha）外交部长（2003年4月）等。

尼雷尔高度赞扬尼赫鲁的"非暴力"思想，通过"合法斗争"领导坦噶尼喀人民获得了独立；他赞同尼赫鲁的不结盟政策，坦噶尼喀独立后即参加了不结盟运动。尼雷尔在印度的声望很高，他1974年获得了尼赫鲁国际谅解奖，1995年获得甘地国际和平奖。目前，两国对重大的国际问题，包括核裁军、反恐斗争、经济发展和环境保护等，都有着广泛的共识。

（二）双方签有一系列合作协议

两国签署的双边合作协议主要有：

①关于友谊和技术、经济及科学合作的协议（1966年1月28日）；

②双边贸易协议（1966年）；

③关于文化合作的协议（1975年1月17日）；

④关于建立联合委员会的备忘录（1975年1月17日）；

⑤关于避免双重征税和防止逃避个人所得税的协议（1979年9月5日）；

⑥航空服务协议（1995年7月12日）；

⑦关于在邮政和电信领域技术合作的备忘录（1996年12月12日）；

⑧贸易协定（2000年1月14日）；

⑨关于两国外交部举行年度协商会议的备忘录（2001年5月25日）；

⑩关于在医疗卫生和医药领域进行合作的协议（2002年12月16日）；

⑪关于在农业及其相关部门进行合作的备忘录（2002年12月16日）；

⑫关于在教育领域进行合作的备忘录（2003年4月27日）；

⑬联合委员会第六次会议议定书（2003年4月27日）；

⑭联合贸易委员会第一次会议议定书（2003年7月2日）。

（三）经贸合作迅速发展

尽管两国之间的贸易已有几百年的历史，但是贸易水平一直不高。随着坦桑尼亚经济改革的深入，加上坦桑尼亚印度人的努力，20世纪90年代以来两国贸易迅速发展，印度公司在坦桑尼亚的投资也在不断增加。

据报道，两国贸易额1985/1986年度为6040万美元，到1999/2000年度就增加到1.906亿美元，增长了215％，从此印度便成为坦桑尼亚最大贸易伙伴之一。按坦桑尼亚的贸易统计，2000年坦桑尼亚同印度的贸易额占坦桑对外贸易总额的8.62％，成为继英国之后坦桑尼亚第二大贸易伙伴。坦桑尼亚从印度进口货物主要包括医药、运输设备、机器、生活消费品、建筑材料、粮食、纺织品和服装等；向印度出口的主要商品包括生腰果、棉花、钻石和宝石，还有木材、颜料、药材和毛皮等。近几年，两国贸易尽管受到国际市场的一些影响，但仍保持着稳步发展的趋势。在2003年坦桑尼亚对外贸易中，印度仍占有重要地位，是坦桑的第四大出口国、第三大进口国。据统计，2003年坦桑尼亚从印度进口1.695亿美元，向印度出口7320万美元。

在坦桑尼亚，现有25家印度公司投资，投资金额达4480万美元。其中，大部分在工业部门，3家在农业部门，1家在交通运输部门。现在印度同坦桑尼亚的合资项目主要有两家，即塔塔（Tata）汽车厂和阿冯（Avon）自行车厂。

2002年，印度为坦桑尼亚建立了两个腰果加工厂，一个在达累斯萨拉姆，另一个在南方的姆特瓦拉，现已作为"友好的礼物"赠送给坦桑尼亚。现在，印度正在帮助坦桑尼亚小工业发展组织（SIDO）在达累斯萨拉姆建立"小工业数据中心"，以推动坦桑尼亚中小企业的发展。

（四）文教卫生领域合作及其他

坦桑尼亚和印度有一个较大的双边合作项目，即：1966 年两国签署了一项关于友好和技术、经济、科技合作的协议，从 1972 年起便开始每年为坦桑尼亚培训 24 名技术人员，并逐步增加，增至每年 60 名，迄今印度已为坦桑尼亚培训了几千名技术人员。现在，印度已在达累斯萨拉姆和桑给巴尔分别建立了技术培训中心，以加强对坦桑尼亚青年的技术培训工作。

据印度驻坦桑尼亚使馆的新闻公报，坦桑尼亚是印度提供奖学金最多的国家之一，在印度的许多高等院校里都有坦桑尼亚的留学生。据说，在坦桑尼亚几乎所有的政府部门及相关机构都有人在印度受过高等教育或接受过技术培训。根据两国协议，印度计划为坦桑尼亚提供更多的高等院校奖学金名额，从坦桑尼亚招收更多的学生。

另外，大约 5000 名印度人现在受聘于坦桑尼亚有关工厂和公司企业，他们主要在工业和服务业部门。

三　同朝鲜的关系

桑尼亚同朝鲜一直保持着友好合作关系。坦桑尼亚领导人尼雷尔、姆维尼、卡瓦瓦等先后率团访问过朝鲜。朝鲜在坦桑尼亚的援助项目有：革命党多多马会议大厦、水稻农场和奔巴考贾尼体育场等。1992 年坦桑尼亚与韩国建交后，两国关系一度冷淡。经坦桑尼亚耐心做工作修好，目前两国关系已趋正常。在朝鲜半岛问题上，坦桑尼亚支持朝鲜和平统一事业，主张以对话和谈判方式解决朝鲜半岛问题。1994 年 9 月，前总理马莱塞拉访问朝鲜；1995 年 6 月，前外长雷加西拉访问朝鲜并出席两国混委会会议；1996 年 11 月，桑给巴尔总统萨勒明访问朝鲜。1997 年 2 月，朝鲜副总理兼外长金永南访问坦桑尼亚，表示支持坦桑尼亚经济改革，继续支持坦桑经济建设。

四　同韩国的关系

19 92 年 4 月同韩国建交。建交以来，韩国派志愿者到坦桑坦桑尼亚工作，包括工程师、教员、医生和护士，到 2004 年共派出 46 名志愿者；与此同时，坦桑尼亚派人到韩国接受技术培训，截至 2004 年底，坦桑尼亚已有 90 多人到韩国接受各种技术培训。

近年来，坦桑尼亚同韩国关系比较密切。

2005 年 1 月，韩国外长潘基文访问坦桑尼亚，向坦桑尼亚政府赠款 3600 万美元，帮助建立 4 所学校（两所技术学院，两所传媒技术学院）。这是外国首次帮助坦桑尼亚建立这类学院。据报道，在这 4 所学院建立后，韩国将派出一个专家小组，培训坦桑尼亚的朋友。另外，潘基文还表示，韩国政府经济发展合作基金愿向坦桑尼亚提供 1800 万美元的贷款援助。2006 年 1 月，韩国向坦桑尼亚赠送 3 辆救护车，价值约 70 万美元。

2006 年 11 月，基奎特总统访问韩国。据报道，访问中，韩国政府决定向坦桑尼亚提供 3100 万美元的援助，帮助坦桑尼亚在基戈马省的马拉加拉西（Malagarasi）河上修建一座大桥。[1]

另外，韩国大使李春（Chun Lee）2006 年 12 月拜会桑给巴尔总统卡鲁姆时表示，韩国将向桑给巴尔提供 100 万美元的援助，帮助发展农业水利灌溉，还将派遣专家与桑给巴尔农业部专家一起控制侵袭芒果的果蝇。[2]

---

[1] 参见中国驻桑给巴尔总领馆文章《韩国向坦桑尼亚提供援助》，中华人民共和国驻桑给巴尔总领事馆经商室网站，2006 年 12 月 7 日。

[2] 参见中国驻桑给巴尔总领馆文章《韩国向坦桑尼亚提供援助》，中华人民共和国驻桑给巴尔总领事馆经商室网站，2006 年 12 月 7 日。

五　同越南的关系

坦桑尼亚和越南 1965 年 2 月 14 日建交。越南外长 1970 年和 1973 年两次访问坦桑尼亚。1975 年，坦桑尼亚曾派代表团参加越南国庆 30 周年庆祝活动。1994 年，尼雷尔曾到越南参加南南合作会议。2002 年 3 月，越南贸易部长到包括坦桑尼亚在内的非洲国家进行考察时，同坦桑尼亚签署了关于两国加强农业合作的一些协议，包括农产品加工、水稻生产、治水造林、水利灌溉、畜牧业发展和向坦桑尼亚派遣农业专家等项目。2003 年 9 月，坦桑尼亚工贸部长恩加松戈瓦（Juma Ngasongwa）访问越南。坦桑尼亚总统姆卡帕 2004 年 12 月对越南进行为期 4 天的访问，同越南总统举行会谈，双方重申将在农业、食品加工业、渔业和小型工业方面加强合作。

目前，坦桑尼亚每年从越南购买 10～12 万吨大米，约占坦桑尼亚年消费量的一半。据报道，2003 年，越南向坦桑尼亚出口 2080 万美元（其中大米出口为 2050 万美元），从坦桑尼亚进口 70 万美元的棉花、腰果和木材。

第七节　同周边国家和非洲 其他国家的关系

桑尼亚有 8 个邻国，从北向西、向南：北面是肯尼亚和乌干达；西北是卢旺达和布隆迪；西部，隔坦噶尼喀湖与刚果（金）相望；西南部与赞比亚和马拉维交界；南部与莫桑比克相邻。

坦桑尼亚一向重视同邻国的关系。尼雷尔时期，坦桑尼亚主张在平等互利、互不干涉内政的基础上发展国与国之间的友好合作关系。但由于历史、政治、外交、经济利益和边界等因素，坦桑尼亚同一些邻国的关系并非十分和谐，甚至出现过一些风波。自 20 世纪 80 年代中期进入改革发展的新时期以来，在巩固和发展国家和平稳定的政治局面同时，从恢复和发展本国经济的需要出发，坦桑尼亚特别强调睦邻友好、加强合作的政策，并取得了令人满意的成果。近 20 年来，坦桑尼亚普遍改善了同邻国的关系，加强了地区间的经济合作；从 90 年代初陆续涌入的卢旺达、布隆迪和刚果（金）大批难民给坦桑尼亚社会带来的巨大压力，现已经得到缓解。

一 同肯尼亚的关系

历史上，坦桑尼亚和肯尼亚两国在经济、文化、社会等方面的联系十分广泛。英国殖民统治时期，坦桑尼亚、肯尼亚和乌干达三国就在经济和贸易方面建立了密切的合作关系，在坦噶尼喀独立前，三国大体上就形成了一个独立的自由贸易区。独立前后，两国领导人曾酝酿成立东非联邦。坦桑尼亚、肯尼亚和乌干达 20 世纪 60 年代相继独立后，为发展民族经济，进一步加强合作，于 1967 年建立了东非共同体。

然而，坦桑尼亚在 1967 年《阿鲁沙宣言》之后要搞"社会主义"，与肯尼亚的"资本主义"政策格格不入，加之坦桑尼亚拒绝承认政变上台的乌干达阿明政权，而肯尼亚则予以承认，坦桑尼亚同肯尼亚矛盾扩大。1977 年 1 月，肯尼亚单方面宣布扣留东非航空公司飞机和资产，坦桑尼亚予以反击，同年 2 月采取了封锁坦桑尼亚和肯尼亚边界等报复措施，两国关系趋于中断。东非共同体也随之解体，共同体解体后的财产纠纷使两国关系进一步恶化。为了改善关系，尼雷尔和莫伊总统曾在 1979～1982 年间会晤 3 次，肯尼亚要求坦桑尼亚开放边界，坦桑尼亚则强调得首先解决共同体遗留问题，致使两国关系到 1984 年三国签署共同体资产和债务分配协议、坦桑尼亚开放边界以后，两国间的

正常交往、尤其贸易关系才逐步恢复。1984 年 12 月莫伊总统参加坦噶尼喀独立 23 周年庆祝活动，1985 年尼雷尔访问肯尼亚，两国领导人的互访加快了两国在贸易、旅游、航空、运输等方面恢复合作的步伐。

姆维尼总统 1986 年 6 月访问肯尼亚，同莫伊总统讨论改善两国关系、加强两国经济合作问题。姆维尼的努力得到肯尼亚的积极响应。1988 年莫伊总统回访；1991 年莫伊两次访问坦桑尼亚，两国总统发表联合公报，宣布加强两国在旅游和电力等领域的合作，并表示两国政府将为两国边境贸易和两国边境居民的相互来往提供方便。

90 年代初，面对经济全球化的浪潮，根据姆维尼总统关于加强合作，实现地区经济一体化的倡议，坦桑尼亚、肯尼亚和乌干达三国总统经过磋商，于 1993 年 11 月 30 日在阿鲁沙签署协议，决定成立三国部长级常设合作委员会，研究三国在政治、经济、社会文化等领域的合作问题，并于 1994 年 11 月 26 日签署成立东非合作体的协议，从而启动了重建东非共同体，实现经济一体化的进程。此后，两国关系出现新的发展。简化移民程序，为两国人员往来和物资交流提供便利；两国合作不断扩大，1996 年 1 月，中断近 20 年的两国间的铁路客运恢复运营。

近年来，两国领导人交往频繁。2001 年和 2002 年，苏马耶总理两次访问肯尼亚；莫伊总统也两次访问坦桑尼亚。2003 年 6 月，齐贝吉总统还对坦桑尼亚进行了正式访问。领导人的互访，不仅密切了两国在贸易、金融、交通、运输、旅游等领域里的合作关系，同时也协调了两国在国际、尤其是地区问题上的立场，在维护大湖地区的和平与稳定方面做出了共同努力。

二　同乌干达的关系

从传统上讲，在东非三国中坦桑尼亚同乌干达接触较多，两国关系更密切一些。20 世纪 60 年代末，奥博特政府的内外政策"向左转",还受到了要搞"社会主义"的坦桑尼亚领导人的称赞。

1971年1月25日阿明军事政变上台后,坦桑尼亚不予承认,而是欢迎奥博特到坦桑尼亚去,并继续把他视为乌干达"国家元首"。1972年10月,坦桑尼亚支持乌干达流亡者武装力量对乌干达进行了一次未遂"反攻",遭到阿明的强烈谴责。从此以后,阿明凡是在国内遇到麻烦时,总是要指责"坦桑尼亚支持奥博特游击队入侵乌干达",甚至要采取报复行动,两国关系一直处于僵持状态。1978年10月,阿明因其统治集团内部矛盾激化,发生兵变,以"反击坦桑尼亚支持奥博特游击队入侵"为名,挑起同坦桑尼亚的边界冲突,阿明派军队进入坦桑尼亚境内,还占领了坦桑尼亚西北部卡盖拉地区一大片领土。经过全国总动员,尼雷尔总统派出大批军队,把阿明的军队赶出边界,坦桑尼亚军队进入乌干达境内以后,长驱直入,至1979年4月10日即协同乌干达反阿明武装力量攻克乌干达首都坎帕拉。翌日,乌干达解放阵线临时政府宣告成立后,坦桑尼亚军队继续留在乌干达,帮助维持治安。然而,据报道,在乌干达1980年大选后,重登总统宝座的奥博特却"开始悄悄疏远坦桑尼亚,向肯尼亚靠拢"。1985年乌干达军事领导人奥凯罗政变推翻奥博特掌权后,继续延续奥博特的对外政策,坦桑尼亚对乌干达的关系仍然是"不冷不热"。

这时,穆塞韦尼1981年6月创建的反政府组织"全国抵抗运动"已经形成规模,他领导的在丛林开展游击战的"全国抵抗军"也发展壮大了。1986年1月,穆塞韦尼领导的全国抵抗军夺取首都坎帕拉,取得了胜利。穆塞韦尼掌权后,坦桑尼亚予以支持,坦桑尼亚同乌干达的关系得到改善。1986年11月,乌干达政府要求英国军事专家组离开乌干达后,请坦桑尼亚派军事专家组接替了原来他们承担的军队培训工作。此后,两国

不断加强了在贸易、能源、交通运输、金融和通讯等领域里的合作。

近年来,坦桑尼亚同乌干达的关系十分密切,两国领导人互访频繁。如:2000 年 1 月,姆卡帕总统对乌干达进行工作访问;同年 6 月,穆塞韦尼访问坦桑尼亚,同姆卡帕讨论两国关系及乌干达和卢旺达军队在基桑加尼的交火事件;同年 11 月 9 日,穆塞韦尼到达累斯萨拉姆出席了姆卡帕总统的就职仪式。2001 年 1 月、5 月和 6 月,姆卡帕总统连续三次访问乌干达;同年 12 月,穆塞韦尼参加了坦桑尼亚独立 40 周年的庆典活动。两国领导人的密切交往,不仅推动了两国在经济领域里的合作,而且还通过磋商,为维护大湖地区的和平与稳定做出了贡献。

三 同赞比亚的关系

坦桑尼亚同赞比亚有着传统的友好合作关系。赞比亚是个内陆国家,独立前达累斯萨拉姆一直是其进出口的海上通道之一。独立后,坦桑尼亚同赞比亚关系密切,两国总统经常会晤,就双边关系和重大国际问题交换意见,在政治、经济、军事,特别在支援非洲民族解放斗争方面相互配合,相互支持。为了协调和发展两国间友好合作,两国还曾建立一个政府间合作常设委员会。

赞比亚 1964 年独立后,罗得西亚(现津巴布韦)少数白人种族主义政权封锁其出口铜矿产品的南部通道,断其经济收入来源,妄图阻止赞比亚对津巴布韦人民争取民族独立和民族解放斗争的支持。面对这种严峻形势,除帮助赞比亚发展公路运输,通过达累斯萨拉姆港和姆特瓦拉港出口其铜矿产品外,尼雷尔和卡翁达总统还决定修建一条从赞比亚通往达累斯萨拉姆的铁路,以解决赞比亚进出口的困难。尼雷尔和卡翁达请中国帮助修建这条坦赞铁路,中国政府承担并于 1976 年全面完成了坦赞铁路的修建任务。坦赞铁路建成后，两国友好合作关系得到进一步发展。
七八十年代，除坦赞铁路外，两国间兴建的大型合作项目还有坦
赞输油管道和坦赞公路等。

为加强两国在新形势下的友好合作关系，1996年1月姆卡
帕总统访赞，两国政府就发展边贸和联合打击跨边界犯罪活动达
成协议；为此，还确定两国边境地区要定期举行睦邻友好会议。
2001年姆卡帕总统再次访赞，2002年姆瓦纳瓦萨总统对坦桑尼
亚进行了回访。两国总统的互访，将双边合作扩展到工业、农业
和贸易方面，同时确定了赞比亚向坦桑尼亚提供电力支援的一个
合作项目。据报道，赞比亚供电公司已于2002年同坦桑尼亚供
电公司签署了供电合作协议。按协议，双方将投资1.53亿美元，
联合修建一条从赞比亚塞雷恩杰至坦桑尼亚姆贝亚的高压输变电
线路。输电线路全长700公里，600公里在赞境内，100公里在
坦桑尼亚境内。目前这一项目正在施工。

四　同莫桑比克的关系

坦桑尼亚与莫桑比克关系十分密切。

莫桑比克独立前，坦桑尼亚帮助莫桑比克解放阵线
（Frelimo）训练自由战士，准许其武装力量从坦桑尼亚南部边境
地区渗入莫桑比克，开展游击活动。莫桑比克1976年独立后，
还为莫桑比克巩固独立提供了帮助。坦桑尼亚曾应莫桑比克政府
要求派出50名军事教官，帮助把原解放阵线游击队整编为一支
正规军；1977~1978年，当莫桑比克受到当时罗得西亚史密斯
少数白人政权的军事进犯时，坦桑尼亚还派军队予以支援，并有
109名坦桑尼亚国防军士兵牺牲在抗击史密斯军队入侵莫桑比克
的战场上；在莫桑比克内战期间，坦桑尼亚还应莫桑比克政府要
求于1987年1月派出一支部队（约3000人）接防赞比西省，以

使莫桑比克军队能腾出手来清剿"抵运"武装势力，1988 年 11 月坦桑尼亚部队完成任务后回国。

莫桑比克独立以来，双方友好合作关系有了很大发展。两国领导人经常就双边关系、非洲形势和重大国际问题交换意见，在支持非洲民族解放运动问题上，密切配合、协调政策。

1996 年 1 月，姆卡帕总统访问莫桑比克，呼吁两国发展边境贸易，加强两国边境省区地方政府的联系和合作。2004 年 11 月，莫桑比克总统希萨诺访问坦桑尼亚，同姆卡帕总统讨论加强两国经济合作问题。两位总统就两国在投资、贸易、农业、研究和旅游业等领域的合作达成了共识，同时呼吁两国商人为发展双边贸易做出努力。2005 年 1 月，姆卡帕访问莫桑比克，同希萨诺总统签署了关于修建一座横跨两国界河鲁伍马河的大桥——"团结桥"的协议。2005 年 10 月 15～16 日莫桑比克总统阿尔曼多·格布扎访问坦桑尼亚，10 月 16 日两位总统为鲁伍马河"团结桥"奠基。报道说，修建"团结桥"的计划是 1975 年尼雷尔总统和萨莫拉总统提出的，但一拖就是 30 年，一是因为莫桑比克独立后仍有战乱，二是两国一直没钱，又没有赞助者，近年来两国经济都有所恢复，已有能力自筹资金修建这座桥梁。预计，这座桥梁将耗资 2400～2890 万美元，将于 2008 年建成。

五　同马拉维的关系

坦桑尼亚和马拉维长期不和。原因有二：第一，两国有边界纠纷。坦桑尼亚说，尼亚萨湖（Lake Nyasa）是两国的界湖，两国应以湖的中心线为界。马拉维则说，整个马拉维湖（Lake Malawi，马拉维对尼亚萨湖的叫法）都在马拉维境内，两国应以马拉维湖东岸为界。第二，这也是最重要的，在南部非洲一些国家争取民族独立和反对南非种族主义斗争的年代，马拉维始终同南非种族主义政权保持着密切的关系，所以，直至

1985 年 5 月坦桑尼亚才与其建交。

两国建交时，双方就有争议的边界问题达成"暂不界定"的临时协议，同时建立了一个坦桑尼亚－马拉维混合委员会，协调和推动两国合作问题。坦桑尼亚领导人认为，坦桑尼亚有义务为内陆国家马拉维利用坦桑尼亚的出海口提供方便。所以两国建交后首先开始了在交通运输方面的合作，到 20 世纪 90 年代初，马拉维就在达累斯萨拉姆港建立了专门存储马拉维进出口货物的货场；与此同时，两国边贸也有所发展。

近年来，两国领导人开始互访，推动了双边经济和贸易合作的发展。20 世纪 90 年代以来，马拉维总统穆卢齐多次访问坦桑尼亚，1993 年还到阿鲁沙参加了东非三国首脑宣布决定建立东非合作体的重要活动。1996 年姆卡帕总统访问马拉维，同穆卢齐总统就加强两国混合委员会活动达成共识，同时就规范两国边贸活动等合作项目达成了一些协议。2001 年姆卡帕总统到布兰太尔参加南部非洲共同体峰会时，同穆卢齐总统举行了会晤。2003 年 7 月，穆卢齐总统访问坦桑尼亚，同姆卡帕总统讨论进一步加强两国经济合作问题，决定共同开发尼亚萨湖和松圭（Songwe）河流域，促进马拉维和坦桑尼亚经济的共同发展。2003 年 10 月 8 日，坦桑尼亚和马拉维又在达累斯萨拉姆签署了一项关于在马拉维姆巴姆巴湾（Mbamba Bay）、坦桑尼亚姆特瓦拉港、马拉维恩卡萨湾（Nkatha Bay）之间发展运量较大的交通运输联系的谅解备忘录。

六 同卢旺达的关系

卢旺达与坦桑尼亚西北部卡盖拉省相邻。两国关系一直都比较友好。

1990 年卢旺达爱国阵线与卢旺达政府冲突爆发后，坦桑尼亚积极调解，推动双方于 1993 年 8 月签订了《阿鲁沙和平协议》。

1994 年 4 月，卢旺达和布隆迪两位总统到达累斯萨拉姆开会，会议结束后两位总统乘同一架飞机回国，当飞到基加利国际机场上空时总统座机遭袭击，两位总统一起遇难。接着，卢旺达爆发大规模部族仇杀，大批卢旺达难民涌入坦桑尼亚。为解决好难民问题，维护地区和平，坦桑尼亚继续为卢旺达战乱进行调解，支持联合国成立卢旺达国际法庭，审判有关罪犯，并同意将国际法庭设在了阿鲁沙。

在 1994 年卢旺达的种族仇杀中，50 多万胡图族人逃到坦桑，沦为难民，给坦桑尼亚社会、经济和生态环境带来了巨大压力。经坦桑尼亚和联合国难民署推动，1995 年 1 月和 11 月先后两次在坦桑尼亚举行了大湖地区首脑会议，专门研究解决卢旺达难民问题。1995 年 12 月，姆卡帕总统在姆万扎同卢旺达总统比齐蒙古举行会晤，希望卢旺达政府采取有效措施，改善国内环境，以使难民早日回国。1996 年 11 月，坦桑尼亚和卢旺达就联合国难民署提出的一项难民遣返计划达成协议，从此开始了卢旺达难民回归的进程。随着卢旺达国内安全形势好转，在坦桑尼亚政府、国际难民署和国际社会的帮助下，卢旺达难民回国工作进展比较顺利。据报道，到 2001 年大部分卢旺达难民已经回国，仍然滞留在坦桑尼亚的仅剩两万多人；2002 年 12 月，"最后一批"卢旺达难民 3000 多人安全返回国内，至此卢旺达内战期间逃往坦桑尼亚的难民就全部回国了。

近年来，两国领导人来往频繁，密切磋商，不仅维护了两国间传统的友好合作关系，而且为维护大湖地区的和平与稳定做出了贡献。1999 年，比齐蒙古总统两次、卡加梅副总统三次访问坦桑尼亚。2000 年 3 月，卡加梅副总统访问坦桑尼亚；4 月，姆卡帕总统出席卡加梅总统的就职仪式。2001 年 1 月和 6 月，姆卡帕总统两次访问卢旺达；2001 年 9 月，卡加梅总统访坦桑尼亚。2003 年 1 月，坦桑尼亚国民议会议长皮尤斯访问卢旺达。

2004 年 5 月，卡加梅总统访问坦桑尼亚；2005 年 10 月，姆卡帕总统访问卢旺达。

七 同布隆迪的关系

布隆迪是与坦桑尼亚西北部基戈马省接壤的一个内陆国家。布隆迪一半以上进出口货物都经坦桑尼亚转运。坦桑尼亚同布隆迪的关系一直较好。

1973 年，由于布隆迪的国内部族冲突，数十万布隆迪难民涌入坦桑尼亚西部，两国关系曾一度紧张。1977 年 8 月，坦桑尼亚同布隆迪和卢旺达签署了三国共同开发卡盖拉河流域的协议，1978 年 5 月尼雷尔总统访问布隆迪，坦桑尼亚和布隆迪的关系明显改善。

1993 年 6 月，布隆迪举行多党民主大选，胡图族民主阵线（简称"民阵"）主席梅尔希奥·恩达达耶当选总统；10 月，图西族军人发动未遂军事政变（恩达达耶总统在政变中遇害身亡），政变引发了布隆迪大规模部族流血冲突。1993 年布隆迪未遂军事政变后，尼雷尔被推举为布隆迪问题国际调解人。1994 年，刚刚被议会选为总统两个多月的希普里安·恩塔里亚米拉恩（民阵成员）4 月 6 日遇空难身亡后，布隆迪国内再次发生动乱；9 月，布隆迪议会选举西尔维斯特·恩蒂班通加尼亚（民阵成员）为新总统。1993 年布隆迪未遂军事政变后，大约 40 多万布隆迪胡图族人逃难坦桑尼亚，图西族军队追杀"反对派"，不断侵犯坦桑尼亚边境，骚扰边民。1995 年 3 月，坦桑尼亚关闭同布隆迪的边界，向边境地区增派军队，两国关系趋于紧张。

姆卡帕 1995 年 10 月当选为总统以后不久，就在姆万扎同恩蒂班通加尼亚总统举行会晤，双方同意增加接触和磋商，寻求解决难民问题的办法，以改善两国关系。与此同时，尼雷尔作为布隆迪问题国际调解人，也积极斡旋，推动冲突各派到姆万扎进行和谈，以期早日恢复布隆迪和平，解决好布隆迪难民问题。l996年6月，姆卡帕总统倡议并在阿鲁沙主持召开布隆迪问题地区首脑会议，应布隆迪政府要求，决定为布隆迪提供安全支持。然而，就在同年7月，布隆迪军人再次发动政变，推翻恩蒂班通加尼亚政府，并"推举"前总统布约亚为总统。坦桑尼亚拒绝承认布约亚政权，并立即推动召开东非和大湖地区7国首脑会议，会议一致决定对布隆迪进行经济制裁。此后，两国关系严重恶化。

1997年4月，姆卡帕总统主持在阿鲁沙召开的关于布隆迪问题的地区首脑会议，决定放宽对布隆迪的禁运，同时敦促布隆迪各派积极参加和谈，通过谈判解决冲突；9月，在坦桑尼亚举行的布隆迪问题第五次地区首脑会议，敦请尼雷尔继续担任布隆迪问题国际调解人。在尼雷尔主持下，布隆迪各派1998年5月至1999年1月先后举行了4轮和谈。1999年1月，关于布隆迪问题第七次地区首脑会议决定中止对布隆迪的经济制裁。

坦桑尼亚等7个邻国中止对布隆迪的制裁以后，两国关系开始改善。1999年2月，布隆迪外长访问坦桑；4月，坦桑尼亚复派驻布隆迪大使；5月，布约亚总统访问坦桑尼亚；8月，两国国防部长在坦桑尼亚会晤，决定采取措施，保证两国边境地区的安全。2000年8月，姆卡帕总统出席在阿鲁沙举行的《布隆迪和平与和解阿鲁沙协议》签字仪式。2001年1月，布隆迪总统布约亚访问坦桑尼亚；6月，两国国防部长达成协议，同意将坦桑尼亚境内的大约50万布隆迪难民遣返回布隆迪境内的安全区；7月，两国国防部长在达累斯萨拉姆会晤，决定加强双边磋商，维护边境和平与安全；8月，布约亚总统访问坦桑尼亚。2002年1月，布隆迪国民议会议长米纳尼访坦。2002年，坦桑尼亚推动布隆迪各派3~9月在坦桑尼亚举行多轮和谈，并于9月成功地召开了布隆迪问题地区首脑会议。2002年3月，坦桑尼亚、布隆迪、联合国难民署代表就遣返布隆迪难民问题达成协议，开始执行"自愿遣返回国计划"；4月30日，姆卡帕出席布过渡政府总统多米蒂安·恩达伊泽耶就职仪式；5月，多米蒂安·恩达伊泽耶总统访问坦桑尼亚，坦桑尼亚表示将继续推动布隆迪和平进程。2004年3月，布隆迪国民议会议长米纳尼访问坦桑尼亚，向姆卡帕总统通报布隆迪和平进展情况。2003年5月，布隆迪过渡政府总统访问坦桑尼亚，双方发表联合公报，坦桑尼亚表示将继续推动布和平进程。2004年8月布隆迪和平进程首脑会议在达累斯萨拉姆召开。2005年5月，在坦桑尼亚的推动下，布过渡政府与反叛武装"民族解放力量"在坦桑尼亚签署了停火协议。2005年8月布隆迪选出新总统，国内局势趋于稳定，返乡难民日益增多。自2002年以来，已有25万多名布隆迪难民返回国内，其大部分是从坦桑尼亚回国的。目前，仍有23万布隆迪难民滞留在坦桑尼亚。[①]

八　同刚果（金）的关系

独立后，坦桑尼亚曾支持扎伊尔〔现刚果（金）〕爱国武装力量，致使两国关系紧张。1965年以后，双方均采取措施，两国关系逐步改善，蒙博托总统多次访问坦桑尼亚，尼雷尔、卡瓦瓦也先后赴扎伊尔参加扎伊尔解放七周年庆典和扎伊尔人民运动党年会。1975年，双方在支持安哥拉民族解放运动问题上发生分歧。1977年和1978年沙巴战争期间，两国关系再度紧张。1979年5月尼雷尔和蒙博托在阿鲁沙会晤后，两国关系有所改善。1984年11月，扎伊尔指责坦桑尼亚支持坦桑境内的扎伊尔反对派进攻扎伊尔沙巴省莫巴镇，坦桑尼亚拒绝这一指责。

---

① 《从坦桑尼亚回国的布隆迪难民数量大增》，国际在线，2005年8月15日。

　　姆维尼执政后，主动同扎伊尔改善关系，取得积极成果。
1985年11月，姆维尼总统派第二副总统瓦基勒参加扎伊尔第二
共和国20周年庆典活动，受到蒙博托总统接见，瓦基勒表示坦
桑尼亚愿意发展两国友好关系。1993年8月，扎伊尔总理代表
蒙博托总统出席阿鲁沙卢旺达和平协议签字仪式。1995年1月、
11月和1996年3月，扎伊尔总理肯戈和蒙博托总统先后三次出
席了讨论卢旺达问题的地区首脑会议；1996年7月布隆迪发生
军事政变后，扎伊尔予以谴责，并于8月参加了坦桑尼亚等国发
起的对布隆迪的制裁。

　　扎伊尔东部危机爆发后，坦桑尼亚积极参与斡旋并呼吁和平
解决危机。1996年1月，姆卡帕总统访问扎伊尔，并两次出席
在肯尼亚首都内罗毕召开的地区首脑会议，主张保持扎伊尔的领
土完整。

　　1996年10月，卡比拉成立"解放刚果—扎伊尔民主力量联
盟"，发动反对蒙博托战争。1997年5月17日推翻蒙博托政权
后，成立刚果民主共和国，卡比拉任总统。坦桑尼亚对新政府表
示欢迎，认为"蒙博托的倒台将对东部非洲政治格局的变化产
生积极影响"。坦桑尼亚积极支持刚果（金）的重建，同时反对
西方国家对卡比拉政府施加压力。

　　刚果（金）冲突发生后，坦桑尼亚强调尊重刚果（金）主
权和领土完整，采取中立立场，反对使用武力，主张撤出所有外
国军队，积极参与调解冲突，呼吁通过和平谈判解决问题。为
此，坦桑尼亚还把在刚果（金）帮助培训政府军的大约700名
坦桑尼亚军事人员于8月下旬全部撤回。1999年5月和6月，
坦桑尼亚总统姆卡帕先后两次同乌干达和卢旺达总统会晤，力促
卢旺达停止武装行动，致力于和平解决冲突。

　　2001年5月，刚果（金）总统卡比拉对坦桑尼亚进行正式
访问，两国总统强调卢萨卡和平协议是全面解决刚（金）冲突

的基础。

2002 年，坦桑尼亚在坚持既定政策的基础上继续积极参与国际社会为和平解决刚果（金）问题进行的努力。2003 年 2 月，刚果（金）总统卡比拉和乌干达总统穆塞韦尼在达累斯萨拉姆举行会谈，通过对卢安达和平协议的修改并签字确认；5 月 15 日，卡比拉总统在达累斯萨拉姆与刚果东北省冲突各方代表举行和谈，并签署了和平协议。2005 年 9 月联合国难民署、刚果（金）和坦桑尼亚签署了关于遣返难民的协议，安排在坦桑尼亚的 15 万刚果（金）难民从 2005 年 11 月 10 日起陆续回国。①

九 同南非的关系

独立后，坦桑尼亚一贯积极支持南非人民反对南非少数白人政权推行的种族隔离政策和争取民族解放的斗争，为南非人民民族解放斗争的胜利做出了贡献。在此期间，坦桑尼亚向南非解放组织提供了大量援助，从 20 世纪 60 年代起坦桑尼亚一直是南非解放组织的大本营和根据地。

新南非诞生后，坦桑尼亚即与南非建交，两国关系发展较快。

1995 年 5 月和 9 月，南非总统曼德拉和外长恩佐相继访坦桑尼亚；同年 5 月和 10 月，坦桑尼亚国防和国民服务部长基纳纳和总统姆维尼分别访问了南非。

1996 年 8 月，南非副总统姆贝基和姆卡帕总统又进行了互访。坦桑尼亚对南非带动地区、特别是坦桑尼亚经济起飞寄予厚望，多次呼吁南企业来坦桑尼亚进行投资合作，表示愿意利用坦桑尼亚丰富的自然资源，同经济发达、技术先进和管理水平高的

---

① 《在坦桑尼亚避难的 15 万刚果（金）难民回国》，新华社金沙萨 2005 年 11 月 10 日电。

南非建立和发展互利的战略伙伴关系。

1997 年 2 月，南非武装部队司令梅林上将访问坦桑尼亚。同年 5 月南非副总统姆贝基对坦桑尼亚进行工作访问。1998 年 11 月，南非总统曼德拉再次访问坦桑尼亚。

1999 年 6 月，坦桑总统姆卡帕和前总统尼雷尔应邀出席南非总统姆贝基的宣誓就职仪式；9 月，姆贝基总统对坦桑尼亚进行工作访问；10 月，姆贝基总统出席坦桑尼亚前总统尼雷尔的国葬仪式。2000 年 11 月，姆贝基总统过境坦桑尼亚，与姆卡帕总统进行会晤；同月，南非国防军司令马坦齐马中将率军事代表团访问了坦桑尼亚。

两国现签有经济、科技和文化交流协定（1995 年）。两国在航空、矿产、金融、饭店、酿造等领域的合作进展顺利，截至 2001 年已有 6 家南非公司在坦桑投资。2002 年 12 月，南非航空公司购买了坦桑尼亚航空公司 49% 的股份。

1994 年以来，坦桑尼亚同南非的贸易迅速增长，南非很快就成了坦桑尼亚的主要贸易伙伴。据统计，2002 年坦桑尼亚向南非出口 2.0354 亿美元，占其出口的 7.80%，南非为坦桑尼亚的第三大出口对象国；2002 年坦桑尼亚从南非进口 1.8114 亿美元，占其进口的 11.28%，南非为坦桑尼亚的第一大进口来源国。

第八节　坦桑尼亚与外国建交、建馆情况

一　与外国建交和建馆情况

截至 2000 年 9 月，坦桑尼亚已同 110 多个国家建立了外交关系。

（一）坦桑尼亚在国外的使领馆

由于财政困难，目前坦桑尼亚仅在下列国家设有使馆：埃塞

俄比亚、德国、比利时、埃及、瑞士、津巴布韦、乌干达、尼日利亚、刚果（金）、英国、赞比亚、莫桑比克、俄罗斯、肯尼亚、印度、加拿大、南非、意大利、日本、法国、中国、沙特阿拉伯、瑞典、美国、卢旺达。

坦桑尼亚在肯尼亚的蒙巴萨、美国的纽约设有领事馆。

此外，坦桑尼亚还在孟加拉国的达卡、泰国的曼谷、沙特阿拉伯的吉达、阿联酋的迪拜和中国的香港任命了名誉领事。[①]

（二）外国在坦桑尼亚的使领馆

目前，有49个国家在坦桑尼亚设有使馆，包括：阿尔及利亚、安哥拉、比利时、英国、布隆迪、加拿大、中国、刚果（金）、古巴、丹麦、埃及、芬兰、法国、德国、梵蒂冈、匈牙利、印度、印度尼西亚、伊朗、爱尔兰、意大利、日本、肯尼亚、朝鲜、韩国、利比亚、马拉维、莫桑比克、荷兰、尼日利亚、挪威、巴勒斯坦、波兰、罗马尼亚、卢旺达、俄罗斯、沙特阿拉伯、南非、西班牙、苏丹、瑞典、瑞士、叙利亚、乌干达、美国、也门、南斯拉夫、赞比亚、津巴布韦。

此外，奥地利在达累斯萨拉姆市设有总领事馆，布隆迪和刚果（金）在基戈马设有总领事馆。中国、埃及、印度、莫桑比克、阿曼和俄罗斯在桑给巴尔都设有总领事馆或领事馆。[②]

二 在坦桑尼亚的国际机构

目前，共有22个国际机构在坦桑尼亚设立了代表处，包括：联合国开发计划署，联合国工业发展组织，联合国粮农组织，世界粮食计划署，世界卫生组织，联合国难

---

① 参见中国驻坦桑尼亚经济商务代表处文章《坦桑尼亚对外关系》，中华人民共和国驻坦桑尼亚经济商务代表处网站，2003年2月19日。

② 参见中国驻坦桑尼亚经济商务代表处文章《坦桑尼亚对外关系》，中华人民共和国驻坦桑尼亚经济商务代表处网站，2003年2月19日。

民事务高专署，联合国教科文组织，联合国人口活动基金会，联合国儿童基金会，欧盟代表处，国际劳工组织，东非共同体，东部和南部非洲管理学院，非洲农村一体化发展中心，外交关系中心，东部和南部非洲矿产资源发展中心，东部和南部非洲大学研究规划院，国际合作联盟，国际货币基金组织，泛非邮政联盟总秘书处，世界银行，东、中和南部非洲英联邦地区卫生秘书处。①

---

① 参见中国驻坦桑尼亚经济商务代表处文章《坦桑尼亚对外关系》，中华人民共和国驻坦桑尼亚经济商务代表处网站，2003 年 2 月 19 日。

主要参考文献

（按在书中出现的先后次序排列）

一　中文参考文献

《坦桑尼亚》，《万国博览·非洲卷》，新华出版社，1998。

《世界各国知识丛书》非洲卷《东非诸国（二）》，军事谊文出版社，1997。

《"图迈"：人类始祖？700万年前头盖骨化石发现记》，新华网 2002 - 07 - 19。

伊·基曼博、阿·特穆主编《坦桑尼亚史》上册，钟丘译，商务印书馆，1973。

游修龄：《人种迁徙、语言演变与农业起源的思考》，《中国农史》，天涯在线书库网站。

陈兆复、邢琏：《外国岩画发现史》，上海人民出版社，1993。

伊·基曼博、阿·特穆主编《坦桑尼亚史》下册，商务印书馆，1973。

李汝燊等编著《非洲》，中国青年出版社，1961。

《前非统组织秘书长：毛泽东思想对非洲影响深远》，新华网，2003 年 12 月 26 日。

刘郿生：《坦桑尼亚经济发展面面观》，《西亚非洲》1986

年第 2 期。

〔英〕莱恩·贝里主编《坦桑尼亚图志》，南京大学地理系非洲地理组译，商务印书馆，1975。

中国驻坦桑尼亚经商处文章：《坦桑尼亚国家经济》，中华人民共和国驻坦桑尼亚联合共和国经商代表处网站，2004 年 1 月 7 日。

中国社会科学院西亚非洲研究所编《外国经济概况丛书·非洲经济》（二），人民出版社，1987。

中国驻桑给巴尔总领事馆经商室文章：《桑给巴尔旅游市场简介》，中华人民共和国驻桑给巴尔总领事馆经商室网站，2005 年 4 月 5 日。

威廉·埃杰特·史密斯：《尼雷尔》，上海人民出版社，1975。

张邦栋：《坦桑尼亚的国民服务队》，1988 年 10 月 11 日《解放军报》。

《世界军事年鉴》（2002 年），解放军出版社，2002。

周国勇：《非洲斯瓦希里语文学》，百度网站，2004 年 11 月 13 日。

《备战 08 非洲杯，坦桑尼亚总统敦促足协聘请外教》，新华社达累斯萨拉姆分社 2006 年 3 月 9 日专电。

《坦桑尼亚足协夸海口，发誓进入国际足联排名前 70 位》，新华社达累斯萨拉姆 2006 年 7 月 19 日专电。

威廉·埃杰特·史密斯：《尼雷尔》，上海人民出版社，1975。

《俄米格战机继续抢占中国在非洲武器市场》，中国航空信息网，2003 年 8 月 21 日。

《中国兄弟》，中国新闻网，1999 年 12 月 1 日。

《中国援建坦赞铁路》，中国新闻网，2000 年 11 月 7 日。

《胡锦涛：中国坦桑尼亚有朋友兄弟的全天候友谊》，中新社北京 4 月 26 日电。

中国驻坦桑尼亚经商代表处文章：《中坦经贸合作关系》，

中华人民共和国驻坦桑尼亚联合共和国经商代表处网站，2002年10月21日。

中国驻坦桑尼亚经济商务代表处文章：《双边经贸关系》，中华人民共和国驻坦桑尼亚联合共和国经商代表处网站，2004年1月8日。

《中国向坦赞铁路管理局交接新设备》，新华网达累斯萨拉姆2006年10月27日电。

中国和坦桑尼亚《双边关系》，中国外交部网站，2006年9月3日。

《韩国向坦桑尼亚提供援助》，中华人民共和国驻桑给巴尔总领事馆经商室网站，2006年12月7日。

《从坦桑尼亚回国的布隆迪难民数量大增》，国际在线，2005年08月15日。

《在坦桑尼亚避难的15万刚果（金）难民回国》，新华网金沙萨2005年11月10日电。

中国驻坦桑尼亚经济商务代表处文章：《坦桑尼亚对外关系》，中华人民共和国驻坦桑尼亚经济商务代表处网站，2003年2月19日。

二　英文参考文献

Tanzania Country Profile, Source：the United Republic of Tanzania National Website.

Results of the Tanzanian 2002 Population Census（Aug. 25, 2002）, Source：the United Republic of Tanzania National Website.

Bushmen to Leave Forest Life, Source：Arusha Times October 7, 2000.

Mathias Mjolhus：the Man'gati Tribe.

Mkapa Leaves Behind Tools to Help Tanzanians Reach the Promied Land, Source: Guadian, Tanzania, 2005 – 06 – 11.

Retired Forcorruption, 122 Government Officials in Two Years, Source: Tanzania News Online, 22 November 1997.

Speech by the President of the United Republic of Tanzania, his Excellency Jakaya Mrisho Kikwete, on Inaugurating the Fourth Phase Parliament of the United Republic of Tanzania, Parliament Buildings, Dodoma, 30 December, 2005. Source: the United Republic of Tanzania National Website.

Speech by the Minister for Finance Hon. Basil P. Mramba (MP) Introducing to the National Assembly the Estimates of Government Revenue and Expenditure for the Financial Year 2005/06 on 8th June, 2005, Source: the United Republic of Tanzania National Website.

Speech by the President of the United Republic of Tanzania, his Excellency Jakaya Mrisho Kikwete, on Inaugurating the Fourth Phase Parliament of the United Republic of Tanzania, Parliament Buildings, Dodoma, 30 December, 2005, Source: the United Republic of Tanzania National Website.

US Foreign Policy and Revolution—the Creation of Tanzania, by Amritt Wilson, London, Pluto Press 1989, p. 18.

Alhaj Aboud Jumbe: *the Partnership*: *Tanganyika Zanzibar Union 30 Turbulent Years*, Dar es Salaam, 1994, p. 1.

Nyerere: *Freedom and Development*, Oxford University Press, Tanzania, 1973, p. 276.

Tanzania: Key Historical and Constitutional Developments, Sources: Kituo cha Katiba East African Centre for Constitutional Development—Makerere University Faculty of Law www. Kituochakatiba.

co. ug.

Zanzibar: Key Historical and Constitutional Developments, Sources: Kituo cha Katiba East African Centre for Constitutional Development—Makerere University Faculty of Law www. Kituochakatiba. co. ug.

A List of All Registered Political Parties/the Report of the National Electoral Commission on the 2005 Presidential and Parliamentary Elections, Sources: the United Republic of Tanzania National Website.

Tanzania: NGOS Repeat Call for NGO Act to be Reviewed, Source: Irincea Dar es Salaam, 28 August 2003.

Xinhua Dar es Salaam, Nov. 8, 2003 (Xinhuanet): Tobacco Becomes Tanzania's Leading Export Item.

Tanzania: Poultry Farming, Tanbreed—the Private Sector and Development: Five Case Studies by Walter Elkan.

Economic Liberalisation and the Livestock Sub Sector in Tanzania, by Mdoe, N. S. Y, K. R.. Mnenwa & D. Nyange, Department of Agricultural Economics and Agribusiness, the Sokoine University of Agriculture, Tanzania.

The Economic Survey 2002, Produced by the President's office、 Planning and Privatization, Dar es Salaam-Tanzania June, 2003.

Well Done, but Tame Cheats, Kikwete Tells TRA by Correspondent Ernest Ambali, Source: *Sunday Observer*, 2006 – 02 – 05 08:31.

History of the Bank of Tanzania, Electronic Mail: General Information: info@ hq. bot-tz. org.

Number of Tourists Soars Amid More Robust Strategies, by Austin Beyadi, Source: *Guardian*, Tanzania, 2006 – 05 – 12 12:44:31.

List of National Parks of Tanzania, Top Ten Tanzania National

Parks, Tanzania Tourism Profile etc, Source: the United Republic of Tanzania National Website.

Tanzania's Unemployment Rate Increases, Source: *Guardian*, Tanzania, 2005 – 12 – 21, Bagamoyo.

Walter Elkan: Tanzania: Poultry Farming—the Private Sector and Development: Five Case Studies.

Document of the World Bank: Tanzania, the Challenge of Reforms: Growth, Incomes and Welfare, the Economy and Welfare in Zanzibar, May 31, 1996.

Xinhua Dar es Salaam, November 03, 2005: Zanzibar President Calls on Donor Countries to Assist Development.

Zanzibar country Analysis, Final Report, April, 2003, Revolutionary Government of Zanzibar, Ministry of Finance and Economic Affairs.

Power Supply Project from Tanga to Pemba, Zanzibar, Norway Sign Power Deal Assah Mwambene, *Zanzibar Daily News*; Monday, December 11, 2006@ 00:03.

Herman Lupogo: *Tanzania Civil-Military Relations and Political Stability*, Published in *African Security Review Vol 10 No 1*, 2001.

Speech by the President Benjamin William Mkapa, on Inaugurating the New Parliament of the United Republic of Tanzania, Dodoma, November 20, 2000.

TPDF Should Strive for Self-Reliance, Says Mkapa, Source: *Guardian*, Tanzania, 2004 – 09 – 02.

Tanzania Prison Service Department, News Release, Jan. 1st, 2004, Sources: the United Republic of Tanzania National Website.

The Economic Survey 2003 Produced by the President's Office-Planning and Privatization Dar es Salaam-Tanzania June, 2004.

Zanzibar New Co-Operation by Mwinyi Sadallah, Zanzibar, Source: *Guardian*, Tanzania 2004 – 01 – 30.

The Tanzania Planning Commission: Development Vision 2025, Tanzania, Source: the United Republic of Tanzania National Website.

Higher Education Policy: Tanzania's Development Vision 2025 Proposes, Source: the United Republic of Tanzania National Website.

Tinga Tinga Art-www. zanzibarconnection. com/tingact. htm.

The Economic Survey 2004, Produced by the Ministry of Planning, Economy and Empowerment Dar Er Salaam, Tanzania, June, 2005.

Speech by the President of the United Republic of Tanzania, Hon. Benjamin William Mkapa, at the Official Opening of the Annual Meeting of Regional Medical Officers and Directors of Referral and Specialist Hospitals Held at Mtwara Teachers College Hall, August 2, 2005.

Speech by the President of Zanzibar and Chairman of the Revolutionary Council His Excellency Amani Abeid Karume During Celebrations to Commemorate 38 Years of the Zanzibar Revolution on 12th January, 2002.

UNDP Announces Strategic Partnership with DFID to Step up Zanzibar Development, January 21st, 2003.

President Jakaya Mrisho Kikwete: Well Done Taifa Stars! By Saria Israel, Published 2006 – 04 – 09, Source: Habari Za Kitaifa.

Mkapa Lays Foundation Stone for Ultra-Modern Stadium, *Guardian*, Tanzania, 2005 – 07 – 19.

U. K. Development Minister Visits Tanzania, DFID Press Release,

15 November 2004.

France-Tanzania: Bilateral Relations in 2004, Source: the French Ministry of Foreign Affairs/the Embassy of France in Tanzania.

Annual Report 2000, William Hanna Ambassador, Head of the E. U. Delegation in Dar es Salaam, Tanzania.

Joint Annual Report on Tanzania-EU Cooperation 2001, Peter Ngumbullu, Permanent Secretary Ministry of Finance and National Authorising Officer of the EDF, William Hanna, Head of the E. U. Delegation in Dar es Salaam, Tanzania.

E. U. Press Release, 2004 – 06 – 01, Tanzania Quadruples Trade Surplus with EU.

后　记

　　《坦桑尼亚》是中国社会科学院重大科研项目《列国志》丛书之一。我从 2003 年开始编写，断断续续，2007 年 3 月完成初稿，2007 年 5 月通过专家审定并结项，2007 年 8 月定稿。

　　全书约 40 万字，包括自然地理、历史概况、政治和社会变革、经济发展和外交政策以及军事、文化教育、医疗卫生、体育和新闻等基本情况。在撰写过程中，为保证《坦桑尼亚》的真实性、完整性和可读性，除过去工作中积累的材料外，我还查阅了大量中外文资料（包括中外文图书、报纸杂志和通讯社的报道、文章），并进行了认真的、反复的分析和研究。《坦桑尼亚》是介绍坦桑尼亚国情的专著兼工具书，对有关单位和读者可能会有些参考价值。

　　在写作过程中，得到我夫人胡新荣、女儿裴彤和女婿王峰的鼎力支持，得到了魏翠萍、孙尚信和龚兵等朋友们的大力帮助，在此一并表示衷心感谢！

　　书稿完成后，经非洲问题专家陈宗德、陈公元审读鉴定和《列国志》编委会温伯友审定，他们孜孜不倦，认真负责，提出了许多具体修改意见，对此表示诚挚的感谢！

坦桑尼亚

　　对《列国志》丛书的编委和出版社编辑为此书出版所付出的辛劳，也表示由衷的谢意！

裴善勤

2007 年 8 月

《列国志》已出书书目

2003 年度

吴国庆编著《法国》

张健雄编著《荷兰》

孙士海、葛维钧主编《印度》

杨鲁萍、林庆春编著《突尼斯》

王振华编著《英国》

黄振编著《阿拉伯联合酋长国》

沈永兴、张秋生、高国荣编著《澳大利亚》

李兴汉编著《波罗的海三国》

徐世澄编著《古巴》

马贵友主编《乌克兰》

卢国学编著《国际刑警组织》

2004 年度

顾志红编著《摩尔多瓦》

赵常庆编著《哈萨克斯坦》

张林初、于平安、王瑞华编著《科特迪瓦》

鲁虎编著《新加坡》

王宏纬主编《尼泊尔》

王兰编著《斯里兰卡》

孙壮志、苏畅、吴宏伟编著《乌兹别克斯坦》

徐宝华编著《哥伦比亚》

高晋元编著《肯尼亚》

王晓燕编著《智利》

王景祺编著《科威特》

吕银春、周俊南编著《巴西》

张宏明编著《贝宁》

杨会军编著《美国》

王德迅、张金杰编著《国际货币基金组织》

何曼青、马仁真编著《世界银行集团》

马细谱、郑恩波编著《阿尔巴尼亚》

朱在明主编《马尔代夫》

马树洪、方芸编著《老挝》

马胜利编著《比利时》

朱在明、唐明超、宋旭如编著《不丹》

李智彪编著《刚果民主共和国》

杨翠柏、刘成琼编著《巴基斯坦》

施玉宇编著《土库曼斯坦》

陈广嗣、姜俐编著《捷克》

2005 年度

田禾、周方冶编著《泰国》

高德平编著《波兰》

刘军编著《加拿大》

张象、车效梅编著《刚果》

徐绍丽、利国、张训常编著《越南》

刘庚岑、徐小云编著《吉尔吉斯斯坦》

刘新生、潘正秀编著《文莱》

孙壮志、赵会荣、包毅、靳芳编著《阿塞拜疆》

孙叔林、韩铁英主编《日本》

吴清和编著《几内亚》

李允华、农雪梅编著《白俄罗斯》

潘德礼主编《俄罗斯》

郑羽主编《独联体（1991～2002）》

安春英编著《加蓬》

苏畅主编《格鲁吉亚》

曾昭耀编著《玻利维亚》

杨建民编著《巴拉圭》

贺双荣编著《乌拉圭》

李晨阳、瞿健文、卢光盛、韦德星编著《柬埔寨》

焦震衡编著《委内瑞拉》

彭姝祎编著《卢森堡》

宋晓平编著《阿根廷》

张铁伟编著《伊朗》

贺圣达、李晨阳编著《缅甸》

施玉宇、高歌、王鸣野编著《亚美尼亚》

董向荣编著《韩国》

2006 年度

李东燕编著《联合国》

章永勇编著《塞尔维亚和黑山》

杨灏城、许林根编著《埃及》

李文刚编著《利比里亚》

李秀环编著《罗马尼亚》

任丁秋、杨解朴等编著《瑞士》

王受业、梁敏和、刘新生编著《印度尼西亚》

李靖堃编著《葡萄牙》

钟伟云编著《埃塞俄比亚 厄立特里亚》

赵慧杰编著《阿尔及利亚》

王章辉编著《新西兰》

张颖编著《保加利亚》

刘启芸编著《塔吉克斯坦》

陈晓红编著《莱索托 斯威士兰》

汪丽敏编著《斯洛文尼亚》

张健雄编著《欧洲联盟》

王鹤编著《丹麦》

顾章义、付吉军、周海泓编著《索马里 吉布提》

彭坤元编著《尼日尔》

张忠祥编著《马里》

姜琍编著《斯洛伐克》

夏新华、顾荣新编著《马拉维》

唐志超编著《约旦》

刘海方编著《安哥拉》

李丹琳编著《匈牙利》

白凤森编著《秘鲁》

2007 年度

潘蓓英编著《利比亚》

徐人龙编著《博茨瓦纳》

张象、贾锡萍、邢富华编著《塞内加尔 冈比亚》

梁光严编著《瑞典》

刘立群编著《冰岛》

顾俊礼编著《德国》

王凤编著《阿富汗》

马燕冰、黄莺编著《菲律宾》

李广一主编《赤道几内亚 几内亚比绍 圣多美和普
　林西比 佛得角》

徐心辉编著《黎巴嫩》

王振华、陈志瑞、李靖堃编著《爱尔兰》

刘月琴编著《伊拉克》

左娅编著《克罗地亚》

张敏编著《西班牙》

吴德明编著《圭亚那》

张颖、宋晓平编著《厄瓜多尔》

田德文编著《挪威》

郝时远、杜世伟编著《蒙古》

2008 年度

宋晓敏编著《希腊》

王平贞、赵俊杰编著《芬兰》

相关链接

更多信息请查询：www.ssap.com.cn

摩洛哥

肖 克 编著

2008 年 4 月出版   39.00 元

ISBN 978-7-5097-0129-4/K·0010

　　摩洛哥是一个历史悠久的国家，它位于非洲的西北部，隔直布罗陀海峡与巴尔干半岛相望。摩洛哥的气候温和宜人，四季花木繁茂，有"烈日下的清凉国土"的美誉，是非洲"新兴的旅游王国"。摩洛哥有丰富的自然资源，战略地位十分重要，被称为"西方的锁匙"。摩洛哥于 1958 年 11 月 1 日与中国建交，与中国一直保持良好的关系。

马里

张忠祥 编著

2006 年 8 月出版   23.00 元

ISBN 7-80230-096-7/K·001

　　西非内陆国家马里共和国，是非洲历史悠久的文明古国，在中古时代，曾是加纳、马里、桑海等王国的中心地区。位于尼日尔河内河三角洲的多贡高原，是世界罕见的丹霞地貌奇观，世代居住于此的多贡民族积淀了著名的多贡文化，是自然与文化兼备的"双料"人类遗产。在摆脱了殖民主义统治后，马里于 1960 年正式建立共和国。独立以来，政局较稳定，对外关系采取灵活、务实的政策，从东西方世界获取大量援助，社会经济稳步发展，但由于经济基础薄弱，外债沉重，马里仍然是世界上最不发达的国家之一。

相关链接

更多信息请查询: www.ssap.com.cn

尼日尔

彭坤元　编著
2006 年 7 月出版　23.00 元
ISBN 7-80230-010-X/K·231

　　尼日尔是尼日尔共和国的简称。它位于非洲撒哈拉沙漠南缘，是有名的"阳光灼热之国"。尼日尔是世界上最穷的国家之一，在联合国经济人文综合发展指数排行榜中名列倒数第二。《尼日尔》一书的作者彭坤元研究员是非洲史专家，书的内容翔实可靠。《尼日尔》是目前我国有关尼日尔的资料最全的一本书，是了解这个国家的较好的参考书。

索马里　吉布提

顾章义　付吉军　周海泓　编著
2006 年 6 月出版　25.00 元
ISBN 7-80230-051-7/K·242

　　索马里和吉布提是非洲东北部的两个小国，也是世界上较穷的国家。它们位于红海和印度洋连通处，地理位十分重要，是西方大国争夺的目标，因此长期成为西方大国的殖民地。索马里和吉布提同中国的关系友好，支持中国的统一大业，国家间的交往频繁。

阿尔及利亚

赵慧杰　编著
2006 年 4 月出版　32.00 元
ISBN 7-80230-004-5/K·225

　　阿尔及利亚位于非洲西北部，南接毛里塔尼亚、马里和尼日尔，西临摩洛哥和西撒哈拉，东部与突尼斯和利比亚毗连，北濒地中海，隔海与西班牙、法国相望。阿尔及利亚是非洲通向地中海的门户之一，亦是非洲连接阿拉伯世界的重要纽带。阿尔及利亚与中国 1958 年正式建交，在其争取民族解放战争的最后阶段，中国政府提供了最大的道义及物质支持，在阿独立厚的 40 年里，两国的政治关系牢固可靠，经济关系不断发展。

刚果

张　象　车效梅　编著
2005 年 4 月出版　24.00 元
ISBN 7-80190-399-4/K·107

　　刚果是刚果共和国的简称，习惯上被称为刚果（布），它位于非洲中部，1960 年独立以前被称为中央刚果，是法国的殖民地。刚果（布）是一个位于赤道附近的郁郁葱葱的国度，隔刚果河与刚果（金）为邻。公元一世纪班图人在此建文明古国。近代成为法属赤道非洲的政治、经济、文化中心。1960 年独立后凭着石油、木材经济成为中等收入的发展中国家。1964 年与我国建交后关系一直很好。仅我国派往刚果的医疗队就达 17 批，坚持 40 年。

社会科学文献出版社网站

www.ssap.com.cn

1. 查询最新图书　　2. 分类查询各学科图书
3. 查询新闻发布会、学术研讨会的相关消息
4. 注册会员，网上购书

　　本社网站是一个交流的平台，"读者俱乐部"、"书评书摘"、"论坛"、"在线咨询"等为广大读者、媒体、经销商、作者提供了最充分的交流空间。

　　"读者俱乐部"实行会员制管理，不同级别会员享受不同的购书优惠（最低7.5折），会员购书同时还享受积分赠送、购书免邮费等待遇。"读者俱乐部"将不定期从注册的会员或者反馈信息的读者中抽出一部分幸运读者，免费赠送我社出版的新书或者光盘数据库等产品。

　　"在线商城"的商品覆盖图书、软件、数据库、点卡等多种形式，为读者提供最权威、最全面的产品出版资讯。商城将不定期推出部分特惠产品。

咨询/邮购电话：010-65285539　　邮箱：duzhe@ssap.cn

网站支持（销售）联系电话：010-65269967　　QQ：168316188　　邮箱：service@ssap.cn

邮购地址：北京市东城区先晓胡同10号　社科文献出版社市场部　邮编：100005

银行户名：社会科学文献出版社发行部　　开户银行：工商银行北京东四南支行　　账号：0200001009066109151

图书在版编目（CIP）数据

坦桑尼亚/裴善勤编著. - 北京：社会科学文献出版社，
2008.9
（列国志）
ISBN 978 - 7 - 5097 - 0296 - 3

Ⅰ. 坦… Ⅱ. 裴… Ⅲ. 坦桑尼亚 - 概况 Ⅳ. K942.5

中国版本图书馆 CIP 数据核字（2008）第 109833 号

坦桑尼亚（Tanzania） ・列国志・

编 著 者／裴善勤
审 定 人／温伯友 陈公元 陈宗德

出 版 人／谢寿光
总 编 辑／邹东涛
出 版 者／社会科学文献出版社
地　　址／北京市东城区先晓胡同 10 号 （邮政编码：100005）
网　　址／http：//www. ssap. com. cn
网站支持／(010) 65269967
责任部门／《列国志》工作室 (010) 65232637
电子信箱／bianjibu@ ssap. cn
项目经理／宋月华
责任编辑／李正乐
责任校对／王玉珍
责任印制／岳 阳

总 经 销／社会科学文献出版社发行部
　　　　　 (010) 65139961 65139963
经　　销／各地书店
读者服务／市场部 (010) 65285539
排　　版／北京中文天地文化艺术有限公司
印　　刷／三河市尚艺印装有限公司

开　　本／880 × 1230 毫米 1/32
印　　张／20.75
字　　数／511 千字
版　　次／2008 年 9 月第 1 版 2008 年 9 月第 1 次印刷

书　　号／ISBN 978 - 7 - 5097 - 0296 - 3/K・0029
定　　价／49.00 元

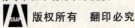

《列国志》主要编辑出版发行人

出 版 人　谢寿光

总 编 辑　邹东涛

项目负责人　杨　群

发 行 人　王　菲

编 辑 主 任　宋月华

编　　　辑　（按姓名笔画排序）

　　　　　　孙以年　朱希淦　宋月华

　　　　　　李正乐　周志宽　范　迎

　　　　　　范明礼　赵慧芝　袁卫华

　　　　　　黄　丹　魏小薇

封 面 设 计　孙元明

内 文 设 计　熠　菲

责 任 印 制　岳　阳

编　　　务　杨春花

编 辑 中 心　电话：65232637

　　　　　　网址：ssdphzh＿cn@sohu.com